Hein / Reisner
IPv6

Mathias Hein
Michael Reisner

Professional Series

IPv6

Das Migrationsbuch

Mit 312 Abbildungen

Franzis'

Bibliografische Information Der Deutschen Bibliothek

Die Deutsche Bibliothek verzeichnet diese Publikation in der Deutschen Nationalbibliografie; detaillierte Daten sind im Internet über http://dnb.ddb.de abrufbar

Wichtiger Hinweis

Alle Angaben in diesem Buch wurden vom Autor mit größter Sorgfalt erarbeitet bzw. zusammengestellt und unter Einschaltung wirksamer Kontrollmaßnahmen reproduziert. Trotzdem sind Fehler nicht ganz auszuschließen. Der Verlag und der Autor sehen sich deshalb gezwungen, darauf hinzuweisen, daß sie weder eine Garantie noch die juristische Verantwortung oder irgendeine Haftung für Folgen, die auf fehlerhafte Angaben zurückgehen, übernehmen können. Für die Mitteilung etwaiger Fehler sind Verlag und Autor jederzeit dankbar.
Internet-Adressen oder Versionsnummern stellen den bei Redaktionsschluss verfügbaren Informationsstand dar. Verlag und Autor übernehmen keinerlei Verantwortung oder Haftung für Veränderungen, die sich aus nicht von ihnen zu vertretenden Umständen ergeben.
Evtl. beigefügte oder zum Download angebotene Dateien und Informationen dienen ausschließlich der nichtgewerblichen Nutzung. Eine gewerbliche Nutzung ist nur mit Zustimmung des Lizenzinhabers möglich.

© 2003 Franzis' Verlag GmbH, 85586 Poing

Alle Rechte vorbehalten, auch die der fotomechanischen Wiedergabe und der Speicherung in elektronischen Medien.
Die meisten Produktbezeichnungen von Hard- und Software sowie Firmennamen und Firmenlogos, die in diesem Werk genannt werden, sind in der Regel gleichzeitig auch eingetragene Warenzeichen und sollten als solche betrachtet werden. Der Verlag folgt bei den Produktbezeichnungen im wesentlichen den Schreibweisen der Hersteller.

art & design: www.ideehoch2.de
Satz: G&U e. Publishing Services, Flensburg
Druck: Bercker, 47623 Kevelaer
Printed in Germany

ISBN 3-7723-7390-9

Vorwort IPv6

IPv6 – ein Buch aus der Reihe der Fachzeitschrift Network Computing. Warum?

Es ist banal zu sagen, aber die Welt spricht IP, es ist das Allrounder-Protokoll für alle Kommunikationsdienste und die Basis für das Netz der Netze, dem Internet.

Hier liegt auch der Grund für die neue Version, denn die Allgegenwärtigkeit von IP führt zu einer Verknappung der IP-Adressen. Doch nicht nur dieses Problem löst IPv6, auch zahlreiche Haken und Ösen der Version 4 wie Sicherheitsprobleme, komplizierte Header-Formate samt einer Unzahl von Header-Optionen, Fragmentierung und ineffizientes Routing, die kostenträchtige und arbeitsintensive Konfiguration der IP-Netze, ineffiziente Mechanismen zur Übermittlung von Echtzeitdaten (Sprache, Video etc.) werden eliminiert. Mit den neuen Möglichkeiten bietet das IPv6-Protokoll alle Funktionen für eine moderne Computerkommunikation und sorgt dafür, dass uns die TCP/IP-Protokolle noch viele Jahre erhalten bleiben.

Was eine Fachzeitschrift nur auszugsweise und über mehrere Ausgaben hinweg leistet, kann ein Fachbuch mit einer expliziten Ausrichtung nahezu von A bis Z bringen. In diesem Sinne hat sich die Redaktion der Network Computing mit dem Autorenteam zusammengesetzt und das vorliegende Buch konzipiert. Insbesondere galt es dabei, neben dem Know-how der Autoren die Testerfahrungen aus den Real-World-Labs der Network Computing, Trends und das Wissen der Redaktion in das vorliegende Buch einfließen zu lassen. Ziel des Buches ist es deshalb, Sie als Leser in die neue Technologie einzuführen, die Stärken und Schwächen aufzuzeigen, Erfahrungen aus den Network-Computing-Projekten und -Tests zu vermitteln sowie mit dem tiefgreifenden Know-how der Autoren Fehler bei der eigenen Projektierung zu vermeiden. Trotz der nahezu vollständigen Behandlung des Themas im vorliegenden Werk zum Thema IPv6 ist eine Fachzeitschrift aktueller und immer noch einen Tick näher am Markt, insbesondere was Produkte, neue Features, Trends oder aktuelle Tests betrifft, weshalb ich Ihnen nicht ganz uneigennützig auch künftig die Lektüre der Network Computing empfehlen möchte.

Herzlichst, Ihr Ralf W. Ladner
Chefredakteur Network Computing

Inhaltsverzeichnis

1	**Einführung in IP Version 6** **9**	
	1.1 Ansätze zur Erweiterungen von IP	11
	1.2 Ungelöste Probleme	15
	1.3 IPv6 ist mehr als IPv4	16
	1.4 Praktische Auswirkungen	18
	1.5 Änderungen im Überblick (Vergleich IPv4 – IPv6)	20
2	**Die Vermittlungsschicht** **24**	
	2.1 Aufgaben der Vermittlungsschicht	24
	2.2 Internet Protocol Version 6 (IPv6)	26
	2.3 Anforderungen an IPv6-Adressen	33
	2.4 IPv6-Adressen	38
	2.5 Funktion der dynamischen Header-Erweiterungen	64
	2.6 Sicherheitsoptionen	80
	2.7 Maximum Transmission Unit	86
	2.8 Quality of Service	93
	2.9 Flow-Label	97
	2.10 Priorität	98
	2.11 Paketgrößen	100
3	**Weitere Protokolle** **106**	
	3.1 Internet Control Message Protocol Version 6 (ICMPv6)	106
	3.2 Das Neighbor-Discovery-Protokoll	133
	3.3 Dynamic Host Configuration Protocol (DHCP)	153
	3.4 DNS-Erweiterungen für IPv6	170
	3.5 Erweitertes File Transfer Protocol (FTP)	176
	3.6 Network Time Protocol (NTP)	184
	3.7 Simple Network Time Protocol (SNTP)	190
	3.8 Multicast Listener Discovery (MLD) for IPv6	194
4	**Adaption von IPv6 auf unterschiedlichen Netzwerken** **199**	
	4.1 IPv6 auf Ethernet-Netzen	200
	4.2 IPv6 auf Token Ring	206
	4.3 IPv6 auf FDDI-Netzen	212
	4.4 IP Version 6 auf ATM-Netzen	222
	4.5 IP-Version 6 auf seriellen Leitungen	238
	4.6 Routing mit IPv6	245
	4.7 RIPng for IPv6	253
	4.8 Neuerungen für IPv6	264
	4.9 Border Gateway Protocol (BGP)	284
	4.10 RADIUS für IPv6	297

	4.11	Sicherheit im Bereich der IPv6-Protokolle	308
	4.12	Quality of Service in Rechnernetzen	332
	4.13	Mobile Internet	368
	4.14	IPv6-Netze und der Einsatz weiterer Protokolle	398
	4.15	Multi-homed Hosts	404
	4.16	Programmier-Interface	409
5	**Migration zu IPv6**		**420**
	5.1	Dual IP Layer	421
	5.2	Tunneling-Techniken	423
	5.3	Configured Tunneling	427
	5.4	Automatisches Tunneling	428
	5.5	IPv6-Tunneling	433
	5.6	IPv6-Encapsulation	434
	5.7	Network Address Translation-Protocol Translation (NAT-PT)	454
	5.8	Socket-Based-IPv4/IPv6-Gateways	456
	5.9	Autokonfiguration von IPv6-Adressen	457
	5.10	Netzmanagement	463
	5.11	SNMP-Management	467
	5.12	Management Information Base	481
	5.13	Warum lässt IPv6 immer noch auf sich warten?	486

Die Autoren **492**

Literaturverzeichnis **493**

Stichwortverzeichnis **495**

1 Einführung in IP Version 6

Ursprünglich, in der IP Version 4, war einmal Platz für über 4 Milliarden IP-Adressen. Das ist viel, wenn man die Anzahl der Menschen bedenkt, die damals, in den 70er Jahren des vorigen Jahrhunderts, die Erde bevölkerten. Man hätte zumindest in den Industriestaaten jedem Einwohner seine ganz persönliche IP-Adresse zuweisen können und immer noch Reserven für staatliche und universitäre Einrichtungen gehabt.

IP-Adressen werden aber nicht nach der Anzahl der Köpfe, die die Erde bevölkern und z.B. Computerzugang haben, benötigt, sondern nach der Anzahl der Maschinen, die eine eindeutige Adresse brauchen, um angesprochen oder gesteuert werden zu können. Mittels IP-Adresse lässt sich eine Maschine eindeutig identifizieren, sei es als Absender oder Empfänger von Daten.

Bei der geringen Anfangspopulation von Maschinen, die in den 70er Jahren eine eindeutige IP-Kennung benötigten, erschien ein Adressraum mit über vier Milliarden Adressen mehr als ausreichend, um auf lange Zeit für alle Eventualitäten gewappnet zu sein. Frühe IP-Benutzer wie Berkeley oder Digital bekamen damals eben mal 16 Millionen IP-Adressen zugewiesen. Das Ende der freien Adressen wird aufgrund des rasanten technologischen Fortschritts dennoch schneller erreicht als absehbar war (auch wenn wir im Augenblick davon noch relativ weit entfernt sind). Denn wenn demnächst Mobiltelefone, Autoradios, Kühlschränke und Videorekorder Internet-Zugang haben sollen, dann ist auch die derzeitige Reserve schnell verbraucht.

Mit einigen Zahlen lässt sich die Falle, der die weitblickende Planung von IPv4 zum Opfer fiel, verdeutlichen: Über einen Zeitraum von nur 20 Jahren stieg die Anzahl der Rechner im Internet von 213 Rechnern im Jahre 1981 auf über 400 Millionen Rechner im Jahr 2001 an. Das starke Wachstum setzte 1990 durch die schnelle Verbreitung des World Wide Web und einem gleichzeitigen Preisverfall der IP-Komponenten ein. Dazu kam, dass die Kommunikation im Internet auf einem Protokoll basiert, dessen Entwicklung auf die 70er Jahre zurückgeht und damals heutige Anforderungen wie Sicherheit oder Quality of Service (QoS) einfach nicht erforderlich waren.

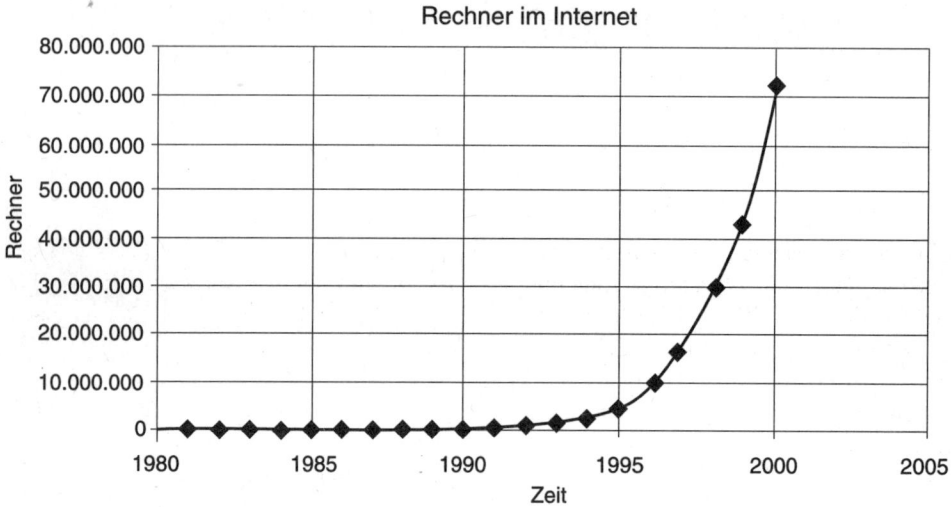

Abb. 1.1 Wachstum des Internets

Zum Glück arbeitet man seit Mitte der 90er Jahre intensiv an Abhilfeszenarien, die in Form von IP Version 6 ihr endgültiges Aussehen bekommen haben. Wobei man hinsichtlich der zukünftigen Größe des freien Adressraums noch viel großzügiger vorgegangen ist als bei IPv4:

- Die Adressgröße wurde bei IPv6 nicht nur verdoppelt oder verzehnfacht, sondern gleich auf 2^{128} erhöht. Diese Zahl ist astronomisch; es gibt viel mehr IPv6-Adressen als Atome im Universum (auch wenn die Schätzungen darüber von 2^{66} bis $\sim 2^{80}$ divergieren). Man braucht sich also keinen Zwang anzutun und in der IP-Adress-Verwaltung zu sparen, sondern kann wieder genau so verschwenderisch und ad hoc mit Adressen umgehen, wie das unter IPv4 lange üblich war.
- Für den unwahrscheinlichen Fall, dass man irgendwann doch zu verschwenderisch war, sieht IPv6 auch noch automatische Umnummerierungen vor (d.h. zum Beispiel, dass der IP-Bereich einer Organisation verschoben werden kann, ohne dass ein Administrator eingreifen und z.B. alle Endgeräte umbenennen muss).

Das IPv4-Protokoll weist aber auch einige signifikante Nachteile auf:

- begrenzte Anzahl an verfügbaren Adressen,
- flaches Adressierungsschema,
- aufwändige Systemkonfiguration,
- unzureichende Sicherheit,
- minimale Dienstgüteunterstützung.

Eigentlich müsste der 32 Bit große Adressraum zur weltweiten Adressierung ausreichen. Immerhin können mit 32 Bit über 4 Milliarden verschiedene Adressen gebildet werden. Allerdings wurde der IPv4-Adressraum durch die ursprüngliche Einteilung in Adressklassen mit festen Bitgrenzen sehr ineffizient ausgenutzt. Zu Beginn der Vergabe von Adressen ging man recht großzügig vor, so dass große Teile des Adressraums ungenutzt bleiben. Die Internet Engineering Task Force geht davon aus, dass bei einem gleichbleibenden Wachstum die Adressen bis zum Jahre 2010 reichen werden.

Ein weiterer Nachteil, der sich aus der Adressierung ergibt, ist das flache Adressierungsschema. Durch die zweistufige Einteilung in Klassen wird bei den Adressen nur zwischen Netzbereich (Net_ID) und Rechnerbereich (Host_ID) unterschieden. Ein Router im Backbone muss im Prinzip jedes einzelne Netz kennen, um die Pakete zustellen zu können. Dies führt zu riesigen Routing-Tabellen, die an der Grenze des technisch Realisierbaren angekommen sind.

Erschwerend kommen die manuellen Administrationsaufgaben hinzu. Um einen IP-Knoten an einem Netz betreiben zu können, müssen einige Parameter und Adressen konfiguriert werden. Die gebräuchlichste Methode für die Konfiguration ist das manuelle Eingeben aller Parameter und Adressen. Eine manuelle Konfiguration aller einzelnen Rechner in einem Netz ist aufwändig, teuer und fehlerträchtig.

Die Sicherheitsfragen wurden bei IPv4 nur unzureichend behandelt. Es wurden keine Mechanismen im Protokoll implementiert, die eine Verschlüsselung oder Echtheitsüberprüfung der Daten ermöglichen. Das Internet wurde für den Transport von reinen Datenpaketen entwickelt. Eine steigende Kommerzialisierung des Internets erfordert aber ein sicheres Protokoll.

Im Laufe der Zeit und als Folge der kommerziellen Nutzung kamen immer mehr zeitkritische Anwendungsbereiche hinzu wie die Übertragung von Sprache und Video. Diese Anforderungen waren für IPv4 nicht vorgesehen und lassen sich in das bestehende Protokoll auch nur schwer implementieren.

1.1 Ansätze zur Erweiterungen von IP

Das Problem der Adressverknappung wurde sehr früh erkannt. Aus diesem Grund wurde die ROAD-Arbeitsgruppe (Routing and Addressing) der Internet Engineering Task Force (IETF) gegründet. Die Hauptaufgaben der ROAD-Arbeitsgruppe sind wie folgt festgelegt:

- Erarbeitung und Einführung einer größeren oder klassenlosen Adressstruktur,
- Verfahren erarbeiten, die die Router entlasten und das Wachstum der Routingtabellen begrenzen,
- die neuen Adressstrukturen möglichst nur auf den Routern implementieren, so dass existierende Endgeräte nicht modifiziert werden müssen.

Die ROAD-Gruppe hat in der Folge mehrere Lösungsansätze erarbeitet:

1.1.1 SIP

Das 32-Bit-IP-Adressfeld wird beibehalten und die Adresslänge wird nicht verändert. Die IP-Adresse wird von einer weltweit gültigen Adresse auf eine nur lokal gültige Adresse (innerhalb einer Administration-Domain) reduziert. Die Umsetzung auf ein globales Adressschema erfolgt in den Routern (Gateways), welche die Administration-Domain mit dem Rest der Welt verbinden. Dieser Ansatz hat den Vorteil, dass die heute gültige IP-Software der Rechner in den Administration-Domains unverändert beibehalten werden kann. Nur die Datenpakete, welche die Administration-Domain verlassen, müssen auf ein neues Adressierungsverfahren umgesetzt werden. Dieses Verfahren ist auch als das Network-Address-Translation-Verfahren (NAT) bekannt.

1.1.2 PIP

Die IP-Adressen werden auf ein 64-Bit-Format (oder größer) geändert. Das neue Format enthält neben der global einzigartigen Rechneradresse noch einen sogenannten Administration-Domain-Identifier. Dies hätte zur Folge, dass die heute eingesetzte IP-Software vollkommen geändert werden muss. Das Routing zwischen den einzelnen Domains erfolgt nach den gleichen Mechanismen wie bisher.

1.1.3 IP over IP

Bei diesem Ansatz werden die 32-Bit-IP-Adressen beibehalten und die Adresslänge wird nicht verändert. Bei einem Verbindungsaufbau zu Rechnern außerhalb der eigenen Administration-Domain (über Router) wird um das Orginal-IP-Paket ein weiterer IP-Header gepackt. Dieser zusätzliche Header enthält das um einen Administration-Domain-Identifier erweiterte Adressschema. Dieses Verfahren ist auch als das ENCAPS-Verfahren bekannt.

1.1.4 TUBA

Unter dem Titel »TCP and UDP with Bigger Addresses (TUBA), a Simple Proposal for Internet Addressing and Routing« wurde im Request for Comments (RFC) 1347 ein weiterer Lösungsvorschlag diskutiert. TUBA wurde so konzipiert, dass alle TCP- und UDP-Applikationen mittel- bis langfristig auf Basis des Connectionless-Network-Layer-Protokolls (CLNP, ISO-Standard 8473) portiert werden. Es definiert sowohl die Funktionen der Hilfsprotokolle auf dem Network/Internet Layer (z.B. ES-IS, IS-IS und IDRP) als auch die Struktur der unter OSI eingesetzten 20 Byte langen hierarchischen NSAP-Adressen (Network Service Access Point, ISO Standard 8348). Darüber hinaus ermöglicht TUBA eine sanfte Migration, da über einen kurz- bis mittelfristigen Zeitraum das bisher verwendete IP-Adressschema parallel verwendet werden kann.

1.1.5 New Classes of IP Addresses

Im RFC 1375 wurde unter dem Titel »New Classes of IP Addresses« als Zwischenlösung bis zu einem neuen IP-Standard eine neue Einteilung der bisherigen Adressen vorgeschlagen. Die Class-A- und Class-B-Adressen bleiben dabei unberührt. Nur die Class-C-Adressen werden in noch kleinere Einheiten zerlegt, so dass noch mehr IP-Netze mit weniger Hosts definiert werden können. Darüber hinaus schlägt der RFC 1375 die Aufteilung der Class E in weitere Adressklassen (Class F, G, H und K) vor. Da dieser Vorschlag nur ein weiterer Zwischenschritt zu einer endgültigen Lösung ist, wurde er nur als Ideenpapier benutzt und nicht seriös weiterverfolgt.

1.1.6 TP/IX

Im Request for Comments 1475 wurde von R. Ullmann folgender neuer Vorschlag eingebracht: »TP/IX: The Next Internet«. Dieser RFC basiert auf dem Arbeitspapier, welches unter dem Titel »Toasternet Part II« in den verschiedenen IETF-Mail-Lists verbreitet wurde. TP/IX definiert die Version 7 des Internet-Protokolls (IPv7), des Transmission-Control-Protokolls (TCPv7) und des User-Datagramm-Protokolls (UDPv7). Dieser Vorschlag beschäftigt sich mit den folgenden Themenkomplexen:

- Der IP-Adressraum wird auf 64 Bit erhöht und kann nach Bedarf in der Zukunft weiter erweitert werden.

- Es wird eine hierarchische Adressstruktur und ein Subnetting innerhalb einer Organisationsstruktur ermöglicht.

- Durch abgestufte Bandbreiten-Reservierungsschemata können fest definierte Verzögerungszeiten für den Transport der Daten eingestellt werden.

- Ein Forward Route Identifier ermöglicht die direkte Wahl einer Route zum Empfänger.

Aufgrund der Nachteile des IPv4-Protokolls wurde von der IETF beschlossen, eine neue Version des Internet-Protokolls zu entwickeln. Innerhalb der IETF steuerte die Internet-Protocol-Next-Generation-Arbeitsgruppe (IPNG) die Entwicklung des Internet-Protokolls Version 6. Diese Arbeiten wurden im Jahr 1997 zum Draft-Standard erhoben. Bei der Entwicklung von IPv6 wurde von Anfang an versucht, eine möglichst skalierbare Architektur zu erhalten, um Anforderungen, die momentan noch nicht absehbar sind, einfach in dem Protokoll implementieren zu können.

Nach Jahren der Erfahrung mit IPv4 stellte sich erfreulicherweise heraus, dass eigentlich alles ganz akzeptabel funktioniert. Das Internet ist immerhin größer geworden, als seine Erfinder je gedacht hatten. Und dank der Nutzung privater IP-Netze, NAT, VPNs und Firewalls ist die Zahl der IP-Adressen in Benutzung nicht einmal genau feststellbar.

1.1.7 Router-Entlastung

Trotzdem hat das Protokoll Kanten und Ecken, die man bei einer Generalüberholung gleich mit entfernen kann. So sind z.B. bei IPv4 Router damit beschäftigt, Checksummen zu prüfen und Pakete zu fragmentieren. Das sind grundsätzlich keine schwierigen Aufgaben, aber bei dem enormen Durchsatz heutiger Leitungen ist es wichtig, die Arbeit des Routers zu minimieren. IPv6 hat daher keine Prüfsumme im IP-Header (sondern im TCP-Header, d.h. kaputte Pakete werden immer noch von den Endpunkten erkannt) und Router fragmentieren zu große Pakete nicht mehr, sondern schicken eine Fehlermeldung zum Endpunkt. Der kann dann die maximale Paketgröße MTU (Maximum Transmission Unit) entsprechend anpassen. Dieses Verfahren heißt Path MTU Discovery und es existiert in leicht abgewandelter Form auch in IPv4 (dort muss man ein »Don't Fragment«-Bit setzen, um den Effekt zu erhalten). Dieses Verfahren ist aber nur empfohlen und nicht wie bei IPv6 Pflicht.

Größere MTU

Manchmal sorgen kaputte Firewalls oder Transfer-Netze mit reservierten IP-Adressen (10.*, 172.16.* und 192.168.*) dafür, dass ICMP-Meldungen komplett verloren gehen, wodurch die Path MTU Discovery fehlschlägt und TCP-Verbindungen »hängen bleiben«. IPv4 definiert die kleinste MTU mit 68 Bytes sehr niedrig. Wenn ein Host merkt, dass Path MTU Discovery fehlschlägt, muss er sich also auf 68 Bytes Paketgröße beschränken, was Router und Bandbreite unnötig belastet. Bei IPv6 ist die minimale MTU auf 1280 Bytes erhöht worden.

Feste Header-Länge

Als weitere Maßnahmen zur Entlastung der Router ist die Header-Länge fest (bei IPv4 ist sie variabel) und die wichtigen Felder sind für den 64-Bit-Betrieb ausgelegt. Falsches Alignment bremst heutige Prozessoren beim Speicherzugriff um bis um den Faktor drei aus. Die Flags wurden ganz aus dem Header entfernt, und dafür kann man bei IPv6 Optionen in Zwischen-Headern zwischen IP und UDP/TCP einfügen. Außerdem ist das Feld »TTL« jetzt in »Hop Limit« umbenannt worden, was seiner Bedeutung auch bei IPv4 entspricht. Zusätzlich (siehe MPLS) gibt es ein »Flow Label«-Feld, über das man viel schnelleres Routing hätte implementieren können, wenn es nicht kürzlich durch MPLS überflüssig gemacht worden wäre.

1.1.8 Administrative Erleichterungen

Das Protokoll muss natürlich auch den Administratoren und Endbenutzern deutliche Vorteile bringen, damit es überhaupt eine Chance hat. Für beide Gruppen ist es wichtig, die Support-Probleme zu lösen, die IPv4 plagen, wenn Leute an ihren Rechnern Konfigurationen vornehmen müssen, um im Web surfen zu können. Die erste Idee war eine Anpassung des alten BOOTP-Protokolls. Herausgekommen ist DHCP, vorläufig für IPv4. Das ist noch nicht ausreichend, weil DHCP servergebunden ist. Die IPv6-Ingenieure haben daher zwei Szenarien definiert, die IPv6 lösen soll:

a. eine Zahnarztpraxis, in der gerade zwei Rechner gekauft und zusammengebaut wurden und in der der Arzt jetzt Daten zwischen beiden austauschen will, und

b. eine Messehalle mit 10.000 Rechnern, die binnen eines Tages Punkt acht Uhr morgens alle am Internet angeschlossen werden sollen.

Es wurde also eine Autokonfiguration gesucht, die völlig ohne Benutzereingaben auskommt.

Hier hat IPv6 tatsächlich Pionierarbeit geleistet. Bei IPv6 hat man nicht nur eine IP-Nummer pro Interface, sondern es gibt Link-Local-, Site-Local- und ganz normale globale IP-Nummern. Der Clou ist, dass die Link-Local Adresse direkt aus der Ethernet-MAC (oder sonstigen Layer-2-MAC) berechnet wird, d.h. jedes Gerät hat für jeden Link automatisch eine Link-Local-Adresse. IPv6 sieht auch noch eine Kollisionserkennung vor, die allerdings dann einen Rückgriff auf manuelle Intervention zur Folge hat. Mit dieser Link-Local-Adresse kann das Endgerät dann auf dem Link kommunizieren und z.B. per Multicast die Router finden. Wenn die Router bekannt sind, lässt sich das Endgerät von diesen seine globalen IP-Adressen geben. Bei IPv6 kann man pro Router mehrere IP-Adressen haben und über alle gleichzeitig erreichbar sein. Der Host sucht sich automatisch die richtige Route und den richtigen Router.

1.2 Ungelöste Probleme

Eigentlich fehlte nur noch das automatische Finden des Name-Servers, damit alle Wünsche hinsichtlich automatischer Konfiguration erfüllt wären, aber hierfür hat auch IPv6 keine Patentlösung. Es gibt verschiedene funktionierende Ansätze. So könnte z.B. der Host per Site-Local-Multicast an eine definierte Gruppe die DNS-Server finden. Und es gibt auch noch eine Idee namens Anycast, bei der man eine IP-Adresse für den Name-Server vergibt. Wenn jemand ein Paket an diese IP-Adresse schickt, dann leiten die Router das an den nächsten DNS-Server weiter. Das heißt natürlich, dass der nächste DNS-Server auf dem Router konfiguriert werden muss, aber immerhin wird der Anwender nicht durch Einstellungen verwirrt.

Hier aber hat die IETF versäumt, ein Machtwort zu sprechen.

1.2.1 Dynamic DNS

Überhaupt ist DNS das schwächste Glied bei IPv6. Lange Zeit gab es gar keine funktionierenden DNS-Server für IPv6, inzwischen hat man immerhin mit BIND 9 einen schwergewichtigen Ausweg gefunden, und Patches für djbdns sind in Arbeit. Und betrachtet man jetzt den Grad an Dynamik und Automatismen in IPv6, wird klar, dass Dynamic DNS zumindest eine deutlich wichtigere Rolle zukommt als bei IPv4.

Wenn die IP-Adresse schon automatisch konfiguriert wird, dann fällt allerdings auch bei DHCP der dynamische Part weg, d.h., man kann den DNS-Server natürlich per DHCP abfragen, ohne dass man in einer Datenbank verwalten müsste, welchem Client der DHCP-Server jetzt welche IP zugewiesen hat. Dadurch werden Synchronisationsprobleme zwischen

DHCP-Servern vermieden, und bei Abstürzen des DHCP-Servers ergeben sich nie Inkonsistenzen zwischen der Datenbasis und dem tatsächlichen Zustand. Da man ja bei IPv6 keine IP-Adresse mehr einstellt, startet man einfach sein Endgerät und hat Zugang zum Netz. Auch wenn ein neuer Router im Netz installiert wird, stellt man nirgendwo mehr irgendetwas ein und bootet auch nicht, es funktioniert einfach. Wenn ein Router entfernt wird, ebenfalls. Selbst wenn die Firma einen anderen IP-Bereich zugewiesen bekommt, funktioniert das auf allen Endgeräten. Die Anwender merken nicht einmal, dass sich etwas geändert hat.

Die Verbesserungen, die IPv6 in administrativer Hinsicht bringt, sind also enorm. Früher stellten bereits kleinste Veränderungen in der Netzkonfiguration die Supportabteilungen vor riesige Probleme. In manchen Firmen ist es heute noch üblich, dass die Rechner per zentralem Schalter an der Stromversorgung gebootet werden, damit sie sich morgens die aktuelle Konfiguration per DHCP geben lassen!

1.3 IPv6 ist mehr als IPv4

Warum hat sich dann IPv6 noch nicht durchgesetzt? Schon durch die bei der verbesserten Administration einzusparenden Kosten amortisiert sich ja alleine in größeren Konzernen die Anschaffung für neue Router und andere Infrastruktur in nur wenigen Monaten. Die Antwort ist einfach: Etliche der Vorteile von IPv6 wurden der Reihe nach auf IPv4 zurückportiert, allerdings nicht immer mit Erfolg. So gibt es bei der Adresskonfiguration inzwischen auch Regeln für IPv4, wie vorzugehen ist, wenn kein DHCP-Server gefunden wird. Diese Regeln sind sogar schon in Windows ME implementiert worden.

Allerdings reichen die Vorteile von IPv6 weiter als nur bis zur Autokonfiguration! Das betrifft zum Beispiel die Arbeitsgruppe bei der IETF, die sich mit Mobile IPv6 beschäftigt. Die Idee ist, dass man seinen Laptop auf einer Konferenz einfach wie gewohnt anstöpselt (oder, wie es heute üblich ist, per Funknetz Internet-Zugang bekommt) und dann mit seiner IP von zu Hause weiterarbeitet. Wenn man den Laptop zu Hause nicht ausgeschaltet, sondern nur im Suspend-Modus schlafen gelegt hat, dann sollten sogar die TCP-Verbindungen noch bestehen!

Netzwerk-Spezialisten fragen sich natürlich, wie das mit Routing-Protokollen in Einklang zu bringen sein soll, die Adressen aggregiert betrachten und in arge Performance-Probleme geraten würden, wenn jede IP anders zu routen wäre. Die offensichtliche Lösung wäre der Aufbau von IP-Tunneln zwischen dem heimischen Netz und dem Konferenznetz, aber dann würde der Traffic ja doppelt über das Netz gehen. Bei IPv6 hat man daher extra für diesen Zweck eine ICMP-Umleitungsnachricht eingeführt, mit der der Laptop auf der Konferenz einen Agenten-Rechner im heimischen Netz mitteilen kann, unter welchen IPs er gerade erreichbar ist, so dass der Agent dann einkommende Verbindungen dorthin umleiten kann.

Das erfordert natürlich enorme Sicherheit, und die wird auch gegeben. Denn der Agent wird nicht einfach auf Zuruf Verkehr umleiten, sondern mit kryptographischen Methoden wird für eine starke Authentifizierung gesorgt.

Die kryptographische Authentifizierung ist denn auch einer der vielen Vorteile von IPv6, gepaart mit Verschlüsselung zur Sicherung der Privatsphäre. Das Schlagwort hierfür ist IPsec. Zwar ist auch IPsec inzwischen für IPv4 definiert und in regem Einsatz (wenn auch bislang hauptsächlich im Tunnel-Modus für VPNs und nicht Punkt-zu-Punkt, wie es bei IPv6 eigentlich gedacht ist). Aber da IPv6 von Ingenieuren der IETF und nicht von der Marketing-Abteilung von Microsoft definiert wurde, kommt »richtige« Kryptographie zum Einsatz, d.h. die Verfahren sind offen, erprobt und haben auch schon mehrere Jahre offen gelegen und sind in der Zeit von fast allen Experten eingesehen und kritisiert worden. Wenn man also von IPsec eine vernünftige Implementierung bekommt, gibt es auch für große Zweifler keinen Grund für Misstrauen dem Verfahren gegenüber. In diesem Zusammenhang erwähnenswert ist, dass DES sofort aus der Liste der symmetrischen Chiffren genommen wurde, als vor ein paar Jahren das Knacken der Hardware-DES der EFF publik wurde.

1.3.1 Mulitcast & QoS

Dazu kommen einige Neuerungen, die eher für große Firmen interessant sind (und sehr langfristig auch für das Internet), aber keinen sofortigen Gewinn durch ihre bloße Anwesenheit erbringen: Multicast und Quality of Service.

Auch Multicast und Quality of Service sind umgehend zu IPv4 zurückportiert worden. Multicast ist ein Verfahren zur effizienteren Bandbreitenausnutzung bei der Übertragung an mehr als einen Empfänger (d.h. besonders für Video- und Audio-Streaming mit hoher Bandbreite wichtig), und Quality of Service fasst Protokolle und Methoden zusammen, mit denen einzelne Datenströme bevorzugt behandelt werden können. Die Idee ist, dass der Anwender für den Radioempfang über IP bezahlt und den Datenstrom dann auch ohne Paketverlust, Rauschen oder Verzögerungen zugestellt bekommt. Aber auch für andere Anwendungen ist geringer temporaler Jitter wünschenswert, insbesondere bei den immer erfolgreicheren IP-Telefonen.

Bei IPv6 hat Multicast dank der breiteren Adressen stärkere Flexibilität. 4 Bit der Adresse sind für den Scope reserviert und sagen aus, wie weit eine Multicast-Ausstrahlung propagiert werden soll.

1.3.2 API-Unterstützung

Die zusätzliche Flexibilität wirkt sich mittlerweile auch nicht mehr zum Nachteil bei den APIs aus. Musste man sich früher die Patches, die IPv6 unterstützen, noch mühsam zusammensuchen, gibt es heute auch schon Name-Server mit IPv6-Support.

Das ursprüngliche Socket-API von BSD ist nach wie vor sehr umständlich zu benutzen, vor allem wegen der inkompatiblen Änderungen durch Normierungsgremien und der Alleingänge von Betriebssystemherstellern (z.B. socklen_t). Daher hat man sich bei IPv6 entschlossen, das API möglichst vollständig beizubehalten und nur um einige Funktionen zu erweitern, die protokollunabhängig Namensauflösung erledigen und Dienstnamen auflösen. Insbesondere haben die API-Designer darauf geachtet, dass auf IPv6 umgestellte Software automatisch weiterhin IPv4 unterstützt. Nur so ist eine Umstellung zumutbar und ein Software-Autor eher willens, Änderungen für IPv6-Unterstützung vorzunehmen.

1.4 Praktische Auswirkungen

IPv6 bringt gravierende Effizienzsteigerungen für Router. Die Funktion des Flow-Labels entspricht weitgehend dem, was man inzwischen über MPLS auch protokollunabhängig erreicht. Router müssen auch nicht mehr fragmentieren. Und damit, dass Router im laufenden Betrieb und ohne manuellen Eingriff des Administrators den Adress-Bereich verändern können, hat man das größte Problem im praktischen Einsatz aus der Welt geschaffen. Die Routing-Tabellenì können dadurch deutlich verkleinert werden, denn bei den IPv4-Routingtabellen gibt es fragmentierte Adressbereiche (d.h. der Gesamtbereich gehört ISP XY, aber ein Unterbereich Z gehört einem Kunden, der inzwischen zu einem anderen ISP umgezogen ist, d.h. der nicht über ISP XY geroutet wird) und große Bereiche, die aus historischen Gründen jemandem gehören, der sie gar nicht oder nur sehr eingeschränkt nutzt. Wenn man diesen Bereich aber aufteilt, dann wäre er nicht mehr als Aggregat durch eine Route zusammenfassbar und die weltweite Routing-Tabelle würde explodieren. Diese ganzen Kalamitäten vermeidet Renumbering sehr elegant.

Aber nicht nur die Routing-Effizienz kann so gesteigert werden. Viele Kunden wechseln den ISP nicht, obwohl er schlechte Leistung zu überhöhten Preisen bietet, weil sie die Kosten für die Adressumstellung fürchten. Solche Kunden haben dem ISP gegenüber keinerlei Druckmittel in der Hand. Mit Renumbering ändert sich das.

Aber auch im LAN bietet IPv6 Effizienzsteigerungen. So gibt es keinen Broadcast mehr. Alle früher über Broadcast abgewickelten Protokolle werden bei IPv6 über Multicast implementiert. Ein Beispiel ist ARP. ARP ist das Protokoll, mit dem man bei IPv4 die MAC-Adresse (d.h. die eindeutige Nummer der Ethernet-Karte) zu einer IP herausfindet. Bei IPv6 wird diese Funktionalität über Neighbor-Solicitation-Pakete implementiert. Das funktioniert dann so, dass man aus der IP-Adresse, zu der man die MAC-Adresse sucht, mittels einer Funktion aus dem Standard eine Multicast-Gruppe errechnet und an diese dann die Anfrage schickt. Jeder Host ist laut Standard gezwungen, sich bei der Multicast-Gruppe einzuschreiben, die zu seiner IP gehört. Der Effekt ist, dass in großen geswitchten Ethernets Neighbor-Discovery-Pakete praktisch nur auf den Strängen zu sehen sind, bei denen der Host sich tatsächlich befindet.

Signifikante Bandbreite wird beim ARP-Verkehr z.B. dann verbraucht, wenn ein sehr großes geswitchtes Ethernet mit einem Wireless LAN verbunden wird, das nur ein Hundertstel der Bandbreite hat. Dann kann es bei IPv4 vorkommen, dass das Wireless LAN zu einem signifikanten Teil durch ARP-Anfragen gefüllt wird. Verschärft wird diese Situation durch Portscans, wie sie bei Hacker-Conventions und LAN-Partys üblich sind. In solchen Fällen sind Wireless-LAN-Anbindungen gewöhnlich vollständig mit ARP-Verkehr ausgelastet. Bei IPv6 stünde in diesem Fall die volle Bandbreite weiterhin zur Verfügung.

Ähnlich geht es bei der Selektion der Router zu. Während man bei IPv4 IGMP als eigenes Protokoll neben ICMP umgesetzt hat, ist Multicast Listener Discovery ein Subtyp von ICMPv6.

Bei IPv6 gibt es außerdem eine »Jumbogram« genannte Erweiterung für die Supercomputing-Fraktion. Die hat nämlich erwogen, für die Verbindungen zwischen den Teilen eines Clusters oder einer NUMA-Maschine IPv6 einzusetzen. Diese Verbindungen zeichnen sich durch eine enorme Bandbreite aus, so dass Paketgrößen größer als 64 Kilobytes sinnvoll werden. Die Jumbogram-Extension erlaubt genau das.

1.4.1 Übergangslösungen?

IPv6 lief anfangs unter dem Namen IPng (ng steht für »next generation«), daher ist auch die NGtrans-Arbeitsgruppe der IETF seit über zehn Jahren mit allen Fragen zur Umstellung von IPv4 auf IPv6 beschäftigt. Ungefähr ebenso lange beschäftigen sich die meisten Rechenzentren mit der geplanten Umstellung, da jede Änderung wie z.B. IPX zu IP, Host zu Windows, Windows zu Linux, OS/2 zu Windows oder SAP zu einer neueren Version, tiefgreifende und langwierige Prozesse nach sich zieht, die viel Zeit, Geld und Nerven kosten.

Innerhalb der IPng-Arbeitsgruppe war man sich daher einig, dass es nicht reicht, wenn IPv6 mit vielen Features überzeugt, sondern dass man auch dafür sorgen muss, dass der Übergang von IPv4 zu IPv6 besonders reibungslos vollzogen werden kann und in vielen kleinen Schritten ermöglicht wird, die die Funktion der IPv4-Infrastruktur nicht beeinträchtigen. Daher sollen auf IPv6 umgestellte Anwendungen auch in einer Umgebung funktionieren können, die kein IPv6 versteht!

Bei einer schrittweisen Umstellung beginnt man gewöhnlich im LAN. Dort gibt es grundsätzlich infrastrukturelle Geräte auf Layer 1 (z.B. Hubs), auf Layer 2 (Switches) und auf Layer 3 (Router). Layer-1-Geräte sind für IPv6 völlig transparent. Bei Layer-2-Geräten kamen anfangs die Switches mit Multicast nicht zurecht. Inzwischen ist Multicast-Support Standard und Switches, die in den letzten 10 Jahren gekauft wurden, unterstützten mit großer Wahrscheinlichkeit IGMP-Snooping für IPv4-Multicast und ICMP-Snooping für IPv6-Multicast. Wenn man sich auf LANs beschränkt, markieren die Layer-3-Geräte meistens das Ende des Netzes und sind daher auch nicht wichtig. Man kann also heute im LAN mit IPv6 arbeiten, ohne irgendwelche Investitionen tätigen zu müssen.

Auch von den wichtigsten Router-Firmen gibt es schon seit Jahren inoffiziell IPv6-Support in Form von Beta-Firmware, für die man dann ein NDA unterschreiben musste. So war das jedenfalls bei Cisco, die kürzlich eine IPv6-Releaseversion zum Ende des Jahres 2002 angekündigt haben. Bei den wirklich großen Routern ist dank MPLS das geroutete Protokoll egal. Und bei den kleineren Routern gibt es inzwischen mehrere Angebote.

Die Transition-Arbeitsgruppe hat sich auch Gedanken gemacht, wie man mit Switches und Routern IPv6 betreiben kann, die nur IPv4 sprechen. Der hauptsächliche Mechanismus ist der Dual Stack, d.h. das Betriebssystem spricht IPv6 und IPv4. Der Standard sieht dann vor, dass man IPv4-Adressen einfach in IPv6-Adressen einbetten kann, indem man das Präfix ::ffff benutzt und dann die 32 Bits der IPv4-Adresse anhängt. Wenn eine IPv6-Anwendung zu so einer Adresse eine Verbindung aufbaut, dann sieht das Betriebssystem das und baut tatsächlich eine IPv4-Verbindung auf. Die Applikation arbeitet aber nach wie vor mit IPv6-Sockets, getpeername() und getsockname() liefern dann auch eingebettete IPv4-Adressen. So kann man eine IPv6-fähige Applikation einfach transparent für IPv4-Kommunikation benutzen, wenn das Umfeld es erfordert.

Bei DNS-Anfragen oder bei der Umsetzung von Zugriffskontrolllisten (ACLs) erfordert das natürlich erhöhte Aufmerksamkeit, weil man IPv4-ACLs dann ebenso auf eingebettete Adressen anwenden muss. Weil die DNS-Routinen gewöhnlich nicht mit eingebetteten Adressen klarkommen, ist auch hier etwas Handarbeit vonnöten. Diese kann man aber mittels geeigneter Abstraktionen weitgehend vom Programmierer fernhalten.

Die anderen Transitionsmechanismen beschäftigen sich damit, wie man IPv6 geschickt über IPv4-Infrastruktur tunneln kann, d.h. am besten so, dass sich die Tunnel automatisch selbst einrichten. Das erfordert aber gewöhnlich auf IPv4-Ebene Multicast-Fähigkeit, die sich aber in der Praxis eher auf LANs beschränkt.

Relativ einfach kann man mit ein paar statischen Tunneln IPv6-Inseln über das Internet verbinden. So ist das ja bereits mit Multicast-Inseln geschehen und in Anlehnung an dieses MBONE nennt sich das IPV6-Tunnelnetz 6BONE.

Damit das auch mit dynamischen IPv4-Adressen funktioniert, sind die so genannten Tunnel-Broker erfunden worden, bei denen man sich nach dem Einwählen automatisch seinen Tunnel aktivieren kann. Von Nachteil ist in dem Zusammenhang, dass Breitband-ISPs so selten IPv6 anbieten. Denn mit PPP kann man IPv6 fahren und die freien PPP-Dämonen unterstützen das auch bereits. Privatleute können sich zum Testen bei diversen Projekten kostenlos IPv6-Tunnel schalten lassen (u.a. *http://www.freenet6.net/*).

1.5 Änderungen im Überblick (Vergleich IPv4 – IPv6)

Der vorrangige Grund für eine Änderung des IP-Protokolls ist auf den begrenzten Adressraum zurückzuführen. Weitere Gründe für eine Änderung des IP-Protokolls sind: IPv4 eignet sich denkbar schlecht für moderne Internet-Anwendungen und Technologien wie Video-on-Demand, Web-TV oder eCommerce.

Obwohl viele der als erfolgreich betrachteten Grundfunktionen von IPv4 beibehalten wurden, wurden zukunftssichere Neuerungen definiert. Deswegen ist IPv6 im Allgemeinen nicht mit IPv4 kompatibel, wohl aber (eventuell nach geringfügigen Modifikationen) mit den weiteren Internet-Protokollen, insbesondere den Protokollen der Transportschicht.

Die wesentlichen Erweiterungen und Änderungen auf dem Weg von IPv4 zu IPv6 betreffen:

Mehr Adressen

Damit man auch in Zukunft wieder so verschwenderisch mit dem Adressraum umgehen kann, wie man es anfangs mit IPv4 gemacht hat, ist bei IPv6 die Adressgröße vervielfacht worden. Statt bisher 32 Bit stehen nun 128 Bit für die Adressen bereit.

Neues Header-Format

Der IPv6-Header (Basis) wurde vollständig geändert. Er enthält nur noch 7 statt bisher 13 Felder. Diese Vereinfachung ermöglicht Routern, Pakete schneller zu verarbeiten. Bei IPv4 sind alle Optionen im Header integriert. Jeder Router ist somit gezwungen, jede Option zu analysieren, bevor sie bearbeitet werden kann. Dies bringt zeitliche Verluste mit sich, gerade dann, wenn eine Option für einen Router nicht bestimmt ist.

IPv6 umgeht dieses Problem, indem es jede Option als eigenen Header realisiert, welche nur von den Endknoten bearbeitet werden. Ein Datagramm besteht aus einem Basis-Header sowie einem oder mehreren Zusatz-Headern, gefolgt von den Nutzdaten. Als weitere Maßnahmen zur Entlastung der Router ist die Header-Länge fest (bei IPv4 ist sie variabel lang)

Verbesserung der Routing-Eigenschaften

Bei den zurzeit durchschnittlich von einem IPv4-basierten Router weiterzuleitenden Datenmengen kommt ein Großteil der Eigenintelligenz dieser Geräte bei fragmentierten Paketen *beziehungsweise* beim Überprüfen von Checksummen zum Einsatz. Das sind grundsätzlich keine schwierigen Aufgaben, aber bei dem enormen Durchsatz heutiger Leitungen ist es wichtig, die Arbeit des Routers zu minimieren.

Die geänderten Header-Informationen von IPv6 entlasten die Router größtenteils von solchen Aufgaben, da der Header zum Beispiel keine Prüfsumme mehr transportiert. IPv6 verlegt derartige Kontrollmechanismen auf OSI-Level 4, also in die TCP-Ebene.

Bei IPv4 wird ein Datagramm in mehrere Fragmente verkleinert, wenn es die MTU erfordert. Die Fragmentierung wird von den Routern selbst ausgeführt, wodurch eine erhebliche zusätzliche Belastung entsteht. Das Konzept von IPv6 sieht vor, dass der Sender die Fragmentierung selbsttätig durchführen muss. Router fragmentieren zu große Pakete nicht mehr, sondern schicken eine Fehlermeldung zum Endpunkt. Der kann dann die maximale Paketgröße (»MTU«, Maximum Transmission Unit) entsprechend anpassen. Bei IPv6 ist die minimale MTU auf 1280 Bytes erhöht worden.

Autokonfiguration/Renumbering

Durch dieses Feature wird das praktisch größte Problem durch die Fähigkeit, im laufenden Betrieb und ohne manuellen Eingriff des Administrators den Adress-Bereich zu verändern, aus der Welt geschafft. Sobald ein IPv6-Interface gestartet wird, sucht dieses selbstständig nach einem Router, der ihm eine gültige IPv6-Adresse zuweisen kann. Bei IPv6 hat man nicht nur eine IP-Nummer pro Interface, sondern es gibt Link-Local-, Site-Local- und ganz normale globale IP-Nummern. Der Clou ist, dass die Link-Local-Adresse direkt aus der Ethernet-MAC (oder sonstigen Layer-2-MACs) berechnet wird, d.h. jedes Gerät hat für jeden Link automatisch eine Link-Local-Adresse.

Mit dieser Link-Local-Adresse kann das Endgerät dann auf dem Link kommunizieren und z.B. per Multicast die Router finden. Wenn die Router bekannt sind, lässt sich das Endgerät von diesen seine globalen IP-Adressen geben. Bei IPv6 kann man pro Router mehrere IP-Adressen haben und über alle gleichzeitig erreichbar sein. Der Host sucht sich automatisch die richtige Route und den richtigen Router.

Die Routing-Tabellen könnten dadurch deutlich verkleinert werden, denn bei den IPv4-Routing-Tabellen gibt es fragmentierte Adressbereiche und große Bereiche, die aus historischen Gründen jemandem gehören, der sie gar nicht oder nur sehr eingeschränkt nutzt. Wenn man diesen Bereich aber aufteilt, dann wäre er nicht mehr als Aggregat durch eine Route zusammenfassbar und die weltweite Routing-Tabelle würde explodieren. Dies alles vermeidet Renumbering sehr elegant.

Aber nicht nur die Routing-Effizienz kann so gesteigert werden! Viele Kunden wechseln den ISP nicht, obwohl er schlechte Leistung zu überhöhten Preisen bietet, weil sie die Kosten für die Adressumstellung fürchten! Mit Renumbering ist das vorbei.

Mehr Sicherheit

IPv6 führt die Verschlüsselung der »Nutzlast« und die Echtheitsprüfung von Adressat und Absender auf der Netzwerkebene ein, die in IPv4 nur zwischen Endanwendern möglich ist. Das erlaubt die manipulations- und abhörsichere Übertragung auf jeder Verbindung zwischen zwei IPv6-Rechnern.

Wichtige neue Merkmale von IPv6 sind hier Authentifizierung (authentication), Datenintegrität (data integrity) und Datenverlässlichkeit (data confidentiality). Diese kryptographische Authentifizierung, gepaart mit einer Verschlüsselung zur Sicherung der Privatsphäre, gehören zu den vielen Vorteilen von IPv6. Das Schlagwort hierfür ist IPsec.

Neue Dienstarten

IPv6 legt mehr Gewicht auf Dienstarten, insbesondere für Echtzeitanwendungen. Neben für jedermann interessanten Features gibt es auch einige Neuerungen, die eher für große Firmen interessant sind (oder sehr langfristig auch für das Internet), aber keinen sofortigen Gewinn erbringen: Multicast und Quality of Service.

Multicast ist ein Verfahren zur effizienteren Bandbreitenausnutzung bei der Übertragung an mehr als einen Empfänger (d.h. besonders für Video- und Audio-Streaming mit hoher Bandbreite wichtig). Alle **früher** über Broadcast abgewickelten Protokolle werden bei IPv6 über Multicast implementiert.

Quality of Service ist eine Option zur Echtzeitübertragung. Sie fasst Protokolle und Methoden zusammen, mit denen einzelne Datenströme bevorzugt behandelt werden können. Damit kommt IPv6 den Forderungen nach einer verbesserten Unterstützung der Übertragung von Video- und Audiodaten entgegen.

Erweiterbarkeit/Optionen

Die Erweiterung der Optionen ist notwendig geworden, da einige bei IPv4 notwendige Felder nun optional sind. Darüber hinaus unterscheidet sich auch die Art, wie die Optionen dargestellt werden. Für Router wird es damit einfacher, Optionen, die nicht für sie bestimmt sind, zu überspringen. Dies ermöglicht ebenfalls eine schnellere Verarbeitung von Paketen.

IPv6 ist ein erweiterbares Protokoll. Bei der Spezifikation des Protokolls wurde nicht versucht, alle potenziell möglichen Einsatzfelder für das Protokoll in die Spezifikation zu integrieren. Vielmehr bietet IPv6 die Möglichkeit, über Erweiterungs-Header das Protokoll zu erweitern. Damit ist das Protokoll offen für zukünftige Verbesserungen.

Ein Beispiel ist die Jumbo-Payload-Option. Mit der Jumbo-Payload-Option können Datagramme mit einer Länge größer als 64 KByte übertragen werden.

2 Die Vermittlungsschicht

Die Netzwerk- oder Vermittlungsschicht (Network Layer) stellt im Wesentlichen die Funktionen der Wegefindung (Routing) zur Verfügung. Mehrere Netzwerkabschnitte/Subnetze können zu einem logischen Gesamtnetzwerk gekoppelt werden. Auf diese Weise ist es möglich, logisch strukturierte, hierarchische Netzwerke aufzubauen.

Auf der Schicht 3 arbeitende Transitsysteme (Vermittlungsknoten) werden als Router oder Gateways bezeichnet. Router arbeiten deshalb immer nur mit einem auf der Ebene 3 angesiedelten Protokoll. Ein Router, der nur das Internet-Protokoll (IP) unterstützt, ist deshalb für alle Nicht-IP-Protokolle (z.B. XNS, DECnet, IPX oder auch LAT) nicht durchlässig. Da er aus den oben genannten Gründen jedes Paket bis zur Ebene 3 »auspacken« muss, eignet er sich hervorragend zum Verbinden unterschiedlicher Netzwerktopologien wie z.B. Ethernet mit Token Ring (802.5), FDDI oder Frame Relay.

Bei der Übermittlung von Daten über vermaschte Wide Area Networks (WANs) kann es jedoch vorkommen, dass ein Zielnetz eine geringere maximale Paketgröße hat als das sendende Netz. Dies ist z.B. beim Übergang von Ethernet (1514 Byte) nach X.25 (512 Byte) der Fall. In diesen Fällen teilt ein Router die zu großen Pakete in mehrere kleine Pakete auf und kennzeichnet diese entsprechend (Fragmentierung). Eine weitere wichtige Aufgabe ist die oben bereits erwähnte Wegefindung in einem (vermaschten) Netzwerk. Durch zwischen den Routern versendete Steuerpakete (Routing Information Packets) »kennt« jeder Router den optimalen Pfad zwischen zwei Endgeräten. Auf diese Weise lassen sich z.B. sehr leicht redundante Strukturen aufbauen.

2.1 Aufgaben der Vermittlungsschicht

Die Hauptfunktion der Vermittlungsschicht besteht in der Bereitstellung von transparenten Datenverbindungen zwischen Endgeräten. Die Schicht 3 passt dabei die höheren Schichten, die Protokolle des Transport Layers, an die netzspezifischen Protokolle und Bedingungen an. Dieser Service der Vermittlungsschicht wird allgemein Network Service genannt. Der Network Service sorgt dafür, dass die gesicherten Systemverbindungen der höheren Schichten über das gesamte Netzwerk hinweg miteinander verknüpft werden können.

2.1.1 Wegwahl zwischen Netzen

Der Network Layer stellt den höheren Schichten eine transparente Verbindung zur Verfügung und sorgt für die Wegwahl zwischen Netzen. Liegen zwischen der Zieladresse und der

Quelladresse verschiedene Netze, muss eine Wegwahlentscheidung getroffen werden. Die Wegwahlentscheidung auf der Vermittlungsschicht erfolgt immer über ein oder mehrere Zwischensysteme (Router). Bei der Wegwahl kommen zwei Verfahren zur Anwendung:

- die statische Methode,
- die dynamische Methode.

Bei der statischen Methode führen die Zwischensysteme Tabellen, in denen jedem Netzwerk eine Ausgangsleitung fest zugeordnet ist. Bei dem dynamischen Verfahren wird die Wegwahl durch die Lastsituation und die Erreichbarkeit einzelner Netze über bestimmte Router entschieden. Die dynamische Methode erfordert den Einsatz von zusätzlichen Protokollen, den so genannten Routing-Protokollen. Die bekanntesten TCP/IP-Routing-Protokolle sind das Routing-Information-Protokoll (RIP), Border-Gateway-Protokoll (BGP) und das Open-Shortest-Path-First-Protokoll (OSPF).

2.1.2 Adressierungsmechanismen

Der Network Layer unterstützt unterschiedliche Adressierungsmechanismen. Innerhalb eines Verbunds von Datennetzen (Internet) können die unterschiedlichen Datennetze unterschiedliche Adressformate verwenden, deshalb muss zur eindeutigen Unterscheidung der einzelnen Knoten ein globales Adressschema bestehen.

2.1.3 Anpassung an die physischen Bedingungen

Die Netzwerkschicht passt die Daten der höheren Schichten an die physischen Bedingungen der unterschiedliche Netze an. Datennetze können für unterschiedlich lange Datenpakete ausgelegt sein, deshalb muss die Vermittlungsschicht die zu transportierenden Daten den netzspezifischen Gegebenheiten anpassen.

2.1.4 Unterstützung verschiedener Zugriffsmechanismen

Die dritte Schicht muss in der Lage sein, die verschiedensten Zugriffsmechanismen auf den untersten netzspezifischen Schichten zu unterstützen. Die Schicht 3 muss so flexibel angelegt sein, dass die Protokolle und Zugriffsmechanismen der darunter liegenden Schichten (Token Ring, Token Bus, ATM, CSMA/CD, FDDI usw.) unterstützt werden können.

2.1.5 Fehlererkennung und Statusinformationen

Die Netzwerkschicht sollte über Mechanismen verfügen, um Fehler und Engpässe auf den Datennetzen festzustellen und um sie den höheren Protokollen melden zu können. Daneben sind Mechanismen vorgesehen, die die Verweildauer eines Datenpaketes im Netz begrenzen sowie Paketduplikate erkennen und entfernen können.

2.1.6 Definition von Übertragungsparametern

Bei der Übertragung müssen Daten manchmal vorrangig oder unter dem Gesichtspunkt erhöhter Sicherheit verschickt werden. Aus diesem Grund muss die Netzwerkschicht die Möglichkeit bereitstellen, bestimmte Übertragungsparameter festlegen zu können.

2.1.7 Multiplexen auf die darunter liegenden Schichten

Zur besseren Auslastung der Verbindungen, die die Schicht bereitstellt, multiplext die Vermittlungsschicht mehrere Endsystemverbindungen auf ein Netz, wenn sie den gleichen Streckenabschnitt durchlaufen. Datenpakete mehrerer Transportverbindungen werden über die gleiche Verbindung der Schicht 2 übertragen. Entsprechend werden die Pakete wieder aussortiert, wenn sich die Wege wieder trennen. Auf der Vermittlungsschicht (Schicht 3) sind bei der TCP/IP-Protokollfamilie eine ganze Reihe von unterschiedlichen Protokollen angesiedelt. Die wichtigsten Protokolle sind:

IPv6	Internetwork Protokoll Version 6,
ICMPv6	Internetwork Control Message Protokoll Version 6,
ND	Neighbor Discovery

Tab. 2.1   Die wichtigsten bei der TCP/IP-Protokollfamilie angesiedelten Protokolle

2.2 Internet Protocol Version 6 (IPv6)

Die erste von der verwendeten physischen Netzwerktechnologie unabhängige Schicht ist die Netzwerkschicht. Die Aufgaben der Netzwerkschicht übernimmt bei den neuen TCP/IP-Protokollen das Internet-Protokoll Version 6 (Kurzbezeichnung: IPv6). Das Internet-Protokoll ist im Request for Comments (RFC) 2460 definiert. Das Internet-Protokoll unterstützt als ein von der darunter liegenden Schicht unabhängiges Protokoll eine Vielzahl von Netzwerk-Technologien:

- IP on IEEE 802.3 Networks
- IP on Ethernet Networks
- IP on FDDI Networks
- IP on ATM Networks

Neben der Anpassung der Daten an die physischen Bedingungen des Datennetzes stellt das Internet-Protokoll den höheren Protokollschichten folgende Dienste zur Verfügung:

2.2.1 Datagrammservice

Die Datenblöcke (inklusive der verschiedenen Header) der höheren Protokollschichten werden als Datagramme zum Kommunikationspartner über das Netz übermittelt. Diese Datagramme werden vom IPv6 mittels eines verbindungslosen Kommunikationsmechanismus zwischen den Kommunikationspartnern übermittelt. In der Praxis bedeutet dies, dass das IPv6 nach dem Versenden des Datagramms keine zusätzlichen Dienste (z.B. »wurde das Datagramm auch beim Empfänger richtig empfangen?«) erbringt. Das Empfänger-IP überprüft zwar die Daten auf ihre Richtigkeit (Prüfsumme), es ist jedoch nicht in der Lage festzustellen, ob dieses Datagramm auch in der richtigen Reihenfolge empfangen wurde. Diese Funktionen überlässt das IPv6-Protokoll den höheren Schichten.

2.2.2 Spezifikation höherer Protokolle

Durch Angabe von Protokollkennungen können höhere Protokolle definiert werden, an die der Paketinhalt abgeliefert werden soll.

2.2.3 Adressfunktion

Das Internetwork-Protokoll leistet bei der Datenübermittlung weitere Zusatzdienste, z.B. einen Adressierungsmechanismus, wobei jedes Datenpaket mit einer Sende- und Zieladresse versehen wird.

2.2.4 Routing zwischen Netzwerken

Als Verbindungsglieder zwischen IP-Netzwerken werden Router eingesetzt. Die einzelnen IP-Module in den Routern sorgen für die Umsetzung der Datagramme auf andere Netzwerke. Die Router sind darüber hinaus für die Wegwahl zwischen den Netzen und für die Wahl des geeigneten Weges zuständig.

2.2.5 Fragmentierung und Reassemblierung von Paketen

Die an der Kommunikation beteiligten Netze können unterschiedlich lange Datenpakete unterstützen. Deshalb bietet das Internet-Protokoll einen Mechanismus, um diese Datenpakete in Teildatagramme zerlegen (fragmentieren) zu können. Diese Paketfragmente werden beim Empfänger wieder zu einem vollständigen Datagramm zusammengesetzt (Reassemblierung).

2.2.6 Wahl der Übertragungsparameter

Dem Benutzer stehen verschiedene Übertragungs-Qualitätsparameter zur Verfügung.

- **Vorrangsteuerung bei der Übertragung von Datagrammen:** Bei der Übermittlung über Router können durch eine gezielte Vorrangsteuerung die Datenpakete bevorzugt übertragen werden.

- **Zuverlässigkeit der Übertragung:** Bei der Übermittlung über Router kann die Zuverlässigkeit der Route definiert werden.

- **Einteilung in Sicherheitsklassen:** Bei der Kommunikation zwischen Netzknoten können Sicherheitsstufen festgelegt werden und somit die Daten gesichert zum Kommunikationspartner übermittelt werden.

Die neuen Funktionen von IPv6 beseitigen einige Engpässe, die sich beim Betrieb des alten IPv4-Protokolls ergeben haben. Bestimmte Funktionen, die das IPv4 unterstützte, jedoch aus praktischen Gründen in keiner Implementierung unterstützt wurden, sind in der IPv6-Version nicht mehr enthalten. Die wesentlichsten Unterschiede gegenüber der alten Version beziehen sich auf folgende Punkte:

- **Erweiterte Routing- und Adressierungsfunktionen:** Die IP-Adressen werden beim IPNG von 32 Bits auf 128 Bits vergrößert. Dadurch werden hierarchische Adressschemata unterstützt. Innerhalb der Adressgruppe kann dadurch eine wesentlich größere Zahl an Rechnern unterstützt werden. Durch einen neuen Adresstyp, die so genannten Cluster-Adressen, können die Netze in topologische Regionen unterteilt werden.

- **Vereinfachung des Header-Formats:** Bereits in der IPv4-Version wurden einige Header-Felder nur sehr selten benutzt. Um die für die Übermittlung der IP-Daten notwendige Bandbreite so gering wie nur möglich zu halten, wurden in der neuen IP-Version alle unnötigen Header-Felder eliminiert. Obwohl in der IPNG-Version die Adressfelder vier Mal länger sind als bei der alten Version, ist der gesamte Header nur doppelt so lang wie bei IPv4.

- **Flexibilität bei der Unterstützung von Optionen:** Die IP-Header-Optionen können in Zukunft wesentlich einfacher integriert werden. Durch einfache Erweiterungen des Header-Formats können neue Optionen jederzeit eingeführt werden.

- **Quality-of-Service:** Durch neue Steuerungsfelder im Header können die Datagramme zwischen dem Sender und dem Empfänger anhand bestimmter Qualitätsparameter gesondert übermittelt werden. Dies wirkt sich besonders bei der Übermittlung von Real-Time-Applikationen (Video und Sprache) aus.

- **Authentication und Privacy:** In der neuen IPNG-Version wurden die Bedürfnisse der heutigen Kommunikationsstrukturen berücksichtigt. Aus diesem Grund wurden Funktionen wie z.B. Authentifizierung, Datenintegrität und Sicherheit implementiert.

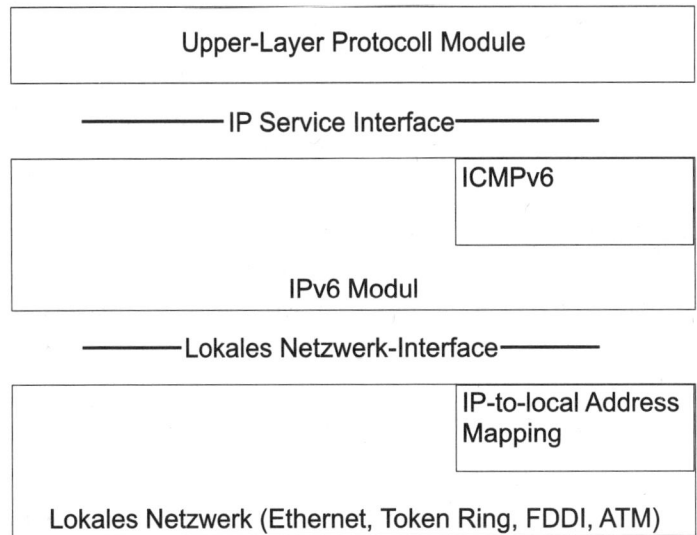

Abb. 2.1   Die unteren Protokollschichten

2.2.7 Übersicht

Jedes Datagramm wird vom IPv6-Protokoll als ein einziges, vollkommen unabhängiges Datenpaket vom Sender durch das Netz zum Empfänger übermittelt. Bei dem Internet-Protokoll findet kein Verbindungsaufbau oder Verbindungsabbau statt. Für jedes Datagramm wird innerhalb des Netzes ein von weiteren Datagrammen unabhängiger Weg ermittelt. Auf dem Weg zum Empfänger können sich die Datagramme überholen und in geänderter Reihenfolge beim Empfänger eintreffen. Die Aufgabe, die Pakete in die richtige Reihenfolge zu bringen, überlässt das Internet-Protokoll den Protokollen auf der Transportschicht. Das Internet-Protokoll stellt außerdem keine gesicherte Verbindung zur Verfügung. Dies bedeutet, dass Datenpakete auf dem Weg zwischen Sender und Empfänger verloren gehen können. Das IP verlässt sich dabei völlig auf die Protokolle der höheren Ebenen, die den Verlust der Daten feststellen und die Sendewiederholung dieser Daten erneut initiieren. Das Internet-Protokoll ist auch nicht in der Lage, von der darunter liegenden Schicht abgelehnte Datagramme neu zu generieren und erneut zu übertragen.

2.2.8 Datagrammdienst

Die Übermittlung der IPv6-Datagramme erfolgt mittels eines Datagrammdienstes. Dieser Service wird allgemein gesprochen als ein unzuverlässiger verbindungsloser Paketübermittlungsdienst bezeichnet (»send and pray«). Als unzuverlässig gilt dieser Service, weil die Übermittlung der Datenpakete nicht garantiert wird. Die Datenpakete können auf dem Weg zum Empfänger verloren gehen, dupliziert werden oder in unterschiedlicher Reihenfolge eintreffen. Der Datagramm-Service ist nicht in der Lage, diese Fehler festzustellen, und kann deshalb auch nicht den Sender bzw. den Empfänger darüber informieren. Der Datagramm-Service wird als ein verbindungsloser Übermittlungsdienst bezeichnet, da jedes Datenpaket vollkommen unabhängig von weiteren Datenpaketen vom Sender durch das Netz zum Empfänger übermittelt wird. Die Vorteile des Datagrammdienst bestehen darin, dass dieser Service sehr schnelle Reaktionszeiten bietet. Es wird keine Zeit (und es werden keine Ressourcen) zum Aufbau bzw. zum Abbau einer Verbindung benötigt. Außerdem kann auf sich ständig ändernde Lastsituationen flexibel durch eine dynamische Wegwahl reagiert werden. Die Nachteile des Datagrammdienstes bestehen in einer möglicherweise fehlerbehafteten Übermittlung der Daten über das Netz. Außerdem muss jedes Datagramm die vollständige Zieladresse enthalten um zum Ziel übermittelt werden zu können. Dies führt zu einem erhöhten Protokoll-Overhead.

2.2.9 Datenübermittlung durch IPv6

Die Übermittlung von Datagrammen durch das Internet-Protokoll beginnt damit, dass ein Protokoll einer höheren Schicht Daten zur Übermittlung an das Internet-Protokoll übergibt. Das Internet-Protokoll verpackt diese Daten in ein Internet-Datagramm und reicht sie an die Übertragungsschicht zur Übermittlung (Transport) über das Netz weiter. Befindet sich der Zielrechner im lokalen Netz, sendet IP das Datagramm direkt zum Zielknoten, befindet sich der Empfänger an einem entfernten Netz, so sendet IP das Datagramm an das IP-Modul eines am lokalen Netz angeschlossenen IP-Routers. Das IP des Routers übermittelt das Datagramm über das nächste Netz zum IP-Modul des Zielrechners oder zu einem weiteren Router-IP-Modul. Ein Datagramm wird immer durch ein zusammenhängendes Netz von IP-Modulen zu seinem Bestimmungsort befördert.

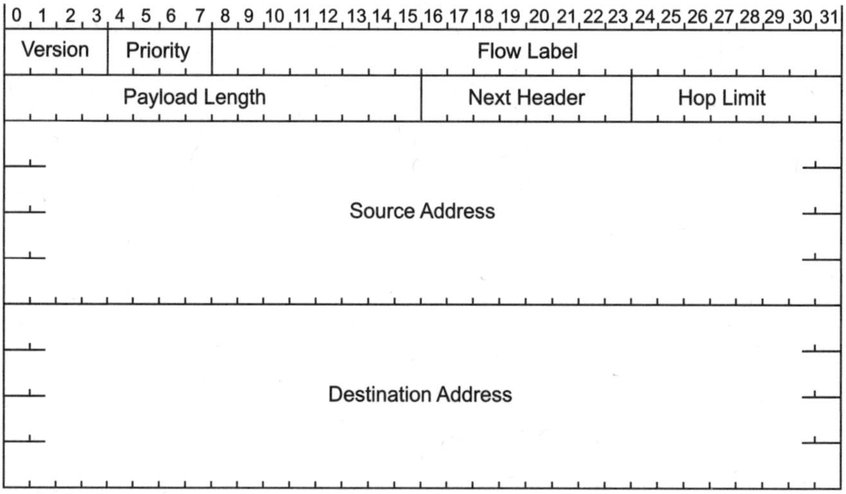

Abb. 2.2   Das IPv6-Header-Format

Version
Das Versionsfeld gibt die verwendete Version des IP-Headers an. Das vorliegende Buch beschreibt die Version 6. Das Versionsfeld gibt die Version des Protokolls an, zu dem das Datagramm gehört. Durch Einfügen der Versionsnummer in jedes Datagramm besteht die Möglichkeit, in einem Netz Rechner der Version 4 und Rechner der Version 6 parallel zu betreiben, ohne dass die jeweilige andere IP-Version im Betrieb gestört wird.

Priorität
Definiert den Prioritätswert des jeweiligen Pakets.

Flow Label
Definiert die spezielle Behandlung bei der Übermittlung des jeweiligen Pakets.

Payload-Länge
Die Payload-Länge gibt den auf den IPv6-Header folgenden Rest des Pakets in der Anzahl der darin enthaltenen Oktette an. Wird dieses Feld auf den Wert = 0 gesetzt, so wird signalisiert, dass die Payload-Länge als Funktion der Jumbo-Payload-Hop-by-Hop-Option dargestellt wird.

Next Header
Im Protokollfeld wird definiert, welches höhere Protokoll als Nächstes dem Datenteil vorangestellt ist. Die den höheren Protokollen zugeteilten Nummern werden in den so genannten Assigned Internet Protocol Numbers veröffentlicht. Beim IPv6-Protokoll wird das jeweilige Protokoll der vierten Schicht spezifiziert. Die wichtigsten Protokolltypen sind wie folgt:

Wert (dezimal)	*Protokoll*	*Beschreibung*
0		Reserviert
1	ICMP	Internet Control Message
2	IGMP	Internet Group Management
3	GG	Gateway-to-Gateway
5	ST	Stream
6	TCP	Transmission Control
8	EGP	Exterior Gateway Protocol
9	IGP	any private interior gateway
11	NVP-II	Network Voice Protocol
12	PUP	PUP
16	CHAOS	Chaos
17	UDP	User Datagram

Wert (dezimal)	Protokoll	Beschreibung
18	MUX	Multiplexing
20	HMP	Host Monitoring
27	RDP	Reliable Data Protocol
28	IRTP	Internet Reliable Transaction
29	ISO-TP4	ISO Transport Protocol Class 4
33	SEP	Sequential Exchange Protocol
35	IDPR	Inter-Domain Policy Routing Protocol
37	DDP	Datagram Delivery Protocol
41	SIP	Simple Internet Protocol
43	SIP-SR	SIP Source Route
44	SIP-FRAG	SIP Fragment
45	IDRP	Inter-Domain Routing Protocol
46	RSVP	Reservation Protocol
47	GRE	General Routing Encapsulation
48	MHRP	Mobile Host Routing Protocol
50	SIPP-ESP	SIPP Encap Security Payload
51	SIPP-AH	SIPP Authentication Header
53	SWIPE	IP with Encryption
54	NHRP	NBMA Next Hop Resolution Protocol
66	RVD	MIT Remote Virtual Disk Protocol
80	ISO-IP	ISO Internet Protocol
83	VINES	VINES
88	IGRP	IGRP
89	OSPFIGP	OSPFIGP
94	IPIP	IP-within-IP Encapsulation Protocol
97	ETHERIP	Ethernet-within-IP Encapsulation

Hop Limit
Das Hop-Limit-Feld definiert die verbleibende Lebensdauer eines Datagramms im Netz. Fällt der Wert auf null, muss das Datagramm zerstört werden. Als Basis der Hop-Limit-Funktion dient der Begriff Hop. Ein Hop beschreibt den Sprung von einem Netz zu einem anderen Netz, der mithilfe eines Routers durchgeführt wird. Bei jeder Übertragung durch einen Router wird dieser Wert um mindestens eine Einheit herabgesetzt.

IP-Source-Adresse
Das IP-Source-Adressfeld enthält die Internet-Adresse des Rechners, der das Datagramm erzeugt hat. Die Codierung der IP-Source-Adresse erfolgt hexadezimal.

IP Destination Adresse
Enthält die Internet-Adresse des Rechners, für den das Datagramm bestimmt ist. Die Codierung der IP-Destination-Adresse erfolgt hexadezimal.

2.3 Anforderungen an IPv6-Adressen

Das weltweite Internet ist ein loser Zusammenschluss von Rechnern, die miteinander durch definierte Kommunikationswege verbunden sind. Die Kontrolle und die Verwaltung dieser Netzwerk-Ressourcen obliegt den einzelnen Subnetzen. Alle von einer administrativen Einheit verwalteten Ressourcen werden als eine Domain bezeichnet. Alle Domänen, die ihre Ressourcen mit anderen Domänen teilen, werden als Netz-Service-Provider bezeichnet. Alle Domänen, die Ressourcen einer anderen Domain benutzen, werden als Netz-Service-Subscriber bezeichnet. Domänen können aber auch gleichzeitig als Provider und als Subscriber agieren. Die Adressvergabe im Internet hat deshalb folgende Gesichtspunkte:

- Festlegung der Anforderungen für eine Vergabe von IPv6-Adressen,
- Routing zwischen den unterschiedlichen Domänen (Inter-Domain-Routing) und innerhalb einer Domain (Intra-Domain-Routing).

Die Internet-Architektur wurde so aufgebaut, dass die vielen Routing-Domänen (z.B. Organisationen oder Firmen) direkt an regionale Netze in einem oder mehreren Punkte angeschlossen werden. Die Anzahl der Network-Access-Punkte wurde von vornherein eingeschränkt, um die Zugänge zu den Netzen übersichtlich zu gestalten. Die Organisationen oder Firmen, die mit ihren vielen Routing-Domänen an die Network-Access-Punkte angeschlossen werden, bezeichnet der Fachmann als Network-Subscriber (Dienstnehmer). Die Organisatoren, die den Zugang zum Netzwerk bieten, bezeichnet man als Provider (Dienstanbieter). Zur Unterstützung dieser Anforderungen sollte die Internet-IPv6-Adressarchitektur die folgenden Funktionen enthalten:

- In den IPv6-Adressen sollten bereits Informationen über die Topologie enthalten sein. Dies würde dazu führen, dass der Routing-Protokoll-Overhead erheblich reduziert werden könnte.
- Um ein uneingeschränktes Wachstum der Netze weltweit garantieren zu können, sollten die Adress-Strukturen eine Vielzahl von Hierarchieebenen unterstützen.

2.3.1 IPv6-Adressen und Routing

Die IPv6-Adressen werden so aufgeteilt, dass die Routing-Hierarchien gleich bei der Adressvergabe in die jeweilige Adresse mit einfließen. Dazu wird die IPv6-Adresse so unterteilt, dass alle Rechner innerhalb einer Routing-Domäne das gleiche IPv6-Adress-Präfix erhalten. Anhand dieses Adress-Präfixe können die Router alle Datenpakete zwischen den einzelnen Hierarchieebenen vermitteln. Da der Routing-Vorgang nur noch auf diese relativ kurzen Felder beschränkt wird, werden wichtige Ressourcen (CPU, Memory und Übertragungsbandbreite) in den Routern eingespart. Durch einen hierarchischen Netzaufbau wird es erheblich leichter, die Routing-Informationen (Wegefindungspakete) zwischen den einzelnen Domänen auszutauschen. Dieser Austausch von Routing-Informationen zwischen den Domänen und innerhalb einer Domain kann über statische Wege (z.B. manuelle Konfiguration) oder durch den Austausch von dynamischen Routing-Protokollen (OSPF, BGP usw.) erfolgen. Durch die Aufteilung der Adressen in eine hierarchische Struktur kann auch die Adressvergabe regionalisiert werden. Für jede Region oder jedes Land kann dadurch ein Adressblock (unterschiedliche Größe für unterschiedliche Anforderungen) vergeben werden. Die einzelnen Regionen sind dadurch in der Lage, von sich aus spezifisch auf die Anforderungen abgestimmte Adress-Strukturen zu entwickeln.

2.3.2 IPv6-Adress-Administration

Die Internet-Routing-Komponenten der Service-Provider (z.B. Backbones, regionale Netzwerke) und der Service-Subscriber (z.B. Firmennetze, Campusnetze) werden in der Praxis in hierarchischen Strukturen angeordnet. Die einzelnen Teilnetze werden über IPv6-Router zu Routing-Domänen verbunden. In diesen Netzen kann die Adressadministration in folgenden Punkten durchgeführt werden:

- an einem zentralen Punkt der jeweiligen Routing-Domain,
- am Übergang zwischen Service-Provider und Subscriber
- am Übergang zwischen dem zentralen Netz (Internet-Backbone) und dem Service-Provider,
- an einem zentralen Punkt im weltweiten Netz.

2.3.3 IPv6-Adress-Administration innerhalb einer Domain

Werden in einem großen Netzwerk den darin enthaltenen Rechnern die IPv6 Adressen aus verschiedenen, nicht miteinander in Beziehung stehenden Adress-Pools zugeteilt, verliert der Netzbetreiber die Möglichkeit, die Netze zusätzlich zu den Funktionen der Intra-Domain-Routing-Protokolle zu strukturieren.

Beispiel:

Innerhalb einer Routing-Domain werden den Rechnern drei unterschiedliche Präfixe aus drei unterschiedlichen IPv6-Adress-Bereichen von drei unterschiedlichen Providern zugeordnet. Die gesamte Domain teilt sich dadurch in drei unterschiedliche Routing-Domänen (Sub-Domains) auf. Zur Identifikation dieses Netzwerks (bzw. der Routing-Domain) und der darin enthaltenen Adressen steht dadurch kein eindeutiges Präfix mehr zur Verfügung. Besonders beim Inter-Domain-Routing können technische Probleme auftreten, da die anderen Routing-Domänen unterschiedliche Routen zu der spezifischen Domain aufbauen und verwalten müssen. Dabei werden die Adressen der Routing-Domain (bestehend aus drei unterschiedlichen Präfixen) per Protokoll an andere Routing-Domänen propagiert. Dies führt dazu, dass von den Routing-Protokollen in der Praxis drei unterschiedliche Adresslisten (jeweils für das betreffende Präfix) propagiert werden müssen. Die Anzahl der IPv6-Präfixe, die die Sub-Routing-Domänen propagieren, entspricht der Anzahl der für die Gesamt-Domain zugeordneten Präfixe. Die Zahl der Präfixe, die eine Provider-Routing-Domain propagiert, entspricht deshalb der Anzahl an Präfixen, die der jeweilige Netzbetreiber in seinen Sub-Routing-Domänen einsetzt. Werden die Provider über ein gemeinsames Backbone gekoppelt, so propagieren alle drei Dienstanbieter die gleichen Präfixe über unterschiedliche Routen. In einem Netzwerk wie dem Internet muss deshalb aus Gründen des Managements und der leichteren technischen Umsetzung eine weitere Hierarchiestufe gefunden werden.

2.3.4 IPv6-Adressadministration am Übergang zwischen Provider und Subscriber

Teilt der Provider seinen Adressbereich so auf, dass jede Routing-Domain einen kontinuierlichen Adressblock erhält, so kann das gesamte Netz von außen über das gemeinsame Präfix adressiert bzw. identifiziert werden.

Beispiel

Ein großes Netzwerk benötigt zur Adressvergabe aller darin enthaltenen Rechner vier unterschiedliche IPv6-Präfixes. Da das Management von vier Präfixen zu den oben beschriebenen Komplikationen führen kann, sollte der Netzbetreiber deshalb darauf drängen, dass er von seinem Provider nur ein Präfix (mit genügendem Adressbereich für alle im Netz enthaltenen Rechnern) zugeteilt bekommt. Zwischen den Rechnern und der Routing-Domain besteht eine direkte Beziehung. Die Routing-Domain repräsentiert den einzigen Pfad zwischen dem jeweiligen Rechner und dem Rest des Internetworks. Aus diesem Grund sollten die Routing-Domäne und die darin enthaltenen Rechner über einen gemeinsamen IPv6-Adressraum (Präfix) verfügen.

2.3.5 IPv6-Adressadministration am Übergang zwischen dem zentralen Netz und dem Service-Provider

In der momentanen Diskussion wird zwischen direkten Providern und indirekten Providern unterschieden:

- Die Subscriber (Domänen) von direkten Providern nutzen ausschließlich die angebotenen Dienste (z.B. Anschluss an das Internet) und agieren ihrerseits nicht als Service-Provider für andere Netze.

- Die Subscriber (Domänen) von indirekten Providern agieren ihrerseits auch als Service-Provider für andere Netze.

Direkte Service-Provider

Zu den Aufgaben von direkten Service-Providern gehört die Vergabe von IPv6-Adressen. Der direkte Service-Provider sollte jedem seiner direkten Servicenehmer (Routing-Domain) anhand eines eindeutigen Präfixes seine IPv6-Adressen zuteilen. Ein Provider agiert beispielsweise für 100 Kunden als direkter Provider. Jeder dieser Kunden erhält seine IPv6-Adressen aus vier unterschiedlichen Adressbereichen. Um ein Routing zu den daraus resultierenden Netzen aller Kunden zu gewährleisten, müssen 400 Routing-Einträge (100 Kunden à 4 Provider) vorgenommen werden. Reduziert jeder Kunde seinen Adressbedarf auf nur einen Adressbereich, so reduziert sich die Anzahl der Einträge auf 100. Würden alle Kunden aus dem gleichen Adresspool ihre IPv6-Adressen entnehmen, würde sich die Anzahl der Routing-Einträge auf nur einen Eintrag reduzieren. In naher Zukunft wird erwartet, dass die Anzahl der Routing-Domänen im Internet stark anwachsen wird. Dadurch wird sich das Routing auf der Basis einer Kennung je Routing-Domäne technisch nur sehr schwierig realisieren lassen. Aus diesem Grund ist es notwendig, dass die IPv6-Netze stärker strukturiert werden. Direkte Provider können einen Teil ihres Adressraums an angeschlossene Domänen weitergeben. Dies führt dazu, dass direkte Provider nur noch eine kleine Anzahl an Adress-Präfixen propagieren und die Adresstabellen für ein Inter-Domain-Routing im weltweiten Internet erheblich reduziert werden. Der daraus resultierende Adressmechanismus ist relativ simpel. Jedem direkten Provider wird eine begrenzte Anzahl an eindeutigen IPv6-Adress-Präfixen zugeordnet. Anhand dieser IPv6-Adressen können angeschlossenen Routing-Domänen ihrerseits eigene etwas längere IPv6-Adress-Präfixe generieren.

Verfügt ein direkter Service-Provider über eine oder mehrere Verbindungen zu weiteren Providern (entweder direkt oder indirekt), ist es empfehlenswert, dass der direkte Provider eine gewisse Kontrolle über die jeweiligen Verbindungspunkte des Subscribers und den Datenfluss zum Subscriber-Netz ausübt. Der einfachste Weg, einen Kontrollmechanismus einzuführen, besteht in der Aufteilung der Subscriber in Gruppen. Die Gruppenbildung bietet außerdem den Vorteil, dass der Provider den Datenverkehr zu den Subscribern über definierte Zugangspunkte steuern kann. An dem Übergangspunkt (Router) zwischen den direkten und indirekten Providern wird sowohl das Adress-Präfix des Adressraums des Providers als auch die Adress-Präfixe bzw. die Adressräume der angeschlossenen Subscriber propagiert. Die Adress-Präfixe der angeschlossenen Subscriber sind von der Form her immer länger als das

Präfix des Providers. Ein Subscriber-Präfix enthält jedoch immer als Untermenge das Präfix des Providers. Empfängt ein Router eines indirekten Providers ein Adress-Präfix, wird mithilfe des »Longest Match«-Forwarding-Algorithmus der Übergabepunkt zwischen dem direkten und dem indirekten Provider ermittelt und der gesamte Datenverkehr über diesen Router geleitet.

Indirekte Provider (Backbones)

Momentan werden von den direkten Providern kaum Anstrengungen unternommen, die jeweiligen Adressstrukturen mit den indirekten Providern abzugleichen. Da die Anzahl der direkten Provider noch überschaubar ist, wird noch nicht die Notwendigkeit einer Vereinfachung der Routing-Strukturen gesehen. Die Zahl der direkten Provider bzw. Netzbetreiber wird jedoch in den kommenden Jahren explodieren. Diese direkten Provider werden ihre spezifischen Dienste den Kunden anbieten und sich gegenseitig Konkurrenz machen. Die Unterscheidungsmerkmale zwischen direkten und indirekten Providern werden langfristig verschwimmen. Auch werden die Provider ihre Services über mehrere Backbones beziehen. Die jeweiligen Dienste werden in Zukunft über das jeweils für den Dienst kostengünstigste Backbone geroutet.

2.3.6 Private (Local-Use-) Adressen

Wird vom Netzbetreiber kein Anschluss an ein öffentliches TCP/IP-Datennetz (z.B. das Internet oder eines der vielen Forschungsnetze) geplant, so ist die Auswahl der IP-Netzadresse sehr einfach. Diese TCP/IP-Netze sind prinzipiell an keine Konventionen gebunden und können je nach Größe des geplanten Datennetzes eine oder mehrere der zur Verfügung stehenden IP-Adressen frei auswählen und die TCP/IP-Konfiguration beginnen. In vielen Domains werden deshalb auch weiterhin die Netze mit einer oder mehreren »privaten« IP-Adressen betrieben. Werden Rechner mit einer »privaten« IP-Adresse ausgerüstet, können diese Rechner bzw. Netze nur mit anderen Netzen innerhalb der jeweiligen Domäne kommunizieren. Alle anderen externen Ressourcen können jedoch auf der Schicht 3 nicht erreicht werden. Da die privaten IP-Adressen an keine Regeln gebunden sind, muss der Netzbetreiber sicher stellen, dass diese privaten IP-Adressinformationen nicht in das öffentliche IP-Netz übermittelt werden. Außerdem muss verhindert werden, dass private IP-Adressen über die Routing-Informationen in das öffentliche IP-Netz übermittelt werden können. Durch das Auftreten doppelt vergebener IP-Adressen kann es zu erheblichen Problemen in den Routing-Tabellen des Internets kommen. Die Routing-Mechanismen im Internet bauen darauf, dass eine Adresse im Internet immer nur einmal vorhanden ist. Empfängt ein Router eines Internet-Service-Providers Routing-Informationen eines »privaten« Adressraums, müssen diese Informationen ausgefiltert werden.

2.3.7 Lösungsansätze

Das ungebremste Wachstum des Internets wird auch in Zukunft anhalten. Auch wird das Internet in alle Ecken der Welt vordringen und alle Länder miteinander verbinden. Aus diesem Grund ist eine hierarchische Routing-Struktur auf der Basis der IPv6-Adressen im Internet notwendig. Die zukünftige IPv6-Adressierung muss folgende Anforderungen berücksichtigen:

- optimale Routen,
- effiziente Routing-Algorithmen,
- leichte Adressadministration und
- einfache Adressvergabe.

Eine der größten Herausforderungen der Internet-Community besteht in der Minimierung der Betriebskosten von Datennetzen. Dieses Ziel ist nur durch eine weltweit einheitliche Adressstruktur und eine Abstraktion der Routing-Informationen zu gewährleisten. Durch die Funktionalität der Intra-Domain-Routing-Protokolle wird eine Reduzierung der zu routenden Informationen bereits innerhalb der Domänen möglich. Die Komplexität der Netze wird weiter reduziert, wenn in den Routing-Domänen nur ein Adress-Präfix verwendet wird. Die dem Internet unterlegten Netztopologie zu entsprechen in den meisten Fällen den jeweiligen Ländergrenzen. Innerhalb eines Landes werden mehrere Provider parallel ihre Dienste anbieten und in Form eines Provider-Backbones realisieren. Die Verbindung zwischen den einzelnen Ländern wird in der Regel von einem übergeordneten Provider erbracht. Die neuen IP-Adress-Strukturen müssen aus diesem Grund die Möglichkeit bieten, diese nationalen Netzstrukturen bei Bedarf zu berücksichtigen.

2.4 IPv6-Adressen

Per Definition muss jeder Rechner im Internet über eine universelle Layer-3-Adresse verfügen. Es darf keine Adresse doppelt vergeben werden, da sonst der gesamte IP-Adressmechanismus nicht mehr fehlerfrei ablaufen würde. Darauf ist besonders zu achten, wenn ein IP-Netz an das weltweite Internet oder eines der mit dem Internet kommunizierenden Netze angeschlossen werden soll. Die IP-Adressen werden in den IP-Headern des Internet-Protokolls kodiert. Die Darstellung von IP-Adressen in den Rechnern kann in dezimaler, oktaler oder hexadezimaler Form erfolgen. Die neuen IPv6-Adressen sind 128 Bit lang. Folgende Typen von IPv6-Adressen wurden festgelegt:

2.4.1 Unicast-Adressen

Durch Unicast-Adressen wird eine Schnittstelle (Interface) eines Netzknotens adressiert. Ein Netzknoten kann aus mehreren Schnittstellen (Interfaces) bestehen, wobei eine Schnittstelle in der Regel mehrere Internet-Adressen hat. Folglich kann ein Knoten über jede Unicast-Adresse angesprochen werden.

2.4.2 Multicast-Adressen

Die Multicast-Adressen dienen zur Adressierung mehrerer Interfaces in unterschiedlichen Rechnern. Wird ein Paket zu einer Multicast-Adresse gesendet, so wird dieses Paket von allen Interfaces, die der Multicast-Gruppe angehören, empfangen. Daher kann die Quelladresse (Source) eines Paketes nie eine Multicast-Adresse enthalten. Multicast-Adressen sind durch besondere Adressbereiche gekennzeichnet.

2.4.3 Broadcast-Adressen

Die IP Version 6 kennt nicht die Funktion der Broadcast-Adresse. Diese Funktion wurde durch die Multicast- bzw. Anycast-Adressen ersetzt.

2.4.4 Anycast-Adressen

Die Anycast-Adressen dienen zur Adressierung mehrerer Interfaces. Die Interfaces gehören typischerweise zu unterschiedlichen Rechnern. Wird ein Paket zu einer Anycast-Adresse gesendet, so wird dieses Paket im Beispiel der Routing-Funktion nur vom Sender als nächstliegendes Interface empfangen. Anycast-Adressen können nie Quelladresse eines Datenpaketes sein. Anycast-Adressen unterscheiden sich nicht von Unicast-Adressen. Deshalb müssen sie konfiguriert werden.

2.4.5 Adressmodell

Die oben dargestellten IPv6-Adresstypen werden nicht den Rechnern, sondern deren Interfaces zugeordnet. Jede Unicast-Adresse der Interfaces eines Rechners kann dadurch zur eindeutigen Identifizierung des Rechners verwendet werden. Auch ist es möglich, dass mehrere unterschiedliche IPv6-Adresstypen (Unicast, Anycast und Multicast) einem Interface zugeordnet werden können. Es gibt jedoch folgende zwei Ausnahmen:

1. Behandelt der Internet-Layer mehrere physische Interfaces wie ein globales Interface, so kann eine Adresse mehreren physischen Interfaces zugeordnet werden. Bei der Lastverteilung über mehrere physische Interfaces bietet diese Funktion eine Möglichkeit, die beim IPv4 nicht enthalten war.

2. In Routern können Interfaces ohne eine feste Adresszuweisung eingesetzt werden. Dies bietet den Vorteil, dass bei Punkt-zu-Punkt-Verbindungen manuell eine Adresse konfiguriert und anschließend propagiert wird.

Im IPv6-Protokoll können weiterhin wie beim IPv4 Subnets festgelegt werden. Die Subnetze werden einem Link zugeordnet.

2.4.6 Notation von IPv6-Adressen

Per Definition muss jeder Rechner, der das TCP/IP-Protokoll benutzt, über mindestens eine Internet-Adresse verfügen. Die Darstellung von IPv6-Adressen kann in dezimaler, oktaler oder hexadezimaler Form erfolgen. Um eine gewisse logische Zusammengehörigkeit der einzelnen Oktette zu ermöglichen, werden bei der hexadezimalen Darstellung die einzelnen Oktette durch einen Doppelpunkt getrennt. Eine IPv6-Adresse kann auf folgende drei Arten dargestellt werden:

1. Die bevorzugte Darstellung einer IPv6-Adresse hat folgendes Format:
   x:x:x:x:x:x:x:x.

   Die Werte x entsprechen einem hexadezimalen Wert der acht 16-Bit-Worte einer Adresse. Die 128 Bit der IPv6-Adresse werden in acht Abschnitte zu je 16 Bit unterteilt. Diese Abschnitte werden jeweils durch ein Trennzeichen, einen Doppelpunkt (»:«), unterteilt. Die 16 Bit eines Abschnittes werden durch vier hexadezimale Ziffern (0...9,A...F) notiert. Die Buchstaben der Hexadezimalziffern können als Groß- oder Kleinbuchstaben geschrieben werden (»case-unsensitive«).

   Beispiele:

   FEDC:BA98:7654:3210:FEDC:BA98:7654:3210

   1080:0:0:0:8:800:200C:417A

   Am Anfang eines Feldes müssen die 0-Werte nicht dargestellt werden.

2. Durch die unterschiedlichen Adresstypen kann es vorkommen, dass einige Bestandteile einer IPv6-Adresse aus langen 0-Werte-Sequenzen bestehen. Zur Vereinfachung der Schreibweise dieser Adressen können die 0-Werte anhand einer speziellen Syntax komprimiert werden. Die Multicast-Adresse FF01:0:0:0:0:0:0:43 kann dadurch auch als FF01::43 geschrieben werden. Der Wert "::" darf jedoch immer nur einmal in einer Adresse auftreten.

3. Innerhalb eines Netzes, in dem sowohl IPv4- als auch IPv6-Rechner eingesetzt werden, lässt sich das folgende Adressformat einsetzen: x:x:x:x:x:x:d.d.d.d. Die Werte *x* entsprechen den sechs High-Order-16-Bit-Worten der jeweiligen Adresse. Die Werte *d* entsprechen den vier Low-Order-8-Bit-Worten der jeweiligen Adresse. Die Werte *d* entsprechen somit der jeweiligen IPv4-Adresse.

   Beispiele:

   0:0:0:0:0:0:13.1.68.3
   0:0:0:0:0:FFFF:129.144.52.38

   In komprimierter Form:

   ::13.1.68.3
   ::FFFF:129.144.52.38

Bei der Darstellung der IPv6-Adresse in der URI-Form (»Uniform Resource Identifier«) muss, um Kollisionen mit der bisher üblichen Syntax zur Spezifikation von Portnummern zu vermeiden, die IPv6-Adresse in eckige Klammern (»[...]«) gesetzt werden.

Beispiele:

http://[IPv6-Adresse]:Portnummer/Dateien- bzw. Verzeichnisname
http://[xxxx:xxxx:xxxx:xxxx:xxxx:xxxx:xxxx:xxxx]:ppppp/name
http://[4030:00BC:0000:00A4:0267:01FF:FE01:7352]:80/verz/index.html

Weiterhin gibt es die Präfix-Notation, die in etwa dem CIDR entspricht. Das Präfix definiert dabei die Anzahl der Bits, die dem Präfix angehören. Die Syntax der Präfix-Adressen lautet: IPv6-Adresse/Präfix-Länge

Beispiele:

xxxx:xxxx:xxxx:xxxx:xxxx:xxxx:xxxx:xxxx/bbb
4030:00BC:0000:00A4:0267:01FF:FE01:7352/56

Bei folgenden Beispielen handelt es sich um gültige Darstellungen des 60-Bit-Präfixes 12AB00000000CD3 (hexadezimal):

12AB:0000:0000:CD30:0000:0000:0000:0000/60
12AB::CD30:0:0:0:0/60
12AB:0:0:CD30::/60

Folgende Beispiele stellen keine gültige Darstellung des oben genannten Präfixes dar:

12AB:0:0:CD3/60

Gemäß den Regeln können die führenden Null-Werte (00) unterdrückt werden. Aber die Unterdrückung nachfolgender Null-Werte innerhalb eines 16 Bit langen Feldes sind nicht erlaubt.

Die Adresse 12AB::CD30/60 drückt folgende Adresse aus:
12AB:0000:0000:0000:0000:000:0000:CD30

Die Adresse 12AB::CD3/60 drückt folgende Adresse aus:
12AB:0000:0000:0000:0000:000:0000:0CD3

Sollen sowohl die Knotenadresse als auch der Präfix der betreffenden Knotenadresse (z.B. das Subnetz-Präfix eines Knotens) ausgedrückt werden, lassen sich beide Adressteile zusammenziehen:

Knotenadresse: 12AB:0:0:CD30:123:4567:89AB:CDEF und
Subnetznummer: 12AB:0:0:CD30::/60 lassen sich wie folgt zusammenfassen:

12AB:0:0:CD30:123:4567:89AB:CDEF/60

Die IPv6-Adressen werden nicht einem Gerät zugeordnet, sondern haben nur eine Bedeutung für ein Interface. Zum Ansprechen eines IPv6-Geräts kann jede der Unicast-Adressen verwendet werden, die einem seiner einzelnen Anschlüsse zugeordnet wird. Der IPv6-Standard sieht außerdem die Zuordnung mehrere Unicast-, Anycast- und Multicast-Adressen zu einem Interface vor. Auch der umgekehrte Fall, bei dem eine IPv6-Adresse mehreren Interfaces zugeordnet wird, ist vorgesehen. Damit wird die starre IPv4-Zuordnung einer IP-Adresse zu einem Interface aufgebrochen und die Grundlage für eine intelligente Lastverteilung gelegt. Verfügt ein Server oder eine Koppelkomponente (Router, Switch) über mehrere Netzanschlüsse, können die zu übermittelnden Datenströme automatisch auf die verfügbaren Interfaces verteilt und somit schnellstmöglich übertragen werden.

Beim IPv6 muss der Systemadministrator die IP-Adressen nicht mehr manuell vergeben. Ein neuer Adressmechanismus sieht die automatische Zuordnung von IP-Adressen für die verfügbaren Interfaces vor. Die Adressen werden auf der Basis der lokal vorhandenen Hardwareinformationen gebildet.

2.4.7 Adresstypen

Anhand eines speziellen Feldes in der IPv6-Adresse, dem Format-Präfix (FP), werden die einzelnen Adressformate unterschieden. Momentan sind die folgenden Format-Präfix-Werte definiert:

Bedeutung	Präfix (binär)	Adresspräfix (hexadezimal)
Reserviert	0000 0000	00
Reserviert	0000 0001	01
NSAP Adressen	0000 001	02...03
IPX Adressen	0000 010	04...05
Reserviert	0000 011	06...07
Reserviert	0000 1	08...0F
Reserviert	0001	10...1F
Aggregierbare globale Unicast Adresse	001	20...3F
Reserviert	010	40...5F
Reserviert	011	60...7F
Reserviert (früher geographische Adressen)	100	80 ... 9F
Reserviert	101	A0 ...BF
Reserviert	110	C0 ... DF
Reserviert	1110	E0 ... EF

Bedeutung	Präfix (binär)	Adresspräfix (hexadezimal)
Reserviert	1111 1	F0 ... F7
Reserviert	1111 10	F8 ... FB
Reserviert	1111 110	FC
Reserviert	1111 1110 0	FE00 ... FE7F
Link-Local-Adressen (auf eine Verbindung begrenzt)	1111 1110 10	FE80 ... FEBF
Site-Local-Adressen (auf eine Einrichtung begrenzt)	1111 1110 11	FEC0 ... FEFF
Multicast-Adressen	1111 1111	FF

Unicast-Adressen

Die IPv6-Unicast-Adressen lassen sich auf der Basis von Bitmasken ähnlich den IPv4-Adressen beim Classless Inter-Domain-Routing (CIDR) zusammenfassen. Die IPv6-Adressen lassen sich anhand der unterschiedlichen Adressregeln zu Unicast-Adressen mit bestimmten Bedeutungen und Einsatzgebieten zusammenfassen. Hierzu gehören die

- global zusammengefassten globalen Unicast-Adressen,
- NSAP-Adressen,
- hierarchischen IPX-Adressen,
- Site-Local-Adressen,
- Link-Local-Adressen,
- IPv4-kapatiblen Rechneradressen.

Momentan sind nur 15 Prozent der verfügbaren IPv6-Adressen reserviert. Die restlichen 85 Prozent lassen noch viel Raum für ein ungebremstes Wachstum des Internets und der IPv6-Protokolle.

Die Unicast-Adressen unterscheiden sich von Multicast-Adressen durch den Wert des High-Order-Oktetts in der IP-Adresse. Der Wert FF (11111111) definiert eine IPv6-Adresse als Multicast-Adresse. Jeder andere Wert stellt eine Unicast-Adresse dar. Anycast-Adressen werden aus dem Adressraum der Unicast-Adressen gebildet und nicht durch gesonderte Bitfolgen dargestellt.

Die einfachste Form einer IPv6-Rechneradresse hat folgendes Format:

0	1	2	3
0 1 2 3 4 5 6 7 8 9	0 1 2 3 4 5 6 7 8 9	0 1 2 3 4 5 6 7 8 9	0 1
Knotenadresse			
Knotenadresse (Fortsetzung)			
Knotenadresse (Fortsetzung)			
Knotenadresse (Fortsetzung)			

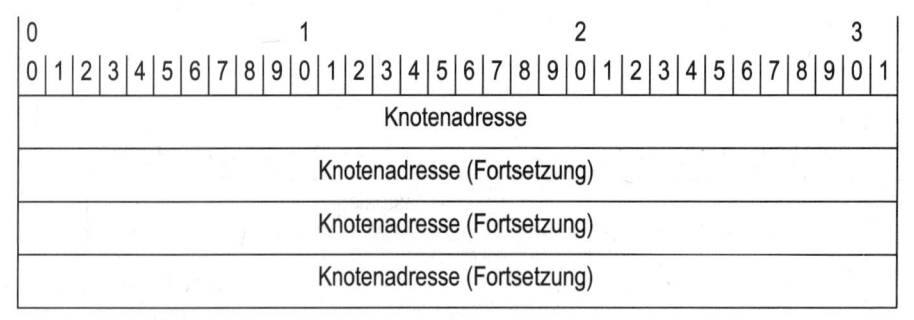

Abb. 2.3 Format einer IPv6-Adresse

Die IPv6-Adressen können jedoch auch in einzelne logische Gruppen unterteilt werden. Im folgenden Beispiel wird die IPv6-Adresse in eine Subnet- und eine Interface-Adresse unterteilt.

n Bits	128-n Bits
Subnetz Präfix	Interface ID

Abb. 2.4 Aufteilung der IPv6-Adresse in Subnet- und Interface-Adresse

NSAP-Adressen

Um den Einsatz von NSAP-Adressen in IPv6-Netzen garantieren zu können, wird im Moment eine Technik entwickelt, mit der Hosts und Router diese Adressen verarbeiten können. Das NSAP/IPv6-Adressmapping hat folgende Adressform:

0	1	2	3
0 1 2 3 4 5 6 7 8 9	0 1 2 3 4 5 6 7 8 9	0 1 2 3 4 5 6 7 8 9	0 1
0 0 0 0 0 0 0 1	noch nicht festgelegt		
noch nicht festgelegt			
Knotenadresse (Fortsetzung)			
Knotenadresse (Fortsetzung)			

Abb. 2.5 NSAP-Adressen

IPX-Adressen

Für den Einsatz von Novell-IPX-Adressen in IPv6-Netzen wurde folgendes Adressform definiert:

0										1										2										3	
0	1	2	3	4	5	6	7	8	9	0	1	2	3	4	5	6	7	8	9	0	1	2	3	4	5	6	7	8	9	0	1
0	0	0	0	0	0	1	0	noch nicht festgelegt																							
noch nicht festgelegt																															
Knotenadresse (Fortsetzung)																															
Knotenadresse (Fortsetzung)																															

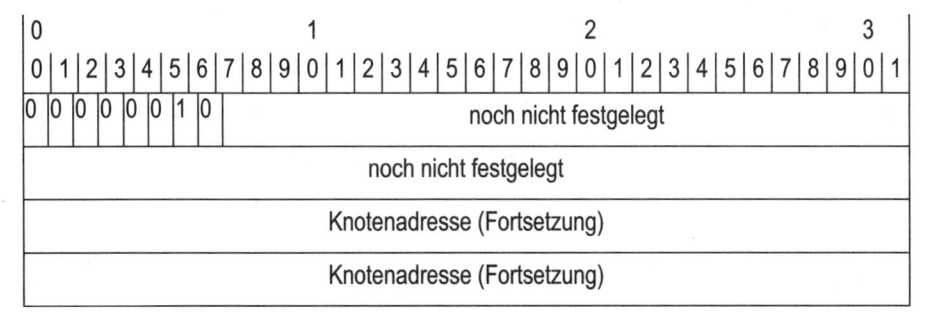

Abb. 2.6   IPX-Adressen

2.4.8 Zusammenfassbare globale Unicasts

Den zusammenfassbaren Adressen kommt beim IPv6 eine besondere Rolle zu. Für einen effizienten Transport von Datenpaketen ist es notwendig, dass sich die Adressierung anhand der jeweiligen Verbindungen orientiert. Die Adresse sollte so aufgebaut sein, dass in jedem Teil des Kommunikationswegs nur der entsprechende Teil der IP-Adresse mit den für die Transportfunktion notwendigen Informationen bearbeitet werden muss. Auf der Basis der »Aggregatable-Global-Unicast-Adresses« lassen sich die Adressen hierarchisch zusammenfassen. Dies reduziert die Größe der Routing-Tabellen in den Koppelkomponenten und erhöht somit den Durchsatz der Komponenten. Durch das hierarchische Adressformat lassen sich die Adressen unterschiedlicher Kommunikationsteilnehmer in den Routern automatisch zusammenfassen. In jedem Netzabschnitt kann eine andere Adressmaske definiert und anhand des lokalen Präfixes der jeweils für die Verarbeitung (Routing) wichtige Adressteil selektiert werden. Die Präfix-Länge ist variabel und verschiebt nach Bedarf die Grenze zwischen Interface- und Subnet-Anteil einer Adresse.

Der Standard legt hierfür Registrierungsinstanzen auf regionaler, nationaler und lokaler Ebene fest und regelt die Zuteilung der IP-Adressen für die Benutzer. Die Aufgabe der lokalen Registrierung wird in der Regel vom jeweiligen Internet-Service-Provider (ISP) wahrgenommen. Die nationale Ebene kann entfallen und existiert nur in Netzen, in denen sich ISPs im Rahmen von nationalen Grenzen zu einer gemeinsamen Organisation zusammengeschlossen haben.

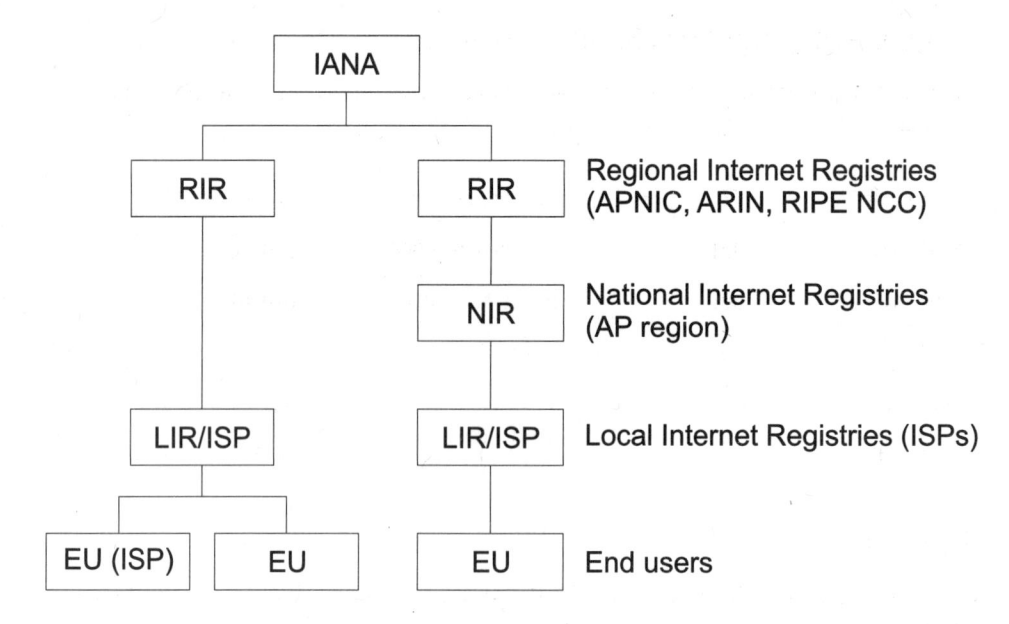

```
                    ┌──────┐
                    │ IANA │
                    └──────┘
              ┌────────┴────────┐
          ┌─────┐           ┌─────┐    Regional Internet Registries
          │ RIR │           │ RIR │    (APNIC, ARIN, RIPE NCC)
          └─────┘           └─────┘
                                │
                            ┌─────┐    National Internet Registries
                            │ NIR │    (AP region)
                            └─────┘
                                │
        ┌─────────┐         ┌─────────┐
        │ LIR/ISP │         │ LIR/ISP │    Local Internet Registries (ISPs)
        └─────────┘         └─────────┘
         ┌────┴────┐             │
    ┌─────────┐ ┌────┐         ┌────┐
    │ EU (ISP)│ │ EU │         │ EU │       End users
    └─────────┘ └────┘         └────┘
```

Abb. 2.7 Vergabestruktur der globalen IPv6-Adressen

IPv6-Adressen werden von der IANA aufgeteilt, an die regionalen Registraturen weiterdelegiert und von dort aus an die nationalen und lokalen Registraturen weiter verteilt. Das zwischen den regionalen Registraturen und der IETF vereinbarte Verfahren für die Zuteilung von Adressen sieht vor, dass jeder Endkunde für sein Netz ein Präfix der Länge /48 erhält.

Eine Aggregatable-Global-Unicast-Adresse hat folgendes Format:

0										1										2										3	
0	1	2	3	4	5	6	7	8	9	0	1	2	3	4	5	6	7	8	9	0	1	2	3	4	5	6	7	8	9	0	1
FP			TLA ID													Res								NLA ID							
NLA ID																SLA ID															
Interface ID																															
Interface ID (Fortsetzung)																															

Abb. 2.8 Format der Aggregatable-Global-Unicast-Adresse

Format-Präfix (FP)

Das drei Bit lange Format-Präfix (FP) legt die Adressklasse fest. Für Aggregatable-Global-Unicast-Adressen wurde das Format-Präfix 001 festgelegt.

Top-Level Aggregation Identifier (TLA-ID)

Kennzeichnung der obersten Hierarchiestufe eines Netzbetreibers (z.B. nationaler oder internationaler Provider). Folgende TLA-IDs wurden bisher festgelegt:

IPv6-Präfix	FP	TLA (binär)	TLA (hex)
2000::/16	001	0 0000 0000 0000	0x0000
2001::/16	001	0 0000 0000 0001	0x0001
2002::/16	001	0 0000 0000 0010	0x0002
3FFE::/16	001	1 1111 1111 1110	0x1FFE
3FFF::/16	001	1 1111 1111 1111	0x1FFF

Sub-TLA-IDs

Die TLA-ID 0x0001 wird durch Sub-TLA-Identifikatoren weiter unterteilt und hat folgendes Format:

```
 0                   1                   2                   3
 0 1 2 3 4 5 6 7 8 9 0 1 2 3 4 5 6 7 8 9 0 1 2 3 4 5 6 7 8 9 0 1
+--+-----------------+-------------------+---+
|FP|    TLA ID       |    Sub TLA        |NLA|
|  |                 |                   |ID |
|001| 0 0000 0000 0001| XXXX XXXX XXXX X | XXX|
+--+-----------------+-------------------+---+
|         NLA ID                         |
|      XXXX XXXX XXXX XXXX               |
+----------------------------------------+
```

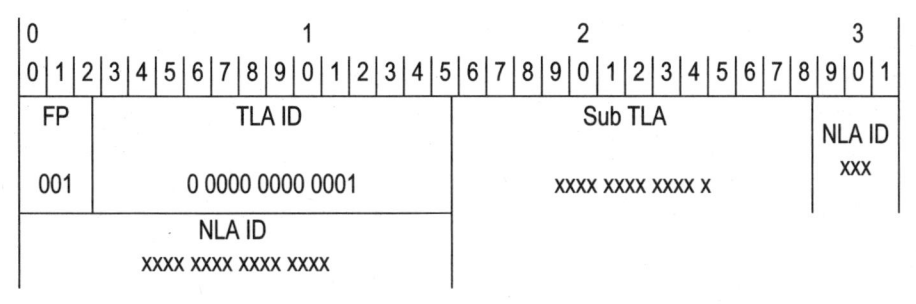

Abb. 2.9   Aufteilung der TLA-ID 0x0001

Die Aufteilung der Adressbereiche erfolgt durch die Sub-TLA-IDs der jeweiligen IP-Adressvergabe-Registry in Blöcken. Ein Block enthält immer 64 Sub-TLA-IDs. Folgende Blöcke wurden bisher festgelegt:

IPv6-Präfix	Sub-TLA(binär)	Zugeordnete Organisation
2001:0000::/23	0000 000X XXXX X	IANA
2001:0200::/23	0000 001X XXXX X	APNIC
2001:0400::/23	0000 010X XXXX X	ARIN
2001:0600::/23	0000 011X XXXX X	RIPE NCC
2001:0800::/23	0000 100X XXXX X	RIPE NCC

IPv6-Präfix	Sub-TLA(binär)	Zugeordnete Organisation
2001:0A00::/23	0000 101X XXXX X	reserviert für zukünftige Aufteilungen
2001:0C00::/23	0000 110X XXXX X	APNIC
2001:0E00::/23	0000 111X XXXX X	reserviert für zukünftige Aufteilungen
2001:1200::/23	0001 000X XXXX X	reserviert für zukünftige Aufteilungen
2001:1400::/23	0001 000X XXXX X	reserviert für zukünftige Aufteilungen
2001:1600::/23	0001 000X XXXX X	reserviert für zukünftige Aufteilungen
. . .		
2001:FE00::/23	1111 111X XXXX X	reserviert für zukünftige Aufteilungen

Reserved (RES)
Reserviert für zukünftige Anwendungen, muss derzeit immer auf den Wert = 0016 gesetzt werden.

Next-Level Aggregation Identifier (NLA-ID)
Kennzeichnung der nächstniedrigeren Hierarchiestufe eines Netzbetreibers (z.B. regionale oder organisatorische Teilnetze eines großen Providers). Ein Provider kann dieses Feld selbst weiter aufteilen

Site-Level Aggregation Identifier (SLA-ID)
Dieses Feld gehört dem angeschlossenen privaten Netzbetreiber (z.B. einem Firmennetz). Dieses Feld kann der private Netzbetreiber zur Bildung von Subnetzen verwenden. Eine weitere Unterteilung kann nach Wunsch des Betreibers erfolgen.

Interface ID
Dient zur Kennzeichnung der Schnittstelle eines Netzknotens. Diese ID muss innerhalb des jeweiligen Link-Segments immer eindeutig sein.

Auf der Basis des 16 Bit langen Site-Level-Aggregation-Identifiers (SLA-ID) lässt sich für jedes Netz in 65536 Teilnetzen eine nahezu unbegrenzte Anzahl (2^{64}) von Geräten zur Verfügung stellen. Bei begründetem Bedarf können auch größere Netze zugeteilt werden, allerdings nur dann, wenn der Kunde den Betrieb entsprechend vieler Endgeräte in unterschiedlichen Teilnetzen nachweisen kann.

2.4.9 EUI-48- und EUI-64-Adressen

Die Interface-Adressen im lokalen Bereich der IPv6-Adressen müssen nur im lokalen Subnetz eindeutig sein. In der Regel ist es erheblich einfacher, anstatt einer willkürlich vergebenen Adresse hierfür die universelle Adresse des betreffenden Interfaces zu nutzen. Zur Bildung dieser Adressen und der Erweiterung von 48 auf 64 Bit wird das EUI-64-Verfahren angewendet. Das EUI-64-Verfahren beschreibt die automatische Erweiterung der 48 Bit langen Hardware-Adresse (gemäß IEEE 802) auf einen 64 Bit langen Interface-Identifikator. Bei der Umwandlung in 64 Bit bilden die ersten drei Bytes den Beginn der neuen Adresse, es folgen dann zwei Bytes mit dem festen Inhalt FF-FE (hex), an die sich dann der zweite Teil der Hardware-Adresse des Adapters anschließt.

Das EUI-64-Verfahren führt zwangsläufig zum Verlust der Privatsphäre im Internet. Bisher konnte sich der Internet-Nutzer hinter einer dynamisch vergebenen IP-Adresse bei der Einwahl ins Internet verstecken. Durch die konstante Nutzung der MAC-Adresse als Bestandteil der Adressierung von IP-Paketen ist einer Sammlung von Nutzerdaten und der Erstellung von Profilen Tür und Tor geöffnet. Für die auf ihre Privatsphäre bedachten Nutzer wurde im RFC 3041 ein Zufallsverfahren spezifiziert, das es ihnen ermöglicht, eine nicht mehr dem jeweiligen Benutzer zuzuordnende Interface-ID als Bestandteil der IPv6-Adresse zu erzeugen.

2.4.10 Interface-Identifikatoren

Auf der Basis der in IPv6-Unicast-Adressen enthaltenen Interface-Identifikatoren (IDs) werden die spezifischen Interfaces an einer Verbindung identifiziert. Als Interface-ID wird in der Regel die Link-Layer-Adresse (OSI-Ebene 2) der lokalen Netzschnittstelle verwendet. Bei den LAN-Interfaces entspricht diese Adresse der jeweiligen MAC-Adresse des Netzadapters. Das Einbeziehen von MAC-Adressen als Bestandteil der IPv6-Adressen bietet folgende Vorteile:

- die Adressen werden weltweit universell durch eine zentrale Organisation vergeben,
- die Adress-Strukturen sind für alle LAN-Mechanismen (Ethernet, Token Ring, FDDI usw.) verfügbar,
- die IPv6-Adressen können nicht mehr doppelt vergeben werden,
- das automatische Konfigurieren von IPv6-Adressen innerhalb eines Subnetzes wird erheblich vereinfacht.

Wird das IPv6-Protokoll in Netzen eingesetzt, die keine IEEE-802-MAC-Adressen verwenden, so können beispielsweise auch die E.164-Adressen als Interface-ID eingesetzt werden.

Eine Reihe von Format-Präfixen erfordert 64 Bit lange Interface-IDs, die außerdem im IEEE EUI-64-Format dargestellt werden. EUI-64-basierte Interface-IDs können entweder auf der Basis eines globalen Tokens (z.B. IEEE-48-Bit-MAC) global angewendet (Scope) oder nur über einen lokalen Einsatzbereich (z.B. serielle Verbindung, Tunnel-Endpunkte, etc.) verfügen. Wird die Interface-ID auf der Basis des EUI-64-Formats gebildet, muss das U-Bit (Universal/Local Bit) invertiert werden. Wird das U-Bit auf den Wert = 1 gesetzt, so wird der globale Anwendungsbereich signalisiert. Ein U-Bit mit dem Wert = 0 signalisiert nur einen lokalen Einsatzbereich. Die ersten drei Oktette des EUI-64-Identifikators haben folgendes Format:

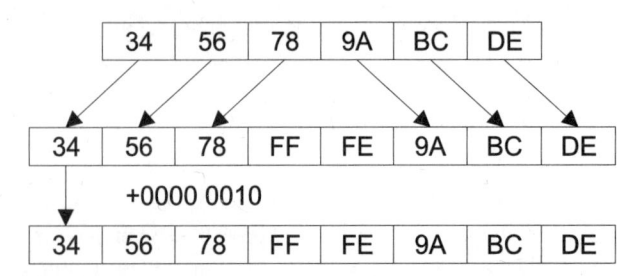

```
  ┌────┬────┬────┬────┬────┬────┐
  │ 34 │ 56 │ 78 │ 9A │ BC │ DE │
  └────┴────┴────┴────┴────┴────┘
┌────┬────┬────┬────┬────┬────┬────┬────┐
│ 34 │ 56 │ 78 │ FF │ FE │ 9A │ BC │ DE │
└────┴────┴────┴────┴────┴────┴────┴────┘
       +0000 0010
┌────┬────┬────┬────┬────┬────┬────┬────┐
│ 34 │ 56 │ 78 │ FF │ FE │ 9A │ BC │ DE │
└────┴────┴────┴────┴────┴────┴────┴────┘
```

Abb. 2.10   Die ersten drei Oktette des EUI-64-Identifikators

c-Bits

Die Company-Bits repräsentieren die eindeutige Kennung eines Herstellers. Diese Kennung wird von der IEEE vergeben.

u-Bit

mithilfe der Universal/Local-Bits wird der Anwendungsbereich der Adresse unterschieden. Wird dieses Bit auf den Wert = universal = 1 gesetzt, handelt es sich um eine weltweit eindeutige Adresse. Wird das U-Bit auf den Wert = local = 0 gesetzt, handelt es sich um eine lokal vergebene Adresse. Diese Adresse muss nur je Netzbetreiber eindeutig sein.

g-Bit

Mithilfe des Group/Individual-Bits wird die Art der Adresse unterschieden. Wird dieses Bit auf den Wert = group = 1 gesetzt, handelt es sich um eine Gruppen- bzw. Multicast- Adresse. Wird das G-Bit auf den Wert = individual = 0 gesetzt, handelt es sich um eine individuelle Adresse.

Aufbau von EUI-64-Interface-Identifikatoren

In Abhängigkeit vom jeweiligen Link oder Netzknoten setzen sich die individuellen EUI-64-Interface-IDs zusammen.

Links oder Netzknoten mit einem gültigen EUI-64-Identifikator wandeln diesen in einen Interface-Identifikator durch das Invertieren des U-Bits (universal/local) um. Ein weltweit eindeutiger EUI-64-Identifikator hat folgendes Format:

```
 0                   1                   2
 0 1 2 3 4 5 6 7 8 9 0 1 2 3 4 5 6 7 8 9 0 1 2 3
┌───────┬───────┬───────┬───────┬───────┬───────┐
│ cccc  │ ccug  │ cccc  │ cccc  │ cccc  │ cccc  │
└───────┴───────┴───────┴───────┴───────┴───────┘
```

Abb. 2.11   EUI-64-Identifikator

Der IPv6-Interface-Identifikator erhält durch das Invertieren des Universal/Local-Bits folgendes Aussehen:

2.4 IPv6-Adressen

```
 0                   1                   2                   3
 0 1 2 3 4 5 6 7 8 9 0 1 2 3 4 5 6 7 8 9 0 1 2 3 4 5 6 7 8 9 0 1
|               |               |               |               |
|        cccccc0gcccccccc       |        ccccccccmmmmmmmm        |
|               |               |               |               |
|        mmmmmmmmmmmmmmmm       |        mmmmmmmmmmmmmmmm        |
```

c = Herstellerkennung
0 = Wert des universal/local Bit
g = individual/group Bit
m = vom Hersteller erweiterte Kennung

Abb. 2.12 IPv6-Interface-Identifikator

Verfügt ein Link oder ein Netzknoten über eine 48 Bit lange IEEE-802-MAC-Adresse, wird der EUI-64-Identifikator aus dem IEEE-MAC-Identifikator abgeleitet. Dabei werden zwei Okette (hexadezimale Werte 0xFF und 0xFE) in die Mitte der 48 Bit MAC-Adresse (zwischen Hersteller-ID und der vom Hersteller erweiterten Kennung) integriert. Die folgende weltweit eindeutige MAC-Adresse:

```
 0                   1                   2                   3
 0 1 2 3 4 5 6 7 8 9 0 1 2 3 4 5 6 7 8 9 0 1 2 3 4 5 6 7 8 9 0 1
|               |               |               |               |
|        cccccc0gcccccccc       |        ccccccccmmmmmmmm        |
|               |               |               |
|        mmmmmmmmmmmmmmmm       |
```

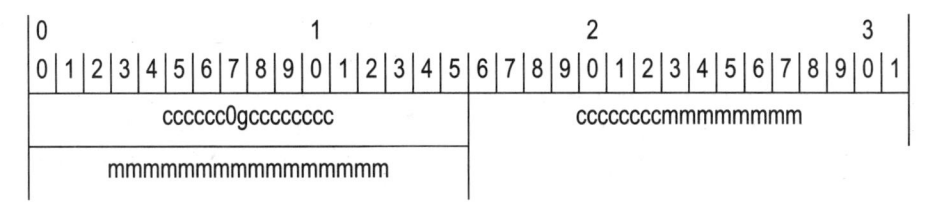

Abb. 2.13 Eindeutige MAC-Adresse

wird zu folgendem Interface-Identifikator:

```
 0                   1                   2                   3
 0 1 2 3 4 5 6 7 8 9 0 1 2 3 4 5 6 7 8 9 0 1 2 3 4 5 6 7 8 9 0 1
|               |               |               |               |
|        cccccc1gcccccccc       |        cccccccc11111111        |
|               |               |               |               |
|        11111110mmmmmmmm       |        mmmmmmmmmmmmmmmm        |
```

Abb. 2.14 Interface-Identifikator

Links ohne globale IDs

Einige Netzwerktechniken (LocalTalk und Arcnet) verfügen über keine weltweit eindeutigen Link-Identifikatoren. Eine Methode zur Generierung eines EUI-64 ähnlichen Identifikators besteht darin, den Link-Identifikator (z.B. den 8 Bit langen LocalTalk-Knotenidentifikator) mit entsprechend vielen Null-Werten aufzufüllen. Der LocalTalk-Knotenidentifikator mit dem hexadezimalen Wert 0x4F resultiert in folgender Interface-ID:

```
 0                   1                   2                   3
 0 1 2 3 4 5 6 7 8 9 0 1 2 3 4 5 6 7 8 9 0 1 2 3 4 5 6 7 8 9 0 1
|       0000000000000000        |        0000000000000000       |
|       0000000000000000        |        0000000001001111       |
```

Abb. 2.15   Interface-ID für LocalTalk

Links ohne Identifikatoren

Viele Links verfügen jedoch über keinen universellen Identifikator. Hierzu gehören serielle Verbindungen und konfigurierte Tunnel. Bei der Einrichtung solcher Links muss jedoch dafür gesorgt werden, dass vom Administrator für diesen Link eine Interface-ID festgelegt wird. Verfügt der Netzknoten oder ein anderes Interface über eine universelle Interface-ID, kann dieser Identifikator stellvertretend genutzt werden.

Steht keine universelle Interface-ID für den betreffenden Link zur Verfügung, muss der Administrator eine Interface-ID mit lokaler Bedeutung festlegen. Dies lässt sich durch eine manuelle Konfiguration, die Vergabe einer zufälligen Zahl oder über die Seriennummer des Knotens realisieren. Es muss jedoch darauf geachtet werden, dass diese Interface-ID auch nach einem Reboot des Knotens ihre Gültigkeit behält.

2.4.11   Unicast-Adressen mit lokaler Bedeutung

Im IP Version 6 wurden auch einige IP-Adressen für lokale Anwendungen (Link-Local und Site-Local) reserviert. Adressen für diese lokale Nutzung können innerhalb der Geräte selbstständig generiert werden. Sie werden vielfach während der Startphase benutzt, um Verbindung mit Routern oder Servern aufzunehmen. Durch diese automatisch generierten Adressen wird der Aufwand beim Installieren neuer Geräte drastisch vermindert. Diese Adressen, die immer auf einen lokalen physischen Raum beschränkt sind, werden niemals von Routern nach außen hin bekannt gegeben. Pakete mit Zieladressen von diesem Typ werden nicht über Router hinweg transportiert.

Link-Local-Adressen haben folgendes Format:

```
 0                   1                   2                   3
 0 1 2 3 4 5 6 7 8 9 0 1 2 3 4 5 6 7 8 9 0 1 2 3 4 5 6 7 8 9 0 1
|  1111111010   |          00000000000000000000000              |
|              0000000000000000000000000000000                  |
|                       Interface ID                            |
|                 Interface ID (Fortsetzung)                    |
```

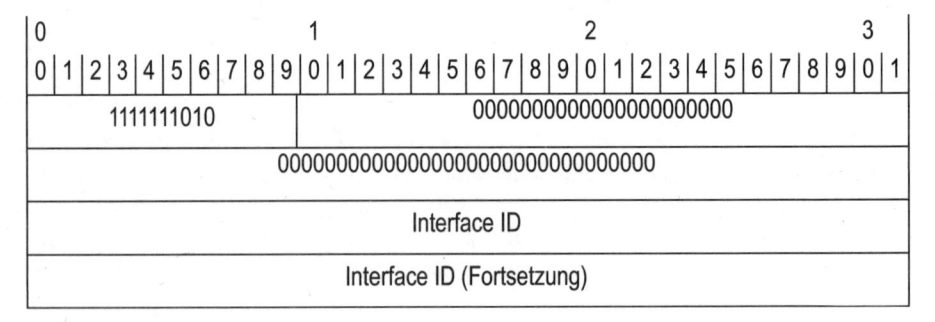

Abb. 2.16   Link-Local-Adresse

Link-Local-Adressen werden nur auf einem einzigen Link für die automatische Adresskonfiguration vom Neighbor-Discovery-Protokoll verwendet oder wenn kein Router vorhanden ist. Pakete, die eine Link-Local-Unicast-Adressen enthalten, dürfen auf keinen Fall von Routern transportiert werden.

Site-Local-Adressen haben folgendes Format:

0									1										2										3	
0	1	2	3	4	5	6	7	8	9	0	1	2	3	4	5	6	7	8	9	0	1	2	3	4	5	6	7	8	9	0	1
1111111011										00000000000000000000																					
00000000000000000000000000000000																	Subnet ID														
Interface ID																															
Interface ID (Fortsetzung)																															

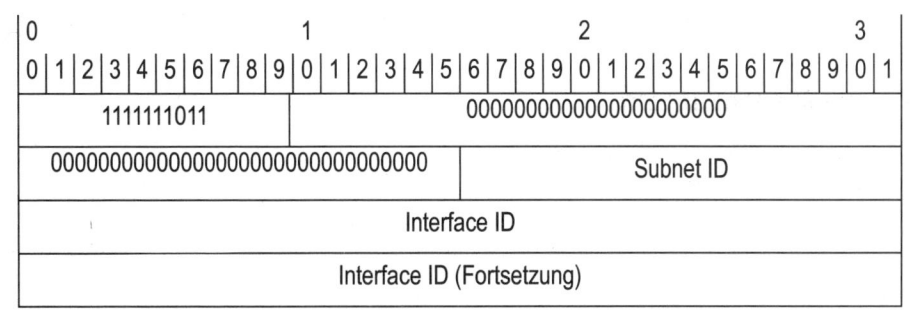

Abb. 2.17   Site-Local-Adresse

Die Site-Local-Adressen ermöglichen es Firmen und Organisationen, die bisher nicht an das globale Internet angeschlossen sind, eigene Adressstrukturen zu konzipieren. Soll dieses Netz in der Zukunft an das Internet angeschlossen werden, so kann es aus der Subnet-ID und der Node-ID zusammen mit einem universellen Präfix in ein globales Adressschema überführt werden. Pakete, die eine Site-Local-Adresse enthalten, dürfen auf keinen Fall von Routern außerhalb des Netzes transportiert werden.

2.4.12 Geographisch geordnete Adressen

Eine frühere Version des IPv6-Adressmechanismus orientierte sich zur Vergabe der Adresse an der geographischen Lage des jeweiligen Rechners bzw. der darin enthaltenen Interfaces. Dieser Adressmechanismus hat seinen Ursprung in der Telefontechnik und ordnet die Netze hierarchisch nach Kontinenten, Ländern, Städten und weiteren Kriterien. Da sich das Internet nie an geographische Grenzen gehalten hat und die Netze unterschiedlicher Betreiber übereinander und parallel zueinander arbeiten, wurde dieser Ansatz nach langen Diskussionen wieder verworfen. Der für eine geographische Adressstruktur reservierte Bereich mit dem Adress-Präfix 100 wurde wieder freigegeben und wird momentan nicht genutzt.

2.4.13 Sonderadressen

Innerhalb des IPv6-Konzepts kommt folgenden Unicast-Adressen besondere Bedeutung zu:
- Unspezifizierte Adressen,
- Loopback Adressen.

Unspezifizierte Adressen

Die Adresse mit dem Wert = 0:0:0:0:0:0:0:0 (::) wird beim IPv6-Protokoll als unspezifische Adresse bezeichnet. Diese Adresse sollte niemals an einen Rechner bzw. an ein Interface vergeben werden. Diese Adresse wird nur als Stellvertreter für eine gültige IPv6-Adresse verwendet, wenn der Absender die IP-Adresse des Empfängers noch nicht kennt.

Beispielsweise wird diese Adresse beim Initialisieren (Erlernen der eigenen Adresse) eines Rechners im Source-Adressfeld eines IPv6-Datagramms verwendet. Die unspezifische Adresse darf deshalb niemals in Destination-Adressfeldern von IPv6-Datagrammen oder IPv6-Routing-Headern auftreten.

Loopback-Adresse

Die Unicast-Adresse 0:0:0:0:0:0:0:1 (::1) wird auch als Loopback-Adresse bezeichnet und dient als Pseudo-Adresse. Wird ein Datagramm an die Adresse ::1 adressiert, so wird das Datenpaket innerhalb des lokalen Rechners an den Sender zurückgeschickt (Loop). Deshalb wird auch in den Standards mit folgender Bemerkung »An IPv6 datagram with a destination address of loopback must never be sent outside of a single node« darauf hingewiesen, dass diese Datenpakete nie in das Netz gesendet werden dürfen. Mit der Loopback-Adresse kann beispielsweise festgestellt werden, ob die TCP/IP-Software richtig auf einem Rechner installiert ist. Zum Test des Netzwerk-Controllers in einem Rechner kann diese Adresse jedoch nicht verwendet werden, da die Schichten 1 und 2 dabei nicht in den Test einbezogen sind! Die Loopback-Adresse darf aus diesem Grund keinem physischen Interface zugeordnet werden.

2.4.14 Multicast-Adressen

Die Multicast-Adressen dienen zur Adressierung mehrerer Interfaces in unterschiedlichen Rechnern. Wird ein Paket zu einer Multicast-Adresse gesendet, so wird dieses Paket von allen Interfaces, die der Multicast-Gruppe angehören, empfangen. Daher kann die Quelladresse (Source) eines Paketes nie eine Multicast-Adresse enthalten. Multicast-Adressen sind durch besondere Adressbereiche gekennzeichnet.

Durch eine IPv6-Multicast-Adresse ist ein Rechner in der Lage, eine fest definierte Gruppe von Rechnern zu adressieren. Die Multicast-Adressen haben folgendes Format:

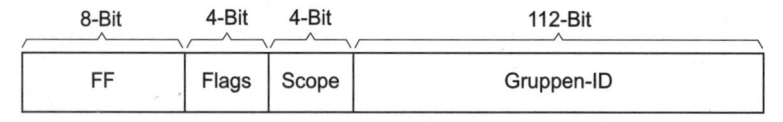

8-Bit	4-Bit	4-Bit	112-Bit
FF	Flags	Scope	Gruppen-ID

Abb. 2.18 Multicast-Adresse

Eine Multicast-Adresse wird durch ein 8 Bit langes Feld am Anfang der Adresse (Wert = 11111111) gekennzeichnet.

Flags

Das Flagfeld dient zur Unterscheidung zwischen permanenten und temporären Multicast-Adressen. Das Flagfeld hat folgendes Format:

0	0	0	T

Abb. 2.19 Multicast-Flagfeld

Die ersten drei Bits des Flagfelds sind für spätere Verwendungen reserviert und müssen auf den Wert 0 gesetzt werden.

T = 0 definiert, dass eine von der Internet Numbering Authority festgelegte Multicast-Adresse verwendet wird.

T = 1 definiert, dass eine vom Netzbetreiber festgelegte Multicast-Adresse verwendet wird.

SCOPE

Der Scope-Identifikator definiert die Bedeutung der Multicast-Gruppe. Folgende Werte wurden bisher definiert:

0	reserviert
1	intra-node scope
2	intra-link scope
3	(nicht festgelegt)
4	(nicht festgelegt)
5	intra-site scope
6	(nicht festgelegt)
7	(nicht festgelegt)
8	intra-organization scope
9	(nicht festgelegt)
A	(nicht festgelegt)
B	intra-community scope
C	(nicht festgelegt)
D	(nicht festgelegt)
E	global scope
F	reserviert

GROUP ID
Definiert den Zustand einer Multicast-Gruppe entweder als permanent oder als temporär festgelegt (transient). Permanente Multicast-Adressen sind vollkommen unabhängig vom jeweiligen Scope-Wert. Wird beispielsweise für eine »NTP-Server-Gruppe« die permanente Multicast-Adresse mit der Group ID = 43 (hex) vergeben, so gilt:

- FF01:0:0:0:0:0:0:43 bedeutet alle NTP-Server auf dem gleichen Knoten wie der Sender.
- FF02:0:0:0:0:0:0:43 bedeutet alle NTP-Server auf dem gleichen Link wie der Sender.
- FF05:0:0:0:0:0:0:43 bedeutet alle NTP-Server auf dem gleichen Standort/Netz wie der Sender.
- FF0E:0:0:0:0:0:0:43 bedeutet alle NTP-Server im Internet.

Nicht permanente Multicast-Adressen sind nur in Zusammenhang mit dem jeweiligen Scope-Wert von Bedeutung. Zur Identifizierung einer bestimmten Gruppe innerhalb eines lokalen Netzes kann beispielsweise die Multicast-Adresse FF15:0:0:0:0:0:0:43 vergeben werden. Diese Adresse darf deshalb keinerlei Bedeutung für gleiche Adressen in anderen Netzen, Non-Permanent Groups mit der gleichen Group-ID, jedoch mit einem anderen Scope, oder für permanente Gruppen mit der gleichen Group-ID haben.

2.4.15 Definierte Multicast-Adressen

Die folgenden Multicast-Adressen wurden bisher definiert:

Reservierte Multicast-Adressen

Die folgenden Multicast-Adressen wurden für besondere Zwecke reserviert und sollten deshalb keiner Multicast-Gruppe zugeordnet werden:

FF00:0:0:0:0:0:0:0
FF01:0:0:0:0:0:0:0
FF02:0:0:0:0:0:0:0
FF03:0:0:0:0:0:0:0
FF04:0:0:0:0:0:0:0
FF05:0:0:0:0:0:0:0
FF06:0:0:0:0:0:0:0
FF07:0:0:0:0:0:0:0
FF08:0:0:0:0:0:0:0
FF09:0:0:0:0:0:0:0
FF0A:0:0:0:0:0:0:0
FF0B:0:0:0:0:0:0:0
FF0C:0:0:0:0:0:0:0
FF0D:0:0:0:0:0:0:0
FF0E:0:0:0:0:0:0:0
FF0F:0:0:0:0:0:0:0

All-Nodes-Adressen

Die folgenden Multicast-Adressen wurden zur Identifizierung von IPv6-Rechnergruppen reserviert und legen den Scope der jeweiligen Adresse fest (1= node-local, 2 = link-local):

FF01:0:0:0:0:0:0:1
FF02:0:0:0:0:0:0:1

All-Router-Adressen

Die folgenden Multicast-Adressen wurden zur Identifizierung von IPv6-Router-Gruppen reserviert und legen den Scope der jeweiligen Adresse fest (1= node-local, 2 = link-local, 5 = site-local):

FF01:0:0:0:0:0:0:2
FF02:0:0:0:0:0:0:2

DHCP-Server/Relay-Agent

Die folgenden Multicast-Adressen wurden zur Identifizierung von IPv6-DHCP-Server und Relay-Agent-Gruppen innerhalb des Scopes 2 (link-local) reserviert:

FF02:0:0:0:0:0:1:0

Solicited-Node-Adresse:

Die als »Solicited-Node-Adresse« bezeichnete Multicast-Adresse wird aus der Unicast- und der Anycast-Adresse des jeweiligen Rechners gebildet. Die Solicited-Node-Multicast-Adresse wird aus den niederwertigen 24 Bit der Unicast- oder Anycast-Adresse mit einem vorangeschalteten 104 Bit langen Präfix FF02:0:0:0:0:1:FF00::/104 gebildet. Aus diesem Grund haben die Solicited-Node-Adressen folgende Wertebereiche:

FF02:0:0:0:0:1:FF00:0000

bis

FF02:0:0:0:0:1:FFFF:FFFF

2.4.16 Anycast-Adressen

Das bei IPv4 übliche Verfahren zur Adressierung unbekannter Netzknoten wird als Broadcasting bezeichnet. Mit der IP-Broadcast-Adresse werden alle im Netz bzw. Subnetz aktiven Rechner angesprochen. Man unterscheidet zwischen gerichteten Broadcasts (beziehen sich nur auf das lokale Subnetz) und allgemeinen Broadcasts (an alle Geräte und alle Netze). IPv6 benutzt im Gegensatz zu IPv4 keine Broadcast-Adressen. Die Funktion des allgemeinen Broadcasts wird von Multicast-Adressen übernommen.

Beim IPv6 wird ein neues Verfahren zur Adressierung mehrerer Endgeräte genutzt. Dieses Verfahren wird als Anycasting bezeichnet. Beim Anycasting sind mehrere Endgeräte (Interfaces) unter einer gemeinsamen Adresse erreichbar. Im Gegensatz zum Multicast ist es aber nicht notwendig, dass die Nachricht an alle Empfänger in der Anycast-Gruppe ausgeliefert wird. Bei der Übermittlung eines Datenpakets zu einer Anycast-Adresse kann dieses Paket durch die Routing-Funktion nur an den Empfänger des nächstliegenden Interfaces übertragen werden. Die Anycast-Adressen werden beispielsweise zur ersten Kommunikation mit speziellen Services bzw. Servern verwendet. Das Anycast-Verfahren garantiert nicht, dass nur ein Zielgerät die jeweilige Nachricht erhält. Unter bestimmten Umständen (bei Fehlern im Netz oder bei langen Reaktionszeiten eines Servers) kann es auch vorkommen, dass ein Paket mehrfach ausgeliefert wird. Anycast-Adressen können nie Quelladresse eines Datenpakets sein. Anycast-Adressen unterscheiden sich nicht von Unicast-Adressen. Deshalb müssen sie konfiguriert werden.

Gemäß RFC 2526 wird eine IPv6-Anycast-Adresse einem oder mehreren Interfaces (typischerweise in unterschiedlichen Rechnern) zugeordnet. Ein Paket mit einer Anycast-Adresse wird in Abhängigkeit vom jeweiligen Routing-Protokoll (Hop-Count) immer zu dem dem Sender am nächsten liegenden Interface mit der jeweiligen Anycast-Adresse übermittelt. Der Aufbau der Anycast-Adressen entspricht dem Aufbau von Unicast-Adressen. Wird eine Unicast-Adresse mehr als einem Interface zugeordnet, so wird diese Adresse automatisch zu einer Anycast-Adresse. Aus diesem Grund muss auf allen Rechnern, die über eine Anycast-Adresse verfügen, diese Adresse speziell durch die Konfiguration bekannt gegeben werden. Ein Rechner hat sonst keinerlei Möglichkeiten, Anycast- von Unicast-Adressen zu unterscheiden.

Ein fester Bestandteil jeder registrierten Anycast-Adresse ist das Präfix P. Dieses Präfix dient zur eindeutigen Identifikation einer topologischen Region. Zu dieser Region gehören alle Interfaces, denen die jeweilige Anycast-Adresse zugeordnet wurde. Innerhalb einer Region muss jedes Mitglied der Anycast-Gruppe durch einen separaten Eintrag in den Routing-Systemen (auch Host-Route genannt) propagiert werden. Befindet sich eine Anycast-Adresse außerhalb einer topologischen Region, so muss die Adresse durch die Funktion des Routing-Advertisements bekannt gegeben werden.

Das Präfix kann jedoch auch aus einem Null-Präfix bestehen. Dies bedeutet, dass die Mitglieder einer Anycast-Gruppe keiner bestimmten Topologie angehören. In diesem Fall muss die Anycast-Adresse als separater Routing-Eintrag im gesamten Internet bekannt gemacht werden. Da diese Funktion zu erheblichen Betriebsproblemen führen kann, sollten die globalen Anycast-Adressen nicht oder nur sehr begrenzt eingesetzt werden. Die einzige Ausnahme, die im Standard vorgesehen wurde, betrifft den Betrieb von Routern eines Internet-Service-Providers. Diese Adressen können auch als Intermediate-Adressen in IPv6-Routing-Headern verwendet werden. Dadurch lassen sich bestimmte Pakete zielgerichtet über einen bestimmten Pfad (z.B. über einen bestimmten Provider oder eine Sequenz von Providern) übertragen.

2.4 IPv6-Adressen

Voraussetzungen für Anycast-Adressen

Die Anycast für Subnet-Router wurde im Standard definiert und hat folgendes Format:

n Bits	128-n Bits
Subnetz Präfix	00000000000000

Abb. 2.20 Anycast-Adressen

Das »Subnet-Präfix« in einer Anycast-Adresse wird zur Identifizierung des jeweiligen Links verwendet. Diese Anycast-Adresse entspricht von der Syntax her genau einer Unicast-Adresse eines Interfaces eines bestimmten Links, bei dem der Interface-Identifikator auf den Wert = 0 gesetzt wurde.

Alle an eine Subnet-Router-Anycast-Adresse gesendeten Pakete werden zwangsläufig nur an einen Router im Subnet übermittelt. Aus diesem Grund müssen alle Router auf den jeweiligen angeschlossenen Subnetz-Interfaces die Subnet-Router-Anycast-Adressen unterstützen.

Reservierte Subnetz-Anycast-Adressen

Innerhalb jedes Subnetzes sind die höchsten 128 Interface-Identifikatoren für die Verwendung als Subnet-Anycast-Adressen reserviert. Das Format der reservierten Subnetz-Anycast-Adressen hängt vom Typ der im Subnetz verwendeten IPv6-Adresse ab.

Fester Bestandteil der EUI-64-Adressen ist ein 64 Bit langer Interface-Identifikator: Bei reservierten Anycast-Adressen muss daher das Universal/Local Bit immer auf den Wert = 0 (Local) gesetzt werden. Dadurch wird signalisiert, dass es sich bei dieser Adresse um keine global universelle Adresse handelt. IPv6-Adressen dieses Typs werden durch die Präfixe 001 bis 111 (Ausnahme Multicast-Adressen 1111 1111) gekennzeichnet. Reservierte Subnetz-Anycast-Adressen haben gemäß EUI-64 folgendes Format:

64 Bit	57 Bit	7 Bits
Subnetz Präfix	1111110111...111	Anycast ID
	Interface Identifikator	

Abb. 2.21 Subnetz-Anycast-Adressen mit Interface-Identifikatoren gemäß EUI-64

Alle anderen IPv6-Adresstypen mit nicht in EUI-64-kompatiblen Interface-Identifikatoren können eine variable Länge aufweisen. Reservierte nicht EUI-64-kompatible Subnetz-Anycast-Adressen haben daher folgendes Format:

2 Die Vermittlungsschicht

n Bit	121-n Bit	7 Bits
Subnetz Präfix	1111111...111111	Anycast ID
	Interface Identifikator	

Abb. 2.22 Nicht EUI-64-kompatible Subnetz-Anycast-Adressen

Folgende Anycast-Identifikatoren wurden bisher für Subnetz-Anycast-Adressen reserviert:

Dezimal	Hexadezimal	Beschreibung
127	7F	Reserviert
126	7E	Mobile IPv6 Home-Agents Anycast
0-125	00-7D	Reserviert

Am Beispiel der Mobile-IPv6-Home-Agents-Subnet-Anycast-Adresse soll das Prinzip der reservierten Subnet-Anycast-Adressen dargestellt werden. Der 7 Bit lange Anycast-Identifikator für Mobile-IPv6-Home-Agents lautet 126 (dezimal) oder 7E (hexadezimal). Enthält eine IPv6-Adresse ein Format-Präfix (64 Bit), das signalisiert, dass der Interface-Identifikator gemäß EUI-64 eine Länge von 64 Bit aufweisen muss, hat der Interface-Identifikator folgendes Format:

```
 0                   1                   2                   3
 0 1 2 3 4 5 6 7 8 9 0 1 2 3 4 5 6 7 8 9 0 1 2 3 4 5 6 7 8 9 0 1
|      1111110111111111      |      1111111111111111      |
|      1111111111111111      |      1111111111111110      |
```

Bit 7 = Universal/Local Bit
Bits 57 bis 63 = Anycast Identifikator

Abb. 2.23 Mobile-IPv6-Home-Agents-Subnet-Anycast-Adresse gemäß EUI-64

Andere IPv6-Adresstypen können über einen Interface-Identifikator mit einer Länge von weniger als 64 Bit verfügen. Im folgenden Beispiel besteht die reservierte Mobile-IPv6-Home-Agents-Subnet-Anycast-Adresse aus einem 64 Bit langen Subnet-Präfix mit anschließendem Interface-Identifikator. Dieser hat folgendes Format:

```
0                   1                   2                   3
0 1 2 3 4 5 6 7 8 9 0 1 2 3 4 5 6 7 8 9 0 1 2 3 4 5 6 7 8 9 0 1
        1111111111111111                1111111111111111
        1111111111111111                1111111111**111110**
```

Bits 57 bis 63 = Anycast Identifikator

Abb. 2.24 Nicht EUI-64-konforme Mobile-IPv6-Home-Agents-Subnet-Anycast-Adresse

2.4.17 Adressen für die Migration der unterschiedlichen IP-Protokolle

Zur Erleichterung der Migration von der bisherigen IP-Version 4 auf IP-Version 6 wurden eine Reihe von Sonderadressen für die verschiedenen Übergangstechniken festgelegt. Hierzu gehören die

- IPv4-kompatiblen IPv6-Adressen
- IPv4-zugeordneten IPv6-Adressen
- IPv4-übersetzten IPv6-Adressen
- 6to4-Adressen

IPv4-kompatible IPv6-Adressen

Da mit einem schnellen Übergang auf das neue IPv6-Protokoll nicht zu rechnen ist, muss die Internet-Community über einen längeren Zeitraum mit gemischten IPv4/IPv6-Adressstrukturen arbeiten. Soll aus einer IPv6-Rechnerumgebung über IPv4-Netze kommuniziert werden, lassen sich den IPv6-Stationen die notwendigen IPv4-kompatiblen Adressen zuweisen. Bei IPv4-kompatiblen Adressen enthalten die niederwertigen 32 Bit der Adresse die eigentliche IPv4-Adresse. Die höherwertigen 96 Bit der IPv6-Adresse werden mit Null-Werten (00) gefüllt. Diese Adressen haben folgendes Format:

```
0                   1                   2                   3
0 1 2 3 4 5 6 7 8 9 0 1 2 3 4 5 6 7 8 9 0 1 2 3 4 5 6 7 8 9 0 1
          00000000000000000000000000000000
          00000000000000000000000000000000
        0000000000000000              0000000000000000
                          IPv4 Adresse
```

Abb. 2.25 Aufbau von IPv4-kompatiblen IPv6-Adressen

Bei einem Übergang über ein IPv4-Netz werden von den jeweiligen Zugangsknoten (Eingangs- und Ausgangs-Router) die Null-Werte der IPv6-Adresse entfernt bzw. hinzugefügt.

Beispiel: IPv4-kompatible IPv6-Adresse

IPv4-Adresse: 212.204.101.210 (dezimal)

oder

0xD4.0xCC.0x65.0xD2 (hexadezimal)

IPv4-kompatible IPv6-Adresse: 0:0:0:0:0:0:0:D4CC:65D2 (hexadezimal)

Kurzschreibweisen:

::212.204.101.210 (dezimal)

oder

::D4CC:65D2 (hexadezimal)

IPv4-zugeordnete IPv6-Adresse

Soll über ein IPv6-Netz ein IPv4-Paket übermittelt werden, müssen die IP-Adressen im Datagramm an die jeweiligen netzspezifischen Adressmechanismen angepasst werden. Hierfür werden die so genannten IPv4-zugeordneten IPv6-Adressen verwendet. Beim Übergang zwischen den Netzen wird die IPv4-Adresse nach links mit 16 »1-Werten (entspricht: FFFF) auf 48 Bit und anschließend mit 80 »0-Werten« auf 128 Bit aufgefüllt. Das Adresspräfix für diesen Sonderadresstyp lautet somit: 0:0:0:0:0:FFFF::/96.

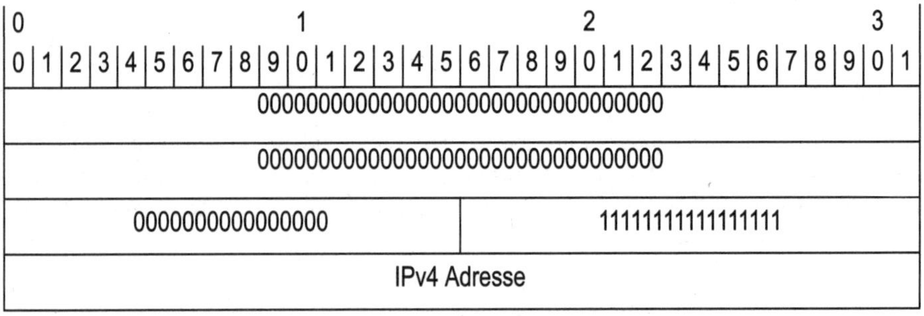

0	1	2	3
0 1 2 3 4 5 6 7 8 9	0 1 2 3 4 5 6 7 8 9	0 1 2 3 4 5 6 7 8 9	0 1
00000000000000000000000000000000			
00000000000000000000000000000000			
0000000000000000		1111111111111111	
IPv4 Adresse			

Abb. 2.26 IPv4-zugeordnete IPv6-Adresse

Beispiel: IPv4-zugeordnete IPv6-Adresse

IPv4-Adresse: 212.204.101.210 (dezimal)

oder

0xD4.0xCC.0x65.0xD2 (hexadezimal)

IPv4-zugeordnete IPv6-Adresse: 0:0:0:0:0:FFFF:D4CC:65D2 (hexadezimal)

Kurzschreibweisen:

::FFFF:212.204.101.210 (dezimal)

oder

::FFFF:D4CC:65D2 (hexadezimal)

IPv4-übersetzte IPv6-Adresse

Um auf Netzebene eine Protokollübersetzung zwischen IPv4- und IPv6-Netzen durchführen zu können, wurde die Sonderform der IPv4-übersetzte IPv6 eingeführt. Die Adresse wird bei einem Wechsel von IPv4 in ein IPv6-Netz und umgekehrt in die entsprechende Adresse übersetzt. Das Adresspräfix für diesen Sonderadresstyp lautet: 0:0:0:0::FFFF:0::/96

Beispiel: IPv4-übersetzte IPv6-Adresse

IPv4-Adresse: 212.204.101.210 (dezimal)

oder

0xD4.0xCC.0x65.0xD2 (hexadezimal)

IPv4-übersetzte IPv6-Adresse: 0:0:0:0:FFFF:0:D4CC:65D2 (hexadezimal)

Kurzschreibweisen:

::FFFF:0:212.204.101.210 (dezimal)

oder

::FFFF:0:D4CC:65D2 (hexadezimal)

6to4-Adresse

Die 6to4-Sonderadresse dient zum automatischen Tunneln von IPv4-Paketen über ein IPv6-Netz. Dadurch wird das IPv4-Paket im IPv6-Netz routbar. Es wird dazu ein bestimmter Adressbereich mit dem Präfix 2002::/16 aus den aggregierbaren Adressen reserviert. Der Aufbau der 6to4-Adresse lautet wie folgt:

IPv6 Aggregierbare Unicast-Adresse

(3) + (13)	(8) + (24)	(16)	(64)	(Bit)
FP | TLA-ID	RES | NLA-ID	SLA-ID	Interface-ID	

2002_{16}	V4ADDR	SLA-ID	Interface-ID	
(16)	(32)	(16)	(64)	(Bit)

IPv6 6to4 Sonderadresse (Präfix: 2002::/16)

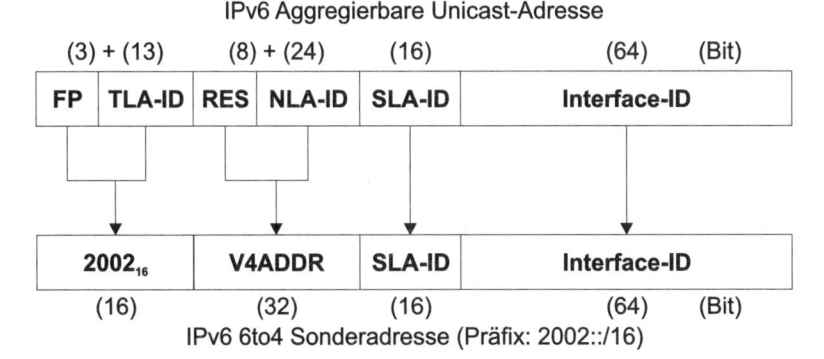

Abb. 2.27 6to4-Sonderadresse

Das 3 Bit lange FP (001) wird mit dem 13 Bit langen TLA-ID-Feld (0000000000010) zusammengefasst und ergibt somit das 16 Bit lange Präfix von 2002. Außerdem wird das 8 Bit lange reservierte Feld mit dem 24 Bit langen NLA-ID-Feld zu einem 32-Bit-Feld, dem V4ADDR, erweitert. Dieses erweiterte Feld beinhaltet die weltweit eindeutige IPv4-Adresse. Daraus ergibt sich, dass ein IPv4-Netzbetreiber keine zusätzliche Adresse reservieren muss, wenn er eine 6to4-Adresse im Zusammenhang mit seiner registrierten IPv4-Adresse verwendet.

Beispiel: 6to4-Adresse

IPv4-Adresse: 212.204.101.210 (dezimal)

oder

0xD4.0xCC.0x65.0xD2 (hexadezimal)

Subnetz 0001: 0001

Interface-ID: 0:0:0:8

6to4-Adresse: 2002:D4CC:65D2:0001:0:0:0:8

2002:D4CC:65D2:0001::8

2.5 Funktion der dynamischen Header-Erweiterungen

Der IPv6-Basis-Header ist auf die wesentlichen Felder beschränkt. Er enthält nur Informationen, die beim Transport für jede Station zur Verfügung stehen müssen. Alle zusätzlichen Informationen werden in so genannte Erweiterungs-Header ausgelagert und direkt an den IPv6-Header angehängt. Diese optionalen Header werden durch das Next-Header-Feld gekennzeichnet. Ein IPv6-Paket kann dadurch aus dem reinen IPv6-Header (keine Header-Erweiterung) oder dem IPv6 und einem bis mehreren Extension-Headern bestehen.

Die Architektur ist sehr flexibel. Werden in Zukunft neue Funktionalitäten benötigt, so kann dies durch die Definition eines neuen Erweiterungs-Headers erreicht werden. Der zweite Vorteil liegt in der Effizienz, da nicht jeder Header von allen Stationen auf dem Übertragungsweg ausgewertet werden muss. Jeder IPv6-Header besitzt ein Next-Feld. Mit dem Wert in diesem Feld wird auf den folgenden Header hingewiesen. Im einfachsten Fall ist dies ein Zeiger auf einen Transport-Header:

| IPv6-Header (Next Header = TCP) | TCP-Header + Data |

Abb. 2.28 IP-Header ohne Erweiterungen

Mit dem Routing-Header wird die Source-Routing-Funktion von IPv4 erreicht. Der Routing-Header wird von den Routern auf dem Übertragungsweg ausgewertet.

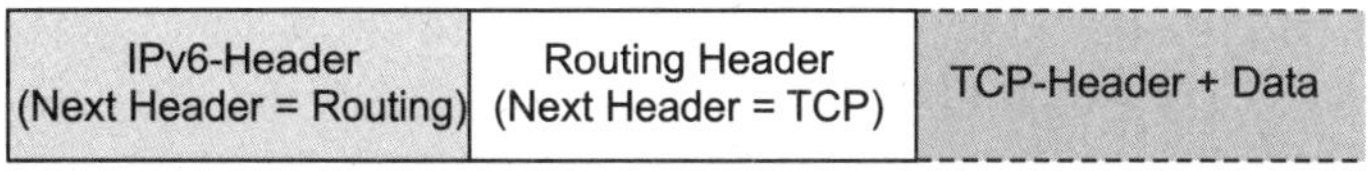

2.5 Funktion der dynamischen Header-Erweiterungen

| IPv6-Header (Next Header = Routing) | Routing Header (Next Header = TCP) | TCP-Header + Data |

Abb. 2.29 IP-Header mit einem Routing-Header

Die Extension-Header werden normalerweise auf dem Übermittlungspfad zwischen dem Sender und dem Empfänger nicht verarbeitet. Die Ausnahme hiervon bildet der Hop-by-Hop-Option-Header. In diesem Header werden Informationen abgelegt, die auf dem Übermittlungspfad zwischen dem Sender und dem Empfänger von jedem Rechner verarbeitet werden müssen. Der Hop-by-Hop-Option-Header folgt immer sofort auf den IPv6-Header. Ein Hop-by-Hop-Option-Header wird durch den Wert = 0 im Next-Header-Feld des IPv6-Headers gekennzeichnet.

Wird während der Verarbeitung eines Header festgestellt, dass ein weiterer Header folgt, und wurde im Next-Header-Feld eine unbekannte Option gefunden, so muss das Paket verworfen und an den Absender ein ICMP-Parameter-Problem-Paket gesendet werden. Beim ICMP-Parameter-Problem-Paket wird der ICMP-Code auf den Wert = 2 gesetzt und das ICMP-Pointer-Feld zeigt auf den unbekannten Wert im Originalpaket.

Wird in einem anderen Header als dem IPv6-Header ein Next-Header-Wert = 0 festgestellt, so muss ebenfalls das Paket verworfen und an den Absender ein ICMP-Parameter-Problem-Paket gesendet werden.

Jeder Extension-Header hat immer ein Vielfaches der Länge von 8 Oktetten. Die gleiche Regel gilt auch für Multi-Oktett-Felder in Extension-Headern. Eine komplette Implementierung des IPv6-Protokolls unterstützt die folgenden Extension-Header:

- Hop-by-Hop Option
- Routing (Typ 0)
- Fragment
- Destination Option
- Authentication
- Encapsulating Security Payload

Wird mehr als ein Extension-Header in einem Paket codiert, so ist folgende Rangordnung vorgesehen:

- IPv6-Header
- Hop-by-Hop-Options-Header
- Destination-Options-Header
- Routing-Header
- Fragment-Header

- Authentication-Header
- Encapsulating-Security-Payload-Header
- Destination-Options-Header
- Upper-Layer-Header

Jeder Extension-Header sollte nur einmal innerhalb eines Datagramms vorkommen. Die Ausnahme bilden die Destination-Options-Header. Werden diese Extension-Header in ein Paket eingefügt, so werden diese einmal vor dem Routing-Header und direkt vor dem Upper-Layer-Header platziert. Alle IPv6-Rechner müssen in der Lage sein, unabhängig von der jeweiligen Reihenfolge alle Extension-Header verarbeiten zu können. Nur die Hop-by-Hop-Option-Header müssen immer und ausschließlich direkt an den IPv6 Header angehängt werden.

Die Eweiterungs-Header haben folgendes Format:

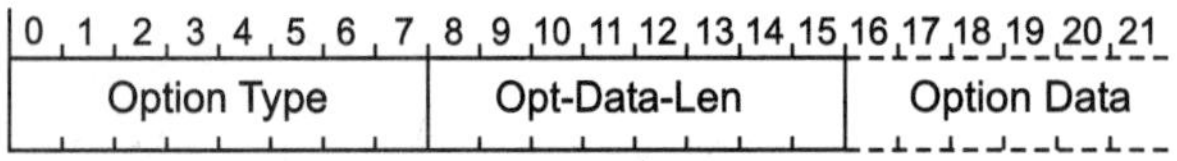

```
0  1  2  3  4  5  6  7  8  9 10 11 12 13 14 15 16 17 18 19 20 21
|     Option Type      |     Opt-Data-Len      |  Option Data
```

Abb. 2.30   Format der Erweiterungs-Header

2.5.1 Optionstyp

Der Optionstyp legt fest, welche Typ-Längenwerte im Paket enthalten sind. Die zwei Bits der höchsten Ordnung im Optionstyp legen die jeweilige Aktion fest. Das dritte Bit definiert, ob die Optionsdaten für die jeweiligen Routen auf dem Weg zum Zielrechner geändert werden können. Die nachfolgenden Bits definieren die spezifischen Alignment-Anforderungen.

Bits der höchsten Ordnung

Die zwei Bits der höchsten Ordnung im Optionstyp legen die jeweilige Aktion für die Option fest, wenn der empfangende IPv6-Rechner die jeweiligen Optionstypen nicht verarbeiten kann.

Es wurden folgende Werte festgelegt:

- **00:** Option kann übersprungen werden und die Verarbeitung des Headers wird fortgeführt.
- **01:** Paket wird verworfen.
- **10:** Paket wird verworfen und es wird ein ICMP-Parameter-Problem (Code 2) zum ursprünglichen Absender des Pakets geschickt.
- **11:** Paket wird nur dann verworfen, wenn es sich bei der Destination-Adresse um keine Multicast-Adresse handelt. In diesem Fall wird ein ICMP-Parameter-Problem (Code 2) zum ursprünglichen Absender des Pakets geschickt.

2.5 Funktion der dynamischen Header-Erweiterungen

Bits der dritthöchsten Ordnung

Das dritthöchste Bit im Optionstyp legt fest, ob die Optionsdaten der jeweiligen Option auf dem Weg zum Zielrechner pro Route geändert werden können.

Es wurden folgende Werte festgelegt:

- **0:** Optionsdaten dürfen nicht auf der Route geändert werden.
- **1:** Optionsdaten können pro Route geändert werden.

Die individuellen Optionen sollten immer so gewählt werden, dass die Multi-Oktett-Werte der Optionsdaten im 32 Bit-Format (den so genannten Natural Boundaries) enden. Eine Option wird deshalb wie folgt definiert:

x n + y

xn+y bedeutet: Der Optionstyp ist immer ein Vielfaches des X-Oktetts vom Start des Headers plus Y-Oktett.

Um sicherzustellen, dass das Paketformat von aufeinander folgenden Optionen und Header-Informationen und die daran anschließenden Header immer über ein Vielfaches des 8-Bit-Formats verfügen, wurden zwei Padding-Optionen definiert. Diese Padding-Optionen müssen von allen IPv6-Implementierungen unterstützt werden:

2.5.2 Pad1-Option

Das Format der Pad1-Option ist ein Spezialfall, da diese Option über kein Längen- und Wertefeld verfügt. Die Pad1-Option wird nur verwendet, um ein Oktett an Padding-Information in das Optionsfeld eines Headers einzufügen. Muss mehr als ein Oktett an Padding-Informationen eingefügt werden, so sollte die PadN-Option verwendet werden.

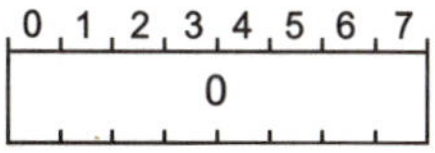

```
 0 1 2 3 4 5 6 7
┌───────────────┐
│       0       │
└───────────────┘
```

Abb. 2.31   Format der Pad1-Option

2.5.3 PadN-Option

Die PadN-Option wird nur verwendet, um zwei oder mehr Oktette an Padding-Information in das Optionsfeld eines Headers einzufügen. Die N-Oktett-an-Padding-Informationen werden über das Option-Data-Länge-Feld definiert (z.B. N=2). Aus diesem Grund werden in die Optionsdaten zwei Oktette mit dem Wert 0 eingefügt.

Die PadN-Option wird hauptsächlich in der Hop-by-Hop-Option und beim Destination-Option-Header verwendet.

```
0 1 2 3 4 5 6 7 8 9 10 11 12 13 14 15 16 17 18 19 20 21
|      1       |  Opt Data Len   |   Option Data
```

Abb. 2.32   Format der PadN-Option

2.5.4 Hop-by-Hop-Options-Header

Mit dem Hop-by-Hop-Options-Header können zusätzliche Optionsdaten in ein Paket eingefügt werden. Diese zusätzlichen Informationen müssen von allen Rechnern entlang des Kommunikationspfads verarbeitet werden. Der Hop-by-Hop-Options-Header wird durch einen Next-Header-Wert = 0 im IPv6-Header angezeigt.

Der Hop-by-Hop-Options-Header hat folgendes Format:

```
0 1 2 3 4 5 6 7 8 9 10 11 12 13 14 15 16 17 18 19 20 21 22 23 24 25 26 27 28 29 30 31
|  Next Header  |  Hdr-Ext-Len  |
|                              Options                                              |
```

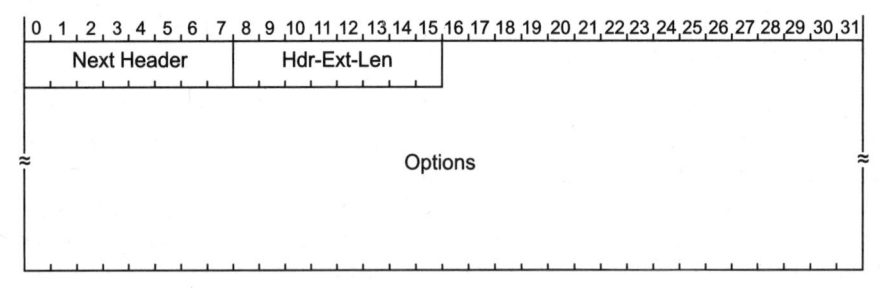

Abb. 2.33   Format des Hop-by-Hop-Options-Headers

2.5.5 Next Header

Dient der Identifizierung des auf den Hop-by-Hop-Options-Header direkt folgenden höheren Protokolls.

Folgende Werte sind festgelegt:

Wert (dezimal)	Protokoll	Beschreibung
1	ICMP	Internet Control Message
2	IGMP	Internet Group Management
6	TCP	Transmission Control
8	EGP	Exterior Gateway Protocol
9	IGP	any private interior gateway
17	UDP	User Datagram

2.5 Funktion der dynamischen Header-Erweiterungen

Wert (dezimal)	Protokoll	Beschreibung
80	ISO-IP	ISO Internet Protocol
89	OSPFIGP	OSPFIGP

Header-Extention-Länge
Definiert die Länge des Hop-by-Hop-Options-Headers in 8-Oktett-Einheiten. Die ersten 8 Oktette werden dabei nicht mitgezählt.

Optionen
Das variable Längenfeld sorgt dafür, dass der komplette Hop-by-Hop-Options-Header immer als ein Vielfaches von 8 Oktetten endet. Das Optionsfeld enthält eine oder mehrere TLV-codierte Optionen.

2.5.6 Jumbo-Payload-Option

Die Jumbo-Payload-Option wird immer dann verwendet, wenn IPv6-Pakete mit einer längeren Payload als 65535 Oktetten übermittelt werden sollen. Die Jumbo-Payload-Länge entspricht der Länge aller Oktette, die in dem jeweiligen Paket (ohne den IPv6-Header) übertragen werden. Werden von einem Rechner Jumbo-Payload-Optionspakete empfangen, deren Länge geringer oder gleich 65535 ist, so muss eine ICMP-Parameter-Problem-Message (Code 0) an den Absender generiert werden. Im ICMP-Paket wird durch einen Pointer auf die ungültige Länge verwiesen. Wird eine Jumbo-Payload-Option übertragen, so muss das Payload-Längenfeld im IPv6-Header immer auf den Wert = 0 gesetzt werden. Werden von einem Rechner gültige Jumbo-Payload-Optionspakete empfangen, in deren IPv6-Header das IPv6-Payload-Längenfeld nicht auf den Wert = 0 gesetzt wurde, so muss eine ICMP-Parameter-Problem-Message (Code 0) an den Absender generiert werden. Im ICMP-Paket wird durch einen Pointer auf das Option-Typfeld in der Jumbo-Payload-Option verwiesen.

0,1,2,3,4,5,6,7,8,9,10,11,12,13,14,15	16,17,18,19,20,21,22,23	24,25,26,27,28,29,30,31
	194	Opt-Data-Len = 4
Jumbo Payload-Länge		

Abb. 2.34 Format der Jumbo-Payload-Option

Die Jumbo-Payload-Option darf nicht in Fragment-Header-Paketen verwendet werden. Werden von einem Rechner in einem Fragment-Header-Paket auch die Jumbo-Payload-Option festgestellt, so muss eine ICMP-Parameter-Problem-Message (Code 0) an den Absender generiert werden. Im ICMP-Paket wird durch einen Pointer auf das erste Oktett im Fragment-Header verwiesen.

Unterstützt eine IPv6-Implementierung nicht die Jumbo-Payload-Option, darf der Rechner keine Interfaces zu Links haben, deren Maximum Transmission Unit (MTU) größer als 65575 (40 Oktette IPv6-Header plus 65535 Oktette an Payload) ist.

2.5.7 Routing-Header

Durch den Routing-Header ist ein IPv6-Sender in der Lage, anhand einer beliebig langen Tabelle von Router-Adressen den genauen Weg durch ein Netzwerk festzulegen. Der Routing-Header wird durch einen Next-Header-Wert = 43 im IPv6-Header angezeigt.

Der Routing-Header hat folgendes Format:

0 1 2 3 4 5 6 7	8 9 10 11 12 13 14 15	16 17 18 19 20 21 22 23	24 25 26 27 28 29 30 31
Next Header	Hdr-Ext-Len	Routing Type	Segments Left
Typspezifische Daten			

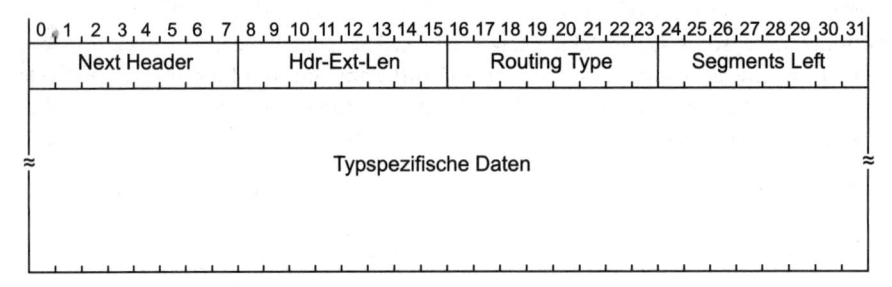

Abb. 2.35   Format des Routing-Headers

Next Header
Dient zur Identifizierung des auf den Routing-Header direkt folgenden höheren Protokolls.

Folgende Werte sind festgelegt:

Wert (dezimal)	*Protokoll*	*Beschreibung*
1	ICMP	Internet Control Message
2	IGMP	Internet Group Management
6	TCP	Transmission Control
8	EGP	Exterior Gateway Protocol
9	IGP	any private interior gateway
17	UDP	User Datagram
80	ISO-IP	ISO Internet Protocol
89	OSPFIGP	OSPFIGP

Header Extension Length
Die Länge des Routing-Headers ausgedrückt in 8-Oktett-Einheiten. Das Längenfeld enthält nicht die ersten 8 Oktette des Headers.

Routing Type
Anhand dieses Identifikators wird der jeweilige Routing-Header festgelegt.

Segments Left
Anzahl der verbleibenden Routen (Router) zwischen dem momentanen Router und dem Zielrechner.

Typspezifische Daten
Das variable Längenfeld sorgt dafür, dass der komplette Routing-Header immer als ein Vielfaches von 8 Oktetts endet.

Wird von einem Rechner ein Routing-Header verarbeitet, in dem ein unbekannter Routing-Typ festgestellt wurde, so muss das Paket verworfen werden. Enthält dieses Paket eine andere Adresse als eine Multicast-Adresse, so muss eine ICMP-Parameter-Problem-Message (Code 0) an den Absender generiert werden. Im ICMP-Paket wird durch einen Pointer auf das unbekannte Routing-Typfeld verwiesen.

Ein Typ-0-Routing-Header hat folgendes Format:

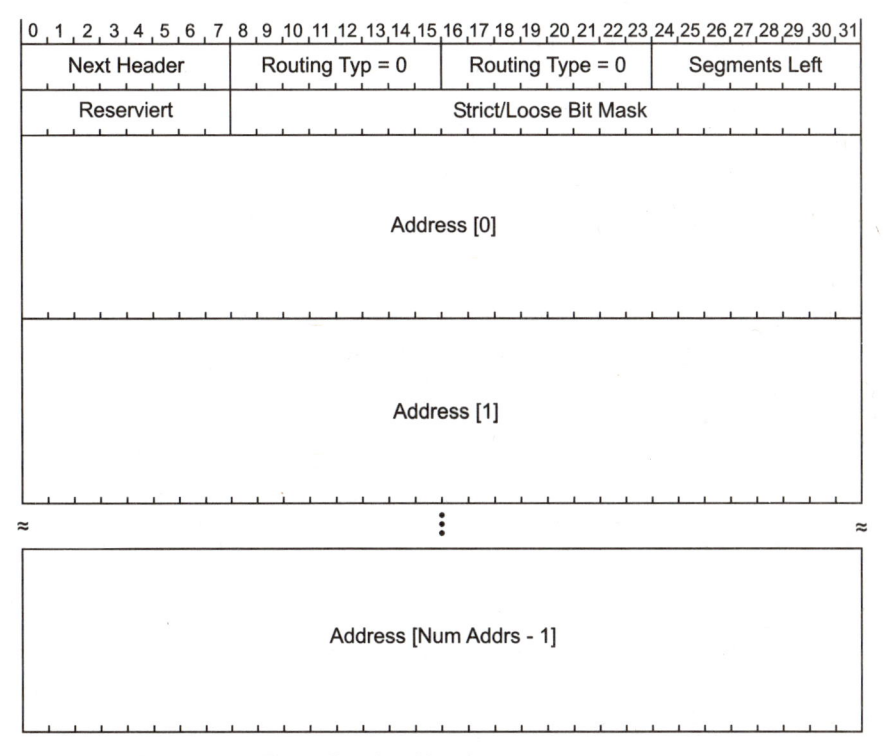

0...7	8...15	16...23	24...31
Next Header	Routing Typ = 0	Routing Type = 0	Segments Left
Reserviert	Strict/Loose Bit Mask		
Address [0]			
Address [1]			
...			
Address [Num Addrs - 1]			

Abb. 2.36 Format des Typ-0-Routing-Headers

Next Header
Dient zur Identifizierung des auf den Typ-0-Routing-Header direkt folgenden höheren Protokolls.

Header Extension Length
Die Länge des Routing-Headers, ausgedrückt in 8-Okett-Einheiten. Das Längenfeld enthält nicht die ersten 8 Oktette des Headers.

Routing Type
Definiert den jeweiligen Routing-Typ = 0.

Segments Left
Anzahl der verbleibenden Routen (Router) zwischen dem momentanen Router und dem Zielrechner. In einem Typ-0-Routing-Header können maximal 23 Adresseinträge vorgenommen werden.

Reserved
Wird beim Versenden von Paketen immer auf den Wert = 0 gesetzt und beim Empfang ignoriert.

Strict/Loose Bit Mask
Die 24-Bit-Maske (0 bis 23) definiert für alle IP-Geräte innerhalb einer Route, ob es sich bei der nächsten Zieladresse um einen direkten Nachbarn (1= strict) oder um einen wahlfreien Rechner (0 = loose) handelt

0	1	2	3	4	5	6	7	8	9	10	11	12	13	14	15	16	17	18	19	20	21	22	23

Abb. 2.37   Format der Strict/Loose-Bit-Maske

Wird das Bit 0 der Strict/Loose-Bit-Maske auf den Wert = 1 gesetzt, muss das Destination-Address-Feld im IPv6-Header des Senders die Zieladresse eines Nachbarn enthalten. Wird das Bit 0 der Strict/Loose-BitMaske auf den Wert = 0 gesetzt, so kann das Destination-Address-Feld im IPv6-Header jede gültige Adresse enthalten.

Ein Routing-Header darf erst dann bearbeitet werden, wenn das Paket den im Destination-Address-Feld des IPv6-Headers definierten Empfänger erreicht hat. Wird dieser Rechner durch das Next-Header-Feld und durch die IP-Adresse identifiziert, so wird das Routing-Modul aktiviert. Im Falle des Routing-Typs 0 wird folgender Algorithmus ausgeführt:

Next Address < Number Addresses

Die IPv6-Destination-Addresse und der Wert des Next-Address-Feldes werden inkrementiert. Wurde das Bit n der Strict/Loose-Maske auf den Wert = 0 gesetzt (n entspricht dem neuen Wert der Next Address) oder wurde mit der neuen Destination-Adresse ein Nachbar des gerade verarbeitenden Rechners/Routers identifiziert, wird das Paket an das IPv6-Forwarding-Modul weitergeleitet und an die neue Zieladresse geschickt. In allen anderen Fällen wird eine ICMP-Destination-Unreachable-Message (Not a Neighbor) zur Sendeadresse geschickt und das Paket verworfen.

Next Address = Number of Addresses

Das Paket wird anhand der Informationen im Next-Header-Feld des Routing-Headers an das nächste Routing-Modul weitergereicht.

Next Address > Number of Addresses

In diesem Fall wird eine ICMP-Parameter-Problem-Message (Code 0) an die Source-Adresse gesendet. In der ICMP-Message zeigt das Pointer-Feld auf das Number-of-Addresses-Feld und anschließend wird das Paket verworfen.

In Routing-Headern mit dem Typ 0 oder in IPv6-Destination-Adressen von Paketen, die den Header mit Typ 0 transportieren, dürfen keine Multicast-Adressen enthalten sein.

2.5.8 Fragment-Header

Der Fragment-Header wird von allen IPv6-Rechnern zur Versendung von großen Datenpaketen verwendet, die die Kapazität der Path-MTU übersteigen. Im Gegensatz zum IPv4-Protokoll wird beim IPv6 die Fragmentation von Daten nicht mehr von den Routern entlang eines Kommunikationspfades, sondern nur vom Sender vorgenommen. Dadurch werden die Router entlastet und können sich auf ihre eigentliche Aufgabe, das Vermitteln von Paketen zwischen Netzen, konzentrieren. Ein Fragment-Header wird durch den Next-Header-Wert = 44 im direkt vorangestellten Header identifiziert.

Auf dem Weg zwischen Sender und Empfänger können Datenpakete über Netzwerke übertragen werden, deren maximal zulässige Paketlänge (MTU) geringer ist als die Länge des zu transportierenden Datagramms. Bei Datennetzen kann aus folgenden Gründen die maximale Datenpaketlänge beschränkt sein:

- Hardwarebeschränkungen (z.B. Länge/Breite der maximalen Übertragungszeit),
- Softwarebeschränkungen des jeweiligen Betriebssystems (z.B. 512-Byte-Buffer),
- Beschränkung durch das verwendete Protokoll (begrenzte Anzahl von Bits je Datenpaket),
- durch eine Norm bedingte Beschränkung,
- Beschränkung durch Maßnahmen zur Fehlerreduktion,
- zeitliche Begrenzung von Daten in einen Übertragungskanal.

Will ein Sender ein Datagramm versenden, dessen gesamte Länge die maximale Paketlänge in einem der Transportnetze auf dem Kommunikationspfad zwischen Sender und Empfänger übersteigt, so muss das ursprüngliche Datagramm in mehrere Teile zerlegt werden.

Das Zerlegen in kleinere Dateneinheiten wird allgemein als Fragmentierung bezeichnet. Die daraus resultierenden Datagramm-Fragmente weisen danach eine für die Übertragung geeignete Länge auf. Die Fragmente werden jeweils mit einem vollständigen IP-Header versehen und als unabhängige Datenpakete übertragen.

Diese Fragmente können auf unterschiedlichen Wegen zum Zielnetzwerk befördert werden, erreichen den Zielrechner in unterschiedlicher Reihenfolge, so dass der Empfänger in der Lage sein muss, diese Datenfragmente der höheren Protokollschicht geordnet zu übergeben. Dieser Vorgang wird Reassembly-Mechanismus genannt. Das Internet Protocol im Zielrechner setzt die fragmentierten Datagramme wieder zu einem einzigen Datagramm zusammen.

Der Fragmentierungs-Algorithmus arbeitet wie folgt:

- Die Daten (Payload) inklusive aller Extension-Header, die ausschließlich vom Empfänger verarbeitet werden müssen, werden vom Sender in Fragmente zerlegt.
- Mit der Ausnahme des letzten Fragments müssen alle anderen Fragmente immer ein Vielfaches von 8 Oktetten aufweisen.
- Jedes Fragment wird in einen separaten Fragment-Header verpackt und in unabhängigen IPv6-Paketen versendet.

Das M-Flag (More) signalisiert dem Empfänger, dass weitere Fragmente folgen. Nur beim letzten Fragment wird das M-Bit auf den Wert = 0 gesetzt und somit dem Empfänger signalisiert, dass das letzte Fragment empfangen wurde.

Für das Original-Paket wird ein Identifikationswert festgelegt, der sich von allen früher verschickten Werten unterscheidet. Der Identifikationswert basiert auf einem einfachen 32 Bit langen Zähler, der bei jeder Fragmentierung eines Pakets hochgezählt wird. Dieser Identifikationswert wird in jeden Fragment-Header des zu fragmentierenden Pakets eingefügt. Anhand dieses Identifikationswerts kann der Empfänger alle Fragmente, die zu einem Original-Datagramm gehören, identifizieren.

Enthält ein Paket einen Fragment-Header, so definiert das Payload-Längenfeld des IPv6-Header nur die Länge dieses Pakets (ohne den jeweiligen IPv6-Header) und nicht die Länge des unfragmentierten Original-Pakets.

0 1 2 3 4 5 6 7	8 9 10 11 12 13 14 15	16 17 18 19 20 21 22 23 24 25 26 27 28	29 30	31
NextHeader	Reserved	FragmentOf fset	Res	M
Identifikation			

Abb. 2.38   Format des Fragment-Header

Next Header
Dient zur Identifizierung des auf den Fragment-Header direkt folgenden höheren Protokolls.

Folgende Werte sind festgelegt:

Wert (dezimal)	Protokoll	Beschreibung
1	ICMP	Internet Control Message
2	IGMP	Internet Group Management
6	TCP	Transmission Control
8	EGP	Exterior Gateway Protocol
9	IGP	any private interior gateway

Wert (dezimal)	Protokoll	Beschreibung
17	UDP	User Datagram
80	ISO-IP	ISO Internet Protocol
89	OSPFIGP	OSPFIGP

Reserved
Wird beim Versenden von Paketen immer auf den Wert = 0 gesetzt und beim Empfang ignoriert.

Fragment Offset
Dieses Feld gibt die Lage der Fragmentdaten relativ zum Anfang des Datenblocks im ursprünglichen Datagramm an. Das Fragment-Offset definiert die Lage des jeweiligen Fragments als ein Vielfaches von 8 Bytes (Grundeinheit der Fragmentierung).

Reserved
Wird beim Versenden von Paketen immer auf den Wert = 0 gesetzt und beim Empfang ignoriert.

M-Flag
Dieses Feld enthält das More-Flag (das zur Positionierung eines Fragments im ursprünglichen Datagramm dient). Das More-Flag = 1 definiert, dass weitere Fragmente folgen, der Wert = 0 besagt, dass das letzte Fragment empfangen wurde.

Identification
Für das Original-Paket wird ein Identifikationswert festgelegt, der sich von allen früher verschickten Werten unterscheidet. Der Identifikationswert basiert auf einem einfachen 32 Bit langen Zähler, der bei jeder Fragmentierung eines Pakets hochgezählt wird. Dieser Identifikationswert wird in jeden Fragment-Header des zu fragmentierenden Pakets eingefügt. Anhand dieses Identifikationswerts kann der Empfänger alle Fragmente, die zu einem Original-Datagramm gehören, identifizieren.

2.5.9 Der Fragmentierungs- und Reassemblierungsprozess

Wie im nachfolgenden Bild dargestellt, besteht ein Datenpaket aus einem nicht fragmentierbaren und einem fragmentierbaren Teil.

nichtfragmentierbarer Teil	fragmentierbarer Teil

Abb. 2.39 Grundstruktur eines Datenpakets

Der nicht fragmentierbare Teil des Paketes besteht aus dem IPv6-Header und allen weiteren Extension-Headern, die auf dem Weg zum Zielrechner von jedem Transitknoten bearbeitet werden müssen. Der fragmentierbare Teil des Pakets besteht aus dem Rest des Pakets und enthält alle Extension-Header, die nur vom Zielgerät bearbeitet werden müssen, und alle Paketdaten (höhere Protokolle und Daten). Ein Paket wird wie folgt fragmentiert:

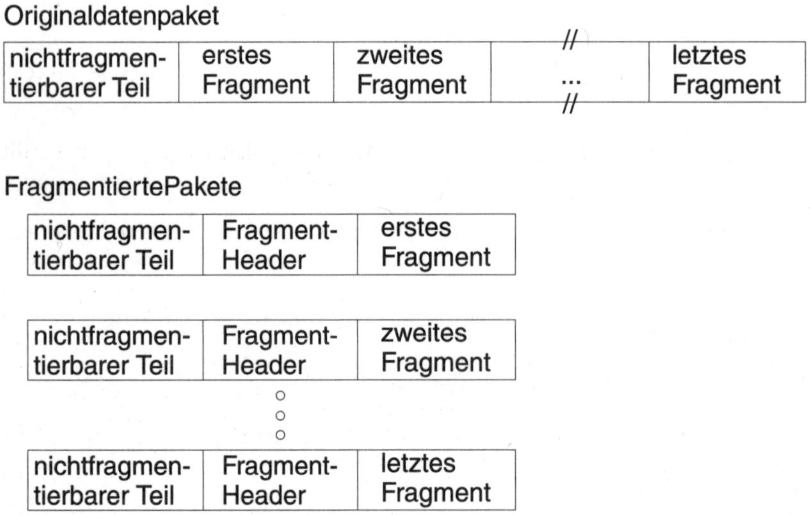

Originaldatenpaket

nichtfragmen-tierbarer Teil	erstes Fragment	zweites Fragment	...	letztes Fragment

FragmentiertePakete

nichtfragmen-tierbarer Teil	Fragment-Header	erstes Fragment

nichtfragmen-tierbarer Teil	Fragment-Header	zweites Fragment

nichtfragmen-tierbarer Teil	Fragment-Header	letztes Fragment

Abb. 2.40 Fragmentierte Datenpakete

Jedes Paketfragment besteht aus folgenden Bestandteilen:

1. Dem nicht fragmentierbaren Paketteil. Der Original-IPv6-Header wird beim Fragmentieren auf die aktuelle Payload-Länge des Fragmentteils umgesetzt. Dabei wird die Länge des IPv6-Headers nicht berücksichtigt. Anschließend wird das Next-Header-Feld des nicht fragmentierbaren Paketteils auf den Wert = 44 gesetzt.

2. Einem Fragment-Header mit folgenden Inhalten:
   - Der Wert des Next-Header-Feldes identifiziert den ersten Header des fragmentierbaren Teils des Originalpakets.
   - Das Fragment-Offset-Feld gibt die Lage der Fragmentdaten relativ zum Anfang des Datenblocks im ursprünglichen Datagramm an. Beim ersten Fragment ist der Wert des Fragment-Offsets immer auf null gesetzt. Das Fragment-Offset definiert die Lage des jeweiligen Fragments als ein Vielfaches von 8 Bytes (Grundeinheit der Fragmentierung).
   - Der Wert des M-Flags signalisiert dem Empfänger, ob weitere Fragmente folgen:
   - M-Bit = 0 – letztes Fragment
   - M-Bit = 1 – weitere Fragmente folgen
   - Kennwert zur Zuordnung von Fragmenten zu einem Datagramm: Anhand des Identifikationsfeldes ermittelt der Zielrechner, zu welchem Datagramm ein gerade angekommenes Fragment gehört.

3. Dem eigentlichen Fragment

Die Datagramme werden auf der gesamten Strecke zwischen Sender und Empfänger als einzelne völlig voneinander unabhängige Daten behandelt und als solche übermittelt. Das Gleiche gilt auch für Datagramm-Fragmente. Wird ein Datagramm fragmentiert, so werden die Fragmente als eigenständige Datagramme weitervermittelt. Nur beim Empfänger werden die Fragmente wieder zu einem Datagramm zusammengesetzt. Der Mechanismus, der das Zusammensetzen der Datagramme zum Orginal-Datagramm ermöglicht, wird Reassembly-Mechanismus genannt.

Datagrammfragmente werden nur reassembliert, wenn die folgenden Bedingungen erfüllt sind:

- Alle Fragmente verfügen über die gleiche Zieladresse, Quelladresse und Identifikationsnummer,
- Der nicht fragmentierbare Teil des zu reassemblierenden Datenpakets besteht aus allen Headern, außer dem Fragment-Header des ersten Paketfragments, mit folgenden zwei Änderungen:

  a) Das Next-Header-Feld des letzten Headers des nicht fragmentierbaren Teil des Pakets entspricht dem Next-Header-Feld des Headers im ersten Fragment.

  b) Die Payload-Länge des reassemblierten Pakets wird aus der Länge des nicht fragmentierten Teils des Original-Pakets, der Länge und dem Offset des letzten Fragments errechnet. Zur Berechnung der Payload-Länge eines reassemblierten Original-Pakets dient folgende Formel:

  $PL.orig = PL.first - FL.first - 8 + (8 * FO.last) + FL.last$

  PL.orig: Payload-Längenfeld des reassembierten Pakets.

  PL.first: Payload-Längenfeld des ersten Paketfragments.

  FL.first: Länge des Fragments, welches dem Fragment-Header des ersten Fragments folgt.

  FO.last: Fragment-Offset-Feld des Fragment-Headers des letzten Fragment-Pakets.

  FL.last: Länge des Fragments, welches dem Fragment-Header des letzten Fragments folgt.

Der fragmentierbare Teil des zu reassemblierenden Pakets wird aus allen Fragmentdaten, die auf die Fragment-Header jedes Paketfragments folgen, errechnet. Die Länge jedes Fragments wird wie folgt berechnet:

- Von der Payload-Länge des Pakets wird die Länge des Headers zwischen dem IPv6-Header und dem jeweiligen Fragment subtrahiert.
- Die relative Position im Paketfragment wird anhand des Fragment-Offset-Wertes errechnet.
- Der Fragment-Header ist nicht Bestandteil des durch den Reassemblierungsprozess entstandenen Pakets.

Beim Reasemblieren von Datenpaketen können folgende Fehlersituationen auftreten:

- Da beim Transport über die Netze Daten verloren gehen können, muss das Reassemblieren eines Datagramms zeitlich begrenzt werden, um nicht unnötig Ressourcen (Buffer) zu blockieren. Dieser Vorgang wird durch einen Reassembly Timer überprüft. Beim Empfang eines Fragments wird der Reassembly Timer (Standardwert = 60 Sekunden) gestartet. Innerhalb dieser Zeit muss der Reassemblierungsprozess für das betreffende Datenpaket abgeschlossen sein. Nach Ablauf des Reassembly Timers wird der Reasseblierungsprozess abgebrochen und die bisher empfangenen Paketfragmente werden verworfen. Wurde das erste Paketfragment empfangen, bevor der Reassemblierungsprozess abgebrochen wurde, so wird an den Sender des fragmentierten Pakets eine ICMP-Time-Exceeded-Message geschickt.

- Entsprechen die Länge eines Fragments (ermittelt aus dem Payload-Längenfeld des Fragments) nicht einem Vielfachen von 8 Oktetten und wurde der Wert des M-Bits im Fragment auf den Wert = 1 gesetzt, muss das Fragment verworfen werden. Anschließend wird eine ICMP-Parameter-Problem-Message (Code 0) an den Sender des Fragments gesendet. Der Pointer in der ICMP-Meldung zeigt dabei auf das fehlerhafte Payload-Längenfeld des Fragments.

- Entspricht die Länge und das Offset eines Fragments nicht dem Wert der Payload-Länge des reasssemblierten Pakets, muss das Fragment verworfen werden. Anschließend wird eine ICMP-Parameter-Problem-Message (Code 0) an den Sender des Fragments gesendet werden. Der Pointer in der ICMP-Meldung zeigt dabei auf das fehlerhafte Fragment-Offset-Feld des Fragments.

2.5.10 Destination-Options-Header

Der Destination-Options-Header wird für den Transport von zusätzlichen Empfängerinformationen verwendet. Diese Informationen werden ausschließlich von dem Empfänger verarbeitet. Ein Destination-Options-Header wird durch den Next-Header-Wert = 60 im direkt vorangestellten Header identifiziert. Als einzige Destination-Optionen wurden bisher die Pad1- und PadN-Option festgeschrieben.

Die Destination-Optionen können auf folgende zwei Arten in einem IPv6-Header codiert werden:

- als Option im Destination-Options-Header oder
- als separater Extension-Header.

Der Fragment-Header und der Authentication-Header sind Beispiele für separate Extention-Header. Die jeweilige Codierung der Option hängt von der Aktion ab, die ein Empfängerrechner, obwohl dieser die optionalen Informationen nicht versteht, ausführen soll.

Wird vom Empfänger ein übermitteltes Paket verworfen und handelt es sich bei der im Paket codierten Zieladresse um keine Multicast-Adresse, so generiert der Empfänger eine ICMP-Unrecognized-Type-Message an den Urheber des Pakets. In diesem Fall werden die zu über-

2.5 Funktion der dynamischen Header-Erweiterungen

tragenden Informationen entweder in einem separaten Header oder als Option im Destination-Options-Header (mit dem Optionstyp-Wert = 11) codiert. Die Auswahl zwischen beiden Möglichkeiten wird anhand des zusätzlichen Overheads (Größe) und des Alignment-Faktors getroffen.

Wird eine andere Aktion vom Empfänger erwartet, so muss die Information als Option im Destination-Options-Header (Optionstyp 00, 01 oder 10) übermittelt werden.

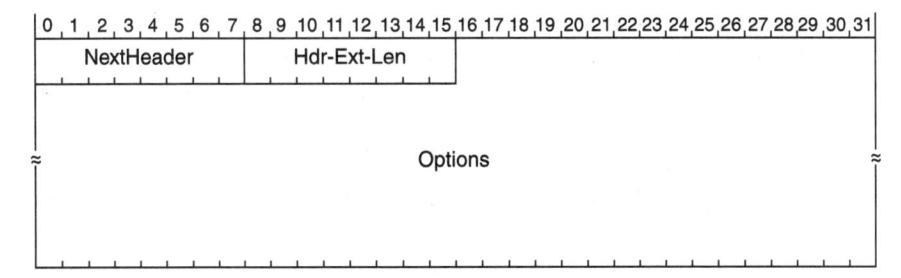

```
 0  1  2  3  4  5  6  7  8  9 10 11 12 13 14 15 16 17 18 19 20 21 22 23 24 25 26 27 28 29 30 31
|          NextHeader          |         Hdr-Ext-Len          |                                |
|                                                                                              |
|                                           Options                                            |
|                                                                                              |
```

Abb. 2.41   Format des Destination-Options-Headers

Next Header

Dient zur Identifizierung des auf den Destination-Options-Header direkt folgenden höheren Protokolls. Folgende Werte sind festgelegt:

Wert (dezimal)	Protokoll	Beschreibung
1	ICMP	Internet Control Message
2	IGMP	Internet Group Management
6	TCP	Transmission Control
8	EGP	Exterior Gateway Protocol
9	IGP	any private interior gateway
17	UDP	User Datagram
80	ISO-IP	ISO Internet Protocol
89	OSPFIGP	OSPFIGP

Header Extention Length
Länge des Destination Options-Headers in 8-Oktett-Werten. Dabei werden die ersten 8 Oktette nicht mitgezählt.

Options
Die Länge des variablen Optionsfelds inklusive aller Destination-Options beträgt immer ein Vielfaches von 8 Oktetten. Das Optionsfeld enthält eine oder mehrere TLV-codierte Optionen.

2.6 Sicherheitsoptionen

IPv6 kennt im Wesentlichen zwei Sicherheitsmechanismen, den Authentication-Header (AH) und den Encapsulating-Security-Payload-Mechanismus (ESP). Beide basieren auf einer Sicherheitsübereinkunft, die Security Association (SA) genannt wird. Der Begriff Security Association bezeichnet eine Übereinkunft von zwei Kommunikationspartnern über die Sicherheitsdienste, die sie für ihre Kommunikation benutzen wollen.

Die SA wird mit einer Anzahl an Parametern beschrieben, die Auskunft über folgende Punkte geben:

- der zu verwendende Authentifizierungsalgorithmus und die Schlüssel für den AH-Mechanismus,
- der zu verwendende Verschlüsselungsalgorithmus und die Schlüssel für den ESP-Mechanismus,
- Informationen über den Initialization Vector (IV) (z.B. für DES-CBC),
- die Zeit, die die Schlüssel und die gesamte SA gültig sind,
- die Absenderadresse der SA,
- ein Vertraulichkeitslevel (wie z.B. Confidential, Secret, Unclassified), der vor allem bei Multilevel Security (MLS) benötigt wird.

Ein IP-Paket kann also vom Empfänger nur entsprechend entschlüsselt oder authentifiziert werden, wenn er die passende SA kennt. Deshalb muss in solchen IP-Paketen eine Referenz auf eine solche SA vorhanden sein. Diese Referenz wird Security Parameter Index (SPI) genannt und später noch genauer betrachtet. Wichtig ist auch, dass eine SA nur in einer Richtung gültig ist, d.h., wollen beide Kommunikationspartner senden, dann braucht man für jede Richtung eine SA. Für AH und ESP braucht man ebenfalls jeweils eine eigene SA. Eine SA wird eindeutig identifiziert durch den SPI, die Zieladresse und den verwendeten Sicherheitsmechanismus (AH oder ESP).

2.6.1 Authentication-Header (AH)

Durch eine zusätzliche Header-Erweiterung wird beim IPv6 ein Authentifizierungsmechanismus zur Verfügung gestellt. Diese Header-Extension wird als Authentication-Header (AH) bezeichnet und ermöglicht dem Empfänger die Überprüfung der empfangenen Daten auf Verfälschung während des Transports und die Richtigkeit des Kommunikationspartners. Zur Authentifizierung einer Nachricht werden ihr Authentifizierungsdaten angehängt. Dabei wendet der Sender einen kryptographischen Authentifizierungsalgorithmus auf die Daten mit einem zugehörigen Schlüssel K an. Standardmäßig müssen HMAC-MD5 und HMAC-SHA-1 unterstützt werden. HMAC ist ein Mechanismus zur Authentifizierung von Nachrichten mit kryptographischen Hash-Funktionen wie MD5 in Kombination mit einem Schlüssel. Der Algorithmus bildet mit einer Einweg-Hash-Funktion h die Nachricht auf einen Hash-Wert ab. Der geheime Schlüssel muss natürlich auch dem Empfänger bekannt sein, da er ihn dann benötigt, um ebenfalls auf die empfangenen Daten die Funktion anwenden zu können und somit die Authentizität der Daten überprüfen zu können. Stimmt sein berechneter Wert nicht mit dem empfangenen überein, so kann er sicher sein, dass die Nachricht verfälscht wurde.

Ein Problem bei diesem Authentifizierungsmechanismus ist, dass bei IPv6 einige Felder im Header auf dem Transportweg verändert werden (z.B. Hop Count). Um die aus der Änderung entstehende Sicherheitsproblematik zu umgehen, muss der Sender eine temporäre Kopie anlegen, bei der diese Felder fest eingetragen werden. Er muss dabei folgende Schritte durchführen:

- Das Hop-Count-Feld muss auf 0 gesetzt werden.
- Wird ein Routing-Header benutzt, muss das Destination-Feld auf die endgültige Zieladresse eingestellt werden.
- Der Routing-Header-Content und der Address-Index müssen auf ihren erwarteten Ankunftswert gesetzt werden.
- Beim Berechnen der Authentifizierungsdaten darf das C-Bit nicht mit einbezogen, sondern muss mit Null-Werten gefüllt werden.

Dem AH-Header wurde von der IANA die Protokollnummer 51 zugewiesen. Damit muss in dem dem AH-Header vorangehenden Header das Next-Header-Feld auf den Wert 51 gesetzt werden.

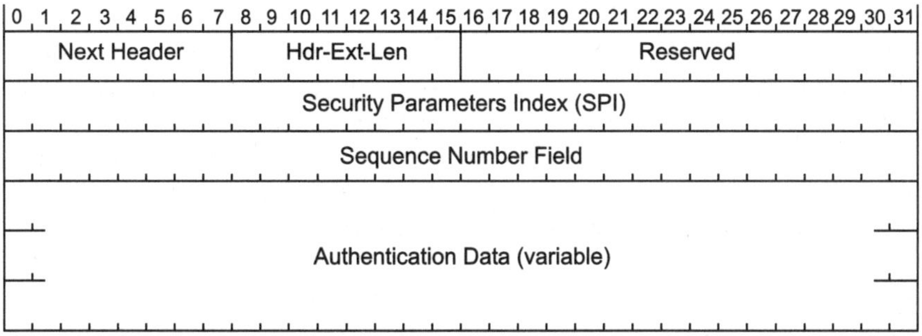

Abb. 2.42   Format des AH-Headers

Next Header
Definiert den Typ des direkt nachfolgenden Headers.

Length
Legt die Länge der Authentifizierungsdaten in 32-Bit-Worten fest.

Security Parameter Index (SPI)
Bei dem Security Parameters Index (SPI) handelt es sich um einen 32-Bit Wert, der zusammen mit der Zieladresse des Paketes das gewünschte Verfahren zur Authentifizierung festlegt. Für den SPI sind die Werte 1 bis 255 für eine spätere Verwendung durch die IANA reserviert. Der Wert 0 zeigt an, dass keine Authentifizierung vorhanden ist und sollte im Normalfall nicht verwendet werden.

Sequenznummer

Die Sequenznummer enthält einen monotonen Zähler, welcher vom Sender bei jedem Paket um eins erhöht werden muss. Der Empfänger verwendet dieses Feld zur Anti-Replay Protection. Beherrscht er diese Funktion nicht, wird das Feld ignoriert. Falls über eine Verbindung mehr als 2^{32} Pakete laufen, ist ein Überlauf der Sequenznummer nicht vorgesehen. Stattdessen ist eine Initialisierung der Verbindung mit einem Austausch neuer Schlüssel vorgeschrieben.

Authentication Data

Das Datenfeld enthält die eigentliche Checksumme, Integrity Check Value (ICV). Dieses Feld muss als Länge ein Vielfaches von 64 Bit haben. Die genaue Verwendung der ICV hängt von dem gewählten Verfahren ab.

Bei der Anwendung der Authentifizierung wird zwischen dem Transportmodus und dem Tunnelmodus unterschieden.

| Orig-IP-hdr | hop-by-hop | dest | routing | fragment | dest | TCP | Data |

Abb. 2.43   Transportmodus vor Einfügen des AH

| NeuerIP-Header | Erweiterungs-Header (fallsvorhanden) | AH | Original-IP-Header | Erweiterungs-Header (fallsvorhanden) | TCP | Data |

Abb. 2.44   Transportmodus nach Einfügen des AH

Der AH schützt das gesamte Paket mit Ausnahme der Felder, die beim Transport verändert werden können. Diese Felder werden bei der Bildung der ICV als mit 0 initialisiert betrachtet. Der Destination-Options-Header kann in einem Paket mehrmals vorkommen und sich vor, hinter oder, wie im Beispiel angegeben, vor und hinter dem AH befinden.

Der Tunnelmodus wird als Point-to-Point-Verbindung verwendet, meist um entfernte Netzwerke zu einem logischen Netzwerk zusammenzufassen. Wenn diese Verbindung über das Internet erfolgt, ist es notwendig, diesen Tunnel vor Angriffen zu schützen.

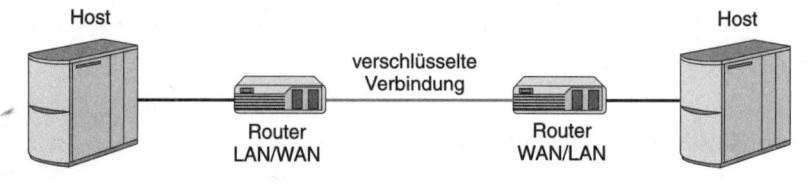

Abb. 2.45   AH im Tunnelmodus

2.6.2 Encapsulating Security Payload (ESP)

Der Authentifizierungsmechanismus erfüllt nicht alle Sicherheitsanforderungen. Die verschickten Nutzdaten lassen sich ohne weiteres vom Netz mitlesen, da diese unverschlüsselt verschickt werden. Den Schutz von vertraulichen Daten durch eine Verschlüsselung und deren Unversehrtheit garantiert die Encapsulating Security Payload (ESP). Darüber hinaus bietet ESP einen wirksamen Schutz vor Data-Replay-Attacken. Man unterscheidet bei der Anwendung der Verschlüsselung zwischen dem Transportmodus und dem Tunnelmodus. Die erste Variante wird bei der Kommunikation zwischen zwei Rechnern verwendet. Im Normalfall geht man hier davon aus, dass sich die Rechner nicht kennen bzw. keine gültigen Keys für eine Verbindung besitzen. Es muss daher von einem Trust-Center von beiden Rechnern ein One-Session-Key angefordert werden, welcher dann für eine begrenzte Zeit Gültigkeit hat.

IPv6-Datagramm mit AH-Funktionen

Original-IP-Header	Hop-by-Hop, Routing, Fragmentation	AH	Destination Option	TCP	Daten

Authentifizierung

Abb. 2.46 Verschlüsselung im Transportmodus

Bei diesem Verfahren ist es notwendig, dass jeder Rechner die Verschlüsselung beherrscht und die CPU-Leistung ausreichend ist, um sämtliche Daten hinreichend schnell zu verschlüsseln. Die IP-Header selbst bleiben unverschlüsselt, so dass Hacker Informationen darüber erhalten können, wohin ein Rechner Verbindungen aufbaut und wann er wie viele Daten sendet.

Zur Verbindung von zwei Firmennetzen über öffentliche Leitungen bietet sich daher der Tunnelmodus an. Hier ist nach außen hin nur die Kommunikation der beiden Router sichtbar, weitere Informationen werden nicht nach außen bekannt.

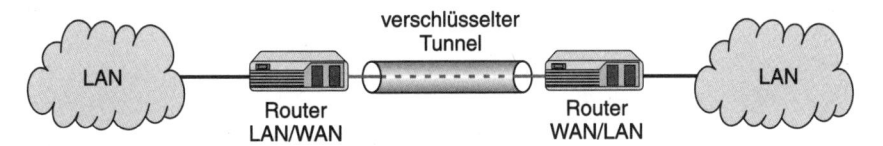

Abb. 2.47 Verschlüsselung im Tunnelmodus

Bei der Verwendung von ESP im Tunnelmodus können der Einsatz eines Trust-Centers und auch die mit ihm verbundenen Sicherheitsrisiken entfallen, da beide Rechner bei Bedarf neue Schlüssel erzeugen und austauschen können.

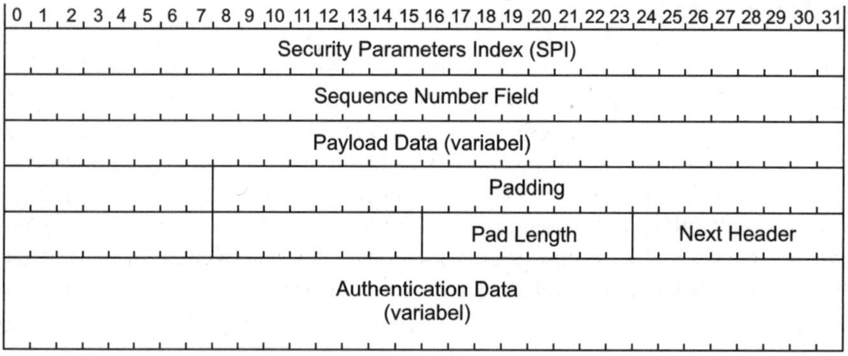

```
0  1  2  3  4  5  6  7  8  9  10 11 12 13 14 15 16 17 18 19 20 21 22 23 24 25 26 27 28 29 30 31
```

Security Parameters Index (SPI)
Sequence Number Field
Payload Data (variabel)
Padding
Pad Length · Next Header
Authentication Data (variabel)

Abb. 2.48 Format des ESP-Headers

2.6.3 Security Parameters Index (SPI)

Bei dem Security Parameters Index (SPI) handelt es sich um einen 32-Bit-Wert, der zusammen mit der Zieladresse des Paketes das gewünschte Verfahren zur Authentifizierung festlegt. Für den SPI sind die Werte 1 bis 255 für eine spätere Verwendung durch die IANA reserviert. Der Wert 0 zeigt an, dass keine Authentifizierung vorhanden ist, und sollte im Normalfall nicht verwendet werden.

Sequenznummer
Die Sequenznummer enthält einen monotonen Zähler, welcher vom Sender bei jedem Paket um eins erhöht werden muss. Der Empfänger verwendet dieses Feld zur Anti-Replay Protection. Beherrscht er diese Funktion nicht, wird das Feld ignoriert. Falls über eine Verbindung mehr als 2^{32} Pakete laufen, ist ein Überlauf der Sequenznummer nicht vorgesehen. Stattdessen ist eine Initialisierung der Verbindung mit einem Austausch neuer Schlüssel vorgeschrieben.

Payload Data
Das Feld Payload Data enthält die eigentlichen verschlüsselten Daten. Anhand des SPI und der Zieladresse wird implizit die Länge eines Initialization Vectors (IV) festgelegt, welcher sich am Beginn des Datenfeldes befindet.

Padding
Das Padding-Feld ist dazu da, dass für Algorithmen, die eine bestimmte Blockgröße der Daten verlangen, entsprechend viele Bits angefügt werden.

Pad Length
Gibt die Gesamtlänge des Padding-Feldes an.

Next Header
In diesem Feld steht die Protokollnummer des Payload-Feldes.

Der ESP-Mechanismus unterstützt zwei unterschiedliche Modi zur Verschlüsselung:

Transport Mode

Beim Transport Mode wird das Upper-Layer-Protokoll (z.B. TCP), das als Payload im IP-Paket mitgeführt werden soll, verschlüsselt. Es wird dazu in den ESP-Header verpackt, der dann an den IP-Header angehängt wird. Es wird also kein verschlüsselter Header oder Ähnliches benützt, was natürlich vorteilhaft für den Durchsatz im Netz ist. Der Sender muss wie beim AH-Mechanismus die für den Empfänger passende (z.B. in Bezug auf User-ID und IP-Adresse) Security Association verwenden. Er muss also den Algorithmus verwenden, den der Empfänger auch versteht. Auf der Empfängerseite wird dann normalerweise mit dem SPI als Index in einer Tabelle nachgeschaut, welche SA verwendet wurde.

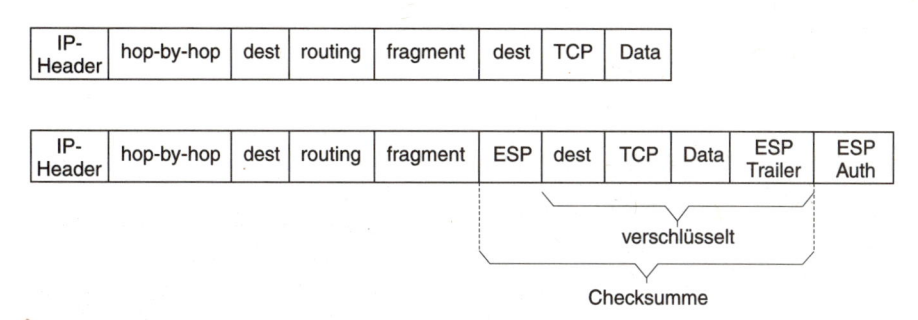

IP-Header	hop-by-hop	dest	routing	fragment	dest	TCP	Data		

IP-Header	hop-by-hop	dest	routing	fragment	ESP	dest	TCP	Data	ESP Trailer	ESP Auth

verschlüsselt (ESP ... ESP Trailer)
Checksumme

Abb. 2.49 ESP im Transportmodus

Tunnel Mode

Im Tunnel Mode wird anders als im Transport Mode das komplette IP-Paket verschlüsselt und danach in den ESP-Header gesteckt. Dieser Modus ist besonders dafür geeignet, ein Paket von einem Security-Gateway zum anderen zu schicken. In diesem Fall kann man dann mit einem Lauschangriff nicht einmal feststellen, welche beiden Hosts tatsächlich miteinander kommunizieren. In diesem Modus besorgt sich der Sender auch zuerst die SA anhand der User Identification und der Zieladresse und verschlüsselt danach mit dem zugehörigen Algorithmus das gesamte IP-Paket. Dieses Paket wird anschließend in einen neuen ESP-Header verpackt, der wiederum als Payload in ein neues IP-Paket gesteckt wird. Der Empfänger benutzt auch wieder den SPI-Wert, um in seiner Tabelle die passenden SA-Parameter (wie z.B. die geheimen Schlüssel) zu ermitteln.

neuer IP-Header	neuer ext.Hdr.	ESP	original IP-Hdr.	original extHdr.	TCP	Data	ESP Trailer	ESP Auth

verschlüsselt
Checksumme

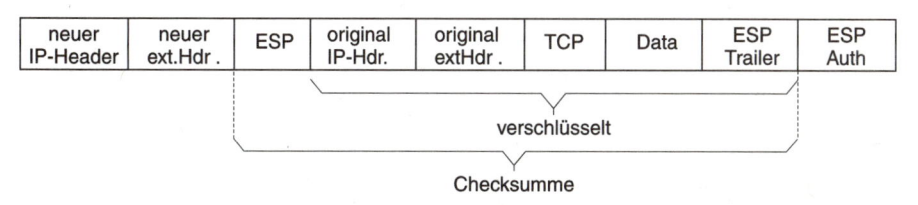

Abb. 2.50 ESP im Tunnelmodus

No Next Header

Ein Next-Header-Wert = 59 dient zur Identifizierung eines IPv6-Headers oder jedes anderen Extension-Headers. Der Next-Header-Wert = 59 signalisiert, dass keine weiteren Informationen auf diesen Header folgen.

2.7 Maximum Transmission Unit

Eine der wichtigsten Funktionen des neuen IPv6-Protokolls ist die automatische Feststellung der maximalen Paketgröße zwischen zwei IPv6-Komponenten.

Sollen von einem IPv6-Rechner zu einer anderen Ressource große Informationsmengen übertragen werden, so werden diese Daten mithilfe einer Serie von IPv6-Paketen übermittelt. Ein Rechner versucht die Daten immer so schnell wie möglich zu übermitteln. Aus diesem Grund werden die zu übermittelnden Daten immer in größtmögliche Datenpakete für den jeweiligen Übertragungspfad verpackt. Die daraus resultierende Paketgröße wird auch als Path Maximum Transmission Unit (PMTU) bezeichnet. Die PMTU entspricht der kleinsten Paketgröße (MTU) aller Pfade der Kommunikationsverbindung. Das IPv6-Protokoll identifiziert einen Pfad aus einer Kombination von Source- und Destination-IPv6-Adressen, der Flow-ID und den IPv6-Routing-Header-Informationen.

Alle IPv6-Rechner, die den Path-MTU-Discovery-Mechanismus nicht unterstützen, müssen entsprechend den Definitionen des IPv6-Protokolls eine minimale Link-MTU von 576 Oktetten als maximale Paketgröße unterstützen. Die PMTU ist in der Praxis in den meisten Fällen größer als die minimale Paketgröße. Dies führt dazu, dass über eine Kommunikationsverbindung wesentlich mehr kleinere Pakete übermittelt werden, als notwendig wäre. Folglich werden dadurch wichtige Netzwerk-Ressourcen verschwendet und durch einen erhöhten Paket-Overhead die zur Verfügung stehende Bandbreite reduziert.

Die Idee, die dem dynamischen Path-MTU-Discovery-Mechanismus zu Grunde liegt, ist relativ einfach. Der Source-Rechner geht zuerst einmal davon aus, dass die PMTU der MTU des ersten Hops im Pfad entspricht. Stellt einer der Router entlang des Sendepfades fest, dass ein empfangenes Paket zu groß für den Weitertransport ist, so müssen folgende Schritte eingeleitet werden:

- das zu große Paket wird verworfen und
- eine ICMPv6-Packet-Too-Big-Message wird an den ursprünglichen Sender zurückgeschickt.

Empfängt ein Sender eine ICMPv6-Packet-Too-Big-Message, so reduziert dieser seine ursprüngliche PMTU für den jeweiligen Pfad auf die Paketgröße, die ihm mit der Packet-Too-Big-Message mitgeteilt wurde. Bei der Ermittlung der richtigen Paketgröße für einen Kommunikationspfad kann es dadurch zwangsläufig zu einigen »Paket-gesendet/Packet-Too-Big-Message-empfangen«-Zyklen kommen, bevor der komplette PMTU-Discovery-Prozess abgeschlossen ist.

Während der Datenübermittlung kann es außerdem passieren, dass sich die PMTU eines Kommunikationspfades aufgrund von Routing-Topologieänderungen ändern kann. Eine Reduktion der PMTU wird, wie bereits dargestellt, mithilfe der Packet-Too-Big-Messages entdeckt. Was geschieht jedoch, wenn sich die PMTU eines Kommunikationspfades vergrößert? Für diesen Fall hat das IPv6-Protokoll folgende Strategie entwickelt:

Die aktuelle PMTU wird vom Sender periodisch vergrößert. Hat sich im Kommunikationspfad nichts geändert, so wird dieses zu große Paket verworfen und mit einer Packet-Too-Big-Messages beantwortet. Wird das Paket nicht verworfen, so werden alle weiteren Pakete mit einer längeren PMTU gesendet.

Voraussetzungen

Empfängt ein Sender eine ICMPv6-Packet-Too-Big Message, so reduziert dieser seine ursprüngliche PMTU für den jeweiligen Pfad auf die Paketgröße, die ihm mit der Packet-Too-Big-Message mitgeteilt wurde. Auf die exakten Funktionen zur Veränderung der PMTU wurde im Standard jedoch verzichtet, da unterschiedliche Applikationen unter Umständen unterschiedliche Mechanismen und für unterschiedliche Implementierungen die verschiedenartigsten Strategien entwickelt werden können. Wurde von einem IPv6-Sender eine Packet-Too-Big-Message empfangen, so ist er gezwungen, die PMTU sofort zu reduzieren und keine weiteren Packet-Too-Big-Message mehr zu erzeugen. Der zu Beginn der Übermittlung von Datenpaketen entlang eines Kommunikationspfades gestartete MTU-Discovery-Prozess wird mit der ersten Packet-Too-Big-Message beendet.

Während der Datenübermittlung kann sich die PMTU eines Kommunikationspfades ständig ändern. Rechner, die den PMTU-Discovery-Prozess unterstützen, vergrößern die aktuelle PMTU periodisch. Dadurch ist gewährleistet, dass auf die Verbesserung des zur Verfügung stehenden Kommunikationspfades relativ schnell reagiert werden kann. Die automatische Vergrößerung der Paketgröße sollte jedoch nicht innerhalb eines Zeitraums von 5 Minuten nach der letzten empfangenen Packet-Too-Big-Message erfolgen. Als Standardwert für diesen Timer sollte der minimale Wert von 10 Minuten implementiert werden.

Ein IPv6-Rechner sollte auf keinen Fall seine Path-MTU kleiner als den Wert der minimalen Link-MTU setzen. Auch sollte bei einem IPv6-Rechner die Path-MTU nicht vergrößert werden, wenn er eine Packet-Too-Big-Message empfängt, die auf eine größere als die aktuelle PMTU verweist. Eine solche Packet-Too-Big-Message kann in jedem IPv6-Netzwerk auftreten und folgende Ursachen haben:

- Die Packet-Too-Big-Message enthält alte bzw. ungültige Informationen.

- Die Packet-Too-Big-Message wurde aufgrund von mehreren parallelen Pfaden zur gleichen Destination erzeugt.

2.7.1 Implementierung

Im Folgenden wird ein Vorschlag zur Implementierung des PMTU-Discovery-Prozesses dargestellt. Die folgenden wesentlichen Fragen müssen deshalb geklärt werden:

- Auf welchen Layern wird die PMTU-Discovery-Funktion implementiert,
- wo sollte die PMTU-Information zwischengespeichert werden,
- wie sollten veraltete bzw. falsche PMTU-Informationen aus dem Speicher gelöscht werden,
- welche Funktionen kommen bei diesem Prozess den Transport- und höheren Schichten zu?

Auf welchen Layern wird die PMTU-Discovery-Funktion implementiert?

Die IP-Architektur legt fest, dass die Wahl der zu sendenden Paketgröße von den Protokollen oberhalb des IPv6-Protokolls festgelegt wird. Zu diesen Protokollen gehören die Transportprotokolle (Transmission-Control-Protokoll, User-Datagram-Protokoll) und die auf dem UDP aufsetzenden höheren Protokollschichten. Die Implementierung des PMTU-Discovery-Prozesses auf den höheren Schichten reduziert zwar die Protokollmechanismen auf dem Internet-Layer, hat jedoch in der Praxis eine Reihe von Nachteilen:

- Die gesamten Spezifikationen aller höheren Protokolle müssen geändert und alle heute verfügbaren Implementierung müssen umgeschrieben werden,
- auf die PMTU-Informationen kann nur mithilfe von komplizierten Mechanismen von unterschiedlichen höheren Protokollen zugegriffen werden,
- die von einigen höheren verbindungsorientierten Protokollen verwendete State Machine kann nur über vollkommen neue Funktionen dazu gebracht werden, die PMTU-Informationen über einen längeren Zeitraum zwischenzuspeichern.

Aus diesem Grund schlägt der IPv6-Standard vor, dass die PMTU-Informationen auf dem IP-Layer gespeichert werden. Den höheren Schichten (Transport-Protokolle oder höher) steht es frei, nach einer Änderung der jeweiligen PMTU die Paketgröße zu verändern. Um diese Strategie umsetzen zu können, müssen die höheren Schichten eine Möglichkeit haben, über diese Änderungen (die so genannte »Maximum Send Transport-Message Size« (MMS_S)) informiert werden zu können. Der Wert des MMS_S-Parameters wird wie folgt gewonnen:

- die aktuelle Path MTU minus der Größe des IPv6-Headers plus der vom IP-Layer reservierten Felder für zusätzliche Header.

In einigen Implementierung kann es jedoch vorkommen, dass ein höheres Protokoll (z.B. UDP) keine Möglichkeiten hat, die Paketgröße zu verändern. Dies kann unter Umständen dazu führen, dass die aktuelle Paketgröße die Path MTU übersteigt. Um solche Fälle abzufangen, wurden im IPv6-Protokoll die Mechanismen des Fragmentierens festgelegt. Die große Payload (das zu große Paket) wird durch den Fragmentierungsprozess in kleinere Datensegmente zerlegt. Jedes Fragment wird in einem separaten Paket (im Fragment-Header) an den Empfänger übermittelt.

Speichern der PMTU-Informationen

Jeder gelernte PMTU-Wert muss zusammen mit dem jeweiligen Pfad abgespeichert werden. Ein Pfad wird immer anhand der Source-IPv6-Adresse, der Destination-IPv6-Adresse, einer Flow-ID und (wenn vorhanden) der IPv6-Routing-Header-Information identifiziert. Die Pfadinformation sollte in einem separaten Feld in der Routing-Tabelle abgelegt werden. In der Praxis muss ein Rechner nicht alle Datenpakete zu den IPv6-Ressourcen (z.B. lokaler Rechner) über einen Router übermitteln. Trotzdem halten die Urheber des Protokolls es für sinnvoll, jeden Pfad zu einer aktiven Destination in dieser Tabelle abzulegen. Soll das erste Paket zu einem Zielrechner gesendet werden, für den noch keine Destination-Route existiert, so wird der Pfad anhand der in der Router-Tabelle vordefinierten Wege (z.B. der Subnet-Route oder der Default-Route) ausgewählt. Die zugehörigen PMTU-Felder der Routen-Einträge sollten der MTU des ersten Hop-Links entsprechen und niemals durch den PMTU-Discovery-Prozess verändert werden. Der PMTU-Discovery-Prozess kreiert oder verändert nur Einträge auf einer Destination-Route. Bis zu dem Zeitpunkt, an dem ein Sender eine Packet-Too-Big-Message empfängt, wird die PMTU nicht verändert.

Nachdem ein Sender eine Packet-Too-Big-Message empfangen hat, legt der ICMP-Layer anhand des MTU-Felds in der Packet-Too-Big-Message die neue Path-MTU fest. Wird für einen Pfad keine bereits bestehende Destination-Route vorgefunden, so wird ein solcher Eintrag automatisch angelegt.

Die höheren Schichten müssen vom ICMP-Layer über die Veränderung (Vergrößerung, Verkleinerung) des PMTU-Werts unverzüglich informiert werden. Wird von einem Sender eine Packet-Too-Big-Message empfangen, die im Datenteil der Meldung auf einen UDP-Paket-Header verweisen, so muss dieser Rechner überprüfen, ob dieser Pfad von weiteren höheren Protokollen (z.B. TCP) benutzt wird. In diesem Fall muss auch der TCP-Layer über die veränderte PMTU informiert werden.

Bei der Implementierung sollte dieser asynchrone Notification-Mechanismus für eine vergrößerte PMTU dadurch umgangen werden, dass die Benachrichtigung der höheren Schichten auf den Zeitpunkt verschoben wird, an dem automatisch (nach Ablauf des Timers) ein Paket mit einer größeren PMTU gesendet werden soll.

Löschen veralteter bzw. falscher PMTU-Informationen

In einem Internetwork können sich die Topologie bzw. die jeweiligen Routen dynamisch verändern. Die von einem Sender eingestellte momentane PMTU für einen bestimmten Kommunikationspfad kann sich daher für eine neue Route zum Zielrechner als falsch herausstellen. Aus diesem Grund können sich die vom Sender gespeicherten Informationen als falsch herausstellen.

Wurde der PMTU-Wert zu groß gewählt, so wird der IPv6-Sender unverzüglich nach dem Aussenden des ersten Pakets durch eine Packet-Too-Big-Meldung über diesen Zustand informiert. Leider besteht kein ähnlicher Mechanismus, der einen Sender über eine zu klein gewählte PMTU informiert. Deshalb sollten alle IPv6-Implementierungen alle PMTU-Werte einem Alterungsprozess unterziehen. Wurde von einem IPv6-Sender der Wert der PMTU innerhalb eines bestimmten Zeitraums (z.B. 10 Minuten) nicht verkleinert, so sollte der PMTU-Wert automatisch auf die Größe der MTU des ersten Hop-Links gesetzt und die höheren Schichten über diese Veränderung informiert werden. Dieser Prozess löst zwangsläufig den Beginn eines erneuten PMTU-Discovery-Prozesses aus.

Eine Implementierung sollte die Möglichkeit unterstützen, den Timeout-Wert auf jeden beliebigen Wert setzen (Konfiguration) zu können. Im folgenden Beispiel wird ein Rechner an einen FDDI-Link angeschlossen. Dieser Link ist wiederum mit dem Internet über eine serielle Verbindung (mit einer kleinen MTU) an das Internet angeschlossen.

Der Rechner wird niemals einen größeren PMTU-Wert als den lokalen MTU-Wert übermittelt bekommen. Aus diesem Grund hat es auch wenig Sinn, dass alle zehn Minuten die Paketgröße automatisch geändert wird. Dies führt zwangsläufig zu Sendewiederholungen und reduziert nur den Durchsatz des Netzes.

Eine höhere Protokollschicht kann nicht dazu gezwungen werden, die Daten als Reaktion auf eine Vergrößerung der PMTU erneut zu senden, da eine PMTU-Vergrößerung niemals als Reaktion auf ein verworfenes Paket erfolgt.

Bei der Implementierung des PMTU-Aging-Mechanismus werden die Router-Tabellen um das neue Feld des Timestamps erweitert. Dieses Feld wird nach der Initialisierung eines Rechners und der Tabellen auf einen festen, den so genannten reservierten Wert gesetzt. Erst nachdem der Sender eine Packet-Too-Big-Message für diesen Pfad mit einer kleineren PMTU empfängt, wird der Timer auf die momentane Zeit gesetzt und tritt in Aktion. Eine zeitlich gesteuerte Prozedur (einmal pro Minute) sollte alle Routing-Einträge und jeden Eintrag, dessen Zeitstempel nicht reserviert und älter ist als das Timeout-Intervall, untersuchen und wie folgt vorgehen:

- Der PMTU-Wert wird auf den MTU-Wert des ersten Hop Link gesetzt,
- die höhere Schicht, die über diese Route kommuniziert, wird über die Veränderung der PMTU informiert.

Die eingestellten PMTU-Werte können während des Betriebs aus der Routing-Tabelle gelöscht werden, wenn die Destination-Route nicht mehr existiert. Dies tritt immer als Reaktion auf den Empfang von ICMPv6-Redirect-Meldungen oder als Reaktion auf ein automatisches Löschen (z.B. durch den Routing-Tabellen-Daemon) von alten Routen. In einem Multi-Homed-Rechner kann eine Topologieveränderung auch durch das Aussenden von Paketen über ein anderes Source-Interface entstehen. Wird die höhere Schicht nicht über die Veränderung informiert, so kann es passieren, dass die Kommunikation mit einem zu kleinen PMTU-Wert fortgesetzt wird. Zur Vermeidung dieses Problems wird empfohlen, die höhere Schicht unverzüglich über einen veränderten PMTU-Wert zu informieren, wenn aufgrund einer Redirect-Message eine Routing-Änderung eingetreten oder ein Routing-Eintrag in der Routing-Tabelle gelöscht wurde.

2.7.2 Funktionen des TCP-Layers

Der TCP-Layer hat die Aufgabe, die PMTU-Werte für den Zielrechner einer Verbindung auf dem aktuellen Wert zu halten. Das TCP-Protokoll darf auf keinen Fall Pakete senden, die länger als die momentane PMTU sind. Die meisten modernen TCP-Implementierungen benutzen beim Verbindungsaufbau den Slow-Start-Congestion-Avoidance-Algorithmus. Dieser Mechanismus bedarf einiger Parameter, die anhand der PMTU-Werte berechnet werden können. Der Austausch zwischen dem IPv6/ICMPv6-Layer und dem TCP-Layer erfolgt durch einen einfachen asynchronen Mechanismus. Empfängt ein Rechner einen neuen PMTU-Wert, so wird dieser Wert an die höhere Schicht weitergeleitet und die jeweiligen Parameter werden nach Bedarf verändert.

Die Aufgabe einer TCP-Implementierung besteht darin, den vom Peer-TCP übermittelten Wert der Maximum Segment Size (MSS) abzuspeichern und bei der Übertragung von Paketen zu beachten. Ein von TCP übermitteltes Datensegment darf niemals länger sein als die vereinbarte Maximum Segment Size (MSS). Dabei ist es völlig unerheblich, auf welchen Wert die jeweilige PMTU gesetzt wurde.

Wird von einem Rechner eine Packet-Too-Big-Message empfangen, geht der Empfänger dieser Meldung davon aus, dass ein Router im Kommunikationspfad das Paket verworfen und deshalb die ICMP-Message geschickt hat. Das TCP-Protokoll behandelt diesen Fall wie jedes andere verloren gegangene Datensegment und wartet, bis die Informationen durch den Retransmission-Mechanismus erneut zur Aussendung bereitstehen. Der TCP-Layer sollte deshalb nicht auf jede empfangene Packet-Too-Big-Message mit der Sendewiederholung beginnen, da auf einen Datenburst (bestehend aus vielen zu großen Paketen) zwangsläufig ein Burst an Packet-Too-Big-Messages folgt. Der TCP-Layer muss aus diesem Grund über den Empfang einer Packet-Too-Big-Message, mit der die PMTU verkleinert wird, informiert werden.

Moderne TCP-Implementierungen müssen den Slow-Start- und den Congestion-Avoidance-Algorithmus integriert haben. Der Slow-Start-Algorithmus ermittelt die Datenmenge, die vom Sender zum Empfänger unterwegs sein kann, ohne dass es zu Verlusten der Daten und dadurch bedingte Sendewiederholungen kommt. Nach einem sehr geringen Datendurchsatz zu Beginn der Verbindung wird die Datenmenge nach und nach gesteigert, bis sich ein optimaler Punkt ergibt, an dem ein gleichmäßiger Datenfluss ohne Sendewiederholungen gegeben ist. Der Congestion-Avoidance-Algorithmus steht im engen Zusammenhang mit dem Slow-Start-Algorithmus. Nachdem sich die Datenmenge durch den Slow-Start-Algorithmus auf ein Optimum eingependelt hat, kann sie durch eine ansteigende Netzlast zu vielen Sendewiederholungen führen. Der Congestion-Avoidance-Algorithmus verringert in diesem Fall die Datengeschwindigkeit so lange, bis nur noch eine geringe Anzahl an Sendewiederholungen erfolgt. Nach und nach wird wieder versucht, die Übermittlungsgeschwindigkeit zu erhöhen, bis wieder ein Optimum eintritt.

Eine Sendewiederholung aufgrund eines TCP-Retransmission-Timeouts führt dazu, dass das Congestion-Window verändert wird. Dem gegenüber hat eine Sendewiederholung aufgrund einer Packet-Too-Big-Message keinerlei Auswirkung auf das Congestion-Window. Die Packet-Too-Big-Message führt jedoch dazu, dass der Slow-Start-Mechanismus erneut gestartet wird.

Die Performance eines TCP-Senders wird automatisch reduziert, wenn dessen Maximum Window Size nicht exakt einem Vielfachen der aktuellen Segment-Größe entspricht. Aus diesem Grund wurde in vielen Systemen die Segment-Größe auf den Default-Wert von 1024 Oktetten gesetzt. Folglich ist die Maximum Window Size ein Vielfaches von 1024 Oktetten. Wird jedoch der PMTU-Discovery-Prozess verwendet, so kann es vorkommen, dass die Segment Size nicht immer einem Vielfachen der aktuellen Segment-Größe entspricht. Außerdem kann sich der Wert während der Dauer der Verbindung öfter ändern. Aus diesem Grund muss der TCP-Layer auch jedes Mal, wenn durch den PMTU-Discovery-Prozess der PMTU-Wert geändert wird, die Transmission Window Size verändern. Als allgemeine Richtlinie gibt der Standard folgende Empfehlung:

Die Maximum Window Size sollte auf den größten vielfachen Wert der Segment Size gesetzt werden. Außerdem sollte dieser Wert kleiner oder gleich der Größe des Senderpuffers sein.

2.7.3 Funktionen anderer Transport-Protokolle

Einige Transport-Protokolle (z.B. das ISO-TP4-Protokoll) ermöglichen keine Veränderung der Paketgröße während einer Sendewiederholung. Wird ein Datensegment einer bestimmten Größe versendet, so können die Daten bei einer Sendewiederholung nicht in mehrere kleinere Datensegmente umgepackt werden. Für einen solchen Fall kann das Originalfragment vom IPv6-Layer fragmentiert werden. Alle auf die Fragmente folgenden Datensegmente, die bisher noch nicht verschickt wurden, werden anschließend automatisch in Pakete mit einer kleineren Path-MTU übermittelt.

Das von Sun Microsystems entwickelte Network File System (NFS) baut auf dem Remote-Procedure-Call-Protokoll (RPC) auf. Der Standard schreibt vor, dass alle NFS-Implementierungen in gerouteten Netzen den PMTU-Discovery-Prozess verwenden. Die meisten NFS-Implementierungen ermöglichen jedoch die Veränderung der Größe der RPC-Datagramme nur während des Mount-Prozesses. Eine NFS-Operation darf nicht in mehrere UDP-Datagramme aufgeteilt werden. Da einige NFS-Operationen (File Names und Directories) eine Minimum Payload Size vorschreiben, übersteigen diese Pakete in der Praxis oftmals die aktuelle PMTU. Alle NFS-Implementierungen sollten daher die Payload Size nicht unter einen bestimmten Schwellenwert reduzieren. Dabei ist es völlig gleichgültig, ob der PMTU-Discovery-Prozess einen geringeren Wert ermittelt hat. Die Lösung aus diesem Dilemma besteht darin, dass die Payload in diesem Fall in mehrere kleinere Fragmente aufgebrochen wird.

Management-Interface

Eine IPv6-Implementierung sollte die Möglichkeit zur Verfügung stellen, über ein Programm bzw. User-Interface folgende Funktionen ausführen zu können:

- Festlegen, dass der PMTU-Discovery-Prozess für eine oder mehrere Routen nicht aktiviert wird. Dabei wird ein Flag in der Routing-Tabelle aktiviert, so dass der IP-Layer niemals Pakete größer als die jeweilige IPv6-Minimum-Link-MTU über diese Route übermittelt.

- Manuelles Verändern des PMTU-Wertes für eine bestimmte Route.
- Manuelles Setzen der Timeout-Periode für falsche bzw. veraltete PMTU-Informationen.

Security

Der Path-MTU-Discovery-Mechanismus kann auf zwei Wege von einem Störer durch das Aussenden von falschen Packet-Too-Big-Messages behindert werden:

Eine falsche Packet-Too-Big-Message wird ausgesendet. Diese ICMP-Meldung besagt, dass die aktuelle PMTU geringer als in Wirklichkeit ist. Diese Attacke darf jedoch nicht den Datenfluss völlig zum Erliegen bringen, da der Störer niemals bewirken kann, dass die Paketgröße unter den Wert der IPv6-Minimum-Link-MTU sinkt. Der einzige negative Effekt, der entstehen kann, besteht darin, dass die Performance zwischen Sender und Empfänger nicht optimal eingestellt ist.

Eine falsche Packet-Too-Big-Message wird ausgesendet. Diese ICMP-Meldung besagt, dass die aktuelle PMTU größer als in Wirklichkeit ist. Die zu großen Pakete werden jedoch von einem Router im Kommunikationspfad verworfen und durch eine Packet-Too-Big-Message beantwortet. Nach dem Empfang der Meldung vom Router werden die Pakete wieder optimal eingestellt und die Kommunikation kann weitergehen.

2.8 Quality of Service

Die Netzwerke werden immer komplexer, das Verkehrsaufkommen steigt unaufhaltsam und die neuen multimedialen Applikationen funktionieren nur bei einem definierten Verhalten des Netzes. Die gesamte Netzwerkindustrie arbeitet an Mechanismen zur Sicherstellung von Quality of Service (QoS).

Das IP-Protokoll (RFC 1349) sieht bereits im Header ein 8 Bit langes Type-of-Service-Feld (TOS) zur Priorisierung vor. Mithilfe der TOS-Parameter werden den zu übermittelnden Datenpaketen bestimmte Funktionen mit auf den Weg gegeben. Diese Verarbeitungsanweisungen sollten von Routern und Layer-3-Switches entsprechend umgesetzt werden. Durch den TOS-Mechanismus werden folgende Servicetypen möglich:

TOS-Bits:

1000	minimize delay
0100	maximize throughput
0010	maximize reliability
0001	minimize monetary cost
0000	normal service

Die TOS-Bits werden beispielsweise vom OSPF-Protokoll genutzt. Das OSPF sorgt durch die Definition unterschiedlicher Service-Routen anhand der OSPF-TOS-Definitionen für eine Priorisierung im vermaschten Netz. Dadurch ist es beispielsweise möglich, den Datenverkehr (Telnet, WWW) mit einer hohen Priorität über eine Highspeed-Verbindung umzuleiten, während der E-Mail-Verkehr über eine kostengünstige, aber langsame Leitung übermittelt wird. Die Kombination der Priorisierungs-Flags mit den TOS-Flags lässt eine abgestufte Steuerung der Daten im Netz zu und definiert für den Datenfluss ein vom Netzadministrator vorgegebenes Verhalten.

OSPF-TOS-Werte	TOS-Bits	
0	0000	normal service
2	0001	minimize monetary cost
4	0010	maximize reliability
6	0011	
8	0100	maximize throughput
10	0101	
12	0110	
14	0111	
16	1000	minimize delay
18	1001	
20	1010	
22	1011	
24	1100	
26	1101	
28	1110	
30	1111	

Tab. 2.2 Mapping der IP-TOS-Werte auf OSPF-TOS-Werte gemäß RFC 1349

Auch in Routern und Layer-3/4-Switches können mithilfe von Filtern bestimmte Datenströme explizit markiert werden. Beispielsweise kann für den gesamten Lotus-Notes-Datenverkehr eine mittlere Priorität und eine geringe Verzögerung definiert werden. Die Layer-3-Komponente ändert in jedem empfangenen Lotus-Paket die betreffenden TOS-Felder und sorgt beim anschließenden Weiterleiten der Pakete dafür, dass der Lotus-Verkehr über eine bestimmte Netzverbindung mit geringen Verzögerungen geroutet wird. Durch die Definition weiterer Filter können andere Datenströme über gesonderte Strecken mit geringeren Kosten, geringeren Bandweiten usw. geroutet werden. Das individuelle Datenpriorisieren mithilfe von Layer-3/4-Filtern funktioniert so lange, wie der Netzbetreiber die Hoheitsrechte über die Ende-zu-Ende-Verbindungen hat. In einem Unternehmensnetz, das aus einer Kombination von LAN- und WAN-Diensten aufgebaut ist und in dem die WAN-Verbindungen über einen Internet-Provider zur Verfügung gestellt werden, funktioniert diese Strategie nicht. Die ISPs ignorieren in der Regel die TOS-Definitionen und routen die Pakete wie alle anderen Pakettypen durch ihr Netz. Zur individuellen Behandlung im Netz des ISPs müssen in der Regel zwischen den Netzen des Unternehmens spezielle PVCs (Permanent Virtual Connections) oder Tunnel aufgesetzt werden.

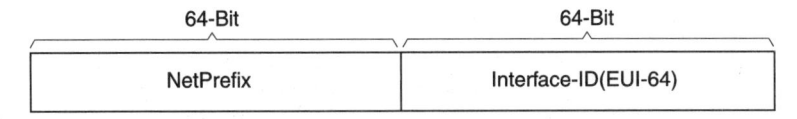

```
        64-Bit                    64-Bit
┌──────────────────────┬──────────────────────────┐
│       NetPrefix      │   Interface-ID(EUI-64)   │
└──────────────────────┴──────────────────────────┘
```

Abb. 2.51 TOS-Feld

Das IPv6-Protokoll ersetzt das TOS-Feld durch ein DS-Feld. Die Abkürzung DS steht für Differentiated Services. Das DS-Feld ermöglicht eine Markierung der Pakete durch die Anwendung selbst oder durch ein Netzelement. Es ist auch denkbar, die Markierung durch den ersten Router (Ingress-Border-Router) im Netz durchführen zu lassen. Auf einem Datenpfad kann die Markierung der Pakete verändert werden, so dass jeder Provider entlang des Pfades prinzipiell eigene Markierungen in seinem Netzwerk verwenden kann. Es gilt lediglich sicherzustellen, dass die Pakete beim Verlassen des Netzwerkes die Markierung aufweisen, welche dem im SLA bestimmten Dienst entsprechen.

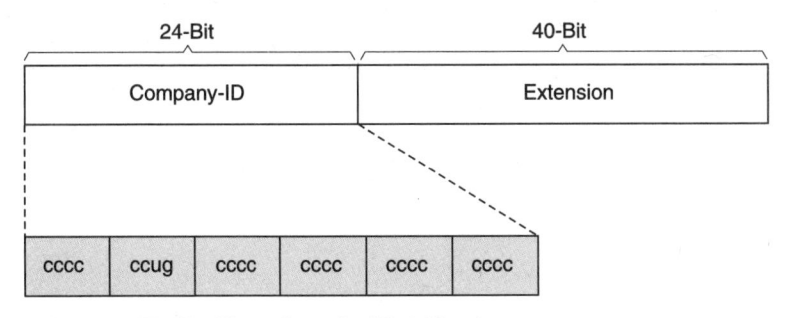

```
        24-Bit                    40-Bit
┌──────────────────────┬──────────────────────────┐
│     Company-ID       │        Extension         │
└──────────────────────┴──────────────────────────┘

┌──────┬──────┬──────┬──────┬──────┬──────┐
│ cccc │ ccug │ cccc │ cccc │ cccc │ cccc │
└──────┴──────┴──────┴──────┴──────┴──────┘
```

Abb. 2.52 Traffic Class Octet im IPv6-Header

Die ersten 6 Bits des Oktetts, die effektiv zur Differenzierung unterschiedlicher Fluss-Aggregate eingesetzt werden, bezeichnet man als DS-Code-Point (DSCP) Die letzten zwei Bits bleiben zur Zeit ungenutzt.

2 Die Vermittlungsschicht

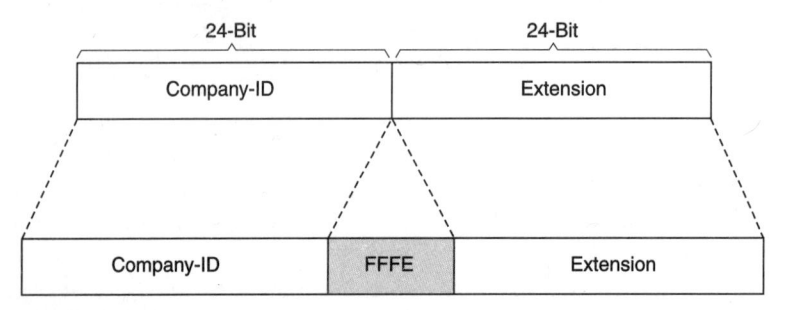

Abb. 2.53 Der DS-Code-Point

Bei der Definition des DS-Code-Points wurde eine möglichst große Abwärtskompatibilität zu dem im RFC 791 definierten TOS-Feld angestrebt. Aus diesem Grund wurden für diese Class Selector Codepoints (CSC) Mindestanforderungen an die entsprechenden PHBs festgelegt.

Die Class Selector Codepoints (CSC) legen folgende Mindestanforderungen fest:

Der Standard-Codepoint 000000 muss von allen DiffServ-Knoten erkannt werden. Der zugehörige PHB entspricht dem Best-Effort-Verhalten. Die ersten 3 Bits des DSCP charakterisieren eine DS-Klasse. Es können QoS-Domänen existieren, in denen nur die ersten 3 Bits des DSCP ausgewertet werden. Die Bits 3-5 definieren entsprechend die relative Priorität innerhalb der Klasse. Dabei ist zu beachten, dass die Class Selector Codepoints immer auf den Wert, der die untere Grenze der Dienstgüte innerhalb der Klasse festlegt, abgebildet werden.

Bei der Wahl der Codepoints müssen folgende Bedingungen erfüllt werden:

- Für die acht CSC müssen mindestens zwei unabhängige Datenstromklassen existieren.
- Ein numerisch größerer CSC muss auf einen ebenbürtigen oder besseren Dienst abgebildet werden.
- Außerdem muss ein Dienst, der dem CSC 11x000 entspricht, gegenüber den Diensten, auf die der Codepoint 000000 abgebildet wird, eine bevorzugte Verarbeitung und Weiterleitung der zugehörigen Pakete erfahren. Dies stellt sicher, dass die Pakete mit Routing-Daten nach RFC 791 vor den Best-Effort-Daten verarbeitet werden.

Mit unterschiedlichen CSC markierte Pakete werden gemäß der zugehörigen Dienste direkt weitergeleitet.

Der DSCP ist außerdem in drei weitere Bereiche unterteilt:

Bereich	Codepoints	
1	xxxxx0	32 Werte für den allgemeinen Einsatz
2	xxxx11	16 Werte für experimentelle Zwecke
3	xxxx01	16 Werte für den Fall, dass der erste Wertebereich ausgeschöpft wird

2.9 Flow-Label

Das 24 Bit lange Flow-Label-Feld des IPv6-Headers kann von einem Sender zur speziellen Markierung bestimmter Pakete (z.B. Real-Time-Übermittlung) verwendet werden. Ein Router oder Layer-3-Switch im Kommunikationspfad hat dadurch die Möglichkeit, diese Pakete schneller zu erkennen und mit der dem jeweiligen Datenstrom zugeordneten Priorität zum Empfänger weiterzuschicken.

Alle Rechner oder Router, die die Funktion des Flow-Label-Felds nicht unterstützen, müssen:

- beim Sendevorgang dieses Feld auf den Wert 0 setzen,
- beim Routing-Prozess dieses Feld nicht verändern und
- beim Empfang ignorieren.

Als Flow wird eine Paketsequenz bezeichnet, die von einem bestimmten Senderechner an eine Unicast- oder Multicast-Empfängeradresse gesendet wird und dessen Senderechner vorschreibt, dass ein im Kommunikationspfad liegender Rechner diese Paketsequenz speziell verarbeiten muss.

Dieses spezielle Behandlung kann zwischen dem Sender und den Routern mithilfe eines Kontrollprotokolls (z.B. Ressource Reservation Protocol) oder durch Informationen (z.B. als Hop-by-Hop-Option), die in das jeweilige Flow-Paket codiert werden, festgelegt werden. Zwischen einem Sender und einem Empfänger können in der Praxis mehrere parallele Datenströme bestehen. Einige Datenströme enthalten besonders gekennzeichnete Daten (Flows), während anderen Daten kein Flow zugeordnet wurde. Als Flow wird ein individueller Identifikator, bestehend aus der Source-Adresse und dem Flow-Label (Wert > 0), bezeichnet. Alle Pakete, die keinem Flow (Datenfluss) zugehören, müssen das Flow-Label immer auf den Wert = 0 setzen. Das Flow-Label wird immer vom Urheber (Source-Rechner) des Datenflusses festgelegt. Ein neues Flow-Label wird durch einen Zufallsgenerator aus den Werten 1 bis FFFFFF gebildet. Alle Pakete eines Flows werden immer von der gleichen Sendeadresse zur gleichen Empfängeradresse mit dem gleichen Flow-Label übertragen. Bei der Übermittlung von Flow-Daten gelten folgende Regeln:

Wird eines der Flow-Pakete mit einem Hop-by-Hop-Options-Header versehen, so müssen alle weiteren Pakete mit dem gleichen Inhalt des Hop-by-Hop-Options-Headers (ohne das Next-Header-Feld des Hop-by-Hop-Options-Headers) versehen werden.

Wird eines der Flow-Pakete in einem Routing-Header verpackt, so müssen alle weiteren Pakete den gleichen Inhalt in allen Extension-Headern (inklusive des Routing-Headers) (jedoch ohne das Next-Header-Feld des Routing-Headers) aufweisen.

Wird ein Fehler in diesen Paketen ermittelt, so wird der Sender durch eine ICMP-Parameter-Problem-Message (Code 0), in der der Pointer auf das High-Order-Oktett im Flow-Label-Feld zeigt, darüber unterrichtet.

Alle Router entlang eines Kommunikationspfads sind in der Lage, das Flow-Label für jeden Datenstrom festzulegen. Dies kann auch geschehen, obwohl der Router keine Flow-Information für einen bestimmten Datenstrom mithilfe eines Kontrollprotokolls oder der Hop-by-Hop-Option erhalten hat. Beim Empfang und beim Verarbeiten eines Pakets stellt ein Router beispielsweise fest, dass das Flow-Label-Feld einen Wert > 0 hat. Dieser Wert ist dem Router jedoch nicht bekannt und er kann auf diesen Wert deshalb nicht entsprechend reagieren. Der Router ignoriert diesen unbekannten Wert und verarbeitet den IPv6-Header und alle daran anschließenden Extension-Header, als wenn das Flow-Label auf den Wert = 0 gesetzt wäre. Der Routing-Prozess setzt seine Protokollarbeit fort, indem er das Next-Hop-Interface auswählt und weitere Aktionen (z.B. Update der Hop-by-Hop-Optionen, Verändern der Pointer- und Adresswerte im Routing-Header oder das Queueing des Pakets gemäß den Werten des Prioritätsfelds) durchführt. Der Router zeichnet die einzelnen Arbeitsschritte auf und speichert diese Informationen zusammen mit der jeweiligen Source-Adresse und dem dazugehörigen »unbekannten« Flow-Label ab. Da die Flow-Informationen eines Datenstroms in der Regel nicht verändert werden, benutzt der Router bei allen weiteren Datenpaketen dieses Flows die gelernten Schritte zur Verarbeitung der Pakete. Diese gespeicherten Flow-Handling-Werte müssen spätestens 6 Sekunden nach dem Lernen gelöscht werden. Dabei ist es unerheblich, ob von diesem Daten-Flow noch immer Pakete weitergeleitet werden müssen. Empfängt der Router nach dem Löschen des gelernten Wertes ein Datenpaket des gleichen Daten-Flows, so behandelt er diese Daten, als wenn das Flow-Label auf den Wert = 0 gesetzt wäre, und beginnt mit der kompletten Verarbeitung aller Header. Dies resultiert in einem erneuten »gelernten« Wert. Durch den Austausch von Kontrollinformationen (Kontrollprotokoll) oder durch die Informationen im Hop-by-Hop -Header kann der Flow-Cache-Timer jedoch auf jeden beliebigen Wert gesetzt werden. Ein Sender darf innerhalb der Lebenszeit (6 Sekunden) des Flow-Cache-Timers das Flow-Label für keinen anderen Daten-Flow verwenden. Aus diesem Grund dürfen längere Flow-Cache-Timer, die durch Kontrollprotokolle oder durch die Informationen im Hop-by-Hop-Header definiert werden, nicht zur Kennzeichnung neuer Daten-Flows verwendet werden.

Nach dem Neustart eines Rechners (z.B. nach einem Crash) muss die Implementierung darauf achten, dass keine Flow-Labels verwendet werden die bereits früher aktiviert wurden. Dies lässt sich am einfachsten dadurch umgehen, dass die verwendeten Flow-Label in einem resistenten Speicher abgelegt werden oder ein neues Flow-Label erst nach dem Ablauf des Flow-Cache-Timers erzeugt wird.

2.10 Priorität

Das 4 Bit lange Prioritätsfeld im IPv6-Header versetzt einen IPv6-Rechner in die Lage, für bestimmte Datenpakete unterschiedliche Prioritäten zu vergeben. Die Prioritäten wurden in folgende zwei Gruppen aufgeteilt:

Werte 0 bis 7
Die Werte 0 bis 7 kennzeichnen die Priorität für Datagramme, die im Falle einer Überlastung von Übermittlungsstrecken durch interne Protokollmechanismen auf diese Überlastung reagieren kann. Ein Beispiel hierfür ist der Window-Mechanismus des TCP-Protokolls.

- 0 – unspezifischer Datenverkehr
- 1 – »Füll«-Verkehr (z.B. Netnews)
- 2 – unkritischer Datentransfer (z.B. E-Mail)
- 3 – (reserviert)
- 4 – wichtige Datentransfers (z.B. FTP, NFS)
- 5 – (reserviert)
- 6 – interaktiver Verkehr (z.B. Telnet, X-Terminal)
- 7 – Internet-Kontrolldaten (z.B. Routing-Protokolle, SNMP)

Werte 8 bis 15
Die Werte 8 bis 15 werden nur für Real-Time-Informationen verwendet, deren Protokolle keinerlei Mechanismen zur Verarbeitung von Überlastsituationen implementiert haben. Der Prioritätswert 8 sollte solchen Protokollen zugeordnet werden, die eine Verzögerung problemfrei verkraften können. Der Prioritätswert 15 sollte solchen Protokollen zugeordnet werden, die keinerlei Verzögerungen tolerieren.

2.10.1 Auswirkungen auf die höheren Protokolle

Da einige höhere Protokolle zur Prüfsummenberechnung die IPv6-Adressen aus dem IP-Header mit benutzen, müssen diese Protokolle auch für den Betrieb über IPv6-Netze modifiziert werden. Im folgenden Beispiel wird der Pseudo-Header von TCP und UDP auf Basis des IPv6-Protokolls dargestellt:

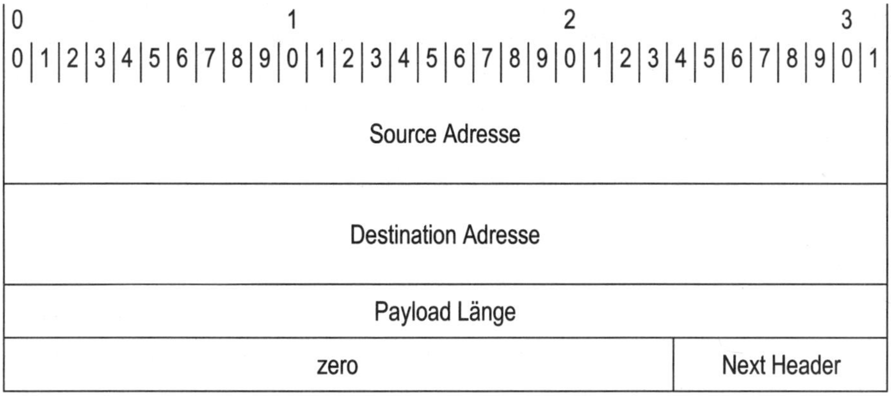

0	1	2	3
0 1 2 3 4 5 6 7	8 9 0 1 2 3 4 5	6 7 8 9 0 1 2 3	4 5 6 7 8 9 0 1
Source Adresse			
Destination Adresse			
Payload Länge			
zero			Next Header

Abb. 2.54 TCP/UDP Pseudo-Header

Enthält das IPv6-Paket einen Routing-Header, so wird zur Berechnung der Prüfsumme im Pseudo-Header die Destination-Adresse der endgültigen Zieladresse verwendet. Vom Sender wird dabei die Destination-Adresse als letztes Element in den Routing-Header eingefügt.

Der Wert des Next-Header-Feldes im Pseudo-Header definiert das nachfolgende höhere Protokoll (z.B. TCP = 6 , UDP = 17). Dieser Wert unterscheidet sich jedoch grundlegend vom Next-Header-Wert im IPv6-Header, wenn zwischen dem IPv6-Header und dem höheren Protokoll zusätzliche Extension-Header integriert wurden.

Die Payload-Länge des Pseudo-Headers entspricht der Länge des Headers des höheren Protokolls. Der Wert der Payload-Länge im Pseudo-Header ist immer geringer als die Payload-Länge im IPv6-Header (oder in der Jumbo-Payload-Option), wenn zwischen dem IPv6-Header und dem höheren Protokoll zusätzliche Extension-Header integriert wurden.

Werden von einem IPv6-Rechner mit dem UDP-Protokoll Daten verschickt, so muss die UDP-Checksumme immer integriert werden. Beim IPv4-Protokoll war dieser Wert noch optional. Beim IPv6 muss beim Generieren von UDP-Paketen eine UDP-Checksumme über das gesamte Paket und den Pseudo-Header berechnet werden. Wird bei dieser Berechnung ein Null-Wert errechnet, so wird dieser Wert durch FFFF im UDP-Header ersetzt. Werden von einem IPv6-Rechner UDP-Pakete mit einem Null-Wert in der Prüfsumme empfangen, müssen diese Pakete verworfen und dieser Fehler registriert werden. Auch beim ICMPv6-Protokoll wird der Pseudo-Header entsprechend den oben dargestellten Regeln benutzt. IPv4-Rechner verwenden keinerlei Pseudo-Header-Prüfsummen beim ICMP-Protokoll. Der Wert des Next-Header-Feldes im ICMP-Pseudo-Header wird bei der Prüfsummenberechnung immer auf den Wert = 58 (ICMPv6) gesetzt.

2.10.2 Maximum Upper-Layer Payload Size

Bei der Berechnung der maximalen Payload Size für die Daten eines höheren Protokolls muss die Vergrößerung des IPv6-Headers gegenüber dem IPv4-Header berücksichtigt werden. Beispielsweise beträgt die Maximum Segment Size (MSS) des TCP-Protokolls auf der Basis von IPv4 den aktuellen errechneten Wert (oder definierten Wert) minus 40 Oktetten (20 Oktett für die minimale Länge des IPv4-Headers und 20 Oktette für die minimale Länge des TCP-Headers). Wird das TCP-Protokoll auf der Basis des IPv6-Protokolls vermittelt, so errechnet sich die Maximum Segment Size aus der maximalen Paketgröße minus 60 Oktette. Ein IPv6-Header ohne zusätzliche Extension-Header ist immer um 20 Oktette länger als die minimale Länge eines IPv4-Headers.

2.11 Paketgrößen

Das IPv6-Protokoll legt fest, dass die Maximum Transmission Unit (MTU) jedes Links in einem Internet auf eine Größe von 576 Oktette oder größer eingestellt wird. Auf allen Links, die nur Pakete (< 576 Oktette) übermitteln können, muss ein linkspezifischer Fragmentierungsmechanismus auf der Ebene unterhalb der IPv6-Schicht dafür sorgen, dass die Pakete an die Link-Layer-Schicht angepasst werden.

Hierbei ist zu beachten, dass sich die minimalen Link-MTUs zwischen der IP-Version 4 und der IP-Version 6 erheblich unterscheiden. Gemäß RFC 791 beträgt die minimale Link-MTU beim IPv4-Protokoll nur 68 Oktette. Dieser Wert wird immer mit dem minimalen Reassemblierungspuffer (576 Oktette) von IPv4-Implementierungen verwechselt. Die beiden Werte haben jedoch nichts miteinander zu tun.

Jeder Link, über den ein Rechner direkt an ein Netz angeschlossen ist, muss den Empfang von Paketen ermöglichen, deren Größe der jeweiligen Link-MTU entspricht. Alle Links mit konfigurierbaren MTU-Werten (z.B. PPP-Links) müssen so eingestellt werden, dass diese mindestens einer MTU von 576 Oktetten entsprechen.

Alle IPv6-Rechner sollten den Path-MTU-Discovery-Prozess unterstützen. Dadurch kann ein Sender die aktuelle maximale Paketgröße für einen Kommunikationspfad ermitteln und Pakete mit einer Größe > 576 Oktette übertragen. Eine minimale IPv6-Implementierung (z.B. in einem Boot-ROM) kann das Aussenden von Paketen > 576 Oktette nicht zulassen und muss deshalb auch den Path-MTU-Discovery-Prozess nicht integriert haben. Es kann in der Praxis vorkommen, dass Rechner ihre Pakete mit einer größeren Paketgröße als der aktuellen Pfad-MTU aussenden wollen. Für diesen Fall steht dem Sender die Verwendung des IPv6-Fragment-Headers zur Verfügung. Der Sender fragmentiert die Daten und der Empfänger setzt die Datenfragmente wieder zum Originaldatagramm zusammen. Das Fragmentieren sollte jedoch so weit wie möglich unterlassen werden, da es Rechner (Endgeräte) gibt, die den Reassemblierungsprozess nicht unterstützen.

Wird ein IPv6-Paket an einen IPv4-Zielrechner (Umsetzung von IPv6 nach IPv4 in einem Router) gesendet, so kann es passieren, dass der IPv6-Sender eine ICMP-Packet-Too-Big-Message (Next-Hop-MTU < 576 Oktette) empfängt. In diesem Fall ist der IPv6-Rechner nicht gezwungen, alle nachfolgenden Pakete auf eine Größe < 576 Oktette zu reduzieren, sondern die Daten werden in einem Fragment-Header verpackt. Die Informationen des Fragment-Headers werden vom IPv6-IPv4-Translating-Router anschließend in IPv4-Fragmente umgesetzt. Dabei ist die Payload des IPv6-Pakets auf 528 Oktette (576 Oktette minus 40 Oktette für den IPv6-Header und 8 Oktette für den Fragment-Header) zu reduzieren.

Der Path-MTU-Discovery-Prozess muss immer, auch für den Fall, dass der Sender »weiß«, dass der Empfänger an den gleichen Link angeschlossen ist, ausgeführt werden.

Im Gegensatz zum IPv4-Protokoll muss beim IPv6-Protokoll nicht das »Don't Fragment«-Flag im Paket-Header gesetzt werden, um den Path-MTU-Discovery-Prozess zu starten.

2.11.1 IPv6-Jumbogrammme

Wird in einem IPv6-Datagramm die Jumbo-Payload-Hop-by-Hop-Option benutzt, so kann die maximale Länge des Pakets den Wert von 65535 Byte übersteigen. Solche Pakete werden auch als Jumbogrammme bezeichnet. Das User-Datagram-Protokoll (UDP) verwendet im UDP-Header ein Längenfeld. Dieses Feld definiert die Länge des UDP-Pakets inklusive aller UDP-Header- und der UDP-Daten. Die minimale Länge eines UDP-Pakets beträgt 8 Oktette (die Länge des UDP-Headers), die maximale Länge beträgt 65535 Oktette. Da das Längenfeld vom Standard her auf 16 Bit begrenzt wurde, können keine UDP-Jumbogramme im Netz entstehen. Beim Transmission-Control-Protokoll wurde die Längenfunktion nicht integriert. Stattdessen wird zwischen zwei TCP-Peers mithilfe der Maximum-Segment-Size-Option (MSS) die maximale Segmentlänge (Anzahl der Oktette) zwischen zwei Kommunikationspartnern definiert. Diese Option wird beim Verbindungsaufbau zwischen zwei Netzknoten (das SYN-Flag ist gesetzt) benutzt. Da die maximale Segmentgröße durch ein 16 Bit langes Feld begrenzt ist, können nie TCP-Pakete > 65535 Oktette auftreten. Durch diese Restriktionen der heute verfügbaren Transportprotokolle kann die Funktionalität des darunter liegenden IPv6-Protokolls nicht vollständig genutzt werden. Deshalb müssen beim TCP- und beim UDP-Protokoll einige Modifikationen vorgenommen werden.

UDP-Jumbogramme

Um mit dem UDP-Protokoll die volle Funktionalität von IPv6-Jumbogrammen ausnützen zu können, müsste entweder das UDP-Längenfeld vergrößert oder dieses Feld ignoriert werden. Die Länge des Feldes kann ohne die gleichzeitig einhergehende Änderung des Standards nicht verändert werden. Mithilfe des Längenfeldwertes = 0 wird stattdessen signalisiert, dass dieses Feld ignoriert werden muss.

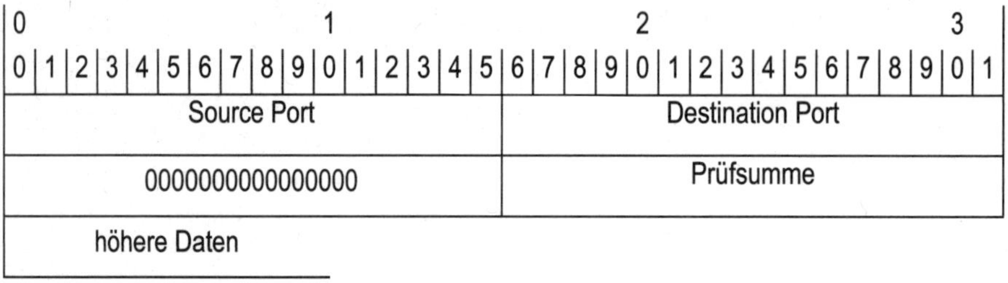

```
 0                   1                   2                   3
 0 1 2 3 4 5 6 7 8 9 0 1 2 3 4 5 6 7 8 9 0 1 2 3 4 5 6 7 8 9 0 1
|              Source Port       |      Destination Port       |
|       0000000000000000         |          Prüfsumme          |
| höhere Daten                                                 |
```

Abb. 2.55   UDP-Header mit Längenfeld

Die aktuelle Länge des UDP-Pakets wird deshalb gemäß RFC 1883 aus dem Längenfeld im UDP-Pseudo-Header ermittelt. Der UDP-Pseudo-Header setzt sich aus folgenden Teilen zusammen:

- IPv6-Quelladresse,
- IPv6-Zieladresse,
- Leerfeld,
- Protokoll-Identifikator,
- Informationen über die Länge des UDP-Segments.

0										1										2										3	
0	1	2	3	4	5	6	7	8	9	0	1	2	3	4	5	6	7	8	9	0	1	2	3	4	5	6	7	8	9	0	1
IPv6-Source-Adresse																																
IPv6-Source-Adresse																																
IPv6-Source-Adresse																																
IPv6-Source-Adresse																																
IPv6-Destination-Adresse																																
IPv6-Destination-Adresse																																
IPv6-Destination-Adresse																																
IPv6-Destination-Adresse																																
Leerfeld								Protokoll								UDP-Länge															

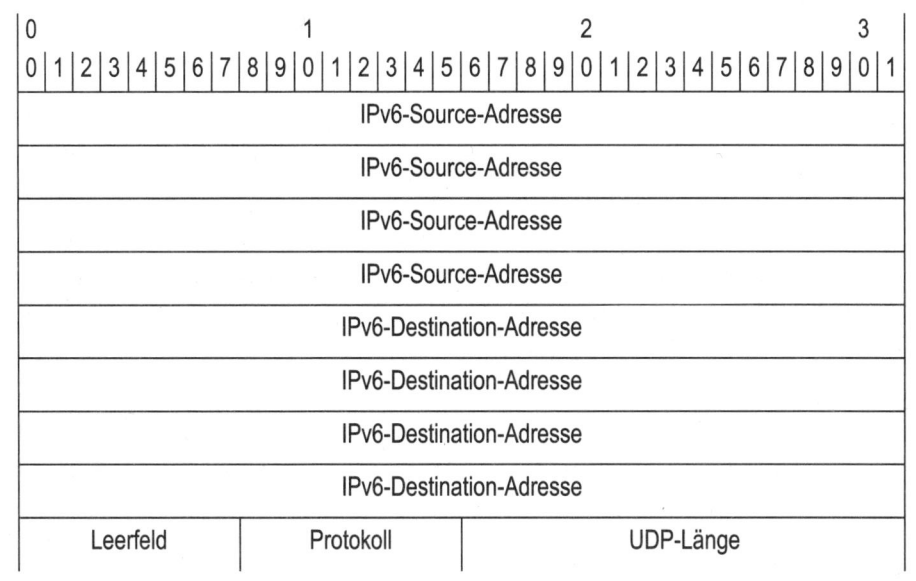

Abb. 2.56 UDP-Pseudo-Header

Weist ein UDP-Paket eine Länge > 65535 auf, so enthält das darunter liegende IPv6-Paket eine Jumbo-Payload Option im Hop-by-Hop-Options-Header. Das Längenfeld der Jumbo-Payload-Option enthält die Länge des IP-Pakets (minus dem IPv6-Header) Das Längenfeld deckt somit die Länge aller Extension-Header, des UDP-Headers und der UDP-Daten ab.

Wird ein UDP-Paket, bei dem das UDP-Längenfeld auf den Wert = 0 gesetzt wurde, von einem IPv6-Rechner empfangen, so wird die Länge des UDP-Pakets anhand des Längenfelds der JumboPayload-Option minus der Länge aller zwischen dem IPv6-Header und dem UDP-Header integrierten Extension-Header errechnet.

TCP-Jumbogramme

Im TCP-Header wurde kein Längenfeld integriert. Aus diesem Grund gibt es keine Längenbeschränkung bei TCP-Paketen. Beim Verbindungsaufbau wird jedoch zwischen zwei TCP-Peers mithilfe der Maximum-Segment-Size-Option (MSS) die maximale Segmentlänge (16 Bit langes Feld) zwischen zwei Kommunikationspartnern ausgehandelt. Außerdem wird beim TCP-Protokoll mithilfe des 16 Bit langen Urgent-Pointer-Feldes auf Daten mit hoher Dringlichkeit verwiesen. Diese Daten werden durch das URGENT-BIT und den URGENT-Pointer gekennzeichnet. Der Urgent-Pointer zeigt immer auf das Ende der Vorrangdaten. Der Wert des Urgent-Pointers ist ein positives Offset der Sequenznummer. Dringende Daten werden immer als erste Informationen nach dem TCP-Header übertragen. Da das MSS-Längenfeld und das Urgent-Pointer-Feld nur eine Länge von 16 Bit aufweisen, können nie TCP-Pakete > 65535 Oktette auftreten.

0,1,2,3,4,5,6,7,8,9,10,11,12,13,14,15	16,17,18,19,20,21,22,23,24,25,26,27,28,29,30,31
Source Port	Destination Port
Sequence Number	
Acknowledgement Number	
Offset | Reserved | Flags	Window
Checksum	Urgent Pointer
Options	Padding
Data begins here ...	

Abb. 2.57   TCP-Header

TCP Maximum Segment Size

Während des Verbindungsaufbaus (Three-Way-Handshake) wird zwischen den beiden Kommunikationspartnern mithilfe der MSS-Option die maximale Segmentgröße ausgehandelt. Stellt einer der Kommunikationspartner fest, dass der Wert der Maximum Transmission Unit (MTU) des lokalen Interfaces größer als 65535 Oktette ist, wird der Wert des MSS-Felds auf 65535 gesetzt.

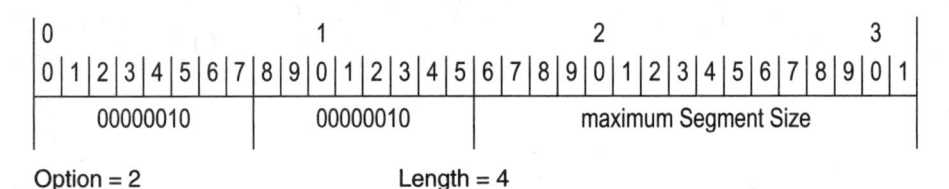

0	1	2	3
0|1|2|3|4|5|6|7	8|9|0|1|2|3|4|5	6|7|8|9|0|1|2|3	4|5|6|7|8|9|0|1
00000010	00000010	maximum Segment Size	

Option = 2   Length = 4

Abb. 2.58   Maximum-Segment-Size-Option

Wird beim Verbindungsaufbau ein MSS-Wert von 65535 empfangen, so wird dieser Wert zuerst einmal als »unendlich« behandelt. Anhand des aktuellen MTU-Werts des Sende-Interfaces wird anschließend der aktuelle Wert der Maximum Segment Size ermittelt.

TCP-Urgent-Pointer

Mithilfe einer TCP-Urgent-Pointer-Option wird das Problem des Urgent-Pointers gelöst. Wird ein TCP-Paket mit einem gesetzten Urgent-Pointer-Bit gesendet, so wird ein Offset aus der Sequence Number zum Urgent-Pointer errechnet. Ergibt diese Berechnung einen Offset-Wert < 65535, wird der reguläre Offset-Mechanismus verwendet. Wird ein Offset-Wert > 65535 ermittelt und entspricht der Wert des Offset-Felds der Länge der TCP-Daten, wird das Urgent-Pointer-Feld auf den Wert 65535 gesetzt. In allen anderen Fällen muss das TCP-Paket in zwei Teilpakete aufgeteilt werden. Das erste Teilpaket enthält alle Daten außer den Informationen, die der Urgent-Pointer referenziert. Das Urgent-Feld wird auf 65535 gesetzt und signalisiert dem Empfänger, dass sich die Vorrangdaten außerhalb des Paketes befinden. Das zweite Teilpaket wird wie ein normales Urgent-Paket behandelt.

Wird von einem Rechner ein TCP-Paket mit gesetztem URG-Bit und einem Urgent-Feld von 65535 empfangen, so wird der Urgent-Pointer anhand der Länge der TCP-Daten errechnet.

3 Weitere Protokolle

Bei der Diskussion um die neuen Möglichkeiten des IPv6-Protokolls wird oftmals übersehen, dass für eine optimale Kommunikation auch eine Modifikation der Hilfsprotokolle und der Protokolle der höheren Schichten notwendig ist.

Hierzu gehören beispielsweise das »altbekannte« Internet Control Messages Protocol (ICMP), das Neighbor-Discovery-Protokoll, eine modifizierte Version des Dynamic-Host-Configuration-Protocols (DHCP), Erweiterungen für den Domain Name Service im Bereich der IPv6-Netze, Ergänzungen für das File-Transfer-Protokoll FTP und erweiterte Multicasting-Funktionen, wie sie von den Multicast-Listener-Discovery-Mechanismen (MLD) zur Verfügung gestellt werden.

3.1 Internet Control Message Protocol Version 6 (ICMPv6)

Das Internet Control Message Protocol (ICMP) dient der Übertragung von Statusinformationen und Fehlermeldungen. ICMP nutzt das Internet Protocol (IP), als wäre es selber in einer höheren Schicht als IP angesiedelt. Tatsächlich ist ICMP ein wesentlicher Teil von IP und muss von jedem IP-Modul eingebunden werden. ICMP ist zusammen mit IP im OSI-Schichtenmodell in der Vermittlungsschicht (Schicht 3) angesiedelt.

Da das IP-Protokoll keinerlei Status- oder Fehlermechanismen vorsieht, wurde zur Übermittlung dieser Informationen eigens das ICMP entwickelt. Sender, die ein Datagramm (Paket) per IP übertragen, haben weder Anspruch darauf, dass das Paket ankommt, oder, falls es ankommt, dass es korrekt übertragen wurde. Auch wird er nicht darüber informiert, wenn letzterer Fall eintritt. Bei Protokoll- oder Netzwerkfehlern setzt der ICMP-Mechanismus an.

Mit der Spezifizierung des Internet Protocol Version 6 (IPv6) wurde auch ICMP für IPv6 (ICMPv6) neu definiert.

Das Internet Control Message Protocol (ICMPv6) wird immer mit einem vorangestellten IPv6-Header verschickt. Im IPv6-Next-Header wird das nachfolgende ICMPv6-Protokoll durch den Wert 58 gekennzeichnet.

Die Meldungen des ICMP-Protokolls sind in Fehlermeldungen und die Informationsmeldungen unterteilt.

3.1 Internet Control Message Protocol Version 6 (ICMPv6)

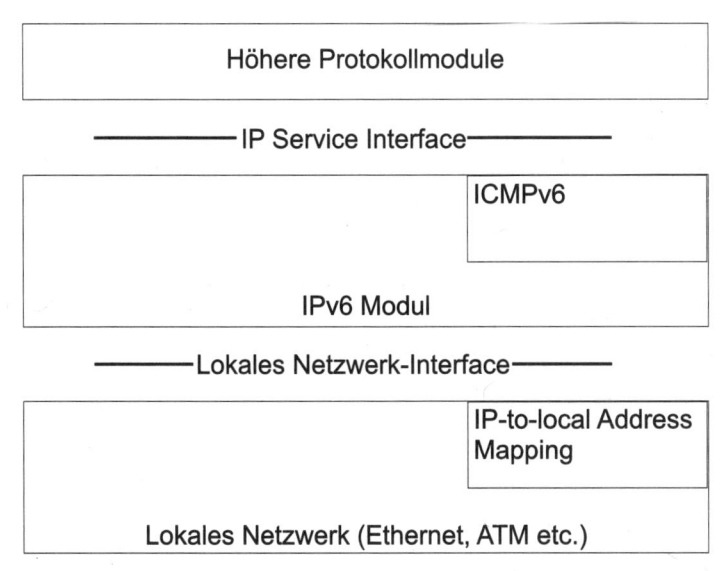

```
┌─────────────────────────────────────────┐
│          Höhere Protokollmodule          │
└─────────────────────────────────────────┘
─────────────── IP Service Interface ───────────────
                              ┌──────────┐
                              │  ICMPv6  │
                              └──────────┘
┌─────────────────────────────────────────┐
│              IPv6 Modul                  │
└─────────────────────────────────────────┘
─────────────── Lokales Netzwerk-Interface ───────────────
                              ┌───────────────────┐
                              │ IP-to-local Address│
                              │      Mapping       │
                              └───────────────────┘
┌─────────────────────────────────────────┐
│    Lokales Netzwerk (Ethernet, ATM etc.) │
└─────────────────────────────────────────┘
```

Abb. 3.1   Der ICMPv6-Protokoll-Stack

ICMPv6-Fehlermeldungen

Die Fehler- oder Informationsmeldungen werden durch den Wert = 0 im High-Order-Bit des Message-Typfelds definiert. Aus diesem Grund stehen für Fehlermeldungen die Werte 0 bis 127 zur Verfügung. Als Fehlermeldungen wurden bisher folgende Meldungen definiert:

Typ	Beschreibung
1	Destination Unreachable
2	Packet Too Big
3	Time Exceeded
4	Parameter Problem

Tab. 3.1   ICMPv6-Fehlermeldungen

ICMPv6-Informationsmeldungen

Die Informationsmeldungen werden durch den Wert = 1 im High-Order-Bit des Message-Typ-felds definiert. Aus diesem Grund stehen für Informationsmeldungen die Werte 128 bis 255 zur Verfügung. Als Informationsmeldungen wurden bisher folgende Meldungen definiert:

Typ	Beschreibung
128	Echo Request
129	Echo Reply
130	Multicast Listener Query
131	Multicast Listener Report
132	Multicast Listener Done
133	Router Solicitation
134	Router Advertisement
135	Neighbor Solicitation
136	Neighbor Advertisement
137	Redirect
138	Router Renumbering
141	Inverse Neighbor Discovery Solicitation
142	Inverse Neighbor Discovery Advertisement
150	Home Agent Address Discovery Request
151	Home Agent Address Discovery Reply
152	Mobile Prefix Solicitation Message
153	Mobile Prefix Advertisement Message

Tab. 3.2   ICMPv6-Informationsmeldungen

Das ICMP-Protokoll baut direkt auf dem IPv6-Protokoll auf. Obwohl das ICMP-Protokoll Funktionen der Schicht 3 erbringt, wird es von IPv6 wie ein Protokoll höherer Schichten behandelt. Somit werden ICMPv6-Informationen immer mit einem vollständigen IPv6-Header verschickt, die eigentlichen ICMPv6-Meldungen befinden sich im anschließenden IP-Datenteil.

Eine ICMPv6-Messages hat folgendes Format:

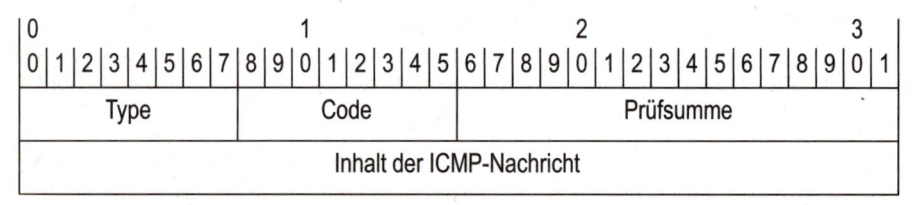

```
 0                   1                   2                   3
 0 1 2 3 4 5 6 7 8 9 0 1 2 3 4 5 6 7 8 9 0 1 2 3 4 5 6 7 8 9 0 1
|      Type     |      Code     |           Prüfsumme           |
|                    Inhalt der ICMP-Nachricht                  |
```

Abb. 3.2   Allgemeines ICMP-Header-Format

3.1 Internet Control Message Protocol Version 6 (ICMPv6)

Die Felder des ICMPv6-Headers haben folgende Bedeutung:

ICMP-Typnummer
Die ICMP-Typnummer dient zur Unterscheidung der einzelnen ICMP-Meldungen.

ICMP-Code
Durch den ICMP-Code werden die einzelnen ICMPv6-Meldungen detaillierter beschrieben.

ICMPv6-Header Checksum
Die Prüfsumme setzt sich aus folgenden Komponenten zusammen:

- IPv6-Source-Adresse,
- der IPv6-Destination-Adresse,
- der IPv6-Payload-Länge und
- dem Next-Header-Typ.

Aus den genannten Datenelementen bildet der Algorithmus das Einerkompliment für jedes Element. Anschließend werden die Elemente addiert und aus der Summe das Einerkomplement gebildet.

Zum Berechnen der Prüfsumme werden folgende Regeln angewendet:

Enthält das ICMP-Paket einen Routing-Header, wird als Destination-Adresse im Pseudo-Header die endgültige Zieladresse verwendet. Beim ursprünglichen Absender ist diese Adresse als letztes Element im Routing-Header zu finden. Bei den Empfängern dieses Pakets ist diese Adresse im Destination-Adressfeld des IPv6-Headers zu finden.

Die Prüfsumme wird sofort ermittelt, wenn der Wert des Next Header-Felds im Pseudo-Header als nachfolgende Informationen das ICMPv6-Protokoll (z.B. 58) definiert.

Die Payload-Länge im Pseudo-Header entspricht der Länge der ICMPv6-Meldung (inklusive des ICMPv6-Headers). Die Payload-Länge im Pseudo-Header unterscheidet sich von der Payload-Länge im IPv6-Header oder im IPv6-Hop-by-Hop-Jumbo-Payload-Option-Header, wenn sich weitere Header zwischen dem IPv6-Header und dem ICMPv6-Header bzw. dem IPv6-Hop-by-Hop-Jumbo-Option-Header und dem ICMPv6-Header befinden.

Zur Berechnung der Prüfsumme wird das Prüfsummenfeld immer auf den Wert = 00 gesetzt.

ICMPv6-Daten
Enthält die eigentliche ICMPv6-Meldung.

3.1.1 Generieren von ICMPv6-Meldungen

Bei dem Generieren von ICMPv6-Meldungen müssen von der jeweiligen ICMPv6-Implementierung folgende Grundregeln beachtet werden:

- Wird eine ICMPv6-Fehlermeldung mit einem unbekannten ICMP-Typ im Header empfangen, müssen die höheren Protokolle zwingend über diesen Vorgang informiert werden.

- Wird eine ICMPv6-Informationsmeldung mit einem unbekannten ICMP-Typ im Header empfangen, muss das ICMP-Paket verworfen werden.
- In jede ICMPv6-Fehlermeldung werden aus dem die ICMP-Message verursachenden IPv6-Paket die ersten 576 Oktetts eingefügt.
- Empfängt ein Gerät eine IPv6-Meldung und müssen die darin enthaltenen Informationen an ein höheres Protokoll weitergegeben werden, wird das höhere Protokoll anhand der ICMP-Daten (Verursacherpaket) ausgewählt.

ICMPv6-Fehlermeldungen dürfen unter folgenden Umständen nicht generiert werden:

- eine ICMPv6-Fehlermeldung wurde empfangen,
- ein Paket mit einer IPv6-Multicast-Adresse wurde empfangen,
- ein Paket mit einer Link-Layer-Multicast-Adresse wurde empfangen,
- ein Paket mit einer Link-Layer-Broadcast-Adresse wurde empfangen,
- ein Paket mit einer Source-Adresse, die entweder eine IPv6-Unspecified-Adresse oder eine IPv6-Multicast-Adresse oder eine IPv6-Anycast-Adresse enthält, wurde empfangen.

Jeder IPv6-Sender von ICMPv6-Fehlermeldungen sollte zur Reduzierung der benötigten Bandbreite und zur Reduzierung der Übertragungskosten nicht kontinuierlich auf solche Pakete reagieren, deren Sender die bisher übermittelten ICMP-Meldungen ignoriert. Folgende Grenzen wurden von den Urhebern des ICMPv6-Protokolls vorgesehen:

Timer
Die Übermittlung von ICMPv6-Fehlermeldungen zu einem Verursacher wird durch einen konfigurierbaren Timer begrenzt.

Bandbreite
Die Übermittlung von ICMPv6-Fehlermeldungen zu einem Verursacher wird durch einen pro Interface konfigurierbaren Bandbreitenparameter begrenzt.

Die ICMPv6-Fehlermeldungen

Die Fehlermeldungen werden dadurch definiert, dass das High-Order-Bit im Message-Type-Feld immer den Wert 0 einnimmt. Aus diesem Grund stehen für Fehlermeldungen die Werte-Typen 0 bis 127 zur Verfügung. Folgende Fehlernachrichten wurden bisher definiert:

Type	Beschreibung
1	Destination Unreachable
2	Packet Too Big
3	Time Exceeded
4	Parameter Problem

Tab. 3.3   ICMPv6-Fehlermeldungen

3.1.2 Destination Unreachable Message

Dem Sender eines Datagramms wird durch die Destination-Unreachable-Meldung der Grund mitgeteilt, weshalb das Datagramm nicht übermittelt werden konnte.

Beispiel für eine Destination-Unreachable-Meldung:

- Bei einem Zielrechner kann das IP-Protokoll die gewünschte Verbindung nicht herstellen, weil das höhere Protokoll unbekannt oder der Destination Port belegt ist.
- Eine Verbindung zwischen zwei Netzen ist unterbrochen und das Datagramm kann nicht zum Zielnetz transportiert werden.

Wird eine Destination-Unreachable-Meldung erzeugt, die einen fehlenden Eintrag in der Router-Tabelle erzeugt, so muss das Codefeld auf den Wert = 0 gesetzt werden. Diese Art der ICMP-Fehlermeldung kann nur entstehen, wenn in einer Router-Tabelle kein Eintrag zur Default-Route vorgenommen wurde.

Wird eine Destination-Unreachable-Meldung als Resultat einer administrativen Bedingung (z.B. Firewall-Filter) erzeugt, so muss das Codefeld auf den Wert = 1 gesetzt werden.

Wird eine Destination-Unreachable-Meldung als Resultat eines Fehlers bei der Weiterleitung des Pakets an die nächste Adresse im Routing-Header, bei dem das Strict-Bit gesetzt wurde, erzeugt, so muss das Codefeld auf den Wert = 2 gesetzt werden.

Kann ein Sender eine IPv6-Adresse durch den Discovery-Prozess in keine korrespondierende Link-Adresse auflösen oder wurden auf dem jeweiligen Link Probleme festgestellt, so muss eine Destination-Unreachable-Meldung, bei dem das Codefeld auf den Wert = 3 gesetzt ist, erzeugt werden.

Ein Empfänger sollte immer dann eine Destination Unreachable Message mit dem Codewert = 4 senden, wenn das im Paket enthaltene Transport-Protokoll keinen Abnehmer (Listener) für die darin enthaltenen Daten hat.

Empfängt ein Rechner eine ICMPv6-Destination-Unreachable-Meldung, so muss er unverzüglich die höheren Schichten darüber informieren.

0 1 2 3 4 5 6 7	8 9 10 11 12 13 14 15	16 17 18 19 20 21 22 23 24 25 26 27 28 29 30 31
Type	Code	Prüfsumme
Inhalt der ICM-Nachricht		

Abb. 3.3 Format der ICMPv6-Destination-Unreachable-Meldung

Typnummer
Die ICMP-Typnummer dient zur Unterscheidung der einzelnen ICMP-Meldungen. Die Destination-Unreachable-Meldung ist als Typ = 1 definiert

Code
Durch den ICMP-Code in der Destination-Unreachable-Meldung wird dem Sender eines

Datagramms mitgeteilt, weshalb das Datagramm nicht übermittelt werden konnte. Folgende Destination-Unreachable-Codes sind definiert:

- 0 = Netz nicht erreichbar
- 1 = Kommunikation mit Zielrechner aus administrativen Gründen nicht möglich
- 2 = kein Nachbar
- 3 = Adresse nicht verfügbar
- 4 = Port nicht erreichbar

Unused
Dieses Feld wird im Moment nicht benutzt. Es wird beim Sender immer mit 0-Werten gefüllt und vom Empfänger ignoriert.

Daten
In dem ICMP-Datenfeld werden aus dem die ICMP-Message verursachenden IPv6-Paket die ersten 1280 Oktetts eingefügt.

3.1.3 Packet Too Big Message

Eine Packet-Too-Big-Meldung wird von einem Router erzeugt, wenn dieser ein empfangenes Datenpaket auf dem Pfad zum Empfänger, aufgrund einer zu großen Paketgröße (MTU), nicht übermitteln kann. Die Packet-Too-Big-Message stellt eine der definierten Ausnahmen bei der Erzeugung von ICMPv6-Fehlermeldungen dar. Diese Fehlermeldung wird auch als Reaktion auf Pakete mit einer IPv6-Multicast-Destination-Adresse, einer Link-Layer-Multicast- oder einer Link-Layer-Broadcast-Adresse generiert.

Eine Packet-Too-Big-Message muss bei einem Empfänger sofort an die höheren Schichten weitergegeben werden. Die Arbeitsstation hat mit einer entsprechenden Verkleinerung der MTU zu reagieren.

```
0 1 2 3 4 5 6 7 8 9 10 11 12 13 14 15 16 17 18 19 20 21 22 23 24 25 26 27 28 29 30 31
|       Type        |       Code        |              Checksum              |
|                                  Unused                                    |
|                      As much of invoking Packet                            |
|                   as will fit without ICMPv6-Packet                        |
|                        exceeding 1280 octets                               |
```

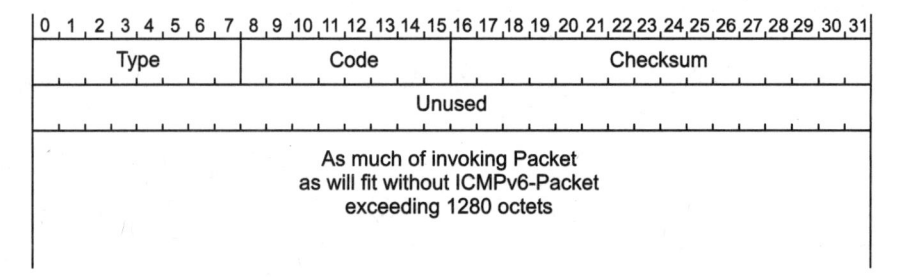

Abb. 3.4 Format der Packet-Too-Big-Meldung

Typnummer
Die ICMP-Typnummer dient zur Unterscheidung der einzelnen ICMP-Meldungen. Die Packet-Too-Big-Meldung ist als Typ = 2 definiert.

Code
Bei der Packet-Too-Big-Message muss der ICMP-Code immer auf den Wert = 0 gesetzt werden.

MTU
In diesem Feld wird die Maximum Transmission Unit (MTU) des nächsten Hop-Links festgelegt.

Data
In dem ICMP-Datenfeld werden aus dem die ICMP-Message verursachenden IPv6-Paket die ersten 1280 Oktetts eingefügt.

3.1.4 Time Exceeded Message

Empfängt ein Router ein Datenpaket, dessen Hop-Limit auf den Wert = 0 gesetzt ist oder ein Router setzt dieses Feld bei der Verarbeitung auf den Wert = 0, muss das betreffende Datenpaket verworfen werden und eine ICMPv6-Time-Exceeded-Message an den Verursacher des Pakets übermittelt werden. In diesem Fall bedeutet die Fehlermeldung, dass entweder ein Routing-Loop besteht oder der ursprüngliche Hop-Limit-Wert für den betreffenden Pfad zu klein gewählt wurde.

Alle IPv6-Systeme sollten die Path-MTU-Discovery-Funktion unterstützen. Die Fragmentierung von Daten auf dem Weg zwischen Sender und Empfänger wird dadurch vermieden. Das IPv6-Protokoll legt jedoch fest, dass aus Gründen der Rückwärtskompatibilität mit älteren Protokollen der Transportschicht eine End-zu-End-Fragmentierung unterstützt wird. Aus diesem Grund müssen alle IPv6-Implementationen das Reassemblieren von IPv6-Fragmenten unterstützen. Um den Empfänger nicht unnötig zu belasten, muss der Reassemblierungsprozess nach dem Empfang des ersten Fragments innerhalb einer bestimmten Zeit abgeschlossen sein. Als Zeitfenster, in dem der Zusammenbau des Originalpakets abgeschlossen sein muss, schreibt der Standard einen Wert zwischen 60 und 120 Sekunden vor. Wird dieser Zeitraum überschritten oder wird ein Paketfragment mit einem Offset-Wert = 0 während der Reassemblierungszeit empfangen, so müssen die Paketfragmente verworfen werden. In beiden Fällen wird an den Erzeuger der Paketfragmente eine ICMPv6-Time-Exceeded-Meldung (Code = 1) gesendet.

Empfängt ein Rechner eine ICMPv6-Time-Exceeded-Meldung, so muss er unverzüglich die höheren Schichten darüber informieren.

0 1 2 3 4 5 6 7	8 9 10 11 12 13 14 15	16 17 18 19 20 21 22 23 24 25 26 27 28 29 30 31
Type	Code	Checksum
Unused		
As much of invoking Packet as will fit without ICMPv6-Packet exceeding 1280 octets		

Abb. 3.5 Format der Time Exceeded Message

Typnummer
Die ICMP-Typnummer dient zur Unterscheidung der einzelnen ICMP-Meldungen. Die Time-Exceeded-Meldung ist als Typ = 3 definiert.

Code
Durch den ICMP-Code in der Time-Exceeded-Meldung wird dem Sender eines Datagramms mitgeteilt, weshalb das Datagramm nicht übermittelt werden konnte. Folgende Time-Exceeded-Codes sind definiert:

- 0 = Bei der Übertragung durch das Internet wurde das Hop-Limit des Datagramms überschritten.

- 1 = Beim Reassemblierungsprozess wurde die hierfür maximal zulässige Zeit überschritten.

Unused
Dieses Feld wird im Moment nicht benutzt. Es wird beim Sender immer mit 0-Werten gefüllt und vom Empfänger ignoriert.

Data
In dem ICMP-Datenfeld werden aus dem die ICMP-Message verursachenden IPv6-Paket die ersten 1280 Oktetts eingefügt.

3.1.5 Parameter Problem Message

Dem Sender eines Datagramms wird durch die Parameterproblem-Message mitgeteilt, aus welchem das betreffende Datagramm nicht übertragen bzw. nicht verarbeitet werden konnte. Ein solches Paket wird vom Empfänger verworfen und im Anschluss daran eine Parameter Problem Message erzeugt, die den jeweiligen Fehler genauer beschreibt. Anhand des Pointers wird das Datenoktett im Originaldatagramm angezeigt, in dem der jeweilige Fehler festgestellt wurde. Beispielsweise signalisiert eine ICMPv6-Message mit dem Typfeld = 4, dem Codefeld = 1 und einem Pointer-Wert = 48, dass in der auf den IPv6-Header folgenden IPv6-Header-Extension ein unbekannter Next-Header-Wert eingetragen wurde.

Empfängt ein Rechner eine ICMPv6-Parameter-Problemmeldung, müssen unverzüglich die höheren Schichten darüber informiert werden.

0 1 2 3 4 5 6 7	8 9 10 11 12 13 14 15	16 17 18 19 20 21 22 23 24 25 26 27 28 29 30 31
Type	Code	Checksum
Unused		
As much of invoking Packet as will fit without ICMPv6-Packet exceeding 1280 octets		

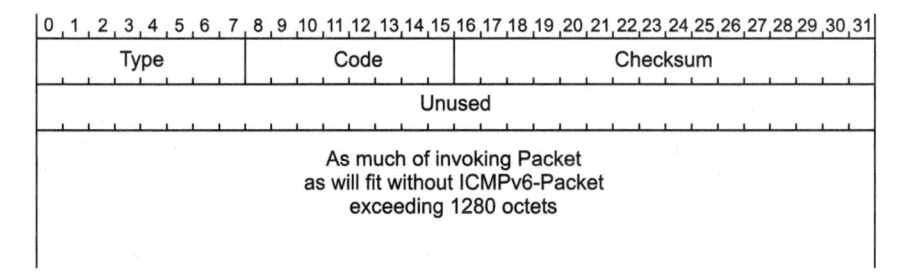

Abb. 3.6   Format der Parameterproblem-Message

Typnummer
Die ICMP-Typnummer dient zur Unterscheidung der einzelnen ICMP-Meldungen. Die Parameter-Problemmeldung ist als Typ 4 definiert.

Code
Durch den ICMP-Code in der Parameter-Problemmeldung wird dem Sender eines Datagramms mitgeteilt, weshalb das Datagramm nicht übermittelt werden konnte. Folgende Parameter-Problem-Codes sind definiert:

- 0 = Der Pointer im ICMPv6-Protokoll zeigt auf das Header-Feld im Datagramm, in dem ein Fehler festgestellt wurde.

- 1 = Der Pointer im ICMPv6-Protokoll zeigt auf das Header-Feld im Datagramm, in dem sich ein unbekannter Next-Header-Typ festgestellt wurde.

- 2 = Der Pointer im ICMPv6-Protokoll zeigt auf das Header-Feld im Datagramm, in dem eine unbekannte IPv6-Option festgestellt wurde.

Pointer
Der Wert im Pointer-Feld zeigt auf das Oktett im Datagramm, in dem ein Fehler festgestellt wurde.

Data
In dem ICMP-Datenfeld werden aus dem die ICMP-Message verursachenden IPv6-Paket die ersten 1280 Oktetts eingefügt.

3.1.6 Die ICMPv6-Informationsmeldungen

Die Informationsmeldungen werden durch den Wert = 1 im High-Order-Bit des Message-Typfelds definiert. Aus diesem Grund stehen für Informationsmeldungen die Wertetypen 128 bis 255 zur Verfügung. Als Informationsmeldungen wurden bisher folgende Meldungen definiert:

Type	Beschreibung
128	Echo Request
129	Echo Reply
130	Multicast Listener Query
131	Multicast Listener Report
132	Multicast Listener Done
133	Router Solicitation
134	Router Advertisement

Type	Beschreibung
135	Neighbor Solicitation
136	Neighbor Advertisement
137	Redirect
138	Router Renumbering
141	Inverse Neighbor Discovery Solicitation
142	Inverse Neighbor Discovery Advertisement
150	Home Agent Address Discovery Request
151	Home Agent Address Discovery Reply
152	Mobile Prefix Solicitation Message
153	Mobile Prefix Advertisement Message

Tab. 3.4　ICMPv6-Informationsmeldungen

3.1.7 Echo Request Message

Vom Sender wird an einen IPv6-Rechner/Knoten im Netz ein Echo-Request-Datagramm gesendet. Der darin enthaltene Daten-String sollte von dieser Station wieder vollständig mithilfe der Echo-Reply-Funktion zurückgeschickt werden. Alle IPv6-Implementationen müssen die ICMPv6-Echo-Request/Reply-Funktion unterstützen.

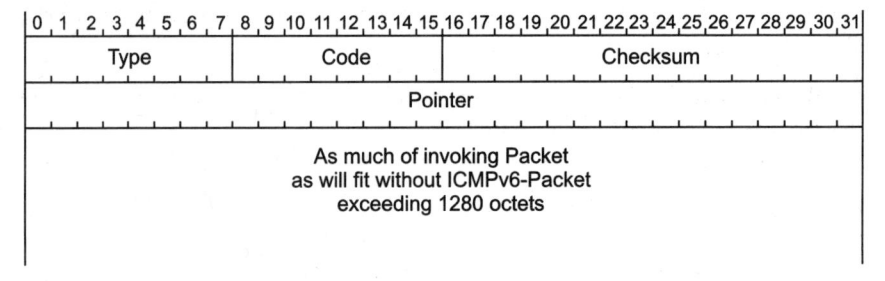

0 1 2 3 4 5 6 7 8 9 10 11 12 13 14 15 16 17 18 19 20 21 22 23 24 25 26 27 28 29 30 31
Type　　　　　　Code　　　　　　　　　Checksum
Pointer
As much of invoking Packet as will fit without ICMPv6-Packet exceeding 1280 octets

Abb. 3.7　Format der Echo Request Message

Typnummer
Die ICMP-Typnummer dient zur Unterscheidung der einzelnen ICMP-Meldungen. Die ICMP-Echo-Reques-Meldungen sind mit dem Typ 128 definiert.

Code
Beim Echo-Request hat der ICMP-Code immer den Wert = 0.

Echoidentifikator
Der ICMP-Echoidentifikator wird vom Sender des Datagramms erzeugt und dient zur eindeutigen Identifizierung des Prozesses. Bei einer Antwort auf ein Echo-Request-Paket wird das Antwortpaket an diesen Port zurückgeschickt.

Echo-Sequenznummer
Der Sender eines Echo-Pakets nummeriert die Datagramme fortlaufend. Der Empfänger benutzt die gleiche Sequenznummer bei der Echoantwort. Der Sender überprüft dadurch auf sehr einfache Art die Richtigkeit der Echo-Antworten.

Data
Die ICMP-Echodaten enthalten einen Echo-String, der vom Empfänger an den Sender zurückgeschickt wird.

3.1.8 Echo Reply Message

Wird von einem IPv6-Rechner/Knoten ein Echo-Request-Datagramm gesendet, so muss der darin enthaltene Daten-String wieder mithilfe der Echo-Reply-Funktion an den Absender zurückgeschickt werden. Alle IPv6-Implementationen müssen die ICMPv6-Echo-Request/Reply-Funktion unterstützen.

Ein Echo-Reply sollte nicht nur auf Unicast-Adressen reagieren, sondern auch auf Echo-Request-Meldungen, die an IPv6-Multicast-Adressen gesendet werden. Als Absendeadresse für solch einen Multicast-Echo-Request wird immer die Unicast-Adresse des Interface benutzt, über das die betreffende Meldung empfangen wurde.

Die in einer ICMPv6-Echo-Request-Message verpackten Daten sollten ohne Veränderungen an den Verursacher zurückgeschickt werden. Die einzige Ausnahme, die im Standard vorgesehen ist, betrifft die MTU-Größe des Datenpfads. Übersteigt die Datenmenge die jeweilige MTU des Sendepfads, so müssen vom Echo-Reply die Daten so angepasst werden, dass diese der Pfad-MTU entsprechen.

Empfängt ein Rechner eine ICMPv6-Echo-Reply-Meldung, so muss diese unverzüglich an das ICMPv6-User Interface weitergeleitet werden.

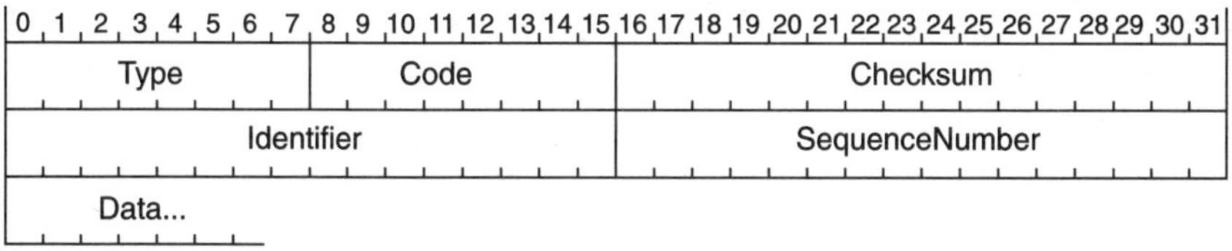

0 1 2 3 4 5 6 7	8 9 10 11 12 13 14 15	16 17 18 19 20 21 22 23 24 25 26 27 28 29 30 31
Type	Code	Checksum
Identifier		SequenceNumber
Data...		

Abb. 3.8 Format der Echo Reply Message

Typnummer
Die ICMP-Typ-Nummer dient zur Unterscheidung der einzelnen ICMP-Meldungen. Die ICMP-Echo-Reply-Meldungen sind mit dem Typ 129 definiert.

Code

Beim Echo-Reply hat der ICMP-Code immer den Wert = 0.

Echo-Identifikator

Der ICMP-Echo-Identifikator wird vom Sender des Datagramms erzeugt und dient zur eindeutigen Identifizierung des Prozesses. Bei einer Antwort auf ein Echo-Request-Paket wird das Antwortpaket immer an diesen Port zurückgeschickt.

Echo Sequenznummer

Der Sender eines Echo-Pakets nummeriert die Datagramme fortlaufend. Der Empfänger benutzt die gleiche Sequenznummer bei der Echoantwort. Der Sender überprüft dadurch auf sehr einfache Art die Richtigkeit der Echoantworten.

ICMP-Echodaten

Feldlänge = variabel

Die ICMP-Echodaten enthalten einen Echo-String, der vom Empfänger an den Sender zurückgeschickt wird.

ICMP-Anwendungen

Zur Netzwerkdiagnose und zur Fehlersuche stehen in den meisten IP-Implementationen die Programme »Ping« und »TraceRoute« zur Verfügung.

3.1.9 Ping

Das Programm »Ping« nutzt die ICMP-Echo- und Echo-Reply-Funktionen, um herauszufinden, ob ein Rechner momentan erreichbar ist. Die Ping-Antwort wird direkt auf der Ebene 3 des jeweiligen Rechners erzeugt und mithilfe von Interrupt-Routinen realisiert. Dadurch wird eine relativ kurze Bearbeitungszeit in den jeweiligen Protokollstacks garantiert. Die Antwortzeit des Pings hängt natürlich von der Auslastung des Zielrechners und von der Route Trip Time RTT (Hin- und Rücklaufzeit durch das gesamte Netz) ab. Wird ein Ping zwischen zwei Kommunikationspartnern am lokalen Netz bzw. dem gleichen Link-Segment aktiviert, erhält man erfahrungsgemäß eine typische Verzögerung im Bereich von wenigen Millisekunden. Wird ein Ping über eine Strecke mit vielen Routern ausgeführt, trägt zur Verzögerung die verfügbare Bandbreite der WAN-Strecken und die Auslastung der Router (aktuelle Routingperformance und Auslastung der Puffer) bei. In diesem Fall kann der RTT-Wert bis zu mehreren 100 Millisekunden betragen.

Der Echo-Request/Reply lässt sich bei fast jedem Betriebssystem mit folgendem Befehl auslösen:

ping <IP-Adresse> [<Paketgröße>]

An dem Parameter »Paketgröße« ist zu erkennen, dass man einen Echo-Request mit Testdaten füllen kann, um das Verhalten des Netzes bei verschiedenen Paketgrößen prüfen zu können. Je nach Implementierung läuft der Ping-Befehl entweder im Sekundentakt so lange, bis er mit Strg-C abgebrochen wird, oder erzeugt nur vier Echo-Requests im Sekundentakt und beendet sich dann wieder. Dieses Standardverhalten lässt sich jedoch über Parameter ändern.

3.1.10 Traceroute

Mithilfe des Programms »Ping« können lediglich Aussagen über die Erreichbarkeit eines Rechners gemacht werden, nicht jedoch über die Art und den Ort eines Fehlers auf dem Weg dorthin. Damit ist es dem Netzadministrator unmöglich, einen Fehler zu lokalisieren, um ihn zu korrigieren oder den zuständigen Netzwerkadministrator eines entfernten Netzes zu kontaktieren. Liegt eine Unterbrechung zwischen dem lokalen Rechner und dem entfernten Zielrechner vor, müssen aufwendigere Tools als Ping verwendet werden. Abhilfe schafft hier das Programm »Traceroute«. Dieses Programm untersucht die gesamte Strecke (Route) zu einem Ziel. Traceroute kann sich dabei im Gegensatz zu Ping nicht auf das Versenden von ICMP-Datagrammen beschränken, da fehlerhafte ICMPs ihrerseits keine ICMPs erzeugen und somit die Fehlerstelle nicht erkannt werden kann.

Traceroute verwendet trickreich zwei Techniken, um den Lauf der IP-Datagramme auf ihrem Weg zum Ziel zu verfolgen:

- Das Versenden von IP-Datagrammen vom lokalen Rechner an den Zielrechner erfolgt an einen nicht verwendeten Dienst bzw. an eine ungültiger Portnummer.
- Beim Versenden werden in den aufeinander folgenden Paketen aufsteigenden Hop-Limit-Werte (beginnend bei *1*) im IP-Header gesetzt.

Beim ersten ausgesendeten Prüfpaket ist das Hop-Limit-Feld im IPv6-Header auf den Wert = *1* gesetzt. Dieses wird an einen nicht verwendeten Dienst adressiert. Der erste Router auf dem Weg zum Ziel zählt das Hop-Limit auf den Wert = 0 herunter und verwirft das Paket. Anschließend generiert der Router eine ICMP-Time-Exceeded-Fehlernachricht an den vorherigen Quellknoten zurück. Diese ICMP-Meldung sendet der Router an den Ursprungsrechner zurück. Als Ausgabe des Programms Traceroute erscheint nun der Absendername (Router 1) der ICMP-Meldung und die gemessene Zeit zwischen Absenden des IP-Datagramms und Empfang der ICMP-Meldung. Diese Messung wird anschließend noch zweimal wiederholt. Im nächsten Schritt wird für die nächsten drei Prüfpakete das Hop-Limit auf den Wert 2 gesetzt. Der erste Router im Pfad reduziert das Hop-Limit um einen Wert, was zwangsläufig beim zweiten Router im Datenpfad zu einer erneuten Fehlermeldung führt. Diese Vorgehensweise wird so lange wiederholt, bis das Ziel erreicht wird. Bei Erreichen des Ziels beantwortet der Zielknoten die Echo-Request-Message mit einer Echo-Reply-Nachricht. Der Absender weiß nun, dass er den ganzen Weg untersucht hat.

3.1.11 Multicast Listener Discovery (MLD)

Bei dem Multicast Listener Discovery (MLD) handelt es sich um ein Subprotokoll des ICMPv6. Das Multicast Listener Discovery (MLD) ist im RFC 2710 definiert. Dieser Protokollmechanismus ermöglicht es IPv6-Routern, selbsttätig die im Netz (auf dem lokalen Link) vorhandenen Multicast Listener (Knoten, die bestimmte Multicast-Pakete empfangen wollen) zu erkennen. Die MLD-Messages werden wie alle ICMPv6-Meldungen durch den Next-Header-Wert = 58 im IPv6-Paket gekennzeichnet. Sämtliche MLD-Messages werden immer mit einer Link-Local-IPv6-Source-Adresse, einem IPv6-Hop-Limit-Wert = 1 und der gesetzten IPv6-Router-Alert-Option im Hop-by-Hop-Options-Header übermittelt. MLD-Messages verfügen über folgendes Format:

0	1	2	3
0 1 2 3 4 5 6 7	8 9 0 1 2 3 4 5	6 7 8 9 0 1 2 3 4 5	6 7 8 9 0 1
Type	Code	Checksum	
Maximum Response Delay		Reserved	
Multicast Adresse			
Multicast Adresse (Fortsetzung)			
Multicast Adresse (Fortsetzung)			
Multicast Adresse (Fortsetzung)			

Abb. 3.9 MDL-Message-Format

Type
Das Typfeld legt die Art der MDL-Message fest. Bisher wurden drei Typen definiert:

130: Multicast Listener Query
131: Multicast Listener Report
132: Multicast Listener Done

Code
Das Codefeld wird vom Sender immer auf den Wert = 0 gesetzt.

Checksum
Enthält die Standard-ICMPv6-Prüfsumme.

Maximum Response Delay
Der Wert des Maximum-Response-Delay-Felds ist nur in Query-Messages zu beachten. In diesem Fall wird die maximale Verzögerung (in Millisekunden) bis zum Aussenden eines MDL-Reports festgelegt.

Reserved
Dieses Feld wird vom Sender immer auf den Wert = 0 gesetzt.

Multicast Address
In General Query Messages wird dieses Feld immer auf den Wert = 0 gesetzt. Wird eine adressspezifische Query übermittelt, so enthält das Feld die jeweilige IPv6-Multicast-Adresse. In einer Report- oder Done-Message enthält das Multicast-Adressfeld die jeweilige IPv6-Multicast-Adresse, über die der Sender die Multicast-Pakete empfängt.

3.1.12 Router Solicitation Message

Ein Host (Rechner) sendet nach dem Initialisierungsvorgang (Start-UP) eine oder mehrere Router Solicitation Messages aus. Dies bewirkt, dass ein Router, der diese Meldung empfängt, sofort eine Router Advertisement Message als Antwort sendet.

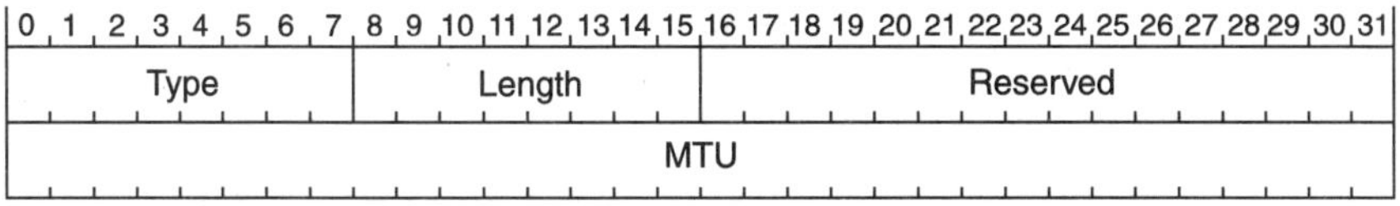

```
 0  1  2  3  4  5  6  7  8  9 10 11 12 13 14 15 16 17 18 19 20 21 22 23 24 25 26 27 28 29 30 31
|        Type         |        Length        |                 Reserved                 |
|                                    MTU                                                |
```

Abb. 3.10   Router Solicitation Message : Format

Typ-Nummer
Die ICMP-Typ-Nummer dient zur Unterscheidung der einzelnen ICMP-Meldungen. Die Router Solicitation Message ist als Typ 133 definiert.

Code
Der ICMP-Code ist bei der Router Solicitation Message immer auf den Wert 0 gesetzt. Router Solicitation Messages mit der Codenummer 0 werden nur von Rechnern erzeugt.

Checksum
Enthält eine Prüfsumme, die sich aus folgenden Komponenten zusammensetzt: der IPv6-Source-Adresse, der IPv6-Destination-Adresse, der IPv6-Payload-Länge und dem Next-Header-Typ. Der Algorithmus besteht darin, das Einerkomplement aller oben genannten Datenelemente zu addieren und daraus das Einerkomplement der Summe zu bilden.

Reserved
Dieses Feld wird immer mit 00-Werten gefüllt und wird beim Empfänger vollkommen ignoriert.

Option: Source-Link-Layer-Adresse
Enthält die Link-Layer-Adresse des Senders. Anhand dieser Adresse sind die Router am lokalen Link in der Lage, direkt auf einen Request zu reagieren. Durch die Bekanntgabe der Source-Link-Layer-Adresse entfällt auf der Router-Seite die umständliche Funktion der Adressauflösung.

3.1.13 Router Advertisement

Das Router Advertisement enthält Informationen über die Umgebung. Ein Knoten kann aus der Router-Advertisement-Nachricht wichtige Parameter für die automatische Konfiguration lernen. Diese Nachricht stellt einen wesentlichen Bestandteil der automatischen Systemkonfiguration dar. Ein Router Advertisement kann periodisch in festen Zeitintervallen oder auf eine direkte Anfrage hin versendet werden.

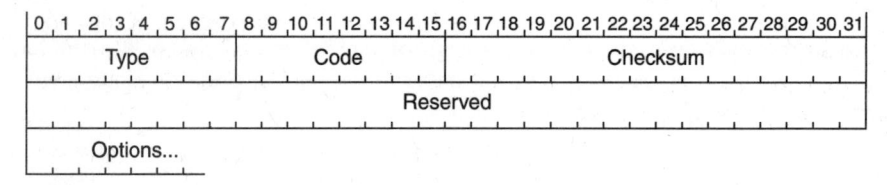

```
0  1  2  3  4  5  6  7  8  9 10 11 12 13 14 15 16 17 18 19 20 21 22 23 24 25 26 27 28 29 30 31
|        Type         |        Code         |              Checksum                 |
|                                  Reserved                                          |
| Options...
```

Abb. 3.11 Router Advertisement

Type
Die Router Advertisement Message ist als Typ 134 definiert.

Code
Der ICMP-Code ist bei der Router Advertisement Message immer auf den Wert 0 gesetzt.

Checksum
Enthält eine Prüfsumme, die sich über die gesamte Router Advertisement Message erstreckt.

Hop
Vom Router empfohlener Standardwert für das Hop-Limit.

Flag M
Statuslose Adresskonfiguration ist nicht erlaubt, es muss stattdessen ein DHCP-Server verwendet werden.

Flag O
Statuslose Adresskonfiguration ist erlaubt, es müssen aber zusätzliche Informationen von einem DHCP-Server bezogen werden.

Flag H
Router kann als Home-Agent für mobile IPv6-Knoten arbeiten.

Router Lifetime
Gibt an, wie lange die von diesem Router verbreiteten Informationen gültig sind.

Reachable Time
Gibt an, wie lange Nachbarn in diesem Teilnetz als Erreichbar gelten (Gültigkeit des Cache-Eintrags).

Retransmission Time
Zeit, die zwischen sich wiederholenden Nachbaranfragen abgewartet werden muss.

Options

Zusätzlich zu den oben aufgeführten Parametern kann die Nachricht noch die folgenden Optionen enthalten:

- Hardware-Adresse des Senders,
- MTU,
- Prefix Information.

Die erste Option liefert die Hardwareadresse des Routers und erspart einem Knoten die Adressauflösung bei einer Kommunikation mit dem Router. Die zweite Option enthält die MTU der Verbindung über den Router und kann verhindern, dass der Knoten zu große Pakete versendet. Die dritte Option enthält Informationen über das Präfix, eine Station kann diese Information zur Generierung von Adressen verwenden. Der Präfix entspricht der Subnetzmaske von IPv4, jeder Knoten verwaltet eine Präfixliste, anhand derer er entscheiden kann, welche Adressen über einen Router versendet werden müssen und welche lokal zugestellt werden können. Die Parameter ermöglichen es einer Station, ohne manuelle Konfiguration alle für den IP-Datenverkehr wichtigen Informationen zu lernen. Veränderungen der Umgebung lassen sich somit schnell an alle Knoten verteilen.

3.1.14 Neighbor Solicitation

Die Neighbor Solicitation entspricht einem ARP-Request bei IPv4 und findet dynamisch die IP-Adresse zu einer Hardware-Adresse. Darüber hinaus wird die Neighbor Solicitation noch für andere Steuerungsaufgaben eingesetzt. Die Neighbor-Solicitation-Nachricht kommt in folgenden Mechanismen zum Einsatz:

- Adressauflösung,
- duplizierte Adresserkennung,
- Unerreichbarkeitsbestimmung.

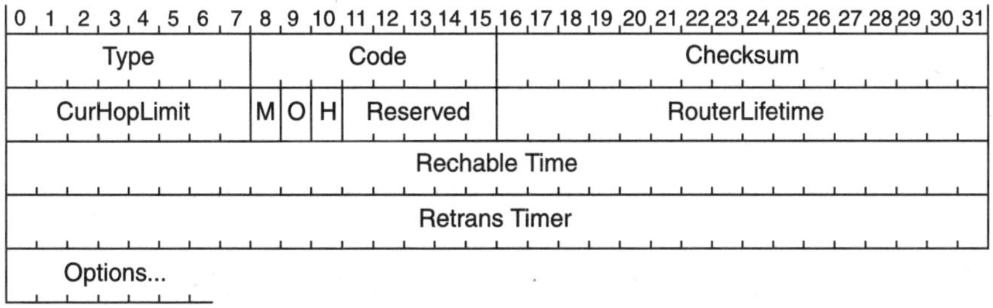

0 1 2 3 4 5 6 7	8 9 10 11 12 13 14 15	16 17 18 19 20 21 22 23 24 25 26 27 28 29 30 31
Type	Code	Checksum
CurHopLimit	M O H Reserved	RouterLifetime
Rechable Time		
Retrans Timer		
Options...		

Abb. 3.12 Neighbor Solicitation

Type
Die Neighbor Solicitation Message ist als Typ 135 definiert.

Code
Bei der Neighbor Solicitation Message ist der Code immer auf den Wert 0 gesetzt.

Checksum
Enthält eine Prüfsumme, die sich über die gesamte Neighbor Solicitation Message erstreckt.

Target Address
Enthält die Zieladresse, an die die jeweilige Neighbor Solicitation Message übermittelt wird. Als Zieladresse darf nie eine Multicast-Adresse verwendet werden.

Option
Als Option kann die Hardware-Adresse des Absenders mit übertragen werden, dadurch kann der Empfänger sofort antworten, ohne eine Adressauflösung durchführen zu müssen. Wird als IP-Absenderadresse die unspezifizierte Adresse verwendet, so ist diese Option unzulässig, da in diesem Fall noch keine gültige IP-Adresse für die Zuordnung zur Hardwareadresse vorliegt.

3.1.15 Neighbor Advertisement

Das Neighbor Advertisement ist die Antwort auf die Neighbor Solicitation. Es gibt Fälle, wo eine Bekanntmachung ohne vorherige Anfrage gesendet wird, wenn sich die Hardwareadresse eines Knotens etwa nach einem »hot-swap« der Interface-Karte ändert und der Knoten dies seinen Nachbarn mitteilen möchte.

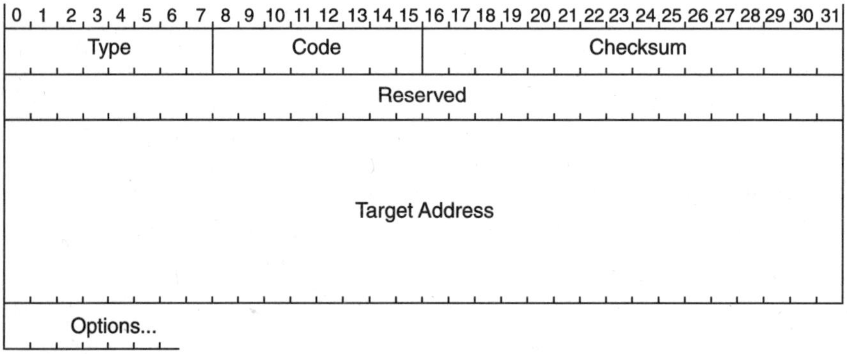

0 1 2 3 4 5 6 7	8 9 10 11 12 13 14 15	16 17 18 19 20 21 22 23 24 25 26 27 28 29 30 31
Type	Code	Checksum
Reserved		
Target Address		
Options...		

Abb. 3.13 Neighbor Advertisement

Type
Die Neighbor Advertisement Message ist als Typ 136 definiert.

Code
Bei der Neighbor Advertisement Message ist der Code immer auf den Wert 0 gesetzt.

Checksum
Enthält eine Prüfsumme, die sich über die gesamte Neighbor Advertisement Message erstreckt.

Flag R
Zeigt an, ob die Nachricht von einem Router stammt (R = 1).

Flag S
Zeigt an, ob die Nachricht eine Antwort auf eine Anfrage (S = 1) oder eine automatische Ankündigung (S = 0) ist.

Flag O
Gibt an, dass die Daten im Cache mit den neuen Daten überschrieben werden sollen (O = 1).

Target Address
Die IP-Adresse der Schnittstelle, zu der die Ankündigung generiert wurde, wird im Feld »IPv6 Target Address« mitgeliefert. Bei einer Adressauflösung entspricht dies der aufgelösten IP-Adresse.

Option
Wird die Nachricht als Antwort auf eine Multicast-Neighbor-Solicitation-Nachricht gesendet, so muss diese Option enthalten sein. Der anfragende Knoten bekommt mit dieser Option die gesuchte Hardwareadresse mitgeliefert. Diese Option sollte möglichst immer enthalten sein.

3.1.16 Redirect

Kennt ein Router für eine Nachricht, die an ihn gesendet wurde, einen besseren Weg zum Ziel, so teilt er dies mit einer Redirect-Nachricht dem Absender mit. Das Feld »Target Address« beinhaltet die IP-Adresse des Routers, an den das Paket gesendet werden soll. Ist die IP-Adresse im Feld »Target Address« gleich der im Feld »Destination Address«, so bedeutet dies, dass das Ziel in Wirklichkeit ein Nachbar ist. Im Feld »Destination Address« steht die IP-Adresse des eigentlichen Absenders, welcher umgeleitet werden soll.

Gültige Redirect-Optionen sind:

- Hardwareadresse des Ziels,
- Umleitungs-Header.

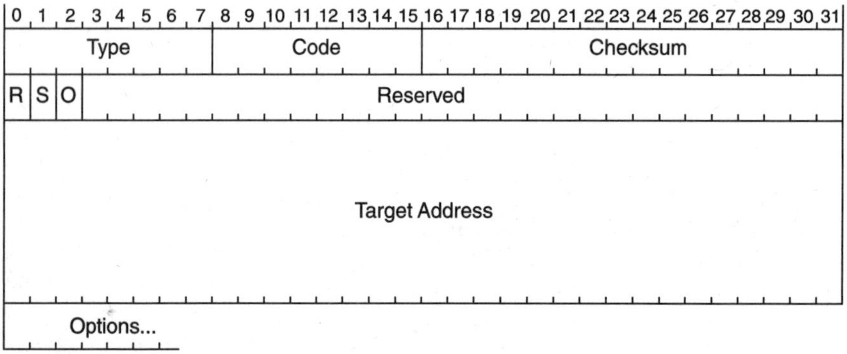

```
 0  1  2  3  4  5  6  7  8  9 10 11 12 13 14 15 16 17 18 19 20 21 22 23 24 25 26 27 28 29 30 31
|        Type         |     Code      |              Checksum                 |
|R|S|O|                        Reserved                                        |
|                        Target Address                                        |
|    Options...       |
```

Abb. 3.14 Redirect Message

Type
Die Redirect Message ist als Typ 137 definiert.

Code
Der ICMP-Code ist bei der Redirect Message immer auf den Wert 0 gesetzt.

Checksum
Enthält eine Prüfsumme, die sich über die gesamte Redirect Message erstreckt.

Target Address
Enthält die IP-Adresse, die als besserer erster Hop für diese Verbindung identifiziert wurde. Entspricht die Target-Adresse dem Endpunkt des Kommunikationswegs, so enthält das Target-Adressfeld die gleiche Adresse wie das Destination-Adressfeld. In allen anderen Fällen wird mit der Target-Adresse ein besser positionierter erster Hop-Router identifiziert und die Target-Adresse entspricht der lokalen Link-Adresse des Routers.

Destination Address
Definiert die IP-Adresse, über die das Paket umgeleitet werden muss.

Options
Target-Link-Layer-Address: Wenn der Router die Hardwareadresse zur »Target Address« kennt, sollte er diese als Option mit übermitteln.

Redirected Header
Der Redirect-Header enthält den Teil des die Meldung auslösende IP-Pakets, der innerhalb von 1280 Oktetts untergebracht werden kann.

3.1.17 Router Renumbering

Mithilfe der IPv6-Neighbor-Discovery- und die Address-Autoconfiguration-Funktionen lassen sich die Endsysteme (Rechner) in einem IPv6-Netz schnell und einfach konfigurieren bzw. auf neue Adresspräfixe umstellen. Der RFC 2894 ergänzt diese Adressmanagementmechanismen mit den Router-Renumbering-Funktionen (RR) zur automatischen Konfiguration von Adresspräfixen auf Routern.

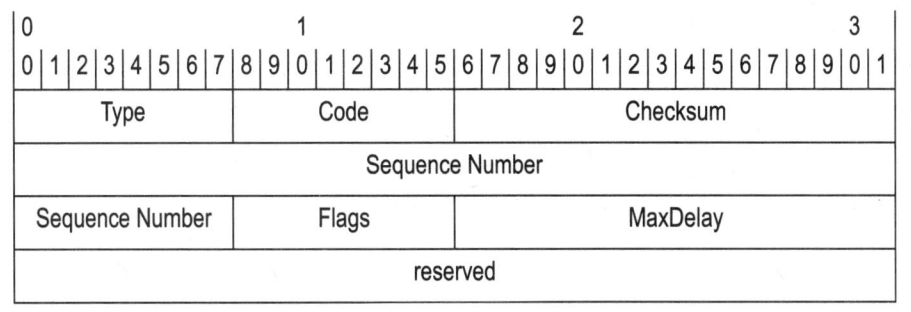

```
 0                   1                   2                   3
 0 1 2 3 4 5 6 7 8 9 0 1 2 3 4 5 6 7 8 9 0 1 2 3 4 5 6 7 8 9 0 1
|     Type      |      Code     |           Checksum            |
|                      Sequence Number                          |
| Sequence Number|    Flags     |          MaxDelay             |
|                         reserved                              |
```

Abb. 3.15   Router Renumbering Header

Type
Die ICMP-Typnummer dient zur Unterscheidung der einzelnen ICMP-Meldungen. Für die Router Renumbering ist der Typ = 138 festgelegt.

Code
Durch den ICMP-Code werden die einzelnen ICMPv6-Meldungen detaillierter beschrieben. Folgende Router-Renumbering-Codes wurden bisher festgelegt:

- 0   für ein Router Renumbering Kommando,
- 1   für Router Renumbering Resultate,
- 255 für Sequenznummer Reset.

Checksum
Berechnet die Prüfsumme für die gesamte RR-Message.

SequenceNumber
Enthält die 32 Bit lange Sequenznummer.

SegmentNumber
Dient zur Unterscheidung der einzelnen RR-Messages.

Flags
Mit dem Flag-Feld werden die verschiedene Funktionen der RR-Messages signalisiert.

T	R	A	S	P	Res

Abb. 3.16   Flag Feld

T-Bit (Test-Kommando)
T = 0 signalisiert, dass die Router-Konfiguration geändert werden muss. T = 1 kennzeichnet eine Test-Message. Beim Empfang einer Test-Message wird der Prozess nur simuliert und die eigentliche Umkonfiguration nicht vollzogen.

R-Bit (Result Request)
R = 0 entsprechende Result-Meldungen müssen nicht übermittelt werden. Der Router muss bei einem Wert R = 1 nach Abschluss des Prozesses eine Result-Meldung schicken.

A-Bit (All Interfaces)
Bei einem A-Bit = 0 wird das Kommando nicht an abgeschaltete Interfaces weitergereicht. Bei einem Wert A = 1 muss das Kommando an alle Interfaces weitergereicht werden.

S-Bit (Site-specific)
Dieses Flag wird von allen Routern ignoriert, wenn deren Interfaces zu anderen Sites gehören. Der Wert S = 0 signalisiert, dass das Kommando auf allen Interfaces, unabhängig von deren Site-Zugehörigkeit, angewendet werden müssen. S = 1 signalisiert, dass das Kommando nur auf Interfaces angewendet wird, die zur gleichen Site wie das Empfangs-Interface gehören.

P-Bit (Processed previously)
Mit dem Bit P = 0 wird mitgeteilt, dass in den Resulte-Meldungen ein kompletter Report aller abgearbeiteter Kommandos enthalten ist. P = 1 signalisiert, dass die Kommando-Message bereits abgearbeitet wurde und der betreffende Router diese Liste nicht noch einmal generiert.

MaxDelay
Definiert die maximale Verzögerungszeit (in Millisekunden) für die Bestätigung eines Kommandos durch den Router.

Message Body – Command Message
Die RR-Kommando-Message enthält im anschließenden Datenteil eine oder mehrere Präfix Kontrolloperationen.

3.1.18 Inverse Neighbor Discovery Solicitation Message

Ein IPv6-Knoten kann mithilfe einer Inverse Neighbor Discovery Solicitation Message einer bereits bekannten Link-Layer-Adresse zugeordnete IPv6-Adresse abfragen.

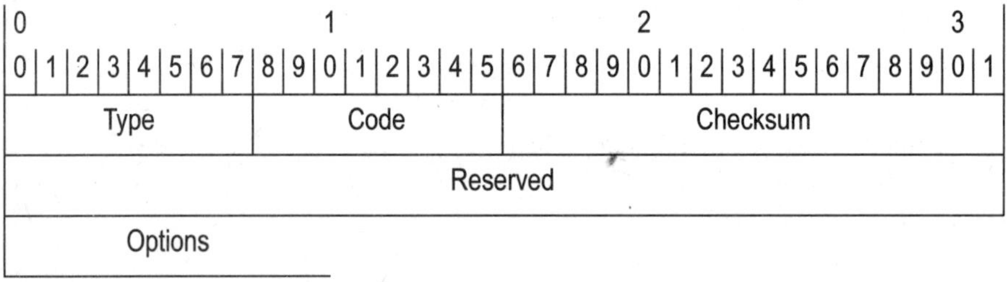

Type	Code	Checksum
Reserved		
Options		

Abb. 3.17   Inverse Neighbor Discovery Solicitation Message

Type
Beschreibt den Typ der ICMP-Message. Für die Inverse Neighbor Discovery Solicitation Message ist der Wert = 141 festgelegt.

Code
Der Code definiert spezielle Verarbeitungsanweisungen oder Signalzustände des ICMP-Pakets fest. Für die Inverse Neighbor Discovery Solicitation Message ist das Code-Feld immer auf den Wert = 0 zu setzen.

Checksum
Enthält die Prüfsumme des Inverse Neighbor Discovery Solicitation Message.

Reserved
Das 32 Bit lange Feld ist für zukünftige Anwendungen reserviert.

Optionen
Der Sender muss in der Solicitation Message folgende Optionen übermitteln: die Source-Link-Layer-Address und die Target-Link-Layer-Address. Bei Bedarf können auch noch zusätzliche Optionen übermittelt werden. Hierzu gehören die Source-Address-Liste und die MTU des Links.

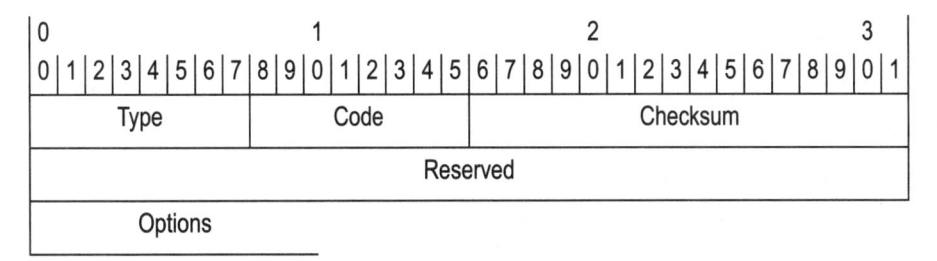

3.1.19 Inverse Neighbor Discovery Advertisement Message

Als Reaktion auf den Empfang von Inverse Neighbor Discovery Solicitations sendet der betreffende Rechner Inverse Neighbor Discovery Advertisements aus.

```
 0                   1                   2                   3
 0 1 2 3 4 5 6 7 8 9 0 1 2 3 4 5 6 7 8 9 0 1 2 3 4 5 6 7 8 9 0 1
|     Type      |     Code      |           Checksum            |
|                           Reserved                            |
|   Options
```

Abb. 3.18   Inverse Neighbor Discovery Advertisement Message

Type
Beschreibt den Typ der ICMP-Message. Für die Inverse Neighbor Discovery Advertisement Message ist der Wert = 142 festgelegt.

Code
Der Code definiert spezielle Verarbeitungsanweisungen oder Signalzustände des ICMP-Pakets fest. Für die Inverse Neighbor Discovery Advertisement Message ist das Code-Feld immer auf den Wert = 0 zu setzen.

Checksum
Enthält die Prüfsumme des Inverse Neighbor Discovery Advertisement Message.

Reserved
Das 32 Bit lange Feld ist für zukünftige Anwendungen reserviert.

Optionen
Der Sender muss in der Inverse Neighbor Discovery Advertisement Message folgende Optionen übermitteln: die Source-Link-Layer-Address, die Target-Link-Layer-Addresse und die Source-Address-Liste. Bei Bedarf kann zusätzliche die MTU des Links übermittelt werden.

3.1.20 Home Agent Address Discovery Request Message

Mit einem ICMP-»Home Agent Address Discovery Request« wird von einem mobilen Knoten der dynamische Home-Agent-Adresserkennungsmechanismus eingeleitet. Der mobile Knoten übermittelt dazu einen Home Agent Address Discovery Request an die durch den eigenen Subnet-Präfix festgelegten Anycast-Adresse des Heimatagenten. Die Source-Adresse des Pakets enthält eine der Care-of-Adressen des mobilen Knotens. Als Antwort generiert der Heimatagent einen Home Agent Address Discovery Reply und übermittelt diesen direkt an die vom mobilen Knoten festgelegte Adresse.

0								1								2								3	
0	1	2	3	4	5	6	7	8	9	0	1	2	3	4	5	6	7	8	9	0	1	2	3	4	5	6	7	8	9	0	1
Type				Code								Checksum													
Identifier																Reserved									

Abb. 3.19 Home Agent Address Discovery Request

Type
Beschreibt den Typ der ICMP-Message. Für den Home Agent Address Discovery Request ist der Wert = 150 festgelegt.

Code
Der Code definiert spezielle Verarbeitungsanweisungen oder Signalzustände des ICMP-Pakets fest. Für den Home Agent Address Discovery Request ist das Code-Feld immer auf den Wert = 0 zu setzen.

Checksum
Enthält die Prüfsumme des Mobility-Headers.

Identifier
Identifikator zur Zuordnung von Home Agent Address Discovery Replys zu Home Agent Address Discovery Requests.

Reserved
Das 16 Bit lange Feld ist für zukünftige Anwendungen reserviert.

3.1.21 Home Agent Address Discovery Reply Message

Mit einem ICMP Home Agent Address Discovery Reply reagiert der Home-Agent auf einem vom mobilen Noten eingeleiteten dynamischen Home-Agent-Address-Discovery-Prozess.

0								1								2								3	
0	1	2	3	4	5	6	7	8	9	0	1	2	3	4	5	6	7	8	9	0	1	2	3	4	5	6	7	8	9	0	1
Type				Code								Checksum													

3.1 Internet Control Message Protocol Version 6 (ICMPv6) 131

```
| Identifier |            |
|         Reserved         |
|    Home Agent Addresses  |
```

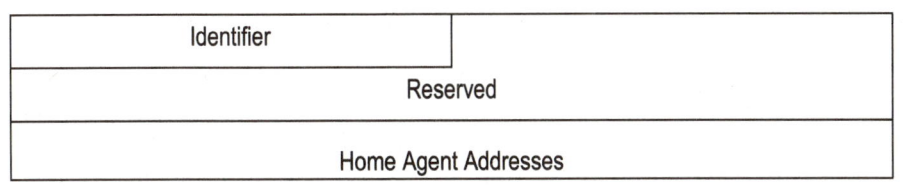

Abb. 3.20 Home Agent Address Discovery Reply

Type
Beschreibt den Typ der ICMP-Message. Für den Home Agent Address Discovery Reply ist der Wert = 151 festgelegt.

Code
Der Code definiert spezielle Verarbeitungsanweisungen oder Signalzustände des ICMP-Pakets fest. Für den Home Agent Address Discovery Reply ist das Code-Feld immer auf den Wert = 0 zu setzen.

Checksum
Enthält die Prüfsumme des Mobility-Headers.

Identifier
Identifikator zur Zuordnung von Home Agent Address Discovery Replys zu Home Agent Address Discovery Requests.

Reserved
Diese Felder sind für zukünftige Anwendungen reserviert.

Home Agent Addresses
Enthält eine Adressliste von Home Agents am Heimatnetz.

3.1.22 Mobile-Prefix-Solicitation-Message-Format

Befindet sich ein mobiler Knoten nicht am Heimatnetz, ermittelt dieser mithilfe der ICMP-Mobile-Prefix-Solicitation-Message vom Home-Agenten die notwendigen Präfix-Informationen des Heimatnetzes.

```
 0                   1                   2                   3
 0 1 2 3 4 5 6 7 8 9 0 1 2 3 4 5 6 7 8 9 0 1 2 3 4 5 6 7 8 9 0 1
|     Type      |     Code      |           Checksum            |
|          Identifier           |           Reserved            |
```

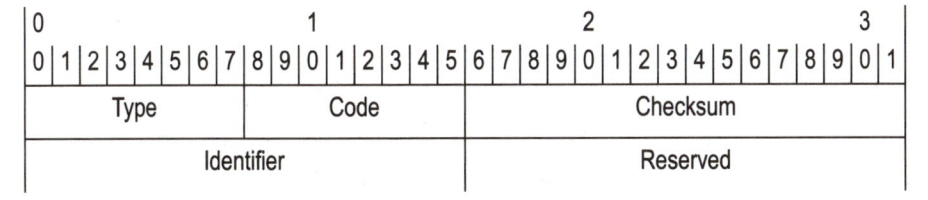

Abb. 3.21 Mobile Prefix Solicitation Message

Type
Beschreibt den Typ der ICMP-Message. Für die Mobile Prefix Solicitation Message ist der Wert = 152 festgelegt.

Code
Der Code definiert spezielle Verarbeitungsanweisungen oder Signalzustände des ICMP-Pakets fest. Für die Mobile Prefix Solicitation Message ist das Code-Feld immer auf den Wert = 0 zu setzen.

Checksum
Enthält die Prüfsumme des Mobility-Headers.

Identifier
Identifikator zur Hinzfügung zukünftiger Mobile-Prefix-Advertisement-Nachrichten an die Mobile-Prefix-Solicitation-Nachricht.

Reserved
Das 16 Bit lange Feld ist für zukünftige Anwendungen reserviert.

3.1.23 Mobile-Prefix-Advertisement-Message-Format

Mithilfe der Mobile Prefix Advertisement Message sendet der Home-Agent die notwendigen Präfix-Informationen an den mobilen Knoten, wenn dieser sich nicht am Heimatnetz befindet.

```
 0                   1                   2                   3
 0 1 2 3 4 5 6 7 8 9 0 1 2 3 4 5 6 7 8 9 0 1 2 3 4 5 6 7 8 9 0 1
|      Type     |      Code     |           Checksum            |
|           Identifier          |           Options ...         |
```

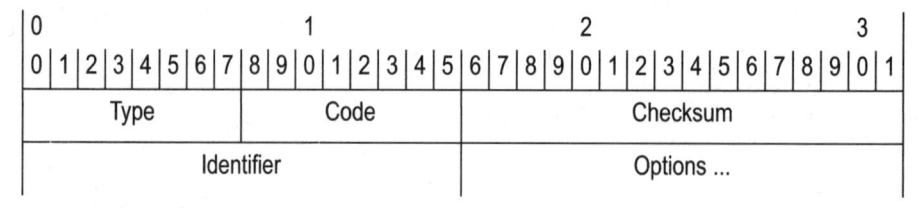

Abb. 3.22   Mobile Prefix Advertisement Message

Type
Beschreibt den Typ der ICMP-Message. Für die Mobile Prefix Advertisement Message ist der Wert = 153 festgelegt.

Code
Der Code definiert spezielle Verarbeitungsanweisungen oder Signalzustände des ICMP-Pakets fest. Für die Mobile Prefix Advertisement Message ist das Code-Feld immer auf den Wert = 0 zu setzen.

Checksum
Enthält die Prüfsumme des Mobility-Headers.

Identifier
Identifikator zur Zuordnung von Mobile Prefix Advertisement zu Mobile Prefix Solicitation Messages.

Optionen
Prefix Information: Jede Message enthält eine oder mehrere Präfix-Informationen. Jede Option beschreibt einen Präfix, der zur Konfiguration der Heimatadresse des mobilen Knotens benutzt werden kann.

3.2 Das Neighbor-Discovery-Protokoll

Das Internet-Protokoll (IP) ist in der Lage, die unterschiedlichsten Datennetze mit den verschiedensten Adressierungsmechanismen zu unterstützen. Das Neighbor-Discovery-Protokoll ND (RFC 2461) arbeitet als Hilfsprotokoll in einem IPv6-Netz und dient zur schnellen Ermittlung der IPv6-Link-Layer-Adressen. Die Rechner benutzen dieses Protokoll auch zur Ermittlung der am Netz angeschlossenen Router. Außerdem hat jeder am Netz angeschlossene Rechner und Router mithilfe des ND-Protokolls die Möglichkeit, automatisch alle verfügbaren aktiven Knoten und Veränderungen bei den Adressen zu erkennen. Durch das ND-Protokoll werden die folgenden Funktionen erbracht:

Router Discovery
Dient zur Ermittlung aller verfügbaren Router am angeschlossenen Link.

Präfix Discovery
Hilft bei der Ermittlung des Adress-Präfixes der Zielrechner am lokalen Link. Beim IPv6 wird mithilfe der Präfixes zwischen den Zielrechnern am lokalen Link und den Zielrechnern die nur über einen Router erreichbar sind, unterschieden.

Parameter Discovery
Mithilfe der Parameter-Discovery-Funktion ermittelt ein Netzknoten alle Link-Parameter (z.B. Link-MTU), um diese bei der Aussendung von Datenpaketen zu berücksichtigen.

Adress-Autokonfiguration
Definiert die Art der automatischen IPv6-Konfiguration von Netzknoten.

Adresse Resolution
Dient zur Ermittlung der Link-Layer-Adresse eines am gleichen Link verfügbaren Zielrechners.

Next-Hop Determination
Definiert den Algorithmus zum Mapping einer IP-Destination-Adresse in die IP-Adresse eines Nachbarn, über den das Datenpaket zum Zielgerät übermittelt wird. Als Next-Hop wird entweder ein Router oder die eigentliche Destination bezeichnet.

Neighbor Unreachability Detection
Legt die Mechanismen fest, mit deren Hilfe ein nicht mehr verfügbarer Nachbar erkannt wird. Dadurch hat der Sender die Möglichkeit, über alternative Router die Datenpakete zum Ziel zu schicken.

Duplicate Adresse Detection
Durch die Duplicate-Adresse-Detection-Funktion kann ein Netzknoten automatisch ermitteln, dass die von ihm vorgesehene IP-Adresse bereits von einem anderen Netzknoten benutzt wird.

Redirect
Mit der Redirect-Funktion informiert ein Router einen Netzknoten darüber, dass ein wesentlich besserer First-Hop-Node zum Zielrechner zur Verfügung steht.

Das Neighbor-Discovery-Protokoll (ND) benutzt folgende Pakettypen:

- die Router Solicitation Message,
- die Router Advertisement Message,
- die Neighbor Solicitation Message,
- die Neighbor Advertisement Message und
- die Redirect Message.

Router Solicitation Message
Ein Host (Rechner) sendet nach dem Initialisierungsvorgang (Start-UP) eine oder mehrere Router Solicitation Message aus. Dies bewirkt, dass ein Router, der diese Meldung empfängt, sofort eine Router Advertisement Message als Antwort sendet.

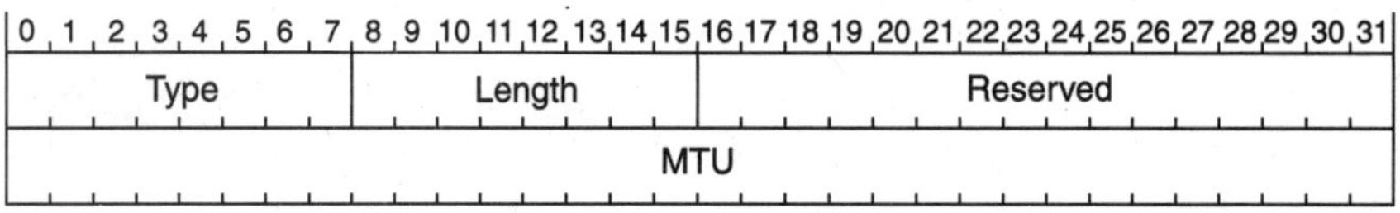

```
0  1  2  3  4  5  6  7  8  9 10 11 12 13 14 15 16 17 18 19 20 21 22 23 24 25 26 27 28 29 30 31
|        Type          |        Length        |                 Reserved                    |
|                                      MTU                                                  |
```

Abb. 3.23   Router Solicitation Message Format

IP-Header:

Source Adresse
Enthält immer die lokale Link-Adresse des Interfaces, das die Message aussendet.

Destination Adresse
Enthält immer die All-Router-Link-Local-Multicast-Adresse.

Hop Count
Das Hop-Count-Feld kann auf jeden Wert zwischen 1 und 255 gesetzt sein.

Authentication Header
Besteht zwischen Sender und Empfänger eine Security-Association, muss dieses Feld vom Sender gesetzt werden.

ICMP-Header:

Typ-Nummer
Die ICMP-Typ-Nummer dient zur Unterscheidung der einzelnen ICMP-Meldungen. Die Router Solicitation Message ist als Typ 133 definiert.

Code
Der ICMP-Code ist bei der Router Solicitation Message immer auf den Wert 0 gesetzt. Router Solicitation Messages mit der Codenummer 0 werden nur von Rechnern erzeugt.

Checksum
Enthält eine Prüfsumme, die sich aus folgenden Komponenten zusammensetzt: der IPv6-Source-Adresse, der IPv6-Destination-Adresse, der IPv6-Payload-Länge und dem Next-Hea-

der-Typ. Der Algorithmus besteht darin, das Einerkomplement aller oben genannten Datenelemente zu addieren und daraus das Einerkomplement der Summe zu bilden.

Reserved
Dieses Feld wird immer mit 00-Werten gefüllt und wird beim Empfänger vollkommen ignoriert.

Option: Source Link-Layer-Adresse
Enthält die Link-Layer Adresse des Senders. Anhand dieser Adresse sind die Router am lokalen Link in der Lage, direkt auf einen Request zu reagieren. Durch die Bekanntgabe der Source-Link-Layer-Adresse entfällt auf der Router-Seite die umständliche Funktion der Adressauflösung.

3.2.1 Router Advertisement Message

Die Router Advertisement Messages werden von Routern periodisch übermittelt oder werden als Reaktion auf den Empfang von Router-Solicitation-Meldungen verschickt.

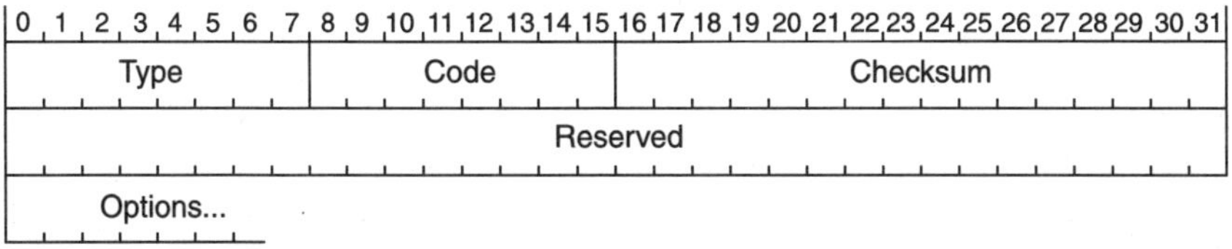

0 1 2 3 4 5 6 7	8 9 10 11 12 13 14 15	16 17 18 19 20 21 22 23 24 25 26 27 28 29 30 31
Type	Code	Checksum
Reserved		
Options...		

Abb. 3.24 Router Advertisement Message

IP-Header:

Source-Adresse

Enthält immer die lokale Link-Adresse des Interfaces, das die Message aussendet.

Destination-Adresse
Enthält immer die All-Router-Link-Local-Multicast-Adresse.

Hop Count
Das Hop-Count-Feld kann auf jeden Wert zwischen 1 und 255 gesetzt sein.

Authentication-Header
Besteht zwischen Sender und Empfänger eine Security-Association, muss dieses Feld vom Sender gesetzt werden.

ICMP-Header:

ICMP-Typ-Nummer
Die ICMP-Typ-Nummer dient zur Unterscheidung der einzelnen ICMP-Meldungen. Die Router Advertisement Message ist als Typ 134 definiert.

ICMP-Code
Der ICMP-Code ist bei der Router Advertisement Message immer auf den Wert 0 gesetzt. Die CodeNummer 0 wird nur von Routern (Gateways) erzeugt.

Checksum
Enthält eine Prüfsumme, die sich aus folgenden Komponenten zusammensetzt: der IPv6-Source-Adresse, der IPv6-Destination-Adresse, der IPv6-Payload-Länge und dem Next-Header-Typ. Der Algorithmus besteht darin, das Einerkompliment aller oben genannten Datenelemente zu addieren und daraus das Einerkomplement der Summe zu bilden.

Cur Hop Limit
Werden von einem Rechner Router Advertisement Messages verschickt, so enthält das Current-Hop-Limit-Feld den Default-Wert, der im Hop-Count-Feld des IP-Headers gesetzt werden muss. Wird dieses Feld auf den Wert = 0 gesetzt, so wurde dieser Wert vom jeweiligen Router nicht festgelegt.

M-Bit
Das Managed Adresse Configuration Flag signalisiert, dass der jeweilige Rechner für seine Interfaces die betreffenden Adressen und bei Bedarf auch weitere Konfigurationen bzw. Parameter von einem dafür am Netzwerk eingerichteten Server herunterladen soll.

O-Bit
Das Other-Konfigurations-Flag« (O-Flag) definiert die Verwendung der stateful Autokonfiguration:

Wird beim Vergleich zwischen dem gerade empfangenen Wert des O-Bits und dem abgespeicherten Wert ein Wechsel von FALSE nach TRUE (Default-Wert = FALSE) festgestellt, so muss die IP-Adresse des betreffenden Interfaces mithilfe des stateful Autokonfigurationsmechanismus konfiguriert werden.

Wird beim Vergleich zwischen dem gerade empfangenen Wert des O-Bits und dem abgespeicherten Wert ein Wechsel von TRUE nach FALSE (Default-Wert = FALSE) festgestellt, so werden alle Parameteranfragen außer der Anfrage nach der aktuellen Adresse abgebrochen.

Reserved
Dieses Feld wird immer mit 00-Werten gefüllt und wird beim Empfänger vollkommen ignoriert.

Router Lifetime

Reachable Time
Definiert die Lebensdauer des Default-Routers in Sekunden. Die maximale Lebenszeit beträgt 18,2 Stunden. Eine Lebenszeit von 0 Sekunden bedeutet, dass es sich bei dem betreffenden Router um keinen Default-Router handelt. Aus diesem Grund sollten Router mit einer 0-Lebenszeit niemals in der Default-Router-Liste eingetragen werden.

Anhand der Reachable Time wird die Zeitdauer (in Millisekunden) gemessen, die ein Rechner, nachdem dieser seine Verfügbarkeit bestätigt hat, am Netz erreichbar ist. Dieser Zeitwert wird vom Neighbor-Unreachability-Detection-Algorithmus verwendet. Wird dieses Feld auf den Wert = 0 gesetzt, so wurde dieser Wert vom jeweiligen Router nicht festgelegt.

Retrans Timer
Definiert die Zeitdauer (in Millisekunden), die vergehen muss, bevor Neighbor Solicitation Messages erneut gesendet werden können. Der Retrans Timer wird vom Adresse-Resolution- und dem Neighbor-Unreachability-Detection-Algorithmus verwendet. Wird dieses Feld auf den Wert = 0 gesetzt, so wurde dieser Wert vom jeweiligen Router nicht festgelegt.

Optionen:

Source-Link-Layer-Adresse
Enthält die Link-Layer-Adresse des Interfaces, welches die Router Advertisement Message aussendet. Ein Router ist jedoch in der Lage, diese Option zu ignorieren. Der Router ist in der Lage, den gesamten Datenverkehr im Load-Sharing-Verfahren über mehre Link-Layer-Adressen zu verteilen.

MTU
Die MTU-Option sollte nur in Router Advertisement Messages integriert werden, die über Verbindungen mit einer variablen Maximum Transmission Unit gesendet werden.

Präfix Information
Die Präfix-Information-Option definiert den Präfix des jeweiligen Links bzw. den Präfix, der für die Autokonfiguration der Adressen verwendet wird.

3.2.2 Neighbor Solicitation Message

Mithilfe der Neighbor Solicitation Messages fordert ein Netzknoten die Link-Layer-Adresse eines Zielrechners an. Gleichzeitig übermittelt dieser Netzknoten seine eigene Link-Layer-Adresse an den Zielrechner. Wird eine Adressauflösung (IP-Adresse --> Link-Adresse) notwendig, so werden die Neighbor Solicitation Messages per Multicast-Mechanismus übermittelt. Wird die Verfügbarkeit einer Verbindung zu einem bekannten Netzknoten überprüft, so werden die Neighbor Solicitation Messages mithilfe einer Unicast-Adresse verschickt.

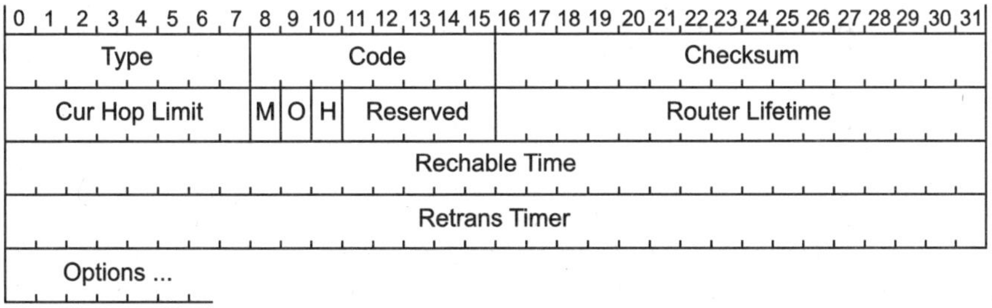

0,1,2,3,4,5,6,7	8,9,10,11,12,13,14,15	16,17,18,19,20,21,22,23,24,25,26,27,28,29,30,31
Type	Code	Checksum
Cur Hop Limit	M O H Reserved	Router Lifetime
Rechable Time		
Retrans Timer		
Options ...		

Abb. 3.25   Neighbor Solicitation Messages

IP Header:

Source Address
Enthält die jeweilige Interface-Adresse des Absenders.

Destination Address
Als Destination-Adresse wird bei Neighbor Solicitation Messages entweder die Solicited-Node-Multicast-Adresse oder die Unicast-Adresse des jeweiligen Zielrechners verwendet.

Hop Count
Das Hop-Count-Feld kann auf jeden Wert zwischen 1 bis 255 gesetzt sein.

Authentication Header
Besteht zwischen Sender und Empfänger eine Security-Association, muss dieses Feld vom Sender gesetzt werden.

ICMP-Header:

ICMP-Typ-Nummer
Die ICMP-Typ-Nummer dient zur Unterscheidung der einzelnen ICMP-Meldungen. Die Neighbor Solicitation Message ist als Typ 135 definiert.

ICMP-Code
Der ICMP-Code ist bei der Neighbor Solicitation Message immer auf den Wert 0 gesetzt.

Checksum
Enthält eine Prüfsumme, die sich aus folgenden Komponenten zusammensetzt: der IPv6-Source-Adresse, der IPv6-Destination-Adresse, der IPv6-Payload-Länge und dem Next-Header-Typ. Der Algorithmus besteht darin, das Einerkompliment aller oben genannten Datenelemente zu addieren und daraus das Einerkomplement der Summe zu bilden.

Reserved
Dieses Feld wird immer mit 00-Werten gefüllt und wird beim Empfänger vollkommen ignoriert.

Target Address
Enthält die Zieladresse, an die die jeweilige Neighbor Solicitation Message übermittelt wird. Bei der Zieladresse darf unter keinen Umständen eine Multicast-Adresse verwendet werden.

Option:

Source Link Layer Address
Definiert die Link-Layer-Adresse des Senders. Bei allen Link-Layer-Verfahren, die über einen eigenen Adressmechanismus verfügen, muss die Source-Link-Layer-Adresse in allen Multicast Solicitation Messages und optional in allen Unicast Solicitation Messages eingefügt werden.

Neighbor Advertisement Message

Die IPv6-Rechner übermitteln die Neighbor Advertisements nur als Antwort auf Neighbor Solicitations. Außerdem wird der Neighbor-Advertisement-Mechanismus zur schnellen Verbreitung neuer Informationen am Netz verwendet.

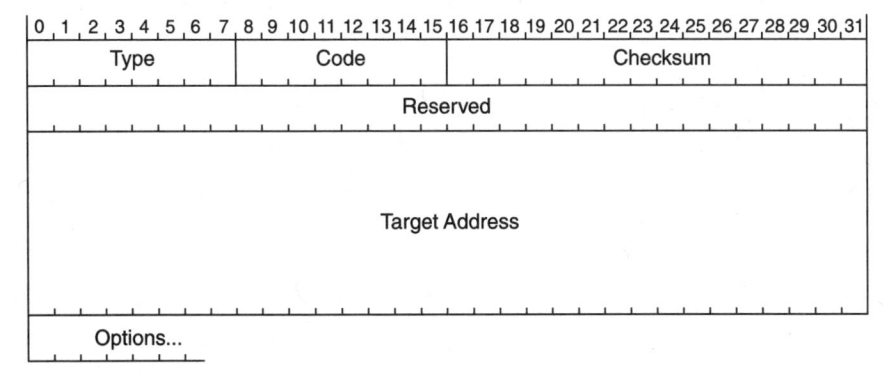

```
 0 1 2 3 4 5 6 7 8 9 10 11 12 13 14 15 16 17 18 19 20 21 22 23 24 25 26 27 28 29 30 31
|      Type      |      Code      |              Checksum               |
|                              Reserved                                  |
|                                                                        |
|                            Target Address                              |
|                                                                        |
| Options... |
```

Abb. 3.26   Neighbor Advertisement

IP-Header:

Source Address
Definiert die lokale Link-Adresse des Sende-Interfaces.

Destination Address
Werden bekannte (gesicherte) Informationen mithilfe der Neighbor Advertisements propagiert, so wird als Destination-Adresse die Zieladresse des die Message auslösenden Knotens verwendet. Wird vom Sender als Source-Adresse eine nicht definierte Adresse verwendet, so muss bei der Antwort die All-Nodes-Multicast-Adresse eingesetzt werden. Das Übermitteln von Unsolicited Advertisements erfolgt typischerweise über die All-Nodes-Multicast-Adresse.

Hop Count
Das Hop-Count-Feld kann auf jeden Wert zwischen 1 und 255 gesetzt sein.

Authentication Header
Besteht zwischen Sender und Empfänger eine Security-Association, muss dieses Feld vom Sender gesetzt werden.

ICMP-Header:

ICMP-Typ-Nummer
Die ICMP-Typ-Nummer dient zur Unterscheidung der einzelnen ICMP-Meldungen. Die Neighbor Advertisement Message ist als Typ 136 definiert.

ICMP-Code
Der ICMP-Code ist bei der Neighbor Advertisement Message immer auf den Wert 0 gesetzt.

Checksum
Enthält eine Prüfsumme, die sich aus folgenden Komponenten zusammensetzt: der IPv6-Source-Adresse, der IPv6-Destination-Adresse, der IPv6-Payload-Länge und dem Next-Header-Typ. Der Algorithmus besteht darin, das Einerkompliment aller oben genannten Datenelemente zu addieren und daraus das Einerkomplement der Summe zu bilden.

R-Bit
Das Router-Flag signalisiert, dass es sich bei dem Sender um einen Router handelt. Mithilfe des R-Bits wird bei der Neighbor Unreachability Detection der Übergang eines Knotens von einem Router zu einem normalen Host signalisiert.

S-Bit
Das Solicited Flag signalisiert, dass die Advertisement Message als Reaktion auf eine empfangene Neighbor Solicitation Message verschickt wurde. Das S-Bit wird als Bestätigung beim Neighbor-Unreachability-Detection-Prozess verwendet.

O-Bit
Mithilfe des Override Flags wird signalisiert, dass beim Empfang der Advertisement Message ein bestehender Cache-Eintrag überschrieben und ein Update der Link-Layer-Adresse vorgenommen werden muss. Wird das Override Flag in einer Advertisement Message nicht gesetzt, wird ein Update eines existierenden Neighbor-Cache-Eintrags (ohne spezifische Link-Layer-Adresse) vorgenommen.

Reserved
Dieses Feld wird immer mit 00-Werten gefüllt und wird beim Empfänger vollkommen ignoriert.

Target Address
Werden gesicherte Informationen mithilfe von Advertisement-Meldungen propagiert, so enthält die Zieladresse die Adresse, die die jeweilige Neighbor Solicitation Message ausgelöst hat. Werden ungesicherte Informationen verbreitet, wird als Zieladresse immer die Adresse des Knotens verwendet, dessen Link-Layer-Adresse geändert wurde. Als Target-Adresse darf nie eine Multicast-Adresse verwendet werden.

Optionen: Source Link Layer Address
Definiert die Link-Layer-Adresse des Empfängers. Bei allen Link-Layer-Verfahren, die über einen eigenen Adressmechanismus verfügen, muss die Target-Link-Layer-Adresse in allen Advertisement Messages eingefügt werden.

Redirect Message

Dem Sender eines Datagrammms wird durch die Redirect-Meldung mitgeteilt, dass sich auf dem Weg zum Zielrechner ein besserer Router am lokalen Netz befindet. Die Redirect-Meldungen können von Hosts wie folgt verwendet werden:

- als Umleitung einer Message zu einem besser positionierten Router,

- als reine Information, dass sich bei dem Zielrechner um einen direkten Nachbarn handelt. Dies wird durch die Gleichsetzung der Target-Adresse und der Destination-Adresse erreicht.

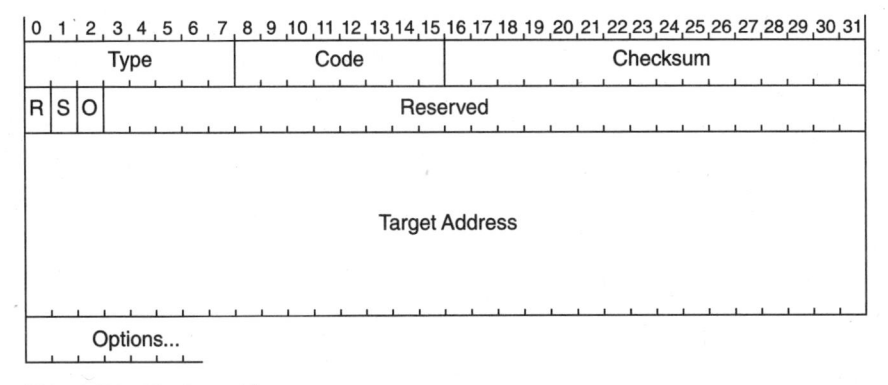

```
 0  1  2  3  4  5  6  7  8  9 10 11 12 13 14 15 16 17 18 19 20 21 22 23 24 25 26 27 28 29 30 31
|        Type           |        Code           |              Checksum                 |
|R|S|O|                              Reserved                                            |
|                                                                                       |
|                              Target Address                                           |
|                                                                                       |
| Options...                                                                            |
```

Abb. 3.27   Redirect Message

IP-Header:

Source Address
Definiert die lokale Link-Adresse des Sende-Interfaces.

Destination Address
Enthält die Source-Adresse des Pakets, welches den Redirect-Vorgang ausgelöst hat.

Hop Count
Das Hop-Count-Feld kann auf jeden Wert zwischen 1 und 255 gesetzt sein.

Authentication Header
Besteht zwischen Sender und Empfänger eine Security-Association, muss dieses Feld vom Sender gesetzt werden.

ICMP-Header:

ICMP-Typ-Nummer
Die ICMP-Typ-Nummer dient zur Unterscheidung der einzelnen ICMP-Meldungen. Die Redirect Message ist als Typ 137 definiert.

ICMP-Code
Der ICMP-Code ist bei der Redirect Message immer auf den Wert 0 gesetzt.

Checksum
Enthält eine Prüfsumme, die sich aus folgenden Komponenten zusammensetzt: der IPv6-Source-Adresse, der IPv6-Destination-Adresse, der IPv6-Payload-Länge und dem Next-Header-Typ. Der Algorithmus besteht darin, das Einerkompliment aller oben genannten Datenelemente zu addieren und daraus das Einerkomplement der Summe zu bilden.

Reserved
Dieses Feld wird immer mit 00-Werten gefüllt und wird beim Empfänger vollkommen ignoriert.

Target Address
Enthält die IP-Adresse, die als besserer erster Hop für diese Verbindung identifiziert wurde. Entspricht die Target-Adresse dem Endpunkt des Kommunikationswegs (Destination wurde als Neighbor identifiziert), so enthält das Target-Adressfeld die gleiche Adresse wie das Destination-Adressfeld. In allen anderen Fällen wird mit der Target-Adresse ein besser positionierter erster Hop-Router identifiziert und die Target-Adresse entspricht der lokalen Link-Adresse des Routers.

Destination Address
Definiert die IP-Adresse, über die das Paket umgeleitet werden muss.

Optionen:

Target Link Layer Address
Enthält die Link-Layer-Adresse des Zielrechners.

Redirected Header
Der Redirect-Header enthält den Teil des die Meldung auslösenden IP-Pakets, der innerhalb von 576 Oktetts untergebracht werden kann.

Optionen
Die Neighbor-Discovery-Meldungen können mehrere Optionen enthalten. Die Optionen können in einer Meldung auch mehrmals vorkommen. Alle Optionen haben folgendes Format:

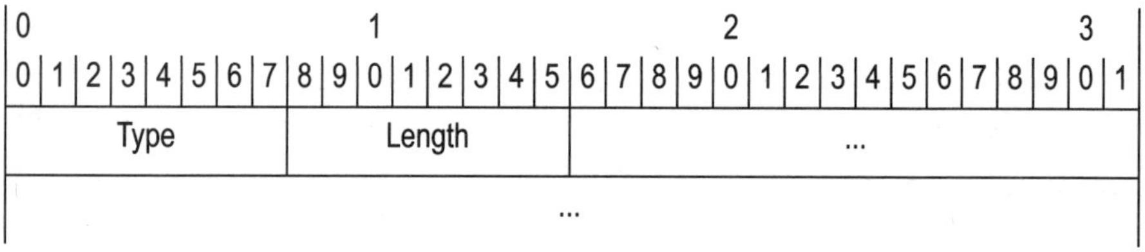

```
 0                   1                   2                   3
 0 1 2 3 4 5 6 7 8 9 0 1 2 3 4 5 6 7 8 9 0 1 2 3 4 5 6 7 8 9 0 1
|     Type      |    Length     |              ...              |
|                              ...                              |
```

Abb. 3.28   ND-Optionen

Typ-Nummer
Die Typ-Nummer dient zur Unterscheidung der einzelnen Optionen. Folgende Optionen wurden bisher definiert:

Optionsname	*Typ*
Source Link Layer Address	1
Target Link Layer Address	2
Prefix Information	3

Tab. 3.5   Typ-Nummer Optionen

Optionsname	Typ
Redirected Header	4
MTU	5

Tab. 3.5 Typ-Nummer Optionen (Forts.)

Length
Definiert die Länge der Option in 8 Okett-Einheiten. Eine Länge von 0 Oktett signalisiert einen ungültigen Wert.

Source/Target-Link-Layer-Address-Option
Die Source-Link-Layer-Address-Option enthält die Link-Layer-Adresse des Versenders des jeweiligen Pakets. Diese Option wird in Neighbor-Solicitation-, Router-Solicitation- und Router-Advertisement-Paketen eingesetzt. Die Target-Link-Layer-Address-Option enthält die Link-Layer-Adresse des Paketempfängers. Diese Option wird in Neighbor-Advertisement- und Redirect-Paketen verwendet.

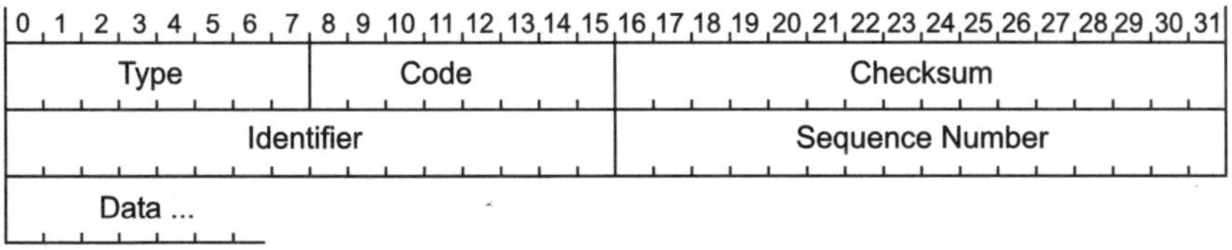

```
 0  1  2  3  4  5  6  7  8  9 10 11 12 13 14 15 16 17 18 19 20 21 22 23 24 25 26 27 28 29 30 31
|      Type      |      Code      |              Checksum              |
|           Identifier            |           Sequence Number          |
| Data ...
```

Abb. 3.29 Source-Link-Layer-Address-Option

Type
Die Typ-Nummer dient zur Unterscheidung der Optionen. Die Source/Target-Link-Layer-Address-Optionen wurden wie folgt definiert:

- 1 = Source Link Layer Address
- 2 = Target Link Layer Address

Length
Definiert die Länge der Option in 8 Oktett-Einheiten.

Link Layer Address
Das Format und die jeweiligen Felder der Link-Layer-Adresse werden in den jeweiligen Codierungen des IPv6-Protokolls auf die jeweiligen Link-Layer-Protokolle definiert.

Präfix-Informationsoption

Die Präfix-Informationsoption sorgt für die richtige Einstellung des jeweiligen Link-spezifischen Präfixes bzw. für die Präfixes bei der Adress-Autokonfiguration. Die Präfix-Informationsoption wird nur in Router-Advertisement-Paketen verwendet.

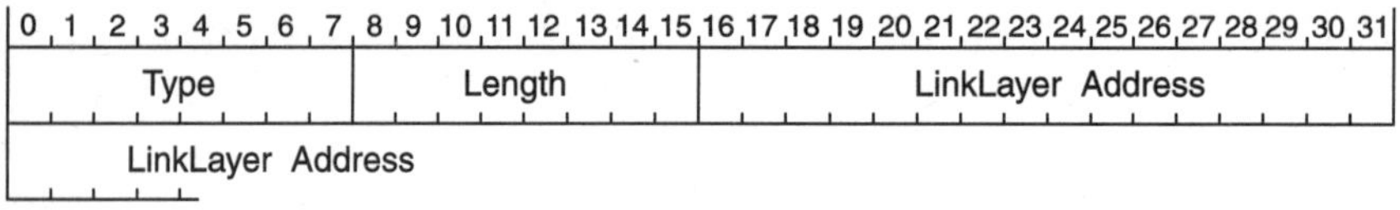

```
0 1 2 3 4 5 6 7 8 9 10 11 12 13 14 15 16 17 18 19 20 21 22 23 24 25 26 27 28 29 30 31
|      Type      |     Length     |           LinkLayer Address           |
| LinkLayer Address |
```

Abb. 3.30   Präfix-Informationsoption

Type
Die Typnummer dient zur Unterscheidung der Optionen. Die Präfix-Informationsoptionen wurden als Typ 3 definiert.

Length
Definiert die Länge der Präfix-Informationsoption.

Prefix Length
Definiert die Länge des jeweiligen Präfixes (Wertebereich 0 bis 128).

L-Bit
Das On-Link-Flag signalisiert, dass der jeweilige Präfix nur für den betreffenden Link gültig ist. Wird das On-Link-Flag nicht gesetzt, so kann der Präfix sowohl am lokalen Link wie auch außerhalb des Links verwendet werden.

A-Bit
Das Autonomous-Address-Konfigurations-Flag signalisiert, dass der Präfix bei der Autonomous-Adresskonfiguration verwendet wird.

Reserved 1
Dieses Feld wird immer mit 00-Werten gefüllt und beim Empfänger vollkommen ignoriert.

Valid Lifetime
Definiert die Zeitdauer in Sekunden (relativ zur Sendezeit des Pakets), die der jeweilige Präfix zur Adresskonfiguration am Link gültig ist. Der Wert 0xffffffff definiert einen unendlich langen Zeitraum.

Preferred Lifetime
Definiert die Zeitdauer in Sekunden (relativ zur Sendezeit des Pakets), die eine Adresse, die anhand dieses Präfixes gebildet wurde, gültig ist. Der Wert 0xffffffff definiert einen unendlich langen Zeitraum.

Reserved 2
Dieses Feld wird immer mit 00-Werten gefüllt und wird beim Empfänger vollkommen ignoriert.

Prefix
Das Prefix-Length-Feld definiert die Länge des jeweiligen Präfixes. Alle Bits eines Präfixes, die die definierte Länge überschreiten, müssen vom Sender immer auf den Wert = 0 gesetzt werden. Ein Router darf niemals die Präfix-Option auf den lokalen Link übermitteln.

Redirected Header Option

Die Redirected-Header-Option wird nur in Redirect-Meldungen verwendet und enthält alle relevanten Daten des umzuleitenden Pakets.

```
 0  1  2  3  4  5  6  7  8  9 10 11 12 13 14 15 16 17 18 19 20 21 22 23 24 25 26 27 28 29 30 31
|         Type          |        Length         |     Prefix Length     | L | A |  Reserved 1  |
|                                        Valid Lifetime                                        |
|                                      Preferred Lifetime                                      |
|                                          Reserved 2                                          |
|                                                                                              |
|                                            Prefix                                            |
|                                                                                              |
```

Abb. 3.31   Redirected Header Option

Type
Die Typ-Nummer dient zur Unterscheidung der Optionen. Die Redirected Header Option wurde als Typ 4 definiert.

Length
Definiert die Länge der Redirected Header Option in 8 Okett-Einheiten.

Reserved
Dieses Feld wird immer mit 00-Werten gefüllt und wird beim Empfänger ignoriert.

IP-Header + Daten
Im IP-Header- + Daten-Feld der Redirect-Header-Option werden die ersten 576 Oktetts des die Redirect-Meldung auslösenden IP-Pakets untergebracht.

MTU-Option

Die MTU-Option wird in Router-Advertisement-Meldungen verwendet und stellt sicher, dass alle Knoten am Link die gleiche MTU-Größe verwenden.

```
 0  1  2  3  4  5  6  7  8  9 10 11 12 13 14 15 16 17 18 19 20 21 22 23 24 25 26 27 28 29 30 31
|         Type          |        Length         |               Reserved                       |
|                                          Reserved                                            |
|                                                                                              |
|                                      IP-HeaderandData                                        |
|                                                                                              |
```

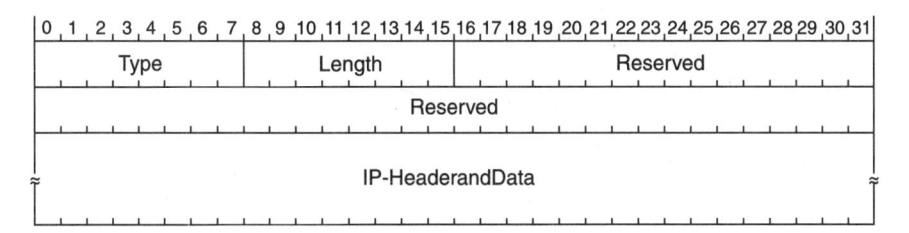

Abb. 3.32   MTU-Option

Type
Die Typ-Nummer dient zur Unterscheidung der Optionen. Die MTU-Option wurde als Typ 5 definiert.

Length
Definiert die Länge der MTU-Option.

Reserved
Dieses Feld wird immer mit 00-Werten gefüllt und wird beim Empfänger vollkommen ignoriert.

MTU
Definiert den MTU-Wert des Links.

3.2.3 Neighbor Discovery im Einsatz

Im Gegensatz zur Version IPv4, bei der sämtliche Konfigurationen manuell erfolgen müssen, wurde beim IPv6 besonderer Wert auf eine automatische Konfiguration der Netze gelegt. Dies reduziert nicht nur den Aufwand bei der Einrichtung eines IPv6-Knoten, sondern es reduziert die Betriebskosten und beseitigt unnötige Fehlerquellen.

Jede Station im IPv6-Netz kann die notwendigen Konfigurationsparameter der Netz-Interface von einem Router im gleichen Netz lernen. Dazu senden die Router zyklisch (im Normalfall alle 600 Sekunden) und auf Anforderung so genannte Router-Advertisement-Nachrichten (ICMP Typ 134) auf das Netz. Als Bestandteil der Router-Advertisement-Messages werden die für die selbstständige Konfiguration von Rechnern (Endknoten) notwendigen Informationen übermittelt.

Werden die Router-Advertisement-Messages von einem Router nach Ablauf eines internen Timers auf das Netz geschickt, wird immer die Multicast-Adresse FF02::1 (all nodes multicast address) als Zieladresse verwendet. Dadurch wird sichergestellt, dass alle Knoten am Netz diese Informationen automatisch empfangen.

Bei der Übertragung von Router-Discovery Messages wird im IP-Header im Hop-Limit-Feld der Wert = 1 eingetragen. Dadurch wird verhindert, dass diese Message in andere Netze über Router hinweg übertragen wird.

Mithilfe des M-Bits (Managed Address Configuration Flag) wird die Art der Adresskonfiguration signalisiert. Der Wert = 1 signalisiert, dass die stateful Adresskonfiguration (per DHCP) genutzt wird. Der Wert = 0 im MBit kennzeichnet die stateless Adresskonfiguration. Mit dem Wert = 1 im 0-Flag zeigt der Router an, dass zwar die IP-Adresse automatisch und statusfrei mit dem Präfix aus dem ICMP-Paket aufgebaut werden kann, das Endgerät aber zusätzliche Informationen über DHCP einholen muss. Mit dem Wert = 1 im H-Bit zeigt der Router an, dass er auch als Agent im Heimatnetz (Home Agent) für mobile IPv6-Knoten agieren kann.

Die Lifetime (Lebenszeit) beschreibt die Gültigkeitsdauer der vom Router übermittelten Informationen. Der Wert wird in Sekunden angegeben. Der 16 Bit lange Integer ermöglicht somit eine maximale Gültigkeit von 18,2 Stunden. Nur wenn hier eine Zeit eingetragen ist, handelt es sich um einen Default-Router. Wird als Lifetime-Wert = 0 angegeben, können zwar die Informationen aus dem Paket verwendet werden, der Router kann aber nicht als Default-Router für andere Netze agieren. Sollte die Gültigkeitsdauer verstreichen, ohne dass ein neues ICMP-Paket von diesem Router empfangen wurde, muss der Rechner den Router aus seiner Routing-Tabelle entfernen.

Die Reachable Time (in Millisekunden) gibt an, wie lange ein Rechner als erreichbar gilt, nachdem eine entsprechende Erreichbarkeitsmeldung eingegangen ist. Dieser Wert wird später vom Neighbor-Unreachability-Detection-Algorithmus verwendet. Der Retrans Timer gibt an, wie viel Millisekunden ein Rechner nach einer Neighbor Solication Message warten soll, bevor er diese erneut versendet. Dieser Wert wird ebenfalls vom Neighbor-Unreachability-Detection-Algorithmus benötigt.

Das Paket kann noch weitere Optionen enthalten, in welchen z.B. Werte für die MTU oder die Hardware-Adresse des Routers mitgeteilt werden. Außerdem werden hier mögliche Präfixe für die statuslose Autokonfiguration übergeben.

Router Solicitation Messages werden von Rechnern versendet, die ein neues Interface konfigurieren und nicht auf die automatischen Ankündigungen warten wollen. Damit veranlasst der Rechner den Router, sofort ein entsprechendes Antwortpaket zu senden. Explizite Anforderung werden immer an die Link-Local-Adresse des anfordernden Knotens beantwortet.

Will nun ein Endgerät eine eigene IP-Adresse aus den Informationen in der Router-Messages konstruieren, muss es folgendermaßen vorgehen:

- Empfängt ein Gerät auf einem der Interface die Router Advertisement Messages, die ein geeignetes Präfix enthalten, kann das Interface seine IP-Adresse durch die Kombination aus Präfix und lokaler Hardware-Adresse bilden.
- Da der vom Router gelieferte Präfix im Internet eindeutig ist und die lokale Hardware-Adresse im lokalen Netz als eindeutig gilt, ergibt sich aus den beiden Teilen immer eine eindeutige IP-Adresse.
- Selbst wenn kein Router einen geeigneten Präfix propagiert, kann ein Rechner immer eine eindeutige IP-Adresse generieren. In diesem Fall beschreibt der Präfix FE80:: in Verbindung mit der Hardware-Adresse eine für das lokale Netz (lokale Link) eindeutige IP-Adresse.

Router Solicitation

Die Zeitdauer vom Einschalten eines Geräts bis zur nächsten zyklischen Konfigurationsinformation kann recht lange dauern. Zur Abkürzung dieser Zeitspannen kann ein Rechner mit Router Solicitation Messages (ICMP Typ 133) die erreichbaren Router auffordern, die entsprechenden Informationen sofort zu übermitteln. Die Router Solicitation Messages werden dazu an die Multicast-Adresse FF02.:2 gesendet, über die alle Router an der Verbindung adressiert werden. Als Absendeadresse wird die zu diesem Zeitpunkt dem Gerät bekannte Link-Local-Adresse verwendet. Das Hop-Limit-Feld wird immer auf den Wert = 1 gesetzt. Damit wird verhindert, dass diese Message von einem Router in ein fremdes Netz übermittelt wird. Die Antwort auf die Router Solicitation Messages wird nicht per Multicast, sondern direkt an den anfragenden Rechner übermittelt.

Neighbor Solicitation Messages
Die Neighbor Solicitation Messages (ICMP Typ 135) werden zur Ermittlung der Hardware-Adresse eines Nachbarn genutzt. Außerdem wird mit seiner Hilfe die Erreichbarkeit anderer Nodes am selben Link getestet. Neighbor Solicitation dient auch zur Entdeckung doppelt vergebener Adressen. Je nach Zustand der einzelnen Header-Felder werden eine Reihe von Aufgaben ausgeführt:

Eine Station kann mithilfe einer Neighbor Solicitation Message alle Stationen zu einer Antwort anzufordern, die über ein bestimmtes Interface erreichbar sind. Die angesprochenen Geräte antworten mit einer Neighbor Advertisement Message (ICMP Typ 136), aus der die benötigten Adressinformationen entnommen werden.

Neighbor Unreachibility Detection: Wurde über einen gewissen Zeitraum kein Paket von einem Rechner empfangen, wird die Erreichbarkeit dieses Nachbarn mithilfe der Neighbor Solicitation Messages (ICMP Typ = 135) überprüft. Die Quell- und Zieladresse dieser Messages liegen bereits fest und die Ethernet-Adresse des gesuchten Nachbarn wird aus dem lokalen Cache entnommen. Wird eine Neighbor-Unreachibility-Detection-Anfrage vom Empfänger nicht mit einer Neighbor Advertisement Message (ICMP Typ136) beantwortet, gilt der Rechner als nicht mehr erreichbar und die Ethernet-Adresse wird aus dem Cache entfernt.

Duplicate Address Detection: Die Hardware-Adresse eines Rechners ist nicht bekannt. Daher wird diese Message an alle Stationen in der betreffenden Multicast-Gruppe übermittelt. Wird von einem Rechner eine Duplicate Address Detection Message empfangen und stimmt die eigene IP-Adresse mit der gesuchten Adresse überein, wird eine entsprechende Antwort generiert. Die Antwort signalisiert, dass diese Adresse bereits verwendet wird. Da in den Antworten auch die Ethernet-Adresse des Absenders übermittelt wird, diese Funktion gleichzeitig als Ersatz des ARP-Protokolls von IPv4 verwendet.

Redirect Message

Wenn ein Router ein IP-Paket von einem Rechner empfängt, dessen Zielnetzwerk nicht über diesen Router zu erreichen ist, und der Router den richtigen Router zum Zielnetzwerk kennt, schickt er dem Sender des Pakets eine Umleitungsmeldung (ICMP-Typ 137) mit dem richtigen Router. Dieser kann dann das Paket über den richtigen Router an das Zielnetzwerk schicken. Falsch konfigurierte Router auf dem Weg dazwischen können so zwar umgangen werden, aber der Fehler des Routers wird dadurch nicht behoben.

Die gleiche Methode kann auch benutzt werden, um mitzuteilen, dass der Empfänger direkt auf dem lokalen Netz erreichbar und die Verwendung eines Routers unnötig ist.

Die Verwendung einer Umleitungsmeldung erleichtert bei IPv6 die Korrektur von falschen oder ungünstigen Einträgen, falls ein Endgerät von mehreren Routern Informationen über benachbarte Netze erhält. Wann immer möglich, sollte die Hardwareadresse des Ziels als

Option in dieser Nachricht mit versendet werden, da für manche Geräte diese Methode die einzige Möglichkeit zur Adressauflösung bietet.

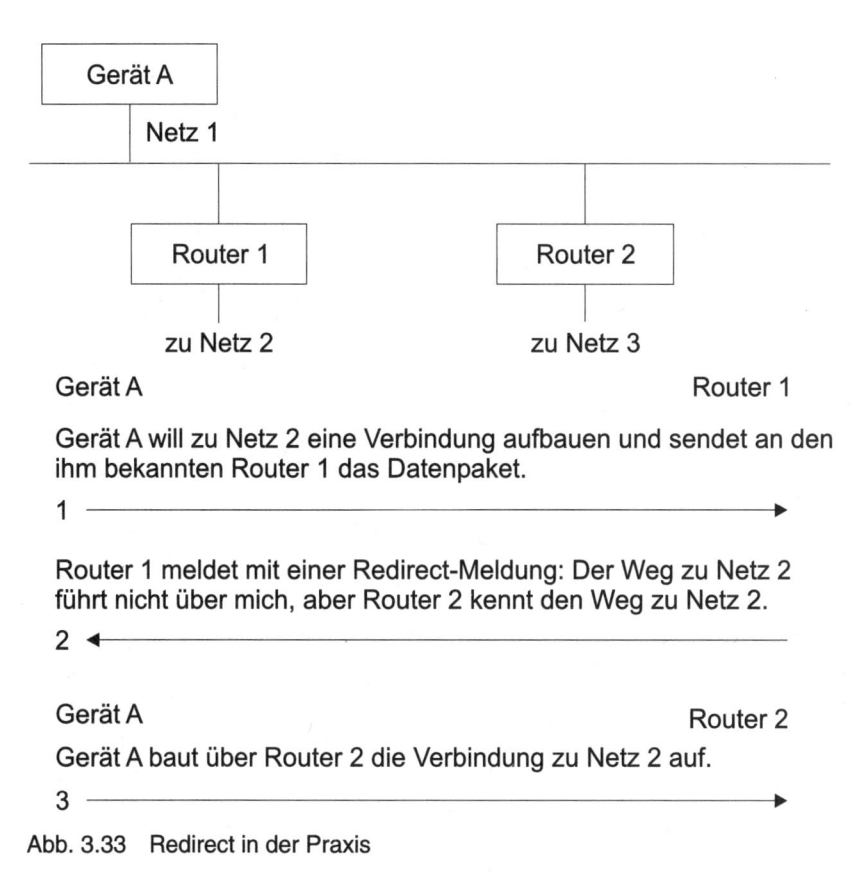

```
  Gerät A
     |
   Netz 1
─────┬──────────────────┬─────────────
     |                  |
  Router 1           Router 2
     |                  |
  zu Netz 2         zu Netz 3
```

Gerät A   Router 1

Gerät A will zu Netz 2 eine Verbindung aufbauen und sendet an den ihm bekannten Router 1 das Datenpaket.

1 ──▶

Router 1 meldet mit einer Redirect-Meldung: Der Weg zu Netz 2 führt nicht über mich, aber Router 2 kennt den Weg zu Netz 2.

2 ◀──

Gerät A   Router 2

Gerät A baut über Router 2 die Verbindung zu Netz 2 auf.

3 ──▶

Abb. 3.33   Redirect in der Praxis

Inverse Discovery

Als Ergänzung zu den IPv6-Neighbor-Discovery-Mechanismen wurde im RFC 3122 die Inverse-Neighbor-Discovery-Funktion (IND) festgelegt. Diese Funktion entspricht in etwa dem im IPv4 verwendeten Reverse-ARP (RARP). Ist die Link-Layer-Adresse von einem Nachbarn bereits bekannt, kann mithilfe des Inverse Neighbor Discovery (IND) die zugehörige IPv6-Adresse ermittelt werden.

Inverse Neighbor Discovery Solicitation Message

Ein IPv6-Knoten kann mithilfe einer Inverse Neighbor Discovery Solicitation Message einer bereits bekannten Link-Layer-Adresse zugeordneten IPv6-Adresse abfragen.

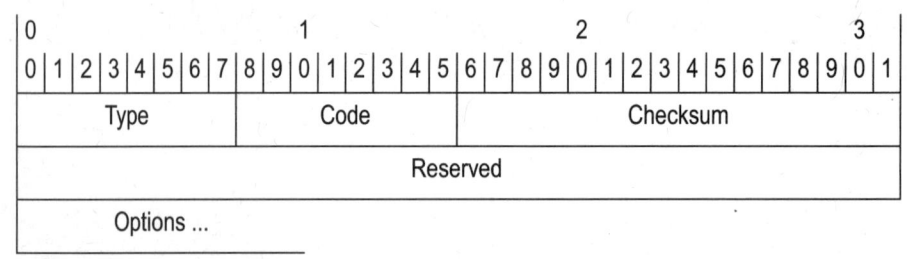

```
 0                   1                   2                   3
 0 1 2 3 4 5 6 7 8 9 0 1 2 3 4 5 6 7 8 9 0 1 2 3 4 5 6 7 8 9 0 1
|     Type      |     Code      |           Checksum            |
|                           Reserved                            |
| Options ...
```

Abb. 3.34   Inverse Neighbor Discovery Solicitation Message

IP-Felder:

Source Address
Enthält die IPv6-Adresse des Senders.

Destination Address
Als Zieladresse wird immer die All-Node-Multicast-Adresse FF02::1 verwendet.

Hop Limit
Im IP-Header wird als Hop-Limit der Wert 255 eingetragen. Wird eine derartige Anfrage über einen Router transportiert, muss das Hop-Limit heruntergezählt werden. Entspricht das Hop-Limit-Feld beim Empfang nicht mehr dem Wert = 255, wurde das Paket aus einem Netz heraus in ein anderes transportiert und darf nicht mehr beantwortet werden, da Adressanfragen nur innerhalb eines physikalischen Netzes erlaubt sind.

Authentication Header
Besteht zwischen Sender und Empfänger eine Sicherheitsbeziehung, muss ein Authentication Header in das Paket eingefügt werden.

ICMP-Felder:

Type
Beschreibt den Typ der ICMP-Message. Für die Inverse Neighbor Discovery Solicitation Message ist der Wert = 141 festgelegt.

Code
Der Code definiert spezielle Verarbeitungsanweisungen oder Signalzustände des ICMP-Pakets. Für die Inverse Neighbor Discovery Solicitation Message ist das Code-Feld immer auf den Wert = 0 zu setzen.

Checksum
Enthält die Prüfsumme des Inverse Neighbor Discovery Solicitation Message.

Reserved
Das 32 Bit lange Feld ist für zukünftige Anwendungen reserviert.

Optionen:

Der Sender muss in der Solicitation Message folgende Optionen übermitteln: die Source Link-Layer-Address und die Target Link-Layer-Address. Bei Bedarf können auch noch zusätzliche Optionen übermittelt werden. Hierzu gehören die Source-Address-Liste und die MTU des Links.

Inverse Neighbor Discovery Advertisement Message
Als Reaktion auf den Empfang von Inverse Neighbor Discovery Solicitations sendet der betreffende Rechner Inverse Neighbor Discovery Advertisements aus.

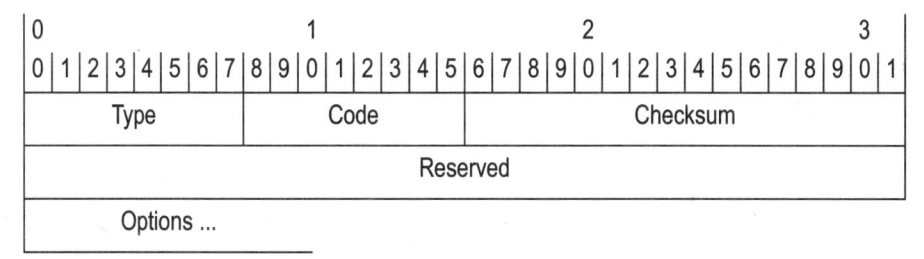

```
 0                   1                   2                   3
 0 1 2 3 4 5 6 7 8 9 0 1 2 3 4 5 6 7 8 9 0 1 2 3 4 5 6 7 8 9 0 1
+-+-+-+-+-+-+-+-+-+-+-+-+-+-+-+-+-+-+-+-+-+-+-+-+-+-+-+-+-+-+-+-+
|      Type     |      Code     |           Checksum            |
+-+-+-+-+-+-+-+-+-+-+-+-+-+-+-+-+-+-+-+-+-+-+-+-+-+-+-+-+-+-+-+-+
|                           Reserved                            |
+-+-+-+-+-+-+-+-+-+-+-+-+-+-+-+-+-+-+-+-+-+-+-+-+-+-+-+-+-+-+-+-+
|   Options ...
+-+-+-+-+-+-+-+-
```

Abb. 3.35 Inverse Neighbor Discovery Advertisement Message

IP-Felder:

Source Address
Beschreibt die IP-Adresse des aussendenden Interfaces.

Destination Address
Als Zieladresse wird die Source-Adresse der empfangenen Inverse Discovery Neighbor Solicitation genutzt.

Hop Limit
Im IP-Header wird als Hop-Limit der Wert 255 eingetragen. Wird eine derartige Anfrage über einen Router transportiert, muss das Hop-Limit heruntergezählt werden. Entspricht das Hop-Limit-Feld beim Empfang nicht mehr dem Wert = 255, wurde das Paket aus einem Netz heraus in ein anderes transportiert und darf nicht mehr beantwortet werden, da Adressanfragen nur innerhalb eines physikalischen Netzes erlaubt sind.

Authentication Header
Besteht zwischen Sender und Empfänger eine Sicherheitsbeziehung, muss ein Authentication-Header in das Paket eingefügt werden.

ICMP-Felder:

Type
Beschreibt den Typ der ICMP-Message. Für die Inverse Neighbor Discovery Advertisement Message ist der Wert = 142 festgelegt.

Code
Der Code definiert spezielle Verarbeitungsanweisungen oder Signalzustände des ICMP-Pakets. Für die Inverse Neighbor Discovery Advertisement Message ist das Code-Feld immer auf den Wert = 0 zu setzen.

Checksum
Enthält die Prüfsumme des Inverse Neighbor Discovery Advertisement Message.

Reserved
Das 32 Bit lange Feld ist für zukünftige Anwendungen reserviert.

Optionen:

Der Sender muss in der Inverse Neighbor Discovery Advertisement Message folgende Optionen übermitteln: die Source Link Layer Address, die Target Link Layer Address und die Source-Address-Liste. Bei Bedarf kann zusätzlich die MTU des Links übermittelt werden.

Inverse-Neighbor-Discovery-Optionen

Für die Inverse Neighbor Discovery Messages sind folgende Optionen festgelegt: die Source Address List und die Target Address List.

Source/Target Address List
Die Source-Address-List- und die Target-Address-List-Option werden gemäß den bekannten Regeln TLV-kompatibel codiert.

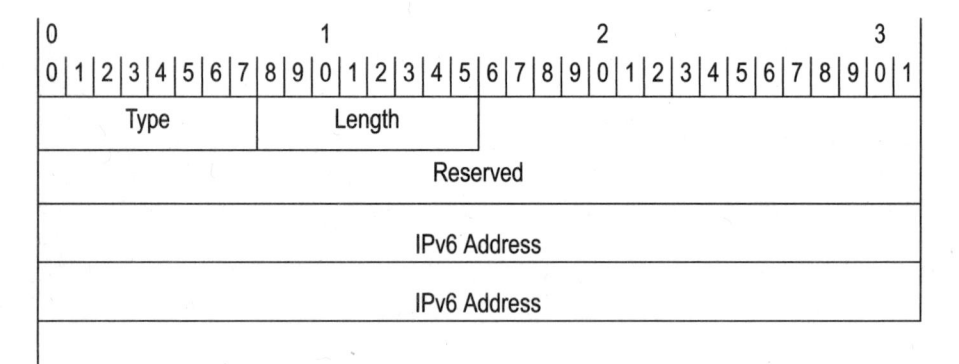

```
0                   1                   2                   3
0 1 2 3 4 5 6 7 8 9 0 1 2 3 4 5 6 7 8 9 0 1 2 3 4 5 6 7 8 9 0 1
+-------+-------+-------------------------------+
|  Type         |    Length     |
+-------------------------------+
|            Reserved           |
+-------------------------------+
|          IPv6 Address         |
+-------------------------------+
|          IPv6 Address         |
+-------------------------------+
```

Abb. 3.36 Source/Target Address List

Type
Beschreibt den Typ Option. Folgende Werte wurden bisher festgelegt:

9   Source Address List

Target Address List
Die Source-Address-Liste enthält eine Reihe von IPv6-Adressen, die für die Source-Link-Layer-Adresse des betreffenden Interfaces ermittelt wurden.

Die Target-Address-Liste enthält eine Reihe von IPv6-Adressen, die für die Ziel-Link-Layer-Adresse des betreffenden Interfaces ermittelt wurden.

Length
Definiert die Länge der Option.

Reserved
Das 48 Bit lange Feld ist für zukünftige Anwendungen reserviert.

IPv6 Addresses
Enthält eine oder mehrere IPv6-Adressen des betreffenden Interfaces.

3.3 Dynamic Host Configuration Protocol (DHCP)

Die Adressen auf den untersten Ebenen (Schicht 1 und Schicht 2) eines Netzwerks werden durch die jeweilige verwendete Netztechnologie (Ethernet, Token Ring, FDDI usw.) bestimmt. Oberhalb der Schicht 2 in der Netzwerkebene sind die Internet-Adressen angesiedelt. Jeder Rechner, der an ein TCP/IP-Netzwerk angeschlossen wird, muss per Definition über eine oder mehrere eindeutige Internet-Adressen verfügen, bevor dieser Rechner Daten auf das Netz senden bzw. Daten empfangen kann. Die IP-Adressen wurden in der Vergangenheit beim IPv4-Protokoll vom Systemoperator den jeweiligen Hardwareadressen der Maschine zugeordnet. Das relativ komplizierte TCP/IP-Adressschema und die dazu gehörenden Subnetz- und Broadcast-Adressen führten immer wieder zu Fehlern und zu erheblichen Frustrationen beim Umgang mit TCP/IP-Software. Bei der Installation von TCP/IP-Protokoll-Software gingen fast alle Hersteller, oder besser die der Software beigelegten Installationsmanuals, davon aus, dass die Person, die den TCP/IP-Rechner eingerichtet hat, genau wusste, wie TCP/IP-Adressen und die dazu gehörenden Subnetzmasken zu strukturieren waren. Wurden bei der Installation nur die geringsten Fehler gemacht, konnten bestimmte Funktionen wie z.B. das Routing nicht benutzt werden, oder im schlimmsten Fall verweigert der Rechner vollständig die Kommunikation mit anderen Rechnern. Mit dem neuen IP-Protokoll (Version 6) wurde mit diesem Missstand aufgeräumt. Der Systemadministrator hat beim IPv6-Protokoll die Möglichkeit, neben der manuellen Rechnerkonfiguration ein automatisches Konfigurieren der Rechneradresse und weiterer Parameter vorzunehmen. Bei der automatischen Konfiguration von IPv6-Rechner-Interfaces wird zwischen einer »stateful Autoconfiguration« und einer »stateless Autoconfiguration« unterschieden.

Stateful Autokonfiguration

Das Modell der »stateful« Autokonfiguration beruht darauf, dass der jeweilige Rechner für seine Interfaces die betreffenden Adressen und bei Bedarf auch weitere Konfigurationen bzw. Parameter von einem dafür am Netzwerk eingerichteten Server herunter lädt. Auf dem Server werden vom Administrator die Konfigurationsdaten abgelegt und gepflegt. Mithilfe eines stateful Autokonfigurationsprotokolls lädt sich der jeweilige Rechner seine IP-Adressen und weitere Konfigurationparameter über das Netz herunter. Die stateful Autokonfiguration wird immer dann eingesetzt, wenn der Netzbetreiber eine genaue Zuordnung von Adressen zu Interfaces benötigt.

Als stateful Autokonfigurationsprotokoll wird das Dynamic Host Configuration Protocol (DHCPv6) verwendet. Dieses Protokoll basiert auf den im RFC 1541 für den Einsatz für IPv4-Rechner definierten Basisspezifikationen. Für den Einsatz in IPv6-Netzen wurde das DHCP-Protokoll um die speziellen Anforderungen erweitert und um eine Vielzahl zusätzlicher Funktionen ergänzt. Das DHCP-Protokoll gestattet es einem Netzwerk-Administrator, alle TCP/IP-Konfigurations-Parameter zentral zu verwalten und zu warten und ist eine der Möglichkeiten, ein Plug-and-Play-TCP/IP-Netz aufzubauen. Die DHCP-Spezifikationen bestehen prinzipiell aus zwei Komponenten. Zum einen dem Protokoll, das die Übertragung der Konfigurationsparameter von einem DHCP-Server zu den Clients steuert, und zum anderen einem Mechanismus für die Zuweisung von Netzwerk-Adressen an die Clients.

DHCP-Client/Server-Modell

Eine Transaktion wird in der Regel von einem DHCP-Client mithilfe eines DHCP-Requests an den DHCP-Server gestartet. Die Antworten auf den DHCP-Request werden vom Server oder einem DHCP-Relay-Host direkt an den DHCP-Client gesendet. Um DHCP-Messages übermitteln zu können, müssen alle DHCPv6-Server/Relay-Agents festes Mitglied der Multicast-Gruppe mit der Multicast-Adresse FF02:0:0:0:0:0:1:0 sein. Zusätzlich müssen alle DHCP-Server der DHCPv6-Server-Multicast-Gruppe mit der Multicast-Addresse FF02:0:0:0:0:0:1:xx sein. Alle DHCP-Relays gehören außerdem noch der DHCPv6-Relay-Multicast-Gruppe mit der Multicast-Addresse FF02:0:0:0:0:0:1:xx an.

Das Dynamic Host Configuration Protocol gehört zu den höheren Schichten und benutzt auf der Transportebene das User Datagram Protocol (UDP). Da das UDP-Protokoll zu den ungesicherten Protokollen gehört, muss das DHCP-Protokoll die Sicherungsfunktionen auf einer höheren Schicht übernehmen. Ein DHCP-Client sendet alle Datagramme zum Server immer an den UDP-Port 547 (Destination Port). Der DHCP-Client empfängt alle DHCP-Messages über den UDP-Port 546. Das DHCPv6-Protokoll verwendet insgesamt sechs Nachrichtentypen:

- DHCP Solicit
- DHCP Advertise
- DHCP Request
- DHCP Reply
- DHCP Release
- DHCP Reconfigure

3.3.1 DHCP Solicit Message

Mithilfe von DHCP Solicit Message ermitteln DHCP-Clients oder DHCP-Relays die Adressen der DHCP-Server am Netz. Verfügt ein DHCP-Client über keine DHCP-Agent-Adresse oder versucht der Client mit einem neuen Server Kontakt aufzunehmen, muss das Paket an die DHCPv6-Server/Relay-Agent-Multicast-Adresse FF02:0:0:0:0:1:0 übermittelt werden. Wurde das P-Bit in der Solicit Message nicht gesetzt, so muss jeder DHCP-Relay, der das betreffende Paket empfängt, die Message an die All-DHCP-Server-Multicast-Adresse weiterleiten. Dadurch wird den DHCP-Servern mitgeteilt, dass diese alle Advertisements an den betreffenden Client übermitteln müssen. Der Relay-Agent muss folgende Funktionen ausführen:

- Einfügen der lokalen Link-Adresse des Clients in die jeweilige Solicit-Message,
- Setzen des L-Bits,
- Kopieren der Interface-Adresse, über die die Client Solicit Message empfangen wurde. Anschließend wird diese Adresse in das Agent-Adressfeld der Message eingefügt,
- Setzen des A-Bits.

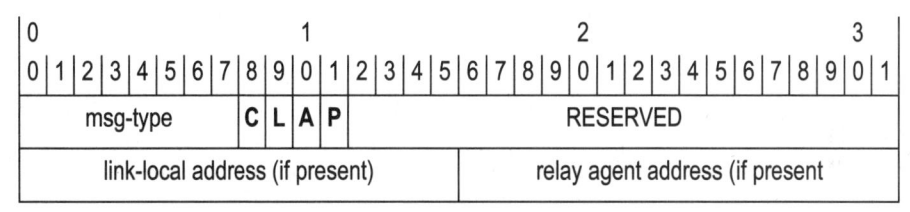

```
 0                   1                   2                   3
 0 1 2 3 4 5 6 7 8 9 0 1 2 3 4 5 6 7 8 9 0 1 2 3 4 5 6 7 8 9 0 1
+-+-+-+-+-+-+-+-+-+-+-+-+-+-+-+-+-+-+-+-+-+-+-+-+-+-+-+-+-+-+-+-+
|    msg-type   |C|L|A|P|            RESERVED                   |
+-+-+-+-+-+-+-+-+-+-+-+-+-+-+-+-+-+-+-+-+-+-+-+-+-+-+-+-+-+-+-+-+
|         link-local address (if present)        | relay agent address (if present) |
+-+-+-+-+-+-+-+-+-+-+-+-+-+-+-+-+-+-+-+-+-+-+-+-+-+-+-+-+-+-+-+-+
```

Abb. 3.37 DHCP Solicit Message

Message-Typ
Die DHCP Solicit Message wurde als Typ 1 festgelegt.

C-Flag
Mithilfe des gesetzten C-Flags signalisiert ein DHCP-Client an alle Server, dass die für den betreffenden Client reservierten Ressourcen freigegeben werden.

L-Flag
Das L-Bit wird nur gesetzt, wenn die lokale Link-Adresse von Bedeutung ist.

A-Flag
Das A-Bit wird nur gesetzt, wenn die Relay-Agent-Adresse von Bedeutung ist.

P-Flag
Das P-Flag wird immer dann gesetzt, wenn der Client in der Lage ist, die von einem Relay-Agent im Cache abgelegte Server-Adresse zu verarbeiten.

RESERVED
Dieses Leerfeld wird immer mit 0-Werten gefüllt.

3.3.2 DHCP Advertise Message

Mithilfe der DHCP Advertise Message propagiert ein DHCP-Agent an die Clients seine IP-Adresse. Mithilfe dieser Adresse ist es dem DHCP-Client möglich, die DHCP-Request-Messages an den Server zu übermitteln. Befinden sich ein DHCP-Client und -Server an unterschiedlichen Links, so werden vom Server die Advertisement über den DHCP-Relay-Agent übermittelt, über den die Solicit-Meldung empfangen wurde. Die Relay-Agenten ermitteln die Server-Adressen anhand der DHCP-Advertisements und speichern die DHCP-Server-Adressen im lokalen Cache. Befindet sich der DHCP-Server jedoch am gleichen Link wie der Client, wird die DHCP-Advertise-Meldung als Aktion auf eine empfangene DHCP-Solicit-Message (übermittelt an die All-DHCP-Agents Multicast-Adresse) generiert. In diesem Fall wird als Agent-Adresse die IP-Adresse eines der Interfaces des Servers in die Message eingesetzt. Anschließend wird das S-Bit gesetzt. Damit wird signalisiert, dass die Agent-Adresse der Adresse des Servers entspricht. Übermittelt der DHCP-Server die Advertisement-Meldung als Reaktion auf eine Solicit-Meldung, die die lokale Link-Adresse des Clients enthält, muss der Server die lokale Link-Adresse in die Advertisement-Message kopieren.

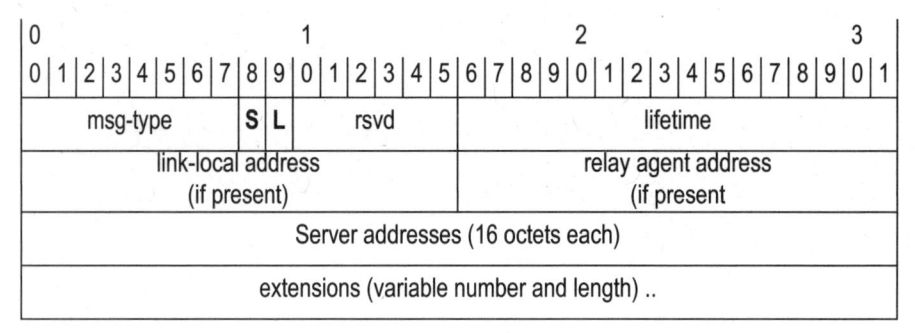

```
 0                   1                   2                   3
 0 1 2 3 4 5 6 7 8 9 0 1 2 3 4 5 6 7 8 9 0 1 2 3 4 5 6 7 8 9 0 1
+-+-+-+-+-+-+-+-+-+-+-+-+-+-+-+-+-+-+-+-+-+-+-+-+-+-+-+-+-+-+-+-+
|    msg-type   |S|L|    rsvd   |           lifetime            |
+-+-+-+-+-+-+-+-+-+-+-+-+-+-+-+-+-+-+-+-+-+-+-+-+-+-+-+-+-+-+-+-+
|      link-local address       |     relay agent address       |
|        (if present)           |        (if present)           |
+-+-+-+-+-+-+-+-+-+-+-+-+-+-+-+-+-+-+-+-+-+-+-+-+-+-+-+-+-+-+-+-+
|              Server addresses (16 octets each)                |
+-+-+-+-+-+-+-+-+-+-+-+-+-+-+-+-+-+-+-+-+-+-+-+-+-+-+-+-+-+-+-+-+
|             extensions (variable number and length) ..        |
+-+-+-+-+-+-+-+-+-+-+-+-+-+-+-+-+-+-+-+-+-+-+-+-+-+-+-+-+-+-+-+-+
```

Abb. 3.38 DHCP Advertise Message

Message-Typ
Die DHCP Advertise Message wurde als Typ 2 festgelegt.

S-Flag
Mithilfe des gesetzten S-Flags wird signalisiert, dass die Agent-Adresse der Server-Adresse entspricht.

L-Flag
Das L-Bit wird nur gesetzt, wenn die lokale Link-Adresse von Bedeutung ist.

Reserved
Dieses Leerfeld wird immer mit 0-Werten gefüllt.

Server Count
Definiert die Anzahl der Adressen des Server-Adress-Felds.

Lifetime
Definiert die Lebensdauer einer Server-Meldung. Entspricht die Destination-Adresse der

DHCP-Message einer lokalen Link-Adresse, so wird das Lifetime-Feld immer auf den Wert = 0 gesetzt.

Agent Address
Definiert die IP-Adresse des DHCP-Agent-Interfaces. Dieses DHCP-Agent-Interface befindet sich am gleichen Link wie der Client.

Server Addresses
Enthält die IP Adressen der DHCP-Server.

Extensions
Siehe Absatz DHCP-Extensions

3.3.3 DHCP Request

Zur Anforderung von Parametern vom DHCP-Server verwendet ein Client die DHCP Request Messages. Sind dem Client noch keine DHCP-Server-Adressen bekannt, so versucht dieser, die Server-Adresse mithilfe einer DHCP Solicit Message zu erlangen.

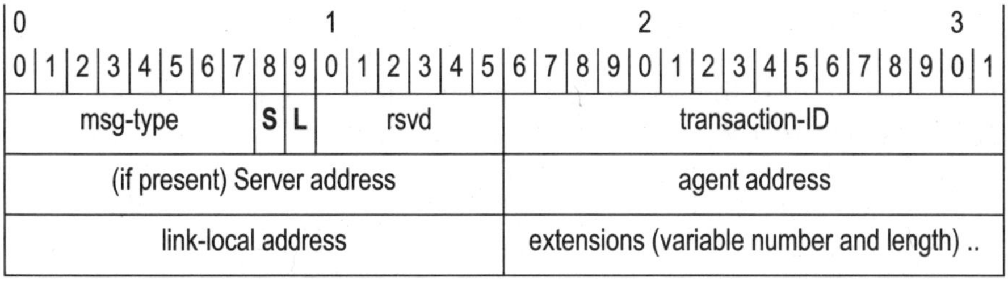

0	1	2	3
0 1 2 3 4 5 6 7	8 9 0 1 2 3 4 5	6 7 8 9 0 1 2 3	4 5 6 7 8 9 0 1
msg-type	S L rsvd	transaction-ID	
(if present) Server address		agent address	
link-local address		extensions (variable number and length) ..	

Abb. 3.39   DHCP Request Message

Message-Typ
Die DHCP Request Message wurde als Typ 3 festgelegt.

S -Flag
Mithilfe des gesetzten S-Flags wird signalisiert, dass die Server-Adresse im weiteren Server-Adressfeld von Bedeutung ist.

C-Flag
Mithilfe des gesetzten C-Flags signalisiert ein DHCP-Client an alle Server, dass die für den betreffenden Client reservierten Ressourcen freigegeben werden.

Reserved
Dieses Leerfeld wird immer mit 0-Werten gefüllt.

Transaction-ID
Dient zur eindeutigen Identifizierung von DHCP-Messages durch den Client. Die Transaction-ID wird vom Client generiert und mithilfe der DHCP Request Message an den Server übermittelt. Der Server kopiert die Transaction-ID in das betreffende Feld des DHCP-Replys.

Server Address
Wird eine DHCP Request Message vom Client an den Server übermittelt, so enthält das Server-Adressfeld die IP-Adresse des DHCP-Server.

Agent Address
Enthält die IP-Adresse eines Relay-Agents oder Server-Interfaces. Die IP-Adresse wird aus dem IP-Adressfeld einer empfangenen DHCP Advertisement Message generiert.

Link-Local Address
Enthält die lokale Link-Adresse des sendenden Client-Interfaces.

Extensions
Siehe Absatz DHCP-Extensions

3.3.4 DHCP Reply

Der Server sendet als Antwort auf jede empfangene DHCP-Request-Message eine oder mehrere DHCP-Reply-Messages. Wurde bei der empfangenen Request-Message das S-Bit gesetzt, kann der Client die Message nicht direkt an den Server übermitteln. In diesem Fall wird die Message über einen Relay-Agent an den Server übermittelt. Der Server setzt daraufhin in seiner DHCP-Reply-Message das L-Bit und übermittelt die Antwort über den DHCP-Relay-Agent. Ein gesetztes L-Bit hat zur Folge, dass die lokale Link-Adresse des Clients in der Reply-Message enthalten sein muss.

```
 0                   1                   2                   3
 0 1 2 3 4 5 6 7 8 9 0 1 2 3 4 5 6 7 8 9 0 1 2 3 4 5 6 7 8 9 0 1
|   msg-type    |L|  error code |         transaction-ID        |
|         link-local address    | extensions (variable number and length) ..
```

Abb. 3.40   DHCP Reply Message

Message-Typ
Die DHCP-Reply-Message wurde als Typ 4 festgelegt.

L-Flag
Das L-Bit wird nur gesetzt, wenn die lokale Link-Adresse von Bedeutung ist.

Error Code
Folgende Fehlercodes wurden für DHCP-Reply-Messages bisher festgelegt:

- 0   Success
- 16 Failure, reason unspecified
- 17 Authentication failed or nonexistent
- 18 Poorly formed request

3.3 Dynamic Host Configuration Protocol (DHCP)

- 19 Resources unavailable
- 20 Client record unavailable
- 21 Invalid source address in Release
- 22 Unable to honor required extension parameters
- 24 Bad Hair Day
- 32 Insufficient Funds
- **64 Server unreachable (ICMP error)**

Transaction-ID
Dient zur eindeutigen Identifizierung von DHCP-Messages durch den Client. Die Transaction-ID wird vom Client generiert und mithilfe der DHCP Request Message an den Server übermittelt. Der Server kopiert die Transaction-ID in das betreffende Feld des DHCP-Replys.

Link-Local Address
Enthält die lokale Link-Adresse des sendenden Client-Interfaces.

Extensions
Siehe Absatz DHCP-Extensions

```
   DHCP-Client        DHCP-Server
```

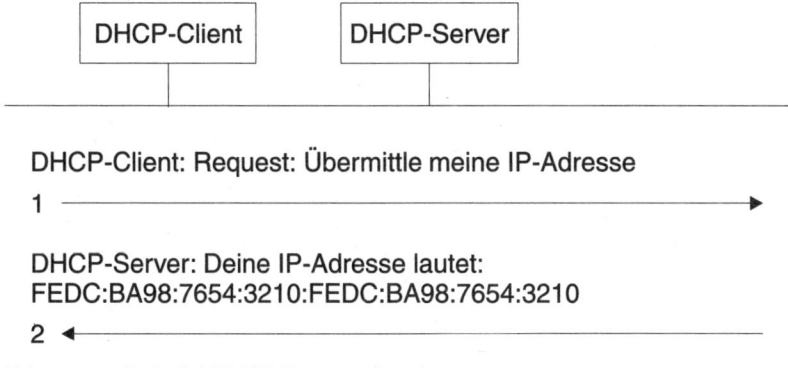

DHCP-Client: Request: Übermittle meine IP-Adresse
1 ──►

DHCP-Server: Deine IP-Adresse lautet:
FEDC:BA98:7654:3210:FEDC:BA98:7654:3210
2 ◄──

Abb. 3.41 Beispiel DHCP Request/Reply

3.3.5 DHCP Release

Nachricht eines DHCP-Client an einen Server, dass eine IP-Adresse, ein Parameter oder eine Ressource nicht mehr benötigt wird und wieder zur Verfügung steht. Die DHCP Release Messages werden nie über DHCP Relay Agents übermittelt. Generiert ein Client eine Release Message, wird automatisch davon ausgegangen, dass dieser über eine gültige IP-Adresse verfügt, um mit dem Server zu kommunizieren. Mit einer DHCP Release Message werden alle

Parameter des nachfolgenden Extension-Felds freigegeben. Der DHCP-Server bestätigt den Empfang einer Release Message durch eine DHCP Reply Message.

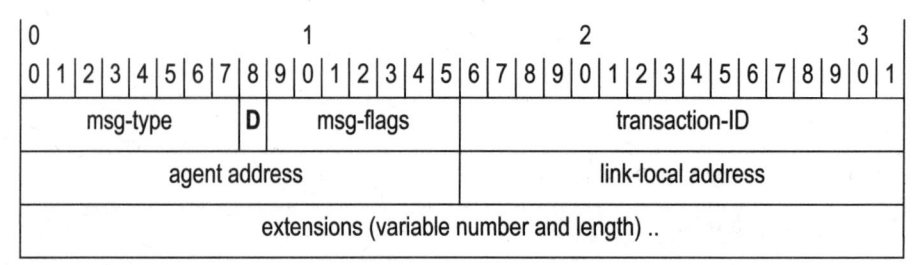

0	1	2	3
0 1 2 3 4 5 6 7	8 9 0 1 2 3 4 5	6 7 8 9 0 1 2 3	4 5 6 7 8 9 0 1
msg-type	D msg-flags	transaction-ID	
agent address		link-local address	
extensions (variable number and length) ..			

Abb. 3.42   DHCP Release Message

Message-Typ
Die DHCP Release Message wurde als Typ 5 festgelegt.

D -Flag
Mithilfe des Direct-Flags (D) signalisiert ein Client dem DHCP-Server, dass alle DHCP-Replys direkt an den Client zurück gesendet werden müssen. Die DHCP-Messages dürfen nicht über einen Relay-Agent weiter geleitet werden.

Das Message-Flag-Feld wird immer auf den Wert = 0 gesetzt.msg-flags

Transaction-ID
Dient zur eindeutigen Identifizierung von DHCP-Messages durch den Client. Die Transaction-ID wird vom Client generiert und mithilfe der DHCP Request Message an den Server übermittelt. Der Server kopiert die Transaction-ID in das betreffende Feld des DHCP-Replys.

Agent Address
Enthält die IP-Adresse eines Relay-Agents oder Server-Interfaces. Die IP-Adresse wurd aus dem IP-Adressfeld einer empfangenen DHCP Advertisement Message generiert.

Link-Local Address
Enthält die lokale Link-Adresse des sendenden Client-Interfaces.

Extensions
Siehe Absatz DHCP-Extensions

3.3.6 DHCP Reconfigure

Nachricht eines DHCP-Servers an einen Client, dass die Werte einer Ressource bzw. eines Parameters geändert werden müssen. Die DHCP-Reconfigure-Messages werden nie über DHCP-Relay-Agents übermittelt. Generiert ein Server eine Reconfigure-Message, wird automatisch davon ausgegangen, dass der Client über eine gültige IP-Adresse verfügt. Mit einer DHCP-Reconfigure-Message werden dem Client alle zu ändernden Parameter im nachfolgenden Extension-Feld mitgeteilt. Diese Parameter müssen vom Client anschließend mithilfe einer Request-Message erneut angefordert werden. Ein DHCP-Client sendet die DHCP Reconfigure Messages immer über den UDP-Port 546.

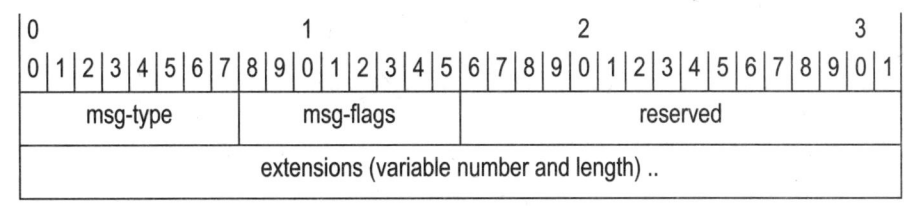

```
 0                   1                   2                   3
 0 1 2 3 4 5 6 7 8 9 0 1 2 3 4 5 6 7 8 9 0 1 2 3 4 5 6 7 8 9 0 1
|    msg-type   |    msg-flags  |           reserved            |
|           extensions (variable number and length) ..          |
```

Abb. 3.43   DHCP Reconfigure Message

Message-Typ
Die DHC Reconfigure Message wurde als Typ 6 festgelegt.

msg-flags
Das Message-Flag-Feld wird immer auf den Wert = 0 gesetzt.

reserved
Dieses Leerfeld wird immer mit 0-Werten gefüllt.

extensions
Siehe Absatz DHCP-Extensions

3.3.7 DHCPv6 Extensions

Die DHCPv6-Extensions verwenden das gleiche Format wie die BOOTP-Vendor-Extensions (RFC 1497). Die DHCP-Extensions können je nach Extension-Typ über eine feste oder eine variable Länge verfügen. Nur für die Extensions 0 und 255 wurde eine feste Länge definiert. Für alle anderen Extensions wurde neben der Typkennung ein variables Längenfeld eingeführt. Die Extension-Codes 128 bis 254 wurden für die netzspezifischen Erweiterungen reserviert.

Pad Extension

Die Pad-Extension enthält nur Füllinformationen, die sicherstellen, dass aufeinander folgende DHCP-Extensions immer im 32-Bit-Format enden. Das Format der Füllzeichen ist immer 0 und verfügt immer über eine 8-Bit-Länge.

```
| 0 |
```

Abb. 3.44   DHCP Pad Extension

End Extension

Die End Extension zeigt immer das Ende einer Reihe von aufeinander folgenden DHCP-Extensions an. Das Format der Füllzeichen beträgt immer 255 und verfügt immer über eine 8-Bit-Länge.

```
255
```

Abb. 3.45   DHCP End Extension

IPv6 Address Extension

Die IPv6 Address Extension ist die wichtigste der DHCPv6-Extensions. Diese Extension wird sowohl von DHCP-Servern wie auch von -Clients verwendet. Der relativ komplexe Aufbau der IPv6 Address Extension hat seine Ursache in den IPv6-Adressoption, die mehrmals in einer DHCP-Message enthalten sein können. Eine IPv6 Address Extension darf immer nur eine einzige IPv6-Adresse enthalten. Müssen mehrere IPv6-Adressen übermittelt werden, so werden dazu mehrere aufeinander folgende Extensions verwendet.

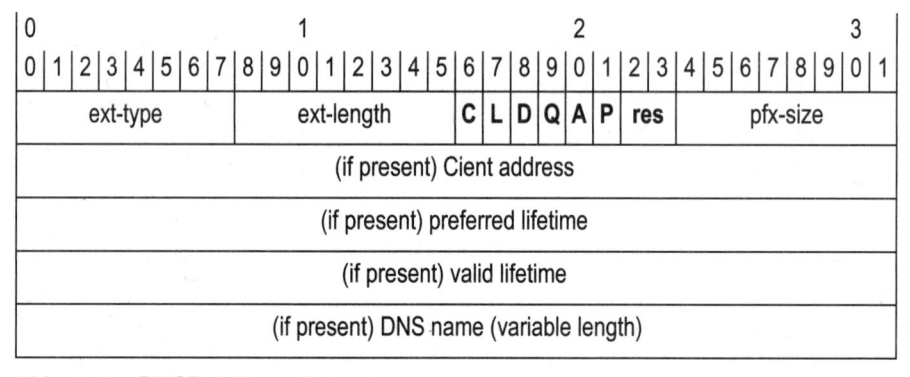

0	1	2	3
0 1 2 3 4 5 6 7 8 9	0 1 2 3 4 5	6 7 8 9 0 1 2 3	4 5 6 7 8 9 0 1
ext-type	ext-length	C L D Q A P res	pfx-size
(if present) Cient address			
(if present) preferred lifetime			
(if present) valid lifetime			
(if present) DNS name (variable length)			

Abb. 3.46   DHCP Address Extension

ext-type
Die IPv6 Address Extension wurde als Typ 1 festgelegt.

ext-length
Definiert die Länge der Extension.

C-Flag
Wurde das C-Bit gesetzt, so enthält die Extension die IPv6-Adresse des DHCP-Clients.

L-Flag
Wurde das L-Bit gesetzt, so enthält die Extension Informationen über die Lebenszeit.

D-Flag
Wurde das D-Bit gesetzt, so muss der Duplicate-Adresse-Detection-Prozess nicht durchgeführt werden.

Q-Flag
Mithilfe des Q-Bits fordert der DHCP-Client einen Server auf, die spezifischen Extension-Felder in seinen Replys zu integrieren. Können die Extension-Felder bzw. deren Werte vom Server nicht bereitgestellt werden, so wird die komplette Message verworfen.

A-Flag
Wurde das A-Bit gesetzt, so wird vom Client FQDN signalisiert, dass der Server für ein Update des DNS mit einem neuen AAAA-Record sorgen muss. Erst nachdem das Update des AAAA-Records erfolgt ist, kann der Server mit einem DHCP-Reply antworten.

P-Flag
Wurde das P-Bit gesetzt, so wird vom Client FQDN signalisiert, dass der Server für ein Update des DNS mit einem neuen PRT-Record sorgen muss. Erst nachdem das Update des PRT-Records erfolgt ist, kann der Server mit einem DHCP-Reply antworten.

rsv
Dieses Feld wird immer mit 0-Werten gefüllt.

pfx-size
Enthält die Message die Client-Adresse (das C-Bit wurde gesetzt), so signalisiert das pfx-size-Feld die Länge des Routing-Präfixes.

Client address
Definiert die im Server abgelegte IPv6-Adresse des Clients.

preferred lifetime
Definiert die gewünschte Lebenszeit der jeweiligen einer IPv6-Adresse.

valid lifetime
Definiert die aktuelle Lebenszeit der jeweiligen IPv6-Adresse.

DNS name
Definiert den DNS-Namen eines Clients. Bei dem DNS-Namen handelt es sich um einen Charakter-String, auf den ein Null-Wert folgt. Ein DNS-Namen enthält nicht den '.' Character als Trennungszeichen zwischen den jeweiligen DNS-Hirarchiekomponenten. Bei allen anderen Namen, die das '.'-Trennzeichen enthalten, handelt es sich um einen Fully Qualified Domain-Name (FQDN).

Adress-Lifetime

Wird vom Server eine IPv6-Adresse an einen DHCP-Client übermittelt, so enthält das Paket die Werte der gewünschten und der aktuellen Lebenszeit. Mithilfe der Lebenszeit wird festgelegt, wie lange einem DHCP-Client die IPv6-Adresse zur Verfügung gestellt wird. Der DHCP-Client hat die Aufgabe, nach Ablauf der maximalen Zeitdauer die jeweilige IPv6-Adresse mithilfe eines neuen DHCP-Requests erneut anzufordern. Erfolgt eine erneute Anfrage der IP-Adresse durch den Client nicht, so geht der Server davon aus, dass der Client diese Adresse nicht mehr benötigt. Der DHCP-Server kann in diesem Fall die IPv6-Adresse einem anderen Client zur Verfügung stellen. Wird von einem DHCP-Client eine IPv6-

Adresse von einem DHCPv6-Server angefordert, so muss der Client den Zeitpunkt, an dem der Request generiert wurde, festhalten. Empfängt ein Client eine Reply-Meldung von einem DHCPv6-Server, wird anhand des darin enthaltenen Zeitstempels die Zeitdifferenz (Sendezeit minus Empfangszeit) ermittelt. Durch diesen einfachen Mechanismus stellt der DHCP-Client sicher, dass die maximale Lebenszeit einer Adresse auf dem DHCP-Server nicht vor dem Zeitpunkt auf dem Client abläuft.

Time Offset

Das Time-Offset-Feld definiert die Zeitdifferenz (in Sekunden) des Client-Subnets in Bezug auf die Coordinated Universal Time (UTC). Das Offset wird immer als 32-Bit Integer dargestellt.

Code	Len	Time Offset			
2	4	n1	n2	n3	n4

Abb. 3.47   DHCP-Time-Offset-Extension

Code
Für die Time-Offset-Extension wurde der Code 2 festgelegt.

Length
Die Länge einer Tim-Offset-Extension beträgt immer 4 Oktetts.

Time Offset
Definiert die Zeitdifferenz in Bezug auf die Coordinated Universal Time (UTC).

Domain Name Server Extension

Die Domain-Name-Server-Extension enthält in einer Liste die Domain-Name-Systeme, die für den jeweiligen Client relevant sind.

Code	Len	Address 1				Address 2				
6	n	a1	a2	...	a16	a1	a2	...	a16	...

Abb. 3.48   DHCP-Domain-Name-Server-Extension

Code
Für die Domain-Name-Server-Extension wurde der Code 6 festgelegt.

Length
Die minimale Länge einer Domain-Name-Server-Extension beträgt immer 16 Oktetts. Die gesamte Länge dieses Felds wird immer als ein Vielfaches von 16 Oktett ausgedrückt.

Adressen
Enthält die aktuellen Adressen der Domain-Name-Systeme, die für den jeweiligen Client relevant sind.

Directory Agent Extension

Die Directory-Agent-Extension enthält in einer Liste die Directory-Agents, die für den jeweiligen Client relevant sind.

Code	Len	Address 1				Address 2			
11	n	a1	a2	...	a16	a1	a2	...	a16	...

Abb. 3.49   DHCP-Directory-Agent-Extension

Code
Für die Directory-Agent-Extension wurde der Code 11 festgelegt.

Length
Die minimale Länge einer Directory-Agent-Extension beträgt immer 16 Oktetts. Die gesamte Länge dieses Felds wird immer als ein Vielfaches von 16 Oktett ausgedrückt.

Address
Enthält die aktuellen Adressen der Directory-Agents, die für den jeweiligen Client relevant sind.

Domain Name

Die Domain-Name-Extension definiert den Domain-Namen, den der Client benutzten soll, wenn dieser Host-Namen mithilfe des Domain-Name-Systems auflösen möchte.

Code	Len	Domain Name				
15	n	D1	D2	D3	D4	...

Abb. 3.50   DHCP-Domain-Name-Extension

Code
Für die Domain-Name-Extension wurde der Code 15 festgelegt.

Length
Die Länge der Domain-Name-Extension beträgt immer 1 Oktett.

Domain Name
Enthält den eigentlichen Domain-Namen.

Static Route Extension

Die Static Route Extension dient zum Anlegen von statischen Routen im Routing-Cache eines Clients. Bestehen mehrere Routen zur einer Destination, so werden diese in der Wertigkeit, wie sie vom Client benutzt werden sollen, abgelegt.

Code	Len	Destination 1				Router 1			
33	n	D1	D2	...	D16	R1	R2	...	R16

Destination 2				Router 2				
D1	D2	...	D16	R1	R2	...	R16	...

Abb. 3.51 DHCP-Static-Route-Extension

Code
Für die Static-Route-Extension wurde der Code 33 festgelegt.

Length
Die minimale Länge einer Static Route Extension beträgt immer 32 Oktetts. Die gesamte Länge dieses Felds wird immer als ein Vielfaches von 16 Oktett ausgedrückt.

Destination 1
Die Destination-Adresse definiert die IP-Adresse des Endgeräts.

Router 1
Die Router-Adresse definiert den Router, über den Pakete zu der Destination übermittelt werden sollen.

TCP Default TTL Extension

Die TCP Default TTL Extension legt den Default-Wert (in Sekunden) des TTL-Feldes fest. Anhand dieses Werts ermittelt der Client vor dem Aussenden von TCP-Paketen die Lebenszeit von TCP-Segmenten.

Code	Len	TTL
37	1	n

Abb. 3.52 TCP Default TTL Extension

Code
Für die TCP Default TTL Extension wurde der Code 37 festgelegt.

Length
Die minimale Länge der TCP Default TTL Extension beträgt immer 1 Oktett.

TTL
Legt den Default-Wert (in Sekunden) des TTL-Felds fest.

TCP Keepalive Interval Extension

Die TCP Keepalive Interval Extension definiert den Intervall (in Sekunden), den ein TCP-Client abwarten muss, bevor dieser Keepalive-Message über die TCP-Verbindung übermittelt.

Code	Len	Time			
38	4	T1	T2	T3	T4

Abb. 3.53   TCP-Keepalive Interval Extension

Code
Für die TCP Keepalive Interval Extension wurde der Code 38 festgelegt.

Length
Die Länge der TCP Keepalive Interval Extension beträgt immer 4 Okett.

Time
32 Bit langer Zeitwert, der den Intervall (in Sekunden) bis zur ersten Keepalive-Message definiert. Ein 0-Wert bedeutet, dass der Client keine Keepalive-Medungen generieren darf.

Vendor Specific Information

Mithilfe der herstellerspezifischen Extensions können zwischen Clients und Servern optionale Informationen ausgetauscht werden. Der jeweilige Hersteller wird mithilfe der Class-Identifier-Extension codiert. Folgende Vendor Specific Information Extensions wurden bisher festgelegt: die Maximum-DHCPv6-Message-Size, der Class-Identifier, die Reconfigure-Multicast-Address, die Renumber-DHCPv6-Server-Address und die Client-Server-Authentication-Extension.

Code	Len	Vendor-specific information		
43	n	I1	I2	...

Abb. 3.54   Vendor Specific Information Extension

Code
Für die Vendor-Specific-Information-Extension wurde der Code 43 festgelegt.

Len
Die minimale Länge einer Vendor-Specific-Information-Extension beträgt 1 Oktett.

In einer Vendor-Specific-Extension können mehrere Information nacheinander abgelegt werden. In diesem Fall hat die Extension folgendes Format:

Code	Len	Data	item		Code	Len	Data	item	Code
T1	n	D1	D2	...	T2	n	D1	D2	....	...

Abb. 3.55   Vendor-Specific-Extension mit Daten

Maximum DHCPv6 Message Size

Die Maximum-DHCPv6-Message-Size-Extension definiert die maximale Länge einer DHCPv6-Message, die ein Gerät empfangen kann. Vom DHCP-Client darf die Maximum-

DHCPv6-Message-Size-Extension nur in DHCP Request Messages verwendet werden. Auf keinen Fall soll diese Extension in DHCP Solicit Messages vorkommen.

Code	Len	Length	
57	2	11	12

Abb. 3.56   Maximum DHCPv6 Message Size Extension

Für die Maximum-DHCPv6-Message-Size-Extension wurde der Code 57 festgelegt.

Len
Die Länge der Maximum-DHCPv6-Message-Size-Extension beträgt immer 2 Oktett.

Length
Die Längendefinition wird anhand eines 16 Bit langen Integer festgelegt. Der minimale Wert beträgt 1500 Oktett.

Class-Identifier

Die Class-Identifier-Extension wird von einem Client zur Definition des Typs und der Konfiguration des jeweiligen DHCPv6-Clients verwendet. Die eigentliche Information wird als Character-String (n-Oktett) an den Server übermittelt.

Code	Len	Class-Identifier		
60	n	l1	l2	...

Abb. 3.57   Class-Identifier-Extension

Code
Für die Class-Identifier-Extension wurde der Code 60 festgelegt.

Len
Die Länge der Class-Identifier-Extension beträgt mindestens 1 Oktett.

Class-Identifier

Der Class-Identifier dient zur Definition des Typs und der Konfiguration des jeweiligen DHCPv6-Clients.

Reconfigure Multicast Address

Mithilfe der Reconfigure-Multicast-Address-Extension ist ein DHCPv6-Server in der Lage, einem Client mitzuteilen, dass dieser sich einer bestimmten Multicast-Gruppe anschließen soll. Über die Adresse der Multicast-Gruppe empfängt der Client anschließend die DHCPv6-Reconfigure-Messages. Durch diesen einfachen Mechanismus ist der Server in der Lage, alle Clients auf einmal umzukonfigurieren.

3.3 Dynamic Host Configuration Protocol (DHCP)

Code	Len	IPv6 Multicast Address			
70	16	A1	A2	...	A16

Abb. 3.58 Reconfigure-Multicast-Address-Extension

Code
Für die Reconfigure-Multicast-Address-Extension wurde der Code 70 festgelegt.

Len
Die Länge der Reconfigure-Multicast-Address-Extension beträgt 16 Bit.

IPv6 Multicast Address
Definiert die Multicast-Adresse, über die die Rekonfigurationsmeldungen verschickt werden.

Renumber DHCPv6 Server Address

Die Renumber-DHCPv6-Server-Address-Extension ermöglicht es einem DHCPv6-Server, alle Clients gleichzeitig über eine Server-Adressänderung zu informieren. Die Renumber-DHCPv6-Server-Address-Extension wird in der Regel zusammen mit einer DHCP-Reconfigure-Message übermittelt. Dadurch wird vermieden, dass die Informationen zu jedem Client individuell übermittelt werden müssen.

Code	Len	New IPv6 Server Address			
71	16	A1	A2	...	A16

Abb. 3.59 Renumber-DHCPv6-Server-Address-Extension

Code
Für die Renumber-DHCPv6-Server-Address-Extension wurde der Code 71 festgelegt.

Len
Die Länge der Renumber-DHCPv6-Server-Address-Extension beträgt 16 Bit.

New IPv6 Server Address
Definiert die neue IPv6-Adresse des Servers.

Client-Server-Authentication-Extension

In jeder DHCPv6-Message, die zwischen den Clients und den Servern übermittelt werden, kann eine Client-Server-Authentication-Extension enthalten sein. Wird eine Client-Server-Authentication-Extension eingefügt, so muss diese Extension nach jeder zweiten Extension eingefügt werden.

Code	Len	Security Parameter ndx				replay protect			
71	4+x	sp1	sp2	sp3	sp4	rp1	...	rp8	Auth ...

Abb. 3.60 Client-Server-Authentication-Extension

Code
Für die Client-Server-Authentication-Extension wurde der Code 71 festgelegt.

Length
Die Länge der Client-Server-Authentication-Extension errechnet sich aus dem Security-Parameter-Index und der Anzahl der Bytes des Authenticators.

Security-Parameter-Index (SPI)
Der Security-Parameter-Index definiert den zwischen dem DHCPv6-Client und dem Server vereinbarten Security-Kontext. Die SPI-Werte 0 bis 255 wurden für andere Zwecke reserviert und dürfen deshalb nicht in einer Client-Server-Authentication-Extension vorkommen.

Replay Protection
Authenticator Mithilfe des 64 Bit langen Timestamp – gemäß Network-Time-Protocol-Format NTP – wird verhindert, dass die Daten einer verschlüsselten Meldung mitgeschnitten und zu einem späteren Zeitpunkt analysiert werden können.

Der Default-Authentication-Algorithmus generiert einen 128 Bit langen Message-Schlüssel und wird anhand der folgenden Informationen ermittelt:

- dem shared Secret, welches zwischen dem Client und dem Server besteht,
- dem Security-Parameter-Index und
- allen vorangegangenen Feldern der DHCPv6-Message und Extensions, gefolgt von dem shared Secret.

3.4 DNS-Erweiterungen für IPv6

In Computernetzwerken werden verschiedene Rechner zu einem Verbund zusammengeschlossen. Jeder dieser Rechner muss innerhalb des Netzes eindeutig identifizierbar sein. Im größten Netz der Welt, also im Internet, werden einzelne Rechner über die IP-Adresse eindeutig identifiziert. Da es für den Menschen schwierig ist, sich viele IP-Adressen zu merken, wurde ein System eingeführt, welches der IP-Adresse einen Domain-Namen zuweist. Dieses System heißt Domain-Name-System (DNS). Die NameServer geben Auskunft über die Zuordnung von Domain-Namen zu IP-Adressen.

Um Benutzer bzw. Rechensysteme zu adressieren, wurde mit dem RFC 1034 im Jahre 1987 ein **Domain-Name-Service** (DNS) vorgeschlagen, da das bis dahin verwendete Konzept an eine Leistungsgrenze kam. DNS ist im Prinzip eine spezialisierte verteilte hierarchische Datenbank.

Um einen Computer zu kennzeichnen, werden eine Reihe von Namen durch Punkt getrennt aneinander gehängt. Die Namen bezeichnen von vorne nach hinten jeweils umfassende Einheiten. Der eindeutige Name

Michael.GL.CJG.at

kennzeichnet ein in Österreich (at) bei dem Unternehmen Computer Journal Group (CJG) in der Abteilung Geschäftsleitung stehendes Gerät mit Namen (Michael). DNS gibt keine Anzahl von Bezeichnungen vor und überlässt die Namensgebung in den einzelnen Segmenten den jeweils zuständigen Organisationen. Der Domain-Name-Space ist als baumartige Struktur angelegt. Ausgehend von der Wurzel (Root) folgen die Top Level Domains wie „at", „com" oder „net". Diese spalten sich in weitere Subdomains auf.

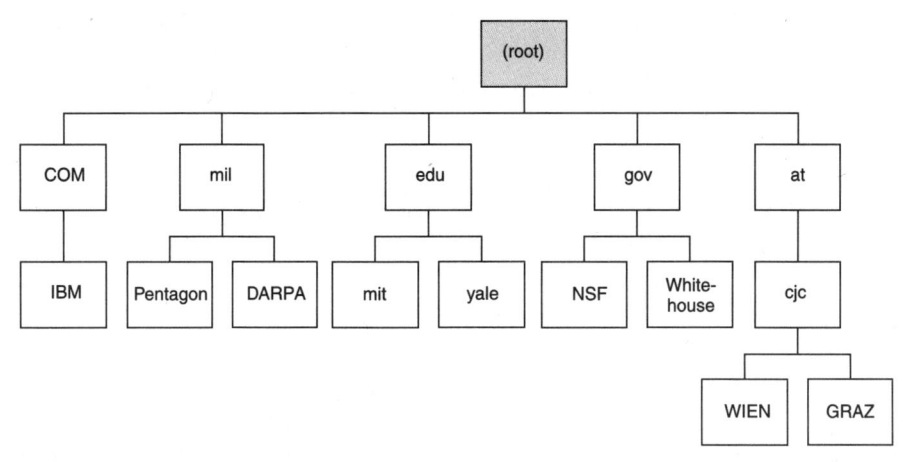

Abb. 3.61 Domain-Name-Space

Die Name-Server des DNS verwalten Zonen, die einen Knotenpunkt im DNS-Baum und alle darunter liegenden Zweige beinhalten. Durch die Existenz von Name-Servern auf verschiedenen Tiefen des DNS-Baums überlappen sich die Zonen der verschiedenen Name-Server. Ein Name-Server kennt jeweils seinen nächsthöheren und nächsttieferen Name-Server. In jeder Zone gibt es aus Zuverlässigkeitsgründen mindestens zwei aktive Name-Server (primary und secondary), die beide dieselben Informationen liefern.

Hauptaufgabe des DNS ist die Zuordnung von IP-Adressen zu Domain-Namen und umgekehrt. Ein Benutzerprogramm muss solche Abfragen (Queries) nicht selbst implementieren. Die meisten Betriebssysteme haben diesen Service integriert. Das Benutzerprogramm kann sich mithilfe eines Betriebssystemaufrufs die Informationen beschaffen. Die eigentliche Query zum DNS-Server übernimmt der Resolver, der wie gesagt meist im Betriebssystem eingebaut ist. Zur Leistungssteigerung verfügen alle Resolver über einen lokalen Cache, damit sie Mehrfachabfragen schneller beantworten können. In der folgenden Abbildung ist solch eine Standardabfrage veranschaulicht.

3.4.1 DNS-Query

Eine Applikation verfügt über eine IP-Adresse und möchte den dazugehörigen Domain-Namen ermitteln oder ein Programm erhielt durch eine Eingabe des Nutzers einen Domain-Namen und möchte die dazugehörige IP-Adresse ermitteln. Das betreffende Programm schickt eine Query an den Resolver und erwartet von diesem eine Antwort. Der Resolver überprüft, ob Antwort bereits im Cache vorhanden ist, falls ja, liefert er die Antwort zurück. Falls die Antwort noch nicht im Cache vorhanden war, schickt der Resolver seinerseits eine Query an einen DNS-Server (ein Resolver hält meist eine Liste von verfügbaren DNS-Servern, der Einfachheit halber ist hier der Ablauf mit nur einem DNS-Server aufgezeigt). Der DNS-Server schickt dem Resolver die gewünschte Antwort zurück. Der Resolver kopiert die Antwort in seinen Cache und schickt sie gleichzeitig an das Programm, von dem die ursprüngliche Anfrage kam.

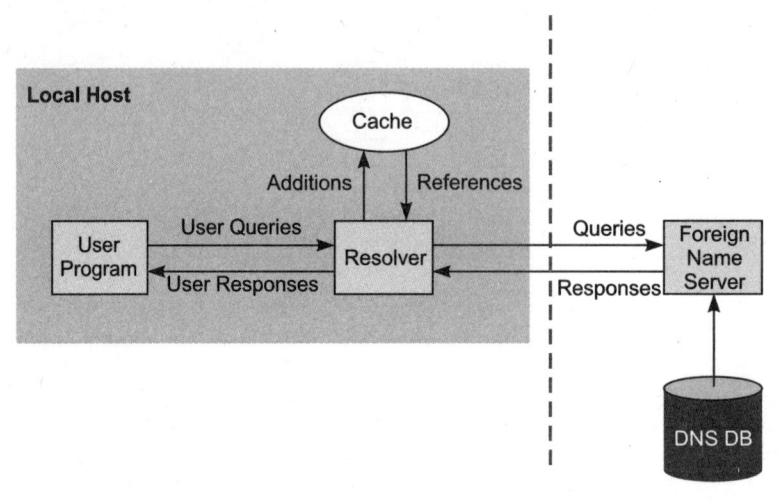

Abb. 3.62   DNS-Query

Der relativ triviale beschriebene Ablauf des DNS-Mechanismus birgt jedoch eine Reihe von Fehlerquellen. Der reale Ablauf der DNS-Prozesse ist daher in der Praxis erheblich komplexer. Es kommt in der Praxis recht häufig vor, dass der erste Name-Server keine Antwort auf die Query des Resolver liefern kann.

Hierfür sieht DNS folgende Möglichkeiten vor:

Der angefragte Name Server sucht selbstständig nach weiteren Name-Servern, die die Query beantworten können. In diesem Fall ändert sich für den Resolver nichts, er wartet einfach, bis er vom seinem Name-Server eine Antwort bekommt. Diese Art von Query bezeichnet man als **recursive**.

3.4 DNS-Erweiterungen für IPv6

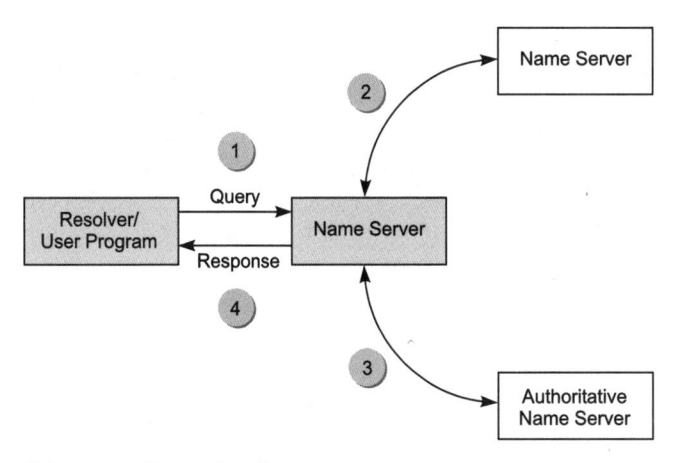

Abb. 3.63 Recursive Query

Von einem Resolver (oder einem speziellen Programm, das selbstständig DNS-Abfragen durchführt) wird einem bestimmten Name-Server eine Query geschickt. In dieser Query ist auch die Information enthalten, dass die Query **recursive** durchgeführt werden soll. Falls der erste angefragte Name-Server keine Antwort auf die Query weiß, leitet er die Query an einen anderen Name-Server weiter, von dem er vermutet, dass dieser eine Antwort liefern könnte. Falls auch dieser Name-Server keine Antwort weiß, meldet er dies zurück und gibt außerdem an, ob er einen Name-Server kennt, der die Antwort wissen könnte. Dieser Vorgang kann sich mehrere Male wiederholen. Schließlich gelangt der erste Name-Server an einen Name-Server, der die Antwort kennt. Meist ist dies ein autorativer Name-Server. Die Antwort auf die Query wird an den Resolver zurückgeschickt. Der »Foreign Name Server« liefert dem Resolver kein Resultat auf seine Query, er schlägt ihm aber einen anderen Name-Server vor, den der Resolver nun erneut mit der Query beauftragen muss. Dieses Szenario kann sich mehrmals wiederholen, bis der Resolver schließlich einen Name-Server angefragt hat, der ihm eine Antwort liefern kann.

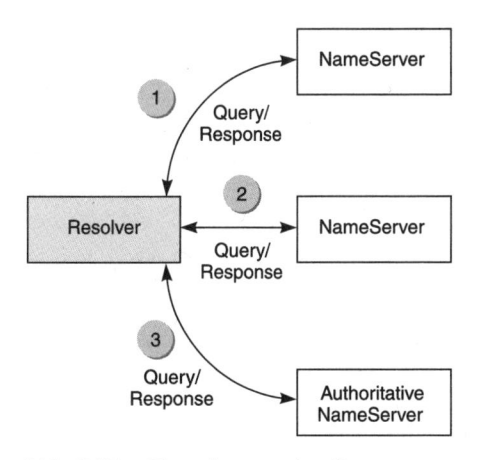

Abb. 3.64 *Fremde* recursive Query

Resolver kümmern sich selbsttätig um die Beschaffung der Informationen, ohne dass dafür zusätzlich etwas programmiert werden müsste. Es gibt allerdings eine starke Einschränkung beim Gebrauch von Resolvern. Die meisten Resolver können lediglich die Assoziation von IP-Adressen zu Domain-Namen auflösen, für andere Informationsabfragen, die auch über den DNS-Service laufen, können sie nicht eingesetzt werden. Will also ein Programm weitere Informationen vom DNS erhalten (spezielle Ressource Records), muss dies erst im System eingerichtet werden.

Die im Domain-Name-Service verwendeten Domain-Namen basieren auf einem hierarchischen Namenskonzept. Ein Domain-Name besteht aus verschiedenen Subnamen, die durch Punkte voneinander getrennt sind. Die einzelnen Subnamen werden auch Labels genannt. Innerhalb des Domain-Name-Systems sind einige Konventionen für die Domain-Namen zu beachten, aber es wird keine Unterscheidung zwischen Groß- und Kleinbuchstaben gemacht. Label starten mit einem Buchstaben, enden mit einem Buchstaben oder einer Zahl und haben zwischendrin entweder Buchstaben, Zahlen oder Bindestriche. Label müssen kleiner oder gleich 63 Zeichen lang sein. Domain-Namen müssen kleiner oder gleich 255 Zeichen lang sein. Der »Null«-Label ist für »Root« des DNS-Trees reserviert und hat die Länge 0. Um Domain-Namen auf dem Netzwerk zu übertragen, werden sie einer speziellen Codierung unterzogen. Die Domain-Namen innerhalb einer DNS-Message werden nicht wie herkömmliche Strings codiert und übertragen, sondern folgen speziellen Regeln.

Domain-Namen bestehen aus einer Sequenz von Labeln, die durch Punkte (.) getrennt sind. Jeder dieser Label wird wie folgt codiert:

- Als erstes Byte wird die Länge des Labels angegeben, danach folgen die eigentlichen Zeichen des Labels.

- Jeder Domain-Name endet mit dem »Null-Label«, also dem Byte 0.

Um die Payload innerhalb einer DNS-Message klein zu halten, wurde ein Verfahren zur Kompression von Domain-Namen definiert. Es basiert auf folgender Idee: Falls ein Domain-Name (oder auch nur einzelne Teile davon) innerhalb einer DNS-Message mehr als einmal vorkommen, wird anstelle einer erneuten Kopie des Namens ein Pointer verwendet, der an die entsprechende Stelle innerhalb der DNS-Message zeigt, wo der Domain-Name (oder ein Teil davon) bereits enthalten ist. Die meisten Name-Server verwenden die Codierung mit Kompression. Ein Client-Programm muss deshalb imstande sein, komprimierte Domain-Namen zu verstehen. Im Gegensatz dazu steht es einem Client-Programm frei, eigene DNS-Messages mit oder ohne Kompression zu generieren.

3.4.2 Das DNS-Protokoll

DNS ist sowohl über **UDP** als auch über **TCP** via **Port 53** erreichbar. Normalerweise wird für Queries eine Datagrammkommunikation (UDP) zwischen dem Client und dem DNS-Server verwendet. Vorteil von UDP ist dabei die Geschwindigkeit und der kleinere Overhead. Für Zone Refreshs wird hingegen eine TCP-Verbindung gewählt, da die Informationen zuverlässig übertragen werden müssen.

Normale Messages, die via UDP verschickt werden, haben eine Längenlimitierung von 512 Bytes. Sind mehr als 512 Bytes zu versenden, wird im DNS-Header das Truncation-Bit gesetzt. Messages, die mit UDP verschickt worden sind, können verloren gehen. Deshalb muss der Absender selbst einen Algorithmus implementieren, um verloren gegangene Pakete erneut zu senden. Außerdem ist bei mehreren Anfragen die Reihenfolge der Antworten nicht garantiert

Header	DNS-Header
Question	Frage für den Name Server
Answer	**RRs,** die die Frage beantworten
Authority	**RRs,** die Authoritative-NS beinhalten
Additional	**RRs,** zusätzliche Informationen

Abb. 3.65   DNS-Header

Jede DNS-Message besteht aus folgenden fünf Teilen: Header, Question, Answer, Authority, Additional. Je nach Message können einzelne Teile auch leer sein. Der Header ist immer vorhanden und hat eine fixe Länge von 12 Byte. Da der Header immer in einer DNS-Message vorhanden ist, definiert er auch die nachfolgenden Felder. Der Header- und die Question-Section haben spezielle Formate – Answer, Authority und Additional bilden eine verkettete Liste von Ressource Records (RRs).

Resource Records (RRs)

Ein Domain-Name identifiziert einen Knoten oder ein Blatt innerhalb des DNS-Baums eindeutig. Jedem Domain-Namen kann ein Set von zusätzlichen Ressource-Informationen zugeordnet werden (dieses Set kann auch leer sein, d.h., es sind keine zusätzlichen Resource-Informationen verfügbar). Diese Resource-Informationen sind je nach Art der Information in verschiedene Records aufgeteilt, den so genannten Resource Records (RRs). Diese Resource Records sind jeweils einem Domain-Namen eindeutig zugewiesen. Diese Resource Records werden in den so genannten Zone-Files abgespeichert. Diese Files werden vom DNS-Server beim Start geladen und sind von da an für Abfragen verfügbar. Dabei spielt die Reihenfolge der RRs innerhalb des Zone-Files keine Rolle, da sie ja eindeutig durch ihren Typ gekennzeichnet sind.

3.4.3 Erweiterungen von DNS für IPv6

Die Integration von DNS in die IPv6-Protokollwelt wurde im RFC 2874 festgelegt. Ein neuer Address Resource Record (genannt A6 Record) regelt die Unterstützung von 128-Bit langen IPv6-Adressen. A6-Records können entweder eine vollständige IPv6-Adresse oder einen zusammenhängenden Adressbereich, vor welchen ein oder mehrere Präfixe gesetzt werden, enthalten. Adresspräfixe können für Netzbetreiber oder für Subnetze definiert werden.

Für den A6 Resource Record wurde die Typnummer 38 festgelegt.

1 Oktett	0 bis 16 Oktett	0 bis 255 Oktett
Prefix len.	Address suffix	Prefix name

Abb. 3.66 A6 Resource Record

3.5 Erweitertes File Transfer Protocol (FTP)

Einer der wichtigsten Dienste im Internet bietet das File-Transfer-Protokoll (FTP). Das FTP bezeichnet neben dem Protokoll auch gleichzeitig den Dienst, der mit dem Protokoll realisiert ist. Das FTP sorgt für die Übertragung von Dateien zwischen verschiedenen Rechnern über das Netz. Wie viele andere Internet-Dienste auch arbeitet FTP Client/Server orientiert und steht auf fast allen Plattformen zur Verfügung. Einerseits ist es möglich, mit FTP private Dateien von einem Rechner zum anderen zu übertragen. Hierfür benötigt man natürlich auf den beteiligten Rechnern die entsprechenden Zugriffsrechte.

Das File Transfer Protocol (FTP) spezifiziert den benutzergesteuerten Datenaustausch zwischen zwei Rechnern, basierend auf einer TCP-Endsystemverbindung. Es durchlief seit den Anfängen des Internets mehrere Entwicklungsstufen.

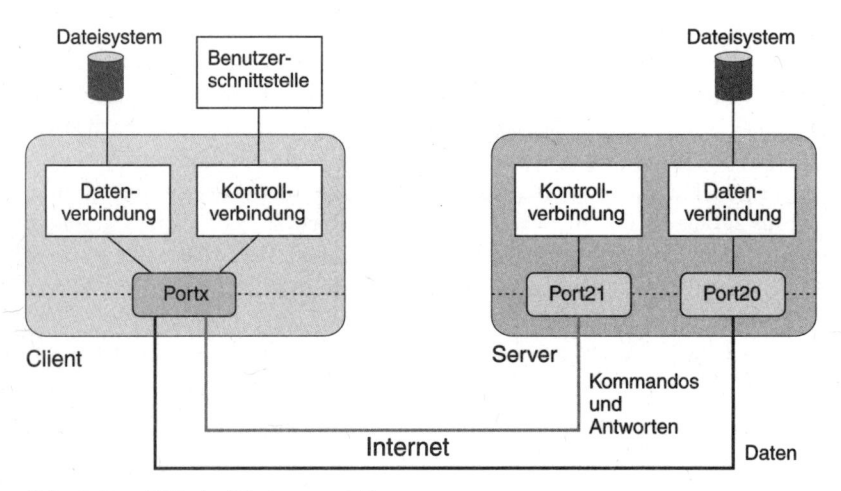

Abb. 3.67 FTP-Architekturmodell

Der FTP-Standard beschreibt eine Architektur nach dem Client/Server-Prinzip, deren zentraler Bestandteil die Trennung von *Kontroll- und Datenverbindung* ist. Eine FTP-Sitzung läuft schematisch wie folgt ab:

Der Client initiiert den Aufbau einer Kontrollverbindung zum Server und schickt über diese Kontrollverbindung Kommandos an den Server. Der Server antwortet auf die Kommandos des Clients ebenfalls über die Kontrollverbindung. Die Kommandos des Clients legen die Parameter für die Datenübertragung, z.B. Datentyp, Übertragungsmodus, Datenstruktur, und die durchzuführenden Operationen fest, z.B. Speichern, Anfügen, Abholen von Dateien. Ist eine Aktion mit den erforderlichen Parametern festgelegt, findet die Datenübertragung über die Datenverbindung statt.

FTP benötigt zwei separate TCP-Verbindungen: eine, um Kommandos und Antworten zwischen Client und Server zu übertragen (command channel), und eine weitere, um die Daten auszutauschen (data channel). Auf der Serverseite wird für den command channel normalerweise der Port 21 verwendet und für den data channel Port 20. Um eine FTP-Verbindung im active mode aufzubauen, sind folgende Schritte notwendig:

Ports anfordern durch den Client
Der Client fordert zwei TCP-Ports >1024 vom Betriebssystem an. Einen für den command channel und den anderen für den data channel. Der Client benützt den ersten Port für den Kommandokanal. Dann teilt der Client dem Server mit, dass er den zweiten Port für den Datenkanal verwenden möchte. Dazu wird das FTP-Kommando PORT verwendet.

Bestätigung durch den Server
Der Server bestätigt den Empfang des Daten-Ports vom Client.

Verbindungsaufbau durch den Server
Der Server baut dann die Datenverbindung zum Clienten auf. Dies ist aus Sicherheitsgründen bedenklich, da von außen eine Verbindung aufgebaut wird. Dadurch ist es möglich, eine Firewall zu umgehen (Tunneling).

Bestätigung durch den Client
Abschließend nimmt der Client die Verbindungsanfrage für den Datenkanal vom Server entgegen.

Es gibt noch eine zweite Methode, eine FTP-Verbindung aufzubauen, den passive mode. Im Unterschied zum active mode wird hier keine Verbindung von außen aufgebaut, sondern der Server teilt dem Client mit, welchen Port (>1023) er für den Datenkanal benutzen möchte.

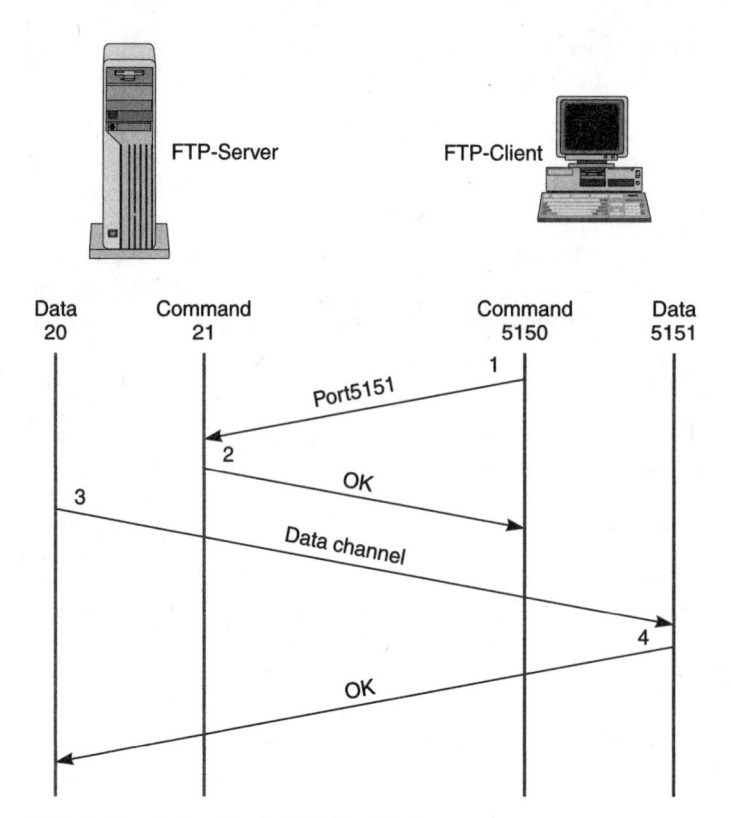

Abb. 3.68 Active Mode FTP-Verbindung

Im FTP-Protokoll werden Vorkehrungen für viele unterschiedliche Fälle und Konstellationen getroffen. Es gibt unterschiedliche Datentypen, z.B. ASCII, EBCDIC, IMAGE, die der Benutzer angeben kann. Auch werden verschiedene Übertragungsarten, z.B. Stream (Datenstrom ohne Struktur), Block (Daten werden blockweise übertragen) und Compressed (einfache Datenkompression bei der Übertragung) berücksichtigt. Selbst für unterschiedliche Datenstrukturen wie Datei, Rekord oder Seite werden Vorkehrungen getroffen. In konkreten Implementierungen werden jedoch meistens nicht alle Möglichkeiten realisiert. Als Übertragungsart steht meist nur Stream und als Datenstruktur Datei zur Verfügung.

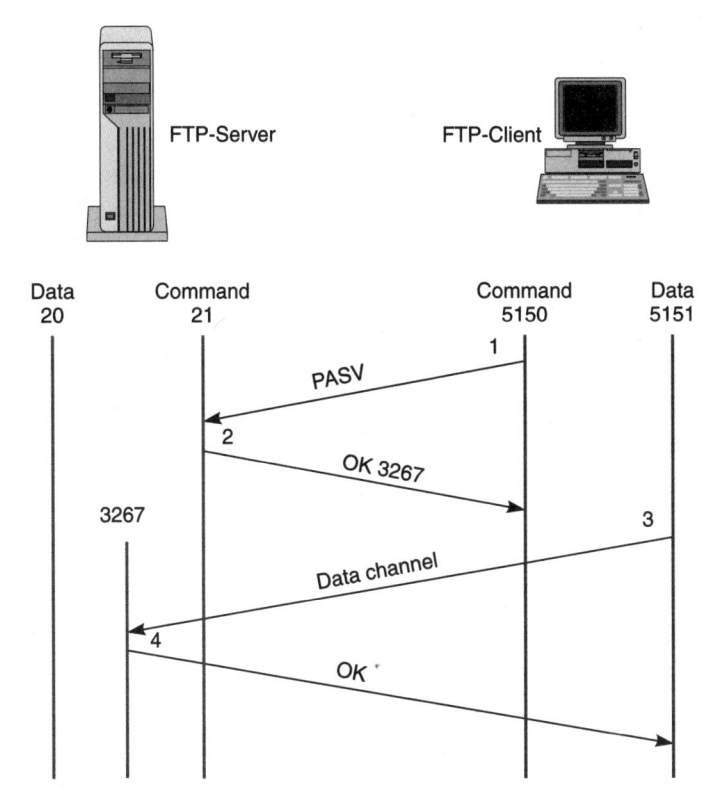

Abb. 3.69   Passive Mode FTP-Verbindung

Die wichtigsten Dateiformate

AscII-Format: Das AscII-Dateiformat ist primär für die Übertragung von Text gedacht. Es ist das Standardformat, wird also verwendet, falls keine andere Einstellung vorgenommen wird. Alle FTP-Implementationen unterstützen dieses Dateiformat. Der remote Host wandelt den Text von seiner internen Darstellung in einen einheitlichen Zeichensatz um; der local Host übersetzt diese Darstellung dann wieder in sein eigenes Textformat.

IMAGE-Format (binary): Im IMAGE-Format werden die Daten als fortlaufende Bitfolge transferiert und so auch wieder gepeichert. Dieses Dateiformat ist hauptsächlich für die Übertragung von Bildern und ausführbaren Dateien vorgesehen.

Die wichtigsten FTP-Kommandos

USER *name*: Das Argument *name* ist der Benutzername für den Zugang zum Dateisystem des remote Hosts. Bei anonymous FTP wird hier *anonym* gesendet. In der Regel ist USER das erste verwendete Kommando.

PASS *passwd* **(PASSWORD):** Das Argument *passwd* ist das Passwort für den zuvor durch USER angegebenen Benutzernamen. Bei anonymous FTP ist dies die vollständige eigene E-Mail-Adresse.

CWD *dir* **(CHANGE WORKING DIRECTORY):** CWD wechselt in das durch *dir* angegebene Verzeichnis.

QUIT: Durch dieses Kommando wird der Benutzer beim remote Host abgemeldet. Noch laufende Datentransfers werden falls möglich ordnungsgemäß beendet und die Verbindung wird geschlossen.

TYPE *Dateityp* **(REPRESENTATION TYPE):** *dateityp* gibt an, welcher Dateityp beim Transfer verwendet werden soll (z.B.: AscII oder IMAGE).

RETR *file* **(RETRIEVE):** Die in *file* angegebene Datei wird vom remote Host zum local Host transferiert. Quell- und Zielverzeichnis sind die aktuellen Verzeichnisse von remote und local Host.

STOR *file* **(STORE):** STOR ist genau das Gegenteil von RETR: *file* wird vom local zum remote Host transferiert.

STOU *file* **(STORE UNIQUE):** Genau wie STORE, die Zieldatei darf jedoch noch nicht existieren.

DELE *file* **(DELETE):** Die Datei *file* auf dem remote Host wird gelöscht.

RMD *dir* **(REMOVE DIRECTORY):** Das Verzeichnis *dir* wird gelöscht.

MKD *dir* **(MAKE DIRECTORY):** Das Verzeichnis *dir* wird angelegt.

PWD (PRINT WORKING DIRECTORY): Der Name des aktuellen Verzeichnisses wird angezeigt.

LIST: Der Inhalt des aktuellen Verzeichnisses wird angzeigt.

HELP *[topic]***:** Vom remote Host wird Hilfe angefordert. Als Argument kann z.B. ein Kommando übergeben werden.

Die Antworten des Servers bestehen aus einer dreistelligen Zahl und einer kurzen Textnachricht. Die Nachricht ist für den Benutzer gedacht, während die Zahl für die Auswertung durch den Client bestimmt ist. Demgemäß ist die Nachricht nicht zwingend festgelegt, wogegen die drei Ziffern des Antwortcodes *xyz* nach einem festgelegten System vom Server verwendet werden. Bei vielen FTP-Client-Programmen sind die Antworten des Servers genau in der Form, in der sie in der Norm beschrieben werden, sichtbar. Sie werden hier genauer aufgeschlüsselt. Für die erste Stelle sind die Ziffern 1 bis 5 zulässig mit folgender Bedeutung:

- *1yz*: positive Vorabbestätigung, die angeforderte Aktion konnte gestartet werden,
- *2yz:* positive Vollzugsmeldung, die angeforderte Aktion wurde korrekt beendet,
- *3yz:* positive Übergangsbestätigung, zur vollständigen Bearbeitung ist ein weiteres Kommando nötig,

- *4yz:* vorübergehende negative Vollzugsmeldung, die angeforderte Aktion kann zzt. nicht durchgeführt werden,

- *5yz:* dauerhaft negative Vollzugsmeldung, die angeforderte Aktion kann prinzipiell nicht erbracht werden.

Für die zweite Stelle des Antwortcodes sind die Ziffern 0 bis 5 vorgesehen:

- *x0z:* Fehler; selbst bei korrekter Syntax macht das Kommando keinen Sinn,

- *x1z:* Informationsantwort, die z.B. den Status des Servers betrifft,

- *x2z:* Antwort bezieht sich auf die Kontroll- oder Datenverbindung,

- *x4z:* unbenutzt, *x3z:* Antwort steht in Zusammenhang mit dem *Login* des Benutzers,

- *x5z:* Antwort bezieht sich auf den Status des Server-Dateisystems.

Die dritte Stelle *z* verfeinert lediglich die Bedeutung der zweiten Stelle.

3.5.1 Erweitertes FTP (FTPv6)

Das File Transfer Protocol (FTP) geht in seiner ursprünglichen Spezifikation an mehreren Stellen davon aus, dass die darunter liegenden Netzwerkprotokolle auf der Basis von 32 Bit langen IP-Adressen arbeiten. Die klassischen IPv4-Adressen müssen somit für den Betrieb über einen IPv6-Protokollstack an die neuen Anforderungen angepasst werden und die neuen 128 Bit langen IPv6-Adressen unterstützen.

Diese Anpassungen erfordert jedoch für eine gewisse Übergangszeit, dass die jeweiligen FTP-Implementierungen zwischen Kommunikationspartnern auf Basis von IPv4 bzw. IPv6 unterscheiden können. Diese Anpassung muss außerdem dynamisch während des Betriebs möglich sein.

Wie bereits dargestellt, nutzt FTP zwischen Client und Server zwei getrennte Verbindungen (Steuer- und Datentransferleitung). Im Ablauf des Verbindungsmanagements sind keine Änderungen für IPv6 notwendig, da hier keine vom Transportprotokoll anhängigen Elemente existieren. Im Protokoll selbst werden jedoch bei zwei Kommandos Änderungen notwendig. Bei IPv4 diente der Befehl PORT dazu, eine Adresse für die Übertragung der Daten zu spezifizieren. Dieser Befehl soll in der neuen Version durch das Kommando EPRT abgelöst werden.

Das EPRT-Kommando

Das EPRT-Kommando ermöglicht die Definition einer erweiterten IP-Adresse für die Datenverbindung. Die EPRT Syntax lautet:

EPRT<space><d><net-prt><d><net-addr><d><tcp-port><d>

Auf das einleitende Schlüsselwort EPRT folgt ein Leerzeichen (ASII 32). Mit <d> wird ein beliebiges Begrenzungszeichen definiert. In der Regel wird hierfür das »|«-Zeichen (ASCII 124) genutzt. Das nachfolgende Schlüsselwort (net-prt) definiert die verwendete Protokollfamilie (AF) und somit implizit die betreffende Adresslänge. Es wurden bisher folgende Werte festgelegt:

AF-Nummer	Protokoll
1	Internet Protocol Version 4
2	Internet Protocol Version 6

Tab. 3.6   Festgelegte EPRT-Werte

Im nächsten Abschnitt wird in Abhängigkeit des gewählten Protokolls (AF-Nummer) die entsprechende IP-Adresse dargestellt. Hier gelten folgende Definitionen:

AF Nummer	Adressformat	Beispiel
1	Dotted decimal Notation	132.235.1.2
2	IPv6 String	1080::8:800:200C:417A

Das <tcp-port>-Argument enthält die notwendigen Information über den Port, über den beim Absender die nachfolgende Datenverbindung aufgebaut werden soll.

EPRT |1|132.235.1.2|6275|

Mit diesem Kommando wird festgelegt, dass der Server auf Basis einer IPv4-Verbindung eine Datenverbindung zu Rechner 132.235.1.2 mit dem TCP-Port 6275 aufbauen soll.

EPRT |2|1080::8:800:200C:417A|5282|

Mit diesem Kommando wird festgelegt, dass der Server auf Basis einer IPv6-Verbindung eine Datenverbindung zu Rechner 1080::8:800:200C:417A mit dem TCP-Port 5282 aufbauen soll.

Werden für <net-prt> keine Angaben gemacht, wird für die Datenübertragung der gleiche Protokoll eingesetzt, wie es für die steuernde Verbindung in Gebrauch ist. Falls keine Angabe über die Adresse gemacht wird, ist für die Datenübertragung die gleiche IP-Adresse zu verwenden wie für den Steuerdialog. Der Port muss in jedem Fall angegeben werden.

Unterstützt ein Server das EPRT-Kommando, bestätigt er dieses durch die Übermittlung einer positiven Bestätigung (Code 200; Command OK). Mithilfe des negativen Bestätigungscodes 500 und 501 lassen sich fast alle Fehlerzustände zwischen den Kommunikationspartnern signalisieren. Wird jedoch das neue EPRT-Kommando nicht unterstützen, muss der Empfänger den Fehler 522 (unbekanntes Netzwerkprotokoll) zurückmelden.

Der neue Fehlercode setzt sich aus folgenden Bestandteilen zusammen:

- 5yz   Negative Completion
- x2z   Connections
- xy2   Extended Port Failure – unknown network protocol

3.5.2 Das EPSV-Kommando

Das EPSV-Kommando signalisiert einem Server, dass dieser auf einem bestimmten Datenport im Listening-Modus auf einen Verbindungsaufbau warten soll. Dieser Vorgang entspricht bei der IPv4-FTP-Variante dem Kommando PASV. Das EPSV-Kommando lautet wie folgt:

EPSV<space><d><net-prt><d><net-addr><d><tcp-port><d>

Unterstützt ein Server das EPSV-Kommando, bestätigt er dieses durch die Übermittlung einer positiven Bestätigung (Code 229; Entering Extended Passive Mode). Der Bestätigungscode setzt sich wie folgt zusammen:

- 2yzPositive Completion
- x2zConnections
- xy9Extended Passive Mode Entered

Mit dieser Meldung werden alle weiteren für die Übertragung notwendigen Parameter mitgeteilt:

< Text><space>(<d><net-prt><d><net-addr><d><TCP-port><d>)

Die einzelnen Abschnitte haben die gleiche Bedeutung wie beim Kommando EPRT. Im Bereich »Text« erfolgt eine lesbare Bestätigung des Kommandos. Somit sind

- Entering Extended Passive Mode (111123.4.5.616.5431) oder
- Entering Extended Passive Mode (1211001 :2002::3:4:5:6147111)

korrekte Antworten auf das EPSV-Kommando.

Will der Client ein bestimmtes Protokoll bei der Übertragung anfordern, kann er es als Parameter beim EPSV-Kommando mitsenden:

EPSV <net-prt>

In den meisten Fällen wird es besser sein, keine IP-Adresse anzugeben, da dann die beteiligten Rechner alle Möglichkeiten von IPv6 zur Bestimmung einer Adresse ausnutzen können.

3.5.3 Einsatzgebiete

Für alle FTP-Transfers, bei denen sowohl die Kontroll- als auch die Datenverbindung zwischen den gleichen Rechnern aufgebaut wird, muss das EPSV-Kommando genutzt werden. Das EPSV-Kommando wird in der Regel nur bei der Kommunikation über Firewalls oder Network Address Translators (NATs) genutzt. Im RFC 1579 wird festgelegt, dass das passive Kommando immer bei der Kommunikation über Firewalls genutzt werden soll. Firewalls ermöglichen in der Regel keine in Empfangsrichtung eingehenden Verbindungen. Wird das EPSV-Kommando verwendet, darf das NAT bei der Übertragung die IP-Adresse nicht verändern. Im Fall des EPRT-Kommandos ist eine Adressänderung durch NAT jedoch erlaubt.

3.6 Network Time Protocol (NTP)

Um die Systemzeit eines Rechners korrekt einzustellen, wird in den meisten Netzen noch immer die Armbanduhr des Systemadministrators verwendet. Die von dem Systemadministrator auf seiner Armbanduhr abgelesene Uhrzeit wird in das Rechnersystem als Systemzeit eingetragen. Wird der Rechner als einziger Server am Netz oder in einer nicht zeitkritischen Umgebung eingesetzt, so fällt eine Zeitungenauigkeit nicht auf. Unter Umständen justiert der Systemadministrator die Systemzeit bei Bedarf manuell. Werden in einem Netz jedoch zeitkritische Prozesse eingesetzt oder arbeiten mehrere Server in einem Cluster-Verbund (Serverfarm), ist die Armbanduhr-Methode nicht mehr ausreichend, um eine korrekte Systemzeit für alle Rechnersysteme zu garantieren. Eine auf diese Weise gepflegte Systemzeit weist in Sachen korrekter Uhrzeit immer beträchtliche Differenzen auf. Außerdem läuft die Systemzeit durch das manuelle Nachstellen ungleichmäßig. Falsche Systemzeiten bzw. Systemzeitdifferenzen innerhalb einer Gruppe von Rechnern bereiten beispielsweise beim Einsatz vom NFS und bei der Authentifikation mit Kerberos erhebliche Probleme.

Das Network Time Protocol (NTP) wurde in den RFCs 1059, 1129 und 1305 dokumentiert. Das NTP-Protokoll sorgt für Koordination der Zeit zwischen Servern und Clients und synchronisiert die Uhren-Frequenzen. Gegenüber der ICMP-Timestamp-Option bietet das Network Time Protocol nicht nur eine höhere Effizienz, sondern sorgt auch für eine zentralisierte Koordination der Uhren innerhalb großer Netzwerke. Die Grundfunktionen des Network Time Protokolls sind:

- Koordination und Verteilung der aktuellen Zeit zwischen unterschiedlichen Timeservern,
- Synchronisation der Uhren-Frequenzen von Servern und Clients.

Die Koordination und Verteilung der aktuellen Zeit zwischen unterschiedlichen Timeservern bewirkt, dass die Uhren im Netzwerk immer bezüglich einer Referenz-Uhrzeit (der Universal Coordinated Time, UTC) übereinstimmen. Durch die Synchronisation der Uhren-Frequenzen wird dafür gesorgt, dass alle Server und Clients im Netzwerk mit der gleicher Frequenz vorrücken und somit im gleichen Rhythmus ticken. In einem Netzverbund muss an einer Stelle die korrekte UTC-Zeit eingeführt werden. Hierfür gibt es folgende Lösungen:

Funkverbindung
Ein Rechner im Netz wird mit einer speziellen Hardwareuhr ausgerüstet. Diese Hardwareuhr wird per Funk über eine externe Atomuhr per Zeitzeichensignalen gesteuert. In Deutschland übernimmt die Physikalisch-Technische Bundesanstalt Braunschweig mit dem DCF77-Zeitsignal diese Funktion.

Über das Internet
Die Physikalisch-Technische Bundesanstalt (PBT) verschickt ihre Zeitsignale auch übers Internet. Über zwei öffentlich zugängliche Zeitserver (ptbtime1.ptb.de und ptbtime2.ptb.de) gelangen die Zeitsignale der Braunschweiger Atomuhr ins Netz. Einziger Unsicherheitsfaktor beim Synchronisieren der Uhr über die PTB-Server sind mögliche Zeitverzögerungen auf dem Weg durch das Netz.

3.6.1 Atomuhr

Der Zeittakt wird heute anhand eines Cäsiumatoms definiert. Dieser Zeittakt besitzt nur eine Ungenauigkeit > 5 x 10^{-12}. Das Cäsiumatom kommt wie alle Atome in zwei Energiezuständen (+ bzw. –) vor. Der ständige Wechsel des Energiezustands des Cäsiumatoms kann durch elektronische Strahlung mit einer charakteristischen Frequenz erzwungen werden. Die Frequenz des Cäsiumatoms liegt bei einem Wert von 9.192.631.770 Hz. Das bedeutet, innerhalb einer Sekunde wechselt das Cäsiumatom seinen Energiezustand 9.192.631.770 mal. Diese Schwingdauer eines Cäsiumatoms ist zeitlich konstanter als alle anderen Methoden zur Gewinnung von Zeit.

In beiden Fällen synchronisiert der Rechner seine eigene Systemuhr in Zeit und Frequenz mit dem externen Zeitgeber und wird so zum primären Timeserver im Netzwerk. Die Zeitgenauigkeit eines solchen Timeservers wird von der Auflösung der eigenen Systemuhr bestimmt. Man geht bei Unix-Rechnern von einer Uhrfrequenz von 100 Hz aus und kann somit eine Genauigkeit von ca. 10 ms erreichen. Diese hohe Genauigkeit ist zwar für die oben aufgeführten Probleme nicht erforderlich, das NTP-Protokoll erfordert jedoch, dass die Uhren von Timeservern eine derartige Präzision aufweisen.

Timeserver stehen in hierarchischer Beziehung zueinander. Ein sekundärer Timeserver erhält seine Zeit über das Netz von einem primären Timeserver. Andere Timeserver beziehen ihre Zeit wiederum von einem sekundären Timeserver. Die Stellung eines Timeservers in dieser Hierarchie wird mit einer Zahl, dem so genannten Stratum, gekennzeichnet. Ein primärer Timeserver hat ein Stratum von 1, ein sekundärer hat ein Stratum von 2 usw. Je höher das Stratum, desto weiter liegt der Timeserver von der primären Zeitquelle entfernt und desto höher ist die Wahrscheinlichkeit, dass es sich um einen ungenauen Timeserver handelt. Die Zeitsynchronisation zwischen Client und Server läuft vereinfacht gesehen folgendermaßen ab:

1. Der NTP-Client schickt eine NTP-Message an den NTP-Server.

2. Der NTP-Server tauschte im empfangenen IP-Datagramm die IP-Adressen und einige Felder in der Message aus und schickt das Paket wieder an den ursprünglichen Sender zurück.

Als Resultat der Client-Server-Kommunikation ergeben sich die folgenden vier Zeitstempel:

```
Client          Server
  t1  ────────▶   t2
  t3  ◀────────   t4
```

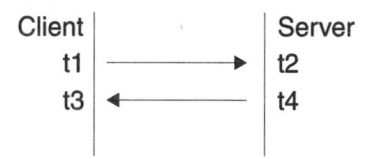

Abb. 3.70   Zeitlicher Ablauf

Aus diesen vier Zeitstempeln bestimmt der NTP-Client:

- das Delay: Zeit, die eine NTP-Message im Netz unterwegs ist und

- das Offset: Zeitspanne der Uhrendifferenz der beiden Rechner.

Beide Größen können nur näherungsweise bestimmt werden:

$$\text{Offset} = \frac{(t4 - t3) + (t1 - t2)}{2}$$

$$\text{Delay} = (t4 - t1) - (t3 - t2)$$

Das NTP-Protokoll geht davon aus, dass Hin- und Rückweg der NTP-Pakete gleich lang sind. Aus diesem Grund stellt das Offset den Mittelwert beider Kommunikationsrichtungen dar. In die Verzögerung (Delay) gehen natürlich die realen Werte ein und stellen somit eine Fehlerabweichung bei der Berechnung des Offsets dar. Bei der Kommunikation über ein LAN macht der Round-Trip-Delay nur einen Bruchteil des Offsets aus, wodurch der Offset genau bestimmt werden kann. Bei der Kommunikation über ein WAN oder im Internet sehen die Verhältnisse völlig anders aus. Um den verfälschenden Einfluss von Laufzeitschwankungen zu minimieren, werden die ermittelten Offset- und Delay-Werte einer zusätzlichen Filterprozedur unterworfen. Aus den letzten acht empfangenen NTP-Messages eines Timeservers bestimmt die Message mit dem geringsten Delay den aktuellen Offset-Wert; zusätzlich wird aus der gleichen Liste eine weitere Größe berechnet: die Dispersion. Bei der Dispersion handelt es sich um einen gewichteten Mittelwert der Offset-Abweichungen der letzten acht NTP-Messages vom aktuellen Offset-Wert, wobei die Offset-Werte bei geringem Delay-Wert ein größeres Gewicht haben als die mit großen Delay-Werten. Die Dispersion eines Timeservers spielt somit eine Rolle bei der Bewertung der Güte von Timeservern.

NTP wurde für den Einsatz im Internet entwickelt. Im Internet brechen permanent Verbindungen zusammen oder sind extrem belastet, sodass die Pakete umgeleitet bzw. verworfen werden. Aus diesem Grund müssen Vorkehrungen gegen Störungen bei Timeservern bzw. den Netzverbindungen zwischen Timeservern getroffen werden. Beim NTP werden hierzu folgende Techniken eingesetzt:

Redundanz
Jeder Timeserver bzw. jeder NTP-Client steht mit weiteren (mindestens drei, möglichst mehr) NTP-Timeservern höheren oder zumindest gleichen Stratums in Verbindung. Fällt für einen NTP-Rechner seine aktuelle Synchronisationsquelle aus, übernimmt automatisch ein anderer Timeserver diese Rolle.

Wahl des besten NTP-Servers
Aus einer Liste der zur Verfügung stehenden Timeserver wird der beste NTP-Server als aktuelle Synchronisationsquelle ausgewählt. Als Kriterien zur Auswahl werden folgende Werte herangezogen:

- Stratum (je kleiner, desto besser),
- Delay (je kleiner, desto besser),
- Dispersion (je kleiner, desto besser).

Die Frequenz, mit der zwischen Timeservern NTP-Messages ausgetauscht werden, schwankt dynamisch zwischen 64 Sekunden (mit aktueller Synchronisationsquelle) und etwa 34 Minuten (mit Backup-Timeservern).

3.6.2 Wer synchronisiert die Zeit?

Ein NTP-Client fordert vom NTP-Server eine NTP-Message mit den schon beschriebenen Zeitstempeln an und synchronisiert danach seine eigene Uhr. Voraussetzung ist jedoch, bei dem betreffenden NTP-Server handelt es sich um den »besten« verfügbaren NTP-Server im Netz. Im NTP-Protokoll wird von so genannten Assoziationen zwischen Timeservern gesprochen, die sich anhand der fünf verschiedenen Betriebszustände eines NTP-Timeservers beschreiben lassen.

Assoziation	Rechner 1	Rechner 2
Peer Peer	symmetrisch aktiv	symmetrisch passiv
Client Server	Client	Server
Broadcast	Client	Broadcast Server

Tab. 3.7 Betriebszustände eines NTP-Timeservers

Eine symmetrische Assoziation zwischen Timeservern nutzt den gesamten Funktionsumfang des NTP-Protokolls. Eine Peer verfügt über zusätzliche Statusinformationen über seinen Peer-Kommunikationspartner und nutzt diesen bei Bedarf als Synchronisationsquelle. Symmetrische Assoziationen sind üblich zwischen Timeservern mit kleinen Stratum-Werten. In einer Client/Server-Assoziation sind die Rollen fest vorgegeben. Der NTP-Server liefert dem NTP-Client zwar die genaue Zeit, ist aber in keinem Fall bereit, sich mit diesem zu synchronisieren. Client/Server-Assoziationen sind zwischen Timeservern mit hohen Stratum-Werten üblich. Broadcast-Assoziationen sind in LANs anwendbar, in denen ein Server mehrere Clients mit NTP-Messages im Broadcast-Verfahren bedient.

NTP-Header

Das Network Time Protocol (NTP) sorgt für Koordination der Zeit zwischen Servern und Clients und synchronisiert die Uhren-Frequenzen. Das NTP-Protokoll wird auf Basis des User-Datagram-Protokolls (UDP) über das Netz übermittelt. Das UDP kommuniziert mit dem UDP-Port 123 direkt mit den NTP-Services.

0									1										2										3	
0	1	2	3	4	5	6	7	8	9	0	1	2	3	4	5	6	7	8	9	0	1	2	3	4	5	6	7	8	9	0
L	V		M			Stratum								Poll							Precision									
Root Delay																														
Root Dispersion																														
Reference Clock Identifier																														

Reference Timestamp
Reference Timestamp
Originate Timestamp
Originate Timestamp
Recive Timestamp
Recive Timestamp
Transmit Timestamp
Transmit Timestamp
Authenticator

Abb. 3.71 NTP-Header

Leap Inicator (LI)
Der 2-Bit-Warnungscode legt fest, wie viel Sekunden am letzten Tag des aktuellen Monats zur Systemzeit hinzugefügt werden müssen. Die Bits haben folgende Bedeutung:

Wert	Bedeutung
00	Keine Warnung
01	+1 second (following minute has 61 seconds).
10	-1 second (following minute has 59 seconds).
11	Alarm (Uhr nicht synchronisiert).

Tab. 3.8 Bedeutung der Bits beim Leap Indicator

Version Number (VN)
Der 3-Bit-Code definiert die aktuelle Version des verwendeten NTP-Protokolls. Aktuell ist die für IPv4 nur die Version 4 im Einsatz.

Mode
Definiert den aktuellen Modus des Protokolls. Folgende Werte wurden bisher reserviert:

Wert	Bedeutung
0	Reserviert
1	Symmetrie aktive
3	Client

Wert	Bedeutung
4	Server
5	Broadcast
6	NTP Control Message
7	Für private Anwendungszwecke reserviert

Tab. 3.9　Aktueller Modus

Stratum
Definiert den Stratum-Wert der lokalen Uhr. Folgende Werte sind definiert:

Wert	Bedeutung
0	Unspezifiziert
1	Primäre Referenz (z.B. Funkuhr)
2 bis 255	Sekundäre Referenz (via NTP)

Tab. 3.10　Stratum-Werte

Poll
Definiert den zeitlichen Abstand (in Sekunden) zwischen zwei aufeinander folgenden NTP-Messages.

Precision
Definiert die Genauigkeit der lokalen Uhr in Sekunden.

Root Delay
Definiert den Roundtrip Delay (in Sekunden) zum primären NTP-Server.

Root Dispersion
Beschreibt die relative Abweichung (in Sekunden) von der Zeit des primären NTP-Servers.

Reference Clock Identifier
Der 32 Bit lange Code identifiziert die Art des Referenzzeitgebers. Im Falle von Stratum 0 (unspecified) oder Stratum 1 (primäre Referenz) werden folgende ASCII String-Codes als Identifikatoren verwendet:

Stratum	Code	Bedeutung
0,	DCN	DCN routing protocol
0,	NIST	NIST public modem
0,	TSP	TSP time protocol

Stratum	Code	Bedeutung
0,	DTS	Digital Time Service
1,	ATOM	Atomic clock (calibrated)
1,	VLF	VLF radio (OMEGA,, etc.)
1,	callsign	Generic radio
1,	LORC	LORAN-C radionavigation
1,	GOES	GOES UHF environment satellite
1,	GPS	GPS UHF satellite positioning

Reference Timestamp
Beschreibt den Zeitpunkt, zu dem die lokale Uhr zuletzt korrigiert bzw. gesetzt wurde.

Originate Timestamp
Definiert die lokale Zeit, an dem der Request von Client zum Server verschickt wurde.

Receive Timestamp
Definiert die lokale Zeit, an dem der Request vom Server empfangen wurde.

Transmit Timestamp
Definiert die lokale Zeit, an dem der Reply vom Server zum Client verschickt wurde.

Authenticator
Optionales Feld zur Nutzung durch Authentifikationsdienste.

3.7 Simple Network Time Protocol (SNTP)

Neben dem NTP-Protokoll existiert seit einiger Zeit nun auch eine einfache Version des Protokolls, das Simple Network Time Protocol. Dies lässt sich sehr gut für Clienten verwenden, bei denen die Anforderungen an die Synchronisation nicht zu hoch sind. Dafür ist das Protokoll sehr einfach zu implementieren und verbraucht wenige Ressourcen. Mit einem SNTP-Clienten kann man auf NTP-Server zugreifen.

Seit der Einführung des Protokolls wurde NTP kontinuierlich verbessert und erweitert. Heute ist NTP weltweit das Standard-Protokoll zur Zeitsynchronisierung über das Netzwerk. Das Protokoll selbst unterstützt eine Zeitgenauigkeit bis in den Nanosekundenbereich hinein. Die tatsächlich erreichbare Genauigkeit hängt jedoch in großem Maße von den verwendeten Betriebssystemen und der Qualität der Netzwerkverbindungen ab.

Außer der normalen Version des NTP-Protokolls steht im Internet auch eine vereinfachte Version unter dem Namen SNTP (Simple Network Time Protocol). Das SNTP wurde in der Version 4 auch für den Betrieb auf IPv6-Netzen angepasst und ist im RFC 2030 veröffentlicht. SNTP benutzt die gleiche Paketstruktur wie das NTP-Protokoll, es verwendet jedoch einfachere Algorithmen für die Zeitsynchronisierung und erreicht daher nur eine geringere Genauigkeit.

Die SNTP-Version 4 arbeitet im Unicast- (Punkt-zu-Punkt), Multicast- (Punkt-zu-Multipunkt) oder im Anycast-Modus (Multipunkt-zu-Punkt). Ein Unicast-Client übermittelt seinen Request an die Unicast-Adresse des ihm zugeordneten Servers und erwartet als Reaktion von diesem einen Reply. Aus dieser Antwort ermittelt der Client die aktuelle Zeit, die Roundtrip-Verzögerung und den Offset zur lokalen Zeit. Ein Multicast-Server übermittelt periodisch Zeitmeldungen an eine lokale Multicast-Adresse und übergibt so einer großen Menge von Clients die Zeitinformationen.

Im Unicast-Modus werden die Client- und die Server-Adressen gemäß den regulären IPv6-Konventionen vergeben. Im Multicast-Modus wird eine noch von der IANA zu vergebene allgemeine Multicast-Adresse für die Kommunikation verwendet.

SNTP-Timestamp-Format

Das SNTP verwendet das ursprüngliche NTP-Timestamp-Format gemäß RFC 1305.

0	1	2	3
0 1 2 3 4 5 6 7 8 9	0 1 2 3 4 5 6 7 8 9	0 1 2 3 4 5 6 7 8 9	0 1 2 3 4 5 6 7 8 9 0
Seconds			
Seconds Fraction (0-padded)			

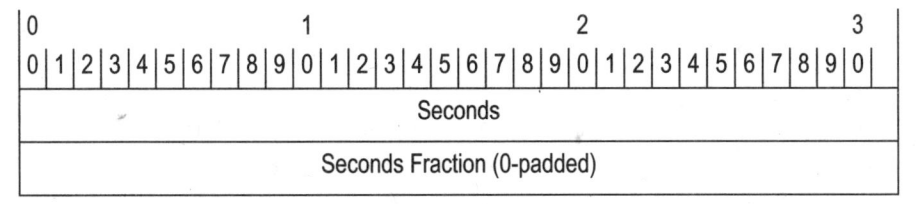

Abb. 3.72 SNTP-Timestamp-Format

SNTP-Format

Das Simple Network Time Protocol (SNTP) sorgt für Koordination der Zeit zwischen Servern und Clients und synchronisiert die Uhren-Frequenzen. Das NTP-Protokoll wird auf Basis des User-Datagram-Protokolls (UDP) über das Netz übermittelt. Das UDP kommuniziert mit dem UDP-Port 123 direkt mit den NTP-Services.

0			1		2		3
0 1 2 3 4 5 6 7 8 9			0 1 2 3 4 5 6 7 8 9		0 1 2 3 4 5 6 7 8 9		0 1 2 3 4 5 6 7 8 9 0
L	V	M	Stratum		Poll		Precision
Root Delay							
Root Dispersion							
Reference Clock Identifier							
Reference Timestamp							

Reference Timestamp
Originate Timestamp
Originate Timestamp
Recive Timestamp
Recive Timestamp
Transmit Timestamp
Transmit Timestamp
Authenticator

Abb. 3.73 SNTP-Header

Leap Indicator (LI)
Der 2-Bit-Warnungscode legt fest, wie viel Sekunden am letzten Tag des aktuellen Monats zur Systemzeit hinzugefügt werden müssen. Die Bits haben folgende Bedeutung:

Wert	Bedeutung
00	Keine Warnung
01	+1 second (following minute has 61 seconds).
10	-1 second (following minute has 59 seconds).
11	Alarm (Uhr nicht synchronisiert).

Tab. 3.11 Wert des Leap Indicator

Version Number (VN)
Der 3-Bit-Code definiert die aktuelle Version des verwendeten NTP-Protokolls. Aktuell ist die für IPv4 nur die Version 4 im Einsatz.

Mode
Definiert den aktuellen Modus des Protokolls. Folgende Werte wurden bisher reserviert:

Wert	Bedeutung
0	Reserviert
1	Symmetrie aktive
3	Client

3.7 Simple Network Time Protocol (SNTP)

Wert	Bedeutung
4	Server
5	Broadcast
6	NTP Control Message
7	Für private Anwendungszwecke reserviert

Tab. 3.12 Aktueller Modus

Stratum
Definiert den Stratum-Wert der lokalen Uhr. Folgende Werte sind definiert:

Wert	Bedeutung
0	Unspezifiziert
1	Primäre Referenz (z.B. Funkuhr).
2	Sekundäre Referenz via SNTP
16bis 255	reserviert

Tab. 3.13 Stratum-Werte

Poll-Intervall
Definiert den zeitlichen Abstand (in Sekunden) zwischen zwei aufeinander folgenden SNTP-Messages.

Precision
Definiert die Genauigkeit der lokalen Uhr in Sekunden.

Root Delay
Beschreibt die relative Abweichung (in Sekunden) von der Zeit des primären SNTP-Servers.

Root Dispersion
Beschreibt die relative Abweichung (in Sekunden) von der Zeit des primären SNTP-Servers.

Reference Identifier
Der 32 Bit lange Code identifiziert die Art des Referenzzeitgebers. Im Falle von Stratum 0 (unspecified) oder Stratum 1 (primäre Referenz) werden folgende ASCII-String-Codes als Identifikatoren verwendet:

Code	Externe Referenzquelle
LOCL	unkalibrierte lokale Uhr wird als primäre Referenz verwendet
PPS	Atomuhr

Code	Externe Referenzquelle
ACTS	NIST Dialup Modemservice
USNO	USNO Modemservice
PTB	PTB (Germany) Modemservice
TDF	Allouis (France) Radio 164 kHz
DCF	Mainflingen (Germany) Radio 77.5 kHz
MSF	Rugby (UK) Radio 60 kHz
WWV	Ft. Collins (US) Radio 2.5, 5, 10, 15, 20 MHz
WWVB	Boulder (US) Radio 60 kHz
WWVH	Kaui Hawaii (US) Radio 2.5, 5, 10, 15 MHz
CHU	Ottawa (Canada) Radio 3330, 7335, 14670 kHz
LORC	LORAN-C Radionavigationssystem
OMEG	OMEGA Radionavigationssystem
GPS	Global Positionierungsservice
GOES	Geostationary Orbit Environment Satellite

Reference Timestamp
Beschreibt den Zeitpunkt, zu dem die lokale Uhr zuletzt korrigiert bzw. gesetzt wurde.

Originate Timestamp
Definiert die lokale Zeit, an dem der Request vom Client zum Server verschickt wurde.

Receive Timestamp
Definiert die lokale Zeit, an dem der Request vom Server empfangen wurde.

Transmit Timestamp
Definiert die lokale Zeit, an dem der Reply vom Server zum Client verschickt wurde.

Authenticator
Optionales Feld zur Nutzung durch Authentifikationsdienste.

3.8 Multicast Listener Discovery (MLD) for IPv6

Die meisten der heute eingesetzten Applikationen basieren ausschließlich auf der Vermittlung von Unicast-Paketen. Dabei werden die Daten vom Sender an alle Empfänger individuell über das LAN bzw. das WAN übertragen. Dieser Mechanismus führt nicht nur zu einer

Verschwendung von verfügbarer Bandbreite, sondern treibt auch die Betriebskosten in die Höhe. Je mehr Empfänger mit diesen Applikationen arbeiten, um so höher sind die Übertragungskosten. Der einzige Ausweg, um aus diesem Teufelskreis, von der Vielfachverteilung und der Überlastung der Netze auszubrechen, besteht in der Erweiterung der Übertragungsmechanismen um einen effizienten IP-Multicast-Mechanismus. Anstatt die zu übertragenden Pakete immer wieder zwischen Sender und den vielen Empfängern zu übertragen, werden durch die Multicasting-Technologie die Daten nur einmal über das Netz übertragen und zielgerichtet zu den jeweiligen Empfängern übermittelt.

Durch die IP-Multicast-Technologie wird das Kommunikationsverhalten in den Netzen grundlegend verändert. Das Multicasting bildet die Grundlage für Applikationen wie beispielsweise Videoconferencing. Ein Kennzeichen dieser Applikationen sind insbesondere Many-to-Many-Kommunikationsbeziehungen. Aber auch Point-to-Multipoint-Applikationen (Video-Server, Push-Services) nutzen mehr und mehr die Vorteile des Multicastings. Entsprechend den Anforderungen der jeweiligen Applikationen bietet die IP-Multicast-Technologie eine Reihe spezifischer Vorteile. Beispielsweise kommt es beim Videoconferencing darauf an, dass die einzelnen Datenblöcke innerhalb einer gewissen Zeit verzögerungsfrei beim Empfänger abgeliefert werden, während die Verteilung von Software-Produkten einen zuverlässigen Service benötigt. Durch die Einführung des IP-Multicastings ist der Netzadministrator auch in der Lage, aktiv die benötigte Bandbreite und somit die Kosten des Netzes zu kontrollieren. Die Bandbreitenspitzen werden abgeflacht und die Antwortzeiten verbessert. Im Gegensatz zu den heute verwendeten Unicast-Mechanismen reduziert das Multicasting auch die zu übertragende Datenmenge und die für die Übertragung benötigte CPU-Zeit auf den Servern.

Beim IPv6-Protokoll wird das bereits bei der IPv4-Version genutzte Multicasting erheblich erweitert und ist zentraler Bestandteil des Protokolls. Neben der effizienten Verteilung von Daten werden Multicasts auch zur Steuerung von IPv6-Funktionen eingesetzt. Auf Basis von Multicast-Gruppen wird das Broadcasting zum Auffinden von Diensten oder zur Umsetzung von Adressen vermieden. Beim IPv6-Protokoll wird zwischen fest vergebenen und dynamisch zugeteilten Multicast-Adressen unterschieden. Außerdem wird innerhalb der Adresse der Gültigkeitsbereich der Multicast-Adresse angezeigt.

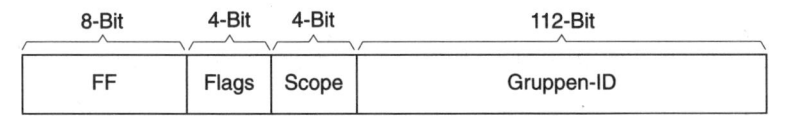

8-Bit	4-Bit	4-Bit	112-Bit
FF	Flags	Scope	Gruppen-ID

Abb. 3.74 Multicast-Adresse

Das Typ-Feld zeigt an, ob es sich um eine vordefinierte (Wert = 0000) Adresse mit bekannter Funktion oder um eine frei definierte (Wert = 0001) Adresse handelt.

Der Scop-Identifikator definiert den Gültigkeitsbereich der jeweiligen Multicast-Gruppe und legt fest, wie Datenpakete mit dieser Adresse von Routern bei der Übertragung zu behandeln sind. Der Wert = 0001 gibt an, dass diese Adresse nur innerhalb des lokalen Endgeräts gültig ist. Der Wert = 0010 legt fest, dass die Adresse nur auf der aktuellen Verbindung oder im lokalen physikalischen Netzwerk von Bedeutung ist. Wert = 0101 kennzeichnet Adressen, die nur innerhalb eines lokalen Bereichs transportiert werden sollen. Der Wert = 1000 kennzeichnet Adressen, die innerhalb einer Organisation oder Unternehmens genutzt werden. Nur Multicast-Pakete mit dem Scope = 1110 werden von Routern in die globalen Bereiche der Netze übertragen.

In den IPv6-Spezifikationen wurde festgelegt, dass sich aus jeder Unicast- oder Anycast-Adresse eine Multicast-Adresse ableiten lässt. Bei diesem Mechanismus wird den letzten 24 Bit einer Unicast-Adresse ein fester 104 Bit langer Präfix vorangestellt. Dieser Präfix lautet: FF02..I.FFOO.0/104. Diese Adresse macht jeden IPv-Rechner automatisch zu einem Mitglied einer Multicast-Gruppe. Mithilfe dieser Multicast-Gruppe stellen die Rechner am Netz fest, ob ein anderer Rechner bereits die zur Kommunikation vorgesehene Unicast-Adresse benutzt.

3.8.1 Das MLD-Protokoll

Das Multicast Listener Discovery (MLD) ist im RFC 2710 definiert. Dieser Protokollmechanismus ermöglicht es IPv6-Routern, selbsttätig die im Netz (auf dem lokalen Link) vorhandenen Multicast Listener (Knoten, die bestimmte Multicast-Pakete empfangen wollen) zu erkennen. Die MDL-Mechanismen orientieren sich an der Funktionalität des beim IPv4-Protokolls verwendeten Internet-Group-Management-Protokolls (IPMG Version 2). Die MDL-Messages werden auf Bais der ICMPv6-Mechanismen übermittelt und werden dazu im darunter liegenden IPv6-Protokoll über den IP-Protokolltyp 58 spezifiziert.

Beim MLD handelt es sich um ein asymmetrisches Protokoll, welches die unterschiedlichen Verhaltensweisen von Multicast-Clients und Routern spezifiziert. MLD-Messages werden immer mit einer Link-local lPv6-Source-Adresse und einem Hop-Limit von 1 auf das Netz übermittelt. Dadurch wird sichergestellt, dass die MDL-Nachrichten nie in fremde Netze übertragen werden. Verfügt eine MDL-Message über einen zusätzlichen Hop-by-Hop-Header, wird auch das Router-Alert-Flag gesetzt. Dadurch ignorieren die Router auch dann diese MDL-Pakete nicht, wenn diese nicht Bestandteil der betreffenden Multicast-Gruppe sind.

Anhand der MDL-Typfelder werden die Funktionen der MDL-Messages unterschieden. Folgende Typwerte wurden bisher festgelegt:

- Multicast Listener Queries,
- Multicast Listener Reports,
- Multicast Listener Done Messages.

Generelle Abfragen

Der Typ 130 kennzeichnet die generellen Query-Messages (Abfrage). Mithilfe dieser Abfrage werden sämtliche Nutzer (Listener) aller vom System unterstützten Multicast-Adressen ermittelt. In einer generellen Abfrage wird die Multicast-Adresse immer auf den Wert = 0 gesetzt.

Adress spezifische Abfragen

Adress spezifische Abfragen werden zur Ermittlung von Nutzern (Listener) für eine spezifische Multicast-Adresse am jeweiligen Link genutzt. In einer adress spezifische Abfrage definiert die Multicast-Adresse die jeweilige Multicast-Gruppe, für die die jeweilige Message bestimmt ist.

Das Feld »Maximum Response Delay« wird nur in Abfragen verwendet. Es legt die maximale Zeit (in Millisekunden) fest, innerhalb der ein Knoten seine Report-Messages aussenden muss.

Report und Done Messages

Mithilfe von Report werden zyklisch Zugehörigkeitsreports für eine Gruppe übermittelt. Dadurch erkennt ein Router, dass auf dem lokalen Link ein Knoten diese Multicast-Adresse nutzt. Mit der Done-Message signalisiert ein Gruppenmitglied, dass es die jeweilige Multicast-Gruppe verlässt.

Router nutzen die Multicast-Listener-Discovery-Funktionen zur Ermittlung der aktiven Nutzer für bestimmte Multicast-Adressen auf den von ihnen unterstützten Links. Für jeden Link baut der Router dazu eine Listener-Adressliste auf. Mithilfe einer allgemeinen Abfrage (general queries), die an die Link-Local All-Nodes-Multicast-Adresse FF02: :1 gesendet werden, werden die jeweiligen Nutzer der spezifischen Multicast-Gruppen ermittelt. Jede Station, die einer bestimmten Multicast-Gruppe angehört, beantwortet die generelle Abfrage mit einem spezifischen MLD-Report. Gleichzeitig startet diese Station einen Maximum Response Delay Timer. Nach Ablauf dieses Timers muss vom jeweiligen Listener eine Report-Message generiert werden. Wird während der im Maximum-Response-Delay-Feld definierten Zeit von der Listener-Station ein Report von einer anderen Station zu der jeweiligen Multicast-Gruppe erkannt, wird der Report-Prozess abgebrochen. Dadurch werden mehrfache Reports zur gleichen Multicast-Adresse vermieden. Die Zugehörigkeit zu einer bestimmten Multicast-Gruppe wird von einem Listener durch so genannte Join-Reports, das Verlassen einer Multicastgruppe durch die Done-Massages angezeigt. Die folgende Aufzählung zeigt die möglichen MLD-Messages mit ihren zugehörigen Zieladressen:

- Message Typ: IPv6-Destination-Adresse
- generelle Abfrage: Link-local scope all-nodes (FF02 : : 1)
- Multicast-adress spezifische Abfrage: abgefragte Multicast-Adresse
- Report: zugehörige Multicast Adresse
- Done: Link-local scope all-router (FF02 : : 2)

Multicast-Listener-Discovery-Message Format MLD

Beim Multicast Listener Discovery (MLD) handelt es sich um ein Subprotokoll des ICMPv6. Die MLD-Messages werden wie alle ICMPv6-Meldungen durch den Next-Header-Wert = 58 im IPv6-Paket gekennzeichnet. Sämtliche MLD-Messages werden immer mit einer Link-

Local-IPv6-Source-Adresse, einem Pv6-Hop-Limit-Wert = 1 und der gesetzten IPv6-Router-Alert-Option im Hop-by-Hop-Options-Header übermittelt. MLD-Messages verfügen über folgendes Format:

```
 0                   1                   2                   3
 0 1 2 3 4 5 6 7 8 9 0 1 2 3 4 5 6 7 8 9 0 1 2 3 4 5 6 7 8 9 0 1
+-------+-------+-------+-------+-------+-------+-------+-------+
|     Type      |     Code      |           Checksum            |
+-------+-------+-------+-------+-------+-------+-------+-------+
|     Maximum Response Delay    |           Reserved            |
+-------+-------+-------+-------+-------+-------+-------+-------+
|                       Multicast Address                       |
+-------+-------+-------+-------+-------+-------+-------+-------+
|                 Multicast Address (Fortsetzung)               |
+-------+-------+-------+-------+-------+-------+-------+-------+
|                 Multicast Address (Fortsetzung)               |
+-------+-------+-------+-------+-------+-------+-------+-------+
|                 Multicast Address (Fortsetzung)               |
+-------+-------+-------+-------+-------+-------+-------+-------+
```

Abb. 3.75   MDL-Message-Format

Type
Das Typfeld legt die Art der MDL-Message fest. Bisher wurden drei Typen definiert:

- 130: Multicast Listener Query
- 131: Multicast Listener Report
- 132: Multicast Listener Done

Code
Das Codefeld wird vom Sender immer auf den Wert = 0 gesetzt.

Checksum
Enthält die Standard-ICMPv6-Prüfsumme.

Maximum Response Delay
Der Wert des Maximum-Response-Delay-Felds ist nur in Query-Messages zu beachten. In diesem Fall wird die maximale Verzögerung (in Millisekunden) bis zum Aussenden eines MDL-Reports festgelegt.

Reserved
Dieses Feld wird vom Sender immer auf den Wert = 0 gesetzt.

Multicast Address
In General-Query-Messages wird dieses Feld immer auf den Wert = 0 gesetzt. Wird eine adress spezifische Query übermittelt, so enthält das Feld die jeweilige IPv6-Multicast-Adresse. In einer Report- oder Done-Message entält das Multicast-Adressfeld die jeweilige IPv6-Multicast-Adresse, über die der Sender die Multicast-Pakete empfängt.

4 Adaption von IPv6 auf unterschiedlichen Netzwerken

Die LAN-Standards definieren nur die ersten beiden Schichten des OSI-Referenzmodells. Die Schicht 2 wird allgemein als Sicherungsschicht oder im Englischen als Data Link Layer bezeichnet. Die Aufgaben und Funktionen dieser Schicht bestehen in der fehlerfreien Übertragung des Bitstroms der Schicht 1 und der Paketierung dieser Datenbits zu Paketen/Frames. Neben einer minimalen Fehlererkennung kann auf dieser Schicht auch eine Flusskontrolle vorgenommen werden. Die meisten LAN-Standards wurden vom Institute of Electronic and Electrical Engineers (IEEE) erarbeitet. Da diese Gruppe im Februar 1980 ihre Arbeit aufnahm, erhielt sie den Projektnamen »802«. Ziel dieser Arbeitsgruppe war die Festschreibung allgemein verbindlicher Standards für die unterschiedlichen Datenkommunikationstechniken. Es wurden die Standards und Protokolle für den Physical und Logical Link Layer definiert. Um den unterschiedlichen Anforderungen der LAN-Architekturen gerecht zu werden, wurde der Data Link Layer von der IEEE-802-Arbeitsgruppe in zwei Sub-Schichten unterteilt: den Medium Access Control Sublayer (MAC und den Logical Link Control Sublayer (LLC). Da es sich bei dem Logical Link Control Sublayer (LLC) um einen für alle LAN-Verfahren allgemein anwendbaren Standard handelt, wurde dieser bei den spezifischen LAN-Definitionen nicht integriert, sondern als separate Spezifikation, LLC-Layer (Logical Link Control gemäß IEEE 802.2) behandelt. Dadurch umfassen die LAN-Standards wie beispielsweise IEEE 802.3 (CSMA/CD, Ethernet) und IEEE 802.5 (Token Ring) nur noch die physikalische Schicht und den Media Access Control Sublayer (MAC).

Auf der physikalischen Schicht werden zur Adressierung der einzelnen Geräte am Datennetz die unterschiedlichsten Adressmechanismen (Adresslänge und Verschlüsselung) eingesetzt. Da diese Schicht vollkommen unabhängig von den darüber liegenden Schichten arbeitet, nahmen die Entwickler von Datennetzen keine Rücksicht auf Adressmechanismen, die eventuell auf den höheren Schichten vorhandenen waren. Alle Netze, die unter die Gruppe der IEEE-Datennetze (Ethernet-CSMA/CD, Token Ring und FDDI) fallen, unterstützen einen 48 Bit langen Adressmechanismus. Bei der Installation von IPv6-Netzwerkprotokollen wird jeder dieser 48 Bit langen Hardwareadressen eine 128 Bit lange Internet-Adresse zugeordnet. Mit dieser Zuordnung kann sich das TCP/IP-Protokoll initialisieren und könnte mit anderen Rechnern kommunizieren. Jedoch ist das IPv6 nur in der Lage, auf der Schicht 3, also auf IP-Adressebene, zu kommunizieren. Da es die Hardwareadresse des Kommunikationspartners nicht kennt, kann der Rechner die Daten auch nicht auf der physikalischen Ebene verschicken. Aus diesem Grund wurden beim neuen IP für die folgenden Netzschichten die Codier- und Mapping-Regeln festgelegt:

- IPv6 auf IEEE 802.3/Ethernet-Netzen
- IPv6 auf Token Ringen
- IPv6 auf FDDI-Netzen
- IPv6 auf ATM-Netzen

4.1 IPv6 auf Ethernet-Netzen

Das Ethernet (IEEE 802.3) gehört heute zu dem weltweit am häufigsten installierten lokalen Netz. Die einfache Art der Installation, seine Flexibilität, seine Vielseitigkeit und seine einfache Handhabung sind der Schlüssel zum Erfolg dieser Technologie. Die offene Systemarchitektur des IEEE-802.3-Standards bildet die Grundlage für alle Bereiche der Datenkommunikation durchdringende Anwendungsmöglichkeiten. Die Anfänge des Ethernet reichen bis in die Mitte der siebziger Jahre zurück. Damals wurde vom Palo Alto Research Center (PARC) der Firma Xerox Corporation das Ethernet der Öffentlichkeit vorgestellt. Es dauerte bis 1980, bis ein Firmenkonsortium (DIX-Gruppe), bestehend aus DEC, Intel und Xerox, den offiziellen Ethernet-Standard veröffentlichte. Die neu gegründete IEEE-802.3-Arbeitsgruppe nahm diesen Gedanken auf und entwickelte aus dem firmenspezifischen Standard einen international anerkannten Netzstandard. Im Dezember 1982 wurde der Entwurf der IEEE-802.3-Gruppe als »Carrier Sense Multiple Access with Collision Detection« (CSMA/CD) veröffentlicht. In den folgenden Jahren wurde das CSMA/CD-Verfahren auf den unterschiedlichsten Übertragungsmedien adaptiert und als IEEE-802.3-Substandard veröffentlicht. Heute umfasst der Standard IEEE 802.3 folgende Untergruppen:

10 Base 5	Standard-Ethernet (Yellow Cable)
10 Base 2	Thin-Ethernet (Cheapernet)
10 Base T	Ethernet auf Twisted Pair
10 Base F	Ethernet auf Lichtwellenleiter
100 BaseX	Fast-Ethernet
1000 BaseX	Gigabit-Ethernet
10000 BaseX	10 Gigabit-Ethernet

Die Architektur der IEEE-Standards basiert auf der Definition von Funktionen in den unteren zwei Subschichten des OSI-Referenzmodells. Der IEEE-802.3-Standard legt dabei den CSMA/CD-Mechanismus (Carrier Sense Multiple Access with Collision Detection) als Zugriffsverfahren auf das Netz und die physikalischen Eigenschaften der Netzwerkkomponenten fest. Der IEEE-802.3-Standard setzt sich aus folgenden Komponenten zusammen:

- dem Media-Access-Control-Protokoll (MAC),
- dem Physical Layer Signalling (PLS),
- dem Attachment Unit Interface (AUI),
- dem Medium Dependent Interface (MDI),
- dem Physical Medium Attachment (PMA).

4.1.1 Medienzugangsverfahren

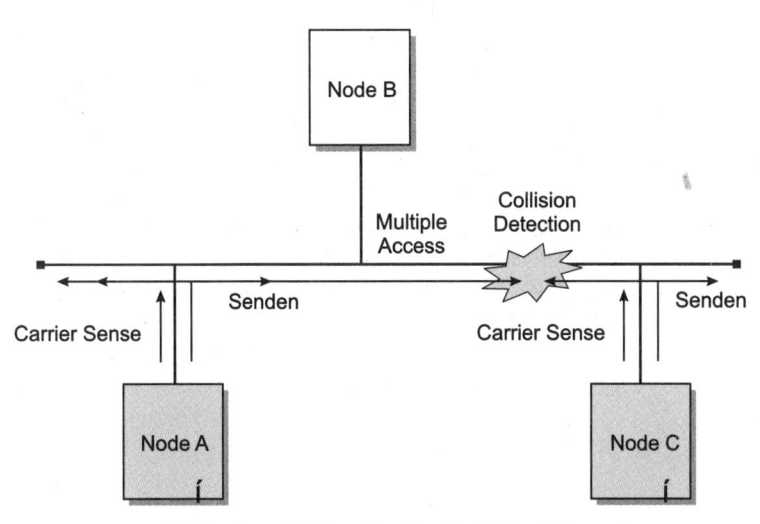

Abb. 4.1 CSMA/CD-Mechanismus

Der Media Access Control Layer (MAC) ist auf der Schicht 2a des OSI Referenzmodells angesiedelt. Der im Media-Access-Control-Standard enthaltene CSMA/CD-Mechanismus (Carrier Sense Multiple Access with Collission Detection) gewährleistet die Gleichberechtigung (Multiple Access) aller Stationen am Netz. Der CSMA/CD-Mechanismus legt dabei das Verfahren zur Steuerung des Mediumzugriffs fest. Vor jeder Übertragung wird überprüft, ob das Medium zum Senden von Daten frei (Carrier Sense) oder besetzt ist. Wurde das Medium bereits durch eine andere Station belegt, so stellt die Station die Übertragung der Daten auf einen späteren Zeitpunkt zurück (Deferring). Befindet sich das Netz im Idle State, d.h., das Medium wird als frei erkannt, erfolgt die Übertragung der Daten nach dem Verstreichen einer definierten Zeitspanne, die Interframe Gap genannt wird. Anschließend werden die Daten in einem bitseriellen Datenstrom auf das Kabel übertragen: die Präambel (sieben Byte: 10101010), der Start Frame Delimiter (Bitkombination 10101011), die 6-Byte-Destination- und die 6-Byte-Source-Adresse, das zwei Byte lange Längen/Type-Feld, das Datenfeld (50 bis 1500 Byte) und eine 4 Byte langen Frame Check Sequence. Bei diesem Mechanismus kann es vorkommen, dass zwei oder mehrere Stationen zur gleichen Zeit feststellen, dass das Medium frei ist und aktiv auf das Netz zugreifen. Da diese Stationen ihre Daten auf das Netz senden, müssen sich zwangsläufig die elektrischen Signale auf dem Medium überlagern. Die darin kodierten Informationen gehen dabei verloren. Dieser Vorgang der Überlagerung der Signale wird als Kollision bezeichnet. Da jede sendende Station gleichzeitig auch auf dem Empfangskanal die versendeten Daten überprüft, wird diese Überlagerung der elektrischen Signale sofort festgestellt (Collision Detection). Der CSMA/CD-Mechanismus definiert hier weitere Regeln zum Wiederaufnehmen der Übertragung nach einer Kollision. Hat eine der sendenden Stationen eine Kollision festgestellt, so sendet diese ein 32 Bit langes Jamming-Signal aus. Das Jam-Signal dient zur Deutlichmachung der aufgetretenen Kollision und besteht aus der 10101010-10101010-10101010-10101010-Bitkombination. Danach wird die Übertragung abgebrochen. Kollisionen können nur innerhalb eines relativ kurzen Zeitraums nach dem Aussenden der Daten auftreten. Diesem zeitlichen Zusammenhang entspricht der CSMA/CD-Parameter Slot Time (= 512 Bitzeiten). Die Slot Time definiert den maximalen Zeitraum bis zur eindeutigen Belegung des Mediums durch eine Station, nach dieser Zeit darf beim Ethernet keine Kollision mehr auftreten. Nach Aussenden des Jamming-Signals muss eine Zufallszeit abgewartet werden, bevor ein neuer Sendeversuch erfolgen kann. Bei diesem erneuten Sendeversuch kann es natürlich wieder vorkommen, dass beim Übermitteln der Daten eine weitere Kollision auftritt. Der Sendeversuch wird erneut abgebrochen und die Wartezeit, bevor auf das Medium erneut zugegriffen werden kann, wird dynamisch verändert. Dieses Verfahren setzt die maximale Anzahl der Versuche auf 16 fest (Attempt Limit) und stellt sicher, dass zu ein und demselben Zeitpunkt nicht mehrere Stationen gleichzeitig, in wiederkehrender Folge, versuchen, das Medium zu belegen.

Physical Line Signalling

Das Physical Line Signalling (PLS) dient zum Austausch von Daten zwischen zwei MAC-Schichten. Diese Subschicht wird zur Steuerung des Medienzugriffs (CSMA/CD) benutzt und signalisiert spezielle Zustände des physikalischen Mediums (z.B. Medium belegt, Kollision usw.). Diese Funktionen sind im Transceiver, auch Media Access Unit (MAU) genannt, implementiert.

Attachment Unit Interface

Das Transceiver-Kabel ist das Bindeglied zwischen dem Transceiver (MAU) und dem Endgerät. Die maximale Länge des Transceiver-Kabels ist auf 50 m festgelegt. Das Attachment Unit Interface (AUI) ist das Interface, das sowohl im Transceiver als auch im Endgerät implementiert ist. Das AUI setzt sich aus vier (optional fünf) einzeln abgeschirmten, symmetrischen Leitungspaaren zusammen.

PMA und MDI

Viele IEEE-802.3/Ethernet-Endgeräte bieten heute zwei oder drei unterschiedliche physikalische Interfaces an: ein AUI-Interface (10 Base 5), ein BNC-Interface (10 Base 2) und ein RJ45-Interface (10 Base T, 100BaseX). In einigen Geräten (PC-Karten) wird völlig auf die Verwendung eines AUI-Interfaces verzichtet. Der Transceiver ist bei diesen Geräten direkt auf dem Ethernet-Controller angeordnet. Das Physical Medium Attachment (PMA) und das Medium Dependant Interface (MDI) bilden zusammen den eigentlichen Transceiver (MAU). Das Physical Medium Attachment übernimmt dabei die funktionale und das Medium Dependant Interface die physikalische Schnittstelle zum Medium. Der Transceiver ist das Bindeglied zwischen dem Endgerät und dem eigentlichen Medium, über das die Daten übertragen werden. Beim Basisband Koax erfolgt der Anschluss an das Kabel über Standard-N-Konnektoren oder Taps (Klemmverbindungen). Beim 10-Base-5-Standard (Yellow Cable) wird heute fast ausschließlich die Klemmenverbindung angewendet.

Der Paketaufbau und die Codierung von IPv6-Paketen auf Basis des IEEE-802.3/Ethernet-Übertragungsmechanismus wurde im Internet Draft unter dem Titel »A Method for the Transmission of IPv6 Pakets over Ethernet Networks« festgelegt. Der Default-Wert für die Maximum Transmission Unit (MTU) beträgt beim Ethernet 1500 Oktetts. Ein Ethernet-Datenpaket beginnt immer mit einer acht Byte langen Präambel. Diese ermöglicht es dem Empfänger, auf den Beginn eines Datenpakets (Start Frame Delimiter) zu synchronisieren. Danach folgen eine sechsstellige Destination- (Byte/Oktett) und eine sechsstellige Source-Adresse (Byte/Oktett). Das Typfeld definiert das nachfolgende höhere Protokoll. Als IPv6-Typfeld-Kennung wurde der 86DD (hexadezimal) festgelegt. Anschließend folgt im Datenfeld der IPv6-Header und das Payload-Feld.

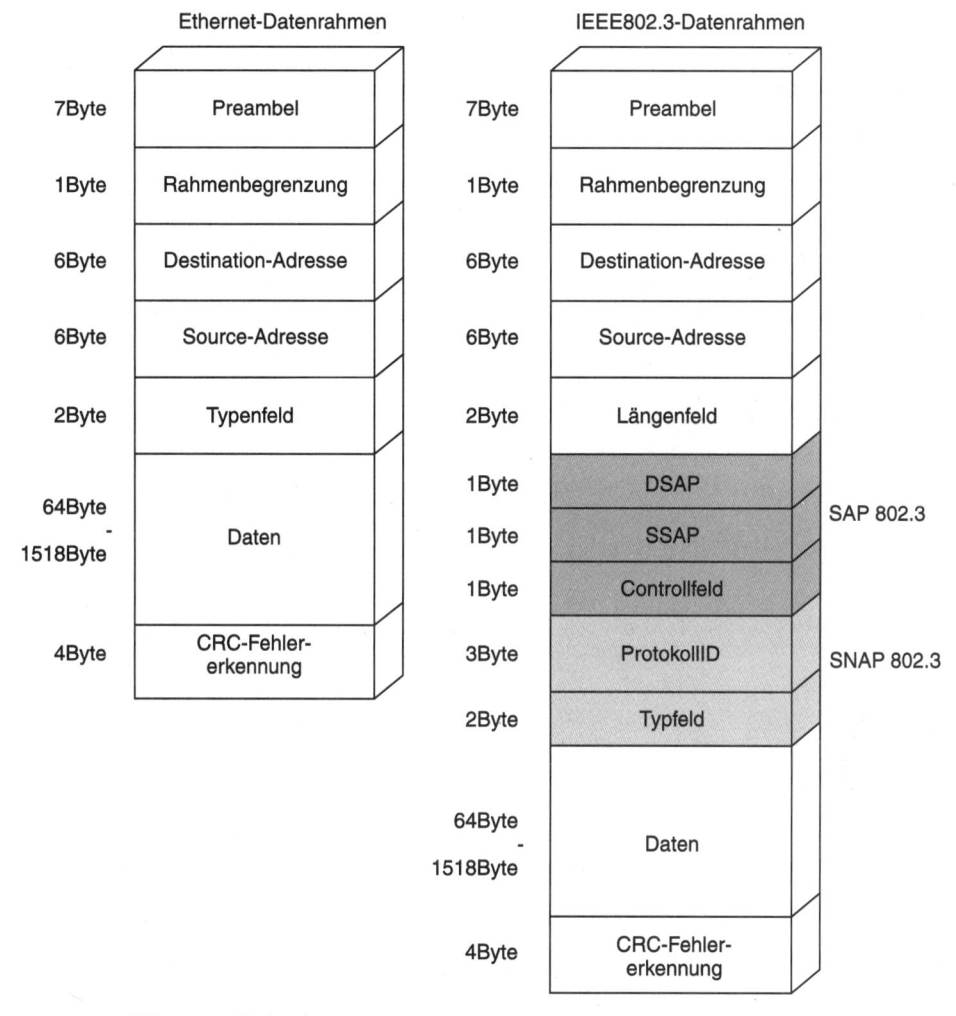

Abb. 4.2 Ethernet-Paketformat

4.1.2 Autokonfiguration und Local-Link-Adressen

Die Ethernet-Adressen werden bei den meisten Rechnern fest in Form eines Chips auf dem Netzwerk-Controller eingebrannt und sind, da sie von IEEE weltweit verwaltet werden, einmalig. Hierbei stellen die ersten 3 Oktetts einen Herstellercode dar, sodass man hieran eindeutig das Fabrikat einer Ethernet-Karte erkennen kann. Die 48 Bit langen IEEE-802-Adressen werden in der »Canonical Bit Order« auf das Netzwerk übertragen. Bei dieser Übermittlung eines Datenbytes auf das Netz wird immer das Bit mit der niedrigsten Ordnung zuerst auf das Netz übermittelt. Die Darstellung, bei denen das least significant Bit zuerst übermittelt wird, bezeichnet der Fachmann auch als Little-Endian-Darstellung.

Im folgenden Beispiel wird dargestellt, wie eine hexadezimale 08-00-02-00-12-11 in der Binärform aussieht und welcher binäre Datenstrom auf dem Netz übermittelt wird.

Ethernet-Adresse: 08-00-02-00-12-11

Binär: 0000 1000 0000 0000 0000 0010 0000 0000 0001 0010 0001 0001

Kabel: 0001 0000 0000 0000 0100 0000 0000 0000 0100 1000 1000 1000

Der Standard unterstützt die Verwendung von Gruppen- (Broadcast, Multicast) und Individualadressen. Die Unterscheidung zwischen den jeweiligen Adresstypen erfolgt durch spezielle Kodierung des niedrigsten Bits (1-Gruppenadresse, 0-Individualadresse). Zu der Gruppe der Multicast-Adressen gehört als Spezialfall auch die Broadcast-Adresse (FF-FF-FF-FF-FF-FF). Multicast-Adressen erkennt man daran, dass das erste Byte ungerade ist (d.h., das letzte Bit ist auf »1«); z.B. »01-00-00-00-00-00« oder »99-88-77-66-55-44« nicht aber »00-00-00-00-00-01«.

IPv6-Daten werden auf Basis von Ethernet-Paketen durch ein Ethernet-Typfeld mit dem Wert = 86DD signalisiert. Im eigentlichen Datenfeld des Ethernet-Pakets sind der IPv6-Header und die jeweilige Payload (höhere Protokolle) enthalten.

0	1	2	3
0 1 2 3 4 5 6 7 8 9	0 1 2 3 4 5 6 7 8 9	0 1 2 3 4 5 6 7 8 9	0 1
Destination Ethernet Adresse			
Destination Adresse (Fortsetzung)		Source Adresse	
Source Adresse (Fortsetzung)			
100001101101101		IPv6 Header und Payload	

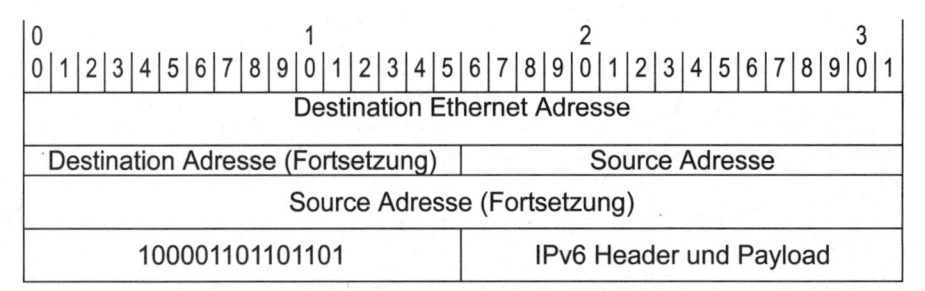

Abb. 4.3 Ethernet-Paket mit anschließender IPv6-Information

4.1.3 Statuslose Autokonfiguration

Der Interface-Identifikator eines Ethernet-Interfaces basiert auf dem Format EUI-64 und wird auf Basis der 48 Bit langen IEEE-802-Adresse wie folgt errechnet:

Der OUI (Organisational Unit Identifier) der Ethernet-Adresse (die ersten drei Oktetts) repräsentiert die Hersteller-ID (Company_ID) der EUI-64-Adresse. Das vierte und fünfte Oktett der EUI-Adresse werden immer auf den fixen Wert = FFFE gesetzt. Die letzten drei Oktetts der Ethernet-Adresse bilden automatisch die letzten drei Oktetts der EUI-64-Adresse.

Anschließend wird der Interface-Identifikator durch das Setzen des Universal/Local Bit (U/L) auf den Wert = 1 manipuliert. Dieser Vorgang ist notwendig, da es sich bei einer EUI-Adresse nicht mehr um eine universell eindeutige, sondern um eine lokal administrierte Adresse handelt. Somit ist eine universell administrierte IEEE-802- bzw. eine EUI-64-Adresse durch den Wert = 0 des U/L-Bits gekennzeichnet, während sich universell eindeutige IPv6-Interface-Identifikatoren immer durch den Wert = 1 im ersten Oktett auszeichnen.

Beispielsweise wird der Interface-Identifikator eines Ethernet-Interfaces mit der Adresse

34-56-78-9A-BC-DE

zu folgendem EUI-Wert:

36-56-78-FF-FE-9A-BC-DE.

4.1.4 Address Mapping – Link-Local Addresses

Zur automatischen Konfiguration einer IPv6-Adresse wird ein 80 Bit langes Gebilde verwendet. Dieser Wert setzt sich aus folgenden Komponenten zusammen: dem Präfix und der IEEE-802.3-Adresse. Der Präfix hat immer den Wert FE80::/64.

FE	80	00	00	00	00	00	00	00	00	Ethernet Adresse

Abb. 4.4 IPv6-Link-local-Adresse

Die Source/Destination-Link-Layer-Adressoption hat beim Ethernet folgendes Format:

Typ	Länge	Ethernet Adresse

Abb. 4.5 Mapping von IPv6-Unicast-Adressen in Ethernet-Link-Local-Adressen

Typ
Definiert den Adressoptionstyp. Folgende Typen wurden definiert:

- 1: Source-Link-Layer-Adresse,
- 2: Destination-Link-Layer-Adresse.

Länge
Definiert die Länge der nachfolgenden Adresse in Oktetts.

Ethernet-Adresse
Enthält die 48 Bit lange Ethernet-IEEE-802-Adresse. Die Darstellung erfolgt in der canonischen Form.

Address Mapping Multicast

Ein IPv6-Paket mit einer Multicast-Destination-Adresse wird immer an eine Ethernet-Multicast-Adresse folgenden Aufbaus gesendet: Die ersten zwei Oktetts der Adresse haben den Wert 3333 (hexadezimal) und die folgenden vier Oktetts entsprechen den letzten vier Oktetts der IPv6-Multicast-Adresse.

33	33	DST13	DST14	DST15	DST16

Abb. 4.6   Mapping von IPv6-Multicast-Adressen

4.2 IPv6 auf Token Ring

Als bekannteste Form eines LAN in Ringtopologie gilt der Token Ring. Bei der Ringtopologie sind die Endgeräte zu einem physikalischen Ring zusammengeschaltet. Jedes Endgerät besitzt genau einen definierten Vorgänger und Nachfolger. Alle an den Ring angeschlossenen Geräte werden gleichmäßig mit dem gesamten Verkehr belastet. Da bei den gängigen Zugriffsverfahren alle Daten durch die einzelnen Stationen hindurchgereicht werden, führt nicht nur der Ausfall des Kabels, sondern auch der Ausfall einer Station zum Zusammenbruch der gesamten Kommunikation. Um diesen gravierenden Nachteil zu verhindern, bedient man sich eines Doppelrings, sodass nicht nur Kabeldefekte, sondern auch das Ausfallen einer Station aufgefangen werden können. Allerdings gibt es auch Mechanismen am Einfachring, die es erlauben, eine defekte Station physikalisch zu überbrücken.

Der Token Ring wurde 1972 entwickelt und Anfang der achtziger Jahre von der Firma IBM im Rahmen des IBM-Verkabelungssystems (IVS) auf dem Markt eingeführt. Die internationale Standardisierung erfolgte bei IEEE 802.5 erst Mitte der achtziger Jahre. Die ersten Generationen von Token-Ring-Komponenten arbeiteten ausschließlich mit einer Übertragungsrate von 4 MBit/s. Ende der achtziger Jahre wurde durch Erweiterung des Standards eine weitere Übertragungsgeschwindigkeit von 16 MBit/s zugelassen. Das zurzeit einzige, standardisierte Übertragungsmedium für den Token Ring ist die paarweise geschirmte, verdrillte Vierdrahtleitung (STP), Anforderungen nach höherer Übertragungsreichweite machen jedoch den Einsatz von Glasfaserumsetzern nötig. Deshalb wird im Moment versucht, die unterschiedlichen Anforderungen an die Glasfaserübertragung zu vereinheitlichen (IEEE 802.5 Draft J). Die Token-Ring-Topologie besteht aus vielen Sternpunkten, die ringförmig miteinander verbunden sind. An diesen Punkten wiederum sind die Endgeräte sternförmig angeschlossen. Das heißt, die Stationen sind beim Token Ring-Verfahren als physikalischer bzw. logischer Ring hintereinander geschaltet. Auf diese Weise hat jede Station einen genau definierten (unmittelbaren) Vorgänger und Nachfolger. Das Token Ring-Verfahren ist ein deterministisches Verfahren, bei dem genau gesagt werden kann, wie lange es maximal dauert, bis eine Station Daten auf das Netz geben kann. Das Senderecht (Token) wird dabei von Endgerät zu Endgerät weitergegeben, sodass für jedes Endgerät eine bestimmte Zeit zur Verfügung steht, in der es seine Daten auf das Netz senden kann. Der Token wird von jeder Station empfangen und – sofern sie keine Daten zu übertragen hat – unverändert wieder auf das Medium gegeben.

Hat eine Station jedoch Daten zu übertragen, modifiziert sie das (Frei-)Token zu einem Belegt-Token. An diesen Belegt-Token werden sofort die Daten hinten angehängt und auf das Kabel gegeben. Das Datenpaket wird nun unverändert von allen Stationen gelesen und regeneriert, bis der Empfänger erreicht wird. Die Zielstation, die durch ihre physikalische Adresse angesprochen wird, kopiert das Paket in ihren Speicher, versieht es mit einem Quittungszeichen (Bestätigungsflag) und gibt es mit den Daten wieder auf das Kabel. Dieses Bitmuster wird nun – wiederum unverändert – bis zu der Station weitergereicht, die die Daten ursprünglich gesendet hatte. Diese überprüft, ob die Daten ordnungsgemäß übertragen wurden, nimmt die Daten und das Belegt-Token vom Netz und gibt ein neues (Frei-)Token auf das Netz. Ein sofortiges Aussenden von neuen Daten ist daher nicht möglich. Im günstigsten Fall muss eine sendewillige Station also einen kompletten Ringdurchlauf abwarten, bis sie wieder Daten aufs Netz geben darf. Im ungünstigsten Fall werden erst alle anderen Stationen auf dem Netz senden. Um diesem Nachteil abzuhelfen, wird bei neueren Token-Techniken (z.B. FDDI und 16 MBit/s Token Ring) das so genannte Early Token Release verwendet. Nach dem Versenden eines Datenpakets wird sofort wieder ein neues Frei-Token generiert. Dadurch können mehr als ein Datenpaket auf dem Ring kreisen.

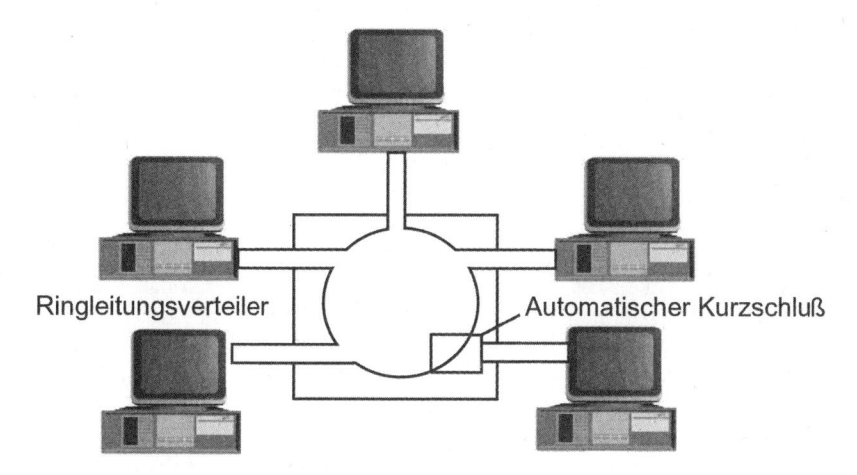

Abb. 4.7 Funktionsprinzip des Token Ring

Der Paketaufbau und die Codierung von IPv6-Paketen auf Basis des Token-Ring-Übertragungsmechanismus wurde im Internet Draft unter dem Titel »A Method for the Transmission of IPv6 Pakets over Token Ring Networks« festgelegt. Die IPv6-Pakete werden bei der Übermittlung über Token Rings immer mit einem vorangestellten LLC/SNAP-Header verschickt. Im eigentlichen Datenfeld des Token Rings werden der IPv6-Header und die höheren Protokolle verpackt. Ein IPv6-Paket auf Basis des Token Rings hat folgendes Format:

0	1	2	3
0 1 2 3 4 5 6 7	8 9 0 1 2 3 4 5	6 7 8 9 0 1 2 3	4 5 6 7 8 9 0 1
SD	AC	FC	Destination Adresse

Destination Adresse (Fortsetzung)			
Destination Adresse (Fortsetzung)	Source Adresse		
	Source Adresse (Fortsetzung)		DSAP
SSAP	CTL		OUI
OUI	EtherType		IP Header
IPv6 Header und Payload...			
IPv6 Header und Payload...			
FCS			
ED	FS		

Abb. 4.8   Token-Ring-Paket mit angehängten IPv6-Daten

Werden die Daten zwischen Netzen über Source-Routing-Bridges übermittelt, so wird direkt an die Source-Adresse das Routing-Informationsfeld (RIF) angehängt.

Starting Delimiter

Mit dem Starting Delimiter wird dem Empfänger bekannt gegeben, wann ein Datenpaket beginnt. Das SD-Feld besteht aus der Sequenz »JKOJK000«.

Access Control

Die Zugriffskontrolle AC (Access Control) enthält die folgenden Prioritäten-Bits (P): die Reservierungs-Bits (R), das Token-Bit (T) und das Monitor-Bit (M). Durch das Token-Bit wird ein Token (0) von einem Datenrahmen (1) unterschieden. Das »M«-Bit wird vom Monitor benutzt, um kontinuierlich rotierende Pakete zu prüfen, d.h., wenn ein Sender sein eigenes Datenpaket nicht vom Netz nimmt. Die »P«- und »R«-Bits können zur Prioritätssteuerung benutzt werden.

Frame Control

Das erste Datenfeld ist die Frame Control FC (Rahmensteuerung). Steht an der Stelle »FF«, ein »00«, bedeutet dies ein MAC-PDU, ein »01« bedeutet einen LLC-Rahmen. Wenn es sich um einen LLC-Rahmen handelt, wird das »ZZZZZZ« in ein »rrYY«-Feld gespalten. Das »YYY« enthält den LLC-Prioritäts-Wert, vergleichbar dem »PPP«-Wert.

Destination-Adresse

Enthält die 48 Bit lange Zieladresse. Jede Workstation, jeder Rechner, File-Server oder ein anderes Gerät an einem lokalen Netz muss nach den Spezifikationen der internationalen Standardorganisation (ISO) über eine eigene unverwechselbare Hardwareadresse verfügen. Früher wurde die Registrierung und Vergabe der weltweit universellen Hardware-Adressen von der Firma Rank Xerox organisiert. Inzwischen hat eine Unterabteilung des IEEE diese Funktion übernommen. Durch dieses Verfahren wird sichergestellt, dass die Adressen weltweit garantiert nur einmal vorkommen. Eine solche Hardware-Adresse besteht entweder aus einer 16 Bit oder 48 Bit langen hexadezimal kodierten Zahl. Die 16 Bit langen Adressen (2 Byte) werden heute nicht mehr verwendet und wurden vom IEEE-Gremium nur zur Rückwärtskompatibilität mit älteren LAN-Typen übernommen.

Source-Adresse

Enthält die 48 Bit lange Absenderadresse.

Destination Service Access Point

Die LLC Service Access Points (LSAPs) definieren den Zugang zum nächst höheren/tieferen Protokoll. Aus diesem Grund werden die 1 Byte langen Destination- und Source-Adressen auch Destination Service Access Point (DSAP) bzw. Source Service Access Point (SSAP) genannt. Das IEEE-Komitee hat für die Link-Service-Access-Point-Adressen bisher folgende Werte festgelegt:

Link Service Access Point IEEE		
binär	dezimal	Beschreibung
00000000	0	Null LSAP
01000000	2	Indiv LLC Sublayer Mgt
11000000	3	Group LLC Sublayer Mgt
00100000	4	SNA Path Control
01100000	6	Reserviert (DOD IP)
01110000	14	PROWAY-LAN
01110010	78	EIA-RS 511
01111010	94	ISI IP
01110001	142	PROWAY-LAN
01010101	170	SNAP
01111111	254	ISO DIS 8473
11111111	255	Global DSAP

Das DSAP-Feld muss bei der Übermittlung von IPv6-Paketen immer auf den Wert AA (hex) gesetzt werden.

Source Service Access Point

Das SSAP-Feld muss bei der Übermittlung von IPv6-Paketen immer auf den Wert AA (hex) gesetzt werden.

Control Field

Die IPv6-Daten werden immer mit dem LLC-Typ 1 übermittelt (verbindungsloser Datagramm-Service). Die Informationen, die mit dem LLC-Typ 1 verschickt werden, basieren auf dem unnumbered Format (U-Format). Das Control-Feld muss bei der Übermittlung von IPv6-Paketen immer auf den Wert 03 (hex) gesetzt werden.

Organizationally Unique Identifier

Das Organizationally-Unique-Identifier-Feld wird bei der Übermittlung von IPv6-Paketen nicht benutzt und muss deshalb immer auf den Wert 000000 (hex) gesetzt werden.

EtherType

Das Ethertype-Feld definiert das nachfolgende höhere Protokoll und muss bei der Übermittlung von IPv6-Paketen immer auf den Wert 86DD (hex) gesetzt werden.

Frame Check Sequence

Die Frame Check Sequence dient zur Überprüfung, ob der Paketaufbau während der Übertragung beschädigt wurde.

Ending Delimiter

Mit dem End-Delimiter wird signalisiert, dass das Paket abgeschlossen ist.

Frame Status

Das Frame-Status-Feld signalisiert, ob das Paket vom Empfänger kopiert wurde.

4.2.1 Darstellung der Bits/Bytes bzw. der Adressen

Bei der Übermittlung eines Datenbytes auf einen Token Ring wird immer das Bit mit der höchsten Ordnung zuerst auf das Netz übermittelt. Die Darstellung, bei der das most significant Bit zuerst übermittelt wird, wird auch als Big-Endian-Darstellung bezeichnet. Im folgenden Beispiel wird dargestellt, wie die hexadezimale Zahl 08-00-02-00-12-11 in der Binärform aussieht und welcher binäre Datenstrom auf den Token Ring übermittelt wird:

Adresse: 08-00-02-00-12-11

Binär: 0000 1000 0000 0000 0000 0010 0000 0000 0001 0010 0001 0001

Kabel: 0000 1000 0000 0000 0000 0010 0000 0000 0001 0010 0001 0001

Maximum Transmission Unit

Die IEEE-802.5-Netze verfügen über eine variable Paketlänge. Im Standard wurden folgende Regelungen getroffen:

4 MBit/s

Die Maximum Transmission Unit (MTU) beträgt zwischen 256 und 4472 Oktetts. Als Default-Einstellung für die MTU werden bei 4 MBit/s Token Ringen allgemein 2002 Oktetts verwendet.

16 MBit/s

Die Maximum Transmission Unit (MTU) beträgt zwischen 255 und 17800 Oktetts. Als Default-Einstellung für die MTU werden bei 16 MBit/s Token Ringen allgemein 8188 Oktetts verwendet.

Werden in Netzen Source-Route-Bridges eingesetzt, sorgt der Wegfindungs-Prozess vom Sender zum Empfänger erst für die endgültige MTU für den jeweiligen Pfad. Diese Information wird in einem Subfeld des Routing-Information-Felds übermittelt. In der folgenden Tabelle sind die möglichen Werte für das RIF-Subfeld und die daraus resultierenden MTU-Werte aufgelistet:

LF (binär)	MAC MTU	IP MTU
000	552	508
001	1064	1020
010	2088	2044
011	4136	4092
100	8232	8188

Autokonfiguration und Link-local-Adressen

Zur automatischen Konfiguration einer IPv6-Adresse wird ein 80 Bit langes Gebilde verwendet. Dieser Wert setzt sich aus folgenden Komponenten zusammen: dem Präfix und der IEEE-802.5-Adresse. Der Präfix hat immer den Wert FE 80 00 00.

FE	80	00	00	00	00	00	00	00	00	Token Ring Adresse

Abb. 4.9   Link Local Address

Unicast Adress Mapping

Die Prozedur, mit der die IPv6-Adressen in Token Ring-Link-Layer-Adressen gemappt werden, wird im Kapitel Adressmechanismen beschrieben. Die Source/Destination-Link-Layer-Adressoption hat beim Token Ring folgendes Format:

Typ	Länge	Token Ring Adresse

Abb. 4.10   Link-Layer-Adressoption

Typ
Definiert den Adressoptionstyp. Folgende Typen wurden definiert:

- 1: Source-Link-Layer-Adresse,
- 2: Destination-Link-Layer-Adresse.

Länge
Definiert die Länge der nachfolgenden Adresse in Oktetts.

Token-Ring-Adresse
Enthält die 48 Bit lange Token-Ring-IEEE-802-Adresse. Die Darstellung erfolgt in der kanonischen Form.

Address Mapping Multicast

Ein IPv6-Paket mit einer Multicast-Destination-Adresse wird immer an die Token-Ring-Funktionsadresse 03-00-00-20-00-00 übermittelt.

4.3   IPv6 auf FDDI-Netzen

Dem Anwender steht heute als Alternative zu Ethernet und Token Ring das Fibre Distributed Data Interface (FDDI) zur Verfügung. Mit einer nominellen Datenrate von 100 MBit/s ist FDDI gut dafür gerüstet, um im Backbone-Betrieb den Anschluss von zentralen Servern oder den Anschluss von kompletten Teilnetzen (Ethernet oder Token Ring) über Bridges zu ermöglichen. Das FDDI ist im 7-Schichten-ISO-Referenz-Modell auf den untersten zwei Schichten angesiedelt. Aus diesem Grund umfasst der Standard nur den MAC Layer (Schicht 2) und den Physical Layer (Schicht 1). Das FDDI basiert im Trunk-Bereich auf einem dualen Glasfaser-Ring. Im Tree-Bereich wird das FDDI-Netz nur einfach aufgebaut. In beiden Netzbereichen können die Endgeräte (Server, Rechner) über Brücken/Router auch an andere Netze angeschlossen werden. Der Standard für FDDI wurde vom American National Standards Institute (ANSI) erarbeitet. Bei der Definition des FDDI-Standards wurde größter Wert auf Konformität mit dem Open-Systems-Interconnect-Modell (OSI) der Internationalen Standardisierungs-Organisation (ISO) gelegt. Auf dem FDDI-Netz wird mit einer Datenübertagungsrate von 100 MBit pro Sekunde kommuniziert.

4.3.1 FDDI-Verfahren

Das FDDI beruht auf einem Token-Passing-Verfahren. Die physikalische Schicht wurde speziell für Glasfaser als Übertragungsmedium konzipiert. Erweiterungen des Standards lassen jedoch heute den Einsatz von Shielded Twisted Pair (STP) oder auch Unshielded Twisted Pair (UTP) zu. Die maximale Distanz zwischen zwei an das FDDI angeschlossenen Stationen beträgt bis zu 2 km. In einer Maximalkonfiguration kann ein Fibre-Distributed-Data-Interface-Netzwerk (FDDI) bis zu einem Ringradius von 100 km ausgedehnt werden. Die kleinste FDDI-Konfiguration besteht aus zwei FDDI-Stationen, die jeweils über die physikalische Schicht (PHY) miteinander verbunden sind. Die Verbindung zum physikalischen Medium wird durch den Zugangs- bzw. Removal-Algorithmus der Station-Management-Software (SMT) gesteuert.

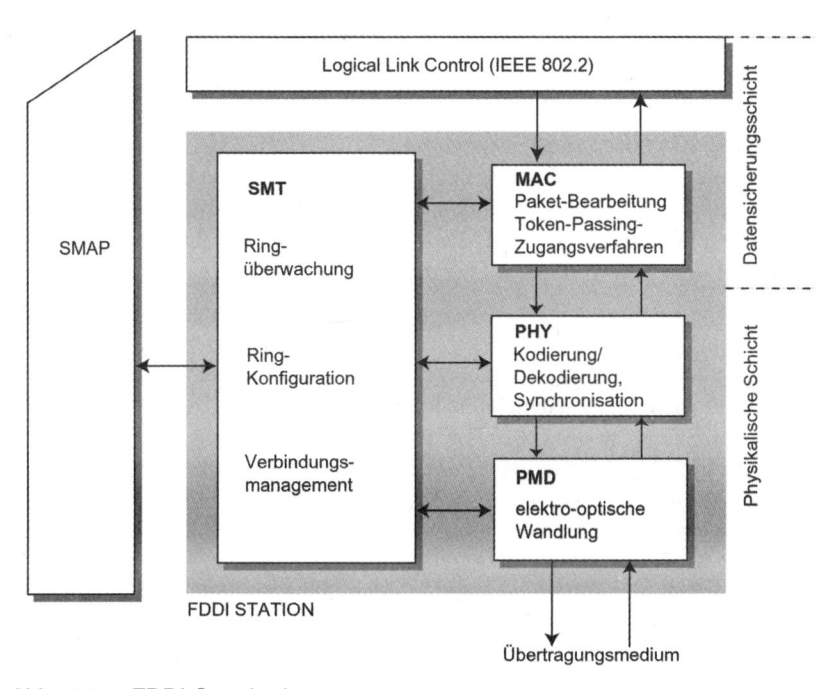

Abb. 4.11 FDDI-Standard

Ein Fibre-Distributed-Data-Interface-Netz besteht immer aus einer dualen Ringtopologie. Im Standardbetrieb werden die Daten immer über den Primärring übermittelt. Tritt eine Unterbrechung im Netzwerk auf (Kabelbruch, Station wird abgeschaltet oder ist defekt), werden zunächst die beiden der Fehlerursache am nächsten liegenden Stationen ermittelt. Diese verbinden dann auf beiden Seiten die Primärfaser mit der Sekundärfaser und schließen den Ring. Die Datenpakete müssen in diesem Fall den doppelten Ringumfang zurücklegen, d.h., die Verzögerungszeiten im Ring werden größer. Die volle Bandbreite bleibt aber erhalten. Treten in einem FDDI-Netz mehr als ein Fehler im Netzwerk auf, so zerfällt der Ring in Segmente, innerhalb derer die Datenübertragung aber weiterhin funktioniert. Wird der Fehler behoben, rekonfiguriert sich der Ring automatisch. Das Geheimnis hinter diesen Automatismen liegt in der Funktionsweise des »Connection Management Task« (CMT), das über ein Protokoll auf physikalischer Ebene (ISO-Layer 1) arbeitet. Dieses »Physical Connection Management«-Protokoll (PCM) ist ein neues Konzept, das man bei den altbekannten Netzwerken nicht findet.

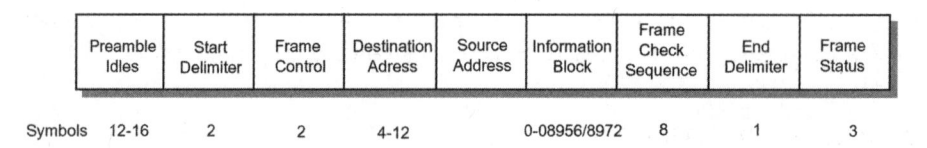

Preamble Idles	Start Delimiter	Frame Control	Destination Adress	Source Address	Information Block	Frame Check Sequence	End Delimiter	Frame Status
Symbols 12-16	2	2	4-12		0-08956/8972	8	1	3

Abb. 4.12   FDDI-Datenformat-Standard

Konstante Übertragungsqualität

Jede FDDI-Station verfügt über einen Mechanismus zur kontinuierlichen Überwachung der angeschlossenen Leitungen. Dieser »Line Error Monitor« (LEM) stellt sicher, dass die Qualität einer Leitung sowohl beim Anschluss als auch im Betrieb nicht unter eine bestimmte Marke fällt. Dadurch werden schlechte Verbindungen gar nicht erst aufgebaut und können somit den Netzbetrieb nicht stören. Leitungen, die im Betrieb eine Verschlechterung erfahren, werden erkannt und dem Netzwerkmanagement mitgeteilt.

Verteilte Netzintelligenz

Für jede FDDI-Station im Netz ist zu jeder Zeit jede FDDI-spezifische Ressource verfügbar und aktiv. Damit ist jede Station in der Lage, Fehlerbedingungen im Netz zu erkennen. Sie wird versuchen, die bestmögliche Strategie für die Aufrechterhaltung des Netzbetriebs zu ermitteln und den Ring neu aufzubauen. Damit überwacht beim FDDI-Verfahren, im Gegensatz zum Token Ring, jede Station selbstständig den Ringbetrieb auf Konsistenz und Fehlerfreiheit.

Der FDDI-Standard ist in die folgenden vier Substandards aufgeteilt:

- Physical Layer Dependent (PMD) / ISO 9314-3
- Physical Layer Independent (PHY) / ISO 9314-1
- Media Access Control (MAC) / ISO 9314-2
- Station Management (SMT) (Draft 7.x)

Physical Layer Media Dependent

Die Physical-Media-Dependent-Schicht (PMD) definiert alle optischen Verbindungselemente des Fibre Distributed Data Interface. FDDI spezifiziert eine Lichtwellenlänge von 1300 nm. Als Glasfasern können 50/125 µm, 62,5/125 µm Gradientenfasern eingesetzt werden. Ergänzungen des Standards um Spezifikationen wie z.B. SMF-PMD (Single Mode Fiber, 9/125 µm auf Monomode Lichtwellenleiterkabeln), LCF-PMD (Low Cost Fiber, 820 nm Wellenlänge) und TP-PMD (Twisted Pair, Shielded- und Unshielded Twisted Pair Kabel) ermöglichen auch den Einsatz der FDDI-Technik auf einer Vielzahl von anderen physikalischen Medien. Die Glasfaser ist frei von Störeinflüssen und damit extrem sicher. Durch die mit der Glasfaser verbundene galvanische Trennung von Geräten treten zudem keine Erdungsprobleme auf. Die PMD-Schicht legt neben der optischen Leistung auch den Jitter, die Anstiegs- und die Abfallzeiten fest. Hieraus resultiert eine Bitfehlerrate von <10 **-9.

Physical Layer Independent

Die physikalische Schicht (PHY) definiert beim FDDI das gesamte Übertragungsverfahren. Beim FDDI wird das 4B/5B-Codierverfahren (vier Datenbits in einen 5-Bit-Wert) eingesetzt. Gegenüber dem Ethernet-Manchastercode zeichnet sich der 4B/5B-Code durch eine wesentlich höhere Effizienz aus und ermöglicht die Übertragung von 100 MBit/s bei 125 MBaud. Neben den Funktionen wie Codierung und Timing stellt die PHY-Schicht des FDDI-Standards auch den Leitungszustand zwischen benachbarten Stationen fest.

Media Access Control

Das Media-Access-Control-Protokoll legt beim FDDI die Funktionen des Data Link Layers (Schicht 2a) fest. Hier sind das FDDI-Paketformat, der Netzzugriff, die FDDI-Adressierung, die Tokenverwaltung und das Tokentiming festgelegt. Bei Stationen, welche als aktive Teilnehmer im FDDI-Ring eingebunden sind, läuft der gesamte Datenstrom des Rings durch den MAC-Layer und wird vom Netzeingang auf den Netzausgang übertragen. Will die MAC-Schicht selbst Daten übermitteln, so muss bis zum Empfang eines Tokens gewartet werden. Der Token wird aus dem Ring entfernt und stattdessen sendet der FDDI-Controller das FDDI-Datenpaket auf den Ring. Danach wird sofort wieder ein Frei-Token generiert und die Daten von Netzeingang auf den Netzausgang übertragen.

Station Management

Das Station Management (SMT) sorgt bei der Initialisierung des Netzes für die Generierung eines Token, ist verantwortlich, dass ein betriebsfähiger Zustand erreicht wird und das MAC auf das Netz zugreifen kann. Danach überwacht das Station Management die PMD-, PHY- und MAC-Funktionen und reagiert auf Probleme selbsttätig. Darüber hinaus überwacht das SMT während des Betriebs den Ring und erstellt in regelmäßigen Abständen einen Statusbericht über den Zustand des Netzes und der Station. SMT verwaltet die in der Station vorhandenen PHYs, MACs, PMDs, Bypässe, Timer und Parameter und legt Statistiken über deren Werte an. Informationen über Fehler, wie z.B. Tokenverlust, kein oder ein zu geringes optisches Signal oder CRC-Fehler, werden mit dem SMT gesammelt und gegebenenfalls werden die notwendigen Reaktionen auf diese Fehler eingeleitet. Bei Unterbrechung der Leitung zwischen den FDDI-Stationen leitet das SMT den Datenpfad automatisch auf den Sekundärring um. Bei Verlust des Tokens sorgt das SMT für die Reinitialisierung des Rings und für die

Generierung eines neuen Tokens. Da das Station Management in jedem FDDI-Controller implementiert sein muss, reagiert jede Station individuell auf Fehlerfälle und dynamisch auf die jeweilige Datenlast am Ring. Das SMT ist eine eigenständige Protokollinstanz, die über die MAC-Adresse der Station angesprochen werden kann. Mit speziellen SMT-Frames können so Informationen von der FDDI-Station abgerufen oder an sie übermittelt werden. Mithilfe der »Parameter Management Frames« können unter Zuhilfenahme des SMT-Protokolls remote sogar Eigenschaften der Station verändert werden. Mithilfe des SMTs wird jede FDDI-Station im aktiven Ring managebar. Alle Variablen, die durch das Station Management verwaltet werden, sind in einer SMT-Magement-Information-Base (MIB) festgelegt. Durch eine Integration eines Agents lassen sich die vom FDDI-SMT gesammelten Informationen leicht in ein SNM- Management-System integrieren.

4.3.2 FDDI-Geräte

Im Fibre-Distributed-Data-Interface-Standard sind zwei Klassen von FDDI-Geräten definiert:

- Klasse A – Dual Attachment Stations,
- Klasse B – Single Attachment Stations.

Dual Attachment Stations (DAS)

FDDI-Netzknoten, die an einen Doppel-FDDI-Ring angeschlossen sind, wurden als Geräte der Klasse A (Dual Attachment Stations) festgelegt. Dual Attachment Stations haben das physikalische Layer-Protokoll (PHY) zweifach implementiert und können über einen optionalen optischen Bypass-Switch verfügen.

Alle Netzknoten der Klasse A schließen den Ring automatisch und leiten den Datenverkehr im Fehlerfall vom Primärring auf den Sekundärring um. Durch das Station-Management-Protokoll (SMT) wird die fehlerhafte Strecke oder die gestörte Station eindeutig identifiziert und aus dem Ring geschaltet. Das FDDI-Netz bleibt auch bei einer Leitungsunterbrechung voll betriebsfähig.

Die Konzentratoren (DACs) sind eine Sonderform der Dual Attachment Stationen. Die Konzentratoren ermöglichen auf der einen Seite den Zugang zu einem dualen FDDI-Ring, während auf der anderen Seite über einen oder mehrere physikalische Anschlüsse der Anschluss von Single Attachment Units an den Ring ermöglicht wird.

Single Attachment Stations (SAS)

FDDI-Netzknoten der Klasse B wurden als Single Attachment Stations (SAS) festgelegt. Single Attachment Stations werden immer über Konzentratoren an das FDDI-Netz angeschlossen. Im Gegensatz zu den Dual Attachment Stations (DAS) sind bei Single Attachment Stations (SAS) nur ein physikalischer Anschluss und kein Bypass-Switch vorhanden. Single Attachment Stations dienen zum kostengünstigen Anschluss von vielen einfachen Endgeräten an das Netz.

Konzentrator

Der Konzentrator stellt üblicherweise das Bindeglied zwischen Backbone und Frontend-Bereich dar, d.h., Workstations und PCs werden über den FDDI-Konzentrator an einen FDDI-Backbone angeschlossen. Die Konzentratoren ermöglichen den kostengünstigen Einsatz von FDDI. Ein Konzentrator ist eine intelligente Komponente im Netz, an die andere Komponenten (Endgeräte, weitere Konzentratoren) angeschlossen werden können. Im Normalbetrieb arbeitet der Konzentrator transparent, kontrolliert dabei aber alle angeschlossenen Verbindungen. Sollte in einem angeschlossenen Gerät ein Fehler auftreten, kann der Konzentrator diese Verbindung vom übrigen Netz isolieren. Zentrale Bedeutung nimmt der Konzentrator für die Strukturierung des Netzes ein. Mithilfe dieser Netzwerkknotenpunkte kann die FDDI-Topologie zu einem »Ring-of-Trees«, also Bäumen, verknüpft durch einen Ring, ausgebaut werden. Die heute realisierten physikalischen FDDI-Topologien orientieren sich in der Regel an den Baumstrukturen. Der FDDI-Standard ermöglicht zudem die vermaschte Installation von fehlertoleranten Baumstrukturen. Heute werden nahezu alle Netzwerkkomponenten über Konzentratoren an den Backbone-Ring angeschlossen.

4.3.3 FDDI-Topologie

Die allgemeinste Topologie für ein FDDI-Netz ist ein Ring mit angeschlossenen Bäumen (»Ring-of-Trees«). Dabei werden alle Frontend-Komponenten an Konzentratoren angeschlossen, die dabei physikalisch Sternpunkte bilden. Durch Kaskadierung bilden die Konzentratoren schließlich eine Baumstruktur. Die Endgeräte besitzen üblicherweise nur einen einfachen, nicht fehlertoleranten Anschluss (SAS, single-attached, Class »B«). Ist eine solche Komponente an einen Konzentrator angeschlossen, wird sie überwacht und bei Ausfall der Verbindung (oder Abschalten!) wird die Netzverbindung um den gestörten Anschluss herumgeleitet (wrap-around). Der Backbone-Ring wird dadurch von potenziell störanfälligeren Komponenten abgekoppelt und damit die Gefahr einer Segmentierung (Auftrennung des Backbones bei Mehrfachstörung) vermieden. Gleichzeitig wird die Realisierung der Fehlertoleranz preiswerter, da sie einmal im Konzentrator und nicht bei jedem Endgerät vorgenommen werden muss. Dieser Vorteil wird besonders dann deutlich, wenn der Anschluss der Endgeräte an den Konzentrator beispielsweise über STP-Verkabelung vorgenommen wird, weil dann die anteilmäßig hohen Kosten für die optischen Komponenten entfallen. Außerdem bietet sich der Konzentrator als zentrale Managementinstanz an, da er auch direkt angesprochen werden kann (eigene MAC-Adresse). Das SMT-Protokoll (Station Management) erlaubt den Zugriff auf statistische Daten und die Überwachung und Änderung der aktuellen Konfiguration. Der Netzverwalter kann den aktuellen Zustand jeder Verbindung überprüfen und kann »verdächtige« oder »unzuverlässige« Verbindungen jederzeit deaktivieren.

Der Paketaufbau und die Codierung von IPv6-Paketen auf Basis des Token-Ring-Übertragungsmechanismus wurde im RFC 2467 (»Transmission of IPv6 Packets over FDDI Networks«) festgelegt. Die IPv6-Pakete werden bei der Übermittlung über FDDI-Ringe immer mit einem vorangestellten LLC/SNAP-Header verschickt. Im eigentlichen Datenfeld des FDDI werden der IPv6-Header und die höheren Protokolle verpackt. Ein IPv6-Paket auf Basis des FDDI hat folgendes Format:

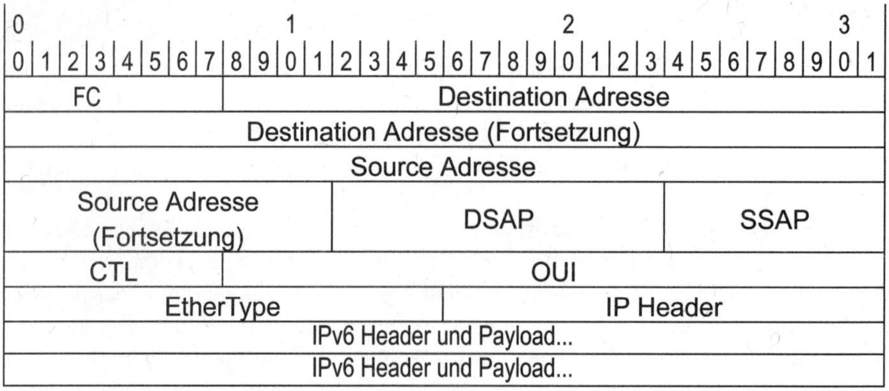

218 4 Adaption von IPv6 auf unterschiedlichen Netzwerken

```
 0                   1                   2                   3
 0 1 2 3 4 5 6 7 8 9 0 1 2 3 4 5 6 7 8 9 0 1 2 3 4 5 6 7 8 9 0 1
```

FC	Destination Adresse		
Destination Adresse (Fortsetzung)			
Source Adresse			
Source Adresse (Fortsetzung)	DSAP		SSAP
CTL	OUI		
EtherType		IP Header	
IPv6 Header und Payload...			
IPv6 Header und Payload...			

Abb. 4.13   IPv6 in FDDI-Paket

Das Frame-Format:

Ein FDDI-Paket besteht immer aus folgenden Komponenten:

Frame-Control-Feld
Dieses Feld bestimmt den Frame-Typ, die Frameklasse, den Adresstyp, und das Frameformat. Der Frameformat-Code sollte bei der Übermittlung von IPv6-Paketen über FDDI-Netze immer im Wertebereich zwischen 50 und 57 (hexadezimal) sein.

Destination-Adresse
Enthält die 48 Bit lange Zieladresse.

Source-Adresse
Enthält die 48 Bit lange Absenderadresse.

Destination Service Access Point
Die LLC Service Access Points (LSAPs) definieren den Zugang zum nächst höheren/tieferen Protokoll. Aus diesem Grund werden die 1 Byte langen Destination- und Source-Adressen als Destination Service Access Point (DSAP) bzw. Source Service Access Point (SSAP) bezeichnet. Das IEEE-Komitee hat für die Link-Service-Access-Point-Adressen bisher folgende Werte festgelegt:

Link Service Access Point IEEE		
binär	dezimal	Beschreibung
00000000	0	Null LSAP
01000000	2	Indiv LLC Sublayer Mgt
11000000	3	Group LLC Sublayer Mgt
00100000	4	SNA Path Control
01100000	6	Reserviert (DOD IP)

Link Service Access Point IEEE		
binär	dezimal	Beschreibung
01110000	14	PROWAY-LAN
01110010	78	EIA-RS 511
01111010	94	ISI IP
01110001	142	PROWAY-LAN
01010101	170	SNAP
01111111	254	ISO DIS 8473
11111111	255	Global DSAP

Das DSAP-Feld muss bei der Übermittlung von IPv6-Paketen immer auf den Wert AA (hex) gesetzt werden.

Source Service Access Point
Das SSAP-Feld muss bei der Übermittlung von IPv6-Paketen immer auf den Wert AA (hex) gesetzt werden.

Control Field
Die IPv6-Daten werden immer mit dem LLC-Typ 1 übermittelt (verbindungsloser Datagramm-Service). Die Informationen, die mit dem LLC-Typ 1 verschickt werden, basieren auf dem unnumbered Format (U-Format). Das Control-Feld muss bei der Übermittlung von IPv6-Paketen immer auf den Wert 03 (hex) gesetzt werden.

Organizationally Unique Identifier
Das Organizationally-Unique-Identifier-Feld wird bei der Übermittlung von IPv6-Paketen nicht benutzt und muss deshalb immer auf den Wert 000000 (hex) gesetzt werden.

EtherType
Das Ethertype-Feld definiert das nachfolgende höhere Protokoll und muss bei der Übermittlung von IPv6-Paketen immer auf den Wert 86DD (hex) gesetzt werden.

Maximum Transmission Unit
Die maximale Länge eines FDDI-Paketes beträgt 4500 Byte. Die maximale Größe eines Datensegments, das eine TCP/IP-Applikation erzeugen kann, darf 4470 Oktetts betragen. Als IPv6-Protokoll-Overhead werden für die unteren Schichten 256 Byte angesetzt. Dies führt zu einer maximalen Paketgröße von 4352 Byte.

Autokonfiguration und Local-Link-Adressen

Zur Kommunikation zwischen Rechnern am Netz muss eindeutig festgelegt sein, wie die einzelnen übermittelten Bytes zu interpretieren sind. Bei der Übermittlung eines Datenbytes auf ein FDDI-Netz wird das Bit mit der höchsten Ordnung zuerst auf das Netz übermittelt. Die

Darstellung, bei der das most significant Bit zuerst übermittelt wird, wird auch als Big-Endian-Darstellung bezeichnet. Die MAC-Adressen werden normalerweise auf den Netzwerk-Controllern in einem ROM-Chip abgelegt. Es hat sich eingebürgert, dass die LAN-Adressen in der so genannten Native Order, also entsprechend des jeweiligen LAN-Protokolls, abgelegt werden.

Im folgenden Beispiel wird dargestellt, wie die hexadezimale Zahl 08-00-02-00-12-11 in der Binärform aussieht und welcher binäre Datenstrom auf dem Netz übermittelt wird.

FDDI-Adresse: 08-00-02-00-12-11

Binär: 0000 1000 0000 0000 0000 0010 0000 0000 0001 0010 0001 0001

Durch die Codierung der Bytes in Symbole sieht natürlich die eigentliche Bitfolge

0000 1000 0000 0000 0000 0010 0000 0000 0001 0010 0001 0001

wie folgt auf dem Kabel aus:

11110 10010 11110 11110 11110 10100 11110 11110 01001 10100 01001 01001

Der Standard unterstützt die Verwendung von Gruppen- (Broadcast, Multicast) und Individualadressen. Die Unterscheidung zwischen den jeweiligen Adresstypen erfolgt durch spezielle Kodierung des niedrigsten Bits (1-Gruppenadresse, 0-Individualadresse). Zu der Gruppe der Multicast-Adressen gehört als Spezialfall auch die Broadcast-Adresse (FF-FF-FF-FF-FF-FF). Multicast-Adressen erkennt man daran, dass das erste Byte ungerade ist (d.h., das letzte Bit ist auf »1«); z.B. »01-00-00-00-00-00« oder »99-88-77-66-55-44« nicht aber »00-00-00-00-00-01«.

Statuslose Autokonfiguration

Der Interface-Identifikator eines FDDI-Interfaces basiert auf dem Format EUI-64 und wird auf Basis der 48 Bit langen IEEE-802-Adresse wie folgt errechnet:

Der OUI (Organisational Unit Identifier) der Ethernet-Adresse (die ersten drei Oktetts) repräsentiert die Hersteller-ID (Company_ID) der EUI-64-Adresse. Das vierte und fünfte Oktett der EUI-Adresse wird immer auf den fixen Wert = FFFE gesetzt. Die letzten drei Oktetts der FDDI-Adresse bilden automatisch die letzten drei Oktetts der EUI-64-Adresse.

Anschließend wird der Interface-Identifikator durch das Setzen des Universal/Local (U/L) Bits auf den Wert = 1 manipuliert. Dieser Vorgang ist notwendig, da es sich bei einer EUI-Adresse nicht mehr um eine universell eindeutige, sondern um eine lokal administrierte Adresse handelt. Somit ist eine universell administrierte IEEE-802- bzw. eine EUI-64-Adresse durch den Wert = 0 des U/L Bits gekennzeichnet, während sich universell eindeutige IPv6-Interface-Identifikatoren immer durch den Wert = 1 im ersten Oktett auszeichnen.

Beispielsweise wird der Interface-Identifikator eines FDDI-Interfaces mit der Adresse
   34-56-78-9A-BC-DE

zu folgendem EUI-Wert:
   36-56-78-FF-FE-9A-BC-DE.

Autokonfiguration und Link-local-Adressen

Zur automatischen Konfiguration einer IPv6-Adresse wird ein 80 Bit langes Gebilde verwendet. Dieser Wert setzt sich aus folgenden Komponenten zusammen: dem Präfix und der FDDI-Adresse. Der Präfix hat immer den FE80::/64.

10 bits	54 bits	64 bits
1111111010	(zeros)	Interface Identifier

Abb. 4.14   IPv6-Link-local-Adresse

Unicast Address-Mapping

Die Prozedur, mit der die IPv6-Adressen in FDDI-Link-Layer-Adressen gemappt werden, beschreibt das Kapitel Discovery. Die Source/Destination-Link-Layer-Adressoption hat beim FDDI folgendes Format:

Typ	Länge	FDDI Adresse

Abb. 4.15   Mapping von IPv6-Unicast-Adressen in FDDI-Link-Local-Adressen

Typ
Definiert den Adressoptionstyp. Folgende Typen wurden definiert:

- 1: Source-Link-Layer-Adresse,
- 2: Destination-Link-Layer-Adresse.

Länge
Definiert die Länge der nachfolgenden Adresse in Oktetts.

FDDI-Adresse
Enthält die 48 Bit lange FDDI-Adresse. Die Darstellung erfolgt in der kanonischen Form.

Address Mapping Multicast

Ein IPv6-Paket mit einer Multicast-Destination-Adresse wird immer so an folgende FDDI-Multicast-Adresse gesandt: Die ersten zwei Oktetts der Adresse haben den Wert 3333 (hexadezimal) und die folgenden vier Oktetts entsprechen den letzten vier Oktetts der IPv6-Multicast-Adresse.

00110011	00110011	DST13	DST14	DST15	DST16

Abb. 4.16   Mapping von IPv6-Multicast-Adressen

4.4 IP Version 6 auf ATM-Netzen

Lokale Datennetze ermöglichen die Integration von Großrechnern, Terminals und PC. Durch LANs wird die vorhandene Rechnerleistung auf einfache Weise verteilt und sie kann von allen Endgeräten in Anspruch genommen werden. Als fester Bestandteil der Kommunikationstechniken wurden in der Vergangenheit die Multiprotokoll-Backbones auf Routergestützte Lösungen aufgebaut. Dadurch war es möglich, die verfügbaren Ressourcen optimal zu Verwalten und zu managen. Durch neue Anforderungen an die Kommunikation stehen diese Netze heute aufgrund verwaltungstechnischer Anforderungen vor der Notwendigkeit, neue Applikationen (Sprach-, Daten, Video-Intgration) zur Verfügung zu stellen. Zusätzlich führt die fortschreitende Dezentralisierung von Applikationen zu einer Steigerung der Rechenkapazitäten auf den einzelnen Arbeitsplätzen. Die Großrechner entwickeln sich zu Client/Server-Architekturen. Gleichzeitig steigt die Zahl der Netzwerknutzer kontinuierlich an. Multimedia-Programme erfordern immer leistungsfähigere Desktop-Rechner, die transparent über die vorhandenen Netzwerk-Ressourcen kommunizieren können. Hierdurch eröffnet sich für die Netzbetreiber eine neue Möglichkeit, Applikationen mit hoher Bandbreite zur Verfügung zu stellen und gleichzeitig weitere Nutzer kostengünstig zu integrieren. Der Asynchronous Transfer Mode (ATM) garantiert heute als einzige Technologie eine garantierte Bandbreite und unterschiedliche Serviceoptionen. Durch diese fundamentalen Voraussetzungen ist die ATM-Technik in der Lage, gleichzeitig Daten, Sprache und Bilder zu übertragen. Die große Herausforderung besteht darin, skalierbar den Benutzern eine höhere Bandbreite zur Verfügung stellen zu können und gleichzeitig die Qualitätsanforderungen für die Übermittlung für neue Applikationen zu garantieren. Die Netzwerkinfrastruktur muss außerdem in der Lage sein, sich den kontinuierlichen Benutzeranforderungen problemlos anpassen zu können. Das Netzwerk muss die Ausführung von Umzügen, die Einrichtung zusätzlicher Arbeitsplätze und Neukonfigurationen simplifizieren und parallel dazu die mit der Verwaltung des Netzwerks einhergehende Komplexität reduzieren. Wesentlich ist, dass das neue Netzwerk den höchsten Standard der Verfügbarkeit und Zuverlässigkeit aufrechterhält und dabei gleichzeitig das entsprechende Niveau im Bereich der Servicequalität bietet. ATM hat die Aufgabe, Anwendungskommunikation unterschiedlicher Art und Anforderungen auf einem Medium zu vereinen und sicherzustellen, dass sie sich nicht stärker als vereinbart beeinflussen. Diese Funktion zwischen Anwendung und Medium erfordert folgende primären Aufgabentypen:

- Anpassung der höheren Schichten an ATM,
- Anpassung von ATM an physikalische Medien.

Damit ein ATM-System problemlos funktioniert, wurden zwei weitere Aufgaben definiert:

- Steuerung des ATM-Systems,
- Kontrolle des AT- internen Systemverhaltens.

4.4.1 ATM-Referenzmodell

Der ATM-Referenzwürfel ist ein Novum in der langen Reihe von Architekturmodellen. In der Vergangenheit wurden von den jeweiligen Standardisierungsgremien reine User-Planes zur Datenübertragung (z.B. Ethernet und Token Ring) definiert. Spätestens seit der Verabschiedung des FDDI-Standards wurde in das Architekturmodell ein Management-Interface integriert. Erst die Verabschiedung des ATM-Standards entwickelte eine dritte Dimension, die so genannte Control Plane, und integrierte diese Funktion bereits in das Architekturmodell.

Control Plane
Die Control Plane bildet die Basis für die Signalisierung, die Funktionen des Private Network to Network Interface (PNNI) sowie für das Traffic Management. Die Control Plane übernimmt beim ATM die Outband-Signalisierung.

User Plane
Die User Plane garantiert ein universelles Transportmedium auf Basis von ATM. Die verschiedenen Anpassungsschichten setzen auf der User Plane auf.

Management Plane
Die Management Plane bietet das Interface für das Netzmanagementsystem. Über eine MIB (Management Information Base) können Parameterwerte via SNMP im privaten Bereich oder TMN im öffentlichen Bereich abgerufen bzw. gesetzt werden.

Transportsystem ATM
Das Transportsystem ATM schließlich bildet das für alle Säulen (Control, User und Management Plane) gemeinsame Transportvehikel. Das Transportsystem besteht aus den Schichten ATM Adaptation Layer (AAL), der ATM-Schicht und der physikalischen Schicht.

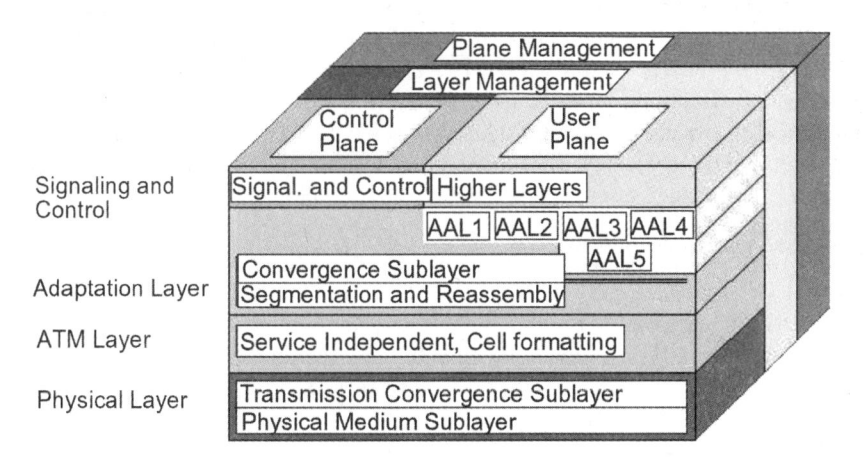

Abb. 4.17 ATM-Referenzmodell

Die Merkmale und die Eigenschaften des ATM-Prinzips basieren auf einer strikten funktionalen Gliederung, die im ATM-Schichtenmodell niedergelegt ist. Mithilfe dieser logischen

Untergliederung der für die Übertragung und Vermittlung von digitalen Signalen erforderlichen Funktionen wird eine universelle Transportinfrastruktur im Netz bereitgestellt. Diese universelle Transportinfrastruktur kann vom Benutzer und vom Netzbetreiber gleichermaßen zur Abwicklung vielfältiger Arten von Nachrichtenaustausch und Telekommunikationsdiensten genutzt werden.

Physikalische Schicht

Die unterste, physikalische Schicht dieses Architekturmodells legt, ähnlich wie beim OSI-Schichtenmodell, die übertragungstechnischen Funktionen für den Transport der Bits auf einem bestimmten Medium fest wie z.B.

- Bitrate,
- Bitsynchronisation,
- Leitungscode,
- Überwachungsfunktionen.

Der Physical Layer ist in den Physical Medium Sublayer (PM) und den Transmission Convergence Sublayer (TC) untergliedert. Die Aufgabe der PM-Sublayer besteht in der Übertragung von Bits. Aus diesem Grund ist der PM-Sublayer abhängig von dem jeweiligen verwendeten Medium.

Der Transmission Convergence Sublayer (TC) nutzt die Services der PM-Sublayer. Die Aufgaben des TC-Sublayers bestehen in der Übertragung der ATM-Zellen, die Synchronität zwischen den ATM-Knoten zu wahren und bei Empfang einer Zelle diese auf ihre Korrektheit zu überprüfen. Der TC-Sublayer ist unabhängig von dem jeweiligen Übertragungsmedium. Um Zellen senden zu können, müssen diese in den ATM-Datenstrom eingefügt werden. Diese Funktion leistet die Transmission Frame Adaptation. Für diese Funktion wurden die SONET- bzw. SDH-Schnittstellen definiert. Die SONET- (Synchronous Opical NETwork) und Synchronous-Data-Hierarchy-Spezifikationen (SDH) definieren die Hierarchie von Übertragungsrahmen, in die die ATM-Zellen eingefügt werden. Ein SDH-Frame hat die Kapazität von 155,520 MBit/s bzw. von 622,080 MBit/s. In einem SDH-Frame werden neben den Benutzerdaten auch die zur Verwaltung und Administration notwendige Information mit übertragen. Die zellenorientierte Schnittstelle verwendet hingegen keine gesonderte, übergeordnete Rahmenstruktur, um die 53 Byte langen Zellen zu kontrollieren. Folglich sind spezielle Zellen (OAM Cell) zum Transport der Verwaltungsinformation und zur Sychronisation notwendig. Das SDH-Konzept ist universell aufgebaut und kann deshalb auch außerhalb von ATM eingesetzt werden. Eine weitere Funktion der TC-Sublayer besteht im Erhalt der Synchronität zwischen den ATM-Knoten während Übertragungspausen. Dies geschieht durch Einfügen von Idle-Zellen (Cell Decoupling). Die Kontrolle der ersten 4 Byte im Header der 53 Byte langen ATM-Zellen auf Korrektheit geschieht durch das Header-Error-Check-Byte (HEC), das fünfte Byte im Zellenkopf. Fehler, die durch Verfälschung eines Header-Bit entstehen, können korrigiert werden. Die fünfte Funktion der TC-Sublayer erkennt den Beginn eines neuen Zellenzyklus, im Falle von SDH-Framing den Anfang dieses Frames. Diese Funktion wird als Cell Delineation bezeichnet.

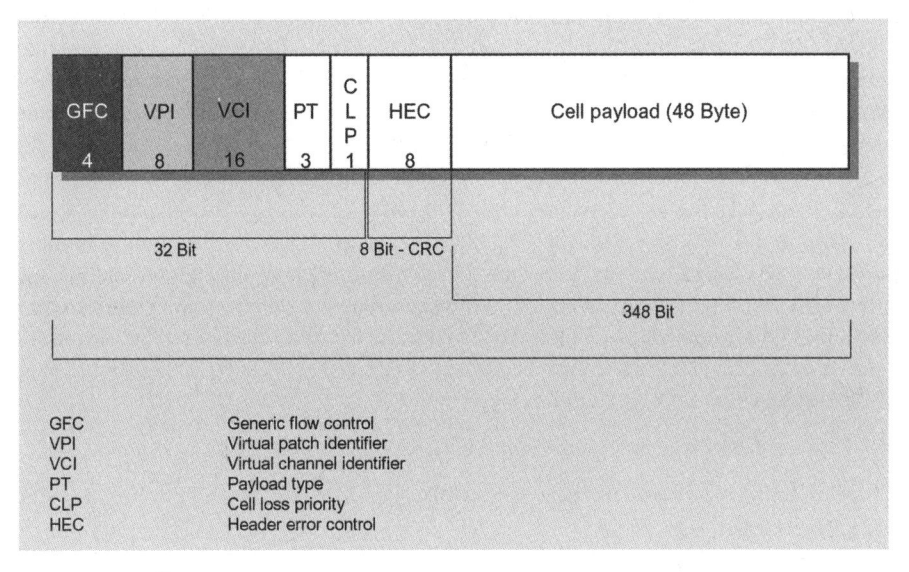

```
| GFC | VPI | VCI | PT | C L P | HEC | Cell payload (48 Byte) |
|  4  |  8  | 16  |  3 |   1   |  8  |                        |
```

32 Bit — 8 Bit - CRC — 348 Bit

GFC Generic flow control
VPI Virtual patch identifier
VCI Virtual channel identifier
PT   Payload type
CLP Cell loss priority
HEC Header error control

Abb. 4.18 Aufbau einer ATM-Zelle

4.4.2 ATM-Transportschicht

Aufbauend auf der physikalischen Schicht stellt die ATM-Schicht die Funktionen bereit, die den ATM-spezifischen Zelltransport gewährleisten. In der Datenkommunikation erfolgt die Mehrfachausnutzung von Nachrichtenwegen durch Zeitmultiplexbildung, d.h., eine endliche Anzahl von digitalen Eingangssignalen wird zu einem gemeinsamen digitalen Ausgangssignal zusammengefasst, wobei Teile der Eingangssignale zeitlich nacheinander mit der höheren Bitrate des ausgangsseitigen Zeitmultiplexsignals übertragen werden. Die optimale Nutzung einer gegebenen hohen Bandbreite und die Anforderung, mehrere Dienste unterschiedlicher Bandbreite und Sendedichte gleichzeitig zu unterstützen, führt zur Technik des statistischen oder asynchronen Multiplexens. Das Asynchronous-Time-Division-Multiplexing-Verfahren (ATD) wird in ATM-Netzen zum Transport verwendet. Beim Asynchronous Time Division Multiplexing wird die Folge der Signalelemente des Zeitmultiplexsignals in gleich lange Blöcke (Zellen) eingeteilt, die unmittelbar aufeinander folgen. Jede Zelle besteht aus dem Kopf und dem Informationsfeld. Der Kopf einer Zelle, bestehend aus fünf Byte, enthält Protokollelemente der Physical und der ATM-Layer, das Information Field enthält die Benutzerdaten der höheren Schichten. Das Asynchronous-Time-Division-Multiplexing-Verfahren sorgt, da im Zeitmultiplexsignal die Zellen einer Verbindung nicht immer in regelmäßiger Folge auftreten, dass die Zellen entsprechend den Anforderungen der Quelle oder der Verfügbarkeit von freien Zell-Zeitlagen im Multiplexstrom verteilt werden. Damit erklärt sich der Begriff »asynchronous« beim ATD-Verfahren.

Die ersten vier Bit einer ATM-Zelle dienen der Generic Flow Control (GFC). Dieser Mechanismus steuert die Zelleneingliederung in den ATM-Datenstrom entsprechend der aktuellen Auslastung des Mediums. Die Generic Flow Control ist somit ein Mittel zur Staukontrolle in ATM-Netzen. Die VPI- und die VCI-Kennungen dienen als Zieladressen der Zelle und werden zum Routing der Zellen durch die Knoten des ATM-Netzes verwendet. Der Wert des Payload-Typ-Felds gibt Auskunft über die Art der Daten, die in der ATM-Zelle transportiert werden. Das Reserved Field ist unbenutzt und steht für mögliche Erweiterungen des Protokolls zur Verfügung. Das Cell-Loss-Priority-Bit (CLP) zeigt an, ob das Paket unter ungünstigen Bedingungen (Überlastung der Switches oder der Leitungen) gelöscht werden darf. Der Wert des CLP-Felds hängt von der beim Verbindungsaufbau ausgehandelten Quality-of-Service (QOS) ab. Das Header-Error-Control-Byte (HEC-Byte) dient der Korrektheitskontrolle und ist mit den CRC-Werten der LAN-Verfahren vergleichbar. Der HEC-Wert wird vom Physical Layer berechnet und eingefügt.

Der ATM-Layer erbringt folgende vier Funktionen:

- Mutiplexen von Zellen eines Virtual Pathes (VP) oder Virtual Channel (VC) in den Zellenstrom (Netzzugang),

- Abbilden der Kennungen von empfangenen VP- und VC-Zellen in entsprechende VP- oder VC-Kennungen auf der Sendeseite (Routing),

- Demultiplexen der Zellen in ihre Virtual Pathes oder Channels (Empfang),

- Erzeugen und Entfernen der ATM-Header.

Eine ATM-Ende-zu-Ende-Verbindung ist eine eindeutige Folge von Virtual Channels, die beim Verbindungsaufbau festgelegt und in den Routing-Tabellen der ATM-Switches eingetragen wird. Das Konzept des Virtual Channel (VC) beschreibt den unidirektionalen Transportweg von ATM-Zellen zwischen zwei VC-Switches. Ein VC wird durch einen Virtual Channel Identifier (VCI) gekennzeichnet. Das Konzept Virtual Path (VP) beschreibt den unidirektionalen Transport von ATM-Zellen verschiedener VCs, die unter einem Virtual Path Identifier (VPI) zusammengefasst werden. VC und VP benutzen den Transmission Path. Einzelne VP- oder VC-Links werden im ATM-Layer zu VP- oder VC-Connections (VCC/VPC) zusammengefasst und bilden eine ATM-Ende-zu-Ende-Verbindung.

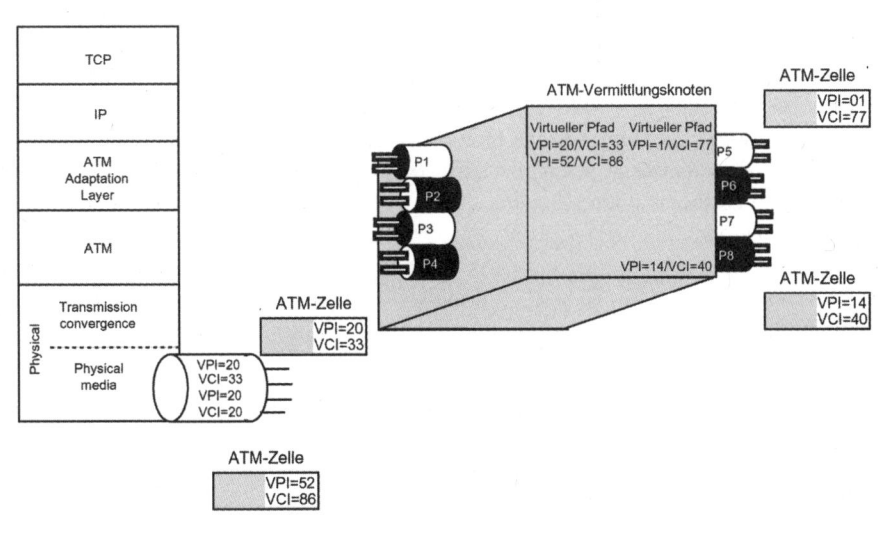

Abb. 4.19 Prinzip des VC und VP

4.4.3 Anpassungsschicht

Die übrigen Schichten – das sind die Anpassungs- oder Adaptionsschicht sowie die Dienste- und Kontrollschicht – werden über das Informationsfeld der zu übermittelnden Zelle sichergestellt. Aufbauend auf den Eigenschaften der ATM-Schicht dient die Adaptionsschicht zur Anpassung an die dienstespezifischen Anforderungen und stellt die dafür erforderlichen Funktionen bereit. Insbesondere sind hier Maßnahmen zur Behandlung von Signalen vorgesehen, die die nach dem Transport durch das ATM-Netz aufgetretenen Verzögerungsschwankungen oder verlorengegangenen Zellen ausgleichen. Dies ist z.B. bei qualitativ hochwertigen Verbindungen für Sprache, Musik oder Bewegtbild erforderlich. Außerdem werden durch die Adaptionsschicht Verbindungen zu anderen Übermittlungsverfahren (z.B. STM) unterstützt.

ATM-Adaptation-Layer

Die Adaptionsschicht dient zur Anpassung an die dienstespezifischen Anforderungen und stellt die dafür erforderlichen Funktionen bereit. Der ATM Adaptation Layer (AAL) ist zwischen dem ATM-Layer und den höheren Schichten der Anwender platziert und wurde in zwei Teilschichten untergliedert:

- Segmentation and Reassembly Sublayer (SAR),
- Concergence Sublayer (CS).

Die Aufgabe der SAR-Sublayer besteht in der Aufteilung der Protocol Data Units (PDU) der höheren Anwenderschichten auf das ATM-Zellformat und entsprechend das Zusammenfügen der Information aus den ankommenden ATM-Zellen zu PDUs.

Der CS-Sublayer bildet die Anpassung der unterschiedlichen Services an den SAR-Sublayer und ist deshalb entsprechend servicespezifisch zu realisieren. Die Protokollinformation des jeweiligen ATM-Adaptation-Layers wird nicht im Header der ATM-Zelle transportiert, sondern im Informationsfeld der Zelle. Im ATM-Adaptation-Layer wurden außerdem noch Funktionen zur Fehlererkennung bzw. Korrektur sowie die Zeitüberwachung integriert. Diese Funktionen sind abgestimmt auf die Servicequalität des jeweiligen AAL-Typs. Die AAL-Typencharakteristika wurden anhand unterschiedlicher Ausprägungen folgender Parameter definiert:

- Zeitrelation zwischen Sender und Empfänger,
- Variabilität der Bitraten,
- verbindungslose oder verbindungsorientierte Charakteristik.

Um die Transportcharakteristik speziell auf die zu transportierenden Anwendungen anpassen zu können, gibt es vier AAL-Typen:

- **AAL 1** emuliert leitungsvermittelte Dienste mit konstanter Bitrate und fester Zeitrelation (zeittransparent), z.B. den Primärmultiplexanschluss in B-ISDN.

- **AAL 2** unterstützt Anwendungen mit variabler Bitrate, die jedoch eine exakte Zeitsynchronität (Ton- und Bildübertragungen) benötigen.

- **AAL 3/4** ist für Dienste mit ebenfalls variabler Bitrate ausgelegt, jedoch fordern die Dienste keine Isochronität (z.B. bei der Datenkommunikation). Der AAL 3/4 ermöglicht verbindungsorientierte und verbindungslose Dienste und wurde auf Dienste wie X.25, Frame Relay, UDP oder TCP/IP abgestimmt.

- **AAL 5** ist ein vereinfachter AAL-3/4-Dienst. Mit diesem Dienst können nur Messages ausgetauscht werden und er wird daher auch als »Simple and Efficient Adaptation Layer ATM-Protokoll« bezeichnet.

Die Adaptionsschicht stellt die Anpassung zwischen den Merkmalen des ATM-Übermittlungsdienstes und den spezifischen Anforderungen der Ebene der standardisierten Dienste und der Zeichengabeprotokolle her. Die Adaptionsschicht unterstützt die Sammlung bzw. Segmentierung der Information und ihre Einordnung in ATD-Zellen auf der Sendeseite; auf der Empfangsseite müssen – in Abhängigkeit von der jeweiligen Dienstart – Maßnahmen zur Signalbehandlung getroffen werden, die z.B. die bei der Übermittlung aufgetretenen Verzögerungsschwankungen oder auch die Informationsverluste ausgleichen.

4.4.4 Diensteschicht

Die Diensteschicht stellt die Funktionen bereit, die den Austausch der dienstespezifischen Nutzinformation innerhalb der ATM-Verbindung gewährleisten. Sie kann vom Teilnehmer völlig freizügig und transparent genutzt werden. Die wichtigen Beurteilungsparameter der Diensteschicht schlagen sich in den folgenden Diensteparametern nieder:

- **Laufzeit durch das Netz:** Die Laufzeit wird sehr stark beeinflusst von den Zeiten bei der Bildung und Auflösung einer Zelle und ist damit abhängig von der FrameLänge. Besonders wichtig ist es, die Schwankungen der Laufzeit um einen Mittelwert möglichst gering zu halten.

- **Informationsverlust:** Da bei Informationsverlust üblicherweise ein ganzer Frame betroffen ist, müssen hier besondere Vorkehrungen getroffen werden, um den Informationsverlust so klein wie möglich zu halten.

- **Übermittlungsfehler:** Während der Informationsteil einer Zelle durch das ATM-Übermittlungsprinzip nicht gegen Informationsverlust geschützt ist, sind im Kopf der Zelle Vorkehrungen getroffen, Adressfehler zu erkennen oder diese nach Möglichkeit zu korrigieren. Verlust oder irrtümliche Zuweisung einer ganzen Zelle aufgrund eines solchen Adressfehlers wirken sich besonders ungünstig bei der Wiederherstellung des kontinuierlichen Bitstroms durch die Adaptionsschicht. Besonders sensibel sind Dienste mit hohen Qualitätsanforderungen, z.B. hochqualitative Tonübertragung.

- **Durchsatz:** Bedingt durch die unterschiedlichen Informationsbitraten und die unterschiedlichen Verkehrscharakteristika (kontinuierlich oder diskontinuierlich auftretender Informationsstrom) müssen Maßnahmen getroffen werden, den Durchsatz bei der Übermittlung möglichst hoch zu halten.

4.4.5 Kontrollschicht

Die Kontrollschicht ist zuständig für die Funktionen, die den Austausch beliebiger, verbindungssteuernder Informationen zwischen den Kommunikationspartnern einer ATM-Verbindung sicherstellen. Damit ist eine einfache Realisierung von Ende-zu-Ende-Zeichengaben möglich.

4.4.6 Das ATM-Vermittlungsprinzip

In einem ATM-Netz baut die Vermittlungstechnik auf dem zur Übertragung verwendeten ATD-Multiplexprinzip auf. In den dazu verwendeten Vermittlungseinrichtungen existiert keine Bindung an einen periodischen Zeitrahmen. In einer ATD-Vermittlung werden daher die Zellen anhand der Information im Kopf vermittelt. Einrichtungen in der Koppelanordnung werten die Information aus und steuern danach den Transport der Zellen. Dagegen werden Verbindungen in der synchronen Zeitvielfachtechnik vermittelt, indem Zeitschlitze verschiedener Zeitmultiplexleitungen für die Dauer der Verbindung in periodischen Abständen miteinander verknüpft werden. Die Zellen treffen in einem ATM-Netz in schwankenden Abständen an der Vermittlungseinrichtung ein. Dies wird dadurch hervorgerufen, dass die Quelle selbst diskontinuierlich Zellen generiert oder die Verkehrsintensität anderer Verbindungen, die dieselbe Anordnung (z.B. Koppelnetz, Multiplexer) benutzen, sich ändert. Durch diese Schwankungen lassen sich Kollisionen von Zellen verschiedener Verbindungen, die gleichzeitig dieselbe Einrichtung im Knoten benutzen wollen, nicht ausschließen. Um Verluste von Zellen zu vermeiden, muss man deshalb Speicher verwenden, in denen Zellen belastungsunabhängig warten. Aus dem Verlustsystem der herkömmlichen Zeitvielfachtechnik wird damit ein kombiniertes Verlust-Wartezeit-System bei der ATD-Betriebsweise. Die Verlustkomponente dieses Systems entsteht beim Verbindungsaufbau, der nahezu identisch ist mit dem Verbindungsaufbau in leitungsvermittelten Anordnungen: In den Netzknoten wird durch eine verbindungsorientiert arbeitende Steuerung eine Ausgangsleitung festgelegt, die alle nachfolgenden Zellen der betrachteten Verbindung benutzen. Die ausgewählte Leitung muss dazu noch so viel freie Kapazität haben, dass die Bitrate der gewünschten Verbindung die Kapazität der Leitung nicht übersteigt. Ist keine Leitung mit ausreichender Kapazität vorhanden, wird der Verbindungswunsch abgewiesen. Der Verbindungsaufbau wird abgeschlossen mit dem Bereitstellen von Steuerungsinformationen für die Vermittlung der nachfolgenden Informationszellen.

Koppelnetzsteuerung

Da die Zellen einer Verbindung nicht in exakt gleichen Abständen an der Vermittlungseinrichtung eintreffen, wird sich das »Muster« der zur Übermittlung anstehenden Zellen nicht periodisch wiederholen. Das Koppelnetz kann also nicht in festen Abständen auf denselben Zustand eingestellt werden. Wegen der kurzen Zeitdauer einer Zelle kann man in größeren Koppelanordnungen auch nicht mit einem globalen Steuerungsverfahren auf der Basis von Zellen arbeiten. Deshalb wird der Transport der Zellen anhand der beim Verbindungsaufbau festgelegten Steuerinformationen dezentral in den durchlaufenen Einrichtungen des Vermittlungsknotens kontrolliert. Dabei unterscheidet man Koppelanordnungen danach, wo diese Steuerinformationen verfügbar sind, in selbststeuernde und nicht selbststeuernde Koppelnetze. In nicht stelbststeuernden Koppelnetzen muss beim Verbindungsaufbau die Information, wohin die Zellen zu befördern sind, in jeder der beteiligten Koppeleinrichtungen festgehalten werden. Bei selbststeuernden Koppelnetzen wird die Zielinformation A am Eingang des Koppelnetzes in Steuerbefehle (m,n) für die koppelnetzinterne Lenkung umgewandelt.

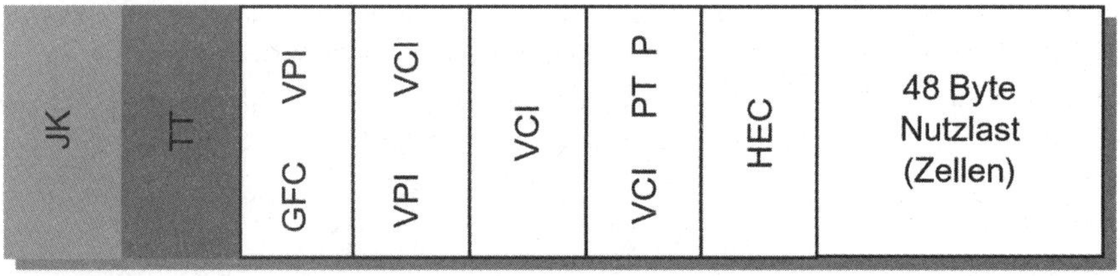

JK	TT	GFC	VPI	VPI	VCI	VCI	VCI	PT P	HEC	48 Byte Nutzlast (Zellen)

Abb. 4.20   Zellkopf mit Steuerinformationen

Selbststeuernde Koppelnetze sind einfacher zu realisieren und haben hinsichtlich der Verbindungsmöglichkeiten grundsätzlich keine Nachteile gegenüber nicht selbststeuernden Anordnungen.

Einstufige Koppelnetze

Einstufige Koppelanordnungen für kleine Vermittlungseinrichtungen können mit Bus- oder Ringstrukturen realisiert werden (bekannt sind derartige Anordnungen aus Local Area Networks). Daneben lassen sich auch Anordnungen einsetzen, wie sie aus der herkömmlichen Leitungsvermittlungstechnik bekannt sind, die um Wartespeicher ergänzt werden. Diese dienen zur Zwischenspeicherung von Zellen, die gleichzeitig dieselbe Ausgangsleitung erreichen wollen. Durch Speicher an der Eingangsseite der Koppelanordnung können wartende Zellen nachfolgende Zellen behindern. Wartespeicher an der Ausgangsseite vermeiden dies und übernehmen auch die Funktion des Multiplexers.

Mehrstufige Koppelnetze

In größeren Vermittlungsknoten werden aus Aufwandsgründen mehrstufige Koppelnetze eingesetzt, die aus einstufigen Anordnungen der dargestellten Art aufgebaut sind. Hierbei lässt sich die ausschließliche Anordnung von Wartespeichern am Ausgang des Koppelnetzes nicht verwirklichen; die Speicher werden verteilt oder am Eingang konzentriert. In mehrstufigen Koppelnetzen treten neben der Kollision bzw. Behinderung (innere) Blockierungen im Koppelnetz auf, wenn mehrere Zellen mit unterschiedlichen Ausgangszielen dieselbe Zwischenleitung benutzen sollen.

4.4.7 ATM-Netze

Ein ATM-Netz besteht aus Knoten und Verbindungen. Die Verbindungen können beliebig vermascht sein. An dieses Netz werden ATM-Stationen oder konventionelle Netzwerke angeschlossen. Letztere Konfiguration kann als ATM-Backbone interpretiert werden. Datenströme zwischen den ATM-Stationen oder zwischen den Teilnetzen werden über das Backbone geleitet. ATM ist ein verbindungsorientiertes Medium, also wird zwischen den Kommunikationspartnern eine virtuelle Verbindung aufgebaut. Dies geschieht durch das Aneinanderreihen von Virtual Channels (VCs). Die ATM-Knoten setzen lediglich die Adressen der VCs, die Virtual Channel Identifier (VCI), um und switchen die Zellen von einem Eingang auf den beim Verbindungsaufbau festgelegten Ausgangsport. Diese VC werden für eine bei Verbindungsaufbau anzugebende Bandbreite zur Verfügung gestellt. Diese Bandbreite darf bis zu einem definierten Grad – etwa in Burst-Situationen – überschritten werden. Grundlegendes Prinzip dieser Technologie ist es jedoch, dass sich die Kommunikationsströme nicht oder nur unwesentlich gegenseitig beeinflussen. Selbstverständlich begrenzt die verfügbare Gesamtbandbreite (z.B. 155 MBit/s) die Anzahl der VC-Bandbreiten. Eine Lasttrennung findet in einem solchen Netzwerk nicht mehr wie bisher zwischen Lastverbünden (Subnetzen) statt, sondern zwischen VCs. Werden jedoch Lokale Netze über ATM verbunden und die konkurrierenden Kommunikationsströme werden nicht getrennt, dann bildet ein VC einen gemeinsamen Lastverbund.

Anbindung von LANs an ATM-Netze

Die Hersteller von ATM- und von LAN-Komponenten haben gelernt, dass beide Welten nicht zu trennen sind und immer weiter zusammenwachsen. Durch das LAN-Switching wird auf der Ebene 2 jedem angeschlossenen Endgerät die volle Bandbreite (10, 16 oder 100 MBit/s) zur Verfügung gestellt. Die direkte Anbindung der Endgeräte (Client und Server) an ein ATM-Netz erfolgt mithilfe der unterschiedlichen ATM-Adaption-Layers (AAL). Diese Schichten ermöglichen die Anpassung an die dienstespezifischen Anforderungen und stellen die dafür erforderlichen Funktionen bereit. Der ATM-Adaptation-Layer (AAL) ist zwischen dem ATM-Layer und den höheren Schichten der Anwender platziert. Da die ATM-Technik im Gegensatz zum Token Ring, Ethernet oder FDDI, über dedizierte Kanäle arbeitet, musste eine Methode gefunden werden, um Broadcast-Informationen über ein ATM-Netz übermitteln zu können. Bei einem Übergang zwischen dem LAN und einem ATM-Netz müssen die traditionellen LAN-Pakete in ATM-Zellen umgesetzt werden. Bei diesem Übergang werden die Ethernet-, Token-Ring- oder FDDI-Pakete in 48 Byte lange Zellen aufgeteilt und mit einem 5 Byte langen ATM-spezifischen Header versehen. Werden zwei LANs über ein ATM-Transitnetz verbunden, so müssen aus den ATM-Zellen wieder LAN-Pakete generiert werden.

LAN-Emulation

Zur direkten Verbindung zwischen den LANs und ATM-Netzen wurde vom ATM-Forum unter dem Namen „LAN-Emulation User-to-Network Interface« (LUNI) die genaue Schnittstelle und deren Funktionen festgelegt. Die LUNI-Spezifikation sorgt dafür, dass mithilfe einer LAN-Emulation auf einer verbindungsorientierten ATM-Verbindung die verbindungslosen Services eines LANs abgebildet wird. Der LAN-zu-ATM-Umsetzer sorgt dafür, dass die LAN-Pakete empfangen werden, ein Identifikations-Header vorangestellt und die jeweilige Prüfsumme (Frame Check Sequence) vom Datenstrom abgetrennt wird. Die LAN-Informationen werden anschließend als AAL-Typ 5-PDU an das ATM-Netz übergeben. Die AAL-Schicht sorgt anschließend für die Zerlegung der Pakete in Zellen. Erreichen die Zellen ihr Ziel-LAN, so wird der Zusammenbau der Zellen zu dem ursprünglichen Datenpaket über den ATM Adaption Layer gesteuert. Die LAN-Emulation ermöglicht die Verbindung zwischen mehreren voneinander getrennten LANs gleichen Typs. Die Umsetzung zwischen den unterschiedlichen Netzsystemen wird über eine Bridge oder einen Switch realisiert.

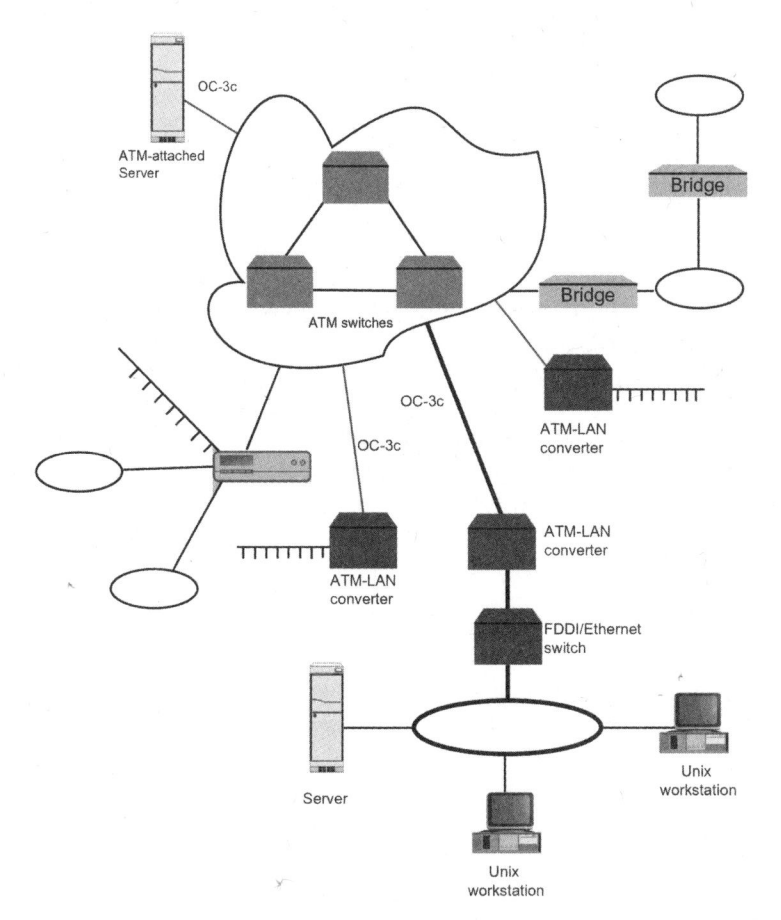

Abb. 4.21 Integration von LANs in ATM-Netze

Beim Übergang zwischen dem LAN und dem ATM-Netz müssen folgende Dienste erbracht werden:

- Der Switch/Bridge muss überprüfen, ob für die jeweilige 48 Bit lange MAC-Adresse bereits ein virtueller Kanal (Virtual Channel Connection, VCC) besteht. Wird ein solcher virtueller Kanal vorgefunden, so können die Daten direkt an den Empfänger weitergeleitet werden. In einer Tabelle des Switch werden dazu die jeweiligen MAC-Adressen dem betreffenden Kanal zugeordnet.

- Wird kein VCC-Kanal für die betreffende MAC-Adresse in der Tabelle vorgefunden, muss der ATM-Controller diesen virtuellen Kanal aufbauen. Dieser Vorgang läuft in folgenden zwei Phasen ab:

    1. Mithilfe eines Address-Resolution-Prozesses wird die ATM-Adresse des Zielnetzes (Switches, der den Zugang zum betreffenden LAN ermöglicht) ermittelt.

2. Anschließend wird mithilfe der ATM-Signalisierung ein virtueller Kanal zu dem betreffenden Switches aufgebaut. Diese spezifischen Informationen werden in der lokalen Adresstabelle abgespeichert.

- Nach dem Aufbau des VCCs wird dem Datenpaket ein 2 Byte langer EmulationsHeader vorangestellt und anschließend gemäß den ATM-Regeln über das Netz transportiert.
- Beim ATM-Empfänger werden die einzelnen ATM-Zellen zum Original-Datenpaket wieder zusammengebaut und an den eigentlichen Empfänger im LAN weiter geleitet.

Die LAN-Emulation setzt sich aus dem Konzept der LAN-Emulation-Clients (LECs) und der LAN-Emulation-Services zusammen. Die LAN-Emulation-Client-Software kann im ATM-LAN-Switch/Bridge oder als fester Bestandteil eines am ATM-Netz angeschlossenen Netzwerk-Servers implementiert werden. Die Hauptaufgabe dieser Software besteht in der Umsetzung von MAC-Adressen in ATM-Adressen. Diese Adress-Resolution-Funktion wird als LE_ARP bezeichnet. Die Software, die den LAN-Emulations-Service erbringt, ist in folgende drei logische Server unterteilt:

- den Konfigurationsserver (COS),
- den LAN-Emulations-Server (LES),
- den Broadcast-and-unknown-Server (BUS).

In der Praxis muss jedoch ein LAN-Emulations-Client (LEC) erst einmal die ATM-Adresse des LAN-Emulations-Servers (LES) kennen. Nur durch die Zugehörigkeit zu einem emulierten LAN kann der LEC an den Diensten teilnehmen. Dieses Einklinken in ein emuliertes LAN kann auf folgende Arten erfolgen:

- Der Client benutzt zuerst das Interim Local Management Interface (ILMI) und versucht, die Adresse des COS aus einer Tabelle eines ATM-Switches auszulesen.
- Kommt diese Verbindung nicht zustande, so versucht der Client über das ILMI-Interface einen anderen COS zu ermitteln.
- Wird keine Adresse gefunden, so benutzt der Client eine für jedes Netz einheitlich definierte »Well Known ATM-Address« oder der Client sucht nach einem VPI/VCI-Pärchen, welches zu einer bereits fertig aufgebauten virtuellen Verbindung zum BUS eine Verbindung besitzt, oder der Client sucht nach einer vorkonfigurierten LES-Adresse oder einem vordefinierten PVC zwischen dem Client und Konfigurationsserver.

Nachdem der Client die Adresse des LES ermittelt hat, muss zwischen beiden Geräten die Art des emulierten LANs und die maximal zulässige Frame-Größe abgestimmt werden. Nachdem dieser Informationsaustausch abgearbeitet ist, tritt der LEC dem emulierten LAN bei. Dazu wird vom LEC eine bidirektionale Kontrollverbindung zum LES aufgebaut, anschließend vom LEC ein LE_JOIN_REQUEST an den LES geschickt. In diesem Request sind die ATM-Adresse, der LAN-Typ, die maximale Frame-Größe und ein Proxy-Flag enthalten. Mithilfe des Proxy-Flags signalisiert der LEC, dass er als Übergang für andere Endgeräte fungiert. Als Antwort auf den LE_JOIN_REQUEST wird vom LES an den LEC ein LE_JOIN_ RESPONSE übermittelt. Durch diese Antwort erfolgt entweder die Registrierung des Clients im emulierten LAN oder es erfolgt eine Zurückweisung des Teilnahmewunsches.

Der Address-Resolution-Prozess

Soll ein LAN-Paket über ein ATM-Netz übermittelt werden, so überprüft der Switch/Bridge, ob für die jeweilige 48 Bit lange MAC-Adresse bereits ein virtueller Kanal besteht. Wird kein Eintrag in der ARP-Tabelle gefunden, wird mithilfe eines Address-Resolution-Prozesses (LE_ARP) die ATM-Adresse des Zielnetzes ermittelt. Dieser ARP-Request wird vom LEC an den LES über den bei der Zuordnung zum emulierten LAN etablierten VCC (bekannt als Control Direct VCC) übermittelt. Ist der LES nicht in der Lage, den empfangenen ARP-Request aufzulösen, so sendet dieser den Request an alle ihm bekannten LES weiter. Dieses Weiterleiten des Requests könnte über spezielle Control-Direct-VCCs zwischen den LES vorgenommen werden. Da jedoch das Aufsetzen vieler paralleler VCCs eine ungeheure Verschwendung von Netzressourcen bedeutet, werden zwischen LES-Komponenten so genannte Point-to-Multipoint-Verbindungen (Control Distribute VCCs) aufgebaut. Über diese Verbindungen werden die Adressinformationen an den anfragenden LES und später an den Requester-LEC zurück übermittelt.

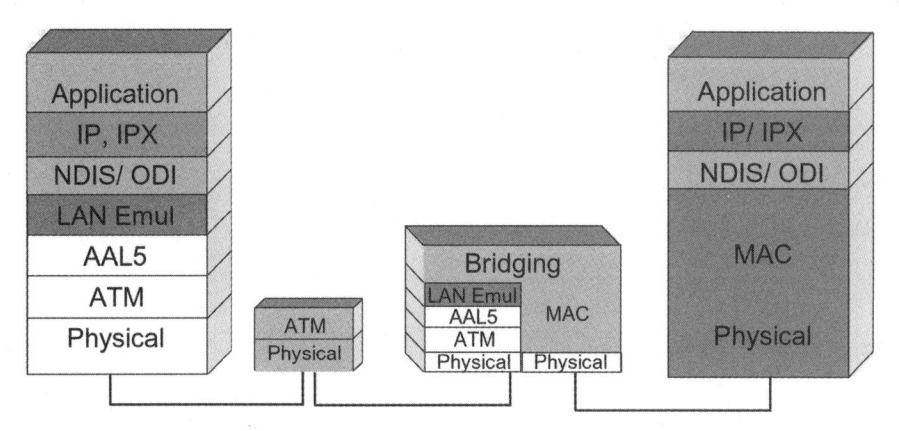

Abb. 4.22 Verbindung zwischen LANs und ATM-Netzen

Danach kann die Datenverbindungen zum Zielnetz aufgebaut werden. Diese Verbindung wird als Kanal bezeichnet und besteht aus einer Punkt-zu-Punkt-Datenverbindung zwischen den Clients, über die der gesamte Datenverkehr zwischen diesen Partnern ausgetauscht wird.

Wird eine Broadcast- oder Multicast-Information vom Client in das ATM-Netz übermittelt, so werden nicht eine Vielzahl unterschiedlicher Kanäle eröffnet, sondern diese speziellen Pakete werden direkt über einen separaten Kanal (unidirektionale Verbindung) an den „Broadcast and Unknown Server« (BUS) übermittelt. Die Broadcast- oder Multicastsendung werden vom BUS an die für den jeweiligen Pakettyp vorgesehenen Stationen verteilt.

· Durch die LAN-Emulation können LAN-Switch-Systeme direkt mit den ATM-Komponenten kommunizieren. Dadurch können die Vorteile der ATM-Technik im Backbone voll genutzt werden und der Netzbetreiber muss nicht seine bestehenden LAN-Ressourcen übergangslos auf die neue Technik umstellen. Ein sanfter, wohlüberlegter Umstieg erlaubt ihm, die Bandbreite dort, wo sie nicht mehr ausreicht, sukzessiv zu erweitern.

4.4.8 Integration von IPv6 in ATM-Netze

Beim Transport von IPv6-Paketen über ATM-Netze lassen sich einzelne Datenströme anhand des Flow-Labels identifizieren und können so den virtuellen Kanälen (VCs) zugeordnet werden. Auch die Abbildung der DSCP-Werte (Class of Service) auf die Parameter zur Priorisierung auf ATM-Ebene ist möglich. Die Regeln zur Anpassung der Protokolle auf den unterschiedlichen Ebenen des ISO-Referenzmodells legt der RFC 2492 (IPv6 over ATM Networks) fest.

Übermittlung über PVCs

Wird das ATM-Netz im PVC-Modus betrieben, verbindet der PVC exakt zwei IPv6-Rechner. Dies schränkt die Nutzung des Neighbor Discovery und anderer IPv6-Funktionen erheblich ein. Da ATM-PVC-Links keine Link-Layer-Adressen verwenden, darf die Link-Layer-Adressoption in keiner ND-Message enthalten sein. Gemäß dem im RFC 1483 (Multiprotokoll Encapsulation over ATM Adaptation Layer 5) beschriebenen Modell wird der Adaptation-Layer-5-Service mit anschließender LLC/SNAP-Encapsulation verwendet.

Beim LLC-Encapsulating wird diese Information im LLC-Header codiert. Die Daten werden immer als LLC-Typ 1 (Unacknowledged Connectionless Mode) übertragen. Der LLC-Header besteht aus folgenden drei 1 Oktett langen Feldern:

DSAP = AA	SSAP = AA	Control Feld
1 Byte	1 Byte	1 Byte

Abb. 4.23   Der 802.2-Header

Der LLC-Header wird durch einen „IEEE 802.1a SubNetwork Attachment Point Header" (SNAP) ergänzt. Das jeweilige Datenformat des lokalen Netzes wird über den SNAP-Header definiert.

OUI Feld	Typ Feld

Abb. 4.24   Der SNAP-Header

Beim Einsatz auf einem ATM-Netz wird immer der LLC-Header-Wert = 0xAA-AA-03 verwendet. Das OUI-Feld wird dabei im SNAP-Header mit dem 802.1-Organisationscode 0x00-00-00 gekennzeichnet. Im nachfolgenden Typfeld wird anhand eines Zwei-Oktett-Codes festgelegt, welches höhere Protokoll im nachfolgenden ATM-Datenfeld enthalten ist. Für das IPv6-Protokoll ist der Typ = 0x86-DD festgelegt. Als Default-MTU-Wert bei der Übermittlung von IPv6 über eine PVC-Verbindung wurde eine MTU-Größe von 9180 Byte spezifiziert.

Übermittlung über SVCs

Wird das ATM-Netz im SVC-Modus betrieben, müssen die IP-Daten gemäß dem bereits beim PVC-Modus beschriebenen RFC-1483-Mechanismus auf Basis der AAL-5- und LLC/SNAP-Encapsulation übermittelt werden.

Übermittlung von Unicast-Paketen

Bei der Übertragung von Unicast-Paketen über ein ATM-Netz wird immer der LLC-Header-Wert = 0xAA-AA-03 verwendet. Das OUI-Feld wird dabei im SNAP-Header mit dem 802.1-Organisationscode 0x00-00-00 gekennzeichnet. Im nachfolgenden Typfeld wird anhand eines Zwei-Oktett-Codes festgelegt, welches höhere Protokoll im nachfolgenden ATM-Datenfeld enthalten sind. Für das IPv6-Protokoll ist der Typ = 0x86-DD festgelegt.

Übermittlung von Multicast-Paketen

Bei der Übertragung von Multicast-Paketen über ein ATM-Netz wird immer der LLC-Header-Wert = 0xAA-AA-03 verwendet. Das OUI-Feld wird dabei im SNAP-Header mit dem 802.1-Organisationscode 0x00-00-5E gekennzeichnet. Für das IPv6-Multicast-Protokoll wurde die Kennung = 0x00-01 (MARS Encapsulation) und die Cluster-Member-ID (pkt$cmi) eingeschoben. Im nachfolgenden Typfeld wird das IPv6-Protokoll (Kennung = 0x86-DD) festgeschrieben.

MARS-Kontrollmeldungen

Die zwischen einem MARS-Server und MARS-Client ausgetauschten MARS-Kontrollmeldungen werden gemäß den im RFC 2022 festgelegten Regeln codiert. Es wird immer der LLC-Header-Wert = 0xAA-AA-03 verwendet. Das OUI-Feld wird dabei im SNAP-Header mit dem 802.1-Organisationscode 0x00-00-5E gekennzeichnet. Im nachfolgenden Typfeld wird die MARS-Protokollkennung = 0x00-03 genutzt. Anschließend folgen im eigentlichen Datenteil die jeweiligen MARS-Kontrollmeldungen.

NHRP-Kontrollmeldungen

NHRP-Kontrollmeldungen werden gemäß den im RFC 2332 festgelegten Regeln codiert. Es wird immer der LLC-Header-Wert = 0xAA-AA-03 verwendet. Das OUI-Feld wird dabei im SNAP-Header mit dem 802.1-Organisationscode 0x00-00-5E gekennzeichnet. Im nachfolgenden Typfeld wird die NHRP-Protokollkennung = 0x00-03 genutzt. Anschließend folgen im eigentlichen Datenteil die jeweiligen NHRP-Kontrollmeldungen.

4.5 IP-Version 6 auf seriellen Leitungen

Datennetze entstanden aus der Notwendigkeit heraus, die verschiedensten Ressourcen (Rechner) der unterschiedlichsten Hersteller miteinander verbinden zu können. Dabei können die Datennetze auf einer Vielzahl von unterschiedlichsten Medien und Zugriffsmechanismen basieren. In der Regel sind diese Datennetze durch internationale Standards wie z.B. Ethernet, FDDI, Token Ring und ATM fest definiert und allgemein in den jeweiligen Publikationen (RFCs) verfügbar. Die Standardisierungsgremien der TCP/IP-Protokolle ließen sich seit dem Beginn der Festschreibung der TCP-Definitionen von der Idee leiten, dass die Vermittlungsschicht (Schicht 3) völlig unabhängig von den darunter liegenden physikalischen Schichten seine Services erbringen muss. Der bekannteste Vertreter der Schicht-3-Protokolle ist das Internet-Protokoll (IP). Die Datenblöcke, die das IP-Protokoll über die Netzwerkschicht übermittelt, werden Datagramme genannt. Diese Datagramme werden vom IP mithilfe eines verbindungslosen Kommunikationsmechanismus zwischen den Kommunikationspartnern übermittelt. Das Internetwork-Protokoll leistet bei der Datenübermittlung weitere Zusatzdienste, z.B. einen Adressierungsmechanismus, das Fragmentieren und Reassemblieren von Datenpaketen, sowie die Übertragung von Datenpaketen zwischen getrennten Netzwerken (Routing). Das IP passt dabei die höheren Schichten an die netzspezifischen Protokolle und Bedingungen an. Dieser Service der Schicht 3 wird allgemein Network-Service genannt. Eine einfache und kostengünstige Verbindung zweier IP-Netze kann auch über eine einfache Punkt-zu-Punkt-Verbindung realisiert werden. Dazu wird nur eine asynchrone RS-232-Schnittstelle für die physikalische Verbindung vorausgesetzt. In der TCP/IP-Welt werden die IP-Daten mit dem Point-to-Point-Protokoll (PPP) über serielle Leitungen transportiert.

Das PPP-Protokoll ermöglicht die Übermittlung von Daten über synchrone (bit-serial) und asynchrone (Start/Stop-Betrieb) Wahl- und Standleitungen. Das PPP-Protokoll ist dadurch in der Lage, unabhängig vom jeweiligen physikalischen Interface (z.B. RS-232-C, RS-422, RS-423, X.21) zu arbeiten. Die einzige Voraussetzung, die gefordert wird, besteht in einer vollkommenen transparenten voll duplex-fähigen Datenleitung. Als Datenformat sind beim PPP-Protokoll 8 Bit, No Parity festgelegt. Außerdem wird ein Flow-Control-Mechanismus über die Verbindung unterstützt. Das PPP-Protokoll basiert auf den folgenden drei Hauptkomponenten:

- der Data Encapsulation,
- dem Link Control Protocol (LCP),
- einer Familie von Network-Control-Protokollen (NCPs).

4.5.1 Data Encapsulation

Das bekannte HDLC-Protokoll (High-Level Date Link Control) wurde beim PPP-Protokoll als Basis zum Übermitteln der Datenpakete auf der Schicht 2 spezifiziert. Das HDLC-Protokoll ist seit Mitte der siebziger Jahre weltweit standardisiert und wurde im ISO-Standard ISO 3309-1979 und ISO 3309:1984/PDAD1 veröffentlicht.

4.5.2 Das PPP-Datenformat

Beim Point-to-Point-Protokoll ist das Datenformat und die Bedeutung und die Werte der einzelnen Felder genau festgelegt. Es hat folgenden Aufbau:

Flag	Address	Protocol	Data	FCS	Flag	Interframe Fill oder nächste Adresse

Abb. 4.25 Aufbau PPP-Datenrahmen

Flag Sequence
Jedes PPP-Datenpaket wird durch einen 8-Bit-Wert, der Flagsequenz, eröffnet und beendet. Diese Flag-Sequenz hat immer den binären Wert 01111110 (hexadezimal 0x7e).

Address-Feld
Das Addressfeld definiert immer die so genannte All-Station-Adresse und ist auf den binären Wert 11111111 (hexadezimal 0xff) gesetzt. Das PPP-Protokoll unterstützt in der momentanen Version noch keinen Adressmechanismus, der das Adressieren von individuellen Stationen ermöglicht.

Control-Feld
Das Control-Feld definiert immer das Unnumbered-Information-Kommando (UI), bei dem das P/F-Bit auf den Wert 0 gesetzt ist. Die binäre Sequenz für das Control-Feld ist 00000011 (hexadezimal 0x03). Datenpakete mit anderen Werten sind ungültig und werden verworfen.

Protocol-Feld
Das zwei Oktett lange Protokollfeld definiert, wie die Daten des nachfolgenden Informationsfelds zu behandeln sind. Die Werte des Protokoll-Felds werden in den Assigned Numbers in den jeweiligen RFC publiziert. Für das IPv6-Protokoll (IPv6CP) ist die Protokollkennung 00-57 festgelegt.

Information-Feld
Das Information-Feld enthält die protokollspezifischen Informationen (Header und Daten) des im Protokoll-Feld definierten Network-Layer-Protokolls. Die Default-Länge des Information-Feldes kann zwischen 0 und maximal 1500 Byte (Default-Wert) betragen. Zwischen den Kommunikationspartnern besteht jedoch die Möglichkeit, jederzeit einen größeren Wert als Maximal Frame Size auszuhandeln.

Frame Check Sequence Field
Das 16 Bit lange Frame-Check-Sequence-Feld (FCS) ermöglicht eine Fehlerkontrolle des übermittelten Datenrahmens.

4.5.3 Link-Control-Protokoll

Das Link-Control-Protokoll (LCP) ist für den ordnungsgemäßen Aufbau, die Konfigurierung, den Test und den Abbau einer PPP-Datenverbindung zuständig. Bevor die eigentlichen Datagramme über eine PPP-Verbindung übermittelt werden, sendet jeder der beteiligten

PPP-Interfaces eine Reihe von LCP-Paketen auf die Leitung. Das Link-Control-Protokoll durchläuft dabei die folgenden vier Phasen:

Phase 1: Link Dead
In diesem Zustand besteht keine Verbindung zu dem Modem oder die Leitung wurde unterbrochen. Jede PPP-Verbindung beginnt und endet in dieser Phase.

Phase 2: Link Establishment
Bevor Daten höherer Schichten (z.B. IPv6CP) über die Verbindung transportiert werden können, wird die Strecke durch den Austausch von Konfigurationspaketen vorbereitet.

Phase 3: Authentification
Optionaler Modus, in dem sich die beiden PPP-Peers mithilfe eines Authentifikationsprotokolls identifizieren.

Phase 4: Network-Layer Protocol Configuration
Konfiguration des auf der Verbindung eingesetzten Network-Layer-Protokolls durch das jeweilige Network Control Protocol (NCP). Es können auf einer Verbindung mehrere Network-Control-Protokolle parallel eingesetzt werden.

Phase 5: Link Termination
Das LCP-Protokoll ist in der Lage, die Verbindung jederzeit zu schließen. Dies kann aufgrund eines durch den User initiierten Events, eines abgelaufenen Timers oder eines fehlenden Hardware-Schnittstellensignals geschehen.

Link Quality Testing

Optional kann zwischen Phase 3 und Phase 4 ein Link-Quality-Test stattfinden (gemäß RFC 1333), um die Datenverbindung auf deren Übertragungsqualität zu überprüfen. Daraus kann die Entscheidung getroffen werden, ob die Qualität dieser Verbindung den Erfordernissen des jeweiligen Protokolls der höheren Schicht (in der Regel dem Network-Layer-Protokoll) entspricht.

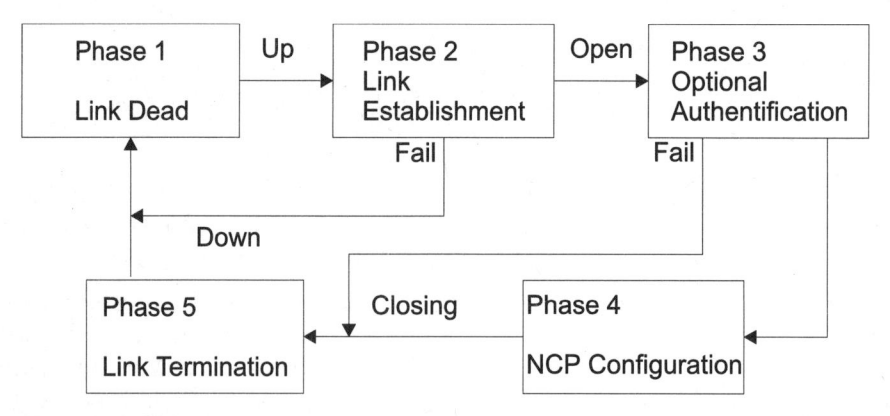

Abb. 4.26   PPP-Phasendiagramm

4.5.4 IPv6-Control-Protokoll (IPv6CP)

Das Internet-Protocol-Control-Protokoll (IPv6CP) ermöglicht das Aktivieren, Deaktivieren und Konfigurieren der IP-Protokoll-Module auf beiden Seiten einer Point-to-Point-Verbindung. Wie bei dem Link-Control-Protokoll werden diese Funktionen durch den Austausch von speziellen Datenpaketen erreicht. Der Austausch von IPCP-Paketen erfolgt nach Beendigung der Phase 4 (NCP-Configuration) des LCP-Protokolls.

Die IP-Control-Protokoll-Informationen werden in Form von PPP-Datagramms verschickt. Dabei signalisiert das Protokoll-Feld mit dem Wert 8057 hex, dass es sich im Datenteil um IPv6-Control-Protocol-Informationen handelt. Pro Datagramm kann nur eine IPv6CP-Information verschickt werden. Der IP-Control-Protokoll-Header baut sich wie folgt auf:

Code	Identifier	Length
Data ...		

Abb. 4.27 IPv6CP-Header

Code
Das ein Byte lange Code-Feld definiert die Art der IPCP-Information. Folgende Werte wurden bisher festgelegt:

- 1: Configure-Request
- 2: Configure-Ack
- 3: Configure-Nak
- 4: Configure-Reject
- 5: Terminate-Request
- 6: Terminate-Ack
- 7: Code-Reject

Identifier
Das ein Byte lange Identifier-Feld ermöglicht die Zuordnung von Requests zu Replies.

Data
Das Datenfeld enthält die eigentlichen IPv6CP-Informationen und wird immer durch ein Code-Feld abgeschlossen.

IPv6CP-Konfigurationsoptionen

Vor dem Übermitteln von IP-Datagrammen kann das IPCP-Protokoll noch Konfigurationsoptionen mit dem IP-Kommunikationspartner austauschen. Folgende IPCP-Optionen wurden festgelegt:

- 1: Interface Identifikator
- 2: IPv6 Compression Protocol

Interface Identifier

Diese Konfigurationsoption wird bei der automatischen Adresskonfiguration genutzt und handelt den universellen 64 Bit langen Interface-Identifikator aus. Somit enthält ein Configure-Request exakt eine Interface-ID-Option. Innerhalb des jeweiligen PPP-Links muss der Interface-Identifikator immer eindeutig sein. Nach Abschluss der Parametrierung der am Link beteiligten Interfaces verfügt jedes Ende der PPP-Verbindung über eine eindeutige Kennung. ist in Abbildung 4.3.5.3 dargestellt. Bit 6 des Interface-Identifikators wird u-Bit (universal/local Bit) genannt und signalisiert das Vorhandensein eines universellen IEEE Identifikators (EUI-48 oder EUI-64).

0	1	2	3
0 1 2 3 4 5 6 7	8 9 0 1 2 3 4 5	6 7 8 9 0 1 2 3	4 5 6 7 8 9 0 1
cccccc0gcccccccc		ccccccccceeeeeeee	
eeeeeeeeeeeeeeee		eeeeeeeeeeeeeeee	

Abb. 4.28   IPv6CP-Header

c-Bits
Die Company-Bits repräsentieren die eindeutige Kennung eines Herstellers. Diese Kennung wird von der IEEE vergeben.

u-Bit
Mithilfe des Universal/Local-Bit wird der Anwendungsbereich der Adresse unterschieden. Wird dieses Bit auf den Wert = universal = 1 gesetzt, handelt es sich um eine weltweit eindeutige Adresse. Wird das u-Bit auf den Wert = local = 0 gesetzt, handelt es sich um eine lokal vergebene Adresse. Diese Adresse muss nur je Netzbetreiber eindeutig sein.

g-Bit
Mithilfe des Group/Individual-Bit wird die Art der Adresse unterschieden. Wird dieses Bit auf den Wert = Group = 1 gesetzt, handelt es sich um eine Gruppen- bzw. Multicast-Adresse. Wird das g-Bit auf den Wert individual = 0 gesetzt, handelt es sich um eine individuelle Adresse.

e-Bits
Vom jeweiligen Hersteller erweiterte Kennung.

Damit erhält der IPv6-Interface-ID folgendes Format:

```
 0                   1                   2                   3
 0 1 2 3 4 5 6 7 8 9 0 1 2 3 4 5 6 7 8 9 0 1 2 3 4 5 6 7 8 9 0 1
|       cccccc1gcccccccc        |        ccccccccceeeeeeee       |
|       eeeeeeeeeeeeeeee        |        eeeeeeeeeeeeeeee        |
```

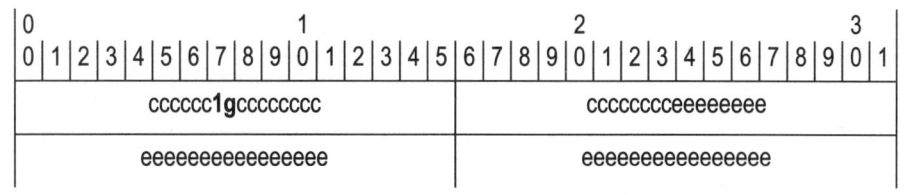

Abb. 4.29   IPv6CP-Header

Verfügt ein Link über eine 48 Bit lange IEEE-802-MAC-Adresse, wird der EUI-64-Identifikator aus dem IEEE-MAC-Identifikator abgeleitet. Dabei werden zwei Oktetts (hexadezimale Werte 0xFF und 0xFE) in die Mitte der 48-Bit-MAC-Adresse (zwischen Hersteller-ID und der vom Hersteller erweiterten Kennung) integriert. Die folgende weltweit eindeutige MAC-Adresse

```
 0                   1                   2                   3
 0 1 2 3 4 5 6 7 8 9 0 1 2 3 4 5 6 7 8 9 0 1 2 3 4 5 6 7 8 9 0 1
|       cccccc0gcccccccc        |        ccccccccceeeeeeee       |
|       eeeeeeeeeeeeeeee        |
```

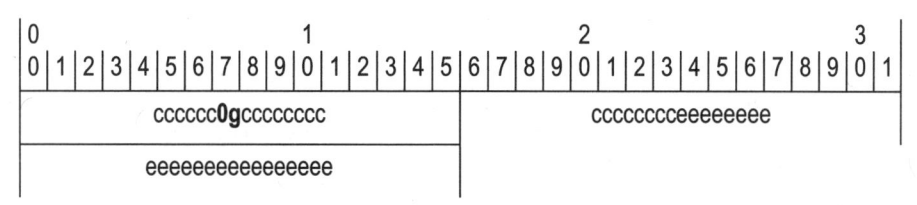

Abb. 4.30   IPv6CP-Header

wird zu folgendem Interface-Identifikator:

```
 0                   1                   2                   3
 0 1 2 3 4 5 6 7 8 9 0 1 2 3 4 5 6 7 8 9 0 1 2 3 4 5 6 7 8 9 0 1
|       cccccc1gcccccccc        |        cccccccc11111111        |
|       11111110eeeeeeee        |        eeeeeeeeeeeeeeee        |
```

Abb. 4.31   IPv6CP-Header

Steht kein eindeutiger IEEE-Identifikator zur Verfügung, muss trotzdem für eine Eindeutigkeit der Adresse gesorgt werden. Hierfür können die jeweilige Link-Layer-Adresse, die Seriennummer des Rechners usw. herangezogen werden. In diesen Fällen wird das u-Bit des Interface-Identifikators auf den Wert = 0 gesetzt.

Wird keine eindeutige Identifikationsnummer im jeweiligen Rechner gefunden, muss die Eindeutigkeit mithilfe einer Zufallszahl festgelegt werden. Auch in diesem Fall wird das u-Bit des Interface-Identifikators auf den Wert = 0 gesetzt.

Steht weder eine eindeutige Nummer noch eine Zufallszahl zur Verfügung, kann der Rechner für den Configure-Request die Interface-ID mit 00-Werten füllen. In diesem Fall ist es Aufgabe der PPP-Peer, einen gültigen Interface-ID zu generieren.

Wird ein Configure-Request mit einer Interface-ID-Konfigurationsoption empfangen, wird die empfangene Interface-ID mit dem für diese Peer beim letzten Configure-Request verwendeten Interface-Identifikator verglichen. In Abhängigkeit von dem Ergebnis des Vergleichs reagiert der Rechner wie folgt:

- Unterscheiden sich die beiden Interface-IDs, aber ist die empfangene Interface-ID auf den Wert = 00 gesetzt, wird mithilfe eines Configure-Nak dem remote Interface eine gültige Interface-ID vorgeschlagen. Diese vorgeschlagene Interface-ID muss sich von der beim letzten Configure-Request für diese Peer verwendeten Interface-ID unterscheiden. Das u-Bit der vorgeschlagenen ID muss immer auf den Wert = 0 gesetzt werden.

- Unterscheiden sich die beiden Interface-IDs und ist die empfangene Interface-ID auf einen Wert = 0 gesetzt, muss die Interface-ID bestätigt werden. Hierfür wird beispielsweise die Configure-Ack-Funktion verwendet.

- Gleichen sich die beiden Interface-IDs und sind diese nicht auf den Wert = 0 gesetzt, wird mithilfe der Configure-Nak-Funktion für die remote Peer eine andere Interface-ID (= 0) vorgeschlagen. Das u-Bit der vorgeschlagenen ID muss immer auf den Wert = 0 gesetzt werden.

- Gleichen sich die beiden Interface-IDs und sind diese auf den Wert = 0 gesetzt, wird die Aushandlung der Interface-ID durch das Aussenden eines Configure-Rejects (Interface-ID = 0) abgebrochen.

- Wird ein Configure-Request mit einer Interface-ID-Konfigurationsoption empfangen und unterstützt der Empfänger nicht diese Option, wird diese mit einem Configure-Rejects beantwortet.

Die Interface-ID-Konfigurationsoption hat folgendes Format:

```
 0                   1                   2                   3
 0 1 2 3 4 5 6 7 8 9 0 1 2 3 4 5 6 7 8 9 0 1 2 3 4 5 6 7 8 9 0 1
|      Type     |     Length    |      Interface-Identifier     |
|                      Interface-Identifier                     |
|  Interface-Identifier  |
```

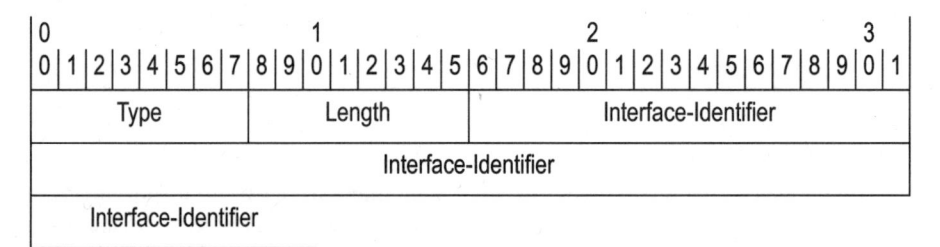

Abb. 4.32   Interface-ID-Konfigurationsoption

Type
Das ein Byte lange Typfeld definiert die Art der IPv6CP-Information. Für die Interface-ID-Konfigurationsoption wurde der Wert = 1 festgelegt.

Length
Die Interface-ID-Konfigurationsoption verfügt immer über eine Länge von 10 Oktetts.

Interface Identifier
Enthält die 64 Bit lange Interface-ID.

4.5.5 IPv6 Compression Protocol

Ermöglicht den beiden IP-Peers, die Daten untereinander in komprimierten Format auszutauschen. In der Default-Einstellung ist kein IPv6-Kompressionsprotokoll aktiv.

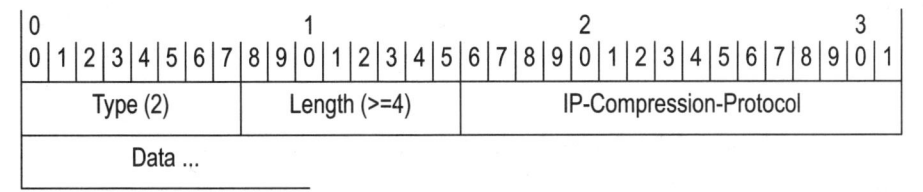

```
 0                   1                   2                   3
 0 1 2 3 4 5 6 7 8 9 0 1 2 3 4 5 6 7 8 9 0 1 2 3 4 5 6 7 8 9 0 1
|    Type (2)   |  Length (>=4) |    IP-Compression-Protocol    |
|    Data ...   |
```

Abb. 4.33   IPv6CP-Header mit Kompressionsoption

Type
Das ein Byte lange Typfeld definiert die Art der IPv6C-Information. Für die IPv6CP-Header-Kompression wurde der Wert = 2 festgelegt.

Length
Die IPv6CP-Header-Kompression verfügt immer über eine Länge von 4 Oktetts oder länger.

IPv6-Compression-Protocol
Das zwei Oktett lange IPv6-Compression-Protocol-Feld spezifiziert das verwendete Kompressionsprotokoll.

Data
Das Datenfeld enthält zusätzliche Informationen für das eingesetzte Kompressionsprotokoll.

4.6 Routing mit IPv6

Das Internet stellt einen dynamischen Verbund unterschiedlichster Rechnernetze dar, die auch als autonome Systeme (AS) bezeichnet werden. Um sich den Strukturen des Internet zu nähern, erscheint es zweckmäßig, einzelne organisatorische Bestandteile zu typisieren und das Internet in drei Bereiche zu untergliedern.

- organisationsweite Netzwerke,
- regionale (Provider-)Netzwerke, die angeschlossenen Organisationen als Zugang zum Internet dienen,
- Transit-Netzwerke (Backbones), die ausschließlich Daten zwischen Provider-Netzwerken vermitteln, also keine Zugangsmöglichkeiten für Organisationen bieten.

Zwischen diesen einzelnen autonomen Netzwerken muss es spezielle Rechner geben, die für die Übertragung von Daten zwischen den Unternetzwerken Verantwortung tragen. Diese Geräte werden als Gateways bzw. Router bezeichnet.

4.6.1 Grundsätze des Routing

Die Aufgabe des IP-Routing (Weiterleiten) besteht darin, IP-Datagramme an Rechner bzw. Netzwerke weiterzuleiten, die nicht direkt erreicht werden können. Nicht direkt erreichbar heißt hier, dass Quell- und Zielrechner nicht in einem einzigen physikalischen Netzwerk liegen und die Daten somit nicht unmittelbar über eine Leitung ihr Ziel erreichen können. Daher kann es sein, dass Datenpakete von Rechnern, die nicht der Zielrechner sind, interpretiert und weitergeleitet werden müssen.

Die in einem Netzwerk installierten Rechner werden wie folgt unterschieden:

- Ein Host ist ein Rechner, dessen Aufgabe mit der Kommunikation zwischen Netzwerken nichts zu tun hat. Im Allgemeinen besitzt solch ein Rechner einen oder mehrere physikalische Anschlüsse an ein oder mehrere Netzwerke.

- Ein Router ist ein Rechner, der allein mit der Aufgabe der Kommunikation zwischen verschiedenen Netzwerken betraut ist. Er hat Anschlüsse an physikalisch getrennte Netzwerke.

Natürlich gibt es Netzwerke, in denen diese strikte Trennung nicht anwendbar ist. Es kann Rechner geben, die sowohl als Hosts als auch als Router eingesetzt sind.

Host A möchte ein Datenpaket an Host B schicken. Der einzige mögliche Pfad, den das Datenpaket zwischen den beiden Hosts A und B nehmen kann, ist der über die Router R, Q und P. Dabei muss Host A erkennen, dass er das Paket nicht direkt über das lokale Netzwerk ausliefern kann und es statt dessen an einen »Vermittler« schicken muss. Diese Aufgabe übernimmt in diesem Fall der Router R. Der Router R erkennt, dass auch für ihn keine lokale Auslieferung des Pakets möglich ist; ihm bleibt daher nur die Weiterleitung der Daten an den Router Q. Für Router Q gilt das Gleiche für die Weiterleitung an P. Gelangt das Paket zuletzt an Router P, so erkennt dieser, dass er das Paket lokal ausliefern kann und übermittelt es an Host B.

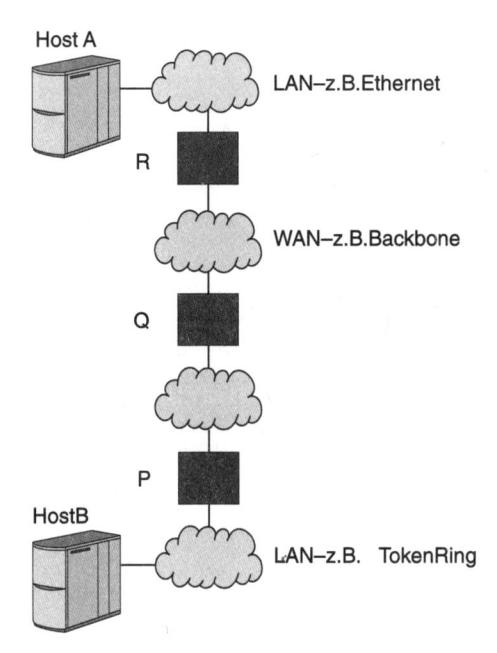

Abb. 4.34 Kommunikationspfad über mehrere Netzwerke

4.6.2 Anforderungen an Routing-Algorithmen

Einfachheit

Je einfacher ein Algorithmus aufgebaut ist, desto leichter lässt er sich nachvollziehen und ist somit auch leichter implementierbar. Das bedingt auch eine einfache Fehlersuche.

Robustheit

Beim Betrieb und Aufbau eines größeren Netzes wird allgemein davon ausgegangen, dass dieses ohne Totalausfall arbeitet. Weiter muss damit gerechnet werden, dass Rechner neu installiert werden und Topologieänderungen sowie veränderte Verkehrsflüsse eintreten. Es kommt zu Systemabstürzen und Hardwareausfällen. Der Routing-Algorithmus muss in der Lage sein, im laufenden Betrieb derartige Belastungen aufzufangen. Ebenso muss er die Fähigkeit besitzen, sich einer neuen Netztopologie anzupassen, ohne dass das gesamte Netz neu gestartet werden muss. Das wäre bei einem Netz wie dem Internet schlechthin auch gar nicht möglich.

Korrektheit

Die Rechner im Netz müssen sich darauf verlassen können, dass die Daten, die einem Router übergeben werden, auch tatsächlich ihr Ziel erreichen und nicht aufgrund eines Fehlers im Routing-Algorithmus verloren gehen. Der Routing-Algorithmus muss korrekt und verifizierbar sein. Phänomene wie Deadlocks oder Starvation sind zu vermeiden. Der Datenverkehr auf den Leitungen zwischen den IMPs (interface message processors) eines Datennetzes ist in der Regel nicht stetig, sondern starken zeitlichen Schwankungen unterworfen. Dabei kann es zu Engpässen und Staus kommen, wenn die Pufferspeicherkapazität der einzelnen Knotenrechner dem Ansturm nicht gewachsen ist. Im äußersten Fall kann es zu einem so genannten Deadlock kommen, d.h.„ nichts geht mehr. Da die Auflösung eines solchen Falls schwierig ist, versucht man, ihn von vornherein zu verhindern. Starvation oder Aushungern bedeutet, dass bestimmte Routen in der Priorität nicht berücksichtigt, also »ausgehungert« werden.

Unabhängigkeit

Wie schon bei der Robustheit erwähnt, muss das Routing-Verfahren unabhängig von der Netztopologie jederzeit Erweiterungen und Änderungen des Netzes zulassen.

Stabilität

Müssen Änderungen in der Wegwahl vorgenommen werden, sollten diese nach bestimmten Kriterien durchgeführt werden. Nach dem Durchführen solcher Änderungen muss das Netz wieder in einen stabilen Zustand geraten. Ein ständiges Oszillieren der Routen muss verhindert werden.

Fairness

Jede Endstation sollte möglichst gleichberechtigt einen Netzzugang erhalten, wenn diese die gleichen Betriebsmittel nutzen.

Optimalität

Optimalität heißt, dass der Algorithmus Wege findet, die in Bezug auf eine gewählte Metrik optimal sind. Eine Metrik kann z.B. aus der Übertragungszeit und dem Durchsatz gebildet werden.

Konflikt zwischen Fairness und Optimalität
Benutzen mehrere Endeinrichtungen die gleichen Verbindungswege und Router, so kann es zwangsläufig zu einem Konflikt zwischen Fairness und Optimalität kommen Beispiel: Ist der Verkehr zwischen A und G, B und F sowie C und E ausreichend hoch, so bietet es sich an, aus Gründen der Durchsatzoptimierung die Kommunikation von H nach D vorerst auszuschließen. Aus der Sichtweise von H und D ist dies sicher keine faire Vorgangsweise.

Routing-Metrik

Die Kriterien, nach welchen der optimale Weg geroutet wird, können z.B. der zeitlich kürzeste Weg, die Anzahl der Hops, die verfügbare Bandbreite, der kostengünstigste Weg oder eine Kombination der verschiedenen Kriterien sein. Zu diesen als Routing Metrik bezeichneten Kriterien zählen:

- **Hop Count:** Anzahl der zulässigen Knoten (Router)
- **Delay Time:** Übertragungszeit eines Datenpakets
- **Bandwith:** Bandbreite des Übertragungswegs
- **Reliability:** Zuverlässigkeitsverhältnis eines Links
- **Load:** Leitungsgeschwindigkeit eines Links
- **MTU:** (Maximum Transfer Unit) größtmögliche Datenpaketgröße
- **Cost:** anfallende Verbindungskosten

4.6.3 Routing-Algorithmen

Ein Routing ist nur zwischen unterschiedlichen Netzwerken nötig. Will ein Benutzer zu einem anderen Rechner eine Verbindung herstellen, so gibt er dessen Zieladresse ein. Bei der Eingabe dieser Adresse stellt der Rechner anhand des Vergleichs Subnetzmaske, Source-Adresse, Zieladresse fest, dass diese Adresse nicht auf seinem Netz zu finden ist. Aufgrund seiner Routing-Tabelle weiß der Rechner nun, welcher Router in seinem Netzwerk den Weg zu dem gewünschten Zielrechner kennt, und schickt diesem sein Paket zu. Sind mehrere Router an das Netz angeschlossen, so kann es zu einer Duplizierung des Pakets führen. Aus diesem Grund darf nur genau ein Router-Eintrag in der Routing-Tabelle existieren.

Um dies zu erreichen, gibt es drei Wege:

- feste Tabelleneinträge oder statisches Routen,
- ein einziger fester Eintrag oder default Routing,
- automatisches Update der Routing-Tabelle oder dynamisches Routing.

Statisches Routing

Beim statischen Routing wird für jedes Netzwerk der zuständige Router in die Routing-Tabelle des Rechners eingetragen. Jeder Weg und ebenso alternative Routen zu jedem Netz müssen inklusive der Anzahl der Hops und des nächsten Routers manuell eingetragen werden.

Der Vorteil des statischen Routings ist, dass der Weg, den ein Paket zwischen Source-Rechner und Empfänger genommen hat, genau nachvollzogen werden kann. Weiter sind keine Routing-Informationspakete zwischen den Routern nötig und daraus resultiert eine geringere zusätzliche Netzlast.

Als Nachteil kann der vor allem in größeren Netzen kaum vertretbare Verwaltungsaufwand angeführt werden. Eine Veränderung der Netztopologie erfordert jeweils eine manuelle Aktualisierung der Router-Tabellen. Ebenso ist bei Ausfall eines konfigurierten Routers keine Kommunikation mehr möglich, obwohl eventuell andere Verbindungswege vorhanden wären.

Default-Routing

In die Routing-Tabelle wird eine Router-Adresse eingetragen, an welche alle Pakete gesendet werden, die nicht für den eigenen Netzwerkadressbereich bestimmt sind. Dieser Router entscheidet dann, welches der günstigste Weg für das Paket ist. Default Routing wird in der Regel nur bei Host-Rechnern, nicht aber bei Routern eingesetzt.

Vorteile sind die kurzen Routing-Tabellen im Rechner sowie das Fehlen von Routing-Informationspaketen.

Als wesentlicher Nachteil gilt, dass bei Ausfall des Default-Routers keine Kommunikation mehr möglich ist.

Dynamisches Routing

Beim dynamischen Routing findet ein laufender Informationsaustausch sowohl zwischen den Hosts als auch den Routern mittels so genannter Routing-Informations-Pakete statt. Für diese Funktion werden Router-Router-Protokolle verwendet, die diesen Informationsaustausch gewährleisten. Innerhalb einer Routing-Domäne sorgen die Interior-Gateway-Protokolle dafür, dass jeder Router die vorhandenen Pfade zwischen den Datennetzen kennen lernt. Zwischen den verschiedenen Routing-Domänen sorgt das Exterior-Gateway-Protokoll dafür, dass jeder Router von den vorhandenen Pfaden zwischen den Datennetzen Kenntnis erlangt. Durch die Routing-Information-Pakete kennt jeder Rechner und Router den im Augenblick nächsten Hop für den besten Weg zu seinem Ziel. Dadurch ist der Weg eines Pakets jedoch nicht festgelegt und kann sich daher jederzeit ändern, sollte sich ein günstigerer Pfad ergeben. Ebenso sind zwischen Source und Destination unterschiedliche Hin- und Rückwege möglich.

Der Vorteil des dynamischen Routings ist, dass die Routing-Tabellen nicht von Hand erstellt und auf neuesten Stand gebracht werden müssen. Jedes Paket wird über den zur Zeit optimalen Weg geschickt.

Ein wesentlicher Nachteil des dynamischen Routings sind die größeren Routing-Tabellen. Der Weg eines Pakets kann nicht vorhergesagt werden. Dies kann zu Problemen bei einer eventuellen Fehlersuche führen. Auf einem lokalen Netz werden zusätzlich Routing-Informations-Pakete versendet, welches zu einer zusätzlichen Netzlast führt.

Damit beim Einsatz von dynamischen Routing-Tabellen auf vermaschten Netzen keine Datagramme endlos im Internet von Router zu Router geschickt werden, wird jedes Datagramm mit einem Zeitstempel versehen. Dieser Zeitstempel stellt die verbleibende Lebenszeit eines Datagramms dar. Der TTL-Zähler (Time To Live) wird in jedem Router um 1 erniedrigt. Fällt der Wert auf Null, muss das Datagramm zerstört werden. Als zwei typische Vertreter des dynamischen Routing gelten das Distance-Vector-Routing und das Link-State-Routing

Distance Vector Routing (Bellmann Ford Routing)
Dieses von R. Ford und D.R. Fulkerson als dezentraler Algorithmus beschriebene und von R.E. Bellmann weiterentwickelte Routing-Verfahren erfüllt die Grundvoraussetzung des dynamischen Routings, des automatischen Updates der Routing-Tabellen. Die Routing-Tabelle ist so aufgebaut, dass das Ziel mit der Metrik und der Route zum Zielnetz angegeben ist. Die Routing Updates werden periodisch und ausschließlich zu den direkten Nachbar-Routern gesendet. Diese Updates bestehen aus einer Liste von V- und D-Einträgen (Tupeln), wobei V das Ziel (V = Vector) und D die Entfernung (D = Distance) angibt. Ein Router teilt somit seinen Nachbar-Routern mit, dass er die Ziele V in der Entfernung D mit einer gewissen Anzahl von Hops (Hop-Count) erreichen kann. Die Router, welche die Updates erhalten, vergleichen die Einträge in ihren Routing-Tabellen mit den Updates und ersetzen die Einträge der eigenen Routing-Tabelle mit den erhaltenen Updates, falls zu einem bestimmten Ziel ein kürzerer Weg (geringere Anzahl von Hopes) angegeben ist.

Einer der wesentlichen Vorteile des Distance-Vector-Verfahrens ist, dass alle Routing Broadcasts nur bis zum nächsten Nachbarn gelangen und damit nicht das gesamte Netz belasten. Der Algorithmus ist recht einfach zu implementieren. Da es ausreicht, dass der Router nur den nächsten Hop kennen muss, ist eine globale Kenntnis der Netztopologie nicht erforderlich.

Als Nachteil des Distance-Vector-Verfahrens kann die relativ langsame Konvergenz und die daraus resultierende hohe Anfälligkeit bezüglich der Routing Loops angegeben werden.

Möglichkeiten, die Konvergenzgeschwindigkeit zu maximieren, sind Triggered Updates sowie Split Horizon, welche im Kapitel RIP näher erläutert werden.

Link State Routing
Der Link-State-Routing-Algorithmus beruht darauf, dass ein Router aktiv den Status seiner Nachbarn abfragt. Es werden zwei Router als Nachbarn bezeichnet, wenn beide an ein gemeinsames Netz angeschlossen sind. Link State Router verbreiten diese Statusinformation systematisch an alle anderen Router im Netz. Um den Status seines Nachbarn zu testen, verschickt der Router periodisch kleine Nachrichten. Erhält er darauf eine Antwort, so ist sein Nachbar erreichbar, der Link wird mit up gekennzeichnet. Antwortet der Nachbar nicht, so wird der Link mit down gekennzeichnet. Der Router verschickt nun periodisch mittels Broadcast Link-Status-Informationen über sämtliche angeschlossene Links. Das Routing-Protokoll sorgt nun für eine entsprechende Verbreitung dieser Information an alle im Netz befindlichen Router. Erhält ein Router ein solches Update, so berechnet er den kürzesten Pfad zu sämtlichen Zielen.

Der Vorteil des Link-State-Routing liegt vor allem in der schnellen Konvergenz, weiter werden keine großen Routing-Tabellen auf das Netz geschickt. Die Updates belasten die Verbindungen nicht so stark wie die Routing-Updates des Distance-Vector-Routing. Daraus ergibt sich eine leichtere Skalierbarkeit des Verfahrens.

Als Nachteil können die relativ hohen CPU- und Hauptspeicheranforderungen der Router angeführt werden.

4.6.4 Autonome Systeme

Eine Gruppe von Netzwerken wird als Autonomes System (AS) bezeichnet, wenn alle beteiligten Router von einer einzigen Autorität verwaltet werden. Die einzelnen Autonomen Systeme kommunizieren mittels definierter Kommunikationspunkte (AS-Router) über ein gemeinsames Netzwerk miteinander.

Aus der hierarchischen Gliederung der Netzwerke ergeben sich folgende Mechanismen:

- **Automatische Bekanntmachung von Pfaden innerhalb eines Autonomen Systems (Interior Gateway Protocol).** Da hier alle Informationen von derselben administrativen Instanz kommen, spielt die Authentifizierung eine geringere Rolle, dafür ist die Bestimmung von optimalen Routen von besonderer Bedeutung.

- **Automatische Bekanntmachung von Pfaden zwischen Autonomen Systemen (Exterior Gateway Protocol).** Hier spielt vor allem eine Rolle, dass Router verschiedener Autonomer Systeme sich einander »bekannt machen« können, also Routinginformationen gegenseitig austauschen. Da sie von verschiedenen administrativen Instanzen kommen, spielt hier auch die Authentifizierung eine Rolle.

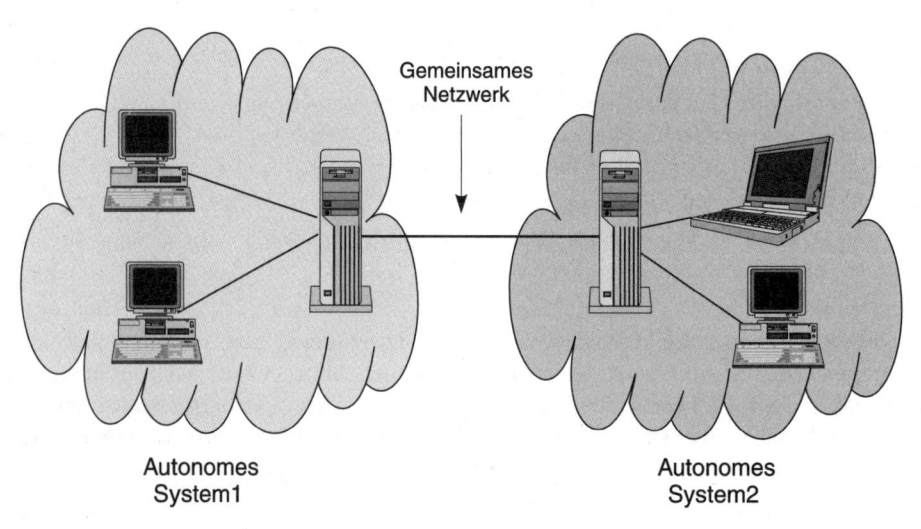

Abb. 4.35 Autonome Systeme

Interior-Gateway-Protokolle (IGP)

Bei den Interior-Gateway-Protokollen (IGP) handelt es sich nicht um ein einziges definiertes Protokoll, sondern um eine Gruppe unabhängiger Protokolle. Diese Protokolle regeln die Kommunikation innerhalb eines Autonomen Systems. Man unterscheidet zwischen folgenden Protokollen:

Routing Information Protocol (RIP)

Das RIP-Protokoll basiert auf dem Distance-Vector-Algorithmus und misst die Distanz zwischen den Netzwerken anhand der Anzahl der Hops. Die Anzahl der Hops sind gleichzusetzen mit der Zahl der auf dem Weg übersprungenen Router.

Open Shortest Path First (OSPF)

Dieses Protokoll verfolgt einen anderen Ansatz. Es implementiert den Shortest-Path-First-Algorithmus (SPF).

4.7 RIPng for IPv6

Das Routing Information Protocol Version 6 (RIPv6) gehört zu den Distance-Vector-Protokollen und basiert auf dem Bellman-Ford-Algorithmus. Dieses von R. Ford und D.R. Fulkerson beschriebene und von R.E. Bellmann weiterentwickelte Routing-Verfahren erfüllt die Grundvoraussetzung des dynamischen Routings, des automatischen Updates der Routing-Tabellen. Die Routing-Tabelle ist so aufgebaut, dass das Ziel mit der Metrik und der Route zum Zielnetz angegeben ist. Die Routing-Updates werden periodisch und ausschließlich zu den direkten Nachbar-Routern gesendet. Diese Updates bestehen aus einer Liste von V- und D-Einträgen (Tupeln), wobei V das Ziel (V = Vector) und D die Entfernung (D = Distance) angibt. Ein Router teilt somit seinen Nachbar-Routern mit, dass er die Ziele V in der Entfernung D mit einer gewissen Anzahl von Hops (Hop-Count) erreichen kann. Die Router, welche die Updates erhalten, vergleichen die Einträge in ihren Routing-Tabellen mit den Updates und ersetzen die Einträge der eigenen Routing-Tabelle mit den erhaltenen Updates, falls zu einem bestimmten Ziel ein kürzerer Weg (geringere Anzahl von Hopes) angegeben ist.

Einer der wesentlichen Vorteile des Distance-Vector-Verfahrens ist, dass alle Routing Broadcasts nur bis zum nächsten Nachbarn gelangen und damit nicht das gesamte Netz belasten. Der Algorithmus ist recht einfach zu implementieren. Da es ausreicht, dass der Router nur den nächsten Hop kennen muss, ist eine globale Kenntnis der Netztopologie nicht erforderlich.

Als Nachteil des Distance-Vector-Verfahrens kann die relativ langsame Konvergenz und die daraus resultierende hohe Anfälligkeit bezüglich der Routing Loops angegeben werden.

Möglichkeiten, die Konvergenzgeschwindigkeit zu maximieren, sind Triggered Updates sowie Split Horizon, welche im Kapitel RIP näher erläutert werden.

4.7.1 Spezifikationen des RIP-Protokolls

Das RIP-Protokoll basiert auf den Spezifikationen des RFCs 1058 und passt die RIP-Funktionen im RFC 2080 an die Funktionen des IP-Protokolls Version 6 an. Es berechnet die Routing-Metrik anhand der Anzahl der Hops zwischen zwei Routern. Zur Stabilisierung des Bellman-Ford-Algorithmus benutzt es so genannte Triggered Updates, Split Horizon und Reverse

Poison Updates. RIP wurde als Intra Domain Routing Protocol zum Routing in kleinen bis mittleren Netzen mit geringer Komplexität entwickelt. Dies erklärt die maximal mögliche Anzahl der Hops mit 15.

Ein Hop Count von 0 bezeichnet ein direkt angeschlossenes Netz, ein Hop Count von 1 bezeichnet ein Netz, das direkt an einen benachbarten Router angeschlossen ist. Ein Hop Count von 16 bedeutet, dass das Zielnetz nicht erreichbar ist. Die einzelnen Routen können unter RIP gewichtet werden. Für den Fall, dass zwei Routen zu einem Ziel existieren – eine mit geringerer Anzahl an Hops jedoch einer langsameren Übertragungsgeschwindigkeit, die andere Route mit einer höheren Anzahl an Hops, jedoch einer schnelleren Übertragungsgeschwindigkeit –, kann der Hop Count für die langsame Verbindung künstlich erhöht werden. Dadurch werden sämtliche Pakete über den schnelleren Link geroutet. Wie bei jedem Distance-Vector-Protokoll ist dafür zu sorgen, dass der Routing-Algorithmus auch bei Topologieänderungen konvergiert. Bei RIP wird diese Konvergenz durch Counting to Infinity, Split Horizon with Poisoned Reverse und Triggered Updates sichergestellt.

Counting to Infinity

Fällt ein Link eines Routers A aus (z.B. wegen einer Leitungsunterbrechung), so kann sich dieser Router des Routing-Eintrags in der Tabelle mittels eines Time-Out-Mechanismus entledigen. Die anderen Router, welche über besagten Link des Routers A Verbindungen aufbauen, senden jedoch weiterhin Updates mit der voreingestellten Metrik. Wenn die Router bemerken, dass der Link des Routers A nicht mehr verfügbar ist, erhöhen sie gleichermaßen die Metrik zum Zielnetz, bis schließlich die Metrik „Unendlich" (infinit bei RIP = 16 Hops) erreicht ist. Die Router erhöhen also ihre Metrik bis zum Wert Unendlich, um schließlich den Routing-Eintrag für das Zielnetz aus ihrer Routing-Tabelle löschen zu können. Dieser Vorgang wird mit Counting to Infinity bezeichnet. Counting to Infinity ermöglicht somit die Konvergenz des Routing-Algorithmus, wobei die Konvergenzgeschwindigkeit von dem Wert für Unendlich abhängt. Unendlich muss somit größer als jede Metrik für existierende Routen sein, sollte jedoch so klein wie möglich sein, um die Konvergenz zu beschleunigen.

Split Horizon

Split Horizon besagt, dass für jedes benachbarte Netz separate Routing-Updates zu generieren sind, die jedoch die Routen, die auf den jeweiligen Nachbarn zeigen, nicht enthalten.

Beispiel:
Router A übermittelt Router B, dass er Netz 1 erreichen kann. Router B braucht nun i den Updates, die er Router A schickt, Netz 1 nie erwähnen, da Router A näher am Netz 1 ist. Hierdurch lassen sich Routing-Loops zwischen zwei benachbarten Routern verhindern. Des Weiteren sinkt durch Split Horizon die Größe der Routing-Tabellen.

Split Horizon with Poisoned Reverse

Eine weitere Möglichkeit der Konvergenz des Routing-Algorithmus in RIP ist das Split Horizon mit der zusätzlichen Erweiterung Split Horizon with Poisoned Reverse. Bei diesem Verfahren wird die Metrik der Routen, die unter Split Horizon nicht übermittelt werden, unter Split Horizon with Poisoned Reverse als unendlich gekennzeichnet. Damit ist es nicht mehr nötig, die Routing-Updates an jeden einzelnen Router einzeln zu verschicken, sie können nun mittels Broadcast an die anderen Router im Netz verteilt werden. Kleinere Routing-Loops können so direkt beseitigt werden, daraus folgt eine Steigerung der Konvergenzgeschwindigkeit. Der Nachteil dieses Verfahrens sind die sehr großen Routing-Updates, welche generiert werden.

Triggered-Update

Triggered-Updates sind Routing-Updates, die genau dann verschickt werden, wenn sich für eine Route zu einem Zielnetz die Metrik ändert. Der wichtigste Anlass hierfür ist der Ausfall einer Route, ein Router antwortet nicht mehr oder die Updates bleiben aus. Ebenso kann ein Ausfall durch ein Routing-Table-Update eines anderen Routers gemeldet werden. In solch einem Fall schickt der Router sofort ein Triggered-Update, in dem die entsprechende Route als unbrauchbar gekennzeichnet ist. Die jeweiligen Nachbarn dieses Routers erhalten nun ein solches Triggered-Update, entfernen die entsprechende Route aus ihrer eigenen Routing-Tabelle und generieren ihrerseits ein Triggered-Update. Auf diese Weise wird ein Ausfall einer Route sehr schnell über das gesamte Netz verbreitet.

Größere Routing-Loops können nur durch Counting to Infinity beseitigt werden. Um die Konvergenz zu beschleunigen, wurde in RIP das Triggered-Update implementiert. Sollte ein Triggered-Update bei Ausfall einer Route nicht alle Router im Netz gleichzeitig erreichen, kann ein Router, der das Triggered-Update noch nicht erhalten hat, sein normales Routing-Update senden. Somit wird die unbrauchbare Route als brauchbar gekennzeichnet und die fehlerhafte Route wieder in das System eingeschleust. In diesem durchaus vorkommenden Fall muss die Konvergenz des Algorithmus durch Counting to Infinity stattfinden.

4.7.2 RIPv6-Format

Das für IP-Version 6 angepasste RIP-Protokoll nutzt zum Transport den UDP-Mechanismus. Hierfür wird zum Senden und zum Empfang der UDP-Port 521 genutzt.

```
 0                   1                   2                   3
 0 1 2 3 4 5 6 7 8 9 0 1 2 3 4 5 6 7 8 9 0 1 2 3 4 5 6 7 8 9 0 1
+-------------------------------------------------------------+
|   command (1)   |   version (1)   |        must be zero (2) |
+-------------------------------------------------------------+
|                    Route Table Entry 1 (20)                 |
+-------------------------------------------------------------+
|                             ...                             |
+-------------------------------------------------------------+
|                    Route Table Entry N (20)                 |
+-------------------------------------------------------------+
```

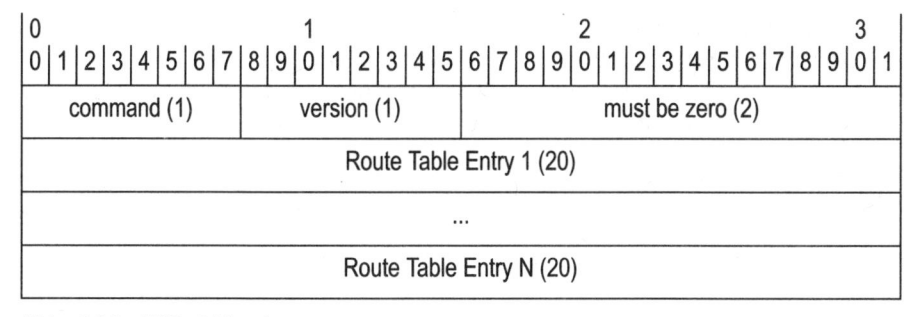

Abb. 4.36 RIPv6-Header

Command
Das Command-Feld legt den RIP-Kommandotyp fest. RIP unterstützt folgende Typen:

- Command Request,
- eine Anfrage an alle angeschlossenen RIP-Systeme, ihre kompletten Routing-Tabellen an den anfragenden Router zu übermitteln. Der RIP-Request hat die Typnummer 1,
- Command Response.
- Eine Antwort enthält die vollständige Routing-Tabelle eines Senders. Diese Meldung wird als Reaktion auf eine RIP-Anfrage, eine Poll- oder eine Update-Meldung gesendet. Der Response hat die Typnummer 2.

Version
Das RIPv6-Versionsfeld gibt die verwendete RIP-Protokollversion an. Durch die Versionsnummer in jedem Datenpaket kann der Empfänger einer RIP-Anfrage, die verschiedenen RIP-Versionen angemessen interpretieren. Derzeit wird bei TCP/IP-Netzwerken die Version 1 verwendet.

Reserved
Dieses Feld ist für zukünftige Anwendungen reserviert.

Route Table Entry (RTE)

Beim RIPv6-Protokoll werden die einzelnen Details der einzelnen Routing-Tabelleneinträge mithilfe des Route-Table-Entry-Header-Formats übermittelt. Jeder Route Table Entry (RTE) enthält einen Destination-Präfix, eine Längendefinition der verwendeten Bits im Präfix und eine Kostenmetrik für jede Route.

```
 0                   1                   2                   3
 0 1 2 3 4 5 6 7 8 9 0 1 2 3 4 5 6 7 8 9 0 1 2 3 4 5 6 7 8 9 0 1
+-+-+-+-+-+-+-+-+-+-+-+-+-+-+-+-+-+-+-+-+-+-+-+-+-+-+-+-+-+-+-+-+
|                        IPv6 prefix (16)                       |
+-+-+-+-+-+-+-+-+-+-+-+-+-+-+-+-+-+-+-+-+-+-+-+-+-+-+-+-+-+-+-+-+
|       route tag (2)       |    prefix len   |    metric (1)   |
+-+-+-+-+-+-+-+-+-+-+-+-+-+-+-+-+-+-+-+-+-+-+-+-+-+-+-+-+-+-+-+-+
```

Abb. 4.37   Route-Table-Entry-Header-Format (RTE)

Next Hop
RIPng spezifiziert im Header die Routeradresse, an die das Paket im nächsten Schritt in Richtung des Zielnetzwerks (gemäß der Routing-Tabelle) weitergeleitet werden soll. Der Eintrag jedes nächsten Hops in die Routing-Tabelle (RTE-Feld) würde die Anzahl der Einträge verdoppeln. Aus diesem Grund wird beim RIPng der nächste Hop durch einen speziellen RTE-Eintrag spezifiziert.

Ein Next-Hop-RTE wird anhand des Werts = 0xFF im Metrikfeld eines RTE identifiziert. Das Präfixfeld legt die IPv6-Adresse des nächsten Hops fest. Der Route Tag und die Präfixlänge werden in einem Next-Hop-RTE immer auf den Wert = 0 gesetzt.

```
 0                   1                   2                   3
 0 1 2 3 4 5 6 7 8 9 0 1 2 3 4 5 6 7 8 9 0 1 2 3 4 5 6 7 8 9 0 1
|                    IPv6 next hop address (16)                 |
|    must be zero (2)    |   must be zero(1)   |      0xFF      |
```

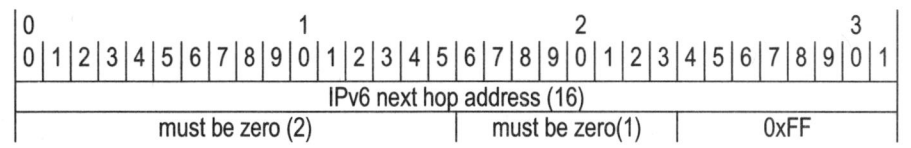

Abb. 4.38 Next-Hop-Feld

4.7.3 Open-Shortest-Path-First-Protokoll (OSPF)

Das OSPF-Protokoll gehört zu den Interior-Gateway-Protokollen und ist für das Routing innerhalb eines Autonomen Systems (AS) zuständig. OSPF-Routing ist eine Implementierung des Link-State-Protokolls. Der Link-State-Mechanismus bildet die Grundlage für ein Routing-Verfahren, das die entscheidenden Nachteile von RIP verhindert. Beispielsweise wird das Count-to-Infinity-Problem des Distance-Vector-Mechanismus umgangen, denn beim Link-State-Mechanismus stützt sich ein Router nicht auf geschätzte Daten, sondern er kennt das Netz. in dem er sich befindet, und kann selbstständig entscheiden, wie er am besten die Pakete in Richtung Ziel routet.

Beim Link-State-Verfahren kennt jeder Router die Topologie des kompletten Netzes, an das er angeschlossen ist. Damit kann ein Router den besten Weg eines Datenpakets ermitteln. Dazu müssen die Router die Informationen des Netzes in geeigneter Weise in ihrer Datenbank speichern. Außerdem sind Maßnahmen zum Updaten der Informationen nötig.

Die gesamte Netztopologie, über die ein Router verfügt, kann als Graph interpretiert werden. Diese Graphen bilden die Verbindungen zwischen den Routern.

Die Information zur Darstellung von Verbindungen werden von den am Netz angeschlossenen Routern propagiert. In einer Link-State-Datenbank werden die Kanten des Graphen dargestellt. Die Knotenpunkte, also die Router, geben den Anfangs- und Endpunkt einer Verbindung an. Zusätzlich besitzt jede Verbindung einen eindeutigen Bezeichner. In der Datenbank erscheint jede Kante doppelt, nämlich einmal für jede Richtung, in der Datenpakete laufen können. Für einen Router ist nur die ausgehende Verbindung von Interesse, er muss jedoch auch über die eingehende Bescheid wissen, um andere Router mit dieser Information versorgen zu können.

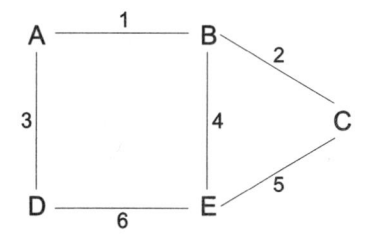

```
A ——1—— B
│        \ 2
3│       4│   C
│        / 5
D ——6—— E
```

Abb. 4.39 Netztopologie

Von	Nach	Verbindung	Distanz
A	B	1	1
A	D	3	1
B	A	1	1
B	C	2	1
B	E	4	1
C	B	2	1
C	E	5	1
D	A	3	1
D	E	6	1
E	B	4	1
E	C	5	1
E	D	6	1

Die Distanz beschreibt die Kosten bzw. den Aufwand einer Verbindung. Ein Eintrag kann durchaus mehrere Distanzwerte haben, die aus verschiedenen Metriken stammen. So kann eine Verbindung z.B. Informationen über Datendurchsatz, finanzielle Kosten, Verlässlichkeit, Verzögerung etc. besitzen. Ein Router ist somit in der Lage, je nach Wunsch des Absenders den besten Weg für ein Datenpaket nach den Kriterien »Datendurchsatz«, »Preis«, »Verlässlichkeit«, »Schnelligkeit« usw. zu berechnen.

Die Aktualität der kompletten Sichtweise auf das Netz in den lokalen Datenbanken der Router erfordert Maßnahmen zur schnellen Ermittlung von Topologieänderungen. Hierfür wird der Flooding-Mechanismus eingesetzt. Dieser propagiert die Änderungen der Topologie zwischen den Routern. Dabei wird eine Nachricht über das gesamte Netz verbreitet (»geflutet«), indem ein Router die betreffende Nachricht wie folgt vermittelt:

- Die Nachricht wird auf alle Leitungen gegeben.
- Nur die Leitung, über die der Router die Information empfangen hat, bleibt davon ausgenommen.

Fällt beispielsweise die Verbindung 1 (zwischen Router A und B) aus, wird dies von den am Link angeschlossenen Routern bemerkt. Router A sendet die Nachricht:

von A nach B, Verbindung 1, Distanz = ∞

an Router D, der sie wiederum an Router E weitergibt. Dieser Vorgang wird so lange wiederholt, bis jeder Router die Update-Message empfangen und seine Datenbank auf den neuen

Stand gebracht hat. Der gleiche Vorgang ergibt sich für Router B aus der Sicht der Verbindung von B nach A.

Dabei gibt es jedoch noch Probleme zu lösen: Ist ein Router an mehrere Nachbarn angeschlossen, bekommt dieser von jedem Nachbarn die gleiche Information. Im oben genannten Beispiel erhält Router E von B, C und D die Nachricht über den Ausfall von Verbindung 1. Es genügt in diesem Fall, wenn er diese Information nur beim ersten Eintreffen weiterleitet. Empfängt er diese Information von einem anderen Nachbarn, kann er diese verwerfen. Ohne diesen Unterbrechungsmechanismus würde das Flooding nie terminieren und dieselbe Nachricht würde ständig im Kreis übermittelt werden.

Außerdem muss sichergestellt werden, dass eine noch im Netz befindliche ältere Nachricht eine bereits neuere Information zu einer Verbindung nicht überschreibt. Zu diesem Zweck muss einer Nachricht ein Zeitstempel oder eine Sequenznummer zugeordnet werden. Mit dieser Sequenznummer wird überprüft, ob eine eintreffende Nachricht bereits zuvor empfangen und weitergeleitet wurde oder ob neuere Informationen über den betreffenden Link existieren.

Der Algorithmus beim Empfang von Nachricht funktioniert wie folgt:

- existiert ein Eintrag noch nicht in der Datenbank, wird dieser hinzugefügt und die Nachricht verbreitet.

- Existiert bereits ein älterer Eintrag in der Datenbank zu einer Verbindung als der mit der Update Message empfangene, wird dieser ersetzt und die Nachricht weitergeleitet.

- Existiert ein neuerer Eintrag, wird davon ausgegangen, dass der Absender die neuere Nachricht noch nicht erhalten hat. In diesem Fall wird die neuere Information an ihn übermittelt.

- Existiert bereits ein Eintrag in der Datenbank und ist diese Information mit dem Zeitstempel bzw. der Sequenznummer identisch, wird nicht mit einer Aktion reagiert.

4.7.4 Nachbarschaften zwischen Routern

Durch das Flooding werden die Updates schnell im gesamten Netz propagiert. Ist ein Router zum Zeitpunkt des Floodings nicht erreichbar, erhält er diese Nachricht nicht. Das Fluten wird beendet, sobald der letzte erreichbare Router die Nachricht erhalten hat. Damit hat der Router keine Chance, sich nach der Betriebsunterbrechung über das Topologie-Update zu informieren.

Fällt Link 1 aus, vermerken alle Router, dass sowohl die Strecke A-B als auch die Strecke B-A nicht mehr funktioniert. Fällt zusätzlich noch Link 6 aus, entstehen zwei voneinander getrennte Teilnetze. Die Router des Teilnetzes (A, D) vermerken den Wegfall der Strecke D-E, erhalten aber keine Nachricht über den Rückweg E-D, da diese Nachricht von Router E generiert wird und nicht mehr zu Router A und Router D gelangen kann. Ebenso ergeht es den Routern im Teilnetz (B, C, D). Diese verfügen über Informationen zum Ausfall der Strecke E-D, erhalten jedoch keine Informationen über den Ausfall von D-E. Die Datenbankeinträge sind somit in jedem der Teilnetze unterschiedlich.

Jeder Router in den Teilnetzen weiß um die Nichterreichbarkeit des anderen Teilnetzes und daher keinen Weg zum anderen Teilnetz berechnen. Bei einer Wiederherstellung von Verbindung 1 würden die jeweiligen Einträge in deren Datenbanken korrigiert.

Fällt während der Trennung der Netze zusätzlich noch Link 2 aus, erhalten die Router A und D durch das Flooding keinerlei Informationen. Dies gilt auch, wenn später der Link 1 wiederhergestellt wird. Die Einträge über Link 1 werden in allen Routern aktualisiert, aber die unterschiedlichen Informationen zu Link 6 und Link 2 bleiben erhalten. Wird auch der Link 6 wieder aktiviert, werden die betreffenden Einträge ebenfalls korrigiert. Trotzdem verfügen die Router A und D weiterhin über keine Informationen zum Ausfall der Verbindung 2.

Einträge der Datenbanken nach dem Ausfall der Verbindungen 1, 2 und 6:

Datenbank von A und D

Von	Nach	Verbindung	Distanz
A	B	1	•
A	D	3	1
B	A	1	•
B	C	2	1
B	E	4	1
C	B	2	1
C	E	5	1
D	A	3	1
D	E	6	•
E	B	4	1
E	C	5	1
E	D	6	1

Datenbank von B, C und E

Von	Nach	Verbindung	Distanz
A	B	1	•
A	D	3	1
B	A	1	•
B	C	2	•

Von	Nach	Verbindung	Distanz
B	E	4	1
C	B	2	•
C	E	5	1
D	A	3	1
D	E	6	1
E	B	4	1
E	C	5	1
E	D	6	•

Durch den Aufbau von Nachbarschaften verfügen die Router über Möglichkeiten zum regelmäßigen Abgleich ihrer Datenbanken. Der Begriff der Nachbarschaft bezieht sich nicht auf eine physische Nachbarschaft, die durch eine direkte Verbindung zwischen zwei Routern hergestellt wird. Vielmehr beschreibt dieser Begriff eine spezielle Beziehung zwischen Routern, die dem Abgleich der Routing-Informationen dient.

Benachbarte Router gleichen ihre Routing-Daten regelmäßig ab. Anhand der Sequenznummern ermittelt jeder Router selbstständig, zu welcher Verbindung er neue Informationen benötigt. Da das regelmäßige Versenden der kompletten Informationssätze zu umfangreich und in den meisten Fällen auch unnötig ist, benutzt das OSPF so genannte Database-Description-Pakete. Diese enthalten pro Verbindung deren Namen (Bezeichner) und die gespeicherte Sequenznummer der letzten Nachricht über diese Verbindung. Die Synchronisation der Datenbanken erfolgt über einen Exchange-Mechansimus: Zuerst werden die Database-Description-Pakete ausgetauscht. Damit kann jeder Router ermitteln, zu welchem Eintrag er veraltete bzw. noch keine Informationen besitzt. Anschließend fordert dieser zu den betreffenden Datensätzen die notwendigen Informationen an.

Erhält ein Router auf diese Weise einen neuen Eintrag, verhält er sich so, als wäre der Eintrag über das Flooding eingetroffen. Daher verbreitet dieser Router die neue Information per Flooding an seine Nachbarn.

4.7.5 Shortest-Path-Algorithmus

Für das eigentliche Routing bestimmt ein Router den Pfad im Netzwerk, auf dem ein Datenpaket am schnellsten, billigsten etc. zum Empfänger gelangt. Dieser Vorgang entspricht der Suche nach dem kürzesten Weg im Graphen. Beim OSPF-Protokoll wird der von E.W. Dijkstra erfundenen Shortest-Path-First-Algorithmus (SPF) verwendet. Der SPF-Algorithmus teilt die Knoten in zwei Mengen: ausgewertete Knoten E, mit bekanntem kürzestem Weg, und die restlichen Knoten R. Zudem gibt es eine Liste 0 mit den bisher bekannten Pfaden, die nach ihrer Distanz geordnet sind. Zu Beginn enthält E nur den Startknoten S, O enthält alle Pfade von S zu den Nachbarknoten von S. Es gilt:

1. Ist die Liste O leer oder enthält diese nur den Wert = Unendlich als Distanzwert, endet der Algorithmus. Alle in R verbleibenden Knoten gelten in diesem Fall als nicht erreichbar.

2. Der kürzeste Pfad P wird aus der Liste O herausgenommen. Dieser definiert den aktuellen Routing-Pfad. Ist der Endknoten V dieses Pfads bereits in E enthalten, wird automatisch zu Punkt 1 zurückgesprungen. In diesem Fall verfügt V bereits über einen kürzeren Pfad als P. Ansonsten verschiebt man den Endknoten V von R nach E und vermerkt P als kürzesten Pfad zu V.

3. Zur Liste O werden alle Pfade hinzugefügt, die aus P (zum Knoten V) und von V aus zum nächsten Knoten führen. Anschließend wird mit Schritt 2 fortgesetzt.

Merkmale von OSPF

Das Open Shortest Path First Protocol basiert auf dem Shortest-Path-First-Algorithmus (SPF) und zählt zu den hierarchischen Link State Protocols. In großen Netzen wird es oft als Interior Gateway Protocol (IGP) eingesetzt. Das OSPF-Protokoll setzt unmittelbar auf dem Internet-Protokoll (IP) auf. Es bietet folgende Merkmale:

OSPF Areas
Um die Link-State-Datenbanken nicht allzu groß werden zu lassen, werden in LANs Designated Router bestimmt. Diese sorgen dafür, dass das LAN auch als solches im Internet bekannt ist und nicht als vollständig vermaschtes Netz in den Datenbanken abgebildet werden muss. Die Festlegung des Designated Router und seines Backup erfolgt mittels des Hello-Protokolls dynamisch unter allen Routern des LANs. Nur der Designated Router eines angeschlossenen Netzwerks und sein Backup werden als »benachbarte« Router angesehen.

Die Verbindung eines Routers zum LAN (unidirektional) wird durch dessen Router-Link-State-Updates im Internet verbreitet. Das Flooding der Netzwerk-LSAs, die die unidirektionalen Links des Netzes zu den Routern hin beschreiben, erfolgt durch den Designated Router. Diese Verbindungen werden grundsätzlich mit Null bewertet.

Non-Broadcast-Netze
Non-Broadcast-Netze bieten zwar wie Broadcast-Netze auch eine vollständige Verbindung zwischen ihren Mitgliedern, stellen aber keine Broadcast- oder Multicast-Dienste zur Verfügung. Beispiele hierfür sind IP-Netze, die auf X.25- oder ATM-Netzen betrieben werden. Es gibt zwei Modi, wie solche Netze unter OSPF betrieben werden können:

- **Non Broadcast Multiple Access (NBMA):** Es wird ein Broadcast-Netz simuliert. Auch hier wird ein Designated Router für die Verwaltung der Netzwerk-LSAs bestimmt.

- **Point-to-Multipoint:** Das Netz wird statisch als ein Menge von virtuellen Verbindungen konfiguriert, die von OSPF als Punkt-zu-Punkt-Verbindungen betrachtet werden.

NBMA ist das effizientere Verfahren unter OSPF auf Non-Broadcast-Netzen, da es die wenigsten Datenbankeinträge erzeugt und auch den Datenverkehr im Netz niedrig hält.

Jedoch erfordert es, dass jeder Router mit jedem anderen des Netzes direkt kommunizieren kann. Welche Router als »benachbart« betrachtet werden, hängt von der Wahl der Betriebsart ab.

Hierarchisches Routing

Da die Größe der Link-State-Database und damit auch die Dauer der Routing-Berechnung sowie das Volumen der zu übertragenen OSPF-Nachrichten von der Größe des Autonomen Systems abhängt, wird hierarchisches Routing durch OSPF unterstützt. Es erlaubt die Aufteilung des Autonomen Systems in unabhängige Bereiche, die durch ein Backbone verbunden sind. Ein solcher Bereich ist eine Menge von physisch zusammenhängenden IP-Subnetzen (Punkt-zu-Punkt- oder auch Broadcast-Netze). Das Backbone muss ebenfalls zusammenhängend sein, wobei hier auch virtuelle Links erlaubt sind. Die Router kennen nur die genaue Netzstruktur ihrer zugehörigen Bereiche, die Topologie von anderen Bereichen ist vor ihnen versteckt. Sollen IP-Pakete zu einem Ziel in einem anderen Bereich gesendet werden, muss hierzu das Backbone benutzt werden. Das Flooding der Link State Advertisements findet ausschließlich innerhalb eines Bereichs statt und endet an den Bereichsgrenzen (Ausnahme: AS-External-LSAs).

Grenzrouter

Router, die mehrere Bereiche miteinander verbinden, werden Grenzrouter genannt und gehören immer auch zum Backbone. Sie besitzen für jeden zugehörigen Bereich eine separate Link-State-Datenbank. Ihre Aufgabe ist es, Summary-LSAs für die angeschlossenen Non-Backbone-Bereiche zu berechnen, die sie dann im Backbone verteilen. In den Summary-LSAs geben die Grenzrouter an, zu welchen Kosten sie die Netze in ihrem Bereich erreichen können. Gleichzeitig müssen sie die Summary-LSAs von anderen Bereichen auf dem Backbone empfangen und, um ihre Kosten zum »anbietenden« Grenzrouter ergänzt, in den ihnen zugehörigen Non-Backbone-Bereichen verbreiten. Bereichsübergreifendes Routing (Inter-Area Routing) funktioniert also genauso wie bereichsinternes Routing (Intra-Area Routing), da jeder Router weiß, wie er ein bestimmtes IP-(Sub-)Netz am besten erreichen kann.

AS-Grenzrouter

Autonome Systeme sind über AS-Grenzrouter miteinander verbunden und tauschen Informationen über ihre Netze mittels des Border-Gateway-Protokolls aus. Aus diesen Informationen stellen AS-Grenzrouter so genannte AS-External-LSAs zusammen, die im gesamten Autonomen System geflutet werden. In ihnen stehen die Kosten, die der AS-Grenzrouter zum Erreichen des externen Netz benötigt. Hierbei werden zwei Arten »externer« Metrik unterschieden:

- **Typ 1:** Die Metrik entspricht der intern verwendeten Metrik. Zur Berechnung der besten Routen können die interne und externe Metrik addiert werden.
- **Typ 2:** Die externe Metrik ist signifikant größer als die interne. Das IP Paket wird auf dem besten Pfad zum AS-Grenzrouter mit der niedrigsten externen Metrik geroutet.

Das Routen von Datagrammen in ein anderes Autonomes System wird auch als AS-External Routing bezeichnet. Die AS-Grenzrouter werden im Autonomen System durch Summary-LSA's der (Bereichs-)Grenzrouter bekannt gemacht.

Stub-Areas

Bereiche, die nur mit einem Grenzrouter am Backbone angeschlossen sind, werden als Stub-Areas bezeichnet. Für sie sieht OSPF eine weitere Vereinfachung des Routings vor, mit der die Anzahl der Link-State-Datenbankeinträge nochmals drastisch verringert werden kann. Für alle Datagramme, deren Ziel-IP-Adressen nicht im eigenen Bereich liegen, macht es wenig Sinn, die externe Route detailliert zu bestimmen. Es reicht vollkommen für das gesamte Inter-Area- und AS-External-Routing, eine Default-Route zum Grenzrouter zu definieren. Dadurch können alle Datenbankeinträge, die bereichsexterne Routen betreffen, weggelassen werden.

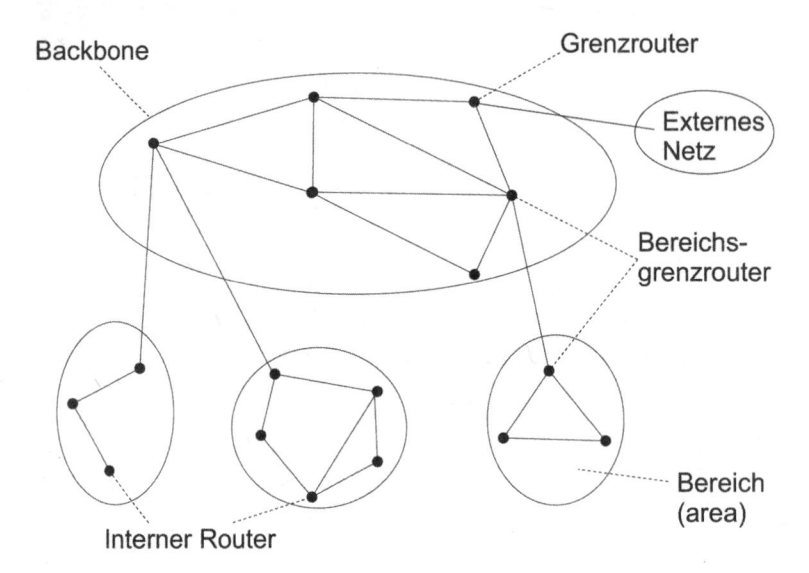

Abb. 4.40   OSPF-Bereiche

4.8 Neuerungen für IPv6

Im Requests for Comments 2740 werden die Anpassungen des OSPF-Protokolls an die Erfordernisse von IPv6 beschrieben. Obwohl in vielen Bereichen die Funktionen des klassischen IPv4-OSPFs übernommen wurden, haben sich jedoch entscheidende Funktionen geändert. Hierzu gehören:

Per Link, nicht per Subnetz

IPv6 definiert den Begriff »Link« als das Kommunikationsmedium, über das ein Rechner über den Link-Layer Datenpakete übermittelt. Aus diesem Grund wird OSPF beim IPv6-Protokoll für die Vermittlung zwischen Link-Segmenten und nicht, wie bei IPv4, zwischen Subnetzen eingesetzt. Auf einem gemeinsamen Link-Segment können sich gemäß den IPv6-Regeln mehrere IPv6-Subnetze befinden. Alle Rechner am gleichen Link-Segment sind jederzeit untereinander direkt erreichbar, auch wenn diese in verschiedenen Subnetzen angesiedelt sind.

Entfernung von adress spezifischen Kennungen (addressing semantics)
Zur Unterstützung von IPv6 wurden im OSPF die adress spezifischen Kennungen für Router und Netze entfernt. Statt der IP-Adressen werden 32 Bit lange Netz- und Router-Identifikatoren genutzt. IPv6-Adressen treten somit nicht mehr in OSPF-Headern, sondern nur noch in den jeweiligen Payloads auf.

Flooding Scope
Änderungen der Netztopologie werden in OSPF durch Link State Advertisements (LSAs) verbreitet. Sie werden nur mit »benachbarten« Routern ausgetauscht. Durch das Hinzufügen eines Flooding Scopes wird festgelegt, in welchem Gültigkeitsbereich das betreffende OSPF von den Nachbarn verarbeitet werden soll. Der Flooding Scopes legt folgende Gültigkeitsbereiche fest:

- Link-Local Scope: LSA hat nur Gültigkeit auf dem lokalen Link.
- Area Scope: LSA ist nur in der jeweiligen OSPF-Area von Bedeutung.
- AS Scope: LSA behält auch über die Routing-Domäne hinaus seine Bedeutung.

Unterstützung mehrerer OSPF-Instanzen per Link
Das OSPF-Protokoll kann auf Basis von IPv6 für die Unterstützung mehrerer OSPF-Instanzen auf dem gleichen Link konfiguriert werden. Gehört beispielsweise ein Link zu unterschiedlichen OSPF-Areas oder wird ein Link von mehreren Providern genutzt, legt die Instance-ID im OSPF-Header die jeweilige Zugehörigkeit fest.

Link-Local-Adressen
Die Link-Local-Adressen werden vom IPv6 für die Übermittlung von Informationen über den lokalen Link verwendet. Anwendungen sind beispielsweise die Neighbor Discovery oder die Autokonfiguration. IPv6-Router blocken alle IPv6-Datagramme mit einer Link-Local-Source-Adresse ab und leiten diese nicht auf andere Links weiter. Das OSPF-Protokoll setzt für jede Verbindung des Routers zu einem physikalischen Segment eine Link-Local-Unicast-Addresse voraus. Die Übermittlung von OSPF-Paketen über alle OSPF-Interfaces (außer virtuelle Links) erfolgt mit der Source-Adresse der jeweiligen dem lokalen Interface zugeordneten Link-Local-Unicast-Addresse. Ein Router lernt automatisch die Link-Local-Adressen aller Router am Links und nutzt diese Adressen als Next-Hop-Informationen beim Weiterleiten der Pakete. Für virtuelle Links werden der globale Scope oder die Site-Local-IP-Adressen als Absenderadressen für OSPF-Pakete genutzt. Link-Local-Adressen werden nur in OSPF-Link-LSA-Paketen genutzt.

Authentifikation
Bei OSPF für IPv6 wird im Gegensatz zu OSPF für IPv4 nicht mehr mit einem separaten Feld zur Authentifikation gearbeitet. Stattdessen wird grundsätzlich der Authentication-Header (AH) sowie optional die Encapsulating Security Payload (ESP) gemäß RFC 2406 bei der Verschlüsselung der OSPF-Pakete benutzt.

Änderungen der Paketformate
OSPF-Pakete werden immer mit einem vorangestellten IPv6-Header übermittelt. Folgende Änderungen wurden in den jeweiligen OSPF-Headern vorgenommen:

- Die Versionsnummer wurde auf den Wert = 3 gesetzt.
- Das Optionsfeld in Hello- und Database-Description-Paketen wurde auf 24 Bit verlängert.
- Die Authentication- und Au-Typfelder wurden aus den OSPF-Headern entfernt.
- Hello-Pakete enthalten keine Adressinformationen mehr. Stattdessen wird eine Interface-ID verwendet.
- Das R- und das V6-Bit wurden in das Optionenfeld hinzugefügt.
- Mithilfe der Instance-ID im OSPF-Header lassen sich mehrere OSPF-Instanzen auf dem gleichen Link betreiben.

Änderungen der LSA-Formate
Sämtliche Adressfunktionen wurden aus den LSA-Headern entfernt. Die Router-LSAs und die Network-LSAs beschreiben jetzt eine allgemeine (protokoll unabhängige) Topologie der Routing-Domäne. Auf Basis neuer LSAs werden die IPv6-Adressinformationen und die zur Erkennung des Next-Hop-Routers notwendigen Daten propagiert.

Verarbeitung unbekannter LSA-Typen
Die Bearbeitung unbekannter LSA-Typen wurde vereinfacht. Dem Router unbekannte LSA-Typen werden entweder wie LSAs mit einem Link Local Flooding Scope oder die unbekannten LSA-Typen werden lokal abgespeichert und die daraus resultierende Flooding-Funktion ausgeführt, als wenn der LSA-Typ verstanden worden wäre. Das jeweilige Verhalten wird im LSA-Handling-Bit des Link-State-Headers (LS-Typfeld) vorgegeben.

Stub Areas
Auch bei OSPF auf Basis des IPv6-Protokolls bleibt das Konzept der Stub Areas erhalten. In den jeweiligen LSAs werden in Stub Areas die spezifischen Router-LSAs, Network-LSAs, Inter-Area-Prefix-LSAs, Link-LSAs und Intra-Area-Prefix-LSAs verwendet.

Identifikation der Nachbarn anhand der Router-ID
In OSPF für IPv6 werden die benachbarten Router eines Link anhand einer OSPF-Router-ID identifiziert. Beim IPv4 werden die Nachbarn an einem Punkt-zu-Punkt-Netz und virtuellen Links anhand ihrer Router-IDs und Nachbarn an einem Punk-zu-Multipunkt-, Broadcast- oder NBMA-Link anhand ihrer IPv4-Interface-Adressen identifiziert.

Optionen-Feld
In OSPF-Hello-, Database-Description- und einigen LSA-Paketen (Router-LSA, Network-LSA, Inter-Area-Router-LSA und Link-LSA) ist ein 24 Bit langes Optionsfeld eingefügt. Mithilfe des Optionsfelds werden an OSPF-Router und zwischen Routern optionale Funktionalitäten signalisiert. Von den 24 Bit des OSPF-Optionsfelds werden bisher nur die letzten sechs Bit genutzt.

```
 0                   1                   2
 0 1 2 3 4 5 6 7 8 9 0 1 2 3 4 5 6 7 8 9 0 1 2
|                             |D|R|N|M|E|V|
|                             | | |C| |C|6|
```

Abb. 4.41   OSPF-Optionenfeld

Bits 0-17
Reserviert für zukünftige Anwendungen. Werden immer auf den Wert = 0 gesetzt.

DC-Bit
Signalisiert die Unterstützung von Demand Circuits gemäß RFC 1793.

R-Bit
Das Router-Bit kennzeichnet den Absender eines Hello-Pakets als aktiven Router. Wurde das Router-Bit nicht gesetzt, werden die Messages von Advertising-Knoten nicht verbreitet.

N-Bit
Alle Router innerhalb einer NSSA müssen dieses Bit setzen.

MC-Bit
Dieses Bit definiert die Weiterleitung von IP-Multicast-Datagrammen.

E-Bit
Signalisiert die Art, wie der Flooding-Mechanismus für AS-external-LSAs genutzt wird.

V6-Bit
Wird dieses Bit nicht gesetzt, kann der betreffende Router bzw. Link bei der Berechnung des IPv6-Routings ausgeschlossen werden.

4.8.1 OSPF-Paketformat

Das OSPF setzt direkt auf dem IPv6-Network-Layer auf. Das OSPF wird im IP-Next-Header-Feld mit der Protokollnummer = 89 gekennzeichnet. Bei der Übermittlung von OSPF-Paketen werden in der Regel Multicast-Adressen verwendet. Hierfür werden zwei spezielle Multicast-Adressen verwendet:

AllSPFRouters
Für die All-Router-Multicast-Adresse wurde der Wert = FF02::5 reserviert. All OSPF-Router empfangen und übermitteln über diese Adresse ihre Pakete. Hello-Pakete werden immer an diese Zieladresse übertragen.

AllDRouters
Als All-Designated-Router-Adresse ist der Wert = FF02::6 festgelegt.

OSPF-Header

Jedes OSPF-Paket beginnt immer mit einem allgemeinen 16 Bit langen Header.

Version	Type	Packet length
Router ID		

Area ID		
Checksum	Instance ID	0

Abb. 4.42 OSPF-Header

Version
Das Versionsfeld spezifiziert die Version des Protokolls. Im Moment ist auf Basis von IPv6 nur die Version 3 im Einsatz.

Type
Das Typ-Feld beschreibt die Art des OSPF-Pakets. Folgende Werte wurden definiert:

Typ	Bedeutung
1	Hello (testet die Erreichbarkeit)
2	Database Beschreibung (Topologie)
3	Link Status Anfrage
4	Link Status Aktualisierung
5	Link Status Bestätigung

Tab. 4.1 Typ-Feld des OSPF-Pakets

Length
Definiert die Länge des OSPF-Pakets.

Router ID
Definiert die 32 Bit lange Router-ID des sendenden Routers.

Area ID
Das Area-ID-Feld enthält eine 32 Byte lange Kennung zur eindeutigen Identifizierung der jeweiligen Area. Werden OSPF-Pakete über einen virtuellen Link übermittelt, werden diese mit der Backbone-Area-ID = 0 gekennzeichnet.

Checksum
Enthält eine Prüfsumme, die nur den OSPF-Header auf Fehler überprüft. Durch die Checksum können mögliche Übermittlungsfehler erkannt werden.

Instance ID
Ermöglicht den Betrieb mehrerer OSPF-Instanzen auf einem gemeinsamen Link. Jeder OSPF-Instanz wird dabei eine separate Instanz-ID zugeordnet. Empfängt ein Gerät ein Paket und entspricht dessen Instanz-ID nicht der lokalen Kennung, werden die empfangenen Pakete verworfen.

0 Feld
Dieses Feld ist für zukünftige Verwendungen reserviert und wird immer mit dem Wert = 0 gefüllt.

4.8.2 Hello Message

Das Hello-Protokoll wird zur Überprüfung der Verbindungen zu Routern verwendet betriebsfähig ist. Außerdem dient es zur Auswahl des Designated Routers bzw. Designated Backup-Routers in broadcastfähigen bzw. und nicht broadcastfähigen Netzen. Jeder Router sendet in bestimmten Abständen Hello-Pakete aus, um die Verbindung zu überprüfen. Die Verbindung zwischen zwei Routern wird als betriebsfähig erklärt, wenn Pakete in beide Richtungen übermittelt werden können. Die Hello-Pakete gehören zu den OSPF-Typ-1-Paketen und werden periodisch über alle Interfaces (inklusive der virtuellen Links) übermittelt.

0									1										2										3	
0	1	2	3	4	5	6	7	8	9	0	1	2	3	4	5	6	7	8	9	0	1	2	3	4	5	6	7	8	9	0	1
3									1							Packet length															
Router ID																															
Area ID																															
Checksum																Instance ID								0							
Interface ID																															
Rtr Pri								Options																							
HelloInterval																RouterDeadInterval															
Designated Router ID																															
Backup Designated Router ID																															
Neighbor ID																															

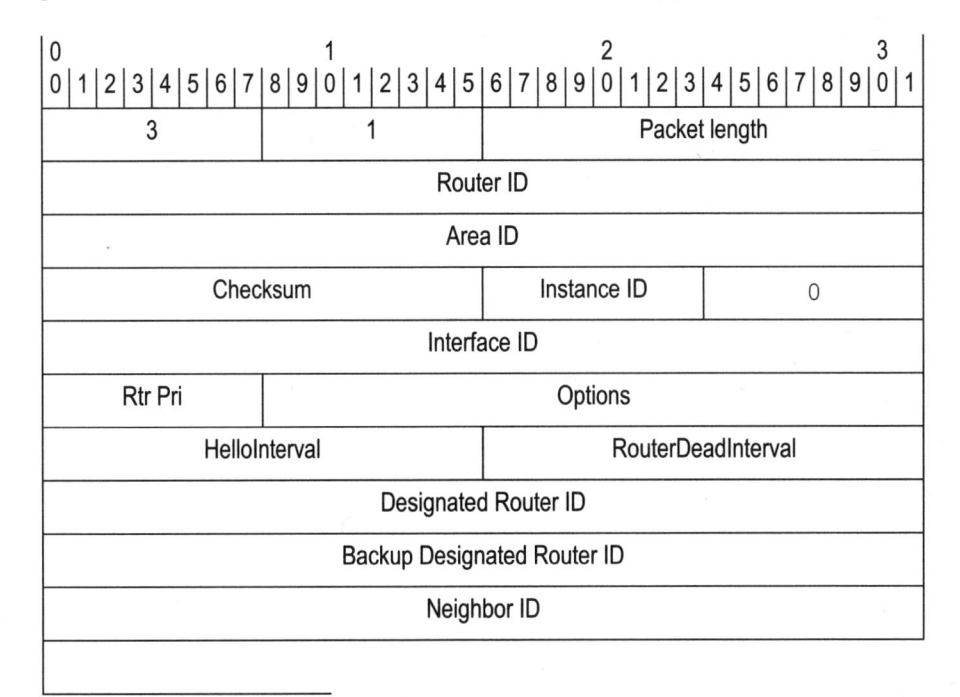

Abb. 4.43   OSPF-Hello-Message

Interface ID
Die 32 Bit lange Interface ID dient der eindeutigen Identifizierung eines Interfaces im Router.

Rtr Pri
Definiert die Priorität eines Routers und wird zur Auswahl des (Backup) Designated Routers genutzt.

Options
Legt optionale Funktionen des Routers fest.

Hello Interval
Zeitintervall (in Sekunden), nach dem ein Hello-Paket gesendet wird.

Router Dead Interval
Definiert den Zeitraum (in Sekunden), nachdem ein Nachbar, der nicht antwortet, als nicht mehr existent bezeichnet wird.

Designated Router ID
Router-ID des Designated Router für das betreffende Netzwerk aus der Sicht des jeweiligen Senders. Der Designated Router wird immer anhand seiner Router-ID identifiziert. Ist die Router-ID auf den Wert = 0.0.0.0 gesetzt, ist kein Designated Router aktiv.

Backup Designated Router ID
Router-ID des Backup Designated Router für das betreffende Netzwerk aus der Sicht des jeweiligen Senders. Der Backup Designated Router wird immer anhand seiner Router-ID identifiziert. Ist die Router-ID auf den Wert = 0.0.0.0 gesetzt, ist kein Backup Designated Router aktiv.

Neighbor ID
Beschreibt die Router-IDs von aktiven Nachbarn.

4.8.3 Database Description Message

Database-Description-Pakete gehören zu den OSPF-Typ-2-Messages. OSPF-Router tauschen zur Initialisierung der Adresstabellen OSPF-Database-Description-Messages aus. Diese Meldungen enthalten Informationen über die aktuelle Netztopologie. Hierfür wird zwischen den Routern eine Poll-Sequenz benutzt. Einer der Router übernimmt dabei die Rolle des Masters. Der Master übermittelt dabei die Database-Description-Pakete. Diese werden vom Slave bestätigt. Die Bestätigungen werden anhand der darin enthaltenen DD-Sequenznummer mit den jeweiligen Polls verglichen.

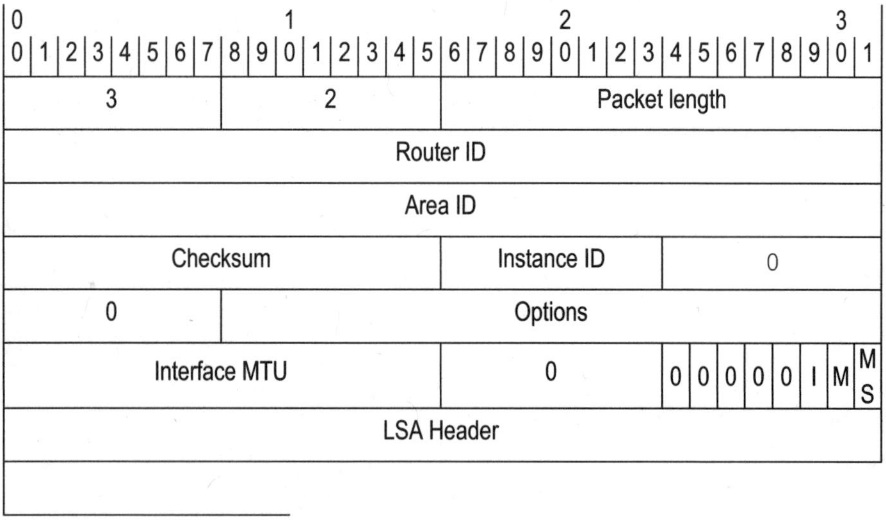

Abb. 4.44 OSPF-Database-Description-Message

Options
Legt optionale Funktionen des Routers fest.

Interface MTU
Definiert die maximale Paketgröße über das betreffende Interface, die übermittelt werden kann, ohne das Paket fragmentieren zu müssen. Werden Database-Description-Pakete über einen virtuellen Link gesendet, muss die Interface-MTU immer auf den Wert = 0 gesetzt sein.

I-Bit
Handelt es sich um ein Initialisierungspaket, wird das I-Bit auf den Wert = 1 gesetzt.

M-Bit
Das More-Bit wird auf den Wert = 1 gesetzt, wenn weitere Database-Description-Pakete folgen.

MS-Bit
Das Master/Slave-Bit wird auf den Wert = 1 gesetzt, wenn der betreffende Router die Rolle des Masters während des Database-Exchange-Prozesses übernimmt. Der Wert = 0 kennzeichnet den Slave.

DD sequence number
Kennzeichnet eine Sequenz von Database-Description-Paketen. Zu Beginn der Sequenz (Init Bit = 1) wird der Startwert gesetzt.

Der Rest des Pakets enthält eine Liste von Link-State-Datenbanksätzen. Jeder Eintrag wird anhand eines LSA-Headers beschrieben.

4.8.4 Link State Request

Link-State-Request-Pakete gehören zu den OSPF-Typ-3-Messages. Nach dem Austausch der Adresstabellen mit einem Nachbarn altern die Adresseinträge. Aus diesem Grund müssen die Informationen bei Bedarf aktualisiert werden. Der Router übermittelt eine Anfrage an den am Link angeschlossenen Nachbar-Router. Der Nachbar antwortet daraufhin mit den neuesten Informationen. Jeder Adresseintrag wird über seine individuelle LS-Sequenznummer, die LS-Prüfsumme und das LS-Alter definiert.

0 1 2 3 4 5 6 7 8 9	0 1 2 3 4 5 6 7 8 9	0 1 2 3 4 5 6 7 8 9	0 1
3	3	Packet length	
Router ID			
Area ID			
Checksum		Instance ID	0
0		LS type	

Link State ID
Advertising Router

Abb. 4.45   Link State Request

Jede angefragte LSA wird anhand des LS-Typs, der Link-State-ID und dem betreffenden Advertising Router beschrieben.

4.8.5 Link State Update

Link-State-Update-Pakete gehören zu den OSPF-Typ-4-Messages. Diese Pakete werden vom Flooding-Mechanismus genutzt. Jeder Link State Update enthält eine Reihe von LSAs, die die Routen beschreiben. Die durch das Flooding übermittelten LSAs werden mithilfe von Link-State-Acknowledgment-Paketen bestätigt.

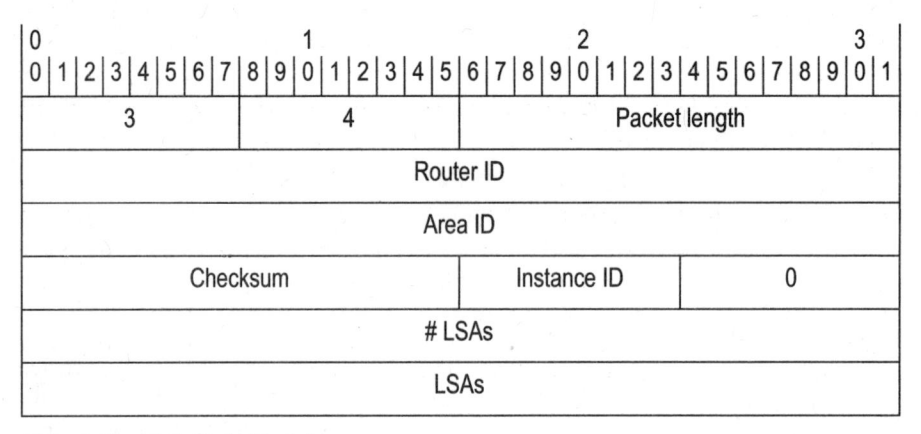

```
 0                   1                   2                   3
 0 1 2 3 4 5 6 7 8 9 0 1 2 3 4 5 6 7 8 9 0 1 2 3 4 5 6 7 8 9 0 1
+-+-+-+-+-+-+-+-+-+-+-+-+-+-+-+-+-+-+-+-+-+-+-+-+-+-+-+-+-+-+-+-+
|       3       |       4       |          Packet length        |
+-+-+-+-+-+-+-+-+-+-+-+-+-+-+-+-+-+-+-+-+-+-+-+-+-+-+-+-+-+-+-+-+
|                            Router ID                          |
+-+-+-+-+-+-+-+-+-+-+-+-+-+-+-+-+-+-+-+-+-+-+-+-+-+-+-+-+-+-+-+-+
|                             Area ID                           |
+-+-+-+-+-+-+-+-+-+-+-+-+-+-+-+-+-+-+-+-+-+-+-+-+-+-+-+-+-+-+-+-+
|           Checksum            |   Instance ID |       0       |
+-+-+-+-+-+-+-+-+-+-+-+-+-+-+-+-+-+-+-+-+-+-+-+-+-+-+-+-+-+-+-+-+
|                             # LSAs                            |
+-+-+-+-+-+-+-+-+-+-+-+-+-+-+-+-+-+-+-+-+-+-+-+-+-+-+-+-+-+-+-+-+
|                              LSAs                             |
+-+-+-+-+-+-+-+-+-+-+-+-+-+-+-+-+-+-+-+-+-+-+-+-+-+-+-+-+-+-+-+-+
```

Abb. 4.46   Link State Update

 # LSAs
Legt die Anzahl der Link-State-Meldungen im Paket fest.

4.8.6 Link State Acknowledgement

Link-State-Acknowledgement-Pakete gehören zu den OSPF-Typ-5-Messages. Zur Erhöhung der Zuverlässigkeit beim Flooding-Prozess werden die durch das Flooding übermittelten LSAs explizit bestätigt. Innerhalb eines Link-State-Acknowledgement-Pakets können mehrere LSAs gleichzeitig bestätigt werden.

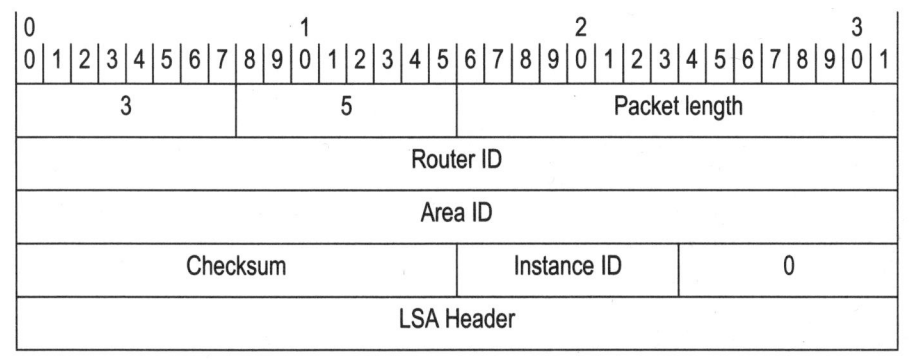

```
 0                   1                   2                   3
 0 1 2 3 4 5 6 7 8 9 0 1 2 3 4 5 6 7 8 9 0 1 2 3 4 5 6 7 8 9 0 1
|       3       |       5       |         Packet length         |
|                            Router ID                          |
|                             Area ID                           |
|           Checksum            |   Instance ID   |      0      |
|                            LSA Header                         |
```

Abb. 4.47 Link State Acknowledgement

4.8.7 LSA-Datenformate

Jede LSA beginnt mit einem 20 Byte langen LSA-Header. Jede LSA beschreibt einen Teil der OSPF-Routing-Domäne. Jeder Router generiert eine Router-LSA. Netzwerk-LSAs werden über jeden Link des Designated Routers publiziert. Die Link-Local-Adresse eines Routers wird zu den jeweiligen Nachbarn mithilfe von Link-LSAs übermittelt. IPv6-Präfixe werden mithilfe von Intra-Area-Prefix-LSAs, Inter-Area-Präfix-LSAs und AS-External-LSAs publiziert.

Der Einsatzort bestimmter Routers lässt sich auch über Area-Grenzen mithife der Inter-Area-Router-LSAs publizieren. In diesem Fall werden alle LSAs durch die gesamte OSPF-Routing-Domäne geflutet. Durch den zuverlässigen Flooding-Mechanismus wird sichergestellt, dass alle Router über den gleichen Informationsstand (bzw. die gleichen LSAs) verfügen. Die Ansammlung aller LSAs in einem Router wird auch als Link-State-Datenbank bezeichnet. Aus dieser Datenbank errechnet jeder Router den für ihn kürzesten Routenpfad, wobei er sich immer als Root ansetzt. Diese Berechnung resultiert in den Routing-Tabellen.

4.8.8 Darstellung der IPv6-Präfixe

IPv6-Adressen sind 128 Bit lang. Das OSPF-Protokoll auf Basis des IPv6 publiziert aktiv IPv6-Adresspräfixe. IPv6-Adresspräfixe sind Bitstrings mit einer Länge zwischen 0 und 128 Bit. Innerhalb des OSPFs werden IPv6-Adresspräfixe durch die Kombination von folgenden drei Feldern dargestellt:

- Präfix Länge,
- Präfix Optionen und
- Adresspräfix.

Die Präfix-Länge beschreibt die Länge des Präfixes in Anzahl der verwendeten Bits. Die Präfix-Optionen signalisieren in einem acht Bit langen Feld zusätzliche Funktionen innerhalb des Gültigkeitsbereichs eines Präfixes. Der Adresspräfix enthält den eigentlichen Präfix. Dessen Länge beträgt immer ein Vielfaches von 32. Die Default-Route wird durch einen Präfix mit einer Länge = 0 dargestellt.

Präfix-Optionen

Jeder Präfix wird immer mit einem zusätzlichen 8 Bit langen Optionsfeld publiziert. Das Optionsfeld legt die zusätzlichen Funktionen innerhalb des Gültigkeitsbereichs eines Präfixes fest.

0	1	2	3	4	5	6	7
				P	MC	LA	NU

Abb. 4.48   Präfix-Optionsfeld

NU-Bit

Das No-Unicast-Bit wird auf den Wert = 1 gesetzt, wenn der betreffende Präfix nicht zur Berechnung einer IPv6-Unicast-Adresse herangezogen werden darf.

LA-Bit

Das Local-Adress-Bit wird auf den Wert = 1 gesetzt, wenn der betreffende Präfix der aktuelle IPv6-Interface-Adresse des publizierenden Routers entspricht.

MC-Bit

Das Multicast-Capability-Bit wird auf den Wert = 1 gesetzt, wenn der betreffende Präfix in die Berechnung des IPv6-Multicast-Routings einbezogen werden soll.

P-Bit

Das Propagate-Bit wird bei NSSA-Area-Präfixe auf den Wert = 1 gesetzt, die an der NSSA-Area-Grenze erneut propagiert werden sollen.

4.8.9 LSA-Header

Jede LSA beginnt mit einem 20 Byte langen LSA Header. Dieser enthält genug Information zur eindeutigen Identifizierung der LSA (LS-Typ, Link-State-ID und Advertising Router).

LS age	LS type
Link State ID	
Advertising Router	
LS sequence number	
LS checksum	length

Abb. 4.49   LSA-Header

LS age
Definiert den Zeitraum (in Sekunden), der nach dem Anlegen der Information vergangen ist.

LS type
Legt den jeweiligen LS-Typ fest und definiert die jeweilge Funktion der LSA.

```
0   1   2   3       4  5  6  7  8  9  0  1  2  3  4  5
| U | S2 | S1 |         LSA Function Code              |
```
Abb. 4.50   LS-Typfeld

Das U-Bit legt die weitere Vorgehensweise für die jeweilige LSA für Router fest, die den in der LSA enthaltenen Funktionscode nicht kennen. Folgende Handlungsanweisungen sind festgeschrieben:

U-Bit-LSA-Handling

- 0: Behandle LSA wie LSAs mit Link-Local Flooding Scope
- 1: Speichere und publiziere LSA, als wenn die darin enthaltene Funktion bekannt wäre

Die S1- und S2-Bits definieren den Bereich, innerhalb dessen der LSA propagiert werden soll. Folgende Werte wurden bisher definiert:

S2	S1	Flooding Scope
0	0	Link Local Scoping. Flooding nur auf dem Ursprungs-Link möglich.
0	1	Area Scoping. Flooding zu allen Routern innerhalb der Ursprungsarea
1	0	AS Scoping. Flooding zu allen Routern innerhalb der AS
1	1	Reserviert

Die LSA-Funktionscodes wurden wie folgt festgelegt:

LSA Funktionscode	LS Type	Description
1	0x2001	Router-LSA
2	0x2002	Network-LSA
3	0x2003	Inter-Area-Prefix-LSA
4	0x2004	Inter-Area-Router-LSA
5	0x4005	AS-External-LSA
6	0x2006	Group-membership-LSA

LSA Funktionscode	LS Type	Description
7	0x2007	Type-7-LSA
8	0x0008	Link-LSA
9	0x2009	Intra-Area-Prefix-LSA

Link State ID
Dient zusammen mit dem LS-Typ und dem Advertising Router zur eindeutigen Identifikation einer LSA in der Link-State-Datenbank.

Advertising Router
Die Router-ID beschreibt den Router, der die LSA übermittelt hat. In Network-LSAs beschreibt dieses Feld beispielsweise die Router-ID des Designated Routers.

LS sequence number
Eindeutige Kennung der LSA. Dient der Erkennung alter bzw. duplizierter LSAs.

LS checksum
Die Prüfsumme wird über die komplette LSA-Message (inklusive des LSA-Headers, jedoch exklusive des LSA-Age-Felds) berechnet.

length
Beschreibt die Länge der LSA (inklusive des 20 Byte-LSA-Headers).

4.8.10 Router-LSAs

Für die Router-LSAs wurde der LS-Typ = 0x2001 festgelegt. Jeder Router innerhalb einer Area erzeugt eine oder mehrere Router-LSAs. Die Gesamtheit aller vom jeweiligen Router erzeugten Router-LSAs beschreiben den Zustand und die Kosten der im Router für die jeweilige Area zugeordneten Interfaces. Router-LSAs werden nur innerhalb der jeweiligen Area propagiert.

```
 0                   1                   2                   3
 0 1 2 3 4 5 6 7 8 9 0 1 2 3 4 5 6 7 8 9 0 1 2 3 4 5 6 7 8 9 0 1
+-+-+-+-+-+-+-+-+-+-+-+-+-+-+-+-+-+-+-+-+-+-+-+-+-+-+-+-+-+-+-+-+
|            LS age             |0|0|1|            1            |
+-------------------------------+-----+-------------------------+
|                          Link State ID                        |
+---------------------------------------------------------------+
|                       Advertising Router                      |
+---------------------------------------------------------------+
|                       LS sequence number                      |
+-------------------------------+-------------------------------+
|          LS checksum          |            length             |
+-----+-+-+-+-------------------+-------------------------------+
|  0  |W|V|E|B|                    Options                      |
+-----+-+-+-+-+-------------------------------------------------+
```

Type	0	Metric
Interface ID		
Neighbor Interface ID		
Neighbor Router ID		
....		
Type	0	Metric
Interface ID		
Neighbor Interface ID		
Neighbor Router ID		
....		

Abb. 4.51   Router-LSA

Bit V
Das Virtual-Link-Endpoint-Bit wird nur gesetzt, wenn der Router als Endpunkt einer oder mehrerer zugeordneter virtuellen Links für eine Transitarea arbeitet.

Bit E
Das External-Bit wird nur gesetzt, wenn der Router als AS-Boundary-Router agiert.

Bit B
Das Border-Bit wird nur gesetzt, wenn der Router als Area-Border-Router agiert.

Bit W
Das W-Bit wird nur gesetzt, wenn der Router als Empfänger von wild-card Multicasts arbeitet.

Wird das MOSPF-Protokoll unterstützt, empfangen diese Router unabhängig von der Zieladresse alle Multicast-Datagramne.

Optionen
Definieren die optionalen Funktionen des Routers. Das Typfeld beschreibt beispielsweise die Funktionen jedes Router-Interfaces. Abhängig vom jeweiligen Interface-Typ werden die weiteren Parameter festgelegt.

Typ
Beschreibt das betreffende Router-Interface. Für das Typfeld wurden folgende Festlegungen getroffen:

Type	Beschreibung
1	Punkt-zu-Punkt-Verbindung zu anderem Router
2	Verbindung zu Transitnetz
3	Reserviert
4	Virtueller Link

Tab. 4.2 Typ-Feld

Metric
Die mit dem jeweiligen Interface zusammenhängenden Kosten. Dieser Parameter ist nur beim Versenden von LSA-Paketen relevant.

Interface ID
Legt die Interface-ID des betreffenden Interfaces fest.

Neighbor Interface ID
Definiert die Interface-ID des Nachbar-Routers oder den dem Link (Typ-2-Interface) zugeordneten Designated Router. Diese Information wird aus empfangenen Hello-Paketen ermittelt.

Neighbor Router ID
Definiert die Router-ID des Nachbar-Routers oder den dem Link (Typ-2-Interface) zugeordneten Designated Router.

Network-LSAs

Für die Network-LSAs wurde der LS-Typ = 0x2002 festgelegt. Eine Network-LSA wird von jedem Broadcast- und NBMA Link in der Area erzeugt, der über zwei oder mehrere Router verfügt. Der Designated Router des Links ist immer der Absender der Network-LSA. Die LSA beschreibt alle am Link angeschlossenen Router (inklusive dem Designated Router). Das Link-State-ID-Feld der LSA enthält die Interface-ID des Designated Routers, welcher auf Basis von Hello-Paketen die Message verbreitet hat. Die Distanz vom Netzwerk zu den angeschlossenen Router beträgt immer den Wert = 0. Aus diesem Grund muss das Metrikfeld in einer Network-LSA nicht festgelegt werden.

```
 0                   1                   2                   3
 0 1 2 3 4 5 6 7 8 9 0 1 2 3 4 5 6 7 8 9 0 1 2 3 4 5 6 7 8 9 0 1
+-+-+-+-+-+-+-+-+-+-+-+-+-+-+-+-+-+-+-+-+-+-+-+-+-+-+-+-+-+-+-+-+
|           LS age              | 0 | 0 | 1 |           2         |
+-+-+-+-+-+-+-+-+-+-+-+-+-+-+-+-+-+-+-+-+-+-+-+-+-+-+-+-+-+-+-+-+
|                         Link State ID                          |
+-+-+-+-+-+-+-+-+-+-+-+-+-+-+-+-+-+-+-+-+-+-+-+-+-+-+-+-+-+-+-+-+
|                       Advertising Router                       |
+-+-+-+-+-+-+-+-+-+-+-+-+-+-+-+-+-+-+-+-+-+-+-+-+-+-+-+-+-+-+-+-+
|                       LS sequence number                       |
+-+-+-+-+-+-+-+-+-+-+-+-+-+-+-+-+-+-+-+-+-+-+-+-+-+-+-+-+-+-+-+-+
```

LS checksum	length
0	Options
Attached Router	
....	

Abb. 4.52 Network LSA

Attached Router
Enthält die Router-IDs der am Link angeschlossenen benachbarten Router.

4.8.11 Inter-Area-Prefix-LSAs

Für die Inter-Area-Prefix-LSAs wurde der LS-Typ = 0x2003 festgelegt. Diese LSAs stellen das IPv6-Äquivalent der OSPF-(IPv4)-Typ-3-Summary-LSAs dar. Diese LSAs werden immer von Area-Border-Routern erzeugt und beschreiben die Routen zu IPv6-Adresspräfixen in anderen Areas. Für jeden IPv6-Adresspräfix wird ein separater Inter-Area-Prefix-LSA erzeugt.

Für Stub Areas können die Inter-Area-Prefix-LSAs zur Beschreibung der (per Area) Default-Route genutzt werden. In Stub Areas werden die Default-Summary-Routen genutzt und das Fluten aller externen Routen vermieden. Beschreibt ein Inter-Area-Prefix-LSA eine Default-Summary-Route, wird die Parameter-PrefixLength immer auf den Wert = 0 gesetzt.

```
 0                   1                   2                   3
 0 1 2 3 4 5 6 7 8 9 0 1 2 3 4 5 6 7 8 9 0 1 2 3 4 5 6 7 8 9 0 1
```

LS age	0	0	1	3		
Link State ID							
Advertising Router							
LS sequence number							
LS checksum			length			
0		Metric				
PrefixLength	PrefixOptions			0		
Address Prefix	.....					
....							

Abb. 4.53 Inter-Area-Prefix-LSA

Metric
Definiert die Kosten der Route.

4.8.12 Inter-Area-Router-LSAs

Für die Inter-Area-Router-LSAs wurde der LS-Typ = 0x2004 festgelegt. Diese LSAs stellen das IPv6-Äquivalent zu den beim IPv4 im OSPF verwendeten Typ-4-Summary-LSAs dar. Diese LSA werden von Area-Border-Routern verbreitet und beschreiben die Routen zu anderen Areas. Jede LSA beschreibt dabei eine Route zu einem einzigen Router.

```
 0                   1                   2                   3
 0 1 2 3 4 5 6 7 8 9 0 1 2 3 4 5 6 7 8 9 0 1 2 3 4 5 6 7 8 9 0 1
+-+-+-+-+-+-+-+-+-+-+-+-+-+-+-+-+-+-+-+-+-+-+-+-+-+-+-+-+-+-+-+-+
|           LS age              | 0 | 0 | 1 |         4         |
+-------------------------------+---+---+---+-------------------+
|                         Link State ID                         |
+---------------------------------------------------------------+
|                       Advertising Router                      |
+---------------------------------------------------------------+
|                       LS sequence number                      |
+-------------------------------+-------------------------------+
|          LS checksum          |            length             |
+-------+-----------------------+-------------------------------+
|   0   |                    Options                            |
+-------+-------------------------------------------------------+
|   0   |                    Metric                             |
+-------+-------------------------------------------------------+
|                      Destination Router ID                    |
+---------------------------------------------------------------+
```

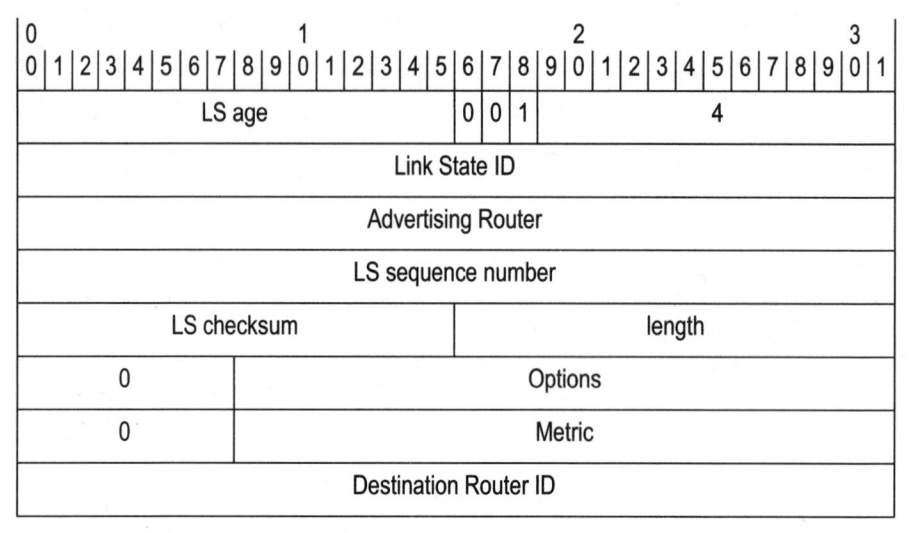

Abb. 4.54   Inter-Area-Router-LSA

Options
Definieren die optionalen Funktionen des Routers.

Metric
Definiert die Kosten der Route.

Destination Router ID
Definiert die Router-ID des Routers.

4.8.13 AS-External-LSAs

Für die AS-External-LSAs wurde der LS-Typ = 0x2005 festgelegt. Diese LSAs werden von AS-Boundary-Routern erzeugt und beschreiben externe Ziele für die betreffende AS. Jede LSA beschreibt dabei eine Route zu einem IPv6-Adresspräfix. Die AS-external-LSAs können auch zur Beschreibung der Default-Route genutzt werden. In diesem Fall wird in der AS-External-LSA der Parameter-PrefixLength auf den Wert = 0 gesetzt.

```
 0                   1                   2                   3
 0 1 2 3 4 5 6 7 8 9 0 1 2 3 4 5 6 7 8 9 0 1 2 3 4 5 6 7 8 9 0 1
```

LS age		0	0	1	4
Link State ID					
Advertising Router					
LS sequence number					
LS checksum			length		
0	Options				
0	Metric				
Destination Router ID					

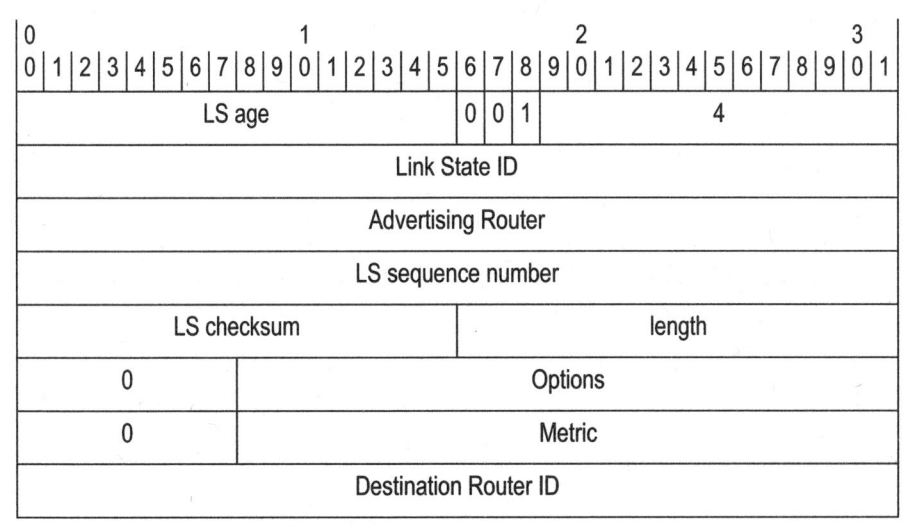

Abb. 4.55 AS-External-LSA

Bit E
Beschreibt den Typ der externen Metrik. Wird das E-Bit gesetzt, handelt es sich um eine externe Metrik vom Typ 2. In diesem Fall ist die Metrik automatisch größer als jeder Intra-AS-Pfad. Wird das E-Bit auf den Wert = 0 gesetzt, handelt es sich um eine externe Metrik vom Typ 1. In diesem Fall wird die Metrik der Link State Metric (z.B. die Metrik des jeweiligen Interfaces) entnommen.

Bit F
Bei gesetztem F-Bit ist die Forwarding-Adresse in der LSA enthalten.

Bit T
Bei gesetztem T-Bit ist der External Route Tag in der LSA enthalten.

Metric
Beschreibt die Kosten einer Route.

Referenced LS type
Alle Werte >0 signalisieren, dass eine LSA mit dem betreffenden LS-Typ der LSA zugeordnet ist.

Forwarding address
Die IPv6-Adresse wird der LSA nur zugewiesen, wenn das F-Bit gesetzt ist. In diesen Fällen wird der gesamte Datenverkehr zu der propagierten Zieladresse weitergeleitet.

External Route Tag
Mithilfe des 32 Bit langen Felds können AS-Boundary-Router untereinander zusätzliche Informationen übermitteln. Dieses Feld wird in die LSA nur bei gesetztem T-Bit aktiviert.

4.8.14 Link-LSAs

Für die Link-LSAs wurde der LS-Typ = 0x2008 festgelegt. Ein Router generiert für jeden angeschlossenen Link eine separate Link-LSA. Bei diesen LSAs beschränkt sich der Flooding-Mechanismus auf den lokalen Link. Link-LSAs haben drei Aufgaben:

- Sie kommunizieren die Link-Local-Adresse eines Routers an alle am Link angeschlossenen Router.
- Sie teilen anderen Routern am Link eine Liste der dem Link zugeordneten IPv6-Präfixe mit.
- Sie ermöglichen dem Router die für den jeweiligen Link notwendigen Optionen zu propagieren.

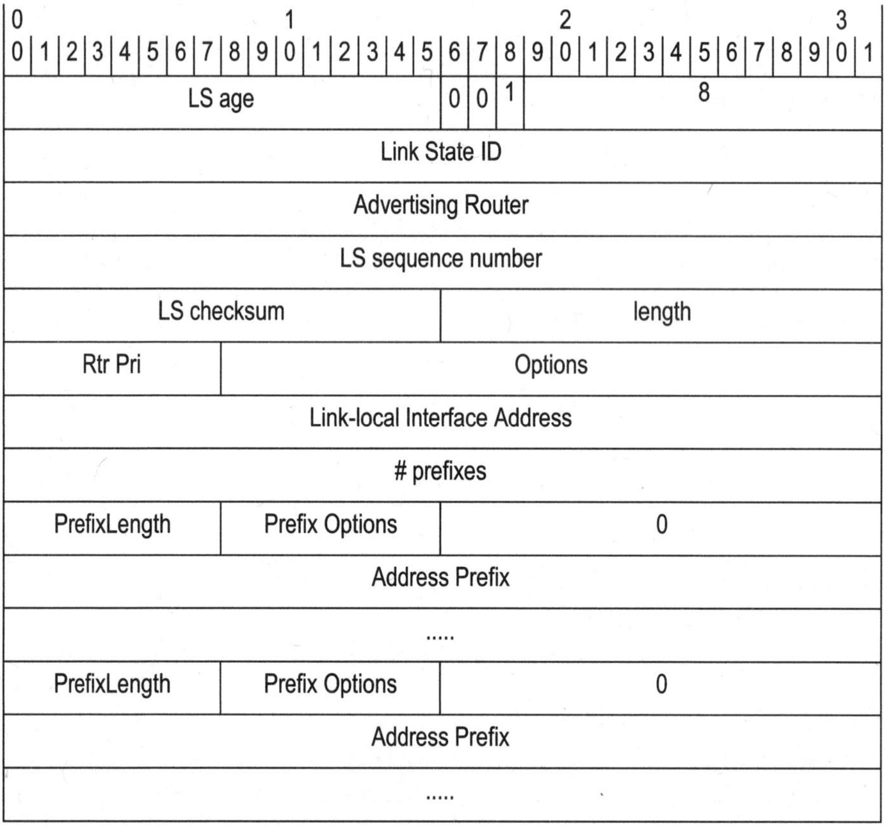

```
 0                   1                   2                   3
 0 1 2 3 4 5 6 7 8 9 0 1 2 3 4 5 6 7 8 9 0 1 2 3 4 5 6 7 8 9 0 1
+-+-+-+-+-+-+-+-+-+-+-+-+-+-+-+-+-+-+-+-+-+-+-+-+-+-+-+-+-+-+-+-+
|            LS age             |0|0|1|           8             |
+-------------------------------+-----------------------------+
|                         Link State ID                         |
+---------------------------------------------------------------+
|                       Advertising Router                      |
+---------------------------------------------------------------+
|                       LS sequence number                      |
+-------------------------------+-------------------------------+
|          LS checksum          |            length             |
+---------------+---------------+-------------------------------+
|    Rtr Pri    |                    Options                    |
+---------------+-----------------------------------------------+
|                   Link-local Interface Address                |
+---------------------------------------------------------------+
|                           # prefixes                          |
+---------------+---------------+-------------------------------+
|  PrefixLength | Prefix Options|               0               |
+---------------+---------------+-------------------------------+
|                         Address Prefix                        |
|                             .....                             |
+---------------+---------------+-------------------------------+
|  PrefixLength | Prefix Options|               0               |
+---------------+---------------+-------------------------------+
|                         Address Prefix                        |
|                             .....                             |
+---------------------------------------------------------------+
```

Abb. 4.56   Link-LSA

Rtr Pri
Definiert die Router-Priorität des Interfaces am jeweiligen Link.

Options
Beschreibt die Optionen, die der Router für den betreffenden Link unterstützen möchte.

Link-local Interface Address
Enthält die Link-Local-Interface-Adresse des Routers am Link.

 # prefixes
Beschreibt die Anzahl der in der LSA übermittelten IPv6-Adresspräfixe.

4.8.15 Intra-Area-Prefix-LSAs

Für die Intra-Area-Prefix-LSAs wurde der LS-Typ = 0x2009 festgelegt. Ein Router nutzt die Intra-Area-Prefix-LSAs zur Propagierung einer oder mehrerer IPv6-Adresspräfixe, die folgenden Komponenten zugeordnet sind:

- dem Router,
- einem zugeordneten Stub-Netzsegment oder
- einem zugeordneten Transitnetzwerk.

0	1	2	3
0 1 2 3 4 5 6 7 8 9	0 1 2 3 4 5 6 7 8 9	0 1 2 3 4 5 6 7 8 9	0 1

LS age	0 0 1	9
Link State ID		
Advertising Router		
LS sequence number		
LS checksum		length
# prefixes		Referenced LS type
Referenced Link State ID		
Referenced Advertising Router		
PrefixLength	Prefix Options	Metric
Address Prefix		
.....		
PrefixLength	Prefix Options	Metric
Address Prefix		
.....		

Abb. 4.57 Intra-Area-Prefix-LSA

 # prefixes
Legt die Anzahl der in der LSA enthaltenen IPv6-Adresspräfixe fest.

Router
Legt den referenzierten LS-Typ und die Link-State-ID fest.

Advertising
Dient der Identifikation der Router-LSA oder der Network-LSA für jeden IPv6-Adresspräfix.

Metric
Beschreibt die Kosten des jeweiligen Präfixes.

4.9 Border Gateway Protocol (BGP)

Beim Border Gateway Protocol (BGP) handelt es sich um ein Inter-Domain-Routingprotokoll zur Verbindung von Autonomen Systemen. Die zwischen BGP-Routern ausgetauschten Routinginformationen enthalten alle Daten (Metriken) über den Pfad zwischen den Autonomen Systemen, der von einem Paket durchquert werden muss, um das Zielnetz zu erreichen. Die BGP-Metriken benutzen nur solche Informationen, die der Netzadministrator dem Router bei der Konfiguration zuweist. Das BGP-Protokoll bietet gegenüber anderen Protokollen zahlreiche zusätzliche Möglichkeiten, da sich die Wichtigkeit der einzelnen Wege anhand der physikalischen Gegebenheiten (zum Beispiel Anzahl der zu durchquerenden Autonomen Systeme, Leitungsgeschwindigkeit und Zuverlässigkeit der Verbindung) festlegen lässt. Auch trägt das BGP der lokalen Routingpolitik Rechnung, denn der Netzadministrator kann bestimmte Routen zwischen Autonomen Systemen als unzulässig erklären. Anhand dieser Informationen kann das BGP-Protokoll definierte Graphen erstellen. Diese stellen die Beziehungen der Autonomen Systeme zueinander dar und verhindern Routingschleifen. Ein BGP-Router propagiert seinen Kommunikationsnachbarn nur solche Routen, die von dem Gerät benutzt werden. Zur Übermittlung der Routing-Updates wird zwischen zwei BGP-Routern das Transmission Control Protocol (TCP) verwendet. Dadurch wird sichergestellt, dass ein zuverlässiger und sicherer Übermittlungsvorgang stattfindet. Auch wurde in das BGP-Protokoll ein Mechanismus zur Authentifizierung der Pakete mittels digitaler Unterschriften implementiert. Die Spezifikationen des BGP-Protokolls sind im RFC 1771 veröffentlicht. Der RFC 2554 passt das Protokoll an die Anforderungen des IPv6-Protokolls an.

4.9.1 BGP im Betrieb

Zum Austausch von Routing-Informationen muss ein Router eine TCP-Verbindung zu einem BGP-Nachbarn aufbauen. Die beiden BGP-Systeme einigen sich über die jeweiligen Verbindungsparameter und tauschen anschließend die vollständigen Routing-Tabellen aus. Alle Änderungen in den Routing-Tabellen werden während des Router-Betriebs über inkrementelle Updates propagiert, sodass nicht bei jeder Änderung die gesamte Routing-Tabelle neu übertragen werden muss. Periodisch senden die Router »Keepalive«-Pakete zu ihren Nachbarn und testen damit, ob die Verbindung zum Kommunikationspartner noch besteht. Im Fehlerfall oder bei besonderen Ereignissen werden spezielle Benachrichtigungen übermittelt. Bei der Feststellung eines Fehlers wird sofort nach dem Absenden der Fehlerbenachrichtigung die Verbindung unterbrochen.

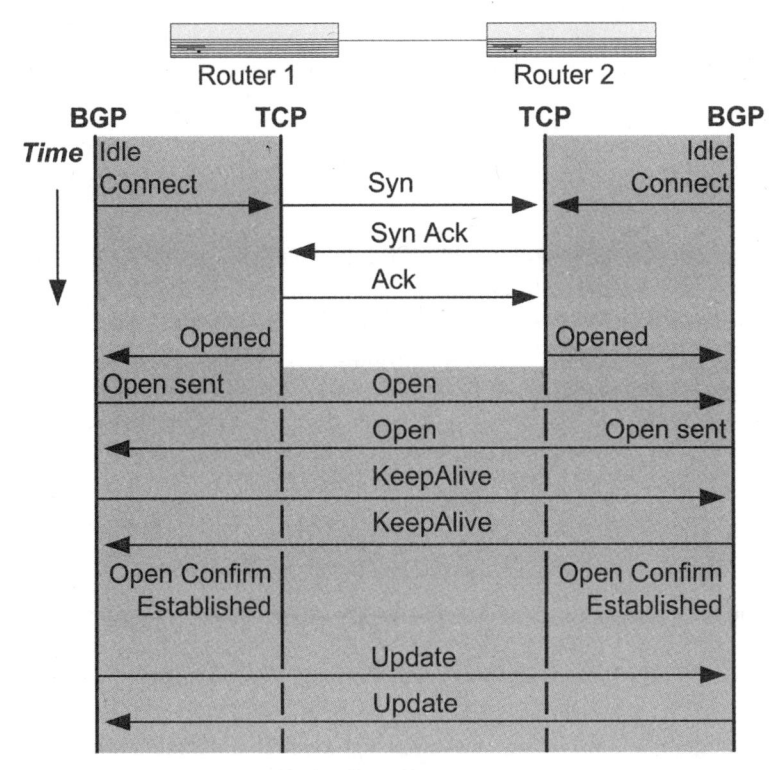

Abb. 4.58   Aufbau einer BGP-Verbindung

Verfügt ein Autonomes System über mehrere BGP-Systeme, die BGP-Informationen propagieren und gleichzeitig einen Transitdienst für andere Autonome Systeme leisten, müssen besondere Vorkehrungen zur Sicherstellung einer konsistenten Routing-Information innerhalb des betreffenden Autonomen Systems getroffen werden. Für die Konsistenz der Routing-Informationen innerhalb des Autonomen Systems sind die Interior-Routing-Protokolle zuständig. Die Beständigkeit sämtlicher externen Routen wird innerhalb eines Autonomen Systems dadurch erreicht, dass alle BGP-Router eine direkte Verbindung zueinander aufrechterhalten. Anhand der vom Netzadministrator festgelegten Parameter kann auch in einem verteilten BGP-Netz zwischen den BGP-Routern Einigkeit darüber erzielt werden, welcher Border-Router als Zugangs- beziehungsweise Ausgangspunkt für das betreffende Netz außerhalb des lokalen Autonomen Systems agiert.

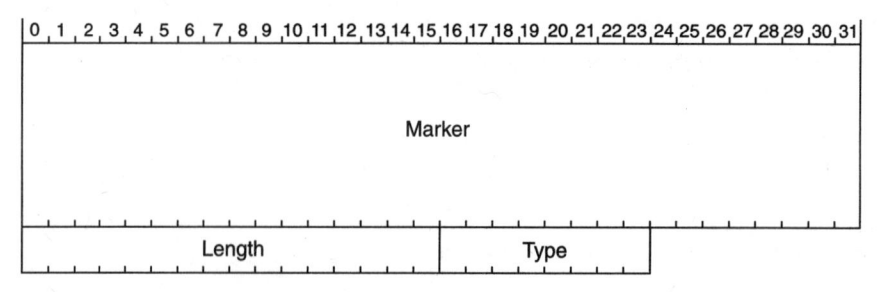

```
0 1 2 3 4 5 6 7 8 9 10 11 12 13 14 15 16 17 18 19 20 21 22 23 24 25 26 27 28 29 30 31
```

```
                        Marker


         Length                              Type
```

Abb. 4.59   BGP-Message

Marker
Anhand des 16 Oktett langen Marker-Felds errechnet der Empfänger die Gültigkeit der Meldung.

Length
Beschreibt die Länge der BGP-Meldung in Oktetts. Die minimale Länge beträgt 19 Oktetts; die maximale Länge beträgt 4096 Oktetts.

Type
Beschreibt den Message-Typ. Folgende Typcodes wurden bisher definiert:

- 1: OPEN
- 2: UPDATE
- 3: NOTIFICATION
- 4: KEEPALIVE

Open-Message
Nachdem eine vollständige Transportverbindung zwischen zwei BGP-Routern aufgebaut wurde, wird als erste Meldung eine Open-Message übertragen. Wurde die Open-Message vom Kommunikationspartner akzeptiert, wird ihr Empfang mit einer Keepalive-Meldung bestätigt, und es können im Betrieb untereinander die Update-, Keepalive- und Notification-Meldungen übermittelt werden.

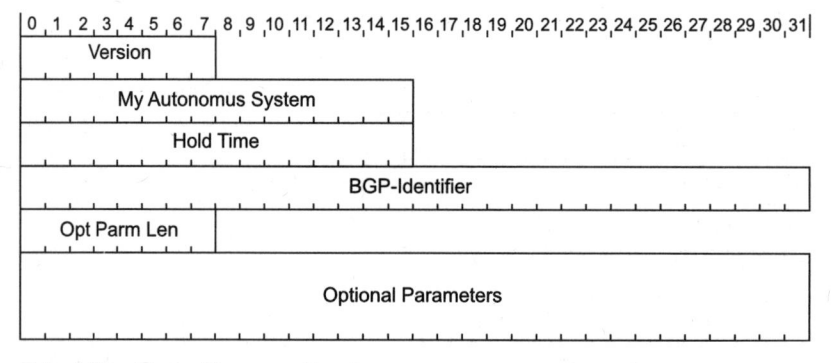

```
0 1 2 3 4 5 6 7 8 9 10 11 12 13 14 15 16 17 18 19 20 21 22 23 24 25 26 27 28 29 30 31
  Version
       My Autonomus System
             Hold Time
                     BGP-Identifier
  Opt Parm Len
              Optional Parameters
```

Abb. 4.60   Open-Message-Header

Version
Definiert die verwendete Version des Protokolls. Momentan wird beim BGP-Protokoll die Version 4 eingesetzt.

My Autonomous System
Enthält die 2 Oktett lange Autonomous-Systemnummer des Senders.

Hold Time
Beschreibt den Wert des Hold Timers in Sekunden.

BGP Identifier
Legt den BGP-Identifikator des Senders fest.

Opt Parm Len
Legt die Länge des im Paket integrierten Parameterliste fest.

Optional Parameters
Jeder optinale Parameter besteht aus einem Typ, einer Länge und dem Wert. Die benachbarten Router müssen die optionalen Parameter beim Verbindungsaufbau aushandeln. Folgende optionalen Parameter werden momentan unterstützt:

- **Typ 1 – Authentication:** Der Parameter besteht aus einem Authentication-Code und den Authentication-Daten. Der 1 Oktett lange Authentication-Code beschreibt den verwendeten Athentication-Mechanismus. Die Authentication-Daten werden durch den Authentication-Code vorgegeben.

- **Typ 2 – BGP Capability:** Beschreibt die im RFC 2842 festgelegten zusätzlichen Funktionen.

4.9.2 Update-Meldungen

Update-Meldungen werden zum Informationsaustausch zwischen zwei BGP-Routern eingesetzt. Anhand dieser Daten werden vom Empfänger Graphen konstruiert, die Routen zu unterschiedlichen Autonomen Systemen beschreiben. In einer Update-Meldung wird immer nur eine Route zu einem BGP-Partner definiert. Jedoch können mit einer Update-Meldung mehrere derzeit nicht mehr verfügbare Routen bekannt gegeben werden. Eine Update-Meldung besteht immer aus dem festen BGP-Message-Header und kann zusätzlich noch folgende Felder enthalten:

Unfeasible Routes Length (2 octets)
Withdrawn Routes (variable)
Total Path Attribute Length (2 octets)
Path Attributes (variable)
Network Layer Reachability Information (variable)

Abb. 4.61 Update-Message

Unfeasible Routes Length
Definiert die Länge des gelöschten Routing-Felds in Oktett. Der Wert 0 legt fest, dass keine Routen gelöscht wurden und das Withdrawn-Routes-Feld in dieser Update-Meldung nicht enthalten ist.

Withdrawn Routes
Dieses IPv4 spezifische Feld wird beim IPv6 nicht benutzt.

Total Path Attribute Length
Definiert die Länge des Path-Attribute-Felds in Oktett. Der Wert 0 legt fest, dass keine Network-Layer-Reachability-Informationen in dieser Update-Meldung enthalten sind.

Path Attributes
Definiert in den Update-Meldungen die Attribute jedes Pfades und hat folgendes Format:

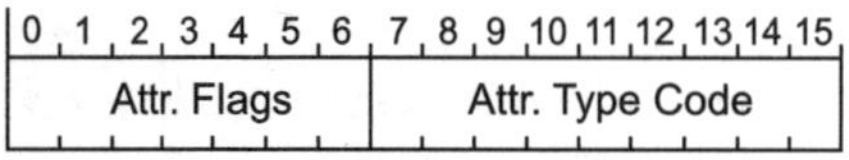

```
0 1 2 3 4 5 6 7 8 9 10 11 12 13 14 15
|   Attr. Flags    |   Attr. Type Code   |
```

Abb. 4.62   Path-Attribute-Feld

Bit 0 = O-Bit (Optionales Bit)
Der Wert = 1 definiert, dass es sich bei dem eingefügten Attribut um einen optionalen Wert handelt. Der Wert = 0 signalisiert allgemein gültige Attribute.

Bit 1 = T Bit (Transitive Bit)
Das Transitive-Bit (transitive oder non-transitive) definiert den Zustand des optionalen Attributs.

Bit 2 = P Bit (Partial Bit)
Das Partial-Bit (partial oder complete) legt fest, ob es sich um Teile oder die kompletten Informationen handelt.

Bit 3 = E Bit (Extended Length Bit)
Das Extended-Length-Bit beschreibt die Länge des Attributs (0 = Attribut ist 1 Byte lang; 1 = Attribut ist 2 Byte lang).

Bits 4 bis 4
Werden immer auf den Wert = 0 gesetzt und sind für zukünftige Erweiterungen reserviert.

Attribute Type Codes

Die folgenden Attribute-Type-Codes wurden festgelegt:

Type	Bezeichnung	Beschreibung
1	ORIGIN	Beschreibt den ursprünglichen Absender der Route:

0 = IGP

Type	Bezeichnung	Beschreibung
1= EGP		
2 = nicht vollständig		
2	AS_PATH	Beschreibt die AS-Nummern aller Autonomous Systeme, die diese Route durchläuft
3	NEXT_HOP	Definiert die Next-Hop-Adresse für das IPv4-Protokoll. Dieser Code wird vom IPv6 nicht genutzt.
4	MULTI_EXIT_DISC	Definiert die Priorität der AS-Routen bei der Verwendung paralleler Verbindungen.
5	LOCAL_PREF	Definiert die lokalen Präferenzen der jeweiligen Route.
6	ATOMIC_AGGREGATE	Router hat eine weniger spezifische Route gewählt
7	AGGREGATOR	Enthält den Identifikator eines Routers, der in dieser Route mehrere Routen zusammengefasst hat.
8	COMMUNITY	Enthält einen 4 Byte langen Tag (gemäß RFC 1997)
14	MP_REACH_NLRI	Propagiert einen Multiprotokoll-NLRI und die entsprechenden IPv6-Präfixe
15	MP_UNREACH_NLRI	Löscht einen Multiprotokoll-NLRI und die entsprechenden IPv6-Präfixe

Network-Layer-Reachability-Information
Dieses IPv4-spezifische Feld wird beim IPv6 nicht benutzt.

4.9.3 Notification-Meldung

Eine Notification-Meldung wird von einem BGP-Router immer nur dann gesendet, wenn ein Fehler registriert wurde. Nach dem Aussenden der Notification-Meldung wird die BGP-Verbindung automatisch unterbrochen. Eine Notification-Meldung besteht immer aus dem festen BGP-Message-Header, an den folgende Felder angehängt werden:

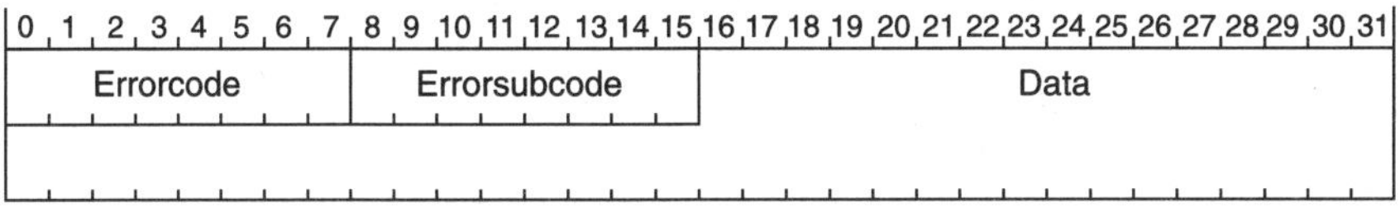

0 1 2 3 4 5 6 7	8 9 10 11 12 13 14 15	16 17 18 19 20 21 22 23 24 25 26 27 28 29 30 31
Errorcode	Errorsubcode	Data

Abb. 4.63 Notification-Meldung

Error Code
Definiert den Typ der Fehlermeldung. Folgende Fehlercodes wurden festgelegt:

- 1: Message Header Error
- 2: OPEN Message Error
- 3: UPDATE Message Error
- 4: Hold Timer Expired
- 5: Finite State Machine Error
- 6: Cease
- 14: Multiprotocol Reachable NLRI – MP_REACH_NLRI
- 15: Multiprotocol Unreachable NLRI – MP_UNREACH_NLRI

Error Subcode
Der 1 Byte lange Fehler-Subcode gibt genauere Auskunft über die Ursache des Fehlers.

Message Header Error Subcodes:

- 1: Connection Not Synchronized
- 2: Bad Message Length
- 3: Bad Message Type

OPEN Message Error Subcodes:

- 1: Unsupported Version Number
- 2: Bad Peer AS
- 3: Bad BGP Identifier
- 4: Unsupported Authentication Code
- 5: Authentication Failure
- 6: Unacceptable Hold Time

UPDATE Message Error Subcodes:

- 1: Malformed Attribute List
- 2: Unrecognized Well-known Attribute
- 3: Missing Well-known Attribute
- 4: Attribute Flags Error
- 5: Attribute Length Error
- 6: Invalid ORIGIN Attribute
- 7: AS Routing Loop

- 8: Invalid NEXT_HOP Attribute
- 9: Optional Attribute Error
- 10: Invalid Network Field
- 11: Malformed AS_PATH

Data
Enthält spezifische Informationen über die Ursache der Fehlermeldung.

Keep-Alive-Meldungen
Keep-Alive-Meldungen werden zur Aufrechterhaltung der BGP-Verbindungen genutzt und enthalten keine zusätzlichen Daten. Sie werden immer mit einem BGP-Message-Hader und einem BGP-Typ = 4 übermittelt. Die maximale Frequenz der Keep-Alive-Messages beträgt ein Drittel des Hold-Time-Intervalls.

4.9.4 BGP-Erweiterungen für IPv6

Im BGP-4-Protokoll sind drei Informationselemente enthalten, die sich ausschließlich auf das IPv4-Protokoll beziehen:

- Der NLRI in einer UPDATE-Message enthält einen IPv4-Präfix.
- Das NEXT-HOP-Pfadattribut in einer UPDATE-Message enthält eine IPv4-Adresse.
- Der BGP-Identifier in einer OPEN-Message und im AGGREGATOR-Attribut enthält IPv4-spezifische Informationen.

Zur Anpassung an andere (nicht IPv4-) Protokolle wurden im RFC 2858 die Multiprotok-ll NLRIs und die entsprechenden Next-Hop-Informationen eingeführt. Die für die Unterstützung von IPv6 notwendigen Attribute sind:

- Multiprotocol Reachable NLRI – MP_REACH_NLRI
- Multiprotocol Unreachable NLRI – MP_UNREACH_NLRI

4.9.5 Router-Renumbering

Mithilfe der IPv6-Neighbor-Discovery- und Address-Autoconfiguration-Funktionen lassen sich die Endsysteme (Rechner) in einem IPv6-Netz schnell und einfach konfigurieren bzw. auf neue Adresspräfixe umstellen. Der RFC 2894 ergänzt diese Adressmanagementmechanismen mit den Router-Renumbering-Funktionen RR zur automatischen Konfiguration von Adresspräfixen auf Routern.

Router-Renumbering-Kommandos bestehen aus einer Sequenz von Präfix-Kontrolloperationen (PCOs). Jede PCO definiert eine Operation, einen Vergleichs-Präfix (Match-Prefix) und mehrere Nutz-Präfixe (Use-Prefixes). Ein Router arbeitet jede PCO sequenziell ab. Dabei vergleicht er auf jedem seiner Interfaces die entsprechende Adresse oder den Präfix mit dem

Vergleichs-Präfix. Auf allen Interfaces, die bei dem Vergleich ein positives Ergebnis liefern, wird anschließend die entsprechende Operation ausgeführt.

Eine Operation kann aus einer ADD-, CHANGE- oder SET-GLOBAL-Funktion bestehen und weist den Router an,

- die Nutz-Präfixe zu einem vorhandenen Satz von Präfixen hinzuzufügen,
- nach einem Abgleich mit einem Vergleichs-Präfix den entsprechenden Präfix zu löschen und diesen durch die Use-Präfixe zu ersetzen,
- die globalen Präfixe durch die Use-Präfixe zu ersetzen.

Zusätzlich lassen sich für jeden Use-Präfix weitere Information in den Präfix-Kontrolloperation hinzufügen. Hierzu gehören beispielsweise die aktuelle und die gewünschte Lebenszeit und bestimmte Signalisierungsinformationen

Router-Renumbering-Message-Format

Für die Router-Renumbering-Funktionen werden zwei Arten von Messages übermittelt:

- Kommandos (zum Router übermittelt) und
- Resultate (vom Router verschickt).

Darüber hinaus wird mit einem weiteren Message-Typ die Synchronisation eines Resets der Sequenznummer und daraus folgend der Sicherheitsschlüssel eingeleitet.

IPv6 Header, extension Headers
ICMPv6 & RR Header (16 Oktetts)
RR Message Body

Abb. 4.64 Router-Renumbering-Message-Format

Router Renumbering Messages werden als ICMPv6-Pakete (Typ = 138) übertragen. Eine RR-Message besteht immer aus einem RR-Header, den Sequenz- und Segmentnummern und einem variabel langen RR-Message-Body.

Router Renumbering Header

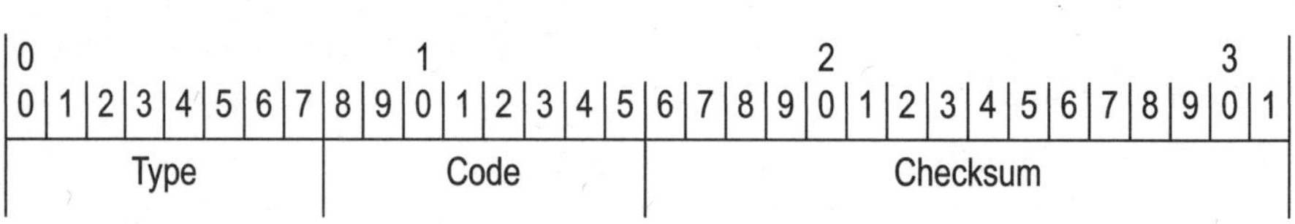

```
 0                   1                   2                   3
 0 1 2 3 4 5 6 7 8 9 0 1 2 3 4 5 6 7 8 9 0 1 2 3 4 5 6 7 8 9 0 1
|     Type      |     Code      |          Checksum             |
```

Sequence Number		
Segment Number	Flags	Max Delay
reserved		

Abb. 4.65   Router-Renumbering-Header

Die ICMP-Typnummer dient zur Unterscheidung der einzelnen ICMP-Meldungen. Für die Router-Renumbering ist der Typ = 138 festgelegt.

Code
Durch den ICMP-Code werden die einzelnen ICMPv6-Meldungen detaillierter beschrieben. Folgende Router-Renumbering-Codes wurden bisher festgelegt:

- 0: für ein Router-Renumbering-Kommando
- 1: für Router-Renumbering-Resultate
- 255: für Sequenznummer-Reset.

Checksum
Berechnet die Prüfsumme für die gesamte RR-Message.

SequenceNumber
Enthält die 32 Bit lange Sequenznummer.

SegmentNumber
Dient zur Unterscheidung der einzelnen RR-Messages.

Flags
Mit dem Flag-Feld werden die verschiedenen Funktionen der RR Messages signalisiert.

T	R	A	S	P	RES

Abb. 4.66   Flag-Feld

T-Bit (Test-Kommand0)
T = 0 signalisiert, dass die Router-Konfiguration geändert werden muss. T = 1 kennzeichnet eine Test-Message. Beim Empfang einer Test-Message wird der Prozess nur simuliert und die eigentliche Umkonfiguration nicht vollzogen.

R-Bit (Result Request)
R = 0 entsprechende Result-Meldungen müssen nicht übermittelt werden. Der Router muss bei einem Wert R = 1 nach Abschluss des Prozesses eine Result-Meldung schicken.

A-Bit (All Interfaces)
Bei einem A-Bit = 0 wird das Kommando nicht an abgeschaltete Interfaces weitergereicht. Bei einem Wert A = 1 muss das Kommando an alle Interfaces weitergereicht werden.

S-Bit (Site-specific)
Dieses Flag wird von allen Routern ignoriert, wenn deren Interfaces zu anderen Sites gehören. Der Wert S = 0 signalisiert, dass das Kommando auf allen Interfaces, unabhängig von deren Site-Zugehörigkeit, angewendet werden muss. S = 1 signalisiert, dass das Kommando nur auf Interfaces angewendet wird, die zur gleichen Site wie das Empfangs-Interface gehören.

P-Bit (Processed previously)
Mit dem Bit P = 0 wird mitgeteilt, dass in den Results-Meldung ein kompletter Report aller abgearbeiteter Kommandos enthalten ist. P = 1 signalisiert, dass die Kommando-Message bereits abgearbeitet wurde und der betreffende Router diese Liste nicht noch einmal generiert.

MaxDelay
Definiert die maximale Verzögerungszeit (in Millisekunden) für die Bestätigung eines Kommandos durch den Router.

Kommando Message
Die RR-Kommando-Message enthält im anschließenden Datenteil eine oder mehrere Präfix Kontrolloperationen.

Präfix Control Operation
Eine Präfix-Kontrolloperation verfügt über einen 24 Oktett langen Vergleichs-Präfix-Teil, welchem mehrere Use-Präfix-Teilen gefolgt werden kann.

Match-Präfix

<table>
<tr><td colspan="10">0</td><td colspan="10">1</td><td colspan="10">2</td><td colspan="2">3</td></tr>
<tr><td>0</td><td>1</td><td>2</td><td>3</td><td>4</td><td>5</td><td>6</td><td>7</td><td>8</td><td>9</td><td>0</td><td>1</td><td>2</td><td>3</td><td>4</td><td>5</td><td>6</td><td>7</td><td>8</td><td>9</td><td>0</td><td>1</td><td>2</td><td>3</td><td>4</td><td>5</td><td>6</td><td>7</td><td>8</td><td>9</td><td>0</td><td>1</td></tr>
<tr><td colspan="8">OpCode</td><td colspan="8">OpLength</td><td colspan="8">Ordinal</td><td colspan="8">MatchLen</td></tr>
<tr><td colspan="8">MinLen</td><td colspan="8">MaxLen</td><td colspan="16">reserved</td></tr>
<tr><td colspan="32">MatchPrefix</td></tr>
</table>

Abb. 4.67 Match-Präfix-Part

OpCode
Der Operationscode legt die jeweilige auszuführende Funktion beim Vergleich der Werte des Vergleichs-Päfixes und der Interface-Präfixe bzw. Adressen fest. Folgende Werte sind definiert:

- 1: ADD Operation
- 2: CHANGE Operation
- 3: SET-GLOBAL Operation

OpLength
Definiert die Gesamtlänge einer Präfix-Kontrolloperation in 8 Oktett-Einheiten.

Ordina
Dient der eindeutigen Identifizierung der Präfix-Kontrolloperationen in einer RR-Kommando-Message.

MatchLen
Definiert die Anzahl der Bits, die in der Vergleichs-Päfix-Funktion zum Vergleich herangezogen werden.

MinLen
Definiert die minimale Länge eines Präfixes, der für einen Vergleich mit der MatchPräfix-Funktion genutzt wird.

MaxLen
Definiert die maximale Länge eines Präfixes, der für einen Vergleich mit der Vergleichs-Präfix-Funktion genutzt wird.

MatchPräfix
Der 128 Bit lange Vergleichs-Präfix wird mit jedem Präfix oder der Adresse jedes Interfaces verglichen.

Use-Präfix

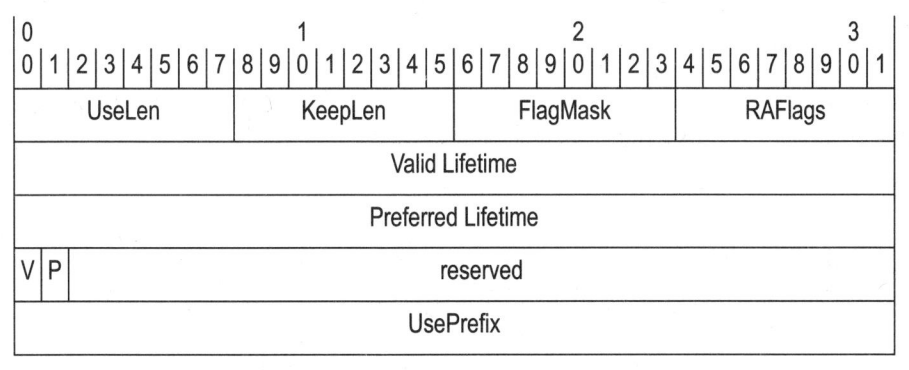

```
 0                   1                   2                   3
 0 1 2 3 4 5 6 7 8 9 0 1 2 3 4 5 6 7 8 9 0 1 2 3 4 5 6 7 8 9 0 1
+-+-+-+-+-+-+-+-+-+-+-+-+-+-+-+-+-+-+-+-+-+-+-+-+-+-+-+-+-+-+-+-+
|     UseLen    |    KeepLen    |    FlagMask   |    RAFlags    |
+-+-+-+-+-+-+-+-+-+-+-+-+-+-+-+-+-+-+-+-+-+-+-+-+-+-+-+-+-+-+-+-+
|                        Valid Lifetime                         |
+-+-+-+-+-+-+-+-+-+-+-+-+-+-+-+-+-+-+-+-+-+-+-+-+-+-+-+-+-+-+-+-+
|                      Preferred Lifetime                       |
+-+-+-+-+-+-+-+-+-+-+-+-+-+-+-+-+-+-+-+-+-+-+-+-+-+-+-+-+-+-+-+-+
|V|P|                        reserved                           |
+-+-+-+-+-+-+-+-+-+-+-+-+-+-+-+-+-+-+-+-+-+-+-+-+-+-+-+-+-+-+-+-+
|                           UsePrefix                           |
+-+-+-+-+-+-+-+-+-+-+-+-+-+-+-+-+-+-+-+-+-+-+-+-+-+-+-+-+-+-+-+-+
```

Abb. 4.68   Use-Präfix-Part

UseLen
Definiert die Anzahl an Bits einer Use-Präfix-Funktion, die für eine Festlegung eines neuen Interface-Präfixes verantwortlich sind.

KeepLen
Dieser Zähler beschreibt die Anzahl der Bits im Präfix oder der Adresse, die entsprechend der Vergleichs-Präfix-Funktion als Bestandteil des neuen Präfixes erhalten bleiben.

FlagMask
Wird eine der 8-Bit-Stellen dieser Maske auf den Wert = 1 gesetzt, übernimmt das korrespondierende Flag in einer Router-Advertisement-Präfix-Information-Option (RA) für einen neuen Präfix die entsprechende Position. Jeder 0-Wert in der Flag-Maske bedeutet, dass die RA-Flags für den neuen Präfix entsprechend der korrespondierenden RA-Flags im verglichenen Präfix gesetzt werden.

RAFlags
Die RA-Flags werden zum Setzen der entsprechenden Flags in Router-Advertisement-Präfix-Informationsoptionen bei der Propagierung eines neuen Präfixes genutzt.

Valid Lifetime
Definiert die reale Gültigkeitsdauer (in Sekunden) des neuen Präfixes.

Preferred Lifetime
Definiert die gewünschte Gültigkeitsdauer (in Sekunden) des neuen Präfixes.

V-Bit
Signalisiert das Dekrementieren der realen Lebenszeit eines neuen Präfixes in Echtzeit.

P-Bit
Signalisiert das Dekrementieren der gewünschten Lebenszeit eines neuen Präfixes in Echtzeit.

UsePräfix
Enthält die Use-Präfix-Funktion zur Definition des neuen Präfixes.

4.9.6 Result Message

Der Datenteil einer RR-Result-Message enthält eine Reihe so genannter Match-Reports (jeweils 24 Oktett lang). Eine RR-Kommando-Message mit gesetztem R-Flag erzeugt eine RR-Result-Message mit dem entsprechenden Match-Report für jede Präfix-Kontrolloperation, die den jeweiligen Präfixen auf den jeweiligen Interface entspricht.

0	1	2	3
0 1 2 3 4 5 6 7 8 9 0	1 2 3 4 5	6 7 8 9 0 1 2 3 4 5	6 7 8 9 0 1
reserved	B F	Ordinal	MatchLen
InterfaceIndex			
MatchPrefix			

Abb. 4.69   Match-Report

B-Bit
Ein B-Bit mit dem Wert = 1 signalisiert, dass eine oder mehrere Felder der zugehörigen PCO außerhalb der Grenzen liegen.

F-Bit
Ein F-Bit mit dem Wert = 1 signalisiert, dass eine oder mehrere Use-Präfix-Felder der zugehörigen PCO vom Router nicht bestätigt wurden, da diese auf ungültige Präfix-Formate (z.B. Multicasts oder Loopback-Adressen) verweisen.

Ordinal
Enthält eine Kopie der Präfix-Kontrolloperationen, deren Vergleichs-Präfix dem entsprechenden Wert des Interfaces (dargestellt durch den Interface-Index) entspricht.

MatchLen
Legt die Länge des Vergleichs-Präfixes fest.

InterfaceIndex
Enthält den eindeutigen Bezeichner eines Interfaces eines Routers, auf dem der Vergleichs-Präfix konfiguriert wurde.

4.10 RADIUS für IPv6

RADIUS ist ein Client/Server-basierendes Security-Protokoll, das auf dem von der »Network Access Server Working Group« (IETF) empfohlenen Modell für verteilte Sicherheitssysteme basiert. RADIUS gewährleistet bei Zugriffen von Remote-Systemen die Sicherheit im Netz. Dabei werden auf Basis einer zentralen Datenbank die Authentifikation, die Benutzerberechtigung und die Konfigurationsparameter der sich einwählenden Komponenten überprüft. Zu den wichtigsten Funktionen, die RADIUS bietet, zählen unter anderem:

- Authentication – die Möglichkeit des Benutzers, sich selbst durch Loginname und Passwortüberprüfung zu identifizieren,
- Authorization – die Zuweisung von Zugriffsrechten anhand vordefinierter Benutzerprofile und Sicherheitsregeln,
- Accounting – Generierung eines fortlaufenden Benutzungsprotokolls, Erfassung jeder RADIUS-basierten Transaktion für eine exakte Verrechnung der Leistungen durch den Serviceanbieter.

Der RADIUS-Standard ermöglicht eine erste Stufe eines User-Authentication/Authorization/Accounting (AAA) beim Einwahlknoten. Dieser Proxy-RADIUS-Server leitet die Anfragen an einen zentralen RADIUS-Server weiter, an dem das Benutzungsprotokoll (Audit Trail) und die Accountingdaten oder auch weitere Sicherheitsüberprüfungen erfolgen können. Mit dieser Topologie können ISPs als vorgelagerte Schutzeinrichtungen für den Zugriff auf Unternehmensnetze dienen. Unabhängig davon erhalten sich die Unternehmen ihre eigenen Sicherheitsprofile und verwenden diese, um den Zugriff auf Unternehmensnetzressourcen zu schützen. Da der ISP und das Unternehmen zusammenwirkende RADIUS-Server einrichtet, ist dieses VPN bezüglich AAA-Transaktionen geschützt.

4.10.1 Remote Access mit RADIUS

Die Remote-Access-Umgebung beim Internet-Service-Provider (ISP) umfasst vier Hauptkomponenten:

- Remote User,
- Remote-Access-Server (RAS),
- Proxy-RADIUS-Server und
- zentralen RADIUS-Server.

Jeder Remote-User arbeitet als Client des Remote-Access-Servers (RAS); jeder RAS agiert als Server für den User und gleichzeitig als Client der RADIUS-Server im Netz. Alle vier Komponenten nehmen am AAA-Prozess teil. Der typische Remote-User hat das Point-to-Point-Protocol (PPP) in seinem Einwahlprogramm installiert. Dieses Programm erlaubt die Einwahl auf einen Remote-Acces-Server. Der Remote-Access-Server beim Internet-Service-Provider nimmt die SLIP- oder PPP-Anrufe entgegen, authentisiert die User durch den RADIUS- oder Proxy-RDIUS-Server und routet die User in das Internet oder das Unternehmensnetz. Mit einem Proxy-RAIUS-Server beim ISP können Anfragen eines RAS nach dem Auswerten des Benutzernamens über die Domain (z.B. name@company.com) an den jeweiligen Unternehmens-RADIUS-Server weitergereicht werden. Dieser RADIUS-Server akzeptiert die Anfragen des Proxy-RADIUS-Servers beim ISP, führt die Authentisierung durch und antwortet mit einer Accept- oder Reject-Meldung.

In einer typischen Unternehmensinstallation verwaltet ein RADIUS-Server alle Anfragen. Dazu müssen die Remote-Access-Server an abgesetzten Standorten jedoch über schnelle WAN-Verbindungen verfügen. Nur so können Verzögerungen bei der Authentisierung der Remote-User gering gehalten werden.

4.10.2 RADIUS-Authentication

Die primäre Funktion eines RADIUS-Servers ist die Authentisierung. Dieser mehrstufige Einahlprozess läuft wie folgt ab:

- Der Remote User wählt sich in einen Remote-Access-Server des ISPs ein.

- Nach der Rufannahme durch den RAS werden die PPP-Optionen vereinbart und Username/Passwort übermittelt. Während dieser Phase leitet der RAS den Usernamen und das Passwort zum Proxy-RADIUS-Server des ISP weiter.

- Der Proxy-RADIUS-Server wertet den Usernamen aus, sucht anhand dieser Information den zugehörigen Unternehmens-RADIUS-Server. Zu diesem wird eine Verbindung aufgebaut und Username sowie Passwort übermittelt, um eine weitere Authentisierung vorzunehmen.

- Bei erfolgreicher Authentisierung durch den Unternehmens-RADIUS-Server wird eine Accept-Nachricht an den Proxy-RADIUS-Server des ISP zurückgeschickt. Dieser wiederum sendet an den RAS eine Accept-Nachricht mit den Benutzerprofil-Informationen des Unternehmens-RADIUS-Servers.

- Der RAS benötigt diese Information, um diese Verbindung aufzubauen. Ist eine Authentisierung des Benutzers nicht möglich, so wird an den RAS eine Reject-Nachricht mit Angabe des Grundes geschickt und die Verbindung abgebaut.

- Mit dem Benutzerinformationen vollendet der RAS die PPP-Parameteraushandlung mit dem Remote-Client und ermöglicht den Zugang zum Unternehmensnetz.

Auf die Authentisierung folgt bei einer AAA-Transaktion die Authorisierung. Zusammen mit den Authentisierungsinformationen, die der Remote-User als Teil seines Requests überträgt, übergibt der RAS auch Informationen über die Art der Verbindung, die der User aufbauen möchte. Der RADIUS-Server benutzt diese Informationen, um entweder weitergehende Rechte zu erteilen oder den Zugriff anhand festgelegter Regeln einzuschränken. Die Authorisierung wird durch das Benutzerprofil in der Datenbasis des RADIUS-Servers kontrolliert. Jedes Profil enthält zwei Arten von RADIUS-Standard-Attributen: Check-List-Attribute und Return-List-Attribute. Herstellerspezifische Attribute sind gewöhnlich Varianten der RADIUS-Standardlisten und sind proprietäre Erweiterungen des RADIUS-Protokolls.

4.10.3 RADIUS-Header

Der Remote-Authentication-Dial-In-User-Service (RADIUS) gewährleistet bei Zugriffen von Remote-Systemen die Sicherheit im Netz. Dabei werden auf Basis einer zentralen Datenbank die Authentifikation, die Benutzerberechtigung und die Konfigurationsparameter der sich einwählenden Komponenten überprüft. Diese Überprüfung erfolgt durch die Kommunikation zwischen dem Network-Access-Server (NAS) und der Remote-Access-Komponente. Nach der Authentifizierung kann der Anwender nur auf Netzwerk-Applikationen zugreifen, die für ihn freigegeben sind.

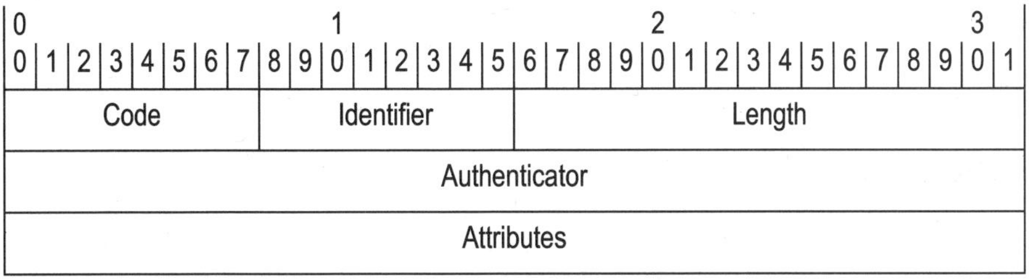

```
 0                   1                   2                   3
 0 1 2 3 4 5 6 7 8 9 0 1 2 3 4 5 6 7 8 9 0 1 2 3 4 5 6 7 8 9 0 1
+---------------+---------------+-------------------------------+
|     Code      |   Identifier  |            Length             |
+---------------+---------------+-------------------------------+
|                          Authenticator                        |
+---------------------------------------------------------------+
|                           Attributes                          |
+---------------------------------------------------------------+
```

Abb. 4.70   RADIUS-Message-Header

Code

Definiert den jeweiligen Message-Typ. Folgende RADIUS-Codes wurden bisher festgelegt:

Code / Funktion:

- 1: Access-Request
- 2: Access-Accept
- 3: Access-Reject
- 4: Accounting-Request
- 5: Accounting-Response
- 11: Access-Challenge
- 12: Status-Server (experimental)
- 13: Status-Client (experimental)
- 255: Reserviert

Identifier

Kennwert zur eindeutigen Zuordnung von Requests und Replies. Die Vergabe der Identifikationsnummer erfolgt im Normalfall durch eine höhere Schicht und wird als Parameter übergeben.

Length

Die Internet RADIUS Length steht für die gesamte Länge des Headers, ausgedrückt in 32-Bit-Einheiten.

Authenticator

Wird zur Authorisierung der vom Radius-Server übermittelten Antworten verwendet.

Attributes

Das Attributfeld beschreibt die für den jeweiligen Service notwendigen Variablen. Folgende Attribute wurden bisher festgelegt:

/:

Wert	Beschreibung
1	User-Name
2	User-Password
3	CHAP-Password
4	NAS-IP-Address
5	NAS-Port
6	Service-Type
7	Framed-Protocol
8	Framed-IP-Address
9	Framed-IP-Netmask
10	Framed-Routing
11	Filter-Id
12	Framed-MTU
13	Framed-Compression
14	Login-IP-Host
15	Login-Service
16	Login-TCP-Port

Tab. 4.3   Attributfeld

Wert	Beschreibung
17	(unassigned)
18	Reply-Message
19	Callback-Number
20	Callback-Id
21	(unassigned)
22	Framed-Route
23	Framed-IPX-Network
24	State
25	Class
26	Vendor-Specific
27	Session-Timeout
28	Idle-Timeout
29	Termination-Action
30	Called-Station-Id
31	Calling-Station-Id
32	NAS-Identifier
33	Proxy-State
34	Login-LAT-Service
35	Login-LAT-Node
36	Login-LAT-Group
37	Framed-AppleTalk-Link
38	Framed-AppleTalk-Network
39	Framed-AppleTalk-Zone
40	Acct-Status-Type
41	Acct-Delay-Time
42	Acct-Input-Octets
43	Acct-Output-Octets

Tab. 4.3 Attributfeld (Forts.)

Wert	Beschreibung
44	Acct-Session-Id
45	Acct-Authentic
46	Acct-Session-Time
47	Acct-Input-Packets
48	Acct-Output-Packets
49	Acct-Terminate-Cause
50	Acct-Multi-Session-Id
51	Acct-Link-Count
52	Acct-Input-Gigawords
53	Acct-Output-Gigawords
54	(unassigned)
55	Event-Timestamp
56-59	(unassigned)
60	CHAP-Challenge
61	NAS-Port-Type
62	Port-Limit
63	Login-LAT-Port
64	Tunnel-Type
65	Tunnel-Medium-Type
66	Tunnel-Client-Endpoint
67	Tunnel-Server-Endpoint
68	Acct-Tunnel-Connection
69	Tunnel-Password
70	ARAP-Password
71	ARAP-Features
72	ARAP-Zone-Access

Tab. 4.3　Attributfeld (Forts.)

Wert	Beschreibung
73	ARAP-Security
74	ARAP-Security-Data
75	Password-Retry
76	Prompt
77	Connect-Info
78	Configuration-Token
79	EAP-Message
80	Message-Authenticator
81	Tunnel-Private-Group-ID
82	Tunnel-Assignment-ID
83	Tunnel-Preference
84	ARAP-Challenge-Response
85	Acct-Interim-Interval
86	Acct-Tunnel-Packets-Lost
87	NAS-Port-Id
88	Framed-Pool
89	(unassigned)
90	Tunnel-Client-Auth-ID
91	Tunnel-Server-Auth-ID
92-93	(unassigned)
94	Originating-Line-Info
95	NAS-IPv6-Address
96	Framed-Interface-Id
97	Framed-IPv6-Prefix
98	Login-IPv6-Host
99	Framed-IPv6-Route

Tab. 4.3   Attributfeld (Forts.)

Wert	Beschreibung
100	Framed-IPv6-Pool
192-223	Experimental Use
224-240	Implementation Specific
241-255	Reserved

Tab. 4.3   Attributfeld (Forts.)

4.10.4 IPv6-spezifische RADIUS-Erweiterungen

Im RFC 3162 wurde das bisherige RADIUS-Protokoll auch für IPv6-Implementationen geöffnet. Hierfür wurden eine Reihe neuer RADIUS-Attribute festgelegt. Hierzu gehören folgende neuen Attribute:

- NAS IPv6 Address
- Framed Interface ID
- Framed IPv6 Prefix
- Logi Ipv6 Host
- Framed IPv6 Route
- Framed IPv6 Pool

NAS IPv6 Address

Das NAS-IPv6-Address-Attribut signalisiert, dass die IPv6-Adresse des NAS eine Benutzer-Authentifikation anfordert. Das NAS-IPv6-Address-Attribut wird nur in Access-Request-Paketen verwendet.

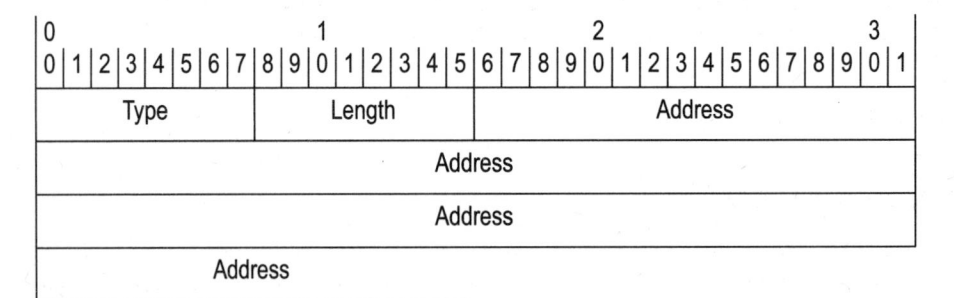

Type	Length	Address
	Address	
	Address	
Address		

Abb. 4.71   NAS-IPv6-Address-Format

Type
Definiert den jeweiligen Message-Typ. Für das NAS-IPv6-Address-Attribut wurde der Wert 95 festgelegt.

Length
Die Attribut-Length steht für die gesamte Länge des Headers, ausgedrückt in 32-Bit-Einheiten. Das NAS-IPv6-Address-Attribut verfügt über eine fixe Länge von 18.

Address
Enthält die 16 Oktett lange IPv6-Adresse.

Framed Interface ID

Mithilfe des Framed-Interface-ID-Attributs wird signalisiert, dass der IPv6-Interface-Identifikator für den betreffenden Benutzer konfiguriert werden muss. Dieses Attribut wird in Access-Accept-Paketen verwendet. Wurde die Interface-Identifier-IPv6CP-Option erfolgreich ausgehandelt, muss dieses Attribut in die Access-Request-Pakete eingefügt werden.

```
 0                   1                   2                   3
 0 1 2 3 4 5 6 7 8 9 0 1 2 3 4 5 6 7 8 9 0 1 2 3 4 5 6 7 8 9 0 1
+-+-+-+-+-+-+-+-+-+-+-+-+-+-+-+-+-+-+-+-+-+-+-+-+-+-+-+-+-+-+-+-+
|     Type      |    Length     |         Interface-ID          |
+-+-+-+-+-+-+-+-+-+-+-+-+-+-+-+-+-+-+-+-+-+-+-+-+-+-+-+-+-+-+-+-+
|                         Interface-ID                          |
+-+-+-+-+-+-+-+-+-+-+-+-+-+-+-+-+-+-+-+-+-+-+-+-+-+-+-+-+-+-+-+-+
|       Interface-ID            |
+-+-+-+-+-+-+-+-+-+-+-+-+-+-+-+-+
```

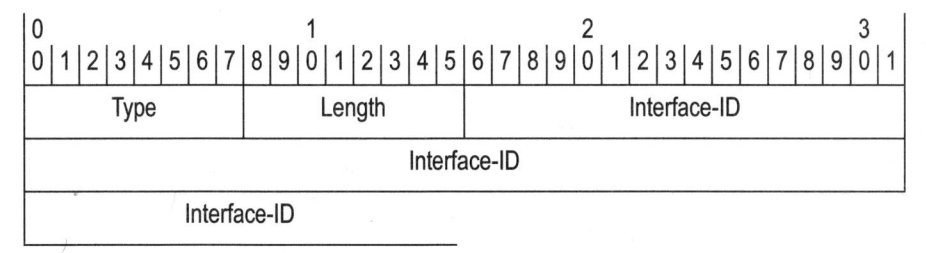

Abb. 4.72 Framed-Interface-ID-Format

Type
Definiert den jeweiligen Message-Typ. Für das Framed-Interface-ID-Attribut wurde der Wert 96 festgelegt.

Length
Die Attribut-Length steht für die gesamte Länge des Headers, ausgedrückt in 32-Bit-Einheiten. Das Framed-Interface-ID-Attribut verfügt über eine fixe Länge von 10.

Interface-ID
Enthält die 8 Oktett lange Interface-ID.

Framed-IPv6-Präfix

Das Framed-IPv6-Präfix-Attribut signalisiert den für den Nutzer zu konfigurierenden IPv6-Präfix (und die korrespondierende Route). Dieses Attribut wird in Access-Accept-Paketen verwendet. In Access-Request-Paketen gibt das NAS mithilfe des Framed-IPv6-Präfix-Attributs dem jeweiligen Server einen Hinweis auf den gewünschten Präfix. Der Server muss jedoch dieses Attribut bei der Konfiguration nicht berücksichtigen.

```
 0                   1                   2                   3
 0 1 2 3 4 5 6 7 8 9 0 1 2 3 4 5 6 7 8 9 0 1 2 3 4 5 6 7 8 9 0 1
```

Type	Length	Reserved	Prefix-Length
Prefix-Length			
Prefix-Length			
Prefix-Length			
Prefix-Length			

Abb. 4.73   Framed-IPv6-Präfix-Format

Type
Definiert den jeweiligen Message-Typ. Für das Framed-IPv6-Präfix-Attribut wurde der Wert 97 festgelegt.

Length
Die Attribut-Length steht für die gesamte Länge des Headers, ausgedrückt in 32-Bit-Einheiten. Das Framed-IPv6-Präfix-Attribut verfügt über eine variable Länge von 4 bis 20.

Reserved
Dieses Feld ist für zukünftige Erweiterungen reserviert und wird immer mit 00-Werten gefüllt.

Prefix-Length
Definiert die Länge des Präfix. Die Länge kann zwischen 0 und 128 Bit variieren.

Prefix
Das 16 Oktett lange Feld beschreibt den Präfix.

Login-IPv6-Host

Mit dem Login-IPv6-Host-Attribut wird das gewünschte Rechnersystem signalisiert, mit dem der Benutzer verbunden werden soll. Dieses Attribut wird in Access-Accept-Paketen genutzt. In Access-Request-Paketen gibt das NAS mithilfe des Login-IPv6-Host-Attributs dem jeweiligen Server einen Hinweis auf die gewünschte Rechnerverbindung. Der Server muss jedoch dieses Attribut bei der Konfiguration nicht berücksichtigen.

```
 0                   1                   2                   3
 0 1 2 3 4 5 6 7 8 9 0 1 2 3 4 5 6 7 8 9 0 1 2 3 4 5 6 7 8 9 0 1
```

Type	Length	Address
Address		
Address		

Address
Address

Abb. 4.74 Login-IPv6-Host-Format

Type
Definiert den jeweiligen Message-Typ. Für das Login-IPv6-Host-Attribut wurde der Wert 98 festgelegt.

Length
Die Attribut-Length beschreibt die gesamte Länge des Headers, ausgedrückt in 32-Bit-Einheiten. Das Login-IPv6-Host-Attribut verfügt über eine fixe Länge von 18.

Address
Enthält das 16 Oktett lange Adressfeld die Adresse 0xFFFFFFFFFFFFFFFFFFFF FFFFFFFFFFFF, so wird signalisiert, dass das NAS dem Benutzer den Zielrechner bzw. dessen logischen Namen auswählen kann. Der Wert = 0 definiert, dass das NAS den betreffenden Zielrechner für die Verbindung festlegt. Alle anderen Werte kennzeichnen die Adresse des Rechners, an die das NAS den Benutzer verbinden soll.

Framed-IPv6-Route

Das Framed-IPv6-Route-Attribut enthält die notwendigen Routing-Information zur Konfiguration der Verbindung auf dem NAS. Dieses Attribut wird in Access-Accept-Paketen verwendet.

Type	Length	String...

Abb. 4.75 Framed-IPv6-Route-Format

Type
Definiert den jeweiligen Message-Typ. Für das Framed-IPv6-Route-Attribut wurde der Wert 99 festgelegt.

Length
Die Attribut-Length steht für die gesamte Länge des Headers, ausgedrückt in 32-Bit-Einheiten. Das Framed-IPv6-Route-Attribut verfügt über eine Länge von 3 oder größer.

Text
Die Nutzung des variabel langen Textfelds hängt von der jeweiligen Implementation ab. Zur Signalisierung von IPv6-Routen enthält dieses Feld den Destination-Präfix, gefolgt von einem Slash und einem Längenindikator, der die Anzahl der High-Order-Bits des verwendeten Präfixes beschreibt. Anschließend wird die Gateway-Adresse und eine bzw. mehrere

Metriken angegeben. Ein solches Konstrukt kann wie folgt aussehen: 2000:0:0:106::/64 2000::106:a00:20ff:fe99:a998 1.

Framed-IPv6-Pool

Das Framed-IPv6-Pool-Attribute enthält den logischen Namen des zugeordneten Präfix-Pools, aus dem der IPv6-Präfix dem Benutzer zugeordnet werden soll. Unterstützt das NAS keine Präfix-Pools, wird dieses Attribut vom NAS ignoriert.

```
 0                   1                   2
 0 1 2 3 4 5 6 7 8 9 0 1 2 3 4 5 6 7 8 9 0 1 2 3
        Type        |       Length      |  String...
```

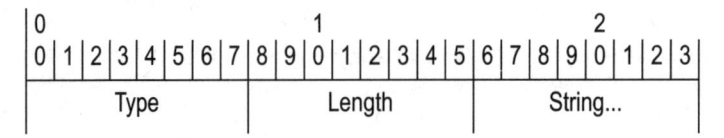

Abb. 4.76   Framed-IPv6-Pool-Format

Type
Definiert den jeweiligen Message-Typ. Für das Framed-IPv6-Pool-Attribut wurde der Wert 100 festgelegt.

Length
Die Attribut-Length steht für die gesamte Länge des Headers, ausgedrückt in 32-Bit-Einheiten. Das Framed-IPv6-Pool-Attribut verfügt über eine Länge von 3 oder größer.

String
Das String-Feld enthält den logischen Namen des auf dem NAS zugeordneten IPv6-Präfix-Pools.

4.11 Sicherheit im Bereich der IPv6-Protokolle

Die Netzwerke (LANs, Intranets, Etxtranets und das Internet) und die eingesetzten TCP/IP-Protokolle wurden für die transparente Übermittlung von Daten entwickelt. Eine Verschlüsselung oder zusätzliche Sicherheitsmechanismen waren nicht vorgesehen. Durch die fortschreitende Kommerzialisierung des Internets und die Übermittlung von »geheimen« Geschäftsdaten (eCommerce) mussten diese Lücken geschlossen werden. Bereits im Jahr 1994 veröffentlichte das Internet Architecture Board (IAB) ein Arbeitspapier zum Thema Sicherheit (RFC 1636) und hat Entwicklungen initiiert, die den Datenverkehr gegen ein unberechtigtes Mithören durch Authentifizierungs- und Verschlüsselungsmechanismen sichern sollten. Diese Entwicklungen mündeten in den neuen Sicherheitsfunktionen des IP-Version-6-Protokolls. Eine Adaption auf das IPv4-Protokoll wurde unter dem Oberbegriff IPSec-Protokoll bekannt.

Die Verwendung des Internets als Transportmedium für die Unternehmenskommunikation wirft eine Reihe von Problemen auf. Das größte Problem ist die Sicherheit der übermittelten Daten. Unter Sicherheit versteht man in diesem Zusammenhang folgende Aspekte:

- Sender und Empfänger der Daten müssen eindeutig identifiziert werden können (Authentizität).
- Die Daten dürfen bei der Übertragung nicht verändert werden können (Integrität).
- Die Daten dürfen beim Transport für unbefugte Dritte nicht unverschlüsselt zugänglich sein (Vertraulichkeit).

Viele auf Internet-Protokollen basierende Dienste wie zum Beispiel SMTP (Simple Mail Transfer Protocol) oder FTP (File Transfer Protocol) weisen schwerwiegende Sicherheitsrisiken auf. Sämtliche Kommunikation über das Netzwerk erfolgt im Klartext, das heißt, es werden auch alle Passwörter in Klartext übermittelt. Mit geeigneten Programmen (zum Beispiel Analysatoren) kann ein Angreifer sämtlichen Netzwerkverkehr »mithören« und die einzelnen Datenpakete dann einfach analysieren.

Ein weiteres Risiko stellt die fehlende Authentizität und Integrität der übertragenen Daten dar. Es kann weder sichergestellt werden, dass die empfangenen Daten auch wirklich vom angegebenen Sender kommen, noch, dass sie nicht auf ihrem Weg verändert wurden. Gerade bei internationalen Verbindungen können scheinbar große Umwege entstehen. Einen ersten Eindruck, wie viele und welche Knotenpunkte (Rechner, Router usw.) ein Datenpaket passiert, liefert der Befehl traceroute bzw. tracert. Auf jedem dieser Knotenpunkte können Datenpakete gelesen bzw. manipuliert werden.

Ein weiteres Problem neben der Sicherheit der Daten ist die zur Verfügung stehende Bandbreite im Internet. Bei einer Standleitung ist die Datenmenge, die pro Zeiteinheit übermittelt werden kann, garantiert. Das Internet wird aber auch noch von anderen Teilnehmern benutzt, mit denen man sich die Bandbreite bzw. Kapazität einer Datenleitung teilen muss.

Zusammenfassend ergeben sich also folgende Anforderungen an die Kommunikation:

- Authentizität der Daten,
- Integrität der Daten,
- Vertraulichkeit der Daten,
- Verfügbarkeit und Geschwindigkeit der Datenübermittlung.

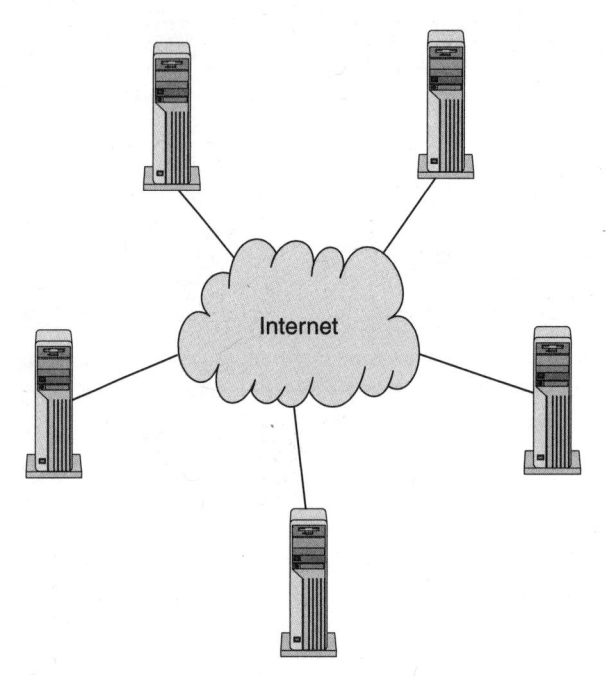

Abb. 4.77   Internet als Basismedium für die Unternehmenskommunikation

Mithilfe der virtuellen privaten Netze (VPNs) und der IPSec-Technologie lassen sich die oben genannten Anforderungen erfüllen. Bei VPNs lassen sich folgende Grundformen unterscheiden:

4.11.1 Intranet-VPN

Die einfachste Form eines VPN ist das Intranet-VPN. Dabei wird ein bestehendes Intranet den Zweigstellen oder Filialen zur Verfügung gestellt. Am Hauptsitz oder im Rechenzentrum stehen alle relevanten Server (E-Mail, Web, Applikationen, Datenbanken). Die Rechner den Zweigstellen werden über das VPN so mit dem Intranet verbunden, als wären sie direkt im Rechenzentrum selbst. Die Rechner der Zweigstellen können auch vom Intranet aus verwendet bzw. verwaltet werden, sie sind also Teil des Intranets.

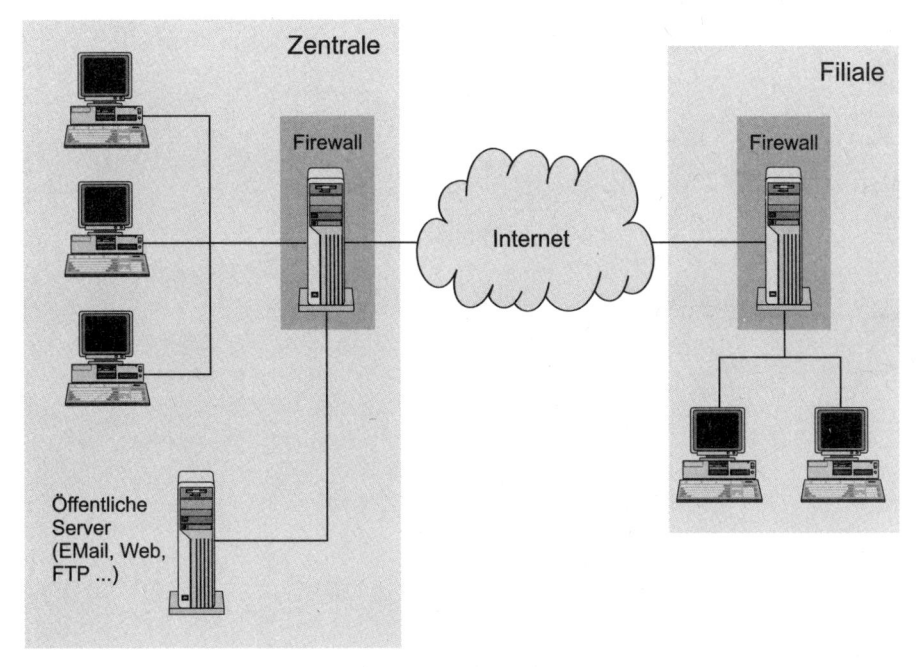

Abb. 4.78 Anbindung der Niederlassungen durch ein VPN

4.11.2 Remote-Access-VPN

Beim Remote-Access VPN wird nicht von Zweigstellen, sondern von mobilen Klienten auf das Intranet zugegriffen. Dies können Vertreter mit Notebooks sein, aber auch Manager, die von mehreren Standorten (Privat, Dienstreise, Auslandsaufenthalt) aus auf ihre persönlichen und firmeninternen Daten zugreifenmüssen. Dabei besteht die Schwierigkeit, dass die mobilen Klienten, abhängig von ihrer Internet-Verbindung (beispielsweise auch verschiedene Provider) unterschiedliche IP-Adressen erhalten. Der einzelne mobile Klient kann also nicht anhand seiner IP-Adresse identifiziert werden, sondern der Benutzer muss sich mit Benutzername und Passwort ausweisen. Diese sensiblen Daten müssen bereits verschlüsselt übermittelt werden.

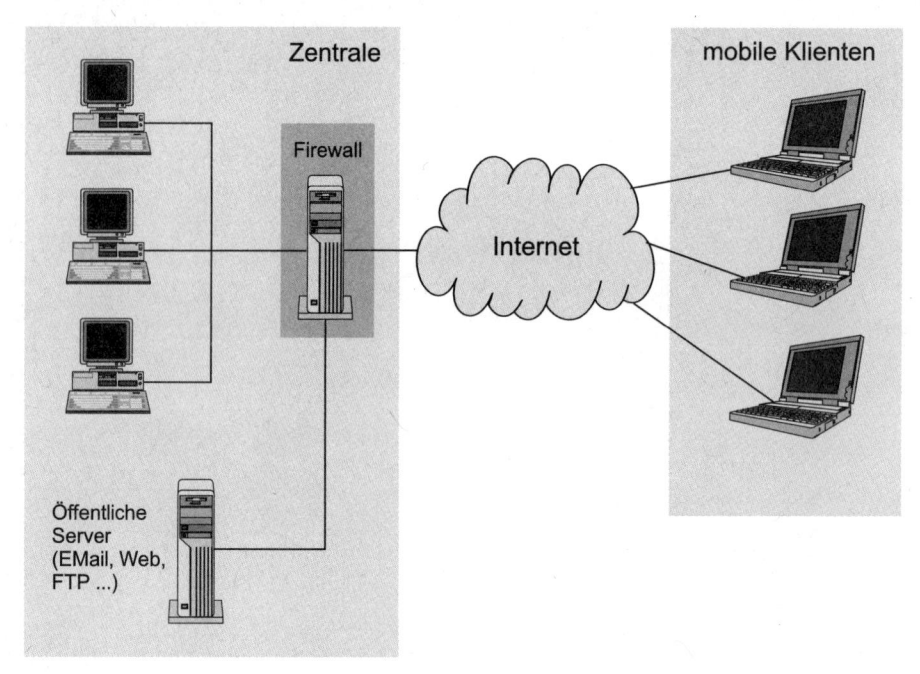

Abb. 4.79   Anbindung der mobilen Mitarbeiter durch ein VPN

4.11.3 Extranet-VPN

Bei einem Extranet werden ausgewählte Bereiche des Intranets bestimmten firmenexternen Benutzern zugänglich gemacht. Dies tritt vor allem im so genannten Business-to-Business-Bereich auf, in dem Firmen ihre Daten mit Zulieferern, Händlern und Kunden austauschen. So können z.B. Lagerbestände aktualisiert oder Lieferzeiten abgefragt und eingetragen werden. Da diese Daten vertraulich zu behandeln sind (Kunden sollen z.B. keine Händlerpreise erfahren), müssen auch die firmenexternen Benutzer über ein VPN mit dem Intranet verbunden werden. Dabei ist auf gemeinsame Standards zu achten, die von beiden Seiten einzuhalten sind. Diese Standards gelten nicht nur für die ausgetauschten Daten, sondern auch für die gemeinsame VPN-Lösung.

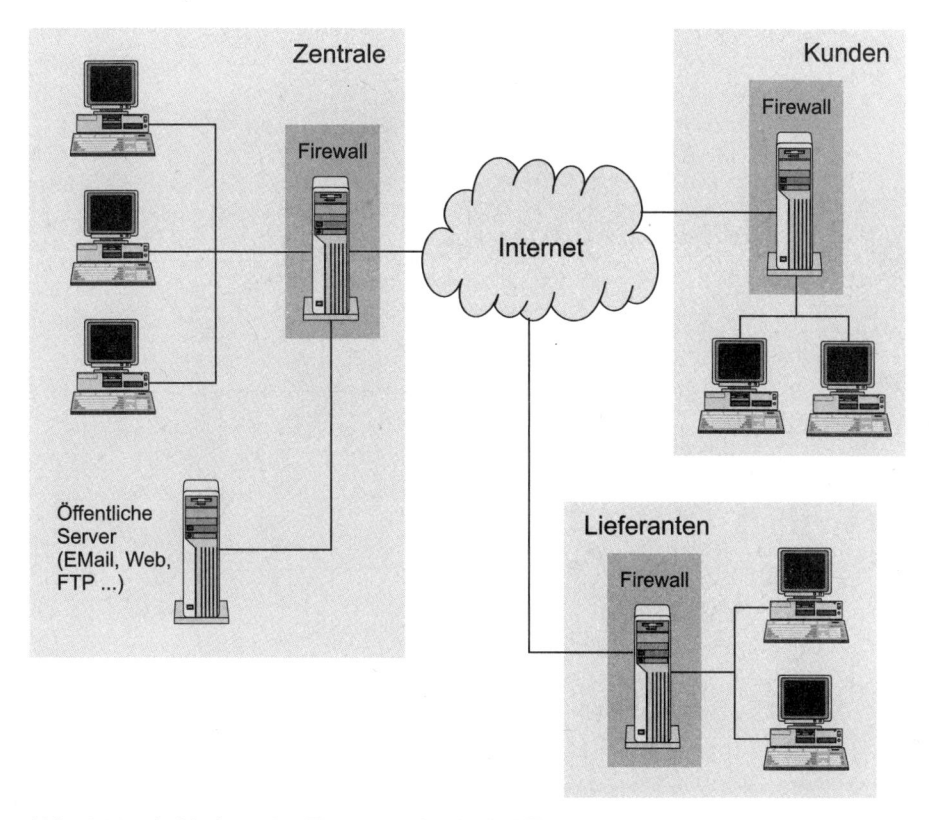

Abb. 4.80   Anbindung der Extranets durch ein VPN

4.11.4 Mischformen

In der Praxis wird, gerade bei größeren Firmen, nicht die eine oder andere Form vorkommen, sondern eine Mischform entstehen, bei der auch alle drei bisher besprochenen Formen vorkommen können. Diese Mischformen stellen hohe Ansprüche an die verwendete VPN-Technologie bzw. an die IT-Abteilung, die das VPN verwalten und administrieren muss. Dabei sollte das VPN weitgehend transparent sein, d.h., es sollte den laufenden Betrieb nicht behindern oder anderweitig negativ auffallen.

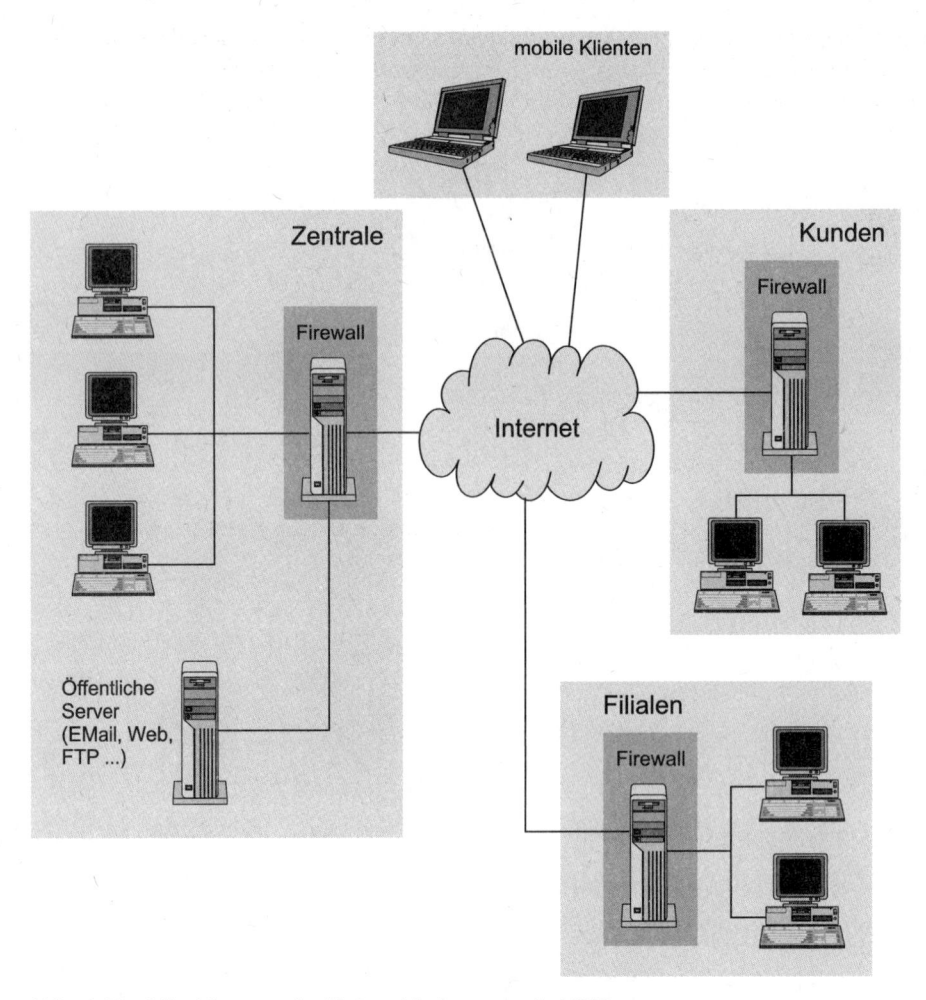

Abb. 4.81 Mischformen der Netzanbindung an ein VPN

Da das Internet ursprünglich nicht dafür gedacht war, geheime Daten zu transportieren, war im TCP/IP-Protokoll auch keine Möglichkeit vorgesehen, die gesendeten Daten zu verschlüsseln oder anderweitig zu sichern. Die oben dargestellten VPN-Lösungen wurden erst durch die Verfügbarkeit der IPSec-Protokolle möglich.

IPSec bietet auf der IP-Ebene unterschiedliche Sicherheitsdienste, die dem Netzadministrator ermöglichen, die für die Übertragung notwendigen Sicherheitseigenschaften zu konfigurieren. IPSec nutzt hierfür zwei unterschiedliche Protokolle: ein Authentifizierungsprotokoll (Authentifizierungs-Header – AH) und ein kombiniertes Verschlüsselungs- und Authentifizierungsprotokoll (Encapsulating Security Payload – ESP).

Im IPSec wurde die Authentifizierungs- und Vertraulichkeitsmechanismen anhand von Security Association (SA) verknüpft. Diese Sicherheitsverknüpfungen werden als eine unidirektionale Beziehung zwischen einem Sender und einem Empfänger verstanden, über die Sicherheitsdienste für die über den spezifischen Kanal transportierten Daten bereitgestellt werden. Soll eine Voll-duplex-Kommunikation ermöglicht werden, so müssen zwei unidirektionale Sicherheitsverknüpfungen für die erforderlichen Sicherheitsdienste realisiert werden. Eine Sicherheitsverknüpfung wird durch folgende Parameter gekennzeichnet:

- Security Parameters Index,
- IP-Zieladresse,
- Sicherheitsprotokoll-ID.

4.11.5 Security Parameters Index (SPI)

Der Security Parameters Index (SPI) ist ein der jeweiligen Security Association (SA) zugeordneter Bitstring mit ausschließlich lokaler Bedeutung. Der SPI wird in den AH- und den ESP-Header eingetragen. Anhand dieser Informationen erkennt der Empfänger die SA und ermittelt die Bearbeitungsschritte für das betreffende Datenpaket.

IP-Zieladresse

Die IP-Adresse legt die Zieladresse der betreffenden SA fest. Bei der Zieladresse kann es sich um IP-Unicast-Adressen von Endgeräten, PCs, Rechner, Router, Layer-3-Switches oder Firewall handeln. Multicast- oder Broadcastadressen werden derzeit von IPSec nicht unterstützt.

Sicherheitsprotokoll-ID

Dieser Parameter signalisiert, ob es sich bei der Sicherheitsverknüpfung um eine AH- oder um eine ESP-Beziehung handelt.

In jedem IP-Paket wird die Sicherheitsverknüpfung durch die IP-Zieladresse im IP-Header und durch den SPI im anschließenden erweiterten Header (AH oder ESP) festgelegt. Dadurch erbringt IPSec folgende Dienste:

Funktion	AH	ESP mit Verschlüsselung	ESP mit Verschlüsselung und Authentifizierung
Zugangskontrolle	x	x	x
Integrität	x	-	x
Authentifizierung der Herkunft der Daten	x	-	x
Keine Paketwiederholung	x	x	x
Vertraulichkeit	x	x	

Security Association Parameter

Die Daten bzw. relevanten Parameter jeder Security Association (SA) werden bei IPSec in einer Datenbank abgelegt. Eine Sicherheitsverknüpfung wird normalerweise durch folgende Parameter bestimmt:

Sequence Number Counter
Enthält einen 32 Bit langen Wert, der die jeweilige Sequenznummer im AH- oder ESP-Header bestimmt.

Sequence Counter Overflow
Diese Markierung dokumentiert bei einem Überlauf des Sequenznummernzählers den Vorgang und unterbindet in Abhängigkeit von der Konfiguration die weitere Übermittlung von Datenpaketen dieser SA.

Anti-Replay Window
Definiert den Zeitraum, während dem ein empfangenes AH- oder ESP-Paket als Wiederholungspaket erkannt wird.

AH-Information
Beschreibt den Authentifizierungsalgorithmus, den Schlüssel, die Schlüssellebensdauer und ähnliche Parameter, die beim AH-Protokoll eingesetzt werden.

ESP-Information
Beschreibt den Verschlüsselungs- und den Authentifizierungsalgorithmus, den Schlüssel, die Anfangswerte, die Schlüssellebensdauer und ähnliche Parameter, die beim ESP-Protokoll eingesetzt werden.

Lebensdauer der SA
Definiert den Zeitintervall oder einen Byte-Zähler, nach dessen Ablauf eine Security Association (SA) beendet oder durch eine neue SA ersetzt wird.

IPSec-Protokollmodus
Beschreibt den jeweiligen Transportmodus.

MTU
Definiert die maximale Paketgröße (Maximum Transmission Unit) des betreffenden Kommunikationspfads.

IPSec bietet dem Netzadministrator eine Reihe unterschiedlicher Möglichkeiten zur individuellen Konfiguration der IPSec-Dienste. Die Konfiguration der Dienste einer Security Association erfolgt mithilfe der Security Policy Database (SPD). Eine SPD enthält die notwendigen Einträge zur Beschreibung des betreffenden IP-Datenstroms und der zugeordneten Security Association. Jeder SPD-Eintrag wird durch die unterschiedlichen Gruppen von IP-Feldern und Feldern der höheren Protokolle dargestellt. Diese werden als Selektoren bezeichnet. Mithilfe der Selektoren wird der zu übermittelnde Datenverkehr gefiltert und einer entsprechenden Security Association zugeordnet. Beim Versenden wird jedes IP-Paket nach folgenden Regeln bearbeitet:

1. Vergleich der Werte (Felder) im Paket mit der SPD. Damit wird der passende SPD-Eintrag ermittelt. Der SPD-Eintrag verweist wiederum auf die entsprechende Security Association.
2. Auswahl der betreffenden SA (so diese für den Pakettyp festgelegt wurde) und der zugehörigen SPD.
3. Ausführen der erforderlichen IPSec-Funktionen bzw. Dienste.

Folgende Selektoren kennzeichnen einen SPD- Eintrag:

IP-Zieladresse
Bei der IP-Zieladresse kann es sich um eine einfache IP-Adresse, eine Aufzählung von Adressen, einen Adressbereich oder eine Maskierung für mehrere Adressen handeln. Die beiden letzten Möglichkeiten werden bei mehreren Zielsystemen in einer gemeinsamen Security Association (SA) genutzt.

IP-Quelladresse
Bei der IP-Quelladresse kann es sich um eine einfache IP-Adresse, eine Aufzählung von Adressen, einen Adressbereich oder eine Maskierung für mehrere Adressen handeln. Die beiden letzten Möglichkeiten werden bei mehreren Sendesystemen in einer gemeinsamer Security Association (SA) genutzt.

UserID
Beschreibt die Benutzerkennung des Betriebssystems. Bei diesem Parameter handelt es sich nicht um ein Protokollfeld (IP oder höheres Protokoll), sondern um Informationen, die vom IPSec über das Betriebssystem der jeweiligen Anwendung entnommen wird.

Sicherheitsstufe der Daten
Definiert die jeweilige Sicherheitsstufe der zu übertragenen Daten.

Transportprotokoll
Dieser Parameter nutzt die Protokollinformationen, die Next-Header-Informationen des IPv6-Protokolls. Dabei kann es sich um einzelne Protokollnummern, um eine Liste oder um einen Bereich von mehreren Protokollnummern handeln.

IPSec-Protokoll
Beschreibt die Art des IPSec-Protokolls und wird dem Next-Header im IPv6-Protokoll entnommen.

Source- und Destination-Port
Dieser Parameter nutzt die Port-Informationen der Transportschicht und enthält einzelne TCP- oder UDP-Portnummern, eine Aufzählung von Portnummern oder eine Maskierung mehrerer Portnummern.

IPv6-Klasse
Nutzt die Informationen des IPv6-Headers und definiert eine bestimmte IPv6-Übertragungsklasse oder eine Kombination mehrerer Werte.

IPv6 Flow Label
Nutzt die Informationen des IPv6-Headers und definiert einen bestimmten IPv6-Datenstrom oder eine Kombination mehrerer IPv6-Flow-Label.

Übertragungsmodus

Sowohl AH als auch ESP unterstützen die Betriebsarten des Transport- und des Tunnelmodus.

Transportmodus

Beim Transport Mode bleibt der ursprüngliche IP-Header erhalten. Es werden lediglich der AH- oder ESP-Header nach dem IP-Header eingefügt. Dadurch kann ein Angreifer feststellen, welche Rechner miteinander kommunizieren, da die Source- und Destination-Adresse für jedermann lesbar im Datenpaket enthalten sind. Der Transport Mode ist daher weniger sicher als der Tunnelingmodus und wird meistens nur für interne Netzwerke verwendet. Der Vorteil liegt darin, dass nicht so viel Rechenzeit beim Modifizieren der Pakete verbraucht wird.

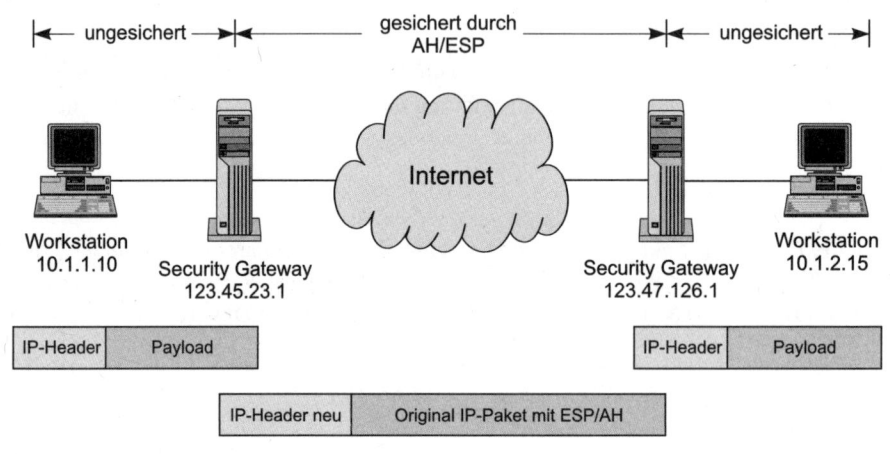

Abb. 4.82 Original IP-Paket mit ESP/AH

Tunnelmodus

Im Tunnelmodus wird das gesamte Paket in ein neues Paket verpackt und es wird ein neuer IP-Header generiert. Mithilfe des Tunnelmodus lassen sich auch interne private IP-Adressen über das öffentliche Netz transportieren. Durch das Hinzufügen eines neuen IP-Headers durch die Security-Gateways verschwinden die internen Adressen des ursprünglichen IP-Headers im Tunnel und können von den Routern auf dem Transportweg nicht mehr erkannt werden.

Der Tunnel Mode wird vor allem von Security-Gateways verwendet. Das sind Gateways, die den gesamten Datenverkehr verschlüsseln. Vom internen Netzwerk wird das Paket an den Security-Gateway geschickt, dieser schickt das Paket im Tunnel Mode über das Internet an den Security-Gateway am anderen Standort, dort wird es entschlüsselt und an den Zielrechner gesendet.

4.11 Sicherheit im Bereich der IPv6-Protokolle

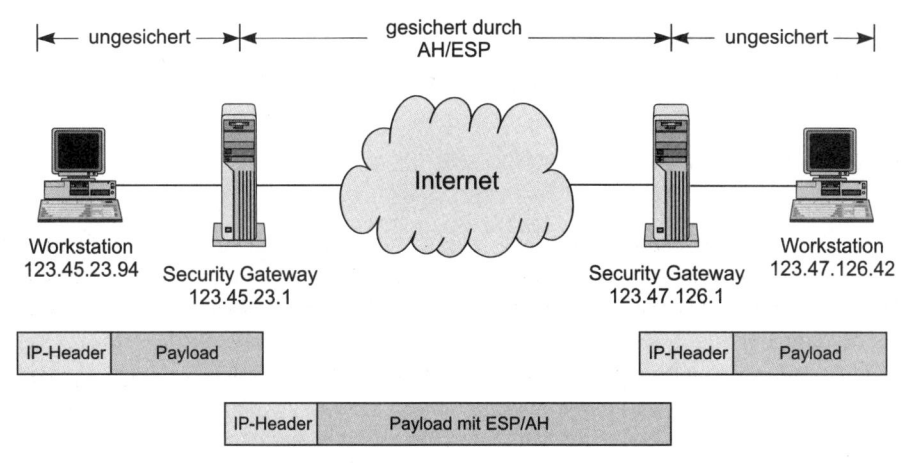

Abb. 4.83 Payload mit ESP/AH

Protokoll	Transportmodus SA	Tunnelmodus SA
AH	Authentifiziert die IP-Nutzdaten	Authentifiziert das gesamte innere IP-Paket und ausgewählte Teile des IP-Headers (den inneren Header und die IP-Nutzdaten) und der IPv6-Extension-Header. Bestimmte Teile des äußeren IP-Headers und der äußeren IPv6-Extension-Header.
ESP	Verschlüsselt die IP-Nutzdaten	Verschlüsselt das innere IP-Paket und alle auf den ESP-Header folgende IPv6-Extension-Header.
ESP mit Authentifizierung	Verschlüsselt die IP-Nutzdaten und alle auf den ESP-Header folgenden IPv6-Extension-Header.	Verschlüsselt und authentifiziert das innere IP-Paket. Authentifiziert die IP-Nutzdaten, jedoch nicht den IP-Header.

Authentifizierungs-Header (AH)
Der AH ist für die Authentizität eines Pakets zuständig, d.h., das Paket kann während des Transports nicht unbemerkt verändert werden. Es wird damit auch sichergestellt, dass der Absender des Pakets derjenige ist, der im IP-Header steht. Dies wird durch eine kryptographische Prüfsumme erreicht. Der AH wird nach dem IP-Header und vor den eigentlichen Daten platziert. Der Inhalt des Pakets wird dabei nicht verändert. Der AH besteht aus fünf Feldern:

Next-Header
Identifiziert den Typ des Payloads, also ob es sich zum Beispiel um TCP oder um UDP handelt. Die Definitionen der nachfolgenden Protokolle erfolgt anhand der in den Assigned Internet Protocol Numbers veröffentlicht Protokollnummern.

Payload Length
Das 8 Bit lange Payload-Length-Feld definiert die Länge des Authentication-Headers in 32-Bit-Worten minus 2. Gemäß der Definition in RFC 1883 wird bei allen IPv6-Extension-Headern die Header-Extension-Length mit einem Abzug von 64 Bit (2 x 32 Bit-Worte) versehen.

Security Parameter Index (SPI)
Der 32 Bit lange Security Parameters Index (SPI) sorgt in der Kombination mit der IP-Destination-Adresse und dem Security-Protokoll (AH) für eine eindeutige Kennzeichnung der Sicherheitsfunktion des betreffenden Datagramms. Die SPI-Werte werden von der Internet Assigned Numbers Authority (IANA) zentral vergeben.

Sequence Number
Mithilfe der Sequence-Nummer wird die Reihenfolge der Daten zwischen Sender und Empfänger kontrolliert. Zu Beginn einer Kommunikationsbeziehung werden die Sequence-Nummernzähler beim Sender und beim Empfänger auf den Wert 0 zurückgesetzt. Daher enthält das erste übermittelte Paket in dieser Kommunikationsbeziehung immer den Wert = 1. Mit jeder weiteren Übermittlung von Paketen wird dieses Feld automatisch hochgezählt.

Authentication Data
Prüfsumme bzw. Hash-Wert. Je nach dem, welcher Hash-Algorithmus verwendet wurde, ist dieser Eintrag verschieden lang.

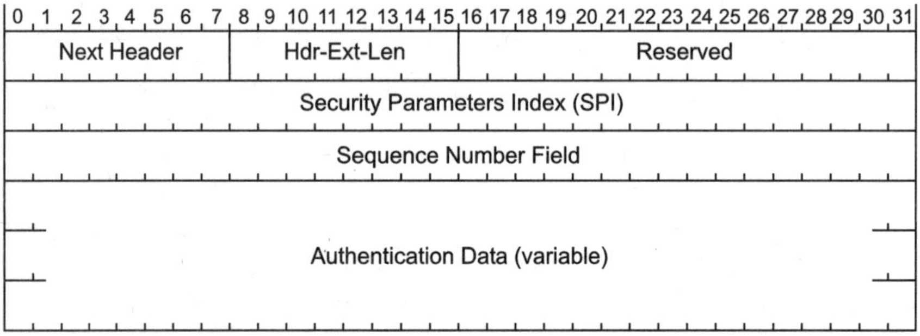

0 1 2 3 4 5 6 7	8 9 10 11 12 13 14 15	16 17 18 19 20 21 22 23 24 25 26 27 28 29 30 31
Next Header	Hdr-Ext-Len	Reserved
Security Parameters Index (SPI)		
Sequence Number Field		
Authentication Data (variable)		

Abb. 4.84 AH-Header

4.11.6 Abwehr von Sendewiederholungen

Ein Hacker kann sich mithilfe eines LAN-Analysators eine Kopie eines authentifizierten Pakets aneignen und dieses zu einem späteren Zeitpunkt für einen Angriff nutzen. Empfängt ein IP-Gerät mehrere identische authentifizierte IP-Pakete, kann dies zu einem Abbruch der Verbindung oder anderer unerwünschter Folgen führen. Das Sequenznummernfeld (Sequence Number) wird beim AH-Protokoll zur Abwehr solcher Replay-Angriffe genutzt.

Bei der Einrichtung einer neuen Security Association (SA) setzt der Absender den Sequenznummernzähler auf den Wert = 0. Wird ein Paket über diese SA übermittelt, erhöht der Absender den Sequenznummernzähler automatisch und trägt diesen Wert in das Sequenznummernfeld ein. Das erste übertragene Paket enthält somit ein Sequenznummernfeld mit dem Wert = 1. Da das Sequenznummernfeld eine Länge von 32 Bit (2^{32}) aufweist, muss bei aktivierter Anti-Replay-Option vom Absender sichergestellt werden, dass die Sequenznummer nach einem Überlauf wieder auf den Wert = 0 gesetzt wird. Andernfalls könnten mehrere gültige IP-Pakete mit gleicher Sequenznummer auf dem Netz vorkommen. Bei Erreichen des Grenzwerts von $2^{32} - 1$ muss der Absender die betreffende Security Association beenden und eine neue SA mit neuem Schlüssel generieren.

Das IP-Protokoll stellt einen verbindungslosen, nicht gesicherten Übermittlungsdienst zur Verfügung. Es wird nicht garantiert, dass die übermittelten Datenpakete beim Empfänger in der richtigen Reihenfolge ankommen bzw. während der Übertragung nicht verloren gehen. Aus diesem Grund sieht das IPSec-Protokoll beim Empfänger einen speziellen Anti-Replay-Fenstermechanismus vor. Das Fenster weist eine Größe von W = 64 auf. Die rechte Seite des Fensters stellt jeweils die größte Sequenznummer (N) der bisher gültig empfangenen Pakete dar. Für jedes ordnungsgemäß empfangene IP-Paket mit einer Sequenznummer im Bereich von N – W + 1 bis N wird die entsprechende Stelle im Anti-Replay-Fenster markiert.

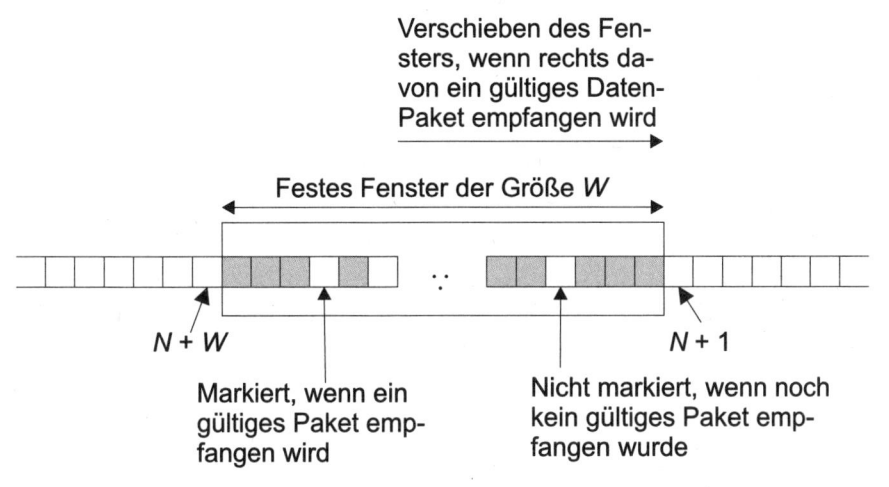

Abb. 4.85 Anti-Replay-Window

Die empfangenen Pakete werden nach folgendem Mechanismus bearbeitet:

- Handelt es sich bei den empfangenen Informationen um ein neues Paket und passt dieses in das Anti-Replay-Fenster, wird der Message-Authentication-Code (MAC) geprüft. Nach der Authentifizierung wird die entsprechende Stelle im Anti-Replay-Fenster markiert.

- Handelt es sich bei den empfangenen Informationen um ein neues Paket und liegt die Information der Sequenznummer rechts vom Anti-Replay-Fenster, wird der MAC geprüft. Wurde das Paket authentifiziert, wird das Anti-Replay-Fenster so weit nach rechts verschoben, dass die aktuelle Sequenznummer des Pakets zur rechten Begrenzung des Fensters wird. Anschließend wird die betreffende Stelle im Anti-Replay-Fenster markiert.

- Liegt der Wert der Sequenznummer eines empfangenen IP-Pakets links vom aktuellen Anti-Replay-Fenster oder konnte die Authentifizierung nicht ordnungsgemäß durchgeführt werden, wird das IP-Paket abgewiesen bzw. verworfen.

Integritätsprüfung

Im Authentication-Data-Feld ist ein so genannter Integrity Check Value (ICV) zur Integritätsprüfung enthalten. Zur Berechnung der Prüfsumme wird entweder HMAC-MD5 (RFC 2085 und 2403) oder HMAC-SHA-1 (RFC 2404) verwendet. Welcher Hash-Algorithmus im Paket verwendet wird, ist im SPI festgelegt. HMAC-MD5 (hash based message authentication code) liefert eine Prüfsumme mit 128 Bit, HMAC-SHA eine mit 160 Bit. Die Prüfsumme wird über das gesamte Datenpaket berechnet, lediglich einige variable Felder, die sich während des Transports verändern können (Time to Live, Header-Prüfsumme usw.) werden nicht berücksichtigt.

AH-Transport- und AH-Tunnelmodus

Der Authenication-Header lässt sich sowohl im Transport- als auch im Tunnelmodus betreiben. Im Transportmodus wird die Authentifizierung unmittelbar zwischen dem IPSec-Server und dem IPSec-Client vorgenommen. Dabei ist es egal, ob sich Client und Server im gleichen Netz oder in getrennten Netzen befinden. Solange IPSec-Client und IPSec-Server einen gemeinsamen geschützten geheimen Schlüssel verwenden, gilt die Authentifizierung als sicher.

| Orig-IP-hdr | hop-by-hop | dest | routing | fragment | dest | TCP | Data |

Abb. 4.86   Transportmodus vor Einfügen des AH-Headers

IPv6-Datagramm mit AH-Funktionen

| Original-IP-Header | Hop-by-Hop, Routing, Fragmentation | AH | Destination Option | TCP | Daten |

Authentifizierung

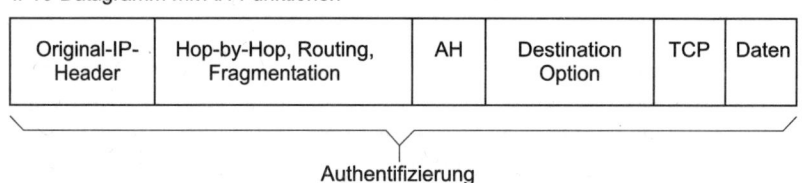

Abb. 4.87   Transportmodus nach Einfügen des AH-Headers

Der Authentication-Header-Tunnelmodus kann sowohl von Rechnern als auch von Security-Gateways initiiert werden. Beim Tunnelmodus enthält das innere IP-Paket im IP-Header die Source- und Destination-Adressen der miteinander kommunizierenden Rechner. Der äußere IP-Header enthält nur die IP-Adressen der Tunnelendpunkte. Im Tunnelmodus sorgt der AH-Mechanismus für den Schutz des gesamten inneren Pakets (inklusive aller IP-Header).

| Neuer IP-Header | Erweiterungs-Header (falls vorhanden) | AH | Original-IP-Header | Erweiterungs-Header (falls vorhanden) | TCP | Data |

Abb. 4.88   AH im Transportmodus

4.11.7 Encapsulating Security Payload (ESP)

Der ESP ist für die Verschlüsselung des Datenpakets zuständig. Optional kann der ESP auch eine Authentifizierung des Pakets vornehmen. Wie der AH wird auch der ESP-Header nach dem ursprünglichem IP-Header eingefügt. Da die Daten verschlüsselt werden, ändert sich natürlich der Inhalt des Datenpakets. Zur Verschlüsselung kann jedes beliebige Verschlüsselungsverfahren verwendet werden, standardmäßig wird bei IPSec aber zumindest das DES-CBS-Verschlüsselungsverfahren (DES mit Cipher Block Chaining, RFC 2405) verwendet, das mit einem 56-Bit-Schlüssel arbeitet.

Die Encapsulating Security Payload besteht aus folgenden Komponenten:

Security Parameter Index (SPI)
Gibt an, welche Sicherheitsprotokolle beim Sender verwendet werden. Der 32 Bit lange Security Parameters Index (SPI) sorgt in der Kombination mit der IP-Destination-Adresse und dem Security-Protokoll (ESP) für eine eindeutige Kennzeichnung der Sicherheitsfunktion des betreffenden Datagramms. Die SPI-Werte werden von der Internet Assigned Numbers Authority (IANA) zentral vergeben.

Sequence Number
Schutz gegen Replay-Angriffe. Mithilfe der Sequence-Nummer wird die Reihenfolge der Daten zwischen Sender und Empfänger kontrolliert. Zu Beginn einer Kommunikationsbeziehung werden die Sequence-Nummernzähler beim Sender und beim Empfänger auf den Wert 0 zurückgesetzt. Daher enthält das erste übermittelte Paket in dieser Kommunikationsbeziehung immer den Wert = 1. Mit jeder weiteren Übermittlung von Paketen wird dieses Feld automatisch hochgezählt.

Payload Data
Mithilfe des variablen Payload-Data-Felds werden die im Next-Header-Feld definierten Daten transportiert. Werden die Payload-Daten verschlüsselt und erfordert der Verschlüsselungsmechanismus eine Synchronisation der Verschlüsselung, so wird im Payload-Feld der betreffende Initialisierungs-Vector (IV) übermittelt.

Padding
Je nach verwendetem Verschlüsselungsalgorithmus wird als Input eine ganz bestimmte Länge des Datenpakets verlangt, um die Verschlüsselung durchzuführen. Das Padding dient zum Erreichen der gewünschten Länge.

Padlength
Das Pad-Length-Feld legt die Anzahl der direkt auf dieses Feld folgenden Pad-Bytes (0-255) fest.

Next Header
Identifiziert den Typ des Payloads, also ob es sich zum Beispiel um TCP oder um UDP handelt.

Authentication Data (optional)
Im ESP ist das Erzeugen eines Hash-Werts optional, wird in der Regel aber aus Sicherheitsgründen gemacht. Auch wenn die Daten verschlüsselt sind, wäre die Möglichkeit gegeben, die Daten zu verfälschen. Durch den Hash-Wert wird das unmöglich gemacht.

Padding, Padlength und Next Header bilden zusammen den so genannten ESP-Trail.

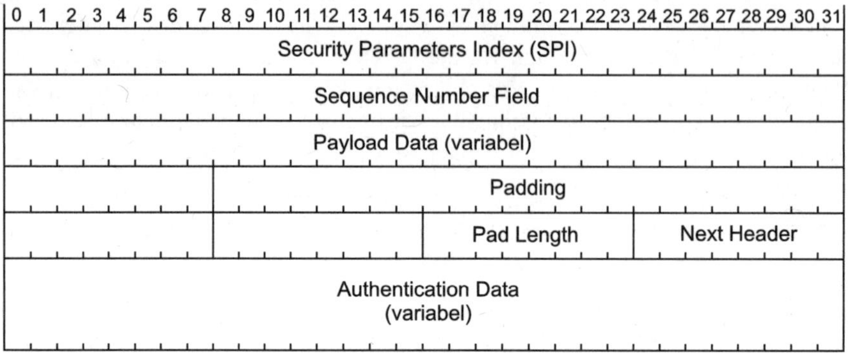

0 1 2 3 4 5 6 7 8 9 10 11 12 13 14 15 16 17 18 19 20 21 22 23 24 25 26 27 28 29 30 31
Security Parameters Index (SPI)
Sequence Number Field
Payload Data (variabel)
Padding
Pad Length | Next Header
Authentication Data (variabel)

Abb. 4.89   ESP-Header

Wird eine Authentifizierung des Datenpakets vorgenommen, wird beim Empfänger des Pakets zuerst geprüft, ob die Prüfsumme stimmt. Erst wenn diese richtig ist, wird das Paket entschlüsselt. Das spart Rechnerzeit und vermindert so z.B. die Rechnerbelastung bei »Denial of Service«-Attacken.

Der Unterschied bei der Authentifizierung zum AH besteht darin, dass der IP-Header nicht mit authentifiziert wird, es wäre also möglich, diesen zu verändern. Der ESP alleine wird deshalb nur bei sicheren, internen Netzwerken verwendet.

4.11.8 ESP-Transport- und ESP-Tunnelmodus

Mithilfe der Encapsulating Security Payload lassen sich IPSec-Verbindungen sowohl im Transport- als auch im Tunnelmodus betreiben.

Beim ESP-Transportmodus sorgen die miteinander kommunizierenden Endgeräte (Rechner) neben der Sicherheit auf der IP-Ebene auch für die Sicherheit der höheren Protokolle. Beim Transportmodus wird der ESP-Header direkt nach dem IP-Header eingefügt. Dieser Header agiert quasi als Zwischenschicht zwischen IP und den höheren Protokollen (TCP, UDP, ICMP).

4.11 Sicherheit im Bereich der IPv6-Protokolle

| IP-Header | hop-by-hop | dest | routing | fragment | dest | TCP | Data |

| IP-Header | hop-by-hop | dest | routing | fragment | ESP | dest | TCP | Data | ESP Trailer | ESP Auth |

verschlüsselt

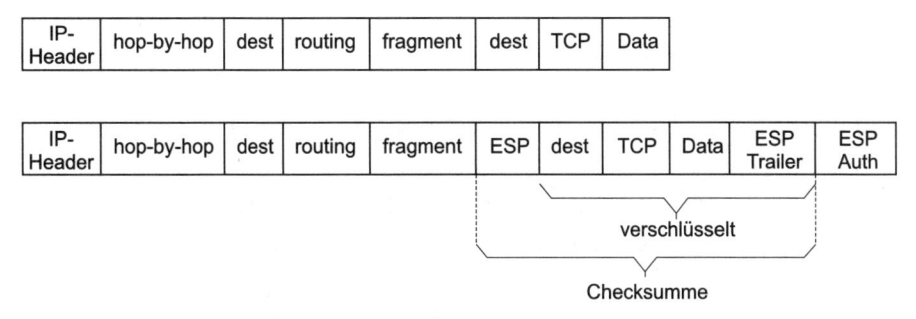

Checksumme

Abb. 4.90 ESP-Transportmodus

Der ESP-Tunnelmodus kann sowohl von Rechnern als auch von Security-Gateways initiiert werden. Beim Tunnelmodus enthält das innere IP-Paket im IP-Header die Source- und Destination-Adressen der miteinander kommunizierenden Rechner. Der äußere IP-Header enthält nur die IP-Adressen der Tunnelendpunkte. Im Tunnelmodus sorgt der ESP-Mechanismus für den Schutz des gesamten inneren Pakets (inklusive aller IP-Header).

| neuer IP-Header | neuer ext. Hdr. | ESP | original IP-Hdr. | original ext Hdr. | TCP | Data | ESP Trailer | ESP Auth |

verschlüsselt

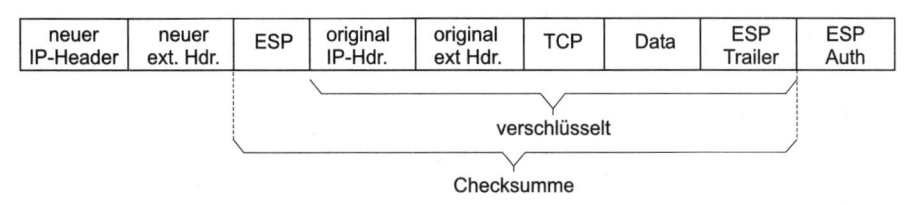

Checksumme

Abb. 4.91 ESP-Tunnelmodus

4.11.9 Kombinationen von Sicherheitsverknüpfungen

In Abhängigkeit der Anforderungen an einen Transportweg können zwischen zwei Kommunikationsendpunkten verschiedene Kombinationen von ESP, AH, Transport Mode und Tunnel Mode realisiert werden.

Bei einer reinen Rechner-zu-Rechner-Verbindung macht der Tunnelmodus wenig Sinn. Wird jedoch eine Kombination von AH und ESP eingesetzt, so wird das gesamte Paket authentifiziert und der Paketinhalt verschlüsselt.

| IP | AH | ESP | Payload |

← verschlüsselt →
← authentifiziert →

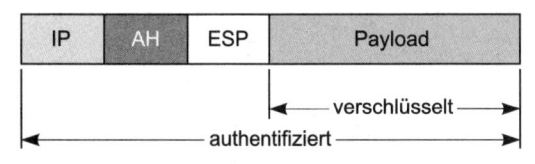

Abb. 4.92 IPSec-Kombinationen

Eine weitere nützliche Kombination ist die Verbindung von Tunnelmodus, AH und ESP. Diese kommt meist bei Verwendung von VPN-Gateways vor. Mit dieser Methode werden interne IP-Adressen vor fremdem Zugriff geschützt (weil sie verschlüsselt sind). Im IPSec-Paket ist lediglich die IP-Adresse der beiden VPN-Gateways zu erkennen.

```
| IP neu | AH | ESP | IP alt |      Payload       |
                          |←----- verschlüsselt -----→|
         |←------------ authentifiziert ------------→|
```

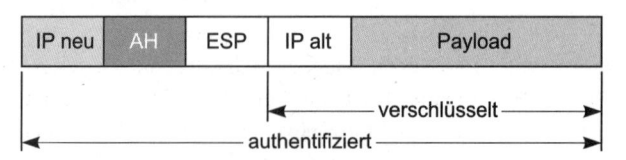

Abb. 4.93   IPSec-Kombinationen

4.11.10 Schlüsselverwaltung bei IPSec

Die Schlüsselverwaltung bei IPSec enthält umfassende Definitionen zur Festlegung und zur Verteilung geheimer Schlüssel. In der Regel werden für eine sichere Kommunikation zwischen zwei Anwendungen vier Schlüssel benötigt: je ein Schlüsselpaar zur Übermittlung und zum Empfang von AH- und ESP-Informationen. Das Basisdokument zu IPSec sieht folgende Mechanismen zur Schlüsselverwaltung vor:

Manuell: Der Systemadministrator konfiguriert manuell auf jedem System die für die IPSec-Kommunikation notwendigen Schlüssel. Dies lässt sich jedoch aus Administrationsgründen nur bei kleinen und selten sich verändernden Rechnerumgebungen sinnvoll realisieren.

Automatisch: Das Rechnersystem erzeugt für die SAs automatisch die notwendigen Schlüssel. Dieser Mechanismus wird in großen verteilten Systemen und sich häufig veränderlichen Konfigurationen genutzt.

Als Standardprotokoll zur automatischen Schlüsselverwaltung wird im IPSec der ISAKMP/Oakley-Mechanismus verwendet. Dieser basiert auf folgenden Elementen:

Oakley-Protokoll zur Schlüsselbestimmung
Dieses Protokoll wird zum Austausch von Schlüsseln genutzt. Es basiert auf der Grundlage des Diffie-Hellman-Algorithmus, bietet jedoch zusätzliche Sicherheitsfunktionen.

Internet Security Association and Key Management Protocol (ISAKMP)
ISAKMP stellt die Mechanismen zur Schlüsselverwaltung bereit und sorgt für die Bereitstellung individueller Sicherheitsmerkmale.

4.11.11 Oakley-Protokoll

Bei dem Oakley-Protokoll handelt es sich um eine Erweiterung des Diffie-Hellman-Algorithmus. Dieses Protokoll sorgt für den Austausch von Schlüsseln zwischen zwei SAs. Beim Diffie-Hellman-Algorithmus werden geheime Schlüssel nur bei Bedarf erzeugt und die geheimen Schlüssel müssen nicht über einen längeren Zeitraum hinweg gespeichert werden. Der

Schlüsselaustausch erfordert außer einer Übereinkunft über die globalen Parameter keine weitere Infrastruktur.

Der Diffie-Hellman-Algorithmus weist jedoch eine Reihe von Schwachstellen auf:

- Über die Identität des Partners steht keinerlei Information zur Verfügung.
- Ein Man-in-the-Middle-Angriff ist jederzeit möglich. Ein Dritter (Rechner C) kann sich beispielsweise während der Kommunikation zwischen Rechner A und Rechner B gegenüber dem Rechner A als Rechner B und gegenüber Rechner B als Rechner A ausgeben. Die Rechner A und B tauschen dabei mit dem Rechner C die geheimen Schlüssel aus. Damit kann Rechner C die Daten ungestört mitlesen bzw. die Daten für seine Zwecke manipulieren.
- Der Diffie-Hellman-Algorithmus ist außerdem sehr rechenintensiv. Dadurch ist dieser Schlüsselmechanismus anfällig gegen Denial-of-Service-Angriffe. Dabei werden vom Kommunikationspartner eine hohe Zahl an Schlüsseln abgefragt und der angegriffene Rechner muss beträchtliche Rechenkapazitäten aufwenden, um nutzlose Schlüsselberechnungen auszuführen.

Mit dem Oakley-Algorithmus wurden die Nachteile des Diffie-Hellman-Algorithmus behoben. Der Oakley-Algorithmus weist folgende Eigenschaften auf:

- Mithilfe von Cookies werden Denial-of-Service-Angriffe verhindert.
- Durch eine Gruppenbildung der beiden Kommunikationspartner lassen sich die globalen Parameter des Schlüsselaustauschs festlegen.
- Zur Abwehr von Sendewiederholungen wird eine Nonces (Zufallswerte) genutzt.
- Der Austausch von öffentlichen Schlüsseln wird unterstützt.
- Es findet zur Abwehr von Man-in-the-Middle-Angriffen ein authentifizierter Austausch der Diffie-Hellman-Informationen statt.

Bei einem Denial-of-Service-Angriff fälscht der Angreifer die Absenderadresse eines berechtigten Benutzers und sendet anschließend einen öffentlichen Diffie-Hellman-Schlüssel an das Opfer. Dadurch muss das Opfer den geheimen Schlüssel berechnen. Werden diese Aktionen oft genug durchgeführt, verbraucht der angegriffene Rechner erhebliche Rechnerressourcen für sinnlose Rechenoperationen und kann auf die eigentlichen Eingaben nicht mehr reagieren.

Der Austausch von Cookies erfolgt von beiden Kommunikationspartnern bereits beim Austausch der ersten Nachricht. Dabei wird eine Pseudozufallszahl (das Cookie) zum jeweiligen Ende der Kommunikationsverbindung übermittelt und dieses vom Partner bestätigt. Eine Bestätigung des Cookies erfolgt auch beim ersten Austausch des Diffie-Hellman-Schlüssels. ISAKMP schreibt vor, dass bei dem Erzeugen von Cookies folgende Anforderungen erfüllt sein müssen:

- Das Cookie muss immer von den an der Kommunikationsverbindung beteiligten Partnern abhängen. Dadurch kann kein Angreifer durch die Übernahme einer IP-Adresse und eines

UDP-Ports ein Cookie erhalten und mithilfe dieser Information das Opfer mit Anforderungen zu zufällig ausgewählten IP-Adressen oder Ports lahmlegen bzw. überschwemmen.

- Nur der Sender ist berechtigt, ein gültiges Cookie zu generieren. Es werden auch nur solche Cookies vom Sender akzeptiert, die dieser anhand lokal gespeicherter geheimer Informationen erzeugt hat. Es muss verhindert werden, dass die geheimen Informationen aus einem einzelnen Cookie ableitbar sind.

Die Erzeugung und die Überprüfung von Cookies darf nicht CPU-intensiv sein. Nur durch eine schnelle Verarbeitung lassen sich Angriffe abwehren und eine Überlastung der Rechnersysteme wird verhindert.

Bei Oakley lassen sich die zu sichernden Daten anhand folgender Mechanismen bzw. Schlüssellängen kryptieren:

- anhand eines 768 Bit langen Schlüssels,
- anhand eines 1024 Bit langen Schlüssels,
- anhand elliptischer Kurven.

Oakley verwendet eine Pseudozufallszahl (Nonce) zum Schutz gegen ein erneutes Senden bereits übermittelter Informationen. Darüber hinaus werden die Kommunikationspartner durch folgende Authentifizierungsmechanismen überprüft:

Digitale Signaturen
Der Datenaustausch wird durch eine digitale Unterschrift im Paket authentifiziert.

Public-Key-Verschlüsselung
Zwischen den Kommunikationspartnern wird auf Basis bestimmter Verschlüsselungsparameter (beispielsweise Benutzerkennung, Zufallszahlen) mit dem privaten Schlüssel des Absenders eine Message authentifiziert und diese anhand des öffentlichen Schlüssels beim Empfänger überprüft.

Symmetrische Verschlüsselung
Zwischen den Kommunikationspartnern wird auf Basis bestimmter Verschlüsselungsparameter (beispielsweise Benutzerkennung, Zufallszahlen) auf Basis der symmetrischen Verschlüsselung eine Message authentifiziert und beim Empfänger überprüft.

4.11.12 ISAKMP (Internet Message Access Protocol)

Mit den Standards für die Authentifizierung beziehungsweise Verschlüsselung ist es nicht getan. Die zu verwendenden Mechanismen müssen ausgehandelt und die Schlüssel zwischen den Partnern ausgetauscht werden. Dazu wird beim Sitzungsaufbau eine Security Association (SA) vereinbart. Der Standard für diesen Schritt ist das IKMP (Internet–Key–Management Protocol), das auch als IKE (Internet–Key Exchange) bezeichnet wird. Dieses Protokoll basiert auf ISAKMP/Oakley. Das Internet Message Access Protocol, Version 4rev1 (ISAKMP) ist im RFC 2408 beschrieben. ISAKMP beschreibt das Internet-Security-Association-and-Key-Management-Protokoll, das solche SAs definiert.

IKE besteht im Wesentlichen aus zwei Phasen. In der ersten Phase wird eine Authentifizierung der beiden ISAKMP-Instanzen, des Initiators (Client) und Responders (Server), durchgeführt. Damit werden kryptographische Verfahren sowie notwendige Schlüssel für eine nachfolgende Kommunikation ausgetauscht. Es resultiert eine Security Association (SA) zwischen diesen beiden ISAKMP-Instanzen, die zum Schutz der nachfolgenden Kommunikation dient. Die jeweils aktiven SAs werden in der Security Association Database (SAD) gespeichert.

Authentifizierung in Phase I

Für den Schlüsselaustausch in Phase I kommt das Diffie-Hellman-Verfahren (DH) in Verbindung mit Zufallswerten (Nonce) zum Einsatz. Zur Authentifizierung der Nachrichten – und damit der DH-Exponenten und ISAKMP-Instanzen selbst – sind derzeit drei Verfahren spezifiziert, durch deren Wahl man bestimmte Schutzziele verfolgen kann:

- Für das Signieren einer Nachricht kommt DSS oder RSA infrage.
- RSA kann als Public-Key-Verschlüsselung zum Einsatz kommen.
- Für begrenzte Umgebungen mit bekannten Kommunikationspartnern sind Pre-Shared-Keys, vorher ausgetauschte geheime Schlüssel, die dritte Möglichkeit. Dies ist notwendig, da das DH-Key-Agreement-Verfahren keinerlei Schutz gegen eine Man-in-the-Middle-Attacke bietet. Sobald die DH-Exponenten ausgetauscht sind, können die ISAKMP-Nachrichten verschlüsselt übermittelt werden.

Der Algorithmus zur Generierung des endgültigen symmetrischen Schlüsselmaterials für die ISAKMP-SA ist abhängig vom Authentifizierungsverfahren. Wichtig ist, dass aus einem Masterkey mehrere Schlüssel abgeleitet werden, die zur Verschlüsselung und Authentifizierung der nachfolgenden Nachrichten unter der ISAKMP-SA dienen. Das erhöht maßgeblich die Sicherheit der später unter dieser ISAKMP-SA ausgetauschten Nachrichten und Schlüssel.

Schlüsseletablierung in Phase II

In der zweiten Phase werden kryptographische Verfahren und die dazu notwendigen Schlüssel für beliebige andere Protokolle ausgetauscht, beispielsweise IPSec. Diese Schlüsseletablierung geschieht unter dem Schutz der ISAKMP-SA und ist mit symmetrischen Schlüsseln authentifiziert. Damit kann ein wesentlich schnelleres Protokoll ohne Public-Key-Operationen gewählt werden, da mit den Parametern der ISAKMP-SA ein gesicherter Kanal bereitsteht. IPSec kann damit ohne großen Aufwand einen neuen symmetrischen Schlüssel etablieren oder gar das Verschlüsselungsverfahren wechseln. Wenn symmetrische Schlüssel nur kurze Zeit gültig sind, stehen potenzielle Angreifer vor einer weiteren, kaum zu überwindenden Hürde.

Der ISAKMP-Header weist folgendes Format auf:

```
 0                   1                   2                   3
 0 1 2 3 4 5 6 7 8 9 0 1 2 3 4 5 6 7 8 9 0 1 2 3 4 5 6 7 8 9 0 1
                        Initiator Cookie
```

Initiator Cookie (Fortsetzung)					
Responder Cookie					
Responder Cookie (Fortsetzung)					
Next Payload	MjVer	MnVer	Exchange Type		Flags
Message ID					
Length					

Abb. 4.94 ISAKMP-Header

Initiator Cookie
Cookie des Teilnehmers, der Verbindung aufgebaut hat.

Responder Cookie
Cookie des zweiten Teilnehmers.

Next Payload
Definiert den Typ der nachfolgenden Payload. Folgende Typen wurden bisher festgelegt:

Wert	Funktionstyp
0	None
1	Security Association (SA)
2	Proposal (P)
3	Transform (T)
4	Key Exchange (KE)
5	Identification (ID)
6	Certificate (CERT)
7	Certificate Request (CR)
8	Hash (HASH)
9	Signature (SIG)
10	Nonce (NONCE)
11	Notification (N)
12	Delete (D)
13	Vendor ID (VID)
14-127	Reserved
128-255	Private use

Tab. 4.4 Definierte Payload-Typen

MjVer
Definiert die Hauptversionsnummer des ISAKMP-Protokolls. Alle RFC 2408-konformen Implementierungen benutzen die Hauptversionsnummer 1. Frühere ISAKMP-Implementierungen werden durch die Versionsnummer = 0 gekennzeichnet.

MnVer
Unterversion des verwendeten ISAKMP-Protokolls. Alle RFC 2408-konformen Implementierungen benutzen die Unterversionsnummer 0.

Exchange Type
Definiert den Typ des Austauschs von Daten und legt gleichzeitig die Reihenfolge der Meldungen und der Payloads fest. Folgende Werte wurden bisher festgelegt:

Wert	Beschreibung
0	None
1	Base
2	Identity Protection
3	Authentication Only
4	Aggressive
5	Informational
6-31	ISAKMP
32-239	DOI Specific Use
240-255	Private Use

Tab. 4.5   Exchange Types

Flags
Spezielle Optionen für den Austausch. Die Flags haben folgende Bedeutung:

- Encryption Bit (Bit 0): Die auf den Header folgenden Daten werden gemäß dem Schlüssel der ISAKMP SA verschlüsselt.

- Commit Bit (Bit 1): Dient zur Synchronisierung des Schlüsselaustauschs.

- Authentication Only Bit (Bit 2): Nur Authentifikation bei Informationsaustausch.

- Bits 3 bis 7: Alle weiteren Flags werden auf den Wert = 0 gesetzt.

Message ID
Eindeutige ID für Phase 2 der Verbindung. Der Message-Identifier wird durch einen Zufallsgenerator vom Initiator der Phase-2-Verhandlung generiert. Während der Phase 1 wird dieser Parameter immer auf den Wert = 0 gesetzt.

Length
Definiert die Länge (in Oktett) der Nachricht inklusive des Headers und der Payloads.

4.12 Quality of Service in Rechnernetzen

Bis vor wenigen Jahren wurden in den meisten Anwendungsfeldern der Informatik nur solche Daten transferiert, die keine Anforderungen wie Isochronität stellten (d.h., die Anforderung, einen Datenstrom mit einer garantierten Bandweite an Übertragungsdauer je Einheit, Verzögerungen zwischen Dateneinheiten etc.). Die entscheidenden Kriterien waren, die Daten so schnell und sicher wie möglich zu übertragen. Hinzu kommt, dass Datentransfers im Allgemeinen eine sehr große Varianz in Bezug auf ihr Aufkommen haben; man spricht hier von Burstiness. Rechner kommunizieren in kurzen Paketen, die so schnell wie möglich übertragen werden müssen, um dann wieder für mehrere Minuten die Kommunikation völlig einzustellen. Computer-Netzwerke sind auf diese Art von Verhalten hin optimiert; dies gilt sowohl für lokale Netzwerke (Ethernet oder Token Ring als Grundlage mit Protokollen wie IPX, SNA oder TCP/IP) als auch für typische Weitverkehrsnetze.

Für Multimedia-Anwendungen (beispielsweise Telefondienste oder Videokonferenzen), die sich anhand zusammenhängender Datenströmen orientieren, ist dieses Modell völlig unbrauchbar. Solche Dienste stellen eine Reihe von Anforderungen wie geringe Verzögerung und garantierte konstante Übertragungsraten, die bisher in Netzen nicht aufgetreten waren.

Der Begriff des QoS wurde bisher im Wesentlichen im Bereich der Nachrichtentechnik (durch Telekommunikationsdienstleister etc.) verwendet, da die Problematik qualitativ hochwertiger Übertragungen bei geringen Kosten und hoher Auslastung der technischen Infrastruktur dort entscheidend ist. Die zunehmende Konvergenz hin auf eine einheitliche Technologie für die Informationsinfrastruktur, d.h., die Übertragung von Sprache, Bild, Video und Daten, trägt nun die Anforderungen in die klassischen Netze hinein. Technologien wie ATM stellen solche Dienste bereit; in ihnen taucht auch auf unterer Ebene bereits der Begriff des QoS als integraler Bestandteil auf.

Sofern nun die genannten Dienste integriert werden, tauchen auch weitere Probleme auf. Um einen wirklich integrierten und reibungslosen Betrieb zu ermöglichen, sollte man auch auf die unterschiedlichsten Übertragungsmedien zurückgreifen können. Diese reichen vom POTS (Plain Old Telephone Service) über Mobilfunk-Netze wie GSM, traditionelle Datenmedien (ISDN, Datex-Dienste) bis hin zur Verwendung von Kabelfernsehleitungen als Breitbandmedium für verschiedene Dienste.

Diese Dienste unterscheiden sich in einer ganzen Reihe von Kriterien wie Bandbreite, Verzögerungen, Fehlerhäufigkeit, Verfügbarkeit und auch Zugangsmethoden.

Für Anwender von Diensten sollte dies jedoch nicht ersichtlich sein; hier sind Kriterien wie Qualität (Bildauflösung, Rauschen etc.) und Preis relevant; ein Dienst sollte in der Lage sein, mit oder ohne Einwirkung des Nutzers den optimalen Kompromiss zu finden. Die Merkmale hierzu sind unter dem Oberbegriff QoS zusammengefasst.

Die Bereitstellung von Quality of Service erfordert drei Funktionsblöcke:

Spezifikation
Sowohl der Anwender als auch der Dienstanbieter müssen Möglichkeiten haben, die von ihnen gewünschten Merkmale bzw. die verfügbaren Mittel und Dienste zu spezifizieren. Dies sollte in Form einer eindeutigen Sprache geschehen, die es erlaubt, einen automatisierten Abgleich vorzunehmen. Dabei wird der Anwender spezifizieren, welche Art von Dienst er anfordert (Datentransfer, isochroner Multimedia-Dienst usw.), welche Werte er als minimal akzeptabel betrachtet, welche er wünscht sowie eventuell noch die gewünschten Aktionen, falls Bedingungen eintreten, die eine Verletzung der garantierten QoS bedeuten.

Abgleich
Der Diensteanbieter wird die Anfrage des Anwenders erhalten. Er kann nun die ihm zur Verfügung stehenden Ressourcen sowie die Anforderungen der anderen Anwender bezüglich QoS verwenden, um daraus die bereitzustellenden QoS-Parameter für diesen Anwender zu berechnen. Hierzu wird man ein formales Regelsystem verwenden, das die Anforderungen geeignet gewichtet.

Überwachung
Sobald der Service-Provider dem Anwender mitgeteilt hat, welche Werte er zu erwarten hat, ist dies in Analogie zu einem Vertrag zu betrachten; diese Analogie impliziert jedoch auch, dass ein solcher Vertrag auf seine Einhaltung hin überwacht werden muss. Dies beginnt in trivialen Implementierungen mit einer festen Reservierung von Ressourcen und einer Überwachung von Leitungscharakteristika bei Verwendung von nicht dedizierten Kommunikationskanälen und kann bis hin zu heuristischen Analysen von zu erwartendem Systemverhalten gehen, wo aus den Verhaltensmustern von Anwendern Schlüsse gezogen werden, wie Ressourcen bereitgehalten werden müssen.

Quality of Service wird immer an folgenden spezifischen Merkmalen und Charakteristiken erkannt:

Throughput
Der Datendurchsatz: Typische Werte für Anwendungen (unkomprimiert) wären etwa 8 KByte/s für Audio in Telephonqualität, 150 KBytes/s für Audio in CD-Qualität und 30 MBytes/s für PAL-Video. Diese Werte lassen sich durch geeignete Kompressionsverfahren senken. Als praktische Untergrenze für Audio, wie es beispielsweise in Konferenzsystemen eingesetzt werden kann, sind etwa 14,4 KBit/s anzusehen; für Videodaten kann man bei Einschränkungen in Bildwiederholrate und Auflösung etwa 300 KBytes/s anzusetzen.

Delay
Jede Kommunikation ist mit Verzögerungen belastet. Dies ist in der rechnergestützten Kommunikation bedingt durch den Overhead, der in den Protokollen (Routing, Bridging, ...) gegenüber der reinen Signallaufzeit auftritt, andererseits auch durch physikalische Einschränkungen, wie die maximale Ausbreitungsgeschwindigkeit elektromagnetischer Wellen.

Es sind Unterscheidungen zwischen lokalen Netzwerken und Weitverkehrsnetzen zu treffen. Diese unterscheiden sich in Bezug auf Verzögerungen durchaus um Größenordnungen. In lokalen Netzwerken können die Verzögerungswerte für einzelne Datenpakete in Hochleistungsnetzen von unter 1 ms bis etwa 10 ms reichen; solche Verzögerungen sind für Multimedia-Anwendungen irrelevant, da nicht vom Menschen erfassbar.

Anders hingegen ist die Situation im Falle von Weitverkehrsnetzen. Für Kommunikation mit den USA sind über das Internet hinweg Werte von über 1000 ms eher die Regel als die Ausnahme. Solche Verzögerungen fallen bei interaktiver Kommunikation bereits unangenehm auf. Dabei sind hier bereits physikalische Einschränkungen am Werk. Wurden die Daten über eine Satellitenverbindung übermittelt, hat das Signal bereits etwa 90.000 km zurückzulegen. Auch die Router (10 bis 15 Hops sind heute üblich) tragen zum Anwachsen der Verzögerungen bei.

Loss
Keine Verbindung ist fehlerfrei. Die Problematik liegt nicht so sehr darin, dass Daten fehlerhaft angeliefert werden, sondern vielmehr darin, dass die Fehlerbehebung (etwa durch erneute Übertragung der Daten) in einer Verzögerung resultieren, die bei isochronen Diensten die QoS-Garantie verletzt.

Eine solches Problem entsteht auch dann, wenn wegen Netzüberlastung Teile eines Datenstroms nicht vermittelt werden können (Packet Dropping). Bei normaler Datenübertragung wird man solche Pakete erneut versenden und anschließend in einem Packet-Reassembly-Puffer an geeignete Stelle im Datenstrom einfügen – da jedoch die Verzögerung von Datenpaketen (Delay) ein wichtiger Parameter ist, sind solche Puffer nur eingeschränkt für Multimedia-Dienste brauchbar. Tritt dennoch der Fall des Packet Dropping ein, reagiert der Multimedia-Dienst durch ein Verwerfen dieser Daten, denn ein Bild kann nicht Sekunden nach seiner eigentlichen Position in den Datenstrom eingefügt werden.

Da solche Fehler jedoch häufig auftreten, kann die Behandlung solcher Probleme jedoch nicht einfach darin bestehen, die Verbindung abzubrechen, sondern es sollte vielmehr versucht werden, solche fehlenden Daten zu interpolieren.

Jitter
Damit bezeichnet man die Auswirkungen unterschiedlicher Laufzeiten von Daten in einem Datenstrom. Solche Varianzen können bei CBR-Anwendungen (Constant Bit Rate) wie beispielsweise der Tonübertragung ohne ausreichende Pufferung zu Aussetzern führen. Ähnlich schädlich sind auch kurze Übertragungsspitzen.

4.12.1 Klassen von QoS

Das OSI-Referenzmodell unterscheidet zwischen drei Klassen von QoS:

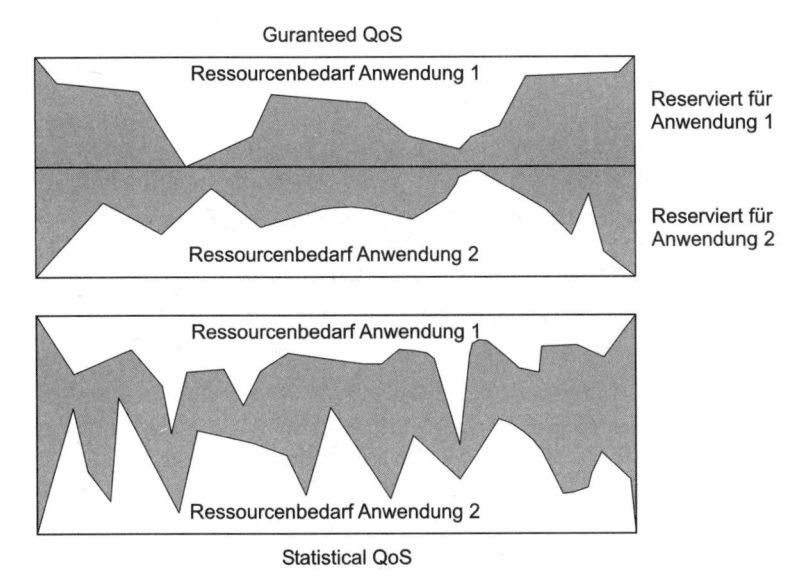

Abb. 4.95 Garantierter QoS vs. statistischer QoS

Paketbasierte Netze, wie sie zur Datenübertragung eingesetzt werden, arbeiten nach dem einfachen Prinzip, dass jedes Datenpaket so schnell wie möglich zum Empfänger geleitet wird. Hierbei kann es zu Aussetzern kommen, wenn Überlastbedingungen eintreten oder sonstige Fehler auftreten. Es wird kein Versuch gemacht, den erreichbaren Durchsatz einer einzelnen Verbindung zu quantifizieren. Man spricht hierbei von Best Effort QoS.

Um den erforderlichen QoS zu gewährleisten, kann vom Dienstleister auf der Verbindung die geforderte Qualität bereitgestellt werden. Dies ist in den meisten Fällen weder notwendig noch wirtschaftlich sinnvoll. Das Datenaufkommen auf Kommunikationsverbindungen ist in der Regel mit starker Varianz versehen; dies gilt insbesondere für den normalen Datenaustausch zwischen Rechnern. Multimedia-Kommunikation erfordert beständigere Transferraten; moderne Kompressionsverfahren können jedoch datenabhängig das Übertragungsvolumen variieren.

Damit ergibt sich für die Diensteanbieter die Möglichkeit, Ressourcen zu sparen, indem mehr Bandbreite vergeben wird, als prinzipiell von den QoS-Anforderungen vorgesehen ist. Dies wird als Overcommitment bezeichnet. Bei einer ausreichend großen Menge an gleichzeitig vermittelten Kommunikationsverbindungen gleichen sich die verwendeten Bandbreiten an einen statistischen Mittelwert an. Man spricht vom statistischen QoS. Allerdings kann bei diesem Verfahren durchaus der Fall eintreten, dass zu viele Verbindungen gleichzeitig Spitzenwerte im Durchsatz anfordern; es tritt der Fall der Überlastung ein und der QoS bricht ein.

Kann der Einbruch des QoS nicht von der Anwendung abgefangen werden, muss eine dezidierte Bandweite bereitgehalten werden. Diese wird in der Regel nur zu einem geringen Teil tatsächlich genutzt. Da dies für den Service-Provider eine erhebliche Belastung seiner Kapazität darstellt, werden solche Garantien nur durch einen erheblichen Kostenaufschlag abgegeben. Der Dienst wird als garantierter QoS bezeichnet.

4.12.2 Die unterschiedlichen Servicemechanismen

Die Qualitätsmerkmale heutiger Netze sind so unterschiedlich wie die eingesetzten Netztechnologien. Einige Technologien (z.B. Wählnetze) bieten eine implizite Qualitätsunterstützung an, bei anderen Technologien muss die Qualitätsunterstützung explizit durch geeignetes Management erfolgen bzw. simuliert werden. Bisher wurde Qualität meist dadurch erreicht, dass durch die geeignete Dimensionierung und sorgfältige Verwaltung bei normaler Netzlast eine gewisse Qualität erwartet werden konnte. Bei hoher oder unerwarteter Netzlast konnte hingegen keine Qualität erreicht und dementsprechend konnten keine Garantien abgegeben werden. In einigen Fällen wurden die notwendigen Qualitätsmerkmale durch den Einsatz von teuren dienstgütenunterstützenden Technologien auf Layer 1 und 2 erreicht.

Netzwerke basieren auf unterschiedlichen Technologien und verfügen somit über entsprechende implizite oder explizite Qualitätsgarantien. Je nach eingesetzter Netztechnologie ist eine Dienstgütenunterstützung auf Layer 1 oder 2 gewährleistet. Beispielsweise wurde beim Asynchronous Transfer Mode (ATM) die Dienstgütenunterstützung bereits auf dem Layer 2 integriert. Eine Dienstgütenunterstützung dieser Art ist jedoch sehr teuer und setzt entsprechende technologiegebundene Managementwerkzeuge voraus. Beim Übergang zu anderen Netztechnologien gehen diese Dienste meist verloren. Demzufolge wenden heute fast ausschließlich Unternehmen mit eigenen großen Netzwerken und mit speziell ausgebildetem Personal diese Form von Dienstgütenunterstützung an. Für die Unterstützung von Dienstgüte über die Grenzen proprietärer Netzwerke hinaus sind entsprechende Technologien in Entwicklung, welche auf das IP-Protokoll setzen und somit auf Layer 3 Dienstgüte garantieren können. Die Dienstgüte wird in Bezug auf Netzwerktechnologie Quality of Service oder kurz QoS genannt.

Quality of Service ist für sehr viele Anwendungen wie z.B. Videokonferenzen, Echtzeitanwendungen und die Telefonie äußerst wichtig und zum Teil sogar zwingend erforderlich. Diese Anwendungen sind bisher auf verbindungsorientierte Datennetze mit impliziten Qualitätsmerkmalen aufgesetzt worden. Weil das Internet eine effizientere Nutzung und damit eine günstigere Bewirtschaftung ermöglicht, aber die erwähnten Anwendungen Qualitätsmerkmale benötigen, ist es unumgänglich, dass IP-Dienste mit garantierten Qualitätsmerkmalen angeboten werden.

Gegenüber verbindungsorientierten Datennetzen hat das Internet drei wichtige Vorteile:

- Die Bandbreite eines physischen Links kann wesentlich effizienter genutzt werden, weil die im verbindungsorientierten Fall reservierte, aber ungenutzte Bandbreite auch genutzt werden kann.
- Die Kosten sind massiv tiefer, da die ungenutzte Bandbreite anderweitig verwendbar ist und deshalb nicht verrechnet werden muss.
- Die sehr hohe Flexibilität und Technologieunabhängigkeit auf Layer 2.

Viele heutige Benutzer verbindungsorientierter Datennetze sind gewisse Dienstgütegarantien gewohnt, obschon diese nicht zwingend im vorhandenen Ausmaß oder über die gesamte Dauer der Verbindung erforderlich sind. Hinter diesem Umstand verbirgt sich ein erhebliches Einsparungs- und Optimierungspotenzial, welches kommerzielle Anbieter aufdecken und nutzen wollen.

4.12.3 QoS-Merkmale

Die benötigten QoS-Anforderungen hängen stark von der jeweiligen Anwendung ab. Es gibt Netzanwendungen, welche mit Paketverlusten umgehen können, indem die Verarbeitung beim Empfänger ab einem gewissen Prozentsatz an erhaltenen Daten korrekt erfolgen kann. Andere Anwendungen, wie z.B. ein Filetransfer, sind darauf angewiesen, dass alle IP-Pakete unverändert und in der richtigen Reihenfolge ankommen, um durch den Empfänger wieder aneinander gefügt werden zu können. QoS soll differenzierte Dienste ermöglichen, deren Qualitätsmerkmale unabhängig voneinander sind. So sollen einerseits Dienste existieren, welche durch eine fest vorgegebene Bandbreite mit eventuell variierender Verzögerung und möglichen Paketverlusten (d.h., unzuverlässig) charakterisiert sind und andererseits Dienste, welche eine statistisch garantierte Bandbreite mit maximaler Verzögerung und höchster Zuverlässigkeit anbieten.

Bandbreite/Durchsatz (Throughput)

Die maximale Bandbreite bzw. der Durchsatz ist im Wesentlichen von den vorhandenen Leitungen (Links) abhängig. Wenn eine größere Bandbreite gewünscht wird als ein einziger Link anbieten kann, können bei einem paketvermittelnden Netzwerk mehrere Links die erforderliche Bandbreite zur Verfügung stellen, unter Umständen auch über verschiedene Pfade. Auf Layer 2 sind je nach eingesetzter Technologie Beschränkungen (Einstellungen) möglich, sodass mehrere Kunden sich einen Link teilen können, ohne gegenseitig Störungen befürchten zu müssen. Die Router in den Netzknoten müssen zudem in der Lage sein, den durchschnittlichen, aber in gewissen Fällen auch maximalen Verkehr zwischen den angeschlossenen Links mit der gewünschten Performance zu verarbeiten.

Verzögerung (Mean Delay, Jitter)

Verzögerungen entstehen hauptsächlich durch Queueing in Netzelementen wie Router. Eine weitere Ursache für Verzögerungen sind große Übermittlungsdistanzen, wie bei der Übermittlung via Satelliten oder der Kommunikation zweier geographisch weit auseinander gelegenen Sender und Empfänger. Auch die eingesetzte Linktechnik spielt eine wichtige Rolle. In Bezug auf dieses Qualitätsmerkmal haben z.B. Glasfaser oder Kupferdraht ganz unterschiedliche Eigenschaften. Die Verzögerungsschwankungen (Jitter), welche durch das Queueing in den Routern entstehen, müssen in einem bestimmten Rahmen bleiben, um einen kontinuierlichen Datenstrom zu ermöglichen. Die Anzahl der Netzelemente (Hops), welche ein IP-Paket durchlaufen muss, ist wesentlich, weil jeder Hop eine maßgebliche Verzögerung verursacht. Bei bidirektionalen Echtzeitanwendungen müssen außerdem die Endsysteme in der Lage sein, gewisse minimale Antwortzeiten zu garantieren.

Zuverlässigkeit (Error Rate)

Zuverlässigkeit bedeutet, dass die Pakete einerseits das Ziel erreichen und andererseits der Inhalt der Pakete nicht verändert wird. Zuverlässigkeit kann auch heißen, dass die Reihenfolge der Pakete nicht vertauscht wird. Das IP-Protokoll ist prinzipiell unzuverlässig. Deshalb ist es nicht zwingend, dass die Netztechnologie auf Layer 2 Zuverlässigkeit garantiert. Ist die vorhandene Netztechnologie jedoch sehr zuverlässig, so wird der darauf aufbauende IP-Dienst auch einigermaßen zuverlässig sein. Je besser das Netzmanagement ist, desto besser wird der Dienst erbracht werden können.

Sicherheit

Verschlüsselung
Der Bedarf an Verbindungen mit privatem Charakter nimmt stark zu. Neben VPNs ist auch der private Internet-Verkehr in vielen Fällen auf Verschlüsselung angewiesen und in anderen Fällen zumindest wünschenswert. Diese Verschlüsselung findet heute meist auf Anwendungsebene statt.

Authentisierung
Insbesondere mit der Einführung von Internet-Shopping, von Internet-Banking und nicht zuletzt von QoS im Internet wird die Authentisierung zunehmend wichtiger. Benutzer (oder Anwendungen) müssen sich authentisieren, um bestimmte Dienste nutzen zu können und um den Dienstanbietern individuelle Abrechnungen zu ermöglichen.

4.12.4 QoS im Netzwerk

QoS kann direkt durch die Netztechnologie (Layer 1 und 2) unterstützt werden, wie dies beispielsweise bei ATM der Fall ist. Andernfalls müssen Protokolle und Mechanismen auf höheren Schichten vorhanden sein, welche in der Lage sind, über unzuverlässige Technologien mittels Redundanz, Überwachung und Verwaltung von Ressourcen die entsprechende Dienstgüte zu erreichen.

Wenn ein Netzwerk für eine ganz bestimmte Aufgabe benutzt wird (Dedicated Network), genügt es, die Netzwerkressourcen sorgfältig zu dimensionieren. Andernfalls sind nebst der sorgfältigen Dimensionierung noch weitere Mechanismen wie Admission Control, Traffic Policing, Traffic Shaping und Queueing notwendig.

Internet

Das Internet integriert eine Vielzahl unterschiedlicher Netztechnologien. Sein Aufbau ist dementsprechend vielfältig. Den gemeinsamen Nenner bildet das Internet-Protokoll (IP). Die Anforderungen, welche IP an diese Netztechnologien stellt, sind gering. Damit wird die Kommunikation zwischen sehr unterschiedlichen Technologien möglich, was IP zu einer sehr großen Verbreitung verholfen hat. Das IP-Protokoll ist ein Protokoll, welches einen Best-Effort-Dienst ohne Qualitätsgarantien bezüglich Zuverlässigkeit, Bandbreite und Verzögerung anbietet. Dieser Best-Effort-Dienst ist verbindungslos, unzuverlässig und als Punkt-zu-Punkt- bzw. bei Multicast als Punkt-zu-Mehrpunkt-Verbindung aufgebaut. Gewisse fehlende Qualitätsmerkmale werden heute nur punktuell und temporär erreicht.

Einige Protokolle höherer Schichten haben bisher gewisse Schwächen von IP kompensiert, sind jedoch nicht in der Lage, bezüglich Bandbreite und Verzögerung Garantien abzugeben. Ein sehr bekanntes Beispiel ist das Internet Transport Control Protocol TCP, welches durch die Flusskontrolle in der Lage ist, Paketverluste festzustellen und zu korrigieren.

Obschon viele Anwendungen ohne ausreichend gute Qualitätsmerkmale des Netzwerks kaum einsetzbar sind, fehlen heute noch universelle Protokolle und Mechanismen zur Qualitätssicherung im Internet. Aus diesem Grunde bestehen heute immer noch proprietäre Weitverkehrsnetze, welche durch eine geeignete Verwaltung und entsprechende Abschirmung gewisse Qualitätsmerkmale erreichen. Dies ist kostenintensiv und nur so zuverlässig wie die Menschen, welche die manuellen Einstellungen vornehmen. Internet-Service-Provider (ISPs) wollen Dienste auf ihren Netzwerken auf konkrete Kundenbedürfnisse zuschneiden und damit Dienste mit bestimmten Qualitätsmerkmalen zu entsprechenden Konditionen anbieten können. Da IP ein Best-Effort-Dienst ist, welcher von sich aus kein QoS anbietet, müssen diese Aufgaben durch Protokolle höherer Schichten oder spezielle Mechanismen erbracht werden. Die heutigen Protokolle sind jedoch nicht in der Lage, die geforderte Qualität im gewünschten Umfang, in der gewünschten Differenzierung und in der gewünschten Wirtschaftlichkeit und Handhabung zu gewährleisten. Deshalb wird QoS im Internet heute selten und nur uneinheitlich unterstützt.

Verbindungsorientierte Netzwerke

Unternehmen mit verbindungsorientierten Netzwerken können implizite Qualitätsmerkmale anbieten, werden ihre Netze aber künftig besser auslasten müssen, um konkurrenzfähig bleiben zu können. QoS-Protokolle und QoS-Mechanismen werden daher auch hier Einzug finden müssen, damit diese Unternehmen ihre Dienstleistungen differenzierter und zu günstigeren Konditionen anbieten können.

QoS in LANs und WANs

In LANs und WANs sind teilweise gewisse Qualitätsmerkmale durch die eingesetzte Technologie gegeben. So bietet beispielsweise der Token Ring bezüglich Verzögerung gewisse Garantien. ATM ist auch ein gutes Beispiel für die Unterstützung von bestimmten Qualitätsmerkmalen auf Layer 2 in LANs und WANs. Bei WANs muss häufig der sehr teure Weg über Miet- oder Wählleitungen eingeschlagen werden, um gewisse Funktionalitäten bereitzustellen und bestimmte Anwendungen zuverlässig betreiben zu können. Auch hier ist die durchschnittliche Auslastung meist sehr gering, sodass die allozierte und bezahlte Bandbreite zu einem großen Teil ungenutzt bleibt.

Da heute schon viele LAN-Anwendungen Qualitätsgarantien erfordern, werden LANs entweder auf Netztechnologien aufgesetzt, welche gewisse Qualitätsmerkmale aufweisen, oder aber sie werden sehr großzügig dimensioniert. Beide Varianten sind nicht optimal, da im ersten Fall viel höhere Anschaffungskosten anfallen und im zweiten Fall nebst mittleren Anschaffungskosten die Auslastung im Durchschnitt schlecht ist. Außerdem ist bei großzügiger Dimensionierung die Dienstgüte relativ. UDP-Verkehr kann mitunter sehr aggressiv sein, d.h., dass die gesamte Bandbreite durch UDP-Verkehr belegt wird. Somit ist es wahrscheinlich, dass andere UDP-Verbindungen oder TCP-Verkehr gar nicht mehr möglich sind. Dies ist jedoch in vielen Fällen die günstigste Lösung, um viele Netzwerkprobleme temporär zu lösen.

QoS in VPN

Virtuelle private Netzwerke (Virtual Private Networks, VPN) sind logische Netze, die meist aus mehreren LANs bestehen, welche über ein öffentliches Weitverkehrsnetz wie das Internet, Mietleitungen (Leased Lines, Frame Relay) oder Wählnetze (ISDN) miteinander verbunden sind. Außerdem sind VPNs meist statisch konfiguriert, obschon die Dynamik der Netzverkehrslast z.B. im Tagesverlauf bekannt ist und somit Kosteneinsparungen ohne weiteres möglich wären. Im Fall von Wählnetzen kann dieser Dynamik im Tagesverlauf insofern Rechnung getragen werden, dass z.B. in der Nacht die Verbindung abgebaut wird. VPNs haben häufig einen privaten Charakter, d.h., einerseits, dass ein privater Standort mit einem anderen vertrauenswürdigen privaten Standort verbunden wird und andererseits, dass die Daten, welche in einem VPN über das Weitverkehrsnetz gehen, meist (fimen-)interne Daten sind, welche einen vertraulichen Charakter haben. Auch hier musste bisher aus Performance- und besonders aus Sicherheitsgründen häufig die teure Variante über Mietleitungen gewählt werden.

Da IP-VPNs zunehmend größere Beliebtheit erlangen, ist es umso wichtiger, QoS auf Layer 3 anzubieten. Damit soll es möglich werden, mehrere Datenströme auf einem physikalischen Link unterschiedlich zu behandeln, je nachdem, ob der Absender (oder die Anwendung) zu einem VPN gehört oder nicht.

Die heutige Technologie erlaubt VPN mit entsprechender QoS zu unterstützen. Dazu werden mittels RSVP verwaltete tunnelbasierte Aggregate verwendet. Einerseits ist jedoch die Verwaltung solcher RSVP-Tunnels recht aufwendig und andererseits eine IP-in-IP-Einkapselung notwendig.

QoS auf Layer 3 (IP)

Die große Verbreitung des IP-Protokolls prädestiniert es, um QoS in den meisten Bereichen innert kurzer Frist mit relativ geringem Aufwand einführen zu können. Es liegt deshalb nahe, diesem Protokoll durch geeignete Mechanismen und geeignete übergeordnete Protokolle QoS-Eigenschaften zu verleihen. Einige Ansätze dazu werden in den folgenden Abschnitten näher erläutert.

4.12.5 Integrated Services (IntServ)

Der Integrated-Services-Ansatz ist die Erweiterung der klassischen Internet-Architektur und unterstützt QoS und Multicast. Die Erweiterung besteht aus folgenden Elementen:

- erweiterte Dienstmodelle, welche das Verhalten nach außen beschreiben und durch Serviceklassen modelliert werden,

- Flusskontrollmechanismen und Protokolle, um Reservierungen vorzunehmen.

IntServ basiert auf der Reservierung von Ressourcen pro Anwendungsdatenfluss (Flow), d.h., der Reservierung von Netz- und Systemressourcen wie Bandbreite, Puffer und CPU-Zeit für jeden Flow. Der Benutzer legt mittels Flussspezifikation (FlowSpec) und Filterspezifikation (FilterSpec) Reservations- (RSpec) und Traffic-Parameter (TSpec) fest, welche einer der folgenden drei Service-Classes zugeordnet werden:

Garanteed Service (GS)
GS bietet Bandbreitengarantie, mathematisch begrenzte Verzögerung und schließt Verluste konformer Pakete aus. Dadurch werden Dienstvereinbarungen mit definierter maximaler Latenz für zeitkritische und gegenüber Verzögerung empfindlich reagierende Applikationen möglich.

Controlled Load-Service (CL)
CL bietet etwa dieselbe Dienstgüte wie der Best-Effort-Dienst in einem unbelasteten Netzwerk (hier wird nur Tspec festgelegt). Die Dienstklasse kontrolliert die Belastung mit mittlerer Verzögerung, d.h., Überschreitungen der vereinbarten maximalen Latenzzeit finden nicht häufiger statt als im unbelasteten Zustand und werden für zeitkritische, aber gegenüber Verzögerung robustere Anwendungen genutzt.

Best Effort
Wenn Pakete der Dienste CL oder GS nicht konform sind, werden diese wie Best-Effort-Pakete behandelt. Nicht konform sind beispielsweise alle Pakete, welche außerhalb der vereinbarten Bandbreite liegen. Die Best-Effort-Services werden für adaptive und zeitunkritische Applikationen wie folgt unterteilt:

- burst-artiger Verkehr (z.B. Web),
- bulk-artiger Verkehr (Streaming, FTP),
- asynchroner Verkehr (z.B. E-Mail).

Die Garanteed und Controlled Load Services benötigen eine Signalisierung und Zugangskontrolle (Admission Control) in den Netzwerkknoten, wie es beispielsweise durch RSVP bereitgestellt wird. Im IntServ-Modell fordert eine Anwendung ein spezielles Dienstmerkmal im Netz an (Signalling), bevor es seine Daten sendet. Von der Anwendung wird erwartet, dass es die Daten erst sendet, wenn es eine Bestätigung durch das Netzwerk erhalten hat und die Daten dem innerhalb der Signalisierungsphase angegebenen Profil entsprechen. Sind diese Punkte erfüllt, führt das Netzwerk aufbauend auf den Informationen der Anwendung und den vorhandenen Netzwerkressourcen eine Zugangskontrolle (Admission Control) durch. Das Netz verpflichtet sich, die QoS-Anforderungen so lange zu erfüllen, wie der Verkehr innerhalb seiner Spezifikation verbleibt.

Vorteile der Integrated Services-Architektur ist die Unterteilung in mehrere Klassen, die für bestimmte Anwendungstypen optimiert sind, sowie der integrierte Best-Effort-Service. So können existierende Anwendungen ohne Veränderung weiter verwendet werden. Gegen IntServ spricht, dass End-to-End-Merkmale nur nutzbar sind, wenn alle beteiligten Knoten das Service-Modell integrieren.

IntServ wird heute in kleineren und mittleren Netzen angewendet, eignet sich jedoch nicht für große IP-Netze (Backbone) mit sehr vielen Punkt-zu-Punkt-Verbindungen, da der Verwaltungsaufwand (für jeden Flow) zu groß wird und die Speicherkapazitäten der Router nicht mehr ausreichen. Gute Resultate wurden jedoch in großen IP-Netzen bei Multicast-Verbindungen erreicht. Die mangelnde Skalierbarkeit und Abrechnungsprobleme von IntServ führten hingegen dazu, dass für große Netzwerke von Internet-Service-Providern (ISPs) neue skalierbare Ansätze weiterverfolgt und entwickelt wurden.

Ein erster Schritt zur Behebung der Skalierungsproblematik ist die Traffic Class Aggregation, welche auf dem Prinzip beruht, die IP-Pakete, welche zu RSVP-Datenflüssen gehören, im Backbone-Bereich auf ein bestimmtes Class-of-Service-Bitmuster abzubilden. Diese mit einem bestimmten CoS-Bitmuster markierten Pakete sollen gemäß den Vorschlägen für das DiffServ-Konzept gegenüber anders oder gar nicht markierten IP-Paketen bevorzugt behandelt werden.

4.12.6 Differentiated Services (DiffServ)

Differentiated Services (DiffServ) ermöglicht die Dienstgütenunterstützung im Backbone-Bereich. Bei DiffServ wurde ein Verfahren gewählt, bei welchem die Skalierungsprobleme von IntServ prinzipiell nicht auftreten können. Durch Aggregation und Bildung von Dienstklassen müssen in den Netzknoten eines Backbones statt aller Anwendungsdatenflüsse (bis zu mehreren Millionen Flows) höchstens acht Klassen voneinander unterschieden und bezüglich Dienstgüte unterschiedlich behandelt werden. Dies wird erreicht, indem verlangt wird, dass jedes IP-Paket eine entsprechende Markierung aufweist, welche von DiffServ-Netzknoten berücksichtigt wird. Neben der deutlich geringeren Anzahl von Klassen müssen für die Dienstgütenunterstützung in den Netzknoten des Backbones keine weiteren Parameter wie Quell- oder Zieladresse oder zusätzliche Merkmale berücksichtigt werden. Die Markierung der Pakete kann im Kundennetz oder im Border-Router des Providers erfolgen, womit die Backbone-Router stark entlastet werden können. Sind die Netzelemente in einem Backbone einmal konfiguriert, kann der Kunde selbst bestimmen, welche Anwendung bzw. welche Anwendungsdatenflüsse wie markiert werden und demzufolge von welcher Dienstqualität sie profitieren sollen. Insbesondere können mehrere Anwendungen gleichzeitig oder zeitlich aufeinander folgende Anwendungsdatenflüsse ohne weitere Signalisierung im Backbone vom entsprechenden Dienst profitieren. Kurzlebige Anwendungsdatenflüsse, die typischerweise bei HTTP vorkommen, können somit durch eine entsprechende Markierung auch von Dienstgüte profitieren. Um sicherzustellen, dass Flows eines Aggregats (mit derselben Markierung) sich gegenseitig nicht behindern, ist eine sorgfältige Verwaltung der Netzressourcen mit Admission-Control- bzw. Shaping-Mechanismen und entsprechenden Queueing- und Dequeueing-Mechanismen notwendig.

DiffServ bringt somit eine völlig neue Sicht auf die QoS-Architektur und das Zusammenspiel einzelner Bereiche mit sich. Den Kern aller DiffServ-Betrachtungen bildet die DiffServ-Wolke bzw. die DS-Domäne. Die administrativen Vereinbarungen spielen hierbei eine übergeordnete Rolle.

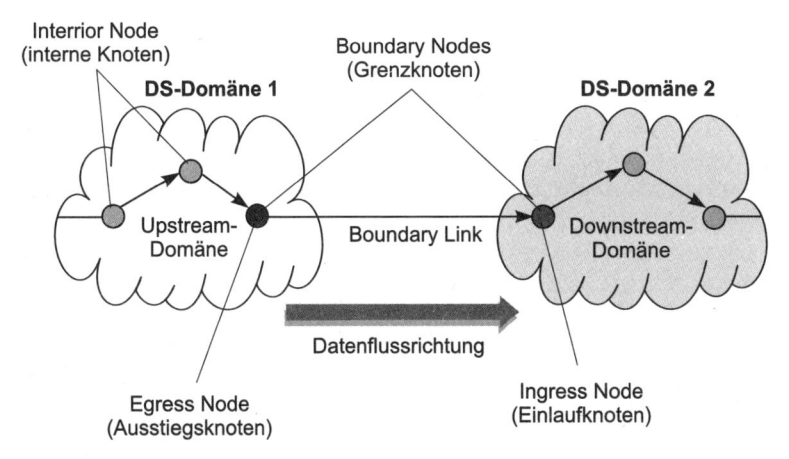

Abb. 4.96 Eckpunkte der Differentiated Services

Als Komponenten zur DiffServ-Realisierung werden folgende Einheiten definiert:

- **Verkehrsmeter** – ein Prozess im DS-Knoten, der die Messung der aktuellen Verkehrscharakteristik für einen Datenstrom vornimmt.

- **Shaper** – ein Prozess, der Verzögerung der Pakete vornimmt, damit diese dem vereinbarten Profil entsprechen.

- **Dropper** – ein Prozess, der das Verwerfen der Pakete in einem DS-Knoten an einem Datenstrom vornimmt.

- **Classifier** – ein Prozess zur Sortierung der Datenpakete anhand des IP-Headers entsprechend der definierten Regeln.

- **Multifield Classifier** – klassifiziert die Pakete anhand mehrerer Felder im IP-Header (beispielsweise Sender- und/oder Empfänger-IP-Adresse und der Port-Nummer).

- **Traffic Conditioner** – ein Überwachungsprozess im DS-Knoten, der die Einhaltung der Traffic Conditioning Agreements (TCAs) überwacht. Traffic Conditioning wird in aller Regel in DS-Boundary-Nodes angewandt. Ein Traffic Conditioner führt das Metering, Marking, Shaping und Policing des behandelten Datenstroms durch, damit der Ausgangsverkehr des TC dem gewünschten Verkehrsprofil entspricht.

4.12.7 Resource-Reservation-Protokoll (RSVP)

Das Resource-Reservation-Protokoll (RSVP) wurde im RFC 3175 (Aggregation of RSVP for IPv4 and IPv6 Reservations) an die Erfordernisse des IPv6 angepasst. Das RSVP-Protokoll wurde vom Design her so konzipiert, dass es mit einer Vielzahl von Transportprotokollen zusammenarbeiten kann. In der Praxis wird das RSVP-Protokoll jedoch nur auf den verbindungslosen Datagramm-Diensten der TCP/IP-Protokollfamilie eingesetzt. Aus diesem Grund ist dieses Protokoll auch ideal für die Beseitigung von Bandweitenproblemen in TCP/IP-Netzen geeignet. Bei diesen Protokollen wird bei der Übermittlung über das Netz kein fester Übertragungspfad bereitgestellt. Der Sender übergibt die Datenpakete an das Netz und geht automatisch davon aus, dass für deren Übermittlung vom Übertragungsmedium genügend Bandweite zur Verfügung gestellt wird. Bei einer geringen Auslastung der Netze hat dieser einfache Mechanismus hervorragend funktioniert. Doch durch die immer höhere Auslastung des Mediums durch den Wettbewerb der Endgeräte um Übertragungskapazitäten kommt es zunehmend zu Engpässen. Dies hat zur Folge, dass die Daten zwischen zwei Knoten im Netz zwar kontinuierlich übertragen werden, eine spezifische Performance für die jeweilige Session jedoch nicht garantiert werden kann. Unter Umständen kann eine zu hohe Auslastung sogar zum Verlust von Datenpaketen führen, die von den höheren Schichten nach einer gewissen Zeitverzögerung erneut gesendet werden müssen.

Das RSVP-Protokoll ist Teil der Integrated-Services-Architektur (ISA) der IETF. Ziel ist die Sicherstellung verschiedener Klassen der Dienstqualität im Internet. Dafür müssen zwei Voraussetzungen erfüllt sein: Es müssen Netzwerkelemente existieren (IP-Router und andere Netzwerkkomponenten), die entlang des Auslieferungspfades der Daten die geforderte Dienstqualität sicherstellen. Zweitens muss ein Kommunikationsmechanismus existieren, der den Netzwerkelementen die QoS-Anforderungen mitteilt und der die Kommunikation zwischen Anwendungen und Netzwerkelementen ermöglicht. Die IETF unterscheidet verschiedene QoS-Serviceklassen. Für den Einsatz von RSVP sind die beiden Serviceklassen Controlled-Load-QoS und Guaranteed-QoS relevant. Bei der Controlled-Load-QoS wird den Paketen eine bestimmte Priorität zugewiesen, sodass sie von Routern bevorzugt behandelt werden und nicht in der Warteschlange stecken bleiben. Den Paketen wird eine »minimale« Verzögerung garantiert. Dieser Ansatz liefert Best-Effort, denn bei hoher Netzbelastung können auch bevorzugte Pakete aufgehalten oder vom Netz genommen werden. Beim Guaranteed-QoS wird für die Datenpakete eine bestimmte Bandbreite reserviert. Sie werden somit auf der Übertragungsstrecke nicht aufgehalten, solange es nicht zu Überreservierungen kommt.

Der Schlüssel für Echtzeitübertragungen im Internet liegt in der Reservierung von Bandbreite entlang des Lieferpfades (Guaranteed-QoS). RSVP soll diese Reservierungen realisieren und damit Probleme durch Verzögerungen, Paketverluste und fehlende Bandbreite verhindern. RSVP ist ein Setup-Protokoll, das Reservierungsanforderungen an Netzknoten weiterleitet. Für die Sicherstellung der Dienstqualität sind die Knoten verantwortlich. RSVP unterstützt Uni- und Multicast-Übertragungen und arbeitet mit aktuellen und zukünftigen Routing-Protokollen zusammen. Es passt sich an veränderte Routen an und stellt den Datentransport auch über Bereich ohne RSVP-Unterstützung sicher (allerdings nur mit Best-Effort-QoS).

Die herkömmliche Art der Paketübermittlung im Internet erfolgt nach dem Best-Effort-Prinzip. Für Echtzeitdaten reicht das nicht. RSVP soll sicherstellen, dass die Datenströme (Flows) rechtzeitig beim Empfänger ankommen, indem den Daten eine bestimmte Dienstqualität zur Verfügung gestellt wird. Flows werden durch Attribute beschrieben (z.B. minimale/maximale/durchschnittliche Datenrate, akzeptable Verzögerungszeit, Serviceklasse).

RSVP wird von Endsystemen und Routern eingesetzt. Zur Sicherstellung der Dienstqualität muss das Protokoll in allen Knoten implementiert sein. RSVP ist empfängerorientiert, d.h., es macht den Empfänger für die Reservierung verantwortlich. Verschiedene Arten von Reservierungen sind möglich. Reservierungsanforderungen können abgelehnt werden. Um Bandbreite einzusparen, können kompatible Anforderungen zu neuen Anforderungen vereinigt werden. RSVP reserviert Ressourcen nur in eine Richtung (unidirektional), obwohl eine Anwendung gleichzeitig senden und empfangen kann (z.B. im Bereich Internet-Telefonie). In diesem Fall müssen zwei voneinander unabhängige Sessions initiiert werden. Reservierungen müssen in regelmäßigen Abständen bestätigt werden, sonst werden die Ressourcen wieder freigegeben. Reservierungen werden abschnittsweise, d.h., von Router zu Router, etabliert.

RSVP transportiert Informationen für die Verkehrskontrolle (Traffic Control) und die Reservierungskontrolle (Policy Control). Die Verkehrskontrolle ist für die Sicherstellung der Dienstqualität verantwortlich. RSVP soll alle Arten von Datenübertragungen beschleunigen. Vor allem soll es die Dienstqualität von Echtzeitübertragungen sicherstellen. RSVP kann nicht allen Anforderungen gerecht werden. Es existieren einige Probleme, die einer Implementation zum derzeitigen Zeitpunkt im Weg stehen.

Funktionsweise

Eine RSVP-Session ist ein unidirektionaler Datenstrom mit einem bestimmten Ziel und einem bestimmten Transportprotokoll, für den Ressourcen reserviert werden. Er wird durch die Destination-Adresse und den betreffenden DS-Codepoints (DSCP) eindeutig beschrieben. Zum Aufbau einer Multicast-Session sind in den Endsystemen folgende Schritte notwendig:

- Ein Empfänger meldet sich bei einer Multicast-Gruppe an.

- Ein potenzieller Sender sendet eine Path-Message an die IP-Adresse der Multicast-Gruppe.

- Ein Empfänger (bzw. die Anwendung) empfängt die Path-Message und sendet eine Resv-Message.

- Ein Sender empfängt diese Resv-Message und der Sender (bzw. die Anwendung) beginnt mit der Übertragung der Nutzdaten.

Bei einer Ressourcenanforderung stellt der Empfänger dem lokalen RSVP-Prozess (RSVP Daemon) die notwendigen Informationen in Form einer Flowspezifikation (Flowspec) zur Verfügung. Diese beinhaltet die geforderte Serviceklasse (Guaranteed oder Controlled Load-QoS) sowie die Werte Rspec und Tspec. Rspec legt die Dienstgüte innerhalb einer Serviceklasse fest. Tspec beschreibt einen Flow. Eine Flowspezifikation legt die geforderte Bandbreite oder die maximal erlaubte Verzögerung fest. Die Informationen der Flowspezifikation können von Zwischenknoten verändert werden.

Eine Reservierungsanforderung besteht neben der Flowspezifikation aus einer Filterspezifikation (Filterspec). Sie legt zusammen mit einem Session Descriptor fest, für welche Datenpakete die geforderte Serviceklasse gelten soll. Ein Empfänger kann die Dienstqualität zur Laufzeit auswählen. Zur Entscheidung benötigt er Informationen, die durch die Objekte Sender_Tspec und Adspec in einer Path-Message übermittelt werden. Adspec beinhaltet Informationen darüber, ob es auf der Übertragungsstrecke Bereiche ohne RSVP-Unterstützung gibt und welche Serviceklassen die Router unterstützen. Ein Flag zeigt an, ob bestimmte Leistungen nicht erbracht werden. Beispielsweise zeigt ein Flag an, dass ein Router keine RSVP-Unterstützung bietet. Ist dieses Bit gesetzt, kann die QoS nicht sichergestellt werden (nur Best-Effort möglich).

Die zwei grundlegenden Nachrichtenarten in RSVP sind Path- und Resv-Messages.

Ein Sender übermittelt Path-Messages entlang der vom Routing-Mechanismus festgelegten Route, die später auch die Anwendungsdaten zum Empfänger nehmen. In jedem Zwischenknoten wird ein Pfadzustand erzeugt, der Informationen über den vorher besuchten Hop enthält. Die nachfolgende Abbildung stellt einen RSVP-Router dar. Daten von einem Previous Hop erreichen den Router durch ein Eingangs-Interface (Incoming). Ausgehende Daten verlassen den Router durch Ausgangs-Interfaces (Outgoing) in Richtung Next Hop. Ein Interface kann innerhalb einer Session sowohl Incoming- als auch Outgoing-Interface sein. Mehrere Previous und/oder Next Hops können über ein physikalischen Interface erreicht werden.

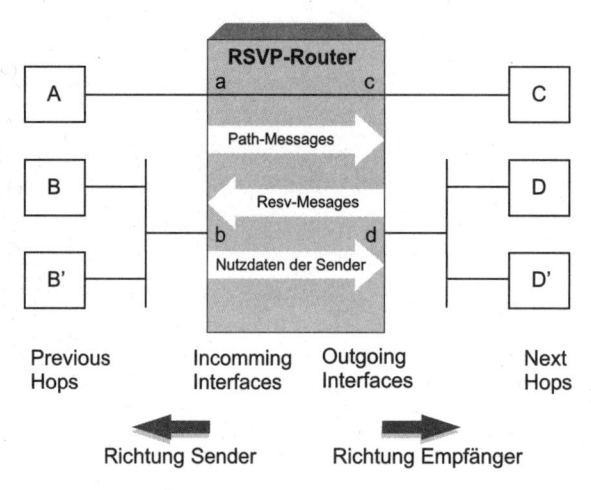

Abb. 4.97   RSVP-Router

Ein Empfänger sendet Resv-Messages in Richtung Sender, um eine Reservierung anzufordern. Dabei nehmen die Nachrichten den entgegengesetzten Weg, den die Path-Messages genommen haben. Der lokale RSVP-Prozess kommuniziert bei der Bearbeitung einer Anforderung mit den Mechanismen der Traffic Control (Admission Control, Packet Classifier, Packet Scheduler) und der Policy Control. In jedem Zwischenknoten löst eine Anforderung zwei Aktionen aus:

Erster Schritt: Lokale Dienstqualität sicherstellen

Die Anforderung wird an die Admission Control und die Policy Control geleitet. Der RSVP-Prozess überprüft, ob ausreichend Ressourcen vorhanden sind, um die Anforderung zu erfüllen (Admission Control Decision) und ob der Benutzer dazu berechtigt ist, diese Reservierung anzufordern (Policy Control Decision).

Admission Control

Die Admission Control trifft die Entscheidung, ob Reservierungen akzeptiert oder abgelehnt werden. Sie ist Bestandteil der Traffic Control.

Policy Control

Zur Kontrolle der Reservierungen werden für die Policy-Control-Mechanismen wie eine Zugangskontrolle oder ein Abrechnungssystem (zur Gebührenabrechnung) benötigt. Dazu muss jeder Benutzer eindeutig identifizierbar sein. RSVP transportiert Daten der Policy Control in Policy-Data-Objekten. Diese werden in Multicast-Übertragungen zusammengefasst, um ein zu hohes Datenaufkommen zu vermeiden.

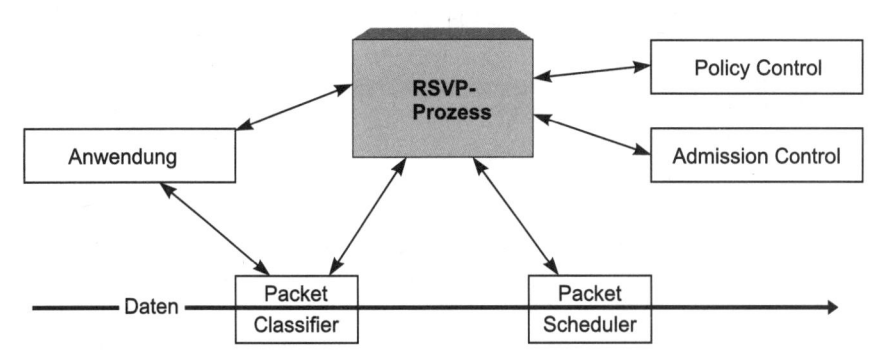

Abb. 4.98   RSVP-Prozess

Wird die Anforderung von der Admission Control oder der Policy Control abgelehnt, erhält der Empfänger eine Fehlermeldung. Wird die Anforderung akzeptiert, hat die Traffic Control für die Einhaltung der geforderten Dienstqualität zu sorgen. Packet Classifier und Packet Scheduler sind Funktionen der Traffic Control. Der Packet Classifier filtert ankommende IP-Daten bezüglich ihrer IP-Adresse und Portnummer und weist jedem Paket in Abhängigkeit vom Reservierungszustand im Knoten eine bestimmte Dienstklasse zu. Liegt eine Reservierung vor, werden die Pakete an den Packet Scheduler weitergeleitet, der für die Einhaltung der geforderten Dienstqualität sorgt.

Zweiter Schritt: Anforderung weiterleiten

Im zweiten Schritt reicht der Knoten die Anforderung in Richtung Sender weiter. Die Forderung, die den Knoten verlässt, kann sich von der eingegangenen Anforderung unterscheiden. Beispielsweise werden Anforderungen in Multicast-Übertragungen gemischt und nicht mehr weitergeleitet, sobald sie auf einen bereits reservierten Pfad im Multicast-Baum treffen. Damit müssen nicht alle Anforderungen bis zum Sender übertragen werden und das Datenaufkommen im Netz wird reduziert.

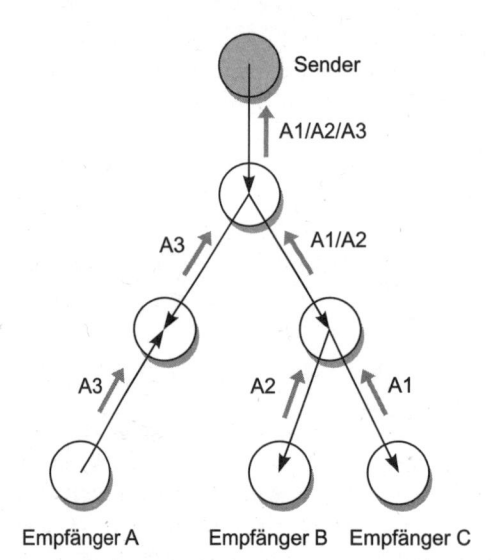

Abb. 4.99 Mischen von Anforderungen

Das Grundschema von RSVP sieht keine Rückmeldungen an den Empfänger vor. Der Empfänger schickt eine Anforderung in Richtung Sender. Die Knoten akzeptieren diese oder lehnen sie ab. Im Fall einer Ablehnung erhält der Empfänger eine Fehlermeldung. Wird die Anforderung akzeptiert, hat der Empfänger keine genaue Kenntnis über die Qualität der Verbindung. Eine Erweiterung zum RSVP-Grundschema wird als One Pass with Advertising (OPWA) bezeichnet: Entlang des Lieferpfads werden Kontrollpakete in Richtung Empfänger geschickt, um die Qualität der Verbindung zu ermitteln. Das Ergebnis (Advertisement) übermittelt RSVP an den Empfänger (bzw. die Anwendung).

Bei einer Routenänderung erzeugen die nächsten Path- und Resv-Messages entlang der geänderten Route neue Kontrollzustände in den Knoten. RSVP arbeitet mit dynamischen Kontrollzuständen, die regelmäßig bestätigt werden müssen. Um das Datenaufkommen nicht durch zu kurze Refresh-Intervalle zu stark zu erhöhen und trotzdem schnell auf Routenänderungen reagieren zu können, wäre es von Vorteil, wenn das Routingprotokoll eine Wegänderung an einen RSVP-Prozess melden könnte, damit dieser ein außerordentliches Refresh durchführen könnte.

Dynamische Kontrollzustände

In leitungsvermittelten Netzwerken wird zu Beginn einer Verbindung Bandbreite reserviert und bis zum Ende der Verbindung bereitgestellt, unabhängig davon, ob sie auch benötigt wird (Hard State). RSVP verwendet dynamische Kontrollzustände (Soft State) in den Knoten, damit nur Ressourcen reserviert werden, die benötigt werden. Kontrollzustände werden automatisch entfernt, wenn sie nicht regelmäßig durch Path- und Resv-Messages bestätigt werden. Das Refresh muss innerhalb einer bestimmten Zeitspanne, Cleanup Timeout Period, erfolgen. RSVP sendet Nachrichten über IP. Innerhalb des Cleanup-Intervalls erzeugen Sender und Empfänger mehrere Refresh-Messages, sodass der einmalige Verlust einer Refresh-Message nicht die Entfernung eines Zustands zur Folge hat. Ein Zustand kann auch explizit durch eine Teardown-Message entfernt werden. Für RSVP-Daten sollte eine gewisse Netzbandbreite reserviert werden, um zu verhindern, dass Zustände infolge von Netzüberlastungen entfernt werden. Kontrollzustände können dynamisch angepasst werden: Ändern sich die Anforderungen, sendet ein Endknoten modifizierte Path- bzw. Resv-Messages. Daraufhin werden die Kontrollzustände in den Zwischenknoten auf den aktuellen Stand gebracht. Das Mischen von Anforderungen kann dazu führen, dass ein Zustand bereits gilt, sodass eine Aktualisierung nicht mehr notwendig ist.

Reservierungsarten

Bei einer Anforderung stehen dem Empfänger verschiedene Optionen zur Verfügung. Die gewählte Kombination wird als Reservation Style bezeichnet. Die erste Option betrifft die Art der Reservierung: Ressourcen können zur alleinigen Nutzung eines Senders reserviert werden (Distinct Reservation). Alternativ können die reservierten Ressourcen durch alle beteiligten Sender genutzt werden (Shared Reservation). Die zweite Option dient dazu, berechtigte Sender auszufiltern: Die Sender, die eine Reservierung nutzen dürfen, können explizit durch den Empfänger angegeben werden (Explicit Selection). Alternativ können alle Sender einer Session ausgewählt werden (Wildcard Selection).

Reservierung:

Senderauswahl	Distinct	Shared
Explicit	Fixed Filter Style	Shared Explicit Style
Wildcard	nicht definiert	Wildcard Filter Style

Tab. 4.6   Arten der Reservierung in RSVP

Fixed Filter Style kommt einem Streaming Protocol sehr nahe. Die reservierte Bandbreite wird einem einzigen Sender zur Verfügung gestellt. Diese Art der Reservierung eignet sich beispielsweise für Videoübertragungen. Shared Reservations eignen sich für Internet-Telefonie und Audiokonferenzen, wenn vorausgesetzt wird, dass nicht mehrere Personen gleichzeitig sprechen.

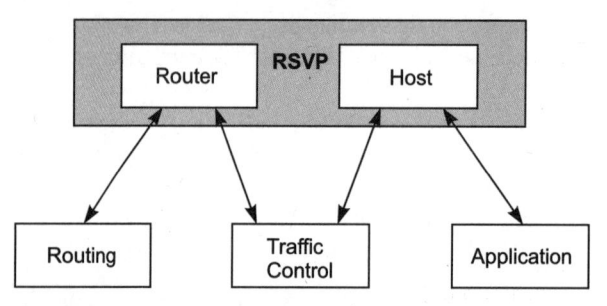

Abb. 4.100 RSVP-Schnittstellen

Bereiche ohne RSVP-Unterstützung

Auch über Bereiche ohne RSVP-Unterstützung muss die Übertragung der Daten sichergestellt sein. Auf diesen Teilstrecken ist in der Regel keine Reservierung von Ressourcen möglich, sodass die Einhaltung der vom Empfänger geforderten Dienstqualität davon abhängt, ob der zu überbrückende Bereich zufällig über ausreichend Ressourcen verfügt, um die Dienstqualität auch ohne Reservierung sicherstellen zu können. Generell ist über Teilstrecken ohne RSVP nur Best-Effort möglich. Informationen über die Dienstqualität in Bereichen ohne RSVP-Unterstützung werden dem Empfänger mit Adspec-Objekten übermittelt. Router mit und ohne RSVP-Unterstützung leiten Path-Messages weiter. Dabei wird nur in RSVP-Routern ein Pfadzustand etabliert. Eine Path-Message, die durch einen Bereich ohne RSVP geleitet wird, enthält die IP-Adresse des letzten RSVP-Routers. Diese IP-Adresse wird von Resv-Messages verwendet, um den Weg zu diesen Routern und damit zum Sender zu finden. RSVP-Pakete müssen von Routern bevorzugt behandelt werden, um Reservierungen nicht zu behindern. Existieren Bereiche ohne RSVP, kann das Cleanup-Intervall erhöht werden, um Verzögerungen abzufangen.

RSVP-Messages

RSVP-Messages bestehen aus einem allgemeinen Header, dem ein Datenblock mit Objekten folgt. Nachrichten zwischen Routern werden generell als IP-Datagramme übertragen. Sie sollten auch zwischen Endsystemen und Routern als IP-Datagramme übertragen werden, aber es besteht die Möglichkeit, sie in UDP-Datagramme zu verpacken.

Abb. 4.101 RSVP-Header

Die Felder des RSVP-Headers haben folgende Bedeutung:

Version (4 Bits)
Das Feld gibt die Version des Protokolls an. Momentan wird nur die Version 1 verwendet.

Flags (4 Bits)
RFC 2205 legt die Bedeutung der Flags nicht fest.

Message Type (8 Bits)
Das Feld gibt die Art der Nachricht an, die übermittelt wird.

Typ	Art der Nachricht	Beschreibung
1	Path	Path-Message
2	Resv	Resv-Message
3	PathErr	Fehlermeldung
4	ResvErr	Fehlermeldung
5	PathTear	Teardown-Message
6	ResvTear	Teardown-Message
7	ResvConf	Reservierungsbestätigung
8	DREQ	
9	DREP	
10	ResvTearConfirm	
11	Unassigned	
12	Bundle	
13	ACK	
14	Reserved	
15	Srefresh	
20	Hello	
21 bis 24	nicht vergeben	
25	Integrity Challenge	
26	Integrity Response	
27 bis 65	nicht vergeben	
66	DSBM_willing	
67	I_AM_DSBM	
68 bis 255	nicht vergeben	

RSVP Checksum (16 Bits)
Der Inhalt wird für die Berechnung der Prüfsumme benötigt.

Send_TTL (8 Bits)
Der Time-To-Live-Wert des IP-Datagramms, mit dem die Nachricht transportiert wird.

RSVP Length (16 Bits)
Die Länge der Nachricht (in Bytes).

Objekte

Objekte bestehen aus einem allgemeinen Header von 4 Bytes Länge, dem in Abhängigkeit vom Objekttyp ein Datenblock variabler Länge folgt.

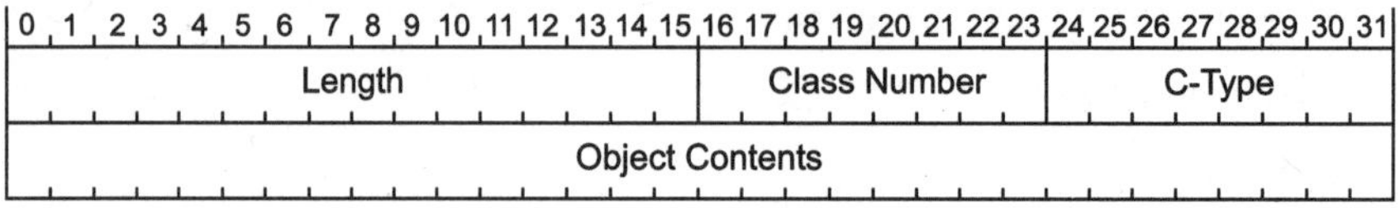

0...15	16...23	24...31
Length	Class Number	C-Type
Object Contents		

Abb. 4.102 RSVP-Objekt-Header

Length (16 Bits)
Enthält die Länge des Objekts (in Bytes).

Class Number (8 Bits)
Der Wert zeigt die Objektklasse an. Je nach Art der Nachricht sind bestimmte Objektklassen enthalten. Für jede RSVP-Nachricht ist ein *Session-Objekt* obligatorisch. Für das RSVP sind folgende Klassen definiert:

ID	Objektklasse
0	NULL
1	SESSION
3	RSVP_HOP
4	INTEGRITY
5	TIME_VALUES
6	ERROR_SPEC
7	SCOPE
8	STYLE
9	FLOWSPEC
10	FILTER_SPEC

ID	Objektklasse
11	SENDER_TEMPLATE
12	SENDER_TSPEC
13	ADSPEC
14	POLICY_DATA
15	RESV_CONFIRM
16	RSVP_LABEL
17	HOP_COUNT
18	STRICT_SOURCE_ROUTE
19	LABEL_REQUEST
20	EXPLICIT_ROUTE
21	ROUTE_RECORD
22	HELLO
23	MESSAGE_ID
24	MESSAGE_ID_ACK
25	MESSAGE_ID_LIST
26-29	unassigned
30	DIAGNOSTIC
31	ROUTE
32	DIAG_RESPONSE
33	DIAG_SELECT
34-41	unassigned
42	DSBM IP ADDRESS
43	SBM_PRIORITY
44	DSBM TIMER INTERVALS
45	SBM_INFO
46-63	unassigned
64	CHALLENGE

ID	Objektklasse
65	DIFF-SERV
66-127	unassigned
128	NODE_CHAR
129-160	unassigned
161	RSVP_HOP_L2
162	LAN_NHOP_L2
163	LAN_NHOP_L3
164	LAN_LOOPBACK
165	TCLASS
166-191	unassigned
192	SESSION_ASSOC
193-206	unassigned
207	SESSION_ATTRIBUTE
208-223	unassigned
224	unassigned
225	DCLASS
226	PACKETCABLE EXTENSIONS
227-254	unassigned
255	reserved

C-Type (8 Bits)
Das Feld zeigt den Objekttyp innerhalb einer Objektklasse an. Die Protokollspezifikation unterscheidet C-Types für IPv4 und IPv6.

ID	Typ	Protokoll
0	-	reserved
1	1	IPv4
	2	IPv6
	3	IPv4/GPI

ID	Typ	Protokoll
	4	IPv6/GPI
	5	unassigned
	6	tagged_tunnel_IPv4
	7	LSP Tunnel IPv4
	8	LSP Tunnel IPv6
	9	RSVP-Aggregate-IP4
	10	RSVP-Aggregate-IP6
2		unassigned
3	1	IPv4
	2	IPv6
4	1	Type 1 Integrity Value
5	1	Type 1 Time Value
6	1	IPv4
	2	IPv6
7	1	IPv4
	2	IPv6
8	1	Type 1 Style
9	1	Reserved
	2	Int-serv Flowspec
10	1	IPv4
	2	IPv6
	3	IPv6 Flow Label
	4	IPv4/GPI
	5	IPv6/GPI
	6	tagged_tunnel_IPv4
	7	LSP Tunnel IPv4
	8	LSP Tunnel IPv6

ID	Typ	Protokoll
	9	RSVP-Aggregate-IP4
	10	RSVP-Aggregate-IP6
11	1	IPv4
	2	IPv6
	3	IPv6 Flow Label
	4	IPv4/GPI
	5	IPv6/GPI
	6	tagged_tunnel_IPv4
	7	LSP Tunnel IPv4
	8	LSP Tunnel IPv6
	9	RSVP-Aggregate-IP4
	10	RSVP-Aggregate-IP6
12	2	Int-serv
13	2	Int-serv
14	1	Type 1 policy data
15	1	IPv4
	2	IPv6
16	1	Type 1 Label
17	1	IPv4
18	1	Default
19	1	Without Label Range
	2	With ATM Label Range
	3	With Frame Relay Label Range
20	1	Type 1 Explicit Route
21	1	Type 1 Route Record]
22	1	Request
	2	Acknowledgment

ID	Typ	Protokoll
23	1	Type 1 Message ID
24	1	MESSAGE_ID_ACK
	2	MESSAGE_ID_NACK
25	1	Message ID list
	2	IPv4 Message ID Source list
	3	IPv6 Message ID Source list
	4	IPv4 Message ID Multicast list
	5	IPv6 Message ID Multicast list
30	1	IPv4
	2	IPv6
31	1	IPv4
	2	IPv6
32	1	IPv4
	2	IPv6
33	1	Type 1 Diagnostic Select
34-41		unassigned
42	1	IPv4
	2	IPv6
43	1	default
44	1	default
45	1	Media Type
45-63		unassigned
64	1	Type 1 Challenge Value
65	1	Diff-Serv object for an E-LSP
	2	Diff-Serv object for an L-LSP
66-127		unassigned
128		Should be zero; ignored.

ID	Typ	Protokoll
129-160	-	
161	1	IEEE Canonical Address
162	1	IEEE Canonical Address
163	1	IPv4
	2	IPv6
164	1	IPv4
	2	IPv6
165		TCLASS
166-191		unassigned
192		Should be zero, ignored.
193-206		unassigned
207	1	LSP_TUNNEL_RA
	7	LSP Tunnel
208-223		unassigned
224		unassigned
225		DCLASS
226	1	Reverse-Rspec
	2	Reverse-Session
	3	Reverse-Sender-Template
	4	Reverse-Sender-Tspec
	5	Forward-Rspec
	6	Component-Tspec
	7	Resource-ID
	8	Gate-ID
	9	Commit-Entity
227-254		unassigned
255		reserved

Object Contents (Vielfaches von 4 Bytes)

Dieser Block beinhaltet die Bestandteile eines Objekts. Die Spezifikation von RSVP beinhaltet nicht das Format von Feldern und Objekten, die zur Sicherstellung der Dienstqualität benötigt werden. RSVP überträgt diese Felder und Objekte, aber ihr Inhalt bleibt RSVP verborgen. Damit wird erreicht, dass RSVP verschiedene Mechanismen zur Sicherstellung der Dienstqualität nutzen kann, und andererseits diese Mechanismen mit anderen Setup-Methoden als RSVP zusammenarbeiten können.

Path-Messages

Ein Sender sendet in regelmäßigen Abständen Path-Messages. Ein RSVP-Knoten verarbeitet diese, um einen Pfadzustand herzustellen. Die Zieladresse in einer Path-Message ist die IP-Adresse des Empfängers, die Absenderadresse die des Senders. Ein Sender-Tpec-Objekt enthält Informationen, die den vom Sender erzeugten Verkehr charakterisieren. Das Objekt wird unverändert durch das Netzwerk transportiert und an Zwischenknoten und Empfänger übermittelt. Adspec-Objekte enthalten Parameter, die den Übertragungsweg beschreiben, sowie Parameter, die von Zwischenknoten zur Sicherstellung der QoS benötigt werden. Vom Sender werden diese Objekte in Richtung Empfänger geschickt. In jedem Zwischenknoten werden sie an die Traffic Control geleitet und dort aktualisiert.

Resv-Messages

Resv-Messages transportieren Reservierungsanforderungen vom Empfänger zum Sender. Sie nehmen den entgegengesetzten Weg von Path-Messages und erzeugen einen Reservierungszustand in den durchlaufenen Knoten. Die Zieladresse einer Resv-Message ist die IP-Adresse des nächsten Routers, die Absenderadresse die des Routers, der die Nachricht überträgt. Kommt die Nachricht beim Sender an, lässt dieser die notwendigen Einstellungen für den ersten Hop durch die Verkehrskontrolle vornehmen.

Fehlermeldungen

Eine PathErr-Message zeigt einen Fehler bei der Verarbeitung einer Path-Message an und wird an den zugehörigen Sender übertragen. Pfadzustände werden von einer PathErr-Message nicht beeinflusst. Eine ResvErr-Message zeigt einen Fehler bei der Verarbeitung einer Resv-Message oder eine Änderung einer bestehenden Reservierung an. Die Fehlermeldung wird von Hop zu Hop in Richtung Empfänger geleitet. Das Mischen von Anforderungen kann dazu führen, dass mehrere Empfänger von einer Fehlermeldung betroffen sind. Dabei sind zwei Fälle zu unterscheiden, in denen Anforderungen betroffen sind.

Fall 1
Eine Reservierung A besteht bereits. Ein Empfänger erzeugt eine Anforderung B, mit B > A. Die Anforderungen werden kombiniert und in einem höheren Knoten wird B abgelehnt. Diese Ablehnung darf Reservierung A nicht betreffen. Wird daher eine Anforderung abgelehnt, so bleiben die alten, bisher bestehenden Reservierungen erhalten.

Fall 2

Anforderung B eines Empfängers wird abgelehnt. Eine Anforderung A eines anderen Empfängers, mit A < B, würde akzeptiert werden, wenn sie nicht mit Anforderung B kombiniert wird. In diesem Fall erzeugt eine ResvErr-Message in jedem Knoten, den sie passiert, einen Blockadezustand, der verhindert, dass Forderung B mit anderen Anforderungen kombiniert wird.

Teardown-Messages

Teardown-Messages entfernen Kontrollzustände explizit. Sie werden von einer Anwendung in einem Endsystem oder einem Router erzeugt. Die Protokollspezifikation schreibt ihre Verwendung nicht vor, empfiehlt sie aber. Je schneller nicht länger benötigte Ressourcen freigegeben werden, desto schneller können sie anderen Anwendungen zur Verfügung gestellt werden.

Ein PathTear-Message benutzt den gleichen Weg zum Empfänger wie Path-Messages. Sie enthält die IP-Adresse des Empfängers als Zieladresse und die des Senders als Absenderadresse. Die Nachricht löscht »passende« Pfadzustände in den Zwischenknoten. »Passend« bedeutet, dass die Informationen in den Objekten Session, Sender-Template und RSVP-Hop übereinstimmen. Eine ResvTear-Message wird Richtung Sender übertragen und entfernt Reservierungszustände. Auch ResvTear-Nachrichten entfernen nur »passende« Zustände. Diese müssen in den Informationen der Objekte Session, Style, Filterspec und RSVP-Hop übereinstimmen. Das Mischen von Anforderungen kann dazu führen, dass Zustände nicht entfernt, sondern modifiziert werden, wenn noch andere Empfänger Ansprüche besitzen. Teardown-Messages werden wie alle RSVP-Messages unzuverlässig übertragen. Der Verlust einer Nachricht hat keine schwerwiegenden Auswirkungen, sondern bewirkt lediglich, dass eine Reservierung etwas länger (und zwar um das Refresh-Intervall länger) als nötig aufrechterhalten wird.

Bestätigung einer Reservierung (ResvConf)

Ein Empfänger kann sich eine Reservierung bestätigen lassen. Dazu fügt er ein Resv-Confirm-Objekt in die Resv-Message ein. Es beinhaltet die IP-Adresse des Empfängers. Beim Mischen von Anforderungen wird nur die höchste Forderung samt Bestätigungsanforderung nach oben weitergeleitet. Wird eine Anforderung, die bestätigt werden soll, nach der Vereinigung mit anderen Anforderungen nicht weitergeleitet (weil sie nicht die höchste Anforderung darstellte), erzeugt ein Zwischenknoten eine ResvConf-Message. Diese wird an den Empfänger geschickt, obwohl zu diesem Zeitpunkt die Anforderung noch weiter oben abgelehnt werden kann. Die Bestätigung ist somit keine Garantie für eine erfolgreiche Reservierung. Erreicht die Anforderung eines Empfängers den Sender, dann generiert dieser eine ResvConf-Message. Nur damit erhält der Empfänger eine echte Bestätigung, dass eine Ende-zu-Ende-Verbindung mit der gewünschten Dienstqualität etabliert wurde.

4.12.8 Das DS-Feld

Der IP-Header enthält ein so genanntes CoS-Feld (Class of Service), welches heute häufig DS-Feld genannt wird (DS steht für Differentiated Services). Das DS-Feld ermöglicht nun die geforderte Markierung in IPv6. Die Markierung der Pakete kann durch die Anwendung selbst oder durch ein Netzelement des Kunden erfolgen. Es ist auch denkbar, die Markierung durch den ersten Router (Ingress-Border-Router) im Providernetz durchführen zu lassen. Es sind heute schon Produkte auf dem Markt erhältlich, welche den Kunden erlauben, anhand diverser Merkmale Klassen zu bilden und so die IP-Pakete gemäß ihrer Klassifizierung zu markieren.

Auf einem Pfad kann die Markierung der Pakete verändert werden, sodass jeder Provider entlang des Pfads prinzipiell eigene Markierungen in seinem Netzwerk verwenden kann. Es gilt lediglich sicherzustellen, dass die Pakete beim Verlassen des Netzwerks die Markierung aufweisen, welche dem im SLA bestimmten Dienst entsprechen.

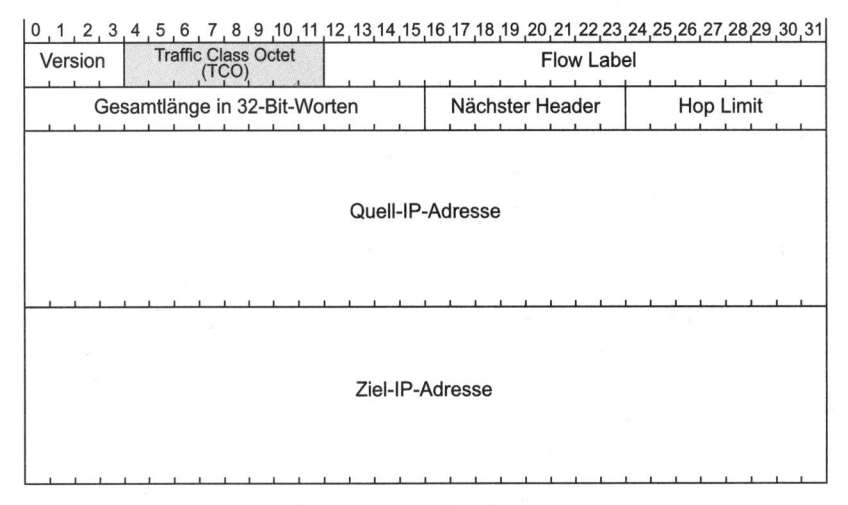

Abb. 4.103 Traffic Class Octet im IPv6-Header

Dieses Feld wird nach den DiffServ-Regeln gesetzt. Die ersten 6 Bits des Oktetts, die effektiv zur Differenzierung unterschiedlicher Fluss-Aggregate eingesetzt werden, bezeichnet man als DS-Codepoint (DSCP). Die letzten zwei Bits bleiben zurzeit ungenutzt.

TOS-(IPv4) bzw. TCO-(IPv6) Feld

0	1	2	3	4	5	6	7
DSCP						CU	

DSCP: Diffserv-Codepoint
CU: Reserviert für zukünftige Erweiterungen (currently unused)

Abb. 4.104 Der DS-Codepoint

Anhand des DS-Codepoints eines Pakets entscheidet ein DS-Knoten, welche PHB angewandt wird. Jeder DS-Codepoint entspricht genau einem PHB. Es können außerdem mehrere DSCP auf ein PHB abgebildet werden.

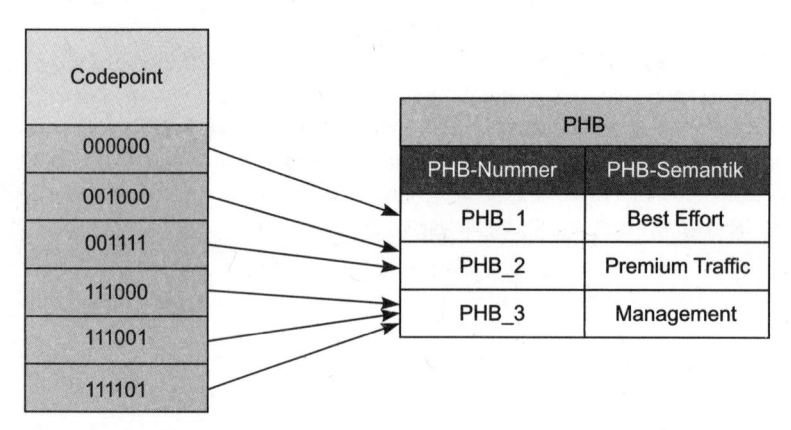

Codepoint
000000
001000
001111
111000
111001
111101

PHB	
PHB-Nummer	PHB-Semantik
PHB_1	Best Effort
PHB_2	Premium Traffic
PHB_3	Management

Abb. 4.105   Ein Beispiel für die CP-PHB-Abbildung

Die Class Selector Codepoints (CSC) legen folgende Mindestanforderungen an die entsprechenden PHBs fest:

Der Standard-Codepoint 000000 muss von allen DiffServ-Knoten erkannt werden. Der zugehörige PHB entspricht dem Best-Effort-Verhalten. Die ersten 3 Bits des DSCP charakterisieren eine DS-Klasse. Es können DiffServ-Domänen existieren, in denen nur die ersten 3 Bits des DSCP ausgewertet werden. Die Bits 3 – 5 definieren entsprechend die relative Priorität innerhalb der Klasse. Dabei ist zu beachten, dass die Class Selector Codepoints immer auf den PHBs, die die untere Grenze der Dienstgüte innerhalb der Klasse bedeuten, abgebildet werden.

Bei der Wahl der Codepoints müssen folgende Bedingungen erfüllt werden:

- Für die acht CSC müssen mindestens zwei unabhängige PHBs (Datenstromklassen) existieren.
- Ein numerisch größerer CSC muss auf einem PHB, der einen ebenbürtigen oder besseren Dienst bereitstellt, abgebildet werden.
- Außerdem muss ein PHB, der dem CSC 11x000 entspricht, gegenüber den PHB(s), auf denen der Codepoint 000000 abgebildet wird, eine bevorzugte Verarbeitung und Weiterleitung der zugehörigen Pakete erfahren. Dies stellt sicher, dass die Pakete mit Routing-Daten nach RFC 791 vor den Best-Effort-Daten verarbeitet werden.

Mit unterschiedlichen CSC markierte Pakete werden gemäß der zugehörigen PHB direkt weitergeleitet.

Der DSCP ist außerdem in drei weitere Bereiche unterteilt:

Bereich/Codepoints

- 1: xxxxx0   32 Werte, für den allgemeinen Einsatz
- 2: xxxx11   16 Werte, für experimentelle Zwecke
- 3: xxxx01   16 Werte, für den Fall, dass der erste Wertebereich ausgeschöpft wird.

Ein Paket, das ein DiffServ-Netz erreicht, passiert einen Classifier, in dem es einem bestimmten Aggregat zugeordnet wird. Vom Classifier wird es an den Traffic Conditioner weitergereicht. Spätestens am Ausgang des Conditioners wird das Datenpaket mit einem DS-Codepoint versehen, mit dem es durch die DS-Domäne weitergeleitet wird. Jeder DS-Knoten prüft bei dessen Empfang den DSCP und leitet das Paket gemäß dem zugehörigen PHB und der Routing-Tabelle weiter. Die Zuordnung DSCP -> PHB wird anhand der global definierten Mapping-Tabelle oder anhand der in der DS-Domäne geltenden lokalen Mapping-Regeln durchgeführt.

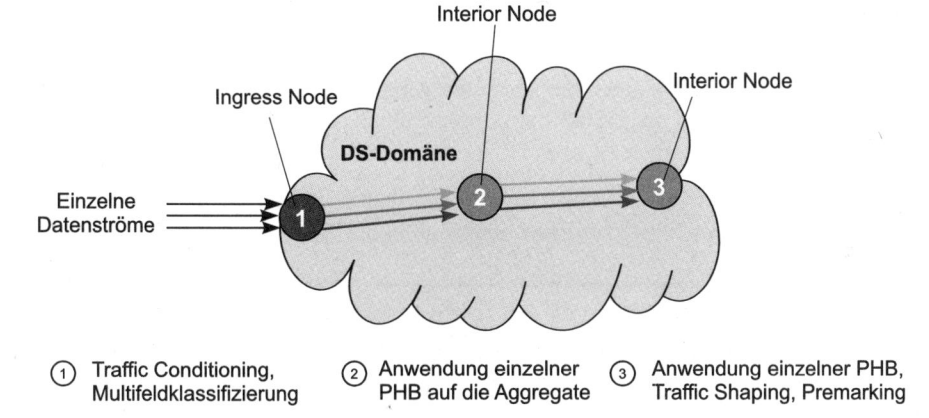

Abb. 4.106   Prinzip einer DS-Domäne

Im Normalfall besteht eine DS-Domäne aus einem oder mehreren Netzen, die gemeinsam administriert werden. Existiert in einer Domäne ein nicht-DS-fähiger Knoten, so ist nicht gewährleistet, dass die mit dem Dienstnutzer vereinbarten Service Level Agreements (SLAs) eingehalten werden können. Eine Domäne besteht aus Grenzknoten und internen Knoten. Alle DS-Knoten müssen die ankommenden Pakete gemäß der definierten PHBs weiterleiten. Außerdem müssen Grenzknoten die ankommenden Datenpakete gemäß der vereinbarten Traffic Conditioning Agreements prüfen bzw. mithilfe eines Traffic Conditioners verarbeiten. Ein Ingress Node muss sicherstellen, dass der eingehende Datenverkehr den zwischen den Domänen vereinbarten TCA entspricht. Ein Egress Node gewährleistet, dass der abgehende Datenverkehr den mit der Nachbardomäne vereinbarten TCA entspricht. Dafür kann auf den abgehenden Verkehr auch Traffic Conditioning angewandt werden. Ein interner Knoten kann optional Re-Marking-Funktionen durchführen.

Beim Eintritt eines Datenstroms in eine DiffServ-Domäne muss der Dienstanbieter überprüfen, ob er den SLAs entspricht. Außerdem muss der DS-Codepoint gesetzt werden, falls dies nicht schon vor dem Eintritt getan wurde. Ist in den SLAs vereinbart, dass der Datenstrom vor dem Eintritt markiert wird (Pre-Marking), so muss die Verkehrscharakteristik überprüft und bei Bedarf neu markiert werden; unter Umständen können die Pakete am Eingang auch verworfen werden. Diese Aufgaben übernehmen die Traffic-Classification- und Conditioning-Prozesse.

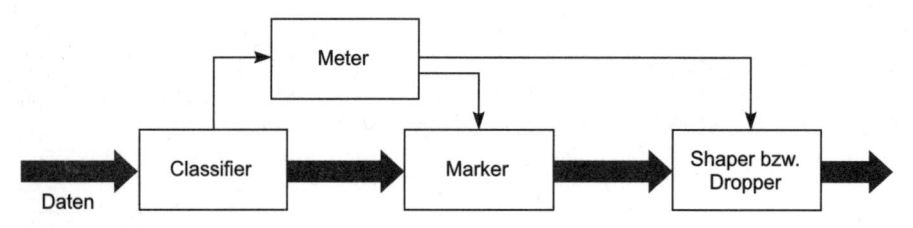

Abb. 4.107   Traffic Classifier und Traffic Conditioner

Beim Empfang werden die Pakete vom Classifier entsprechend der Klassifizierungsart eingeteilt:

- Mithilfe der BA-Classifier werden die gesamten Aggregates klassifiziert. Diese Zuordnung findet alleine anhand des DSCP statt. Eine solche Klassifizierung findet beim Eingang des Datenstroms aus einer anderen DS-Domäne statt.
- Ein Multifield-Classifier (MF) klassifiziert den Datenstrom anhand mehrerer Felder des IP-Headers. Zur Aufgabe des Classifiers gehört auch die Authentisierung einlaufender Datenpakete.
- Der Shaper und der Dropper sorgen für die Verzögerung bzw. das Verwerfen der Pakete.

Die Traffic Conditioners und MF-Classifier arbeiten innerhalb einer Source-Domain bzw. im Grenzrouter. Innerhalb einer Domäne setzen die Rechner beim Aussenden der Daten den DS-Codepoint auf den gewünschten Wert. Dieses Verfahren wird als Pre-Marking bezeichnet. Obwohl die Pakete beim Eintreten in die DS-Domäne noch einmal vom Traffic Conditioner bearbeitet werden, bietet das Pre-Marking eine Reihe von Vorteilen:

- Dem Quell-Rechner können bestimmte Grenzen für unterschiedliche QoS-Klassen zugewiesen werden. In diesem Fall entscheidet der Quellrechner, welche Datenpakete mit welcher Priorität übermittelt werden sollen. Am Eingang in die DS- Domäne wird lediglich geprüft, ob die SLA-Vereinbarungen eingehalten werden.
- Agiert ein ganzes Netz als Quelldomäne, wird beim Einlauf in die DS-Domäne nicht mehr auf der Microflow-Basis, sondern vielmehr auf Aggregat-Basis markiert. Damit wird Rechenleistung der Router am Rande des DS-Netzes gespart.
- In den beiden Grenzroutern zwischen zwei DS-Domänen muss in den SLAs vereinbart werden, wer für das Traffic Conditioning in Upstream- und Downstream-Richtung zuständig ist.

Die Per-Hop-Behaviors (PHB) beschreiben das nach außen sichtbare Verhalten eines Netzknotens, das auf ein Aggregate angewandt wird. Dabei können als einzelne Komponenten des

PHBs eine Reihe von QoS-Parametern, wie beispielsweise Jitter, Paketverlustwahrscheinlichkeit oder Verzögerung angegeben werden. Die Komponenten des PHB können als relative oder absolute Größe (Prozent der Bandbreite oder Bytes/s) definiert werden. Darüber hinaus können Angaben relativ zu einem anderen PHB (relative Priorität zueinander) gemacht werden.

Die Bereitstellung bestimmter Dienstgüter auch außerhalb der eigenen DS-Domäne erfordert die Bildung von Differentiated-Services-Regionen. Eine derartige Region bietet einen einheitlichen DS-Dienst und setzt sich aus mehreren DS-Domänen zusammen. Ein solcher Dienst kann nur auf Basis von festen Vereinbarungen zwischen den einzelnen Domänen funktionieren. Diese Vereinbarungen umfassen sowohl wirtschaftliche, kommerzielle als auch technische Details zur Interoperabilität zwischen den Domänen und werden allgemein als Service Level Agreements (SLAs) bezeichnet. Die Traffic Conditioning Agreements (TCAs) spezifizieren die Serviceparameter für jede definierte Dienstklasse. Hier sollten folgende Informationen definiert sein:

- detaillierte Service-Performance-Parameter wie Durchsatz (verfügbare Bandbreite), Verzögerung und Verlustwahrscheinlichkeit,
- Verkehrsprofile für einen Dienst,
- Gültigkeitsbereiche für einen Service,
- Behandlung der Pakete, die das vereinbarte Profil überschreiten,
- eine Vereinbarung, wo und von wem das Markieren und Shaping durchgeführt werden.

Durch die Differentiated Services können Daten im Netz priorisiert bzw. bevorzugt behandelt werden. Daher kann es zu Manipulationen des DSCPs und zur unberechtigten Nutzung bestimmter Dienste kommen. Daher sind folgende Sicherheitsmaßnahmen zu beachten:

- Jeder Knoten einer DS-Domäne, der Daten aus anderen Domänen sowie von fremden Rechnern empfängt, wird als Ingress Node bezeichnet.
- Ein Ingress Node muss für alle empfangenen Datenpakete sicherstellen, dass die DS-Codepoints gemäß der TCA und der Service Provisioning Policy gesetzt sind. Im Zweifelsfall wird der Codepoint auf den Standard-Codepoint gesetzt.
- Es kann für Daten mit einigen DSCP (für priorisierte Daten) eine besondere Authentisierung (z.B. IPsec) verlangt werden.
- Ist ein Link nicht gegen die Manipulationen der Codepoints gesichert, wird dieser als Boundary-Link betrachtet. Folglich müssen alle über einen solchen Link empfangenen Daten wie in eine DS-Domäne ankommende Daten behandelt werden.
- Die Verantwortung für das Setzen des DSCP und die Prüfung der Policies kann dem Datenerzeuger auferlegt werden. Dies ist an der Grenze zwischen zwei DS-Domänen sinnvoll. Dabei kann im Ingress Node lediglich die Entsprechung der gesamten Aggregate der TCAs überprüft werden.

Bei Verwendung von IPsec und dem Tunneling kann die BA-Classification auf den Tunnel- bzw. IPsec-Datenstrom angewendet werden. Das TOS- bzw. TCO-Oktett des IP-Header bleibt dabei unverändert. Eine MF-Classification ist jedoch nicht möglich, da die Port-Nummern und die IP-Adressen durch die Verschlüsselung nicht zugänglich sind. Die MF-Classification muss deshalb vor dem Eingangspunkt in einen Tunnel durchführt werden.

Servicearten

Die innerhalb einer DS-Domäne gültigen PHBs haben nur eine lokale Bedeutung. Das Zusammenspiel zwischen mehreren DS-Domänen beruht auf den vereinbarten SLAs. Trotzdem wurden von der IETF eine Reihe von PHBs zur leichteren Interoperabilität zwischen DS-Domänen festgeschrieben. Eine Definition eines Services innerhalb von DiffServ besteht lediglich aus einer Beschreibung der PHB bzw. der PHB-Group und der Festlegung der entsprechenden DS-Codepoints. Die von der IETF definierten Dienste sind das Expedited-Forwarding-PHB und die Assured-Forwarding-PHG-Group.

Beim Expedited-Forwarding-PHB (EF) wird nur die Datenrate für die weitergeleiteten Daten zugesichert. Dabei muss der Durchsatz für EF-Daten unabhängig von der Belastung auf dem Link gewährleistet werden. Das Verkehrsprofil wird als Token-Bucket-Parameter beschrieben. Erhalten EF-Daten eine hohe Priorität gegenüber den restlichen Datenströmen, so muss sichergestellt werden, dass die Best-Effort-Daten nicht verhungern. Innerhalb der DS-Domäne dürfen die als EF-markierten Pakete auf andere Dienstarten ummarkiert werden. Der Codepoint für den EF-PHB lautet: 101110. Das Expedited-Forwarding-Verhalten kann z.B. mithilfe des Priority-Queuing oder Weighted-Fair-Queuing realisiert werden. Der Queue muss ein Token-Bucket vorgeschaltet werden, der die Funktionen eines Policers übernimmt.

Die Assured-Forwarding-PHB-Group definiert vier unabhängige AF-Klassen. Innerhalb jeder Klasse wird jedem Datenpaket eine (relative) Verlustwahrscheinlichkeit (Drop-Precedence) zugewiesen. Jeder DS-Knoten muss sicherstellen, dass Datenpakete eines Datenstroms ihre Reihenfolge behalten. Dafür wird auch eine Überschreitung der vereinbarten Verkehrsprofile in Kauf genommen. Jede AF-Klasse reserviert hierfür einen bestimmten Anteil der Ressourcen (Puffer, Bandbreite) im Knoten. Die Pakete werden entweder beim Kunden oder beim Dienstanbieter mit der vom Nutzer gewünschten Klasse und der gewünschten Drop-Precedence vormarkiert. Kommt es zur Überlast im Netz, so werden Pakete mit höherem Drop-Precedence-Wert zuerst verworfen. Die Codepoints für einzelne Klassen und Verlustwahrscheinlichkeiten wurden wie folgt definiert:

Klasse	*1*	*2*	*3*	*4*
Verlustwahrscheinlichkeit				
gering	001010	010010	011010	100010
mittel	001100	010100	011100	100110
hoch	001110	010110	011110	100110

Ein zu einer AF-Klasse zugehöriges Paket wird mit dem jeweiligen DS-Codepoint markiert. Daten jeder AF-Klasse müssen unabhängig voneinander weitergeleitet werden und es ist keine Zusammenlegung mehrerer Klassen zugelassen. Ein DS-Knoten muss innerhalb jeder Klasse alle drei DS-Codepoints für die Drop-Precedence zulassen. Innerhalb des Knoten müssen mindestens zwei unterschiedliche Drop-Precedences realisiert werden. Die AF-PHB kann zur Implementierung eines Ende-zu-Ende-Service bzw. für einen Service zwischen zwei Domänengrenzen eingesetzt werden.

Am Ingress Node wird mithilfe eines Traffic Conditioners der Datenverkehr geprüft und die Verlustwahrscheinlichkeit herauf- bzw. heruntergesetzt. Diese Aktionen müssen auch sicherstellen, dass keine Vertauschung der Reihenfolge der Pakete stattfindet.

Ein wichtiger Aspekt des DS-Konzepts ist die Ressourcenreservierung in den Netzknoten. Für DiffServ muss in jedem Netzknoten eine getrennte Warteschlange je Datenstromaggregat eingerichtet werden. Die Parameter des Paketweiterleitungsverfahrens müssen auf die in den SLAs getroffenen Vereinbarungen abgestimmt werden. In den Eintrittspunkten müssen zusätzlich Traffic Conditioner realisiert werden. In den Austrittspunkten sowie in bestimmten Punkten innerhalb der DS-Domäne müssen Traffic Shaper eingesetzt werden. Bei DiffServ sind drei unterschiedliche Stufen der Ressourcenreservierung vorgesehen:

- statische Reservierung,
- statische Reservierung auf Basis von Bandbreiten-Brokern,
- dynamische Reservierung auf Basis von Bandbreiten-Brokern.

Statische Ressourcenreservierung
Bei diesem Verfahren werden alle Netzinterfaces sowie die Traffic Shaper und Traffic Conditioner manuell konfiguriert. Der Netzadministrator muss den Überblick über das gesamte Geschehen im Netz haben. Es findet keine dynamische Anpassung an die aktuelle Belastung des Netzes statt. Anhand der IP-Adressen und Port-Nummern der Datenpakete entscheiden Multifeld-Klassifizierer am Eingang in das DS-Netz, welche Klassifizierungsregeln auf den empfangenen Datenstrom angewendet werden. Dadurch lassen sich nur Teilnehmer mit statischen IP-Adressen sowie Anwendungen mit festen Port-Nummern priorisieren.

Statische Ressourcenreservierung auf Basis von Bandbreiten-Brokern
Im RFC 2638 wird ein Agent beschrieben, der als Bandbreiten-Broker (BB) agiert. Dieser verfügt über einen Überblick über das Geschehen in der eigenen DS-Domäne. Dafür kommuniziert er mit den Ingress und Egress Nodes einer DS-Domäne und konfiguriert deren DS-Komponenten. Außerdem muss der Bandbreiten-Broker mit den BBs der Nachbardomänen Ressourceinformationen austauschen bzw. auf Ressourcenanforderungen reagieren. Der Netzadministrator kommuniziert zur Netzkonfiguration nur noch mit dem Bandbreiten-Broker. Dem Bandbreiten-Broker wird eine Policy-Tabelle übermittelt, in welcher die Berechtigungen einzelner Teilnehmer sowie die vereinbarten Verkehrsprofile der Boundary-Links gespeichert werden. Die Kommunikaton zwischen Netzadministrator und dem BB muss authentisiert und gesichert werden. Liegen zwischen dem BB der Quelldomäne und dem BB der Zieldomäne noch weitere DS-Netze, so wird die Anforderung von einem BB zum anderen bis zum BB der Ziel-Domäne gesendet und entsprechend in Gegenrichtung bestätigt.

Dynamische Ressourcenreservierung

Die dynamische Ressourcenreservierung mithilfe von Bandbreiten-Brokern erlaubt eine Automatisierung des Netzbetriebs in DS-Netzen. Dabei konfiguriert ein BB nicht nur die Interfaces und Traffic-Control-Einheiten einzelner Router, sondern versendet zusätzlich Statusabfragen an die einzelnen Router seiner Domäne und wertet die Antworten aus. Ist das Netz schwach belastet, kann der Bandbreiten-Broker selbsttätig in den Policy-Tabellen zusätzliche Subklassen bilden und weitere Datenströme priorisieren bzw. die Dienstgüte existierender Datenströme erhöhen. Zur dynamischen Ressourcenreservierung werden zusätzliche Kommunikationsmechanismen benötigt. Die Steuerung der einzelne Netzelemente erfolgt durch den BB beispielsweise über das COPS-Protokoll, ein Protokoll zur Kommunikation zwischen den BBs unterschiedlicher Domänen.

Die Zukunft der IP-Priorisierung

Die Entwicklungen der QoS-Mechanismen hat jetzt einen Punkt erreicht, der dem Netzbetreiber einen Probebetrieb der Protokolle ermöglicht. Ohne eingehende Tests sind diese Standards und Protokolle aufgrund fehlender praktischer Erfahrungen nicht in einem Netz zu implementieren. Nur in einem Testnetz können Messungen vorgenommen und das Fein-Tuning der Parameter für die notwendige Dimensionierung der Größen und der Gewichtungen der Warteschlangen in den Netzknoten ermittelt werden. Darüber hinaus lassen sich Erfahrungen bei der Wahl einzelner Parameter beim Mappen der QoS-Anforderungen auf die Link-Layer-Schicht sammeln.

4.13 Mobile Internet

Ständig erreichbar zu sein und die Möglichkeit haben, jederzeit Informationen abrufen zu können, wird für die Gesellschaft immer wichtiger. So finden Notebooks und PDA-Rechner eine immer größere Verbreitung. Doch nur auf Daten zugreifen zu können, die vorher zu Hause aufgespielt wurden, befriedigt nicht immer das Bedürfnis nach Aktualität. Ziel ist es deshalb, von verschiedenen Orten aus Informationen aus dem Internet verfügbar zu machen. Wird im Auto oder im Zug gearbeitet, kann es auch vorkommen, dass während der Übertragung von Daten aus dem Internet der Zugriffspunkt des Computers wechselt. Dafür ist das Internet aber bisher nicht ausgelegt. Um den Wunsch und der Forderung nach Mobilität nachzukommen, wurde deshalb Mobile IP entwickelt.

Bei den üblichen Routing-Verfahren im Internet ist der topologische Zugriffspunkt eines Computers durch seine IP-Adresse zum größten Teil bestimmt. Um Mobilität zu ermöglichen, umgeht Mobile IP diese enge Bindung zwischen IP-Adresse und Zugriffspunkt des Computers.

Ein Computer, der seinen Zugriffspunkt ins Internet wechselt, wird Mobile Node genannt. Befindet er sich in seinem eigenen Netzwerk (Home Network), so kommuniziert er wie gewöhnlich mit anderen Computern (Correspondent Node). Das heißt, der Mobile Node sendet bei seinen Anfragen an den Correspondent Node seine IP-Adresse als Absender mit. Die

Antworten des Correspondent Node werden dann an diese IP-Adresse gesendet. Aufgrund dieser IP-Adresse wird die Antwort zum Home Network geleitet und schließlich zum Mobile Node.

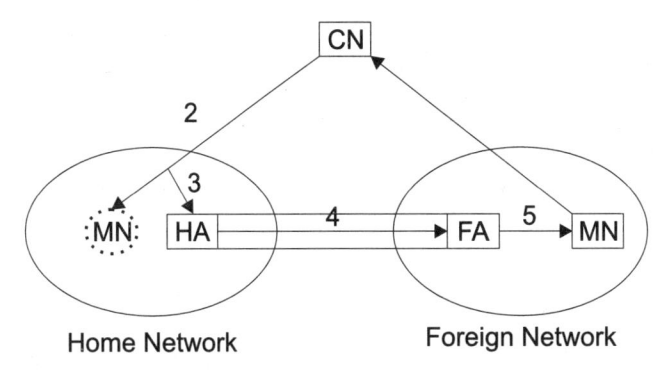

Abb. 4.108 Datenverkehr bei Mobile IP

Die Nachricht vom Mobile Node geht an den Correspondent Node (1), dieser schickt die Antwort an den vermeintlichen Aufenthaltsort der Mobile Node in das Home Network (2). Diese Antwort wird von dem Home Agent abgefangen (3) und an den Foreign Agent getunnelt (4). Dieser sendet die Antwort dann an den Mobile Node.

Wechselt nun der Mobile Node in ein anderes Netzwerk (Foreign Network), so läuft die Kommunikation über Mobile IP. Voraussetzung dafür ist ein Home Agent im Home Network sowie ein Foreign Agent im Foreign Network. Aufgabe des Home Agent ist es, den aktuellen Foreign Agent zu kennen, der für den Mobile Node zuständig ist. Der Foreign Agent macht durch Advertisement-Nachrichten auf sich aufmerksam. Diese Advertisement-Nachrichten empfangen alle an dasselbe Medium angeschlossene Geräte wie der Foreign Agent (Link Layer). Empfängt der Mobile Node eine solche Advertisement-Nachricht, so kann er daran erkennen, dass sich sein Zugriffspunkt ins Internet geändert hat. Weiter kann anhand der Advertisement-Nachricht eine Care-of-Address (Stellvertreter-Adresse) festgestellt werden. Diese Care-of-Address ist die IP-Adresse des Foreign Agent. Um seinen neuen Aufenthaltsort dem Home Agent mitzuteilen, generiert der Mobile Node nun eine Registration-Request-Nachricht. Diese enthält die neue Care-of-Address und wird über den Foreign Agent an den Home Agent gesendet. Als Bestätigung erhält der Mobile Node vom Home Agent eine Registration-Reply-Nachricht. Die beim Home Agent registrierte Care-of-Address des Mobile Node hat jedoch nur eine zeitlich begrenzte Gültigkeit. Vor Ablauf dieser Frist muss sich der Mobile Node erneut beim Home Agent melden, um auch weiterhin Daten empfangen zu können.

Will der Mobile Node mit einem Correspondent Node kommunizieren, so schickt er als Absender seine normale IP-Adresse. Die Antwort des Correspondent Node wird somit zum Home Network geleitet. Hier wird sie vom Home Agent abgefangen und quittiert. Der Home Agent tunnelt dann die Antwort an die Care-of-Address, die zurzeit bei ihm registriert ist. Tunneln bedeutet hier, dass die empfangenen Daten mit Absender- und Zieladresse als eine neue Nachricht aufgefasst und mit einer neuen Absenderadresse (der des Home Agent) und einer neuen Empfängeradresse (der des Foreign Agent) versehen werden. Dadurch gelangt die Antwort des Correspondent Node zum Foreign Agent. Dieser enttunnelt die Antwort und leitet sie an den Mobile Node weiter.

Als Variante gibt es noch die so genannte co-located Care-of-Address. Hierbei wird dem Mobile Node im Foreign Network eine eigene neue (topologisch korrekte) IP-Adresse zugeteilt. Nach der Registrierung dieser co-located Care-of-Address beim Home Agent werden somit die Daten direkt zum Mobile Node getunnelt. Auf diese Art und Weise kann der Foreign Agent eingespart werden.

Zum Schutz gegen Abfangversuche der Nachrichten an den Mobile Node ist beim Registrieren der Care-of-Address beim Home Agent eine Authentifikation notwendig. Dies betrifft sowohl die Registration-Request-Nachricht als auch die Registration-Reply-Nachricht. Die Authentifikation setzt ein gemeinsames Geheimnis zwischen dem Home Agent und dem Mobile Node voraus.

Für jeden Wechsel des Zugriffspunkts vom Mobile Node ins Internet ist eine Registrierung beim Home Agent über das Internet notwendig. Datenpakete an den Mobile Node, die der Home Agent vor dem Abschluss der neuen Registrierung noch an den vorhergehenden Foreign Agent schickt, gehen verloren. Aus diesem Grunde sollte für ein effizientes Arbeiten von Mobile IP ein Wechsel des Zugriffspunkts nicht zu häufig auftreten. Somit ist Mobile IP besonders für so genannte Macro-Mobilität gut geeignet.

Nun ist aber zu erwarten, dass Mobile IP hauptsächlich bei Funknetzen eingesetzt wird. Der Boom bei den Mobiltelefonen ist ein deutliches Zeichen dafür, dass mobiler Datenaustausch gewünscht wird. Eine Ausstattung von PDA-Rechnern oder Notebooks mit Funkschnittstellen hat schon begonnen. Bei einem Funknetz wird ein Gebiet in Funkzellen unterteilt. Der Datenverkehr in einer Funkzelle wird über eine Basisstation abgewickelt. Dies geschieht auf dem Link-Layer und ist damit der Ansatzpunkt für Mobile IP. Somit hat eine Basisstation die Aufgaben eines Foreign Agent, und für jeden Wechsel von einer Funkzelle in die nächste ist eine neue Registrierung beim Home Agent notwendig. Um eine höhere Übertragungsleistung für den Einzelnen bereitstellen zu können, sind die Funkzellen aber eher klein. Möchte man nun im fahrenden Auto oder Zug an seinem Notebook arbeiten, so erfolgt sehr häufig ein Wechsel der Funkzelle. Dieses häufige Wechseln des Zugriffspunkts ins Internet wird Micro-Mobilität genannt. Für diese Micro-Mobilität ist Mobile IP zu träge. Aus diesem Grunde ist dies der erste Ansatzpunkt für Optimierungen.

4.13.1 Cellular IP

Ein Ansatz zur Verbesserung der Micro-Mobilität ist Cellular IP oder Mobile IP. Ziel dieser Entwicklung war es vor allem, eine kostengünstige Lösung für den Aufbau des Netzes sowie eine einfache Administration und Erweiterbarkeit zu erreichen.

Der Home Agent ist nur bei einem Wechsel des Mobile Node von einem Foreign Network zu einem anderen unterrichtet. Ändert der Mobile Node hingegen innerhalb des Foreign Network seinen Zugangspunkt, so wird dies intern im Foreign Network behandelt.

Der Aufbau des Foreign Network bei Cellular IP ist eine Baumstruktur. An der Wurzel sitzt der Wurzel-Router als Foreign Agent, der den gemeinsamen Zugang ins Internet für den gesamten Baum bereitstellt. Jeder innere Knoten in der Baumstruktur ist ein Router. Die Blätter sind Basisstationen, die den Funkkontakt mit dem Mobile Node herstellen.

Jede Basisstation und jeder Router kennt seinen Vorfahren in dieser Baumstruktur. Tritt nun ein Mobile Node in dieses Foreign Network ein, so erhält es als Care-of-Addresse die Adresse des Foreign Agent, also die des Wurzel-Routers. Die Registration-Request-Nachricht des Mobile Node wird dabei von der Basisstation an den Vorfahren in der Baumstruktur hochgereicht. Die Nachricht wird so lange hochgereicht, bis sie den Wurzel-Router, also den Foreign Agent, erreicht hat. Dieser kann dann, wie in Mobile IP vorgesehen, die Nachricht an den Home Agent weiterleiten. Bei jedem Hochreichen wird für den Mobile Node ein Registrierungseintrag im Cache des Routers erstellt, der angibt, von welchen Vorfahren die Nachricht kam. Auf diese Weise wird ein Pfad von der Wurzel bis zur Basisstation hergestellt, mit dem der Mobile Node verbunden ist. Diese Einträge in den Caches haben nur eine begrenzte Gültigkeit und müssen nach Ablauf dieser Frist wieder aufgefrischt werden.

Sendet nun ein Correspondent Node eine Nachricht an den Mobile Node, gehen die Daten, wie bei Mobile IP vorgesehen, zuerst zum Home Agent. Dieser tunnelt die Daten zum Foreign Agent, in diesem Fall also zum Wurzel-Router. Diese Daten müssen nun durch die Baumstruktur zurück zum Mobile Node geleitet werden. Jeder Knoten verwendet die Einträge in seinem Cache, um zu ermitteln, an welchen Nachfahren er die Daten weiterleiten muss. So erreichen sie schließlich die Basisstation, in deren Funkzelle sich der Mobile Node befindet.

Wechselt nun der Mobile Node die Basisstation, so reicht es, eine Nachricht an den Wurzel-Router zu senden. Dadurch wird automatisch wieder ein neuer Pfad in der Baumstruktur erstellt. Der alte Pfad bleibt jedoch erhalten. Insbesondere existieren nun im gemeinsamen Vorfahren von der alten und der neuen Basisstation zwei Registrierungseinträge für ein und denselben Mobile Node. Ankommende Nachrichten an den Mobile Node werden hier dupliziert und auf beiden Wegen weitergeleitet. Befindet sich der Mobile Node gerade an der Grenze der beiden Funkzellen, so ist auf diese Weise sichergestellt, dass zumindest eine Nachricht ankommt. Werden beide Nachrichten empfangen, können die tiefer liegenden Schichten des Protokolls dies erkennen und eine Nachricht entfernen. Der alte Pfad erlischt, wenn die Frist für die Einträge abgelaufen ist.

Die Wahl einer günstigen Frist, für die die Einträge in den Caches gültig sein sollen, hängt vom Zustand des Mobile Node ab. Erwartet der Mobile Node keine Daten, ist eine möglichst lange Frist sinnvoll. Dadurch ist es selten notwendig, dass der Mobile Node Daten sendet, um die Einträge in den Caches aufzufrischen. Dies spart Energie bei den Mobile Nodes, welche oft mit Batterien auskommen müssen, aber auch die Übertragungskapazität einer Funkzelle wird dadurch nicht unnötig belastet. Erwartet oder empfängt hingegen der Mobile Node Daten, so ist eine kurze Frist für das Auffrischen der Einträge in den Caches effektiver. Dadurch kommt es seltener vor, dass ein Mobile Node noch bei mehreren Basisstationen gleichzeitig eingetragen ist, und somit werden auch seltener Duplikate erzeugt. Diese würden nur die Sendestationen und die Verbindungsleitungen unnötig belasten.

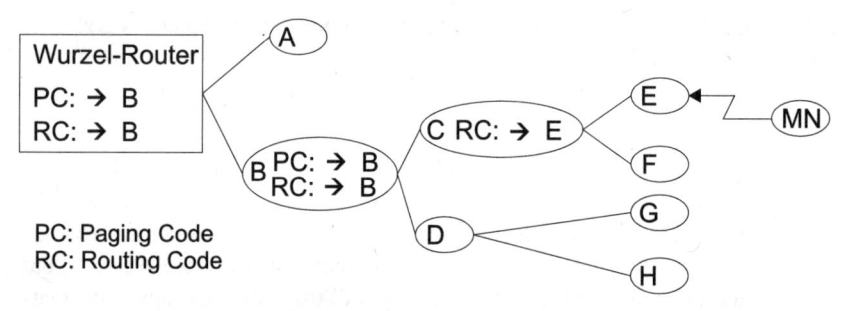

Abb. 4.109 Routing bei Cellular IP

Um keinen Spagat zwischen zwei widersprüchlichen Vorgaben machen zu müssen, werden diese zwei Zustände bei Cellular IP unterschieden. So werden die Caches der Knoten unterteilt in einen Routing-Cache und einen Paging-Cache. Im Routing-Cache stehen die Einträge der Mobile Nodes, wenn Daten empfangen werden. Hier sind die Zeitspannen, in denen diese Einträge gültig sind, eher kurz. Somit muss der Mobile Node oft Daten senden, um seine Position möglichst aktuell anzugeben. Empfängt der Mobile Node hingegen keine Daten, so stehen die Einträge im Paging-Cache. Diese müssen seltener aufgefrischt werden. Um einzelne Knoten möglichst einfach zu gestalten und somit kostengünstig zu machen, ist es nicht einmal notwendig, jeden Knoten mit einem Paging-Cache zu versehen. Knoten ohne Paging-Cache senden Nachrichten an alle Nachkommen. Empfängt der Mobile Node dann diese Daten, wechselt sein Zustand auf Empfang, und er meldet sich mit einer Nachricht an den Wurzel-Router, sodass wieder ein aktueller Pfad zu ihm existiert.

4.13.2 Optimierungen beim Routing

Befindet sich ein Mobile Node in einem Foreign Network, ergibt sich bei der Kommunikation mit dem Correspondent Node ein Dreieck, da die Antworten von dem Correspondent Node erst über den Home Agent geleitet werden. Dies ist insbesondere dann unerwünscht, wenn sich der Correspondent Node im selben Subnetz befindet wie der Mobile Node. Auch wird der Home Agent stark belastet, wenn dieser für mehrere Mobile Nodes zuständig ist. Um dieses Dreieck zu unterbinden wurde Mobile IP mit Routing Optimierung ausgebaut.

Bei der Routing Optimierung speichern die Correspondent Nodes die aktuelle Care-of-Addresse für die Mobile Nodes ab, mit denen sie in Verbindung stehen. Statt die Daten dann erst an den Home Agent zu schicken, tunneln die Correspondent Nodes die Daten direkt zum Foreign Agent des Mobile Node. Dadurch wird das Dreieck eingespart. Wurde die aktuelle Care-of-Addresse eine Zeitlang gespeichert, ohne erneut gesetzt worden zu sein, wird sie gelöscht und eventuell noch anfallende Daten an die normale IP-Adresse des Mobile Node geschickt. Ist der Mobile Node immer noch in einem Foreign Network, so werden diese Datenpakete vom Home Agent abgefangen und an die Care-of-Addresse des Mobile Node weitergeleitet. Gleichzeitig teilt der Home Agent dem Correspondent Node die aktuelle Care-of-Addresse des Mobile Node mit, sodass der Correspondent Node die Daten wieder direkt an den Foreign Agent des Mobile Node schicken kann. Bei jeder Aktualisierung der Care-of-Addresse bei einem Correspondent Node muss sich der Home Agent authentifizieren.

Wechselt nun der Mobile Node seinen Foreign Agent, so müssen auch die Correspondent Nodes verständigt werden. Dies übernimmt der Home Agent. Bekommt er den neuen Aufenthaltsort des Mobile Node mitgeteilt, so sendet der Home Agent eine Aktualisierung der neuen Care-of-Addresse an die entsprechenden Correspondent Nodes. Dazu hält er eine Liste der Correspondent Nodes bereit, die die letzten Aktualisierungen der Care-of-Address quittiert haben. Doch nicht nur der Home Agent muss über einen Wechsel des Foreign Agent informiert werden. Auch der vorhergehende Foreign Agent muss über den neuen Aufenthaltsort des Mobile Node Bescheid wissen. Dafür erzeugt der Mobile Node schon für das Anmelden beim neuen Foreign Agent eine authentifizierte Botschaft an den vorhergehenden Foreign Agent. Der neue Foreign Agent leitet diese Botschaft direkt weiter an den vorhergehenden Foreign Agent. Für diesen Zweck wurde die Previous-Foreign-Agent-Notiocation-Extension (PFANE) definiert, die angibt, wie die Adresse des vorhergehenden Foreign Agent in der Registration-Request-Nachricht angegeben wird. Der vorhergehende Foreign Agent setzt dann einen Eintrag, damit alle noch bei ihm ankommende Daten für den Mobile Node direkt zum neuen Foreign Agent getunnelt werden. Positiver Nebeneffekt ist dabei, dass der vorhergehende Foreign Agent gleich eventuelle Ressourcen, die für den Mobile Node reserviert waren, freigeben kann. Datenpakete, die beim normalen Mobile IP verloren gingen, weil der Home Agent sie nach dem Wechsel des Foreign Agent noch an den vorhergehenden Foreign Agent geschickt hat, können nun auch ans Ziel geleitet werden.

Bekommt nun der vorhergehende Foreign Agent noch Daten für den Mobile Node, so tunnelt er diese weiter an den neuen Foreign Agent. Gleichzeitig meldet er dem Home Agent diesen Vorfall, der daraufhin diesem Correspondent Node die neue Care-of-Address mitteilt.

Das Internet hat in der heutigen Wirtschaft einen großen Stellenwert eingenommen. Über das Internet werden Einkäufe getätigt oder Konten bei Banken verwaltet. Für eine Firma kann es teuer werden, wenn ihr Internet-Anschluss ausfällt. Deshalb wird immer mehr Wert auf die sichere Abschottung des eigenen Subnetzes gelegt. Diese Aufgabe übernehmen Firewalls.

Bei Mobile IP ist vorgesehen, dass der Mobile Node als Absender seine richtige Adresse von seinem Home Network angibt. Befindet sich nun der Mobile Node im Foreign Network, so ist diese Absenderadresse topologisch falsch. Übliche Firewalls erkennen dies und interpretieren es als Vortäuschung falscher Tatsachen (Spoof-Attacke). Sicherheitshalber werden deshalb solche Nachrichten herausgefiltert. Möchte man nun ein Subnetz zu einem Foreign Network ausbauen, müsste diese Funktion bei der Firewall ausgeschaltet werden. Dies würde aber zu einem Verlust an Sicherheit führen. Um die Sicherheit zu wahren, wurde die Firewall-Aware Transparent Mobility Architecture (FATIMA) entwickelt.

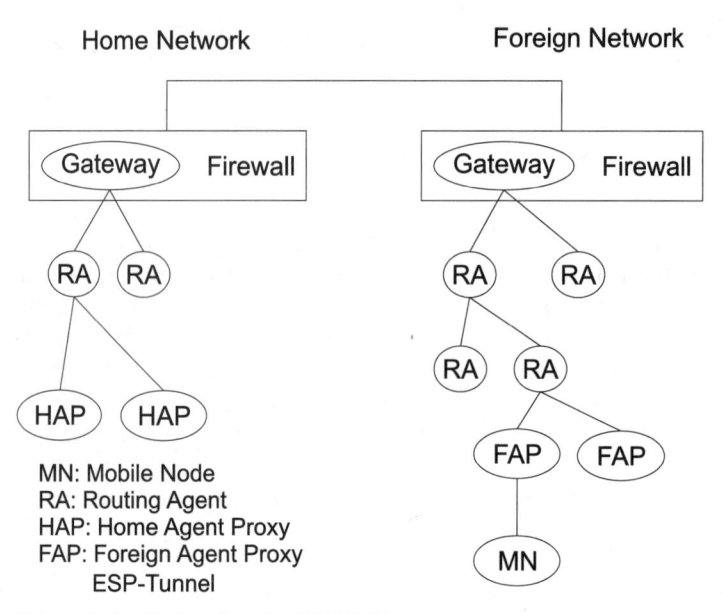

Abb. 4.110 Netzaufbau bei FATIMA

FATIMA betrifft sowohl das Foreign Network als auch das Home Network. Alle sicherheitsrelevanten Einstellungen sind im jeweiligen Gateway konzentriert, um sie leicht administrieren zu können. Das Gateway tritt nach außen hin als Home Agent bzw. als Foreign Agent auf. Um Skalierbarkeit zu gewährleisten, ist eine Baumstruktur aus Routing Agents im jeweiligen Netzwerk möglich. An den Blättern sitzen dann Foreign-Agent-Proxys bzw. Home-Agent-Proxys. Um vorgetäuschte Daten ausschließen zu können, werden für alle Verbindungen in der Baumstruktur das Encapsulated-Security-Payload-Protokoll (ESP) benutzt. Hierbei findet eine Authentifizierung des jeweiligen Absenders statt.

Optional kann auch eine Verschlüsselung der Daten verlangt werden. Die Foreign-Agent-Proxys stellen den Kontakt zu einem Mobile Node her. Als Care-of-Address wird die Adresse des Gateway bekannt gegeben. Die Registration-Request-Nachricht wird an das Gateway des Foreign Networks über die Baumstruktur weitergeleitet. Jeder dabei passierte Foreign-Routing-Agent speichert in einem Eintrag, woher der Registrierungswunsch kam, um Daten auch wieder zurücksenden zu können. Doch ist dieser erste Eintrag zeitlich nur stark begrenzt haltbar. Das Gateway kann nun überprüfen, ob sie den Mobile Node zulassen will, und sendet die Registration-Request-Nachricht weiter an den Home Agent. Ist das Home Network ebenfalls ein FATIMA-Network, wird auch hier die Registration-Request-Nachricht mithilfe der IP-Adresse des Mobile Node über die Baumstruktur an einen Home-Agent-Proxy weitergeleitet. Der Home-Agent-Proxy setzt einen Eintrag für den aktuellen Aufenthaltsort des Mobile Node und quittiert den Registrierungswunsch mit der Registration-Reply-Nachricht. Diese wird an den Foreign Agent weitergeleitet, von ihm in der Baumstruktur wieder nach unten gereicht und vom Foreign-Agent-Proxy an den Mobile Node übermittelt. Beim Herunterreichen werden dann auch die bisher nur zeitlich stark begrenzten Einträge für das Routen auf eine längere Gültigkeitsdauer gesetzt. Die Kommunikation zwischen dem Home Agent und dem Foreign Agent muss dabei immer authentifiziert werden. Dafür muss ein gemeinsames Geheimnis zwischen jedem Foreign Agent und Home Agent existieren, wenn keine Public-Key-Infrastruktur besteht, jedoch nicht zwischen jedem Foreign-Agent-Proxy und Home-Agent-Proxy, was die Zahl der benötigten Geheimnisse stark reduziert.

Ändert nun ein Mobile Node seinen Zugriffspunkt innerhalb eines Foreign Networks, so muss er sich erneut authentifizieren. Deshalb ist auch eine Kontaktierung des Home Agent notwendig. Datenverkehr wird nur insoweit eingespart, als eine eventuelle Verständigung eines Correspondent Node bei Routing Optimization nicht notwendig ist, da die Care-of-Address gleich bleibt. Um dennoch die Mobilität innerhalb des Foreign Network zu unterstützen, ist eine Erweiterung des Protokolls um die Fast-Handoff-Extension möglich. Stellt der Mobile Node fest, dass er den Anschluss nur innerhalb des Foreign Networks gewechselt hat, kann er sich bereit erklären, nur mit dem Foreign Agent die neue Registrierung durchzuführen. Dabei reicht es aus, wenn sich der Mobile Node und der Foreign Agent authentifizieren.

4.13.3 Authentifizierung, Autorisierung und Abrechnung (AAA)

Mobile IP sieht in seiner Basisdefinition keine obligatorische Authentifizierung zwischen dem Foreign Agent und dem Mobile Node bzw. dem Home Agent vor. Nun sind aber solche Authentifizierungen gerade für die Micro-Mobilität von Nöten, um große Sicherheitslücken zu vermeiden. Mithilfe einer AAA-Infrastruktur ist die Erzeugung von Schlüsseln für die Authentifikation zwischen dem Foreign Agent und dem Mobile Node möglich. Ein Mobile Node, der in ein fremdes Netz kommt, sendet seine Registration-Request-Nachricht an den Foreign Agent. Dieser leitet die Nachricht an den AAA-Server in seinem Netz weiter. Der AAA-Server des Foreign Network macht den AAA-Server des Home Network ausfindig und sendet ihm die Registration-Request-Nachricht. Der Nachrichtenaustausch zwischen den AAA-Servern ist dabei authentifiziert und verschlüsselt. Der Datenaustausch zwischen den AAA-Servern kann auch über einen Broker ablaufen, falls die AAA-Server keinen direkten gemeinsamen Schlüssel besitzen. Der AAA-Server des Home Network entschlüsselt die Nachricht und bestimmt den zuständigen Home Agent. Zusätzlich generiert der AAA-Server Schlüssel für die Authentifikation zwischen dem Foreign Agent und dem Mobile Node (FA-MN-Key) und dem Foreign Agent und dem Home Agent (FA-HA-Key). Die Schlüssel und die Registration-Request-Nachricht wird an den Home Agent gesendet. Der Home Agent nimmt die notwendigen Einträge für den Mobile Node vor und sendet eine Registration-Reply-Nachricht mitsamt den Schlüsseln zurück an den AAA-Server im Home Network. Der AAA-Server verschlüsselt die Nachricht und leitet sie weiter an den AAA-Server im Foreign Network. Hier werden die Nachrichten entschlüsselt und, für den internen Datenverkehr wieder verschlüsselt, an den Foreign Agent geschickt. Dieser meldet dann die Registration-Reply-Nachricht und die Schlüssel weiter an den Mobile Node. Damit ist ein authentifizierter Nachrichtenaustausch zwischen dem Foreign Agent und dem Mobile Node bzw. dem Home Agent möglich, ohne vorher für jedes mögliche Paar einen Schlüssel definieren zu müssen.

4.13.4 Mobility Header

Bei der Entwicklung des IPv4-Protokolls war an eine Anbindung von mobilen Kommunikationsgeräten noch nicht zu denken. Damals wurden die Grundlagen für die netzgestützte und somit kabelgebundene Kommunikation entwickelt. Rechner und Vermittlungsknoten waren ortsfest und bis zu ihrem Ableben (Austausch) mit einem Kabel verbunden. Die Entwicklung von Laptops und PDAs fügte jedoch der Kommunikation auch die Faktoren der Flexibilität und der Mobilität hinzu. Durch die Integration der Mobilität in die IP-Protokolle erhält ein Rechner an jedem Ort den Zugang zum Internet und darüber hinaus auch den Zugang zu den in seinem Heimatnetz abgelegten Daten. Auch das Einloggen in ein Fremdnetz (Roaming) und die sichere Übermittlung (Ende-zu-Ende) vom Heimatnetz über das Fremdnetz bis hin zum eigentlichen Nutzer der Daten gehört zu den Aufgaben des Mobile IP.

Die Mobile IP-Spezifikationen befasst sich ausschließlich mit der Mobilität auf der IP-Ebene. Die Mobilitätsfunktionen den darunter liegenden Ebenen 1 und 2 werden von den jeweiligen Substandards (IEEE 802.11, HomeRF, HiperLAN, BlueTooth, GPRS oder UMTS) erbracht.

Im Bereich des IPv6 liegen die Spezifikationen des Mobile IP bisher nur als Draft-Standards vor. Mit einer Veröffentlichung als RFCs ist in Kürze zu rechnen. Die Mobility-Header beschreiben den allgemeinen Aufbau, der zwischen den im Netz installierten mobilen Kommunikationskomponenten zum Austausch von Steuer- und Nutzinformationen verwendet wird.

```
 0                   1                   2                   3
 0 1 2 3 4 5 6 7 8 9 0 1 2 3 4 5 6 7 8 9 0 1 2 3 4 5 6 7 8 9 0 1
+-+-+-+-+-+-+-+-+-+-+-+-+-+-+-+-+-+-+-+-+-+-+-+-+-+-+-+-+-+-+-+-+
|  Payload Proto  |   Header Len    |            MH Type           |
+-+-+-+-+-+-+-+-+-+-+-+-+-+-+-+-+-+-+-+-+-+-+-+-+-+-+-+-+-+-+-+-+
|            Checksum             |                              |
+-+-+-+-+-+-+-+-+-+-+-+-+-+-+-+-+                              |
|                          Message Data                          |
+-+-+-+-+-+-+-+-+-+-+-+-+-+-+-+-+-+-+-+-+-+-+-+-+-+-+-+-+-+-+-+-+
```

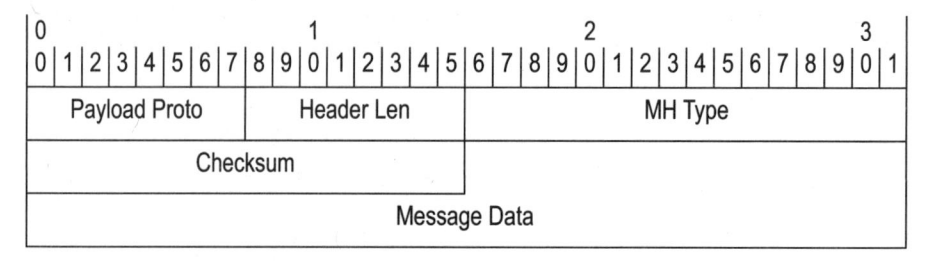

Abb. 4.111 Mobility-Header

Payload Proto
Definiert den auf den Mobility-Header folgenden Informationsteil.

Header Len
Beschreibt die Länge des Mobility-Headers.

MH Type
Dient der Identifikation der jeweiligen Message. Folgende MH-Typen wurden bisher definiert:

0	Binding Refresh Request
1	Home Test Init
2	Care-of Test Init

0	Binding Refresh Request
3	Home Test
4	Care-of Test
5	Binding Update
6	Binding Acknowledgement
7	Binding Error

Tab. 4.7 MH-Typen

Checksum
Enthält die Prüfsumme des Mobility-Headers.

Message Data
Enthält die Nutzdaten des Mobility-Headers.

4.13.5 Binding Refresh Request Message (BRR)

Mit der Binding-Refresh-Request-Message (BRR) wird ein mobiler Knoten aufgefordert, mit dem Absender die Bindung der Kommunikationsbeziehung zu erneuern. Eine Binding-Refresh-Request-Nachricht ist durch den Typ = 0 gekennzeichnet und muss nicht durch einen Authentifikations-Header geschützt werden.

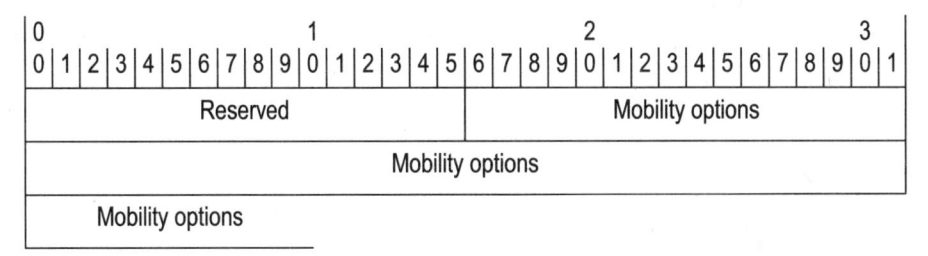

0	1	2	3
0 1 2 3 4 5 6 7 8 9	0 1 2 3 4 5 6 7 8 9	0 1 2 3 4 5 6 7 8 9	0 1
Reserved		Mobility options	
Mobility options			
Mobility options			

Abb. 4.112 Binding-Refresh-Request-Message (BRR)

Reserved
Das 16 Bit lange Feld ist für zukünftige Anwendungen reserviert.

Mobility options
Mit dieser Option werden im Mobility-Header zusätzliche Informationen zur Binding-Request-Option definiert. Momentan sind folgende Option festgelegt:

- Unique Identifier Option,
- Binding Authorization Option.

4.13.6 Home Test Init Message (HoTI)

Von einem mobilen Knoten wird auf Basis der Home-Test-Init-Message (HoTI) die Routing-Prozedur eingeleitet und ein Home-Cookie vom jeweiligen korrespondierenden Knoten angefordert. Für die Home-Test-Init-Message ist der Typ 1 reserviert. Die Source-Adresse einer Typ-1-Messages enthält immer die Heimatadresse (Home Address) des mobilen Knotens. Die Destination-Adresse entspricht der IP-Adresse des korrespondierenden Knotens. Befindet sich ein mobiler Knoten nicht im Heimatnetz, werden die HoTI-Messages immer per IPSec im ESP-Modus vom Home-Agenten zum mobilen Knoten getunnelt.

0 1 2 3 4 5 6 7 8 9	0 1 2 3 4 5 6	7 8 9 0 1 2 3 4 5	6 7 8 9 0 1
Reserved		HoT cookie	
HoT cookie		Mobility options	
Mobility options			
Mobility options			

Abb. 4.113   Home-Test-Init-Message (HoTI)

Reserved
Das 16 Bit lange Feld ist für zukünftige Anwendungen reserviert.

HoT cookie
Das 64 Bit lange Feld enthält einen Zufallswert, das so genannte HoT-Cookie.

Mobility Options
Mit dieser Option werden im Home-Test-Init-Header zusätzliche Informationen definiert. Momentan sind hierfür noch keine Optionen festgelegt.

4.13.7 Care-of Test Init Message (CoTI)

Von einem mobilen Knoten wird auf Basis der Care-of-Test-Init-Message (CoTI) die Routing-Prozedur eingeleitet und ein Care-of-Cookie vom jeweiligen korrespondierenden Knoten angefordert. Für die Care-of-Test-Init-Message ist der Typ 2 reserviert. Die Source-Adresse einer Typ-2-Messages enthält immer die Care-of-Adresse des mobilen Knotens und wird immer direkt an den betreffenden korrespondierenden Knotens übermittelt.

0 1 2 3 4 5 6 7 8 9	0 1 2 3 4 5 6	7 8 9 0 1 2 3 4 5	6 7 8 9 0 1
Reserved		HoT cookie	
HoT cookie		Mobility options	

Mobility options
Mobility options

Abb. 4.114 Care-of-Test-Init-Message

Reserved
Das 16 Bit lange Feld ist für zukünftige Anwendungen reserviert.

CoT cookie
Das 64 Bit lange Feld enthält die eindeutige Kennung – das so genannte CoT-Cookie.

Mobility Options
Mit dieser Option werden im Care-of-Test-Init-Header zusätzliche Informationen definiert. Momentan sind hierfür noch keine Optionen festgelegt.

4.13.8 Home Test Message (HoT)

Eine Home-Test-Message (HoT) wird immer als Reaktion auf eine HoTI-Message von korrespondierenden Knoten an den mobilen Knoten übermittelt. Für die Home-Test-Message ist der Typ 3 reserviert. Die Destination-Adresse einer Typ-3-Messages enthält immer die Home-Adresse des mobilen Knotens. Die Source-Adresse entspricht der IP-Adresse des korrespondierenden Knotens. Befindet sich ein mobiler Knoten nicht im Heimatnetz, werden die HoT-Messages immer per IPSec im ESP-Modus getunnelt.

Home Nonce Index	HoT cookie
HoT cookie	Home Cookie
Home Cookie	Mobility options
Mobility options	
Mobility options	

Abb. 4.115 Home-Test-Message (HoT)

Home Nonce Index
Dieses Feld wird vom mobilen Knoten zum korrespondierenden Knoten während aufeinander folgender Binding Updates geechot.

HoT cookie
Das 64 Bit lange Feld enthält einen Zufallswert, das so genannte HoT-Cookie.

Home Cookie
Das 64 Bit lange Home-Cookie bildet zusammen mit dem Care-of-Cookie einen eindeutigen Schlüssel zur Authentifizierung von Binding-Updates.

Mobility Options
Mit dieser Option werden im Home-Test-Header (HoT) zusätzliche Informationen definiert. Momentan sind hierfür noch keine Optionen festgelegt.

4.13.9 Care-of-Test-Message (CoT)

Eine Care-of-Test-Message (CoT) wird immer als Reaktion auf eine CoTI-Message, von korrespondierenden Knoten an den mobilen Knoten übermittelt. Für die Care-of-Test-Message ist der Typ 4 reserviert. Die Source-Adresse einer Typ-4-Messages enthält immer die IP-Adresse des korrespondierenden Knotens. Die Destination-Adresse enthält die Care-of-Adresse des mobilen Knotens.

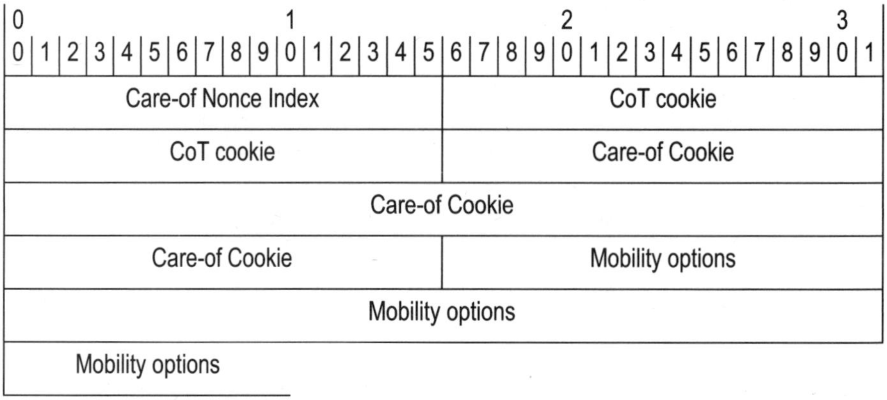

0	1	2	3
0 1 2 3 4 5 6 7 8 9	0 1 2 3 4 5 6 7 8 9	0 1 2 3 4 5 6 7 8 9	0 1
Care-of Nonce Index		CoT cookie	
CoT cookie		Care-of Cookie	
Care-of Cookie			
Care-of Cookie		Mobility options	
Mobility options			
Mobility options			

Abb. 4.116   Care-of-Test-Message (CoT)

Reserved
Die zwei 16 Bit langen Felder sind für zukünftige Anwendungen reserviert.

Care-of Nonce Index
Dieses Feld wird vom mobilen Knoten zum korrespondierenden Knoten während aufeinander folgender Binding-Updates geechot.

CoT cookie
Das 64 Bit lange Feld enthält die eindeutige Kennung – das so genannte CoT-Cookie.

Care-of Cookie
Das 64 Bit lange Care-of-Cookie bildet zusammen mit dem Home-Cookie eine eindeutigen Schlüssel zur Authentifizierung von Binding-Updates.

Mobility Options
Mit dieser Option werden im Care-of-Test-Header (CoT) zusätzliche Informationen definiert. Momentan sind hierfür noch keine Optionen festgelegt.

4.13.10 Binding Update Message (CoT)

Um seinem Home Agent die aktuelle Care-of-Adresse bekannt zu geben, wird ihm ein leeres IP-Paket mit einem Destination-Options-Header gesendet, welcher als Option ein Binding-Update enthält. Für die BU-Message ist der Typ 5 festgelegt. Eine BU-Message muss mindestens einmal erfolgreich zum Home Agent übertragen werden, damit der Home Agent weiß, wo sich der mobile Knoten befindet. Damit übernimmt der Home Agent die Stellvertreterfunktion für den mobilen Knoten im Heimatnetz. Die BU-Messages werden auch zu korrespondierenden Knoten übermittelt. Diese kennen die momentane Care-of-Adresse des mobilen Knotens und sind in der Lage, die BU-Pakete direkt zum mobilen Knoten ohne den Umweg über den Home Agent des mobilen Knotens zu übermitteln.

Der mobile Knoten führt über alle korrespondierenden Knoten, zu denen er ein Binding-Update gesendet hat, eine Binding-Liste (Binding Update List). Die BU-Message wird daher auch zum Löschen einer Bindung verwendet.

0	1	2	3
0 1 2 3 4 5 6 7 8 9	0 1 2 3 4 5 6 7 8 9	0 1 2 3 4 5 6 7 8 9	0 1
Sequence #		A H S D L	Reserved
Lifetime		Mobility options	
Mobility options			
Mobility options			

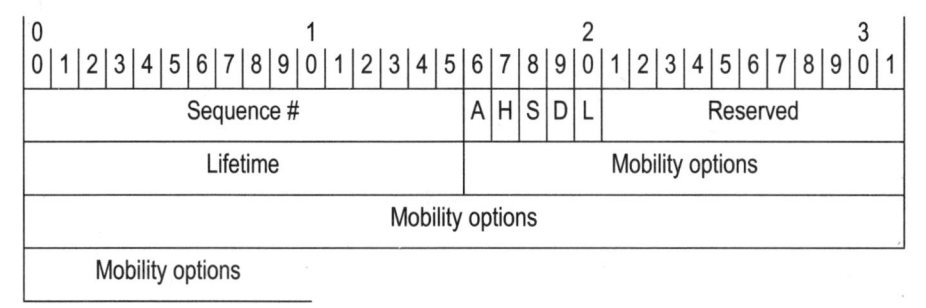

Abb. 4.117 BU-Message

Acknowledge (A)
Wird benutzt, um den Home Agent zum Senden eines Binding-Acknowledgements aufzufordern.

Home Registration (H)
Wird benutzt, um den Empfänger aufzufordern, als Home Agent für die mobile Station zu agieren.

Single Address Only (S)
Bei einem gesetzten S-Bit (S = 1) fordert der mobile Knoten den Home Agent auf, keinerlei Änderungen an anderen als in der Home-Address-Destination-Option festgelegten Home-Adresse im Binding-Cache zu löschen.

Duplicate Address Detection (D)
Das D-Bit (D = 1) wird gesetzt, wenn der empfangende Knoten die Prozedur zur Entdeckung von doppelten Adressen mit der Horne-Address im Heimatnetz des mobilen Knotens durchführen soll. Hierfür müssen im Binding-Update auch das H- und das A-Bit gesetzt sein.

Link-Local Address Compatibility (L)
Das L-Bit (L = 1) wird immer dann gesetzt, wenn die vom mobilen Knoten gemeldete Home-Adresse den gleichen Interface-Identifier (IID) aufweist wie die Link-Local-Adresse des mobilen Knotens.

Reserved
Diese Bits sind für zukünftige Anwendungen reserviert.

Sequence #
Die 16 Bit lange Sequenznummer wird zur Zuordnung von Binding-Updates und Binding-Acknowledgements verwendet. Die Sequenznummer muss für neu gesendete Binding-Updates aufsteigend sein.

Lifetime
Gibt die Gültigkeit der Bindung in Sekunden an.

Mobility Options
Beschreibt zusätzliche Optionen, welche bei Bedarf übergeben werden können. Folgende Optionen können in Binding-Update-Messages (BU) enthalten sein:

- Unique Identifier Option,
- Binding Authorization Data Option,
- Nonce Indices Option,
- Alternate Care-of Address Option.

4.13.11 Binding Acknowledgement Message (BA)

Mithilfe von Binding-Acknowledgements wird eine zuvor mit einem Binding-Update (und gesetztem A-Bit) empfangene Nachricht bestätigt. Da diese Nachricht nur von einem Home Agent oder korrespondierenden Knoten zum mobilen Knoten gesendet werden kann, muss diese immer einen Routing-Header enthalten. Für die Binding-Acknowledgement-Message ist der Typ 6 reserviert.

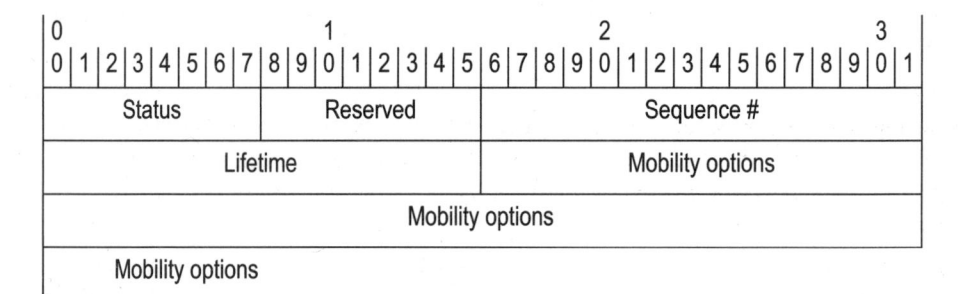

0	1	2	3
0 1 2 3 4 5 6 7	8 9 0 1 2 3 4 5	6 7 8 9 0 1 2 3 4 5	6 7 8 9 0 1
Status	Reserved	Sequence #	
Lifetime		Mobility options	
Mobility options			
Mobility options			

Abb. 4.118 BA-Message

Reserved
Das 8 Bit lange Feld ist für zukünftige Anwendungen reserviert.

Status
Zeigt den Status des Binding-Updates an. Folgende Werte wurden bisher festgelegt:

0	erfolgreicher Binding Update
128	unbekannter Fehler
129	Bindung wurde vom Administrator untersagt
130	keine ausreichenden Ressourcen vorhanden
131	Home-Agent-Funktion wird nicht unterstützt
132	Rechner liegt nicht in diesem Sub
133	kein Home Agent für diese mobile Station
134	Erkennung von Adressduplikaten fehlgeschlagen
135	Sequenznummer außerhalb des gültigen Bereichs
136	Routenoptimierung derzeit nicht erforderlich
137	ungültiger Authentifikator
138	abgelaufener Home Nonce Index
139	abgelaufener Care-of Nonce Index

Tab. 4.8   Status des Binding-Updates

Sequence #
Dieses Feld wird benutzt, um Binding-Acknowledgement-Nachrichten und Binding-Update-Nachrichten einander zuordnen zu können. Damit entspricht die Sequenznummer der zuvor in der gesendeten Binding-Update-Nachricht enthaltenen Sequenznummer.

Lifetime
Für die angegebene Lebenszeit wird die Care-of-Adresse aus den vorhergehenden Binding-Updates im Binding-Cache gehalten. Wird eine Acknowledge-Message vom Home Agent empfangen, muss der mobile Knoten vor Ablauf der Lifetime eine weitere BU-Message an den Home-Agenten schicken.

Mobility Options
Zusätzliche Information, welche als Ergänzung zur Binding-Update-Option angegeben werden kann. Derzeit sind folgende Optionen definiert:

- Binding Authorization Data Option,
- Binding Refresh Advice Option.

4.13.12 Binding Error Message (BE)

Die Binding-Error-Message (BE) wird vom korrespondierenden Knoten zur Signalisierung von Fehlern verwendet. Die Binding-Error-Messages werden immer an den Knoten geschickt, der ein Paket übermittelt hat, der die betreffende Meldung verursachte. Für die Binding-Error-Message ist der Typ 7 festgelegt.

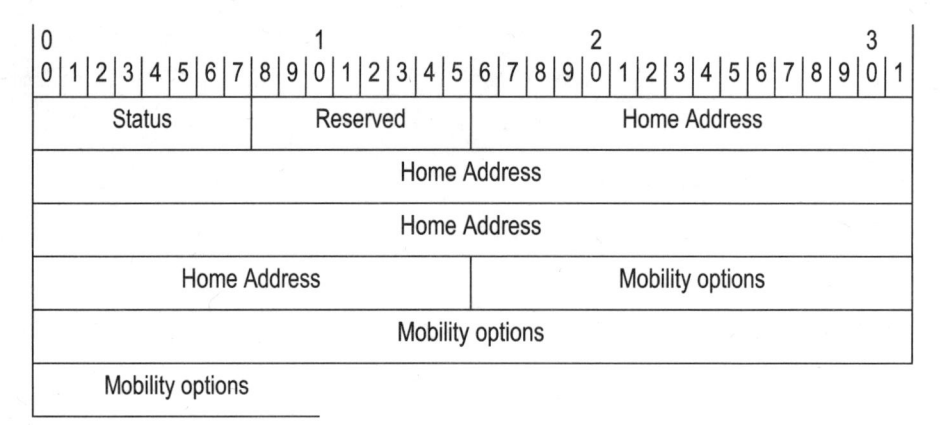

```
 0                   1                   2                   3
 0 1 2 3 4 5 6 7 8 9 0 1 2 3 4 5 6 7 8 9 0 1 2 3 4 5 6 7 8 9 0 1
+-+-+-+-+-+-+-+-+-+-+-+-+-+-+-+-+-+-+-+-+-+-+-+-+-+-+-+-+-+-+-+-+
|     Status     |   Reserved     |         Home Address          |
+-+-+-+-+-+-+-+-+-+-+-+-+-+-+-+-+-+-+-+-+-+-+-+-+-+-+-+-+-+-+-+-+
|                         Home Address                          |
+-+-+-+-+-+-+-+-+-+-+-+-+-+-+-+-+-+-+-+-+-+-+-+-+-+-+-+-+-+-+-+-+
|                         Home Address                          |
+-+-+-+-+-+-+-+-+-+-+-+-+-+-+-+-+-+-+-+-+-+-+-+-+-+-+-+-+-+-+-+-+
|         Home Address          |       Mobility options        |
+-+-+-+-+-+-+-+-+-+-+-+-+-+-+-+-+-+-+-+-+-+-+-+-+-+-+-+-+-+-+-+-+
|                        Mobility options                       |
+-+-+-+-+-+-+-+-+-+-+-+-+-+-+-+-+-+-+-+-+-+-+-+-+-+-+-+-+-+-+-+-+
|        Mobility options       |
+-+-+-+-+-+-+-+-+-+-+-+-+-+-+-+-+
```

Abb. 4.119 BE-Message

Status
Zeigt den Grund der Fehlermeldung an. Folgende Werte wurden bisher festgelegt:

- 1: Die Home-Address-Destination-Option wurde ohne vorhergehende Binding genutzt.
- 2: Empfangene Message hat unbekannten Wert im Typfeld spezifiziert.

Reserved
Das 8 Bit lange Feld ist für zukünftige Anwendungen reserviert.

Home Address
Enthält die in der Home-Address-Destination-Option spezifizierte Home-Adresse.

Mobility Options
Mit dieser Option werden in einer Binding-Error-Message (BE) zusätzliche Informationen definiert. Momentan sind hierfür noch keine Optionen festgelegt.

4.13.13 Mobility Options

Werden bestimmte Parameter nur in Einzelfällen benötigt, können diese durch Sub-Optionen übergeben werden. In diesem Fall wird in dem Length-Feld der Option ein Wert eingetragen, welcher größer ist als der Standardwert. Die überzähligen Bytes werden als Type-Length-Value-codierte Sub-Options (TLV) interpretiert.

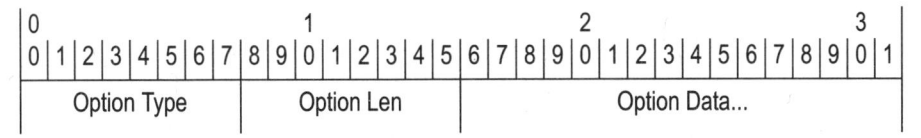

```
 0                   1                   2                   3
 0 1 2 3 4 5 6 7 8 9 0 1 2 3 4 5 6 7 8 9 0 1 2 3 4 5 6 7 8 9 0 1
|   Option Type   |   Option Len   |        Option Data...        |
```

Abb. 4.120   TLV-Option

Option Type
Dient der Identifikation der jeweiligen Sub-Option. Folgende Typen wurden bisher definiert:

0	Pad1
1	PadN
2	Unique Identifier
3	Alternate Care-of Address
4	Nonce Indices
5	Authorization Data

Tab. 4.9   Definierte Sub-Option-Typen

Option Len
Definiert die Länge der Sub-Option in Oktetts. Der Wert Option Len umfasst nicht den Wert der Länge des Option-Type- und des Option-Len-Felds.

Option Data
Ein variabel langes Feld mit den spezifischen Daten der Option.

Pad1
Die Pad-Option dient der Ausrichtung der Mobility-Optionen auf ein Vielfaches von 64 Bit. Die Pad1-Option verfügt als einzige Option über kein vorangestelltes Längenfeld. Daher besteht diese Option nur aus einem einzigen Oktett.

```
 0  1  2  3  4  5  6  7
| 0| 0| 0| 0| 0| 0| 0| 0|
```

Abb. 4.121   Pad-Option

PadN
Müssen in einer Mobility-Option mehr als ein Oktett aufgefüllt werden, um die 64-Bit-Grenze zu erreichen, wird anstatt der Verwendung mehrfacher Pad1-Optionen die PadN-Option verwendet.

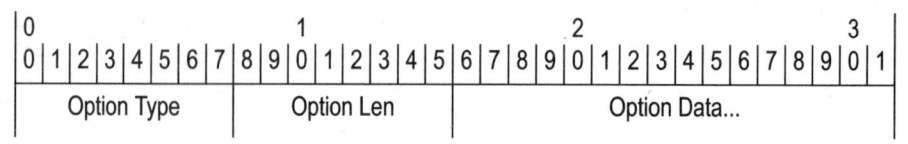

```
 0                   1                   2                   3
 0 1 2 3 4 5 6 7 8 9 0 1 2 3 4 5 6 7 8 9 0 1 2 3 4 5 6 7 8 9 0 1
|   Option Type    |   Option Len    |         Option Data...         |
```
Abb. 4.122 Padn-Option

Unique Identifier

Diese Option wird in Binding-Requests und Binding-Updates genutzt. Der 16-Bit-Wert dient der eindeutiger Unterscheidung verschiedener Binding-Updates von ein und derselben Quelladresse.

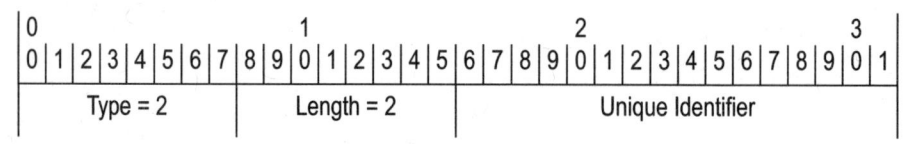

```
 0                   1                   2                   3
 0 1 2 3 4 5 6 7 8 9 0 1 2 3 4 5 6 7 8 9 0 1 2 3 4 5 6 7 8 9 0 1
|    Type = 2      |   Length = 2    |       Unique Identifier        |
```
Abb. 4.123 Unique-Identifier-Option

Alternate Care-of Address

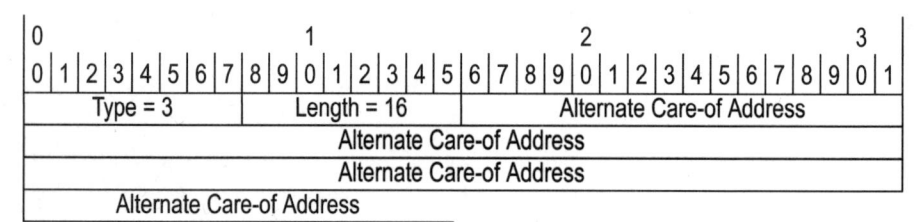

Die Alternate-Care-of-Address-Option wird nur in Binding-Update-Messages genutzt. Sie enthält eine alternative Care-of-Adresse, welche anstelle der im Paket enthaltenen Source-Adresse verwendet werden soll.

```
 0                   1                   2                   3
 0 1 2 3 4 5 6 7 8 9 0 1 2 3 4 5 6 7 8 9 0 1 2 3 4 5 6 7 8 9 0 1
|    Type = 3      |   Length = 16   |     Alternate Care-of Address  |
|                       Alternate Care-of Address                     |
|                       Alternate Care-of Address                     |
|         Alternate Care-of Address                                   |
```
Abb. 4.124 Alternate-Care-of-Address-Option

Nonce Indices

Die Nonce-Indices-Option wird nur in Binding-Updates genutzt. Gleichzeitig mit der Nonce-Indices-Option muss auch die Binding-Authorization-Data-Option im Paket enthalten sein. Beim Empfang einer Message signalisieren das Home-Nonce-Index- und das Care-of-Nonce-Index-Feld dem korrespondierenden Knoten, welche Schlüsselkomponenten zur Authentifizierung von Binding-Update genutzt werden.

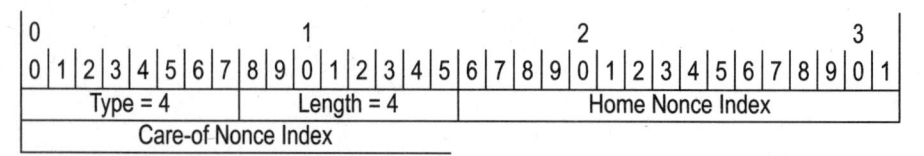

```
 0                   1                   2                   3
 0 1 2 3 4 5 6 7 8 9 0 1 2 3 4 5 6 7 8 9 0 1 2 3 4 5 6 7 8 9 0 1
|    Type = 4      |   Length = 4    |        Home Nonce Index        |
|         Care-of Nonce Index        |
```
Abb. 4.125 Nonce-Indices-Option

Binding Authorization Data

Die Binding-Authorization-Data-Option wird in Binding-Refresh-Requests, Bindin-Updates und Binding-Acknowledgment-Messages verwendet. Mithilfe des Authenticator-Felds und dem darin enthaltenen verschlüsselten Wert überprüft der Empfänger, ob die Message von einem gültigen Absender übermittelt wurde.

```
 0                   1                   2                   3
 0 1 2 3 4 5 6 7 8 9 0 1 2 3 4 5 6 7 8 9 0 1 2 3 4 5 6 7 8 9 0 1
|    Type = 5   |     Length    |         Authenticator         |
|                         Authenticator                         |
|                         Authenticator                         |
|           Authenticator           |
```

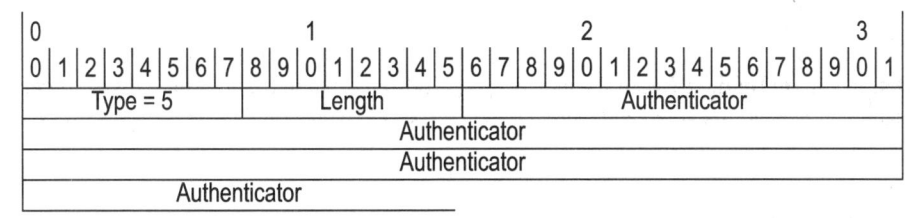

Abb. 4.126 Binding-Authorization-Data-Option

Binding Refresh Advice

Die Binding-Refresh-Advice-Option wird nur in Binding-Acknowledgement-Messages genutzt, die vom Home-Agenten des mobilen Knotens als Reaktion auf eine Home-Registration gesendet werden. Der Refresh-Intervall wird in Sekunden gemessen und signalisiert den Zeitraum, nach dessen Ablauf der mobile Knoten eine neue Home-Registration zum Home Agent übermitteln muss. Der Refresh-Intervall ist immer kleiner als die im Binding-Acknowledgement definierte Lifetime.

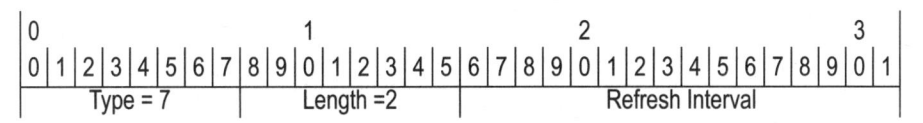

```
 0                   1                   2                   3
 0 1 2 3 4 5 6 7 8 9 0 1 2 3 4 5 6 7 8 9 0 1 2 3 4 5 6 7 8 9 0 1
|    Type = 7   |    Length =2  |        Refresh Interval       |
```

Abb. 4.127 Binding-Refresh-Advice-Option

Home Address Destination Option

Die Home-Address-Destination-Option wird von mobilen Knoten verschickt, wenn diese sich nicht am Heimatnetzwerk befinden und den Empfänger der Message über dessen Heimatadresse informieren wollen.

```
 0                   1                   2                   3
 0 1 2 3 4 5 6 7 8 9 0 1 2 3 4 5 6 7 8 9 0 1 2 3 4 5 6 7 8 9 0 1
|  Option Type  | Option Length |          Home Address         |
|                          Home Address                         |
|                          Home Address                         |
|          Home Address         |
```

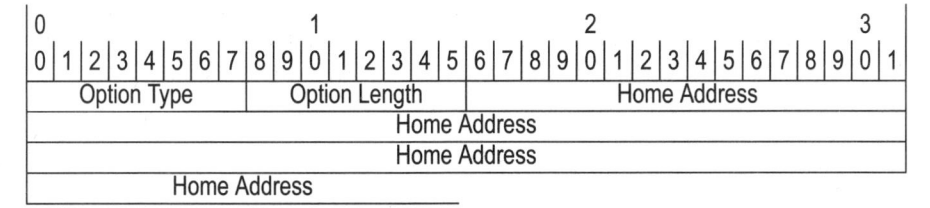

Abb. 4.128 Home-Address-Destination-Option

Option Type
Für die Home-Address-Destination-Option ist der Typ 201 festgelegt.

Option Length
Beschreibt die Länge (in Oktett) der Option exklusive dem Option-Type- und Option-Length-Feld. Eine Home-Address-Destination-Option verfügt immer über eine Länge von 16 Oktett.

Home Address
Enthält die Heimatadresse des Absenders.

4.13.14 Routing-Header Type 2

Die IPv6-Protokolle nutzen zwischen dem korrespondierenden Knoten und dem mobilen Knoten die Routing-Header zum Transport der Heimatadresse. Dabei wird die Care-of-Adresse des mobilen Knotens im IPv6-Destination-Feld mitgeführt. Um den Firewalls für bestimmte Routing-Informationen besondere Verarbeitungsfunktionen zu ermöglichen, wurde ein neue Routing-Header mit dem Typ 2 festgelegt. Ein Typ-2-Routing-Header darf nur eine einzige IPv6-Adresse enthalten.

0	1	2	3
0 1 2 3 4 5 6 7	8 9 0 1 2 3 4 5	6 7 8 9 0 1 2 3	4 5 6 7 8 9 0 1
Next Header	Hdr Ext Len=2	Routing Type=2	Segments Left=1
Reserved			
Home Address			
Home Address			
Home Address			
Home Address			

Abb. 4.129   Routing-Header Typ 2

Next Header
Im Protokollfeld wird definiert, welches höhere Protokoll als nächstes dem Datenteil vorangestellt ist. Die den höheren Protokollen zugeteilten Nummern werden in den so genannten Assigned Internet Protocol Numbers veröffentlicht. Beim IPv6-Protokoll wird das jeweilige Protokoll der vierten Schicht spezifiziert.

Hdr Ext Len
Beschreibt die Länge des Routing-Header in 8-Oktett-Blöcken. Die ersten 8 Oktetts werden nicht in die Längenberechnung einbezogen.

Routing Type
Beschreibt den Typ der Routing-Extension.

Segments Left
Legt die Anzahl der verbleibenden Routensegmente fest.

Reserved
Das 32 Bit lange Feld ist für zukünftige Anwendungen reserviert.

Home Address
Definiert die Heimatadresse des betreffenden mobilen Knotens.

4.13.15 ICMP Home Agent Address Discovery Request Message

Mit einem ICMP Home Agent Address Discovery Request wird von einem mobilen Knoten der dynamische Home-Agent-Adresserkennungsmechanismus eingeleitet. Der mobile Knoten übermittelt dazu einen Home-Agent-Address-Discovery-Request an die durch den eigenen Subnet-Präfix festgelegten Anycast-Adresse des Heimatagenten. Die Source-Adresse des Pakets enthält eine der Care-of-Adressen des mobilen Knotens. Als Antwort generiert der Heimatagent einen Home-Agent-Address-Discovery-Reply und übermittelt diesen direkt an die vom mobilen Knoten festgelegte Adresse.

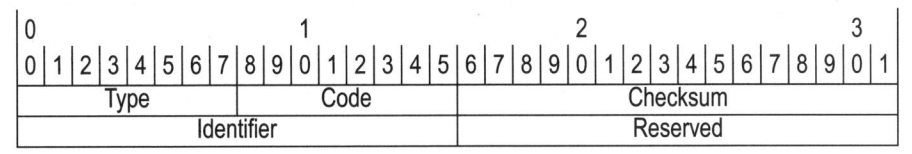

0	1	2	3
0 1 2 3 4 5 6 7	8 9 0 1 2 3 4 5	6 7 8 9 0 1 2 3	4 5 6 7 8 9 0 1
Type	Code	Checksum	
Identifier		Reserved	

Abb. 4.130   Home Agent Address Discovery Request

Type
Beschreibt den Typ der ICMP-Message. Für den Home-Agent-Address-Discovery-Request ist der Wert = 150 festgelegt.

Code
Der Code legt spezielle Verarbeitungsanweisungen oder Signalzustände des ICMP-Pakets fest. Für den Home-Agent-Address-Discovery-Request ist das Code-Feld immer auf den Wert = 0 zu setzen.

Checksum
Enthält die Prüfsumme des Mobility-Headers.

Identifier
Identifikator zur Zuordnung von Home-Agent-Address-Discovery-Replys zu Home-Agent-Address-Discovery-Requests.

Reserved
Das 16 Bit lange Feld ist für zukünftige Anwendungen reserviert.

4.13.16 ICMP Home Agent Address Discovery Reply Message

Mit einem ICMP Home Agent Address Discovery Reply reagiert der Home Agent auf einen vom mobilen Noten eingeleiteten dynamischen Home-Agent-Address-Discovery-Prozess.

0	1	2	3
0 1 2 3 4 5 6 7	8 9 0 1 2 3 4 5	6 7 8 9 0 1 2 3	4 5 6 7 8 9 0 1
Type	Code	Checksum	
Identifier		Reserved	
Reserved			
Reserved			
Home Address			
Home Address			
Home Address			
Home Address			

Abb. 4.131 Home Agent Address Discovery Reply

Type
Beschreibt den Typ der ICMP-Message. Für den Home Agent Address Discovery Reply ist der Wert = 151 festgelegt.

Code
Der Code definiert spezielle Verarbeitungsanweisungen oder Signalzustände des ICMP-Pakets fest. Für den Home Agent Address Discovery Reply ist das Code-Feld immer auf den Wert = 0 zu setzen.

Checksum
Enthält die Prüfsumme des Mobility-Headers.

Identifier
Identifikator zur Zuordnung von Home Agent Address Discovery Replys zu Home Agent Address Discovery Requests.

Reserved
Diese Felder sind für zukünftige Anwendungen reserviert.

Home Agent Addresses
Enthält eine Adressliste von Home Agents am Heimatnetz.

4.13.17 ICMP-Mobile-Prefix-Solicitation-Message-Format

Befindet sich ein mobiler Knoten nicht am Heimatnetz ermittelt dieser mithilfe der ICMP-Mobile-Prefix-Solicitation-Message vom Home-Agenten die notwendigen Präfix-Informationen des Heimatnetzes.

```
 0                   1                   2                   3
 0 1 2 3 4 5 6 7 8 9 0 1 2 3 4 5 6 7 8 9 0 1 2 3 4 5 6 7 8 9 0 1
|     Type      |     Code      |           Checksum            |
|          Identifier           |           Reserved            |
```

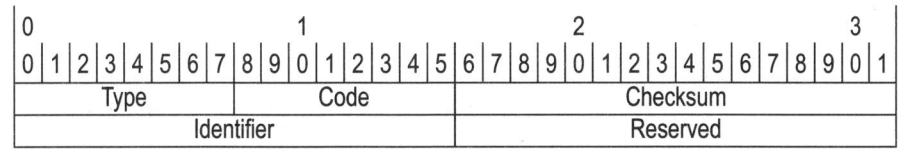

Abb. 4.132 Mobile Präfix Solicitation Message

IP Felder:

Source Address
Enthält die Care-of-Adresse des mobilen Knotens.

Destination Address
Beschreibt die Adresse des Heimatagenten des mobilen Knotens.

Hop Limit
Das Hop-Limit-Feld definiert die verbleibende Lebensdauer eines Datagramms im Netz. Fällt der Wert auf Null, muss das Datagramm zerstört werden.

Authentication Header
Besteht zwischen Sender und Empfänger eine Sicherheitsbeziehung, muss ein Authentication-Header in das Paket eingefügt werden.

ICMP Felder:

Type
Beschreibt den Typ der ICMP-Message. Für die Mobile-Präfix-Solicitation-Message ist der Wert = 152 festgelegt.

Code
Der Code legt spezielle Verarbeitungsanweisungen oder Signalzustände des ICMP-Pakets fest. Für die Mobile-Präfix-Solicitation-Message ist das Code-Feld immer auf den Wert = 0 zu setzen.

Checksum
Enthält die Prüfsumme des Mobility-Headers.

Identifier
Identifikator zur Zuordnung von Mobile-Präfix-Advertisement-Messages zu Mobile-Präfix-Solicitation-Messages.

Reserved
Das 16 Bit lange Feld ist für zukünftige Anwendungen reserviert.

4.13.18 ICMP-Mobile-Prefix-Advertisement-Message-Format

Mithilfe der Mobile-Prefix-Advertisement-Message sendet der Home Agent die notwendigen Präfix-Informationen an den mobilen Knoten, wenn dieser sich nicht am Heimatnetz befindet.

```
 0                   1                   2                   3
 0 1 2 3 4 5 6 7 8 9 0 1 2 3 4 5 6 7 8 9 0 1 2 3 4 5 6 7 8 9 0 1
|      Type     |      Code     |           Checksum            |
|           Identifier          |          Options ...          |
```

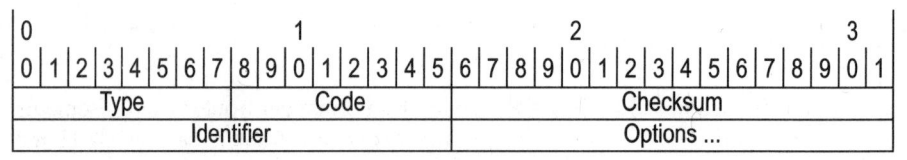

Abb. 4.133   Mobile Prefix Advertisement Message

IP Felder:

Source Address
Enthält die Adresse des Heimatagenten.

Destination Address
Wird diese Meldung als Reaktion auf eine Mobile-Präfix-Solicitation erzeugt, enthält dieses Feld die Absendeadresse des betreffenden Solicitation-Pakets. Werden Unsolicited Messages übermittelt, wird als Zieladresse die Care-of-Adresse des mobilen Knotens genutzt.

Authentication Header
Besteht zwischen Sender und Empfänger eine Sicherheitsbeziehung, muss ein Authentication-Header in das Paket eingefügt werden.

ICMP-Felder:

Type
Beschreibt den Typ der ICMP-Message. Für die Mobile Präfix Advertisement Message ist der Wert = 153 festgelegt.

Code
Der Code legt spezielle Verarbeitungsanweisungen oder Signalzustände des ICMP-Pakets fest. Für die Mobile Präfix Advertisement Message ist das Code-Feld immer auf den Wert = 0 zu setzen.

Checksum
Enthält die Prüfsumme des Mobility-Headers.

Identifier
Identifikator zur Zuordnung von Mobile-Präfix-Advertisement zu Mobile-Präfix-Solicitation-Messages.

Optionen:

Prefix Information
Jede Message enthält eine oder mehrere Präfix-Informationen. Jede Option beschreibt einen Präfix, der zur Konfiguration der Heimatadresse des mobilen Knotens benutzt werden kann.

4.13.19 Router Advertisement Message

Zur Unterstützung der Mobile-IPv6-Funktionen wird das Format der Router-Advertisements modifiziert. Mithilfe des Home-Agent-Bits (H) signalisiert ein Router, dass er als Home Agent für einen Link agiert.

```
 0                   1                   2                   3
 0 1 2 3 4 5 6 7 8 9 0 1 2 3 4 5 6 7 8 9 0 1 2 3 4 5 6 7 8 9 0 1
|     Type      |     Code      |           Checksum            |
| Cur Hop Limit |M|O|H| Reserve |        Router Lifetime        |
|                        Reachable Time                         |
|                         Retrans Timer                         |
| Options ...
```

Abb. 4.134   Router-Advertisement-Message

Typ-Nummer
Die ICMP-Typ-Nummer dient zur Unterscheidung der einzelnen ICMP-Meldungen. Die Router-Advertisement-Message ist als Typ 134 definiert.

Code
Der ICMP-Code ist bei der Router-Advertisement-Message immer auf den Wert 0 gesetzt. Der Code Nummer 0 wird nur von Routern (Gateways) erzeugt.

Checksum
Enthält eine Prüfsumme, die sich aus folgenden Komponenten zusammen setzt: der IPv6-Source-Adresse, der IPv6-Destination-Adresse, der IPv6-Payload-Länge und dem Next-Header-Typ. Der Algorithmus besteht darin, das Einerkompliment aller oben genannten Datenelemente zu addieren und daraus das Einerkomplement der Summe zu bilden.

Cur Hop Limit
Werden von einem Rechner Router-Advertisement-Messages verschickt, so enthält das Current-Hop-Limit-Feld den Default-Wert, der im Hop-Count-Feld des IP-Headers gesetzt werden muss. Wird dieses Feld auf den Wert = 0 gesetzt, so wurde dieser Wert vom jeweiligen Router nicht festgelegt.

M-Bit
Das Managed Adresse Configuration Flag signalisiert, dass der jeweilige Rechner für seine Interfaces die betreffenden Adressen und bei Bedarf auch weitere Konfigurationen bzw. Parameter von einem dafür am Netzwerk eingerichteten Server herunter laden soll.

O-Bit
Das Other-Konfigurations-Flag (O-Flag) definiert die Verwendung der stateful Autokonfiguration:

- Wird beim Vergleich zwischen dem gerade empfangenen Wert des O-Bits und dem abgespeicherten Wert ein Wechsel von FALSE nach TRUE (Default-Wert = FALSE) festgestellt, so muss die IP-Adresse des betreffenden Interfaces mithilfe des stateful Autokonfigurationsmechanismus konfiguriert werden.

- Wird beim Vergleich zwischen dem gerade empfangenen Wert des O-Bits und dem abgespeicherten Wert ein Wechsel von TRUE nach FALSE (Default-Wert = FALSE) festgestellt, so werden alle Parameteranfragen außer der Anfrage nach der aktuellen Adresse abgebrochen.

H-Bit
Das Home-Agent-Bit (H) wird in einer Router-Advertisement-Meldung immer dann gesetzt, wenn der betreffende Router gleichzeitig als Home Agent für diesen Link agiert.

Reserved
Das 5 Bit lange Feld ist für zukünftige Anwendungen reserviert.

Router Lifetime
Definiert die Lebensdauer des Default-Routers in Sekunden. Die maximale Lebenszeit beträgt 18,2 Stunden. Eine Lebenszeit von 0 Sekunden bedeutet, dass es sich bei dem betreffenden Router um keinen Default-Router handelt. Aus diesem Grund sollten Router mit einer 0-Lebenszeit niemals in der Default-Router-Liste eingetragen werden.

Reachable Time
Anhand der Reachable Time wird die Zeitdauer (in Millisekunden) gemessen die ein Rechner, nachdem dieser seine Verfügbarkeit bestätigt hat, am Netz erreichbar ist. Dieser Zeitwert wird vom Neighbor-Unreachability-Detection-Algorithmus verwendet. Wird dieses Feld auf den Wert = 0 gesetzt, so wurde dieser Wert vom jeweiligen Router nicht festgelegt.

Retrans Timer
Definiert die Zeitdauer (in Millisekunden), die vergehen muss, bevor Neighbor-Solicitation-Messages erneut gesendet werden können. Der Retrans Timer wird vom Adress-Resolution- und dem Neighbor-Unreachability-Detection-Algorithmus verwendet. Wird dieses Feld auf den Wert = 0 gesetzt, so wurde dieser Wert vom jeweiligen Router nicht festgelegt.

Optionen:

Source-Link-Layer-Adresse
Enthält die Link-Layer-Adresse des Interfaces, welches die Router-Advertisement-Message aussendet. Ein Router ist jedoch in der Lage, diese Option zu ignorieren. Der Router ist in der Lage, den gesamten Datenverkehr im Load-Sharing-Verfahren über mehrere Link-Layer-Adressen zu verteilen.

MTU
Die MTU-Option sollte nur in Router-Advertisement-Messages integriert werden, die über Verbindungen mit einer variablen Maximum Transmission Unit gesendet werden.

Prefix Information
Die Präfix-Informationsoption definiert den Präfix des jeweiligen Links bzw. den Präfix, der für die Autokonfiguration der Adressen verwendet wird.

Präfix-Informationsoption

Der Einsatz von IP in mobilen Netzen erfordert die Kenntnis der globalen Adresse eines Routers. Dies hat folgende Gründe:

Es ermöglicht dem Home Agent (in diesem Fall dem Router) das Erlernen der Adressen anderer Home Agents am jeweiligen Link. Für diese Home Agents bietet der betreffende Router die notwendigen Home-Agent-Services und baut damit die Home-Agent-Liste auf.

Es ermöglicht mobilen Knoten, die Binding-Updates an den Router zu schicken, auf dem bisher die Care-of-Adresse verzeichnet war. Dadurch wird das automatische Weiterleiten der bisherigen Care-of-Adresse zur neuen Care-of-Adresse eingeleitet.

Das klassische Neighbor Discovery propagiert nur die Link-Local-Adressen der Router und legt fest, dass diese Adresse als IP-Source-Adresse in allen Router-Advertisements genutzt wird. Durch das Hinzufügen des R-Bits wird die Funktionalität des Neighbor Discoverys und der Präfix-Information-Option erweitert. Es ermöglicht Routern auch das Propagieren ihrer globalen Adressen.

0	1	2	3
Type	Length	Prefix Length	L A R	Reserved
Valid Lifetime			
Preferred Lifetime			
Reserved 2			
Prefix			
Prefix			
Prefix			
Prefix			

Abb. 4.135 Präfix-Informationsoption

Type
Die Typnummer dient zur Unterscheidung der Optionen. Die Präfix-Informationsoptionen wurde als Typ 3 definiert.

Length
Definiert die Länge der Präfix-Informationsoption.

Prefix Length
Definiert die Länge des jeweiligen Präfixes (Wertebereich 0 bis 128).

L-Bit
Das On-Link-Flag signalisiert, dass der jeweilige Präfix nur für den betreffenden Link gültig ist. Wird das On-Link-Flag nicht gesetzt, so kann der Präfix sowohl am lokalen Link wie auch außerhalb des Links verwendet werden.

A-Bit
Das Autonomous-Address-Konfigurations-Flag signalisiert, dass der Präfix bei der Autonomous-Adresskonfiguration verwendet wird.

R-Bit
Das Router-Adress-Flag wird auf den Wert = 1 gesetzt, wenn das Präfix-Feld zusätzlich zum propagierten Präfix eine dem sendenden Router zugeordnete vollständige IP-Adresse enthält.

Reserved 1
Das 5 Bit lange Feld ist für zukünftige Anwendungen reserviert.

Valid Lifetime
Definiert die Zeitdauer in Sekunden (relativ zur Sendezeit des Pakets), die der jeweilige Präfix zur Adresskonfiguration am Link gültig ist. Der Wert 0xffffffff definiert einen unendlich langen Zeitraum.

Preferred Lifetime
Definiert die Zeitdauer in Sekunden (relativ zur Sendezeit des Pakets), die eine Adresse, die anhand dieses Präfixes gebildet wurde, gültig ist. Der Wert 0xffffffff definiert einen unendlich langen Zeitraum.

Reserved 2
Dieses Feld wird immer mit 00-Werten gefüllt und wird beim Empfänger vollkommen ignoriert.

Prefix
Das Prefix-Length-Feld definiert die Länge des jeweiligen Präfixes. Alle Bits eines Präfixes, die die definierte Länge überschreiten, müssen vom Sender immer auf den Wert = 0 gesetzt werden. Ein Router darf niemals die Präfix-Option auf den lokalen Link übermitteln.

Advertisement-Interval-Option

Für den mobilen Einsatz von IPv6 wird eine neue Advertisement-Intervalloption festgelegt. Diese wird in Router-Advertisements genutzt und definiert den Zeitraum, zu dem der betreffende Router Multicast-Router-Advertisements propagiert.

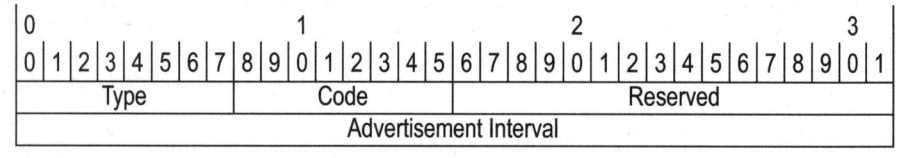

Abb. 4.136 Advertisement-Intervalloption

Type
Die Typnummer dient zur Unterscheidung der Optionen. Die Advertisement-Interval-Option wurde als Typ 7 definiert.

Length
Definiert die Länge der Advertisement-Intervall-Option.

Reserved
Das 16 Bit lange Feld ist für zukünftige Anwendungen reserviert.

Advertisement Interval
Definiert den maximalen Zeitraum (in Millisekunden) zwischen zwei aufeinander folgenden Router-Advertisements. Der Wert des Zeitraums entspricht der des Konfigurationsparameters MaxRtrAdvInterval.

Home Agent Information Option

Mit der Home-Agent-Informationsoption propagiert der Home Agent in Router-Advertisements spezielle Information eines Routers, der als Home Agent agiert.

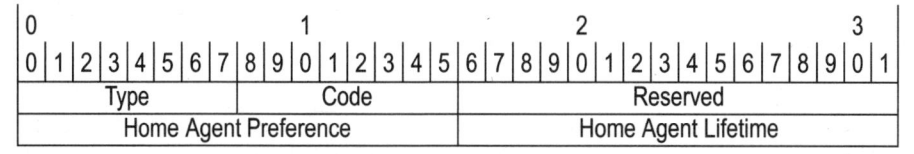

0	1	2	3
0 1 2 3 4 5 6 7	8 9 0 1 2 3 4 5	6 7 8 9 0 1 2 3	4 5 6 7 8 9 0 1
Type	Code	Reserved	
Home Agent Preference		Home Agent Lifetime	

Abb. 4.137   Home Agent Information Option

Type
Die Typnummer dient zur Unterscheidung der Optionen. Die Home-Agent-Information-Option wurde als Typ 8 definiert.

Length
Definiert die Länge der Home-Agent-Information-Option.

Reserved
Das 16 Bit lange Feld ist für zukünftige Anwendungen reserviert.

Home Agent Preference
Legt die Priorität des die Router-Advertisement propagierenden Home Agents fest. Je höher der Wert, umso höher ist dessen Priorität.

Home Agent Lifetime
Definiert die Gültigkeit (Lebenszeit) eines Home Agents in Sekunden.

4.14 IPv6-Netze und der Einsatz weiterer Protokolle

Das Internet basiert nicht nur auf einem Protokoll, sondern neben den TCP/IP-Protokollen existieren noch eine Reihe anderer Protokolle (z.B. IPX, AppleTalk, OSI, SNA). Diese Protokolle werden entweder im Nativ Modus (d.h., sie werden direkt eingesetzt) oder sie werden mithilfe der TCP/IP-Encapsulation-Methode übermittelt. Die Encapsulation-Methode wird auch als Tunneling bezeichnet. Trotz der Einführung des IPv6-Protokolls werden über das Internet auch weiterhin der IPX-Verkehr zwischen zwei Novell-Netzen mithilfe des Tunneling-Verfahrens übermittelt. Auch wird in Zukunft nicht eine sofortige Umstellung aller IPv4-Netze auf die neue Version des Internet-Protokolls erfolgen. Ipv4 wird bis weit in das nächste Jahrtausend im Internet Bestand haben. Aus diesem Grund muss das Internet auch weiterhin in der Lage sein, unterschiedliche Protokollströme zu transportieren.

4.14.1 Multiprotokoll-Systeme

Das Beispiel eines Multiprotokoll-Rechners wird in nachfolgender Abbildung verdeutlicht. Das System ist in der Lage, mithilfe des TCP/IP-Dienstes FTP und des OSI-Dienstes FTAM die Files zwischen den unterschiedlichen Protokollwelten zu übermitteln. Das User-Interface sorgt dafür, dass die File-Transfer-Dienste von den darunter implementierten Protokollen unabhängig wird.

File Transfer Service			
FTP	FTAM		
	ISO 8823		
	ISO 8327		
	TP0/RFC1006	TP4	
TCP			
IP	CLNP		

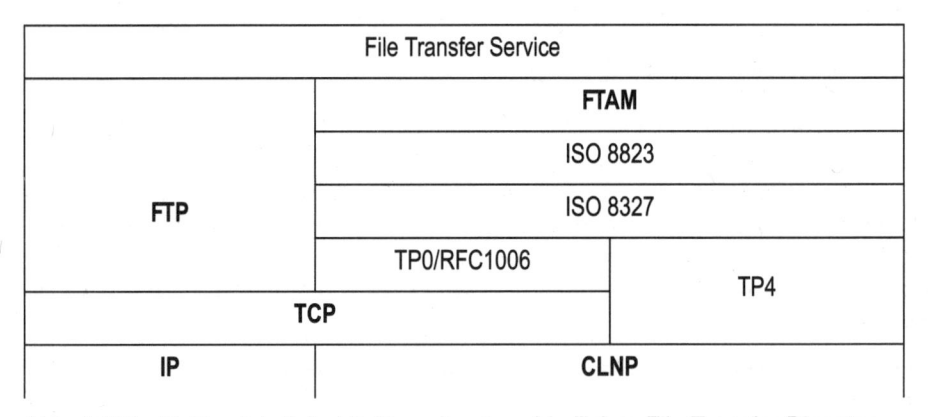

Abb. 4.138 Multiprotokoll-Architektur mit unterschiedlichen File-Transfer-Diensten

Mithilfe des Standard-User-Interfaces kann der Anwender seine Daten entweder über den TCP/IP- oder den OSI-Protokoll-Stack an den jeweiligen Zielrechner übermitteln.

FTP
TCP
IP

FTAM
ISO 8823
ISO 8327

```
                    |    TP4    |
                    |   CLNP    |
   TCP/IP                OSI
```

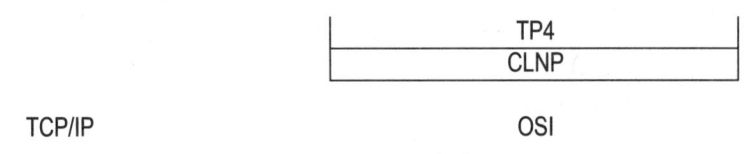

Abb. 4.139 Unterschiedliche Protokoll-Stacks mit den jeweiligen File-Transfer-Service

In nachfolgender Abbildung werden weitere Möglichkeiten zum Versenden der Files dargestellt. Die so genannte »Transition Architecture« gemäß RFC 1006 ermöglicht es, die OSI-Daten auch über einen TCP/IP-Protokoll-Stack zu übermitteln. Auch der umgekehrte Fall ist denkbar, wenn die TCP/IP-Applikationen über einen OSI-Stack (gemäß den TUBA-Spezifikationen) an den Zielrechner übertragen werden. Die wesentliche Voraussetzung für eine solche Multiprotokollkommunikation ist die Erweiterung der Systemarchitektur um die jeweiligen Dienste und Schnittstellen.

```
|  FTP   |  |  FTAM    |  |   FTAM      |  |  FTP   |
|  TCP   |  | ISO 8823 |  |  ISO 8823   |  |  TCP   |
|  IP    |  | ISO 8327 |  |  ISO 8327   |  |  CNLP  |
            |   TP4    |  | TP0/RFC1006 |
            |  CLNP    |  |    TCP      |
                         |     IP      |
  TCP/IP         OSI        RFC 1006        TUBA
```

Abb. 4.140 Mögliche Multiprotokoll-Implementierung

In der Praxis hat sich jedoch gezeigt, dass die Multiprotokoll-Rechner immer auf Basis voneinander unabhängiger Protokoll-Stacks realisiert wurden. In der Konsequenz bedeutet dies, dass, obwohl auf einem System die TCP- und OSI-Protokolle voll implementiert wurden, diese Protokolle nicht gleichzeitig innerhalb eines Kommunikationsvorgangs benutzt werden können. Die unterschiedlichen Protokollwelten koexistieren zwar miteinander (mit anderen Worten: Sie stören sich nicht gegenseitig), eine volle Integration der Protokolle wurde jedoch nie realisiert.

Um eine volle Integration der Multiprotokoll-Welten zu garantieren, muss das System von sich aus ermitteln, welches Protokoll für die jeweilige Kommunikation zum Zielrechner notwendig ist und definiert die darunter liegenden Dienste anschließend über die notwendigen Funktionen. Da im Markt jedoch keine großen Anstrengungen unternommen werden, diese Systeme zu entwickeln, müssen andere Techniken gefunden werden, um eine Multiprotokoll-Kommunikation über das Internet zu garantieren.

4.14.2 Multiprotokoll-Techniken

Heute werden im Internet die folgenden zwei Techniken zur Übermittlung eines Multiprotokoll-Datenverkehrs verwendet:

- Encapsulation/Tunneling
- Translation/Conversion

Beide Techniken werden auch als Intermediate-Systemtechniken bezeichnet und zeichnen sich dadurch aus, dass eine Multiprotokoll-Unterstützung ohne eine Veränderung der Endgeräte gewährleistet werden kann.

Encapsulation/Tunneling

Die Encapsulation- oder die Tunneling-Technik wird immer dann eingesetzt, wenn zwei oder mehrere Netze, die mit einem gemeinsamen Protokoll kommunizieren, über ein weiteres Netz (das so genannte Intermediate Network), das nur über ein andersartiges Protokoll verfügt, miteinander Daten austauschen müssen. Dabei müssen die Datenpakete der Endnetze an den Schnittstellen der Netze in die Paketformate des Intermediate Networks eingepackt bzw. daraus wieder ausgepackt werden. Die Encapsulation- oder die Tunneling-Technik gewährleistet jedoch nur einen transparenten Übertragungsweg und sorgt nicht für eine Kommunikation zwischen den Endgeräten der angeschlossenen Netze und den Endgeräten des Intermediate Networks.

Translation/Conversion

Eine weitere Möglichkeit zur Übermittlung von Multiprotokolldaten über unterschiedliche Netze besteht im Einsatz von Translation- oder Conversion-Gateways. Die Aufgabe dieser Gateways besteht in der Umsetzung der Datenströme in das jeweils andere Datenformat. Im Internet wird diese Technik bereits erfolgreich bei den unterschiedlichen Mail-Gateways eingesetzt. Im Fall einer Anpassung von IPv4 auf IPv6 haben die Translation/Conversion-Gateways die Aufgabe, die unteren Schichten bis zum Network Layer anzupassen. Dieser Mechanismus wurde auch in die IPv6-Spezifikationen zum sanften Übergang zum neuen IP aufgenommen.

4.14.3 Protokoll-Features

In einer Multiprotokollwelt kommt einigen Protkollfunktionen besondere Bedeutung zu. Aus diesem Grund werden die jeweiligen Funktionen an dieser Stelle noch einmal aufgegriffen und im Zusammenhang mit der Einrichtung und dem Betrieb von Multiprotokollnetzen ausführlich diskutiert. Zu diesen Funktionen gehören:

- die Adressierung,
- die Behandlung von Header-Optionen,
- das Multiplexing,
- der Status/Control-Feedback.

Adressierung

Für den Netzadministrator besteht in der Wahl der richtigen Adressen eines der größten Probleme beim Aufbau von Multiprotokoll-Netzen. Jedes Netzprotokoll verwendet seinen ganz spezifischen Aufbau und ist in der Regel mit keinem Adressformat eines anderen Protokolls kompatibel. Um den einfachen Einsatz des Ipv6-Protokolls im Internet und seinen angeschlossenen Netzen zu gewährleisten, wurde der IPv6-Adressmechanismus so gewählt, dass die wesentlichen Adressformate (z.B. IPv4 oder IPX) darauf abgebildet werden können.

Um die Rückwärtskompatibilität zu alten IP-Version-4-Netzen zu gewährleisten, wurde eine Technik entwickelt, mit der Hosts und Router dynamisch IPv6-Pakete über geroutete IPv4-Netze tunneln können. Dazu wurden spezielle IPv6-Unicast-Adressen entwickelt. Die letzten 32 Bit dieser Adressen enthalten die IPv4-Adresse und haben folgende Adressform:

80 Bit	16 Bit	32 Bits
0000............................0000	0000	IPv4 Adresse

Abb. 4.141 IPv6-Unicast-Adressen mit integrierter IPv4-Adresse (Bild bitte neu anlegen)

Auch wird es über einen langen Zeitraum im Internet noch eine Vielzahl von IP-Rechnern geben, die nie das neue IPv6-Protokoll unterstützen werden. Die ersten 80 Bit der Adresse dienen zur eindeutigen Identifizierung einer IPv4-Adresse. Die Bits 80 bis 95 unterscheiden reine IPv4-Adressen von IPv6-Knotenadressen

Dieses Anhängen der »Nicht-IPv6-Adresse« bietet den Vorteil, dass in den Gateways zwischen den unterschiedlichen Protokollen nur minimale Adresstabellen implementiert werden müssen und der Übersetzungsvorgang wesentlich schneller abgearbeitet werden kann.

Behandlung von Header-Optionen

Ein modernes Protokoll sollte in der Lage sein, mithilfe einer Vielzahl von Optionen die Anpassung an die Erfordernisse der Netzbetreiber zu gewährleisten. Natürlich hat jede Protokollwelt seine spezifischen Anforderungen an die Optionen. Beim IPv6 können optionale Internet-Layer-Funktionen in separaten Headern codiert werden. Diese Header werden direkt an den IPv6-Header angehängt. Diese optionalen Header werden durch das Next-Header-Feld gekennzeichnet. Ein IPv6-Paket kann dadurch aus dem reinen IPv6-Header (keine Header-Erweiterung) oder dem IPv6 und ein bis mehreren Extension-Headern bestehen. Die Extension-Header werden normalerweise auf dem Übermittlungspfad zwischen dem Sender und dem Empfänger nicht verarbeitet. Die Ausnahme hiervon bildet der Hop-by-Hop-Option-Header. In diesem Header werden Informationen abgelegt, die auf dem Übermittlungspfad zwischen dem Sender und dem Empfänger von jedem Rechner verarbeitet werden müssen. Der Hop-by-Hop-Option-Header folgt immer sofort auf den IPv6-Header. Ein Hop-by-Hop-Option-Header wird durch den Wert = 0 im Next Header-Feld des IPv6-Headers gekennzeichnet. Wird während der Verarbeitung eines Headers festgestellt, dass ein weiterer Header folgt und wurde im Next-Header-Feld eine unbekannte Option gefunden, so muss das

Paket verworfen und an den Absender ein ICMP-Parameter-Problem-Paket gesendet werden. Bei ICMP-Parameter-Problem-Paketen wird der ICMP-Code auf den Wert = 2 gesetzt und das ICMP-Pointer-Feld zeigt auf den unbekannten Wert im Originalpaket.

Jeder Extension-Header hat immer eine vielfache Länge von 8 Oktetts auf. Die gleiche Regel gilt auch für Multi-Oktett-Felder in Extension-Headern. Eine komplette Implementation des IPv6-Protokolls unterstützt die folgenden Extension-Header:

- Hop-by-Hop Option,
- Routing (Typ 0),
- Fragment,
- Destination Option,
- Authentication,
- Encapsulating Security Payload.

Jeder Extension-Header sollte nur einmal innerhalb eines Datagramms vorkommen. Die Ausnahme bilden die Destination-Options-Header. Werden diese Extension-Header in ein Paket eingefügt, so werden diese einmal vor dem Routing-Header und direkt vor dem Upper-Layer-Header platziert. Alle IPv6-Rechner müssen in der Lage sein, unabhängig von der jeweiligen Reihenfolge alle Extension-Header verarbeiten zu können. Nur die Hop-by-Hop-Option-Header müssen immer und ausschließlich direkt an den IPv6-Header angehängt werden.

Multiplexing

Die Zukunft der Internet-Protokolle hängt von deren Flexibilität ab. Neben den traditionellen Diensten auf der Transportebene wie z.B. TCP und UDP werden neue Dienste wie z.B. Sprachübertragung und Multimedia-Daten einen wesentlichen Schwerpunkt in den Netzen bilden. In einer Multiprotokoll-Umgebung werden auf Basis des Ipv6 eine Vielzahl unterschiedlicher Datenströme übermittelt werden. Aus diesem Grund wurde im IPv6-Protokoll die Funktion der Payload integriert. Die Payload gibt die auf den IPv6-Header folgenden Rest des Pakets in Anzahl der darin enthaltenen Oktetts an. Wird dieses Feld auf den Wert = 0 gesetzt, so wird signalisiert, dass die Payload-Länge als Funktion der Jumbo-Payload-Hop-by-Hop-Option dargestellt wird. Die Jumbo-Payload-Option wird immer dann verwendet, wenn IPv6-Pakete mit einer längeren Payload als 65 535 Oktetts übermittelt werden sollen. Die Jumbo-Payload-Länge entspricht der Länge aller Oktetts, die in dem jeweiligen Paket (ohne den IPv6-Header) übertragen werden. Werden von einem Rechner Jumbo-Payload-Optionspakete empfangen, deren Länge geringer oder gleich 65 535 ist, so muss eine ICMP-Parameter-Problem-Message (Code 0) an den Absender generiert werden. Im ICMP-Paket wird durch einen Pointer auf die ungültige Länge verwiesen. Wird eine Jumbo-Payload-Option übertragen, so muss das Payload-Längenfeld im IPv6-Header immer auf den Wert = 0 gesetzt werden. Werden von einem Rechner gültige Jumbo-Payload-Optionspakete empfangen, in deren IPv6-Header das IPv6-Payload-Längenfeld nicht auf den Wert = 0 gesetzt wurde, so muss eine ICMP-Parameter-Problem-Message (Code 0) an den Absender generiert werden. Im ICMP-Paket wird durch einen Pointer auf das Option-Typfeld in der Jumbo-Payload-Option verwiesen.

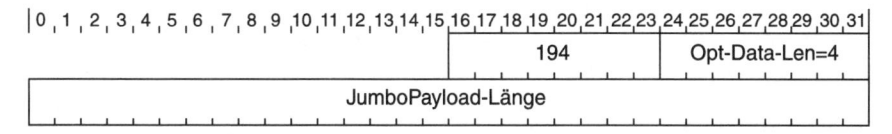

0	1	2	3	4	5	6	7	8	9	10	11	12	13	14	15	16	17	18	19	20	21	22	23	24	25	26	27	28	29	30	31
																194								Opt-Data-Len=4							
JumboPayload-Länge																															

Abb. 4.142 Jumbo-Payload-Option

Status/Control-Feedback

In einem Multiprotokollnetz muss die korrekte Übermittlung der Daten auch dann garantiert werden, wenn das Original-Datenpaket zwischen Sender und Empfänger über eine Vielzahl von Encapsulation- oder Conversion-Gateways übertragen werden. Da bei der Übersetzung und beim Verpacken in andere Protokolle eine Reihe unterschiedlicher Fehler auftreten können, muss das IPv6-Protokoll in der Lage sein, solche Fehler zu erkennen und an den Sender des Pakets zurückmelden zu können. Mithilfe der ICMPv6-Fehlermeldungen wird beim neuen IP der Sender über aufgetretene Fehler informiert. Als Fehlermeldungen sind bei dem ICMPv6-Protokoll folgende Meldungen definiert:

- Destination Unreachable,
- Packet Too Big,
- Time Exceeded,
- Parameter Problem.

Destination Unreachable Message
Dem Sender eines Datagramms wird durch die Destination-Unreachable-Meldung der Grund mitgeteilt, weshalb das Datagramm nicht übermittelt werden konnte. Wird eine Destination-Unreachable-Meldung erzeugt, die auf einen fehlenden Eintrag in der Router-Tabelle erzeugt, so muss das Codefeld auf den Wert = 0 gesetzt werden. Diese Art der ICMP-Fehlermeldung kann nur entstehen, wenn in einer Router-Tabelle kein Eintrag zur Default-Route vorgenommen wurde. Ist eine Destination-Unreachable-Meldung Resultat einer administrativen Bedingung (z.B. Firewall-Filter), so muss das Codefeld auf den Wert = 1 gesetzt werden. Wird eine Destination-Unreachable-Meldung als Resultat eines Fehlers bei der Weiterleitung des Pakets an die nächste Adresse im Routing-Header, bei dem das Strict-Bit gesetzt wurde, erzeugt, so muss das Codefeld auf den Wert = 2 gesetzt werden. Kann ein Sender eine IPv6-Adresse durch den Discovery-Prozess in keine korrespondierende Link-Adresse auflösen oder wurden auf dem jeweiligen Link Probleme festgestellt, so muss eine Destination-Unreachable-Meldung, bei dem das Codefeld auf den Wert = 3 gesetzt ist, erzeugt werden. Ein Empfänger sollte immer dann eine Destination-Unreachable-Message mit dem Codewert = 4 senden, wenn das im Paket enthaltene Transport-Protokoll keinen Abnehmer (Listener) für die darin enthaltenen Daten hat.

Packet Too Big Message
Eine Packet-Too-Big-Meldung muss von einem Router erzeugt werden, wenn ein empfangenes Datenpaket auf dem Pfad zum Empfänger nicht übermittelt werden kann, da die Paketgröße die MTU des Links übersteigt. Die Packet-Too-Big-Message stellt eine der definierten

Ausnahmen bei der Erzeugung von ICMPv6-Fehlermeldungen dar. Diese Fehlermeldung wird auch als Reaktion auf ein Paket mit einer IPv6-Multicast-Destination-Adresse, einer Link-Layer-Multicast- oder einer Link-Layer-Broadcast-Adresse generiert.

Time Exceeded Message
Empfängt ein Router ein Datenpaket, dessen Hop-Limit auf den Wert = 0 gesetzt ist oder ein Router setzt dieses Feld bei der Verarbeitung auf diesen Wert, so muss das betreffende Datenpaket verworfen werden und eine ICMPv6-Time-Exceeded-Message (Code = 0) an den Verursacher des Pakets übermittelt werden. In diesem Fall bedeutet die Fehlermeldung, dass entweder ein Routing-Loop besteht oder der ursprüngliche Hop-Limit-Wert für den betreffenden Pfad zu klein gewählt wurde. Alle IPv6-Systeme sollten die Path-MTU-Discovery-Funktion unterstützen. Die Fragmentierung von Daten auf dem Weg zwischen Sender und Empfänger wird dadurch vermieden. Das IPv6-Protokoll legt jedoch fest, dass aus Gründen der Rückwärtskompatibilität mit älteren Protokollen der Transportschicht eine End-zu-End-Fragmentierung unterstützt wird. Aus diesem Grund müssen alle IPv6-Implementationen das Reassemblieren von IPv6-Fragmenten unterstützen. Um den Empfänger nicht unnötig zu belasten, muss der Reassemblierungsprozess nach dem Empfang des ersten Fragments innerhalb einer bestimmten Zeit abgeschlossen sein. Als Zeitfenster, in dem der Zusammenbau des Originalpakets abgeschlossen sein muss, schreibt der Standard einen Wert zwischen 60 und 120 Sekunden vor. Wird dieser Zeitraum überschritten oder wird ein Paketfragment mit einem Offset-Wert = 0 während der Reassemblierungszeit empfangen, so müssen die Paketfragmente verworfen werden. In beiden Fällen wird an den Erzeuger der Paketfragmente eine ICMPv6-Time-Exceeded-Meldung (Code = 1) gesendet.

Parameter Problem Message
Dem Sender eines Datagramms wird durch die Parameter-Problem-Meldung der Grund mitgeteilt, weshalb das Datagramm nicht übertragen bzw. nicht verarbeitet werden konnte. Ein solches Paket wird vom Empfänger verworfen und im Anschluss daran eine Parameter-Problem-Message erzeugt, die den jeweiligen Fehler genauer beschreibt. Anhand des Pointers wird das Datenoktett im Originaldatagramm angezeigt, in dem der jeweilige Fehler festgestellt wurde. Beispielsweise signalisiert eine ICMPv6-Message mit dem Typfeld = 4, dem Codefeld = 1 und einem Pointer-Wert = 48, dass in der auf den IPv6-Header folgende IPv6-Header-Extension ein unbekannter Next-Header-Wert eingetragen wurde.

4.15 Multi-homed Hosts

Bei der alten IP-Version konnten immer nur ein aktives Rechner-Interface mit der gleichen IP-Adresse konfiguriert werden. Dieser Mangel führte dazu, dass keine Redundanz auf der IP-Ebene realisiert werden konnte. Mit der Entwicklung des IPv6-Protokolls wurde auch mit diesem Mangel in der Protokoll-Architektur aufgeräumt. Die so genannte Multihoming-Technologie ermöglicht es IPv6-Rechnern, über mehrere Interfaces mit der gleichen Adresse oder einer Adressgruppe zu kommunizieren. Die Multihoming-Technologie kann wie folgt kategorisiert werden:

4.15.1 Typ 1

Als Typ 1 wird die einfachste Form des Multihoming bezeichnet. Ein Rechner verfügt nur über ein Interface zum Netz. Auf diesem Interface wurden mehrere IP-Adressen konfiguriert. Vor dem Aussenden eines IP-Pakets muss der Typ-1-Multihomed-Rechner bzw. die Applikation die richtige Source-Adresse für das betreffende Datagramm auswählen. An diese Adresse werden vom Kommunikationspartner alle Antwortpakete übermittelt. Der Multihome-Typ 1 teilt sich aufgrund unterschiedlicher Netzkonfigurationen in zwei Subtypen auf.

Typ 1a
Die Adressen des Interfaces werden beim Typ 1a als gleichwertig behandelt. In der Praxis führt dies dazu, dass alle Pakete, die an dieses Interface (unabhängig von der IP-Adresse) gesendet oder von diesem übermittelt werden, auf gleiche Art und Weise von den Routern übertragen werden. In diesem Fall ist die Wahl der richtigen IP-Adresse unerheblich, da nur sicher gestellt werden muss, dass die Paketströme für die jeweilige Session an die gleiche Adresse geschickt werden.

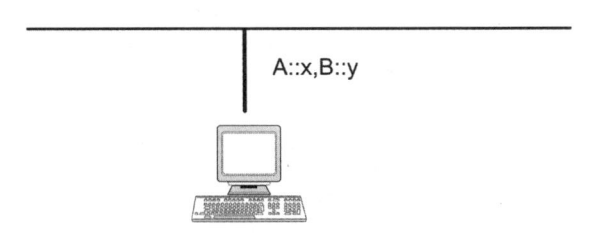

Abb. 4.143 Multihomed-Rechnerkonfiguration Typ 1a

Typ 1b
Bei diesem Subtyp ist die Wahl der richtigen IP-Adresse von Bedeutung. Werden beispielsweise für die Kommunikation mit mehreren Service-Providern die jeweiligen IP-Adressen (inklusive der Präfixes) zugeordnet, so wird bereits mit der Auswahl der Source-Adresse ein bestimmter Dienst bzw. Provider ausgewählt.

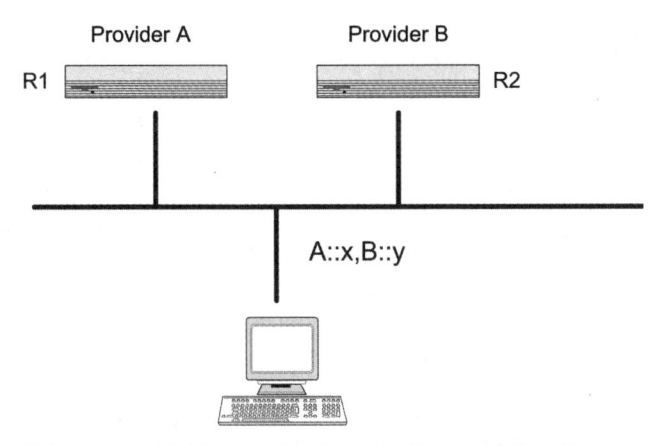

Abb. 4.144 Multihomed-Rechnerkonfiguration Typ 1b

4.15.2 Typ 2

Der Multihoming-Typ 2 ermöglicht den Aufbau von Rechnern, deren Interfaces jeweils über eine oder mehrere IP-Adressen verfügen. In der einfachsten Form verfügt jedes Interface nur über eine einzige Adresse. Vor der Übermittlung von Paketen muss der Typ-2-Multihomed-Rechner eine Entscheidung treffen, welches Interface zur Kommunikation und welches Adresspaar zur Übermittlung der Pakete verwendet wird. Wie auch die Rechner des Typs 1 teilen sich die Multihoming-Rechner vom Typ 2 in weitere Untergruppen auf.

Typ 2a
Bei diesem Subtyp verfügt jedes Interface über eine eigene Adresse. Die Adressen bzw. die Interfaces werden jedoch als absolut identisch behandelt. Beispielsweise kann ein Rechner über mehrere Interfaces zum gleichen physikalischen Subnetz verfügen.

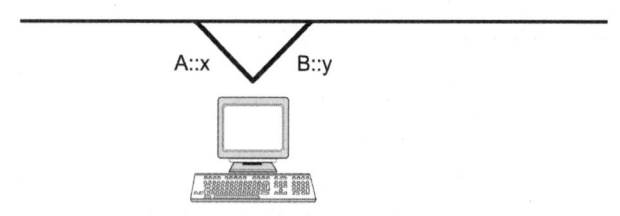

Abb. 4.145   Multihomed-Rechnerkonfiguration Typ 2a

Typ 2a'
Beim Typ 2a' handelt es sich um eine Variante der vorher beschriebenen Konfiguration. Beide Interfaces verfügen über die gleichen IP-Adressen. Die Link-Layer-Adressen der Interfaces unterscheiden sich jedoch voneinander. Dies würde jedoch die Unterstützung mehrerer Link-Layer-Adressen pro IP-Adresse in den Neighbor-Discovery-Caches erfordern. Der Subtyp 2 a' wird somit zu einer Sonderform der Typ-3-Konfiguration.

Typ 2b
Beim Typ 2b verfügt jedes Interface über eine eigene Adresse. Die Adressen bzw. die Interfaces werden jedoch als nicht identisch behandelt. Diese Konfiguration entsteht, wenn mehrere Interfaces eines Rechners an unterschiedliche physikalische Netzwerke angeschlossen werden. Mit der Wahl der IP-Adresse definiert der Sender gleichzeitig, über welches physikalische Netz er mit dem Empfänger kommunizieren möchte.

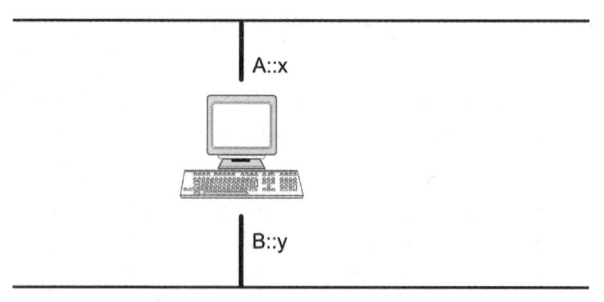

Abb. 4.146   Multihomed-Rechnerkonfiguration Typ 2b

4.15.3 Typ 3

Eine Multihomed-Rechnerkonfiguration vom Typ 3 verfügt über zwei oder mehrere Interfaces. Diese Interfaces sind von der Funktion her vollkommen identisch.

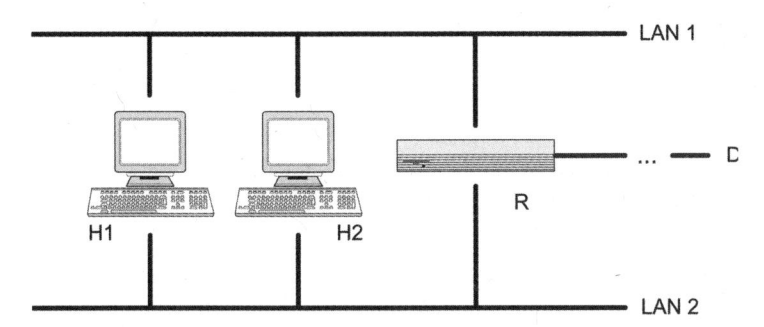

Abb. 4.147 Multihomed-Rechnerkonfiguration Typ 3

Die Rechner H1 und H2 wurden über redundante Verbindungen an LAN1 und LAN2 angeschlossen. Beide LANs können zur Kommunikation benutzt werden. In Falle eines Fehlers auf einem der angeschlossenen LANs wird die Kommunikation auf das andere LAN-Segment umgeleitet. In einem typischen Netzwerk werden die beiden LANs mit einem oder mehreren Routern verbunden. Die Router sorgen für die Verbindung zwischen den LANs und für die Kommunikation zu anderen Netzwerken. Beim Ausfall eines Rechner-Interfaces sorgt der Router für die Aufrechterhaltung des Kommunikationswegs. Die folgenden Anforderungen sollten von Multihomed-Rechnern des Typs 3 erfüllt werden:

- Ein Fehler auf einem der angeschlossenen LANs führt zu einer automatischen Umleitung des Kommunikationspfads auf das andere LAN.
- Ein Fehler auf einem der angeschlossenen LANs darf nicht dazu führen, dass die Verbindung abbricht und erneut aufgebaut werden muss.
- Ein Remote Host (z.B. Rechner D) muss über keinerlei Informationen verfügen, wie die Rechner H1 und H2 über die angeschlossenen LANs kommunizieren.
- Sind beide LANs aktiv, so sollte der Datenverkehr auf beide LANs aufgeteilt werden. Dies heißt nicht notwendigerweise, dass der Datenverkehr im Loadsharing-Verfahren aufgeteilt werden muss. Die einzelnen Sessions werden einfach nach auf die einzelnen LANs verteilt.
- Alternativ kann der Datenverkehr im Loadsharing-Verfahren auf beide aktive LANs verteilt werden. Dazu wird ein zusätzlicher Mechanismus benötigt, der die genaue Aufteilung der Bandbreite ermöglicht.
- Der Datenverkehr sollte anhand vom Administrator festlegbarer Kriterien auf die angeschlossenen LANs verteilt werden können. Beispielsweise kann dadurch eines der angeschlossenen LANs im Normalbetrieb für den Datentransport (z.B. Börsendaten in einer

Bank) benutzt werden. Das andere LAN wird nur für den Transport von Management-Informationen und anderer Nicht-Geschäftsdaten benutzt. Im Fehlerfall werden die Daten von LAN 1 automatisch auf LAN 2 (bzw. umgekehrt) übertragen.

- Die Umschaltung zwischen den einzelnen LANs muss im Fehlerfall relativ schnell erfolgen (Größenordnung: 1 Sekunde).
- Nach Beseitigung eines Fehlers muss der Datenverkehr (bzw. die einzelnen Datenströme) wieder automatisch auf den angeschlossenen LANs separiert werden.

4.15.4 Lösungsansätze

Die Anforderungen des Multihome-Typs 3 entsprechen den komplexen Anforderungen von modernen Netzen. Die Komplexität bezieht sich dabei auf folgende technische Aspekte: Übermittlung von Paketen zu Multihomed-Rechnern und Wahl des Interfaces zur Übermittlung von Paketen.

Paketübermittlung

Die technische Herausforderung bei der Übermittlung von Paketen zu Multihomed-Rechnern liegt darin, dass die Interfaces des Rechners als vollkommen gleichwertig zu betrachten sind. Aus diesem Grund müssen die Daten von einem Rechner zu einem Multihomed-Rechner (bzw. umgekehrt) über jedes der verfügbaren Interfaces möglich sein. Die höheren Protokolle verwenden jedoch die Adress-Information in Kombination mit der Interface-ID als universelle Adresse zur Unterscheidung der Datenströme innerhalb des Rechners. Beim TCP-Protokoll werden dazu die Source- und die Destination-IP-Adressen verwendet. Dies Zuordnung von Datenströmen zu einem Interface lässt jedoch keine Unterstützung von Multihomed-Rechnern zu. Anhand der folgenden vier Lösungsansätze werden die jeweiligen Schritte zur Erweiterung der Protokollarchitekturen in Multihomed-Umgebungen verdeutlicht:

- Verwendung einer einzigen IP-Adresse ohne zusätzliche Modifikationen bei den TCP/UDP-Protokollen,
- Verwendung mehrerer IP-Adressen und die Erweiterung des IP-Protokolls um Funktionen zur eindeutigen Identifizierung von Paketen und deren Kommunikationsendpunkten,
- Verwendung mehrerer IP-Adressen und die Erweiterung der TCP/UDP-Protokolle zur eindeutigen Identifizierung von Paketen,
- Verwendung der Mobile-IP-Technik.

Verwendung einer einzigen IP-Adresse
Multihomed-Rechner können auch als Router dargestellt werden. Der Router verwendet zur Kommunikation nur eine einzige Adresse.

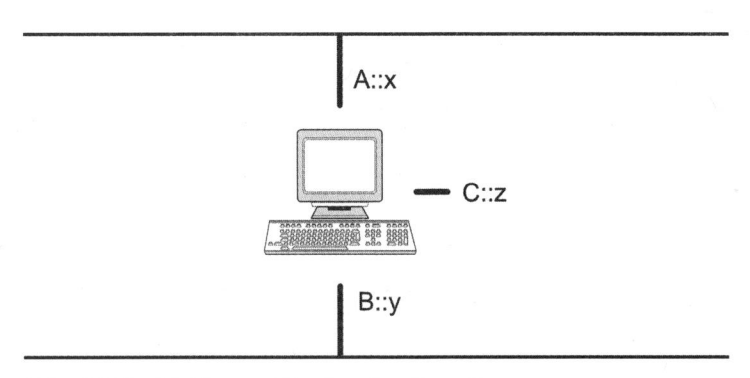

Abb. 4.148 Multihomed-Rechnerkonfiguration

Wie in der Abbildung dargestellt, wird das Subnet (C::) als Erweiterung des Rechners (H) konfiguriert. Ähnlich werden alle weiteren Subnetze des Multihomed-Rechners angebunden. Die Routing-Protokolle des Rechners sorgen dafür, dass der Datenverkehr entsprechend der Subnetzadresse geroutet wird. Dieser Lösungsansatz hat jedoch folgende Probleme:

- Der jeweilige Rechner muss die im Netz eingesetzten Routing-Protokolle unterstützen. Dies führt zu einer zusätzlichen Belastung der CPU und anderer Rechnerressourcen. Außerdem erhöht es die Komplexität bei der Administration bzw. bei der Konfiguration. In der Praxis führt der Routing-Ansatz dazu, dass die Routing-Infrastruktur in einem Netz ungeheuer komplex werden kann.
- Die Vergabe von Subnetzadressen für jeden Multihomed-Rechner führt zwangsläufig zu einer Verschwendung von Adressbereichen.

Gemäß den Definitionen sollten Routing-Funktionen immer nur von speziellen Routern erbracht werden. Ein Rechner im Netz sollte nach Möglichkeit von diesen Funktionen entlastet werden. Aus diesem Grund muss der einfache Lösungsansatz zur Verwendung einer einzigen IP-Adresse ohne zusätzliche Modifikationen bei den TCP/UDP-Protokollen verworfen werden.

4.16 Programmier-Interface

Anwendungen greifen auf die Netzdienste meist über die Socket-Schnittstelle zu. Zur Unterstützung des IPv6-Protokolls sind wesentliche Erweiterungen der unter IPv4 genutzten Socket-Schnittstelle notwendig. Im Request for Comments 2553 mit dem Titel »Basic Socket Interface Extensions for IPv6« werden die Erweiterungen für die API-Schnittstelle festgelegt. Folgende Änderungen werden beim IPv6-Socket-Interface vorgenommen:

4.16.1 IPv6 Adress- und Protokollfamilie

Der neue Address Family Name »AF_INET6« wird in <sys/socket.h> definiert. Die AF_INET6-Definition dient der Unterscheidung zwischen der ursprünglichen (IPv4) sockaddr_in Adressstruktur und der neuen sockaddr_in6 Datenstruktur. Ebenfalls wird ein neuer Protocol Family Name »PF_INET6« in der <sys/socket.h> eingeführt.

    #definePF_INET6 AF_INET6

Der PF_INET6 wird immer als erstes Argument an die Funktion socket() übergeben und signalisiert, dass ein IPv6-Socket kreiert werden soll.

4.16.2 IPv6-Adress-Struktur

Eine IPv6-Adresse wird durch die Struktur in6_addr dargestellt:

    #include <netinet/in.h>

    struct in6_addr {

    uint8_t s6_addr[16];/* IPv6 address */

    };

4.16.3 Socket-Funktionen

Die Applikationen rufen die Funktion socket() auf und generieren einen Socket-Descriptor. Dieser agiert als Kommunikationsendpunkt. Die Argumente der Funktion socket() signalisieren dem System das verwendete Protokoll und das betreffende Adressformat. Ein IPv4/TCP-Socket wird von einer Applikation durch folgenden Funktionenaufruf kreiert:

    s = socket(PF_INET, SOCK_STREAM, 0);

Ein IPv4/UDP-Socket wird von einer Applikation durch folgenden Funktionenaufruf kreiert:

    s = socket(PF_INET, SOCK_DGRAM, 0);

Die Funktionenaufrufe zur Erzeugung von IPv6/TCP- und IPv6/UDP-Sockets werden durch die Nutzung der Konstante PF_INET6 anstatt PF_INET im ersten Argument vereinfacht. Zur Erzeugung eines IPv6/TCP-Sockets übermittelt die Applikation folgenden Funktionensaufruf:

    s = socket(PF_INET6, SOCK_STREAM, 0);

Ein IPv6/UDP-Socket wird von einer Applikation durch folgenden Funktionsaufruf kreiert:

    s = socket(PF_INET6, SOCK_DGRAM, 0);

Nachdem die Applikation einen Socket PF_INET6 kreiert hat, muss die Adress-Struktur sockaddr_in6 bei der Übergabe von Adressen an das System genutzt werden. Applikationen übergeben mit folgenden Funktionen die Adressen an das System:

bind()

connect()

sendmsg()

sendto()

Das System nutzt die Adress-Struktur sockaddr_in6 zur Übergabe von Adressen über die PF_INET6-Sockets an die jeweilige Anwendung. Systeme übergeben mit folgenden Funktionen die Adressen an die Applikationen:

accept()

recvfrom()

recvmsg()

getpeername()

getsockname()

4.16.4 IPv6-Wildcard-Adressen

Die Funktion Bind() ermöglicht den Applikationen die Festlegung der Source-IP-Adressen von UDP-Paketen und TCP-Verbindungen. Einige Anwendungen delegieren jedoch die Wahl der Source-Adresse an das System. Bereits bei IPv4 lässt sich diese Adresse als symbolische Konstant INADDR_ANY (auch Wildcard-Adresse genannt) im Call Bind() nutzen.

Man kann in Deklarationen eine Variable solchen Typs zwar mit einer symbolischen Konstante initialisieren, einer zuvor deklarierten in6_addr-Struktur aber nicht deren Wert zuweisen. Es werden deshalb zwei Möglichkeiten zur Zuweisung einer Wildcard-Adresse angeboten:

Die erste Variante nutzt eine globale Variable names »in6addr_any«, die wiederum eine in6_addr-Struktur darstellt. Die externe Deklaration dieser Variable wird in <netinet/in.h> vorgenommen:

```
extern const struct in6_addr in6addr_any;
```

Die Anwendungen nutzen in6addr_any ähnlich wie INADDR_ANY beim IPv4-Protokoll. Beispielsweise wird bei der Bind-Funktion einem Socket eine Port-Nummer 23 zugeordnet. Das System kann jedoch die Source-Adresse eigenständig festlegen:

```
struct sockaddr_in6 sin6;
...
sin6.sin6_family = AF_INET6;
sin6.sin6_flowinfo = 0;
sin6.sin6_port = htons(23);
```

```
sin6.sin6_addr = in6addr_any; /* structure assignment */
...
if (bind(s, (struct sockaddr *) &sin6, sizeof(sin6)) == -1)
...
```

Die zweite Version nutzt die symbolische Konstante IN6ADDR_ANY_INIT und wird in <netinet/in.h> definiert. Mit dieser Konstante wird eine in6_addr-Struktur initialisiert:

```
struct in6_addr anyaddr = IN6ADDR_ANY_INIT;
```

4.16.5 Identifikation des Interfaces

Vom API wird zur Identifikation eines lokalen Interfaces, das einer Multicastgruppe zugeordnet werden soll, ein Interface-Index benutzt. Auch für dem Empfang und zum Versenden von Datagrammen werden die Interface-Indexe genutzt. Die Interfaces werden normalerweise mit den Kennungen »le0«, »sl1«, »ppp2« usw. gekennzeichnet. Diese Funktionen werden auf 4.4BSD-Systemen mithilfe der Funktion sysctl() und dem Kommando NET_RT_IFLIST realisiert.

Name-to-Index
Die erste Funktion ordnet einen Interface-Namen mit dem korrespondierenden Index zu.

```
#include <net/if.h>

unsigned int if_nametoindex(const char *ifname);
```

Existiert der betreffende Interface-Name nicht, wird vom System der Wert = 0 mit der Fehlermeldung = ENXIO zurückgemeldet. Bei einem Systemfehler wird vom System ebenfalls der Wert = 0, jedoch mit der korrekten Fehlermeldung (z.B. ENOMEM) zurückgemeldet.

Index-to-Name
Die zweite Funktion ordnet einen Interface-Index dem entsprechenden Namen zu.

```
#include <net/if.h>

char *if_indextoname(unsigned int ifindex, char *ifname);
```

Das ifname-Argument zeigt auf einen Puffer, in den der Interface-Name des jeweiligen Index abgelegt wird. Die IF_NAMESIZE wird mit <net/if.h> festgelegt.

4.16.6 Ausgabe aller Interface-Namen und Indexe

Die if_nameindex-Struktur enthält alle notwendigen Informationen zu einem Interface und wird durch das Einfügen desHeaders <net/if.h> erzeugt.

```
struct if_nameindex {
```

unsigned int if_index; /* 1, 2, ... */

char *if_name; /* null terminated name: "le0", ... */

};

Diese Funktion generiert eine komplette if_nameindex-Struktur, wobei für jedes Interface ein Eintrag vorhanden ist.

struct if_nameindex *if_nameindex(void);

Das Ende der if_nameindex-Liste wird durch einen if_index-Wert = 0 und einen if_name-Wert = NULL angezeigt. Diese Funktion gibt einen NULL-Pointer und eine Fehlermeldung aus und setzt die Fehlernummer (errno) auf den entsprechenden Wert. Das zum Anlegen der Interface-Indexe und der entsprechenden Namen notwendige Memory wird dynamisch festgelegt. Dieses Memory wird mit der nächsten Funktion wieder freigegeben.

4.16.7 Freigabe von Memory

Die folgende Funktion gibt das durch if_nameindex() reservierte dynamische Memory wieder frei:

#include <net/if.h>

void if_freenameindex(struct if_nameindex *ptr);

Das Argument dieser Funktion enthält einen Pointer. Dieser wird durch die if_nameindex() erzeugt.

4.16.8 Socket-Optionen

Zur Unterstützung von IPv6 werden eine Reihe neuer Socket-Optionen festgelegt. Diese neuen Optionen werden auf der IPPROTO_IPV6-Ebene genutzt. Der Level-Parameter in den Funktionen getsockopt() und setsockopt() ruft hierfür die IPPROTO_IPV6-Funktion auf. Der Konstantenname Präfix IPV6_ wird in allen neuen Socket-Optionen genutzt. Die Deklaration von IPPROTO_IPV6, den neuen IPv6-Socket-Optionen und den entsprechenden Konstanten werden durch das Einfügen in den Header <netinet/in.h> erzeugt.

Unicast Hop Limit

Die neue Option setsockopt() überwacht das Hop-Limit beim Versenden von Unicast-IPv6-Paketen. Der Name dieser Option lautet IPV6_UNICAST_HOPS und wird auf der IPPROTO_IPV6-Ebene genutzt. Das folgende Beispiel illustriert dessen Einsatz:

int hoplimit = 10;

if (setsockopt(s, IPPROTO_IPV6, IPV6_UNICAST_HOPS,

```
(char *) &hoplimit, sizeof(hoplimit)) == -1)
    perror("setsockopt IPV6_UNICAST_HOPS");
```

Wird die Option IPV6_UNICAST_HOPS über die Funktion setsockopt() gesetzt, definiert diese Option das Hop-Limit für alle über diesen Socket übermittelten Unicast-Pakete. Wird diese Option nicht gesetzt, übernimmt das System den Default-Wert. Der Wert des Hop-Limits (x) wird wie folgt interpretiert:

x < -1: Ausgabe einer Fehlermeldung EINVAL

x == -1: Default-Wert wird genutzt

0 <= x <= 255: aktueller Wert von x wird genutzt

x >= 256: Ausgabe einer Fehlermeldung EINVAL

Das folgende Beispiel illustriert den Einsatz der IPV6_UNICAST_HOPS-Option:

```
int hoplimit;
size_t len = sizeof(hoplimit);
if (getsockopt(s, IPPROTO_IPV6, IPV6_UNICAST_HOPS,
(char *) &hoplimit, &len) == -1)
    perror("getsockopt IPV6_UNICAST_HOPS");
else
    printf("Using %d for hop limit.\n", hoplimit);
```

4.16.9 Senden und Empfangen von Multicast-Paketen

Durch die Festlegung einer IPv6-Multicast-Adresse im Adressargument der Funktion sendto() können IPv6-Applikationen UDP-Multicast-Pakete verschicken. Drei Socket-Optionen auf der IPPROTO_IPV6-Ebene kontrollieren die entsprechenden Parameter:

IPV6_MULTICAST_IF

Legt das Interface zum Versenden der Multicast-Pakete fest.

IPV6_MULTICAST_HOPS

Definiert das Hop-Limit der zu sendenden Multicast-Pakete.

IPV6_MULTICAST_LOOP

Gehört ein Interface des Senders zu der gleichen Multicast-Gruppe, an die das betreffende Multicast-Paket verschickt werden soll, wird automatisch eine Kopie des Datagramms an die IP-Schicht des lokalen Systems übermittelt. Dies wird durch den Optionswert = 1 erkannt. Bei einem Optionswert = 0 wird keine Kopie des Datagramms generiert.

IPV6_JOIN_GROUP

Fordert das betreffende Interface auf, sich einer Multicast-Gruppe anzuschließen.

IPV6_LEAVE_GROUP

Ermöglicht das Verlassen einer Multicast-Gruppe für ein Interface.

4.16.10 Library-Funktionen

Eine Reihe neuer Library-Funktionen werden im Bereich der Namensauflösung eingefügt.

Name-zu-Address-Translation

Die klassische Funktion gethostbyname() und auch die im RFC 2133 festgelegte Funktion gethostbyname2 erwiesen sich in der Praxis als unbrauchbar. Daher wurden diese Mechanismen durch folgende Funktion ersetzt:

```
#include <sys/socket.h>

#include <netdb.h>

struct hostent *getipnodebyname(const char *name, int af, int flags

int *error_num);
```

Bei dem Namesargument kann es sich entweder um einen Knotenname oder einen nummerischen Adress-String (z.B. IPv4-Adresse oder IPv6-Adresse) handeln. Das af-Argument legt die jeweilige Adressefamilie (AF_INET oder AF_INET6) fest. Über eine Fehlernummer (error_num) werden dem aufrufenden Programm über einen Pointer die jeweiligen Fehlerzustände signalisiert. Die Fehlerzustände in error_num sind wie folgt festgelegt:

HOST_NOT_FOUND
Rechner ist unbekannt.

NO_ADDRESS
Der Server erkennt den Namen, aber für den Namen ist keine Adresse festgelegt.

NO_RECOVERY
Auf dem Server ist ein Fehler aufgetreten.

TRY_AGAIN
Auf dem Server ist ein temporärer Fehler aufgetreten.

Das Flag-Argument definiert die Art der gesuchten Adresse.

Adress-zu-Knotennamen-Translation

Die folgende Funktion nutzt die gleichen Argumente wie die bereits bekannte Funktion gethostbyaddr(). Es wird jedoch eine neue Fehlernummer hinzugefügt.

```
#include <sys/socket.h> #include <netdb.h>

struct hostent *getipnodebyaddr(const void *src, size_t len,

int af, int *error_num);
```

Über eine Fehlernummer (error_num) werden dem aufrufenden Programm über einen Pointer die jeweiligen Fehlerzustände signalisiert. Die Fehlerzustände in error_num sind wie folgt festgelegt:

HOST_NOT_FOUND
Rechner ist unbekannt.

NO_ADDRESS
Der Server erkennt den Namen, aber für den Namen ist keine Adresse festgelegt.

NO_RECOVERY
Auf dem Server ist ein Fehler aufgetreten.

TRY_AGAIN
Auf dem Server ist ein temporärer Fehler aufgetreten.

4.16.11 Protokollunabhängige Auflösung von Rechner- und Servicenamen

Die Spezifikation POSIX 1003.1g des Institute of Electrical and Electronic Engineers (IEEE) definiert eine protokollunabhängige Funktion getaddrinfo() zur Übersetzung eines Rechnernamens in eine IP-Adresse. Die POSIX-Spezifikation werden wie folgt in das System eingefügt:

```
#include <sys/socket.h>

#include <netdb.h>

int getaddrinfo(const char *nodename, const char *servname,

const struct addrinfo *hints,

struct addrinfo **res);
```

Die addrinfo-Struktur wird durch das Einfügen des Headers <netdb.h> definiert.

```
struct addrinfo {

int ai_flags; /* AI_PASSIVE, AI_CANONNAME, AI_NUMERICHOST */

int ai_family; /* PF_xxx */

int ai_socktype; /* SOCK_xxx */

int ai_protocol; /* 0 or IPPROTO_xxx for IPv4 and IPv6 */

size_t ai_addrlen; /* length of ai_addr */
```

```
        char *ai_canonname; /* canonical name for nodename */
        struct sockaddr *ai_addr; /* binary address */
        struct addrinfo *ai_next; /* next structure in linked list */
    };
```

Durch das Ergebnis der oben beschriebenen Funktion erhält man:

- den Wert = 0 bei erfolgreicher Ausführung,
- einen Wert ≠ 0 als Fehlercode.

Folgende Namen repräsentieren die Fehlercodes aus der Funktion getaddrinfo(). Diese sind in <netdb.h> festgelegt.

EAI_ADDRFAMILY	Adressfamilie für Rechnernamen wird nicht unterstützt
EAI_AGAIN	temporärer Fehler bei der Namensauflösung
EAI_BADFLAGS	ungültiger Wert der ai_flags
EAI_FAIL	Fehler bei der Namensauflösung
EAI_FAMILY	ai_family nicht unterstützt
EAI_MEMORY	Memory-Fehler
EAI_NODATA	dem Knotennamen ist keine Adresse zugeordnet
EAI_NONAME	weder Knoten- noch Servicename spezifiziert
EAI_SERVICE	Servicename für ai_socktype nicht unterstützt
EAI_SOCKTYPE	ai_socktype nicht unterstützt
EAI_SYSTEM	Systemfehler spezifiziert in errno

Tab. 4.10 Fehlercodes aus der Funktion getaddrinfo()

Sämtliche von der Funktion getaddrinfo() ausgegebenen Informationen werden dynamisch erzeugt: die addrinfo, die Socket-Adressse und der Knotenname werden mithilfe eines Pointers aus der addrinfo ermittelt. Die Übergabe dieser Informationen an das System erfolgt mithilfe der Funktion freeaddrinfo():

```
    #include <sys/socket.h> #include <netdb.h>
    void freeaddrinfo(struct addrinfo *ai);
```

Die addrinfo, auf die das ai-Argument zeigt, wird dabei freigegeben. Diese Operation wird so lange wiederholt, bis ein NULL ai_next-Pointer festgestellt wird.

Zur Ausgabe von Fehlermeldungen (EAI_xxx Codes) als Resultat von getaddrinfo()) durch die Applikationen ist folgende Funktion festgelegt:

#include <sys/socket.h> #include <netdb.h>

char *gai_strerror(int ecode);

4.16.12 Auflösung von Socket-Adresse zu Knoten- und Servicename

Die Spezifikation POSIX 1003.1g enthält keinerlei Funktionen über getaddrinfo(), anhand einer vorgegebenen Binäradresse oder Portadresse den zugehörigen Service- und Knotennamen zu ermitteln. Hierzu wird folgende Funktion in das System integriert:

#include <sys/socket.h>

#include <netdb.h>

int getnameinfo(const struct sockaddr *sa, socklen_t salen,

char *host, size_t hostlen,

char *serv, size_t servlen,

int flags);

Diese Funktion ruft die von der Applikation aufgerufene IP-Adresse und Portnummer in der DNS-Datenbank auf und übermittelt die spezifischen Textstrings. Die Funktion gilt als abgeschlossen, wenn ein 0 Wert übermittelt wird. Alle anderen Werte kennzeichnen Fehlersituationen.

4.16.13 Adressumwandlungsfunktionen

Die Funktionen inet_addr() und inet_ntoa() dienen der Umwandlung von IPv4-Adressen in binär bzw. Textform. IPv6-Applikationen nutzen die folgende Funktion zur Konvertierung von IPv6- und auch von IPv4-Adressen:

#include <sys/socket.h>

#include <arpa/inet.h>

int inet_pton(int af, const char *src, void *dst);

const char *inet_ntop(int af, const void *src,

char *dst, size_t size);

Die Funktion inet_pton() konvertiert eine Adresse im Textformat in eine binäre Form. Das af-Argument definiert dabei die jeweilige Adressfamilie (AF_INET und AF_INET6). Das src-Argument zeigt dabei auf den übergebenen String. Das dst-Argument kennzeichnet den Puffer, in dem die nummerische Adresse abgelegt ist. Die Inet_pton()-Funktion gibt bei einem erfolgreichen Abschluss der Funktion den Wert = 1 zurück. Der Wert = 0 wird erzeugt, wenn es sich um einen ungültigen IPv4-String oder einen gültigen IPv6-Adress-String handelt. Wird der Wert = -1 mit der Fehlermeldung EAFNOSUPPORT ausgegeben, handelt es sich um ein unbekanntes af-Argument.

Wurde für das af-Argument der Wert AF_INET festgestellt, akzeptiert diese Funktion einen String in der klassischen IPv4-Form:

abc. abc. abc. abc.

Die Funktion inet_ntop() wandelt die nummerische Adresse in den für die Applikation passenden Textstring um. Das af-Argument definiert die jeweilige Adressfamilie (AF_INET oder AF_INET6). Das src-Argument zeigt auf den Puffer, der die IPv4-Adresse (af Argument ist AF_INET) oder eine IPv6-Adresse (af-Argument ist AF_INET6) enthält. Das dst-Argument zeigt auf den Puffer, in dem die Funktion den resultierenden Textstring ablegt. Das Größen-Argument (Size) legt die Größe des Puffers fest. Für IPv6-Adressen muss dieser Puffer mindestens 46 Oktetts bzw. für IPv4-Adressen mindestens 16 Oktetts lang sein. Zur einfachen Festlegung der jeweiligen Puffergrößen durch die Applikationen werden die folgenden zwei Konstanten in <netinet/in.h> festgelegt:

```
#define INET_ADDRSTRLEN 16
#define INET6_ADDRSTRLEN 46
```

4.16.14 Address-Testing-Macros

Die folgenden Makros werden zum Test der IPv6-Adressen genutzt:

```
#include <netinet/in.h>
int IN6_IS_ADDR_UNSPECIFIED (const struct in6_addr *);
int IN6_IS_ADDR_LOOPBACK (const struct in6_addr *);
int IN6_IS_ADDR_MULTICAST (const struct in6_addr *);
int IN6_IS_ADDR_LINKLOCAL (const struct in6_addr *);
int IN6_IS_ADDR_SITELOCAL (const struct in6_addr *);
int IN6_IS_ADDR_V4MAPPED (const struct in6_addr *);
int IN6_IS_ADDR_V4COMPAT (const struct in6_addr *);
int IN6_IS_ADDR_MC_NODELOCAL(const struct in6_addr *);
int IN6_IS_ADDR_MC_LINKLOCAL(const struct in6_addr *);
int IN6_IS_ADDR_MC_SITELOCAL(const struct in6_addr *);
int IN6_IS_ADDR_MC_ORGLOCAL (const struct in6_addr *);
int IN6_IS_ADDR_MC_GLOBAL (const struct in6_addr *);
```

5 Migration zu IPv6

Der Schlüssel zur Einführung einer neuen IP-Version liegt in der sanften und kostengünstigen Migration von der momentan verwendeten Version 4 hin zur IP-Version 6. In dem Migrationspapier unter dem Titel »The Simple IP version Six Transition (SIT)« wurden eine Reihe von Protokollmechanismen dargestellt, mit denen ein sanfter Übergang von der IPv4- zur IPv6-Version ermöglicht wird. Inzwischen wurde das SIT-Papier durch den RFC 2893 (Transition Mechanisms for IPv6 Hosts and Routers) ersetzt. Dieser definiert folgende Migrationseckpunkte:

Bedarfsorientierter Upgrade

Die individuellen IPv4-Rechner und Router können individuell auf IPv6 umgerüstet werden. Dabei ist es nicht nötig, dass alle Rechner am Netz gleichzeitig umgerüstet werden.

Minimale Voraussetzungen

Die Migrationsstrategie setzt als einzige Bedingung voraus, dass die Domain-Name-Server (DNS) zuerst auf den neuen Standard umgerüstet werden. Bei allen anderen Geräten (Rechner und Router) sind keine Update-Prozeduren notwendig.

Adressierung

Werden IP-Version-4-Rechner und -Router auf IPv6 umgerüstet, so kann die bisherige IP-Adresse beibehalten werden. Ein Netzadministrator muss deshalb nicht zwangsläufig ein neues Adressierungsschema entwickeln.

Geringe Migrationskosten

Die minimalen Voraussetzungen zum Übergang auf IPv6 schlagen sich natürlich in sehr niedrigen Kosten (Zeit, Netzwerkstillstand usw.) nieder.

Als technische Basis der Migration von IPv4 zu IPv6 werden folgende Mechanismen definiert:

Dual IP Layer

Ein IP-Rechner oder Router unterstützt über seine Interfaces sowohl die Version IPv4 als auch die Version IPv6.

IPv6 over IPv4 Tunneling

Die IPv6-Pakete werden in einen IPv4-Header verpackt und anschließend über die IPv4-Routing-Infrastruktur übermittelt.

IPv4-kompatible IPv6-Adressen

In der IPv6-Adresse sind bereits die IPv4-Adressen integriert.

Automatisches Tunneling von IPv6 über IPv4

Dieser Mechanismus nutzt die IPv4-kompatiblen IPv6-Adressen zur automatischen Tunnelung der IPv6-Pakete über ein IPv4-Netzwerk.

5.1 Dual IP Layer

Damit ein IPv6-Knoten mit dem Rest der Netzwerkinfrastruktur, die auf der IPv4-Version basiert, kommunizieren kann, werden diese IPv6-Rechner zusätzlich mit einem kompletten IPv4-Protokollstack ausgerüstet. Diese Rechner verfügen somit über einen doppelten Protokoll-Stack und werden deshalb auch als IPv6/IPv4-Rechner bezeichnet. Die IPv6/IPv4-Rechner verfügen über die Fähigkeit, sowohl IPv4- und IPv6-Pakete empfangen bzw. versenden zu können. Dadurch sind folgende drei Tunnel-Konfigurationen möglich:

- ein IPv6/IPv4-Knoten, der keine Tunnelfunktionen unterstützt,
- ein IPv6/IPv4-Knoten, der nur ein konfigurierbares Tunneling unterstützt,
- ein IPv6/IPv4-Knoten, der sowohl ein konfigurierbares als auch ein automatisches Tunneling unterstützt.

5.1.1 Adresskonfiguration

Da ein IPv6/IPv4-Rechner sowohl das IPv4- als auch das IPv6-Protokoll unterstützt, müssen diese Geräte mit beiden Adressversionen konfiguriert werden. Eine direkte Beziehung zwischen beiden Adressversionen ist nicht zwingend erforderlich. Alle Rechner, die ein automatisches Tunneling unterstützen, müssen jedoch in jedem Fall mit einer IPv4-kompatiblen IPv6-Adresse ausgestattet werden. Die gesamte 128 Bit lange IPv4-kompatible IPv6-Adresse wird in diesem Fall als IPv6-Adresse des Rechners verwendet und der niederwertige Teil (die letzten 32 Bits) der Adresse als IPv4-Adresse des Rechners bzw. des IPv4-Protokollstacks. Die IPv6/IPv4-Rechner können den IPv6-Adressmechanismus oder das IPv6-DHCP-Protokoll bzw. die IPv4-Mechanismen zur dynamischen Adresskonfiguration verwenden. Auch sind automatische Tunneling-Rechner in der Lage, eine reine IPv4-Adresse mithilfe eines IPv4-Konfigurationsmechanismus zu laden und daraus anschließend durch das Voranstellen eines 96 Bit langen Präfixes (0:0:0:0:0:0) eine gültige IPv4-kompatible-IPv6 Adresse zu generieren. Die Auswahl an Adress- und Konfigurationsverfahren bietet den IPv6/IPv4-Rechnern die größtmögliche Freiheit bei der Wahl der bereits installierten Adress-Server. Der folgende Algorithmus verdeutlicht die Konfigurationsmöglichkeiten für IPv4-kompatible Adressen:

1. Ein IPv6/IPv4-Rechner verwendet zur Adresskonfiguration folgende Standard-IPv4-Mechanismen oder IPv4-Protokolle:

    - das Dynamic Host Configuration Protocol (DHCP)
    - das Bootstrap Protocol (BOOTP)
    - das Reverse Address Resolution Protocol (RARP)
    - manuelle Konfiguration

2. Der Rechner verwendet diese Adresse als seine IPv4 Adresse.
3. Der Rechner verlängert die 32 Bit lange IPv4-Adresse automatisch um das 96 Bit lange Präfix 0:0:0:0:0:0. Daraus resultiert eine IPv4-kompatible IPv6-Adresse. Die eigentliche IPv4-Adresse des Rechners wurde dabei in den letzten 32 Bits der IPv6-Adresse codiert. Der Rechner verwendet diese Adresse anschließend als seine eigene IPv6-Adresse.

5.1.2 Domain Naming System (DNS)

Mithilfe des Domain Naming System (DNS) werden sowohl beim IPv4- als auch beim IPv6-Protokoll die logischen Rechnernamen in IP-Adressen umgewandelt. Zur Unterstützung des IPv6-Formats wurde der neuer Resource-Record-Typ A6 festgelegt. Da alle IPv6/IPv4-Rechner in der Lage sein müssen, direkt mit IPv4- und IPv6-Rechnern zu kommunizieren, ist die Unterstützung von Resolver Libraries für den IPv4-A-Record und den IPv6-A6-Record unumgänglich.

5.1.3 Unterstützung von Records für IPv4-kompatible Adressen

Wird eine IPv4-kompatible IPv6-Adresse einem IPv6/IPv4-Host mit automatischem Tunneling zugeordnet, werden die A- und die A6-Records im DNS konfiguriert. Im A6-Record wird die komplette IPv4-kompatible IPv6-Adresse eingetragen, während im A-Record nur die niederwertigen 32 Bits der Adresse enthalten sind. Auch müssen die DNS-Resolver-Libraries eines IPv6/IPv4-Rechners die A6- und A-Records verarbeiten können. Ergibt eine DNS-Anfrage (Query), dass für den betreffenden Rechner ein A6-Record (mit einer IPv4-kompatiblen IPv6-Adresse) und ein A-Record (mit einer IPv4-Adresse) vorhanden sind, so stehen der Resolver Library folgende drei Möglichkeiten zur Adressauflösung zur Verfügung:

- Nur die IPv6-Adresse wird ausgegeben.
- Nur die IPv4-Adresse wird ausgegeben.
- Beide Adressen werden ausgegeben.

Vom DNS-Server wird, in Abhängigkeit von dem Pakettyp der DNS-Anfrage, der jeweilige Pakettyp (IPv4 oder IPv6) an den Resolver zurückgeschickt.

5.2 Tunneling-Techniken

Heute basiert die Routing-Struktur in den meisten Netzwerken auf der IPv4-Version. Eine Migration zu IPv6 wird sich in den meisten Router-Netzen über einen längeren Umstellungszeitraum hinziehen. Aus diesem Grund müssen die existierenden Router-Infrastrukturen in der Lage sein, den IPv6-Datenverkehr transparent zu vermitteln. Die Tunneling-Techniken sorgen für einen ungehinderten Transport der IPv6-Daten quasi über eine IPv4-Routing-Infrastruktur. Die Tunneling-Funktion kann in IPv6/IPv4- Rechnern und -Routern implementiert und wie folgt realisiert werden:

Router-zu-Router
Werden IPv6/IPv4-Router über eine IPv4-Infrastruktur vernetzt, so sind die beiden IPv6-Router-Teile in der Lage, die IPv6-Datagramme transparent über das IPv4-Netz zu tunneln Unabhängig von der physischen Struktur des Netzes bildet der Tunnel zwischen den beiden Routern ein logisches Segment.

Host-zu-Router
Von einem IPv6/IPv4-Hosts können die IPv6-Pakete zu einem IPv6/IPv4-Router über eine IPv4-Infrastruktur getunnelt werden. Dieser Tunnel stellt das erste logische Segment auf dem Ende-zu-Ende-Pfad dar.

Host-zu-Host
Werden IPv6/IPv4-Hosts über eine IPv4-Infrastruktur vernetzt, so sind die beiden IPv6-Protokollstacks in der Lage, die IPv6-Datagramme transparent über das IPv4-Netz zu tunneln. Unabhängig von der physischen Struktur des Netzes bildet der Tunnel zwischen den beiden Hosts ein logisches Segment.

Router-zu-Host
Mithilfe eines IPv6/IPv4-Routers können IPv6-Pakete zum Ziel-IPv6/IPv4-Host getunnelt werden. Dieser Tunnel stellt das letzte logische Segment auf dem Ende-zu-Ende-Pfad dar.

Die Tunneling-Techniken werden jeweils entsprechend dem Mechanismus klassifiziert. Anhand der Encapsulating-Knoten (Rechner, die das ankommende Paket in ein anderes Transportprotokoll verpacken) wird die Adresse des Rechners am Tunnelende ermittelt. Die ersten beiden oben beschriebenen Tunnelmethoden (Router-zu-Router und Host-zu-Router) tunneln die IPv6-Pakete immer zu einem Router am Ausgang des Tunnels. Der Endpunkt eines solchen Tunnels agiert als so genannter Intermediary-Router. Dieses Gerät hat die Aufgabe, die IPv6-Pakete zu entpacken und anschließend an das eigentliche Zielgerät weiterzuleiten. Werden Pakete zu einem Router getunnelt, so ist die Adresse des Tunnelendpunkts immer unterschiedlich von der Adresse des Zielgeräts. Aus diesem Grund kann das getunnelte IPv6-Paket auch nicht die IPv4-Adresse des Tunnelendpunkts enthalten. Die Adresse des Tunnelendpunkts wird deshalb immer vom Tunneleingangsrechner anhand der Konfigurationsinformationen bereit gestellt. Diese Art des Tunnelings wird auch als »Configured

Tunneling« bezeichnet. Bei den beiden anderen Tunneling-Varianten (Host-zu-Host und Router-zu-Host) wird das IPv6-Paket immer bis zum endgültigen Endgerät getunnelt. Den Tunnelendpunkt bildet in diesem Fall immer der Rechner, an den das IPv6-Paket adressiert wurde. Die Endpunktadresse wird aus der Zieladresse des IPv6-Tunnelpakets ermittelt. Entspricht die Adresse einer IPv4-kompatiblen Adresse, wird aus den niederwertigen 32 Bits der Adresse die IPv4-Adresse des Zielgeräts errechnet. Bei dieser Technik ist es nicht notwendig, dass die Tunnel-Endpunktadresse vom Systemadministrator vorkonfiguriert wird. Die automatische Ermittlung der im IPv6-Paket enthaltenen IPv4-Tunnel-Endpunktadresse wird auch als »automatisches Tunneling« bezeichnet. Die beiden Tunneling-Techniken (automatisch oder konfiguriert) unterscheiden sich im Wesentlichen in der Art, wie die Tunnel-Endpunktadressen ermittelt werden. Alle weiteren Mechanismen unterscheiden sich nicht:

- Der Eingangsknoten des Tunnels (Encapsulating-Rechner) verpackt das empfangene Paket in einen IPv4-Header und sendet dieses Paket zum Tunnelendpunkt.

- Der Ausgangsknoten des Tunnels (Decapsulating-Rechner) empfängt das getunnelte Paket, entfernt den IPv4-Header, nimmt einen IPv6-Header-Update vor und verarbeitet das IPv6-Paket entsprechend den oben beschriebenen Regeln weiter.

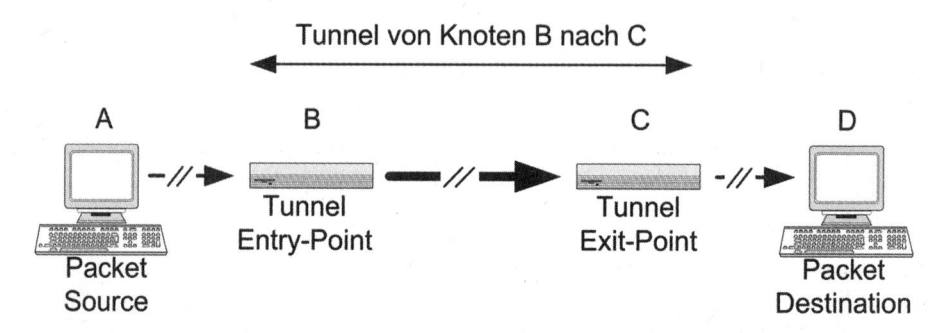

Abb. 5.1   Tunnelverfahren

5.2.1 Tunnelmechanismen

Das Verpacken von IPv6-Datagrammen in IPv4-Datagrammen wird in nachfolgender Abbildung dargestellt:

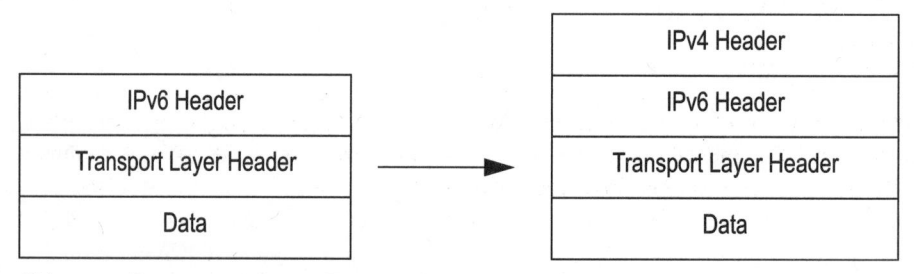

Abb. 5.2   Encapsulating von IPv6-Datagrammen in IPv4-Datagramme

Zusätzlich zum Verpacken der IPv6-Daten in einen IPv4-Header muss der Tunneleingang die folgenden Funktionen erbringen:

- Bei Bedarf muss er das Paket fragmentieren und unter Umständen eine ICMP-»Packet too big«-Fehlermeldung an den Sender senden.

- Werden vom Tunneleingangsrechner von den Routern, die den Tunnel bilden, IPv4-ICMP-Fehlermeldungen empfangen, so müssen diese Meldungen in IPv6-ICMP-Fehlermeldungen übersetzt und an den Sender des ursprünglichen Pakets zurückgemeldet werden.

Tunnel-MTU und-Fragmentierung

Ein Encapsulating-Rechner (der Netzknoten, der für das Verpacken von IPv6-Paketen in IPv4-Paketen zuständig ist) wirkt quasi wie ein Link Layer mit einer großen Maximum Transmission Unit (MTU) Die MTU beträgt exakt 65535 - 20 Byte. Die 20 Byte werden dabei für den IPv4-Header benötigt. Der Encapsulating-Rechner würde nur noch IPv6-ICMP-»Packet too big«-Fehler an den ursprünglichen Sender des Pakets schicken, wenn die MTU des Tunnels überschritten würde. Dieser einfache Mechanismus hat jedoch folgende Nachteile:

- Unter Umständen würden unverhältnismäßig viele Pakete fragmentiert werden. Das Fragmentieren von Paketen auf dem IPv4-Layer sollte daher aus Performance-Gründen vermieden werden.

- Jedes Tunnel-IPv4-Fragment muss am Tunnelendpunkt wieder reassembliert werden. Wird ein Tunnel von einem Router terminiert, so müsste dieses Gerät zur IPv4-Reassemblierung über genügend Memory und CPU-Power verfügen.

Das Fragmentieren innerhalb des Tunnels kann jedoch auf ein Minimum reduziert werden, wenn der Tunnel-Eingangsknoten die exakte IPv4-Pfad-MTU des Tunnels kennt. Der IPv4-Tunnelpfad wird entweder mithilfe des Pfad-MTU-Discovery-Protokolls ermittelt oder vom Systemadministrator vorkonfiguriert. Mithilfe des folgenden Algorithmus unterscheidet der Encapsulating-Rechner zwischen der IPv4-Fragmentierung (IPv6-Paket _ Pfad-MTU des Tunnels) und dem Verwerfen des zu tunnelnden Pakets inklusive einer darauf folgenden Aussendung einer IPv6-ICMP-»Packet too big«-Message:

Ist das Paket (IPv4-Pfad-MTU - 20) kleiner bzw. gleich 576 Byte

> if Paket größer als 576 Byte
> Sende IPv6-ICMP »Packet too big« mit MTU = 576.
> Drop Paket.
> else

Das IPv6-Paket wird mithilfe des Encapsulation-Prozesses verpackt. Dabei wird im IPv4-Header das Don't-Fragment-Flag nicht gesetzt. Das daraus resultierende IPv4-Paket kann von jedem IPv4-Layer auf dem Pfad fragmentiert werden.

> endif
> else

Ist das Paket größer als (IPv4-Pfad-MTU - 20)

    Sende IPv6-ICMP »Packet too big« mit MTU = (IPv4-Pfad-MTU - 20).
    Drop Paket.
    else

Das IPv6-Paket wird mithilfe des Encapsulation-Prozesses verpackt und im IPv4-Header wird das Don't-Fragment-Flag gesetzt.

    endif
    endif

Hop Limit

Ein IPv6-over-IPv4-Tunnel wirkt immer wie eine »Single-Hop«-Verbindung. Dies führt dazu, dass bei der Übermittlung eines IPv6-Pakets durch einen Tunnel das IPv6-Hop-Limit immer nur um eine Stelle dekrementiert werden muss. Das Single-Hop-Modell versteckt quasi die Existenz des Tunnels und kann weder von einem Benutzer noch durch Netzdiagnose-Tools (z.B. Traceroute) ermittelt werden. Das Single-Hop-Modell wird von allen Tunnelkomponenten so realisiert, dass die Encapsulating- und Decapsulating-Rechner das IPv6-Hop-Limit nur so verändern, als wenn das Paket über jede andere Verbindung übermittelt würde.

5.2.2 IPv4-ICMP-Fehlermeldungen

Bei einem IPv6/IPv4-Paket des Tunnelrechners kann es passieren, dass der Encapsulating-Rechner von einem IPv4-Router des Tunnels eine IPv4-ICMP-Fehlermeldung empfängt. Da der Encapsulating-Rechner immer als Sender des getunnelten Pakets gilt, wird die IPv4-ICMP-Meldung auch immer an diesen Rechner adressiert. Die ICMP-»Packet too big«-Fehlermeldungen werden entsprechend den Regeln des IPv4-Pfad-MTU-Discoverys behandelt und die daraus resultierende Pfad-MTU wird vom IPv4-Layer registriert. Anhand dieser Pfad-MTU entscheidet das IPv6-Protokoll, ob eine IPv6-ICMP-»Packet too big«-Meldung generiert werden muss. Die Umsetzung anderer ICMP-Fehlermeldungen hängt von der Länge der Informationen im Fehlerfeld des ICMP-Pakets ab. Viele der älteren IPv4-Router benutzen in ihren ICMP-Fehlermeldungen nur ein 8 Byte langes Datenfeld. In diesen 8 Bytes kann keine 128 Bit lange IPv6-Adresse untergebracht werden. Modernere IPv4-Router liefern in diesem Feld meist genügend Informationen (IPv4-Header + IPv6-Header + Daten), um die Fehlermeldung korrekt verarbeiten zu können.

	IPv4 Header Destination = Encapsulating Rechner
	ICMP Header
fehlerhaftes IPv4-Paket	IPv4 Header Source = Encapsulating Rechner

```
                IPv6 Header              Original IPv6-Paket:
              Transport Header         wird zur Generierung von IPv6
                                        ICMP Fehlermeldungen an den
                   Daten                urprünglichen Sender des Pakets
                                                  verwendet
```

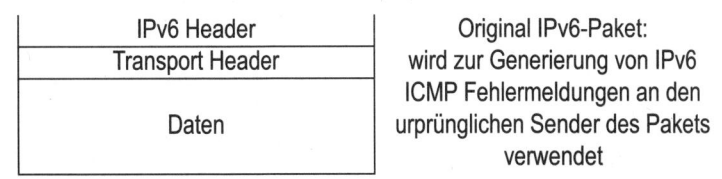

Abb. 5.3   Die IPv4-ICMP-Fehlermeldungen werden immer an den Encapsulating-Rechner gesendet

Decapsulating von IPv6-in-IPv4-Paketen

Empfängt ein IPv6/IPv4-Host oder -Router ein an eines seiner IPv4-Interfaces adressiertes IPv4-Datagramm und hat das im IPv4-Header enthaltene Protokollfeld den Wert = 41, muss der betreffende Rechner den IPv4-Header mithilfe des Decapsulating-Prozesses auspacken und das darin enthaltene IPv6-Datagramm an den IPv6-Layer weiterleiten.

```
  IPv4 Header
  IPv6 Header                          IPv6 Header
Transport Layer Header    ----->     Transport Layer Header
     Data                                    Data
```

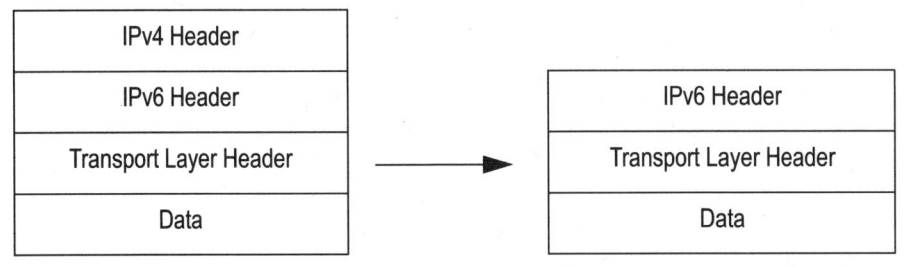

Abb. 5.4   Decapsulating von getunnelten Paketen

Decapsulating von IPv6- aus IPv4-Paketen

Beim Auspacken von IPv6-Datagrammen aus IPv4-Paketen wird der IPv6-Header nicht modifiziert. Wird das betreffende IPv6-Paket anschließend vom Tunnelrechner weitergeleitet, so muss nur das Hop-Limit im Header dekrementiert werden. Bevor der Decapsulating-Prozess aktiviert wird, muss der Tunnelrechner den IPv4-Reassembly-Prozess abgeschlossen haben. Der Decapsulating-Prozess sorgt auch dafür, dass alle IPv6-Optionen ohne Veränderungen weitergereicht werden. Anschließend wird das »entpackte« IPv6-Paket wie jedes andere IPv6-Paket weiterverarbeitet.

5.3 Configured Tunneling

Beim »Configured Tunneling« wird die Tunnel-Endpunktadresse immer anhand der Konfiguration des Encapsulating-Knotens ermittelt. Aus diesem Grund muss der Systemadministrator für jeden Tunnel die dazugehörende Tunnel-Endpunktadresse ablegen. Die Auswahl der jeweiligen Tunnelstrecke wird vom Encapsulating-Rechner mithilfe der Routing-Informationen (die Routing-Tabellen enthalten die jeweiligen Zieladressen bzw. die jeweiligen Präfix-Masken) ermittelt.

5.3.1 Default-konfigurierte Tunnel

Können Rechner nur über eine IPv4-Routing-Infrastruktur den IPv6-»Backbone« erreichen, so kann ein fest konfigurierter Tunnel eingerichtet werden. Dies setzt voraus, dass die IPv4-Adresse eines IPv6/IPv4-Tunnel-Routers bekannt ist. Der Tunnel wird dabei als Default-Route in der Routing-Tabelle eingetragen. Die Länge der Maske einer Default-Route beträgt immer null. Diese Null-Maske wird immer nur dann verwendet, wenn keine andere Route mit einer längeren Maske zum Zielrechner zur Verfügung steht. Als Tunnel-Endpunktadresse eines Default-Tunnels wird die IPv4-Adresse des IPv6/IPv4-Routers zum IPv6-Backbone verwendet.

Als Tunnelendpunkt kann auch eine IPv4-Anycast-Adresse benutzt werden. Bei diesem Ansatz übermitteln mehrere IPv6/IPv4-Router ihre IPv4-Routen an die gleiche IPv4-Adresse. Diese Router sind zusätzlich noch in der Lage, alle Datenpakete an diese IPv4-Adresse so zu behandeln, als wenn es sich um von ihnen selbst ausgesandte Pakete handeln würde. Das betreffende IPv6-Tunnelpaket wird mithilfe des Decapsulating-Prozesses entpackt und weitergeleitet.

Sendet ein IPv6/IPv4-Rechner ein verkapseltes (»encapsulated«) Paket an diese Adresse, wird das Paket immer nur von einem der Border-Router verarbeitet. Dem Sender bleibt dabei der betreffende Router verborgen. Das IPv4-Routing-System sorgt automatisch dafür, dass der gesamte Datenverkehr immer über den am nächsten liegenden Router transportiert wird.

5.4 Automatisches Tunneling

Beim automatischen Tunneling wird die Tunnel-Endpunktadresse aus dem getunnelten Paket gewonnen. Dies erfordert jedoch, dass die Destination-IPv6-Adresse des Pakets einer IPv4-kompatiblen Adresse entspricht. Die IPv4-Adresse (niederwertige 32 Bit der Adresse) wird dabei als Tunnel-Endpunktadresse verwendet. Enthält ein IPv6-Paket keine IPv4-kompatible Adresse, so kann das betreffende Paket nicht mithilfe des automatischen Tunnelings übermittelt werden.

In allen IPv6/IPv4-Rechnern ist ein Mechanismus integriert, der dafür sorgt, dass IPv6-Pakete über einen automatischen Tunnel übermittelt werden können. In einer speziellen statischen Routing-Tabelle wird dazu ein Eintrag für das Präfix 0:0:0:0:0:0/96 vorgenommen. Dieses Präfix kennzeichnet die Route für alle Pakete, die ein All-Zero-Präfix in einer 96 Bit langen Maske enthalten. Dies sorgt dafür, dass alle Pakete, die das Präfix enthalten, zu einem Pseudo-Interface-Treiber übermittelt werden. Dieser Treiber sorgt anschließend für das automatische Tunneling. Da nur IPv4-kompatible IPv6-Adressen der oben genannten Maskenbedingung entsprechen, werden alle IPv6-Pakete automatisch getunnelt.

5.4 Automatisches Tunneling

Rechner A	Rechner B	Resultat
v4-kompatible Adresse, kein lokaler v6 Router	v4-kompatible Adresse, kein lokaler v6 Router	bidirektionales Host-zu-host Tunneling
v4-kompatible Adresse, kein lokaler v6 Router	v4-kompatible Adresse, kein lokaler v6 Router	A->B: Host-zu-Host Tunnel B->A: v6 Forwarding plus Router->Host Tunnel
v4-kompatible Adresse, kein lokaler v6 Router	inkompatible Adresse, lokaler v6 Router	A->B: Host-zu-Host Tunnel plus v6 Forwarding B->A: v6 Forwarding plus Router-zu-Host Tunnel
v4-kompatible Adresse, kein lokaler v6 Router	v4-kompatible Adresse, kein lokaler v6 Router	End-zuEnd native v6 in beiden Richtungen
v4-kompatible Adresse, kein lokaler v6 Router	inkompatible Adresse, lokaler v6 Router	End-zuEnd native v6 in beiden Richtungen
inkompatible Adresse, lokaler v6 Router	inkompatible Adresse, lokaler v6 Router	End-zuEnd native v6 in beiden Richtungen

Abb. 5.5 Übersicht über alle Kombinationen beim automatischen Tunneling

Beispiel

In einem typischen IPv4/IPv6-Netzwerk (siehe Abbildung) sind die Router (R1 bis R4) in der Region A in der Lage, sowohl IPv4- als auch IPv6-Protokolle zu verarbeiten. In der Region B wurden nur Router (r5 bis r9) mit dem IPv4-Protokoll installiert. Die Rechner unterstützen folgende Protokolle:

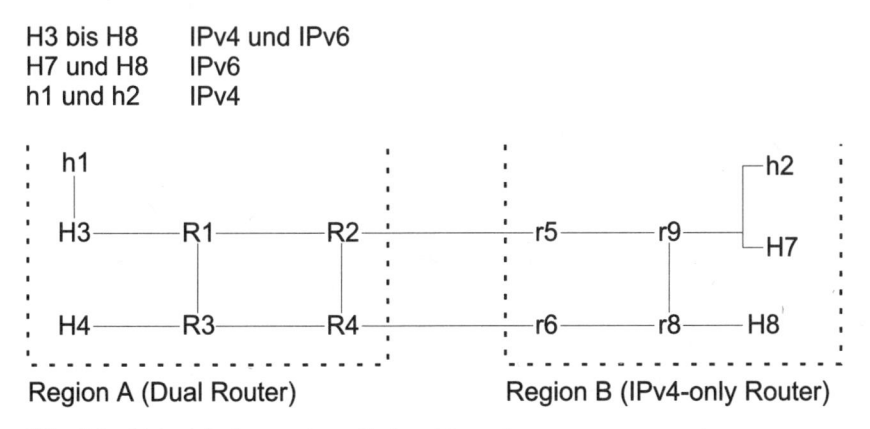

```
H3 bis H8     IPv4 und IPv6
H7 und H8     IPv6
h1 und h2     IPv4
```

```
   h1                              h2
   H3——R1——R2——r5——r9——H7
   H4——R3——R4——r6——r8——H8

Region A (Dual Router)    Region B (IPv4-only Router)
```

Abb. 5.6 Beispiel eines automatischen Tunnels

Paket von Rechner h1 an Rechner H8:
Der Rechner h1 unterstützt nur die IPv4-Protokolle und kann deshalb nur IPv4-Pakete übermitteln. Diese Pakete werden von der Region A in die Region B über den gesamten Kommunikationspfad als IPv4-Pakete übermittelt. Das Routing wird mithilfe der regulären IPv4-Routing-Methoden vorgenommen. Bei der Antwort sendet Rechner H8 ebenfalls nur IPv4-Pakete an Rechner h1.

Paket von Rechner H3 an Rechner H8:
Der Rechner H8 wurde in einer IPv4-Routing-Domäne installiert. Aus diesem Grund verwendet er zur Kommunikation eine IPv4-kompatible IPv6-Adresse. Sowohl der Source-Rechner als auch der Destination-Rechner verfügen über einen IPv6-Protokollsatz. Rechner H3 übermittelt ein IPv6-Paket an Rechner H8. Dieses Paket wird an den Router R2 (oder R4) übermittelt. Der Router R2 (oder R4) verpackt das IPv6-Paket mithilfe des Encapsulation-Mechanismus in ein IPv4-Paket und leitet dieses an Rechner H8 weiter.

Antwortpaket von Rechner H8 an Rechner H3:
Da sowohl der Source-Rechner H8 als auch der Destination-Rechner H3 über einen IPv6-Protokollsatz verfügen, kommuniziert H8 mit IPv6-Paketen. Da der Rechner H8 nicht direkt über einen IPv6-Router kommunizieren kann, muss Rechner H8 die automatische Tunnelfunktion für die Kommunikation verwenden. Die Art des automatischen Tunnels hängt von der am Rechner H3 konfigurierten Adresse ab:

Wurde Rechner H3 mit einer IPv4-kompatiblen Adresse konfiguriert, so werden die IPv6-Pakete mithilfe von Encapsulation mit einem IPv4-Header versehen. Die Source-Adresse im IPv4-Header wird anhand der IPv6-Adresse von Rechner H8 und die Destination-IPv4-Adresse anhand der IPv6-Adresse von Rechner H3 ermittelt.

Wurde Rechner H3 nur mit einer IPv6-Adresse konfiguriert, so kann der Rechner H8 nicht die IPv4-Destination-Tunneladresse aus der IPv6-Adresse von Rechner H3 errechnen. In diesem Fall muss Rechner H8 zur Kommunikation das Host-zu-Router-Tunneling verwenden. Der Router R2 (und/oder R4) muss als Tunnel-Endpunkt-IPv4-Adresse konfiguriert werden. Der Router R2 (und/oder R4) propagiert die Verfügbarkeit der Tunnel-Endpunktadresse an Router r5 bzw. Router r6. Diese Information wird von diesen Routern in die Region B weitergeleitet. Auf dem Rechner H8 wurde für den Fall des Host-zu-Router-Tunnelings die Tunnel-Endpunktadresse konfiguriert. Dadurch werden die IPv6-Pakete mit einem IPv4-Header versehen und an den Border-Router R2 oder R4 übermittelt. Der Border-Router entfernt den IPv4-Header und übermittelt das daraus resultierende IPv6-Paket über Region A hinweg zum Zielrechner.

5.4.1 Default-Sende-Algorithmus

Im Folgenden wird der kombinierte IPv4- und IPv6-Sendealgorithmus eines IPv6/IPv4-Rechners beschrieben. Mithilfe dieses Algorithmus entscheidet der Rechner, wann ein Paket im IPv4-Format und/oder im IPv6-Format über einen automatischen oder konfigurierbaren Tunnel gesendet wird. Der Algorithmus sorgt für folgende Funktionen:

- Übermittlung von IPv4-Paketen zu allen IPv4-Destinations.
- Übermittlung von IPv6-Paketen zu allen IPv6-Destinations am gleichen Link.

Durch das automatische Tunneling werden IPv6-Pakete in IPv4-Pakete verpackt und zu IPv6-Destinations (IPv4-kompatiblen Adressen), die sich nicht am lokalen Link befinden, verschickt.

- Übermittlung von IPv6-Paketen zu allen IPv6-Destinations, die sich nicht am gleichen Link befinden, wenn ein IPv6-Router zur Verfügung steht.

Durch das Default-Tunneling werden IPv6-Pakete in IPv4-Paketen verpackt und zu IPv6-Destinations (IPv6-only-Adresse) verschickt, wenn sich am lokalen Link kein IPv6-Router befindet.

Folgender Algorithmus wird dabei verwendet:

1) Entspricht die Adresse des Endgeräts einer IPv4-Adresse und

1.1) ist der Zielrechner über den angeschlossenen Link erreichbar, dann wird ein IPv4-Paket an das Endgerät gesendet;

1.2) befindet sich das Zielgerät nicht am direkten Link und

1.2.1) befindet sich ein IPv4-Router am Link, wird ein IPv4-Paket gesendet. Als Destination-Adresse wird dabei die IPv4-Adresse des Endgeräts verwendet. Als Data-Link-Adresse wird die Data-Link-Adresse des IPv4-Routers eingesetzt.

1.2.2) Andernfalls wird das Zielgerät als nicht erreichbar klassifiziert (die Destination befindet sich nicht am lokalen Link und ist nicht über einen Router des Links erreichbar).

2) Entspricht die Adresse des Endgeräts einer IPv4-kompatiblen IPv6-Adresse und

2.1) befindet sich der Zielrechner an einem angeschlossenen Link, wird direkt ein IPv6-Paket übermittelt. Als Destination-Adresse wird dabei die IPv6-Adresse des Endgeräts verwendet. Als Data-Link-Adresse wird die Data-Link-Adresse des Endgeräts eingesetzt.

2.2) befindet sich das Zielgerät nicht am direkten Link und

2.2.1) befindet sich ein IPv4-Router am Link, wird ein in ein IPv4-Paket verpacktes IPv6-Datagramm gesendet. Als Destination-Adresse wird dabei die IPv6-Adresse des Endgeräts verwendet. Die IPv4-Destination-Adresse wird in den niederwertigen 32 Bit der Endgeräteadresse codiert. Als Data-Link-Adresse wird die Data-Link-Adresse des IPv4-Routers eingesetzt.

2.2.2) und befindet sich ein IPv6-Router am Link, wird ein IPv6-Paket gesendet. Als Destination-Adresse wird dabei die IPv6-Adresse des Endgeräts verwendet. Als Data-Link-Adresse wird die Data-Link-Adresse des IPv6-Routers eingesetzt.

2.2.3) Andernfalls wird das Zielgerät als nicht erreichbar klassifiziert (die Destination befindet sich nicht am lokalen Link und ist nicht über einen Router des Links erreichbar).

3) Entspricht die Adresse des Endgerät einer IPv6-only-Adresse und

3.1) befindet sich der Zielrechner an einem angeschlossenen Link, wird direkt ein IPv6-Paket übermittelt. Als Destination-Adresse wird dabei die IPv6-Adresse des Endgeräts verwendet. Als Data-Link-Adresse wird die Data-Link-Adresse des Endgeräts eingesetzt.

3.2) befindet sich das Zielgerät nicht am direkten Link und

3.2.1) befindet sich ein IPv6-Router am Link, wird ein IPv6-Paket gesendet. Als IPv6-Destination-Adresse wird dabei die IPv6-Adresse des Endgeräts verwendet. Als Data-Link-Adresse wird die Data-Link-Adresse des IPv6-Routers eingesetzt.

3.2.2) ist der Zielrechner nur über einen »Configured Tunnel« erreichbar und befindet sich ein IPv4-Router am Link, wird ein in ein IPv4-Paket verpacktes IPv6-Datagramm gesendet. Als Destination-Adresse wird dabei die IPv6-Adresse des Endgeräts verwendet. Als IPv4-Destination-Adresse wird die vorkonfigurierte IPv4-Adresse des Tunnelendpunkts und als Data-Link-Adresse die Data-Link-Adresse des IPv4-Routers eingesetzt.

3.2.3) Andernfalls wird das Zielgerät als nicht erreichbar klassifiziert (die Destination befindet sich nicht am lokalen Link und ist nicht über einen Router des Links erreichbar).

Die Regeln zum Versenden von Datenpaketen werden in der folgenden Tabelle noch einmal zusammengefasst:

Endgeräte-adresstyp	Endgerät am Link?	IPv4 Router am Link?	IPv6 Router am Link?	zu sendendes Paketformat	IPv6 Dest Adre	IPv4 Dest Adre	DLink Dest Adre
IPv4	Ja	-	-	IPv4	-	E4	EL
IPv4	Nein	Ja	-	IPv4	-	E4	RL
IPv4	Nein	Nein	-	UNRCH	-	-	-
IPv4-kompat	Ja	-	-	IPv6	E6	-	EL
IPv4-kompat	Nein	Ja	-	IPv6/4	E6	E4	RL
IPv4-kompat	Nein	Nein	Ja	IPv6	E6	-	RL
IPv4-kompat	Nein	Nein	Nein	UNRCH	-	-	-
nur IPv6	Ja	-	-	IPv6	E6	-	EL
nur IPv6	Nein	-	Ja	IPv6	E6	-	RL
nur IPv6	Nein	Ja	Nein	IPv6/4	E6	T4	RL
nur IPv6	Nein	Nein	Nein	UNRCH	-	-	-

Abb. 5.7   Regeln zum Versenden von Datenpaketen

-		Nicht notwendig bzw. nicht anwendbar
E6:		IPv6-Adresse eines Endgeräts.
E4:		IPv4-Adresse eines Endgeräts (die letzten 32 Bit entsprechen einer IPv4-Adresse).
EL:		Data-Link-Adresse eines Endgeräts.
T4:		IPv4-Adresse eines Tunnel-Endpunkts
R6:		IPv6-Adresse eines Routers.
R4:		IPv4-Adresse eines Routers.
RL:		Data-Link-Adresse eines Routers.
IPv4:		IPv4-Paketformat.
IPv6:		IPv6-Paketformat.
IPv6/4:		IPv6-Format wird in IPv4-Paketformat verpackt.
UNRCH:		Der Zielrechner ist nicht verfügbar.

Tab. 5.1 Erklärung der Abkürzungen

5.5 IPv6-Tunneling

Mithilfe der Tunneling-Technik unter IPv6 können virtuelle Links zwischen zwei IPv6-Knoten aufgebaut werden. Über diesen virtuelle Link können quasi Huckepack als Payload-Informationen die Daten zweier »Nicht-IPv6«-Geräte übertragen werden. Wie in der Abbildung dargestellt, kommunizieren die Endgeräte A und D mithilfe des IPv6-Tunnels direkt miteinander.

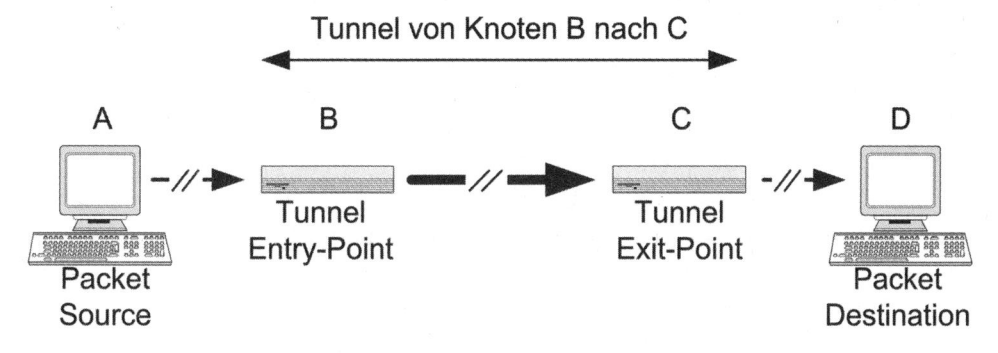

Abb. 5.8 Tunnelverfahren

Die beiden Transitknoten (B und C) übernehmen dabei folgende Funktionen:

Knoten B:
Der Knoten B hat die Aufgabe, die empfangenen Pakete mithilfe des Encapsulation-Verfahrens in ein IPv6-Format einzupacken und dieses Tunnelpaket durch den Tunnel weiterzuleiten. Der Knoten, der sich am Eingang des Tunnels befindet, wird auch als Tunnel Entry Point bezeichnet.

Knoten C:
Der Knoten C hat die Aufgabe, die Tunnelpakete zu empfangen und mithilfe des Decapsulation-Verfahrens das IPv6-Format in die Originaldaten zurückzuwandeln. Der Knoten, der sich am Ausgang des Tunnels befindet, wird auch als Tunnel Exit Point bezeichnet.

Bei IPv6-Tunneling handelt es sich immer um einen unidirektionalen Mechanismus. Aus diesem Grund wird, wie in der Abbildung dargestellt, ein bidirektionales Tunneling durch die Zusammenschaltung zweier gegenläufigen Tunnel erreicht.

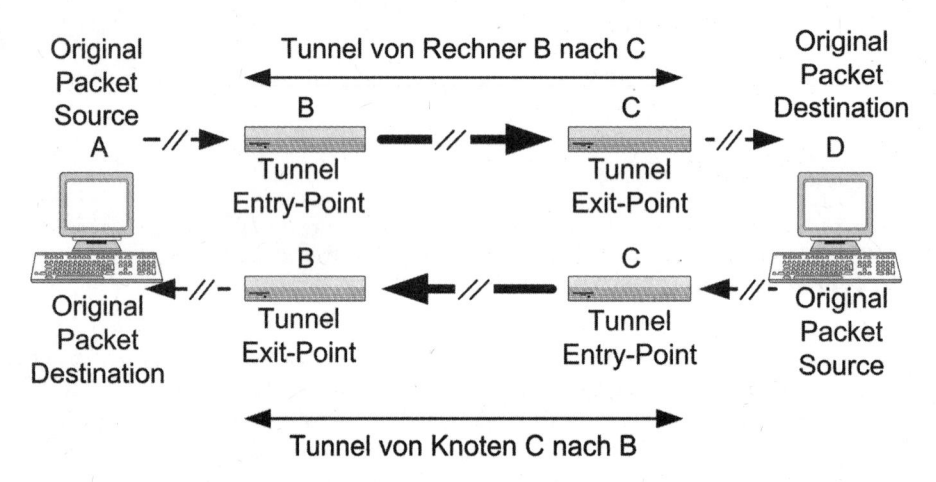

Abb. 5.9 Bidirektionaler Tunnel-Mechanismus

5.6 IPv6-Encapsulation

Bei dem IPv6-Encapsulation-Verfahren wird das Originalpaket in ein IPv6-Paket verpackt. Optional werden vom Tunnel Entry Point, wie dargestellt, noch eine Reihe IPv6-Extension-Header angefügt. Ein solches Paketkonstrukt wird auch als Tunnel-IPv6-Header bezeichnet. Beim Tunneling wird das Originalpaket nach den Regeln des Ursprungsprotokolls verarbeitet. Dabei wird beispielsweise

- bei einem IPv6-Paket das Hop-Feld im IPv6-Original-Header um einen Wert heruntergezählt,

- bei einem IPv4-Paket das Time-to-Live-Feld (TTL) im IPv4-Original-Header um einen Wert heruntergezählt.

Bei der Encapsulation wird beim Tunnel-Entry-Point das Source-Adressfeld des Tunnel-IPv6-Headers durch dessen IPv6-Adresse ersetzt. Als Destination-Adresse wird die IPv6-Adresse des Tunnel Exit Points eingesetzt.

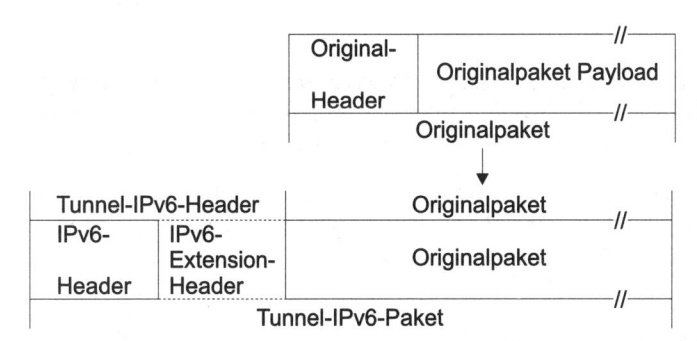

Abb. 5.10 Encapsulating eines Pakets

5.6.1 IPv6-Decapsulation

Bei dem IPv6-Decapsulation-Verfahren wird am Tunnel Exit Point aus dem Tunnel-IPv6-Paket das Originalpaket gewonnen. Dabei werden wie in der Abbildung dargestellt die IPv6-Extension-Header der Reihe nach abgearbeitet.

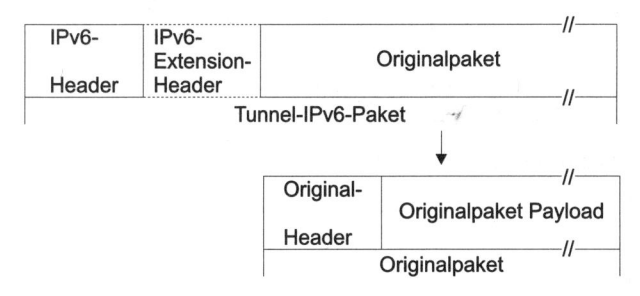

Abb. 5.11 Decapsulating von Tunnelpaketen

5.6.2 IPv6-Tunnel-Protocol-Engine

Der Paketfluss (Pfad #1-7) durch die IPv6-Tunnel-Protocol-Engine innerhalb eines Tunnelknotens wird in nachfolgender Abbildung dargestellt.

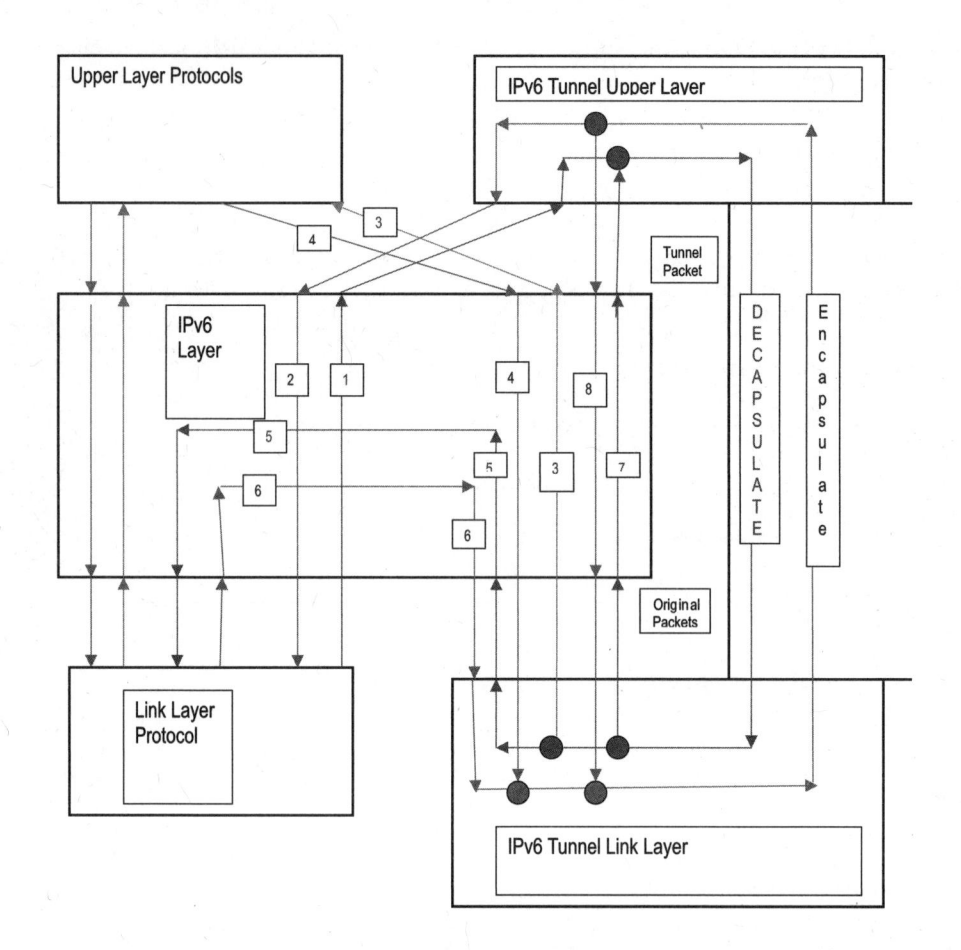

Abb. 5.12 Paketfluss innerhalb einer IPv6-Tunneling-Protocol-Engine

Die »Tunnel-Layer«-Protocol-Engine teilt sich in einen Upper-Layer- und einen Link-Layer-Bestandteil und die zugehörigen Input- und Output-Interfaces auf. Die »Tunnel-Layer«-Protocol-Engine erbringt folgende Funktionen:

Tunnel-Upper-Layer-Input

Über den Tunnel-Upper-Layer-Input werden Tunnel-IPv6-Pakete empfangen, die anschließend mithilfe der Decapsulation-Funktion verarbeitet werden. Diese Tunnel-Pakete werden vom IPv6-Layer wie folgt empfangen:

Link Layer - (Pfad #1)
Diese Tunnel-Pakete wurden an diesen Knoten gesendet und werden anschließend mithilfe des Decapsulation-Prozesses ausgepackt.

Tunnel Link Layer - (Pfad #7)
Diese Tunnel-Pakete wurden bereits ein oder mehrere Male mithilfe der Decapsulation von diesem Knoten bearbeitet. Das betreffende Paket enthält bereits einen oder mehrere Recursive-Tunnel-Header und ein Recursive-Tunnel-Header wurde bereits ausgepackt. Dieser Knoten ist somit der Ausgang (Exit Point) eines äußeren Tunnels oder eines bzw. mehrerer innerer Tunnel.

In beiden Fällen werden die aus den Prozessen resultierenden Originalpakete wieder an den IPv6-Layer als »Tunnel-Link-Layer«-Output zur weiteren Verarbeitung weitergeleitet.

Tunnel-Upper-Layer-Output

Über den Tunnel-Upper-Layer-Output werden Tunnel-IPv6-Pakete über den IPv6-Layer an folgenden Layer übermittelt:

Link Layer - (Pfad #2)
Diese Pakete wurden bereits mithilfe der Encapsulation-Funktion verarbeitet und an den Tunnel Exit Point geschickt.

Tunnel Link Layer - (Pfad #8)
Diese Tunnel-Pakete werden mithilfe der Recursive-Encapsulation-Funktion verarbeitet. Der betreffende Netzknoten agiert als Eingang (Entry Point) für den äußeren Tunnel und einen oder mehrere innere Tunnel.

Der Tunnel-Link-Layer-Input und -Output besteht aus folgenden Interfaces:

Tunnel-Link-Layer-Input

Über den Tunnel-Link-Layer-Input werden Original-IPv6-Pakete empfangen. Diese Pakete werden anschließend mithilfe der Encapsulation-Funktion verarbeitet. Die Originalpakete werden vom IPv6-Layer über folgende Schnittstellen empfangen:

Upper Layer - (Pfad #4)
Diese Originalpakete wurden von diesem Knoten erzeugt und müssen mithilfe der Encapsulation-Funktion verarbeitet werden. Die Source-Adresse des Originalpakets und des Tunnel Entry Points sind identisch.

Link Layer - (Pfad #6)
Diese Originalpakete wurden von einem anderen Rechner als dem lokalen Knoten empfangen und müssen von diesem Tunnel Entry Point mithilfe der Encapsulation-Funktion verarbeitet werden.

Tunnel Upper Layer - (Pfad #8)
Diese Pakete wurden als Tunnelpakete identifiziert und werden mithilfe der Recursive-Encapsulation-Funktion verarbeitet. Dieser Knoten agiert sowohl als Entry Point eines äußeren Tunnels als auch eines oder mehrerer innerer Tunnel.

Die daraus entstandenen Tunnelpakete werden vom Tunnel-Upper-Layer-Output über den IPv6-Layer an folgende Schnittstelle übermittelt:

Tunnel-Link-Layer-Output

Über den Tunnel-Link-Layer-Output werden mithilfe der Decapsulation-Funktion Original-IPv6-Pakete erzeugt. Diese Pakete werden über den IPv6-Layer an folgende Interfaces weiter gereicht:

Upper Layer - (Pfad #3)
Diese Originalpakete wurden an diesen (lokalen) Knoten gesendet.

Link Layer - (Pfad #5)
Diese Originalpakete wurden an keinen lokalen Knoten gesendet. Aus diesem Grund werden die Pakete an den Zielrechner weiterübermittelt.

Tunnel Upper Layer - (Pfad #7)
Diese Pakete wurden als Recursive-Tunnel-Pakete identifiziert und werden einem weiteren Decapsulation-Prozess unterzogen. Aus diesem Grund agiert dieser Knoten sowohl als Exit Point eines äußeren Tunnels als auch eines oder mehrerer innerer Tunnel.

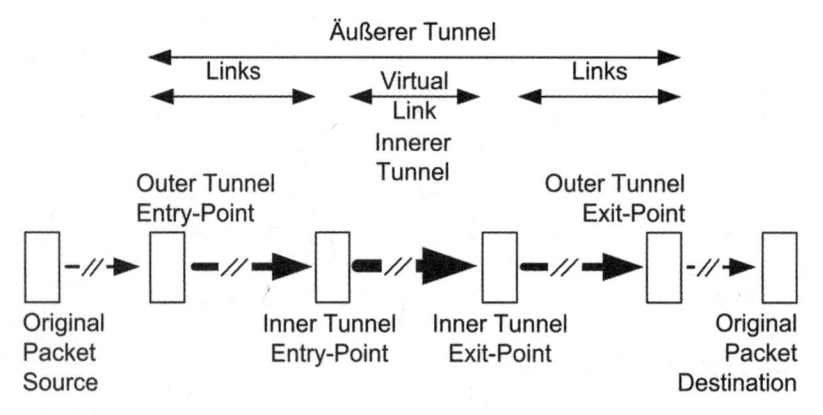

5.6.3 Recursive Encapsulation

Als Recursive-IPv6-Encapsulation wird die Funktion bezeichnet, mit deren Hilfe empfangene Tunnelpakete erneut verpackt werden (Encapsulation). Dieser Prozess wird immer dann vorgenommen, wenn die Tunnelstrecke über mehr als einen Tunnel führt. Die gesamte Tunnelstrecke bezeichnet der Fachmann als äußeren Tunnel (Outer Tunnel). Der Tunnel, der sich auf der Tunnelstrecke befindet, wird als innerer Tunnel bezeichnet. Der Eingangsknoten (Entry Point) eines inneren IPv6-Tunnels empfängt somit Tunnel-IPv6-Pakete, die bereits vom Entry Point des äußeren IPv6-Tunnels mithilfe der Encapsulation-Funktion verpackt wurden. Der innere Tunnel Entry Point behandelt solche Tunnelpakete wie Originalpakete und nimmt erneut ein Verpacken (Encapsulation) vor. Die aus diesem Vorgang entstandenen Pakete werden als »Tunnelpakete« des inneren IPv6-Tunnels und als »Recursive-Tunnelpakete« des äußeren IPv6-Tunnels bezeichnet.

Abb. 5.13 Recursive Encapsulation

5.6.4 Grenzen der Recursive Encapsulation

Die Paketgröße eines Tunnel-IPv6-Pakets ist natürlich durch die maximale IPv6-Datagrammgröße beschränkt. Bei jedem Encapsulation-Prozess wird dem Paket zwangsläufig der jeweilige Tunnel-IPv6-Header hinzugefügt. Aus diesem Grund ist die Anzahl der hintereinander geschalteten rekursiven Tunnel-Header, der rekursiven Encapsulation-Prozesse sowie die Anzahl der inneren und äußeren IPv6-Tunnel durch die maximale Paketgröße bestimmt. Um die Anzahl der hintereinander liegenden Tunnel dennoch erhöhen zu können, müssen die Tunnelpakete ab dem Erreichen der maximalen Paketgröße fragmentiert werden. Durch die rekursive Encapsulation-Funktion wird bei jedem Fragmentierungsprozess von bereits fragmentierten Tunnelpaketen die Anzahl der Fragmente verdoppelt. Im Extremfall kann zu Beginn des Fragmentierens durch den erneuten Recursive-Encapsulation-Prozesses ein weiteres Fragment entstehen. Um diese Endlosschleifen zu vermeiden und um die Technologie noch sinnvoll einsetzen zu können, empfiehlt der Standard die Recursive Encapsulation nur im Notfall einzusetzen.

5.6.5 Das Tunnel-Encapsulation-Limit

Der Tunnel-Encapsulation-Limit-Destination-Option-Header wird nur von den Rechnern, die die Funktion des Tunnel Entry Points übernehmen, erzeugt. Dieser Header wird von den Rechnern, die die Funktion des Tunnel Exit Points übernehmen, vernichtet. Mithilfe des Tunnel-Encapsulation-Limit-Destination-Option-Headers werden nur optionale Informationen vom Tunnel Entry Point im Paket übermittelt. Der Tunnel-Encapsulation-Limit-Destination-Option-Header hat folgendes Format:

0	1	2	3
0 1 2 3 4 5 6 7	8 9 0 1 2 3 4 5	6 7 8 9 0 1 2 3	4 5 6 7 8 9 0 1
Option Type 00000100	Opt Data Len 00000001	Opt Data Len	Tun Encap Lim

Abb. 5.14 Tunnel-Encapsulation-Limit-Destination-Option-Header

Option Type: Wert 4

- Die ersten zwei Bits der höchsten Ordnung werden immer auf den Wert 00 gesetzt. Dieser Wert signalisiert dem Empfänger, dass diese Option übersprungen werden kann, wenn der Empfänger diese Option nicht unterstützt.

- Das dritte Bit der höchsten Ordnung wird auf den Wert 0 gesetzt. Dieses Bit signalisiert dem Empfänger, dass die Daten dieser Option auf der Route zum Empfänger nicht verändert wurden.

Opt Data Len: Wert 1
Signalisiert, dass der Datenteil der Option die Länge von einem Byte hat.

Opt Data Value
Der 8-Bit-Integerwert definiert den eigentlichen Wert des Tunnel-Encapsulation-Limits.

Zur Vermeidung von exzessiv hintereinander geschalteten Recursive-Encapsulation-Prozessen hat ein IPv6-Tunnel-Entry-Point die Möglichkeit, mithilfe der Tunnel-Encapsulation-Limit-Destination-Option im Tunnel-Header die Anzahl der hintereinander geschalteten Encapsulation-Prozesse zu begrenzen. Dabei wird das Opt-Data-Value-Feld auf folgende Werte gesetzt:

- auf einen vom Administrator festgelegten Wert, wenn im empfangenen Paket kein Tunnel-Encapsulation-Limit-Header festgestellt wurde.
- auf einen Wert, der aus dem empfangenen Paket (Tunnel-Encapsulation-Limit-Header) gewonnen wird. Der Wert des empfangenen Tunnel-Encapsulation-Limits wird aus dem Tunnel-Header ausgelesen, um eine Stelle dekrementiert und als neuer Wert in den neuen Tunnel- Encapsulation-Limit-Header eingefügt.

Wird der Wert des Tunnel-Encapsulation-Limits beim Verarbeiten auf den Wert null (0) gesetzt, so wird der Encapsulation-Prozess für dieses Paket abgebrochen. Das Paket wird verworfen und anschließend wird eine Parameter-Problem-ICMP-Message an den Sender (den vorherigen Tunnel Entry Point) gesendet.

Tunnel-IPv6-Header

Am Eingang des Tunnels wird vom betreffenden Knoten der IPv6-Tunnel-Header wie folgt ausgefüllt:

Version:
Wert 6

Priority:
Dieser Wert ist abhängig von der Konfiguration des Tunnel Entry Points. Der aktuelle Wert wird entweder aus dem empfangenen Originalpaket oder einem vom Systemadministrator konfigurierten Wert gewonnen.

Flow Label:
Der Wert des Flow-Labels hängt von der jeweiligen Konfiguration des Tunnel Entry Points ab. Ein typischer Wert für das Flow-Label ist null (0).

Payload Length:
Enthält die Länge des Originalpakets. Wurde das Paket mit einem Tunnel-IPv6-Extension-Header versehen, so setzt sich der Wert aus der Länge des Originalpakets plus der Länge des Encapsulating-IPv6-Extension-Headers zusammen.

Next Header:
Der Wert des Next-Headers wird entsprechend den Definitionen der Assigned Numbers gesetzt. Entspricht das Originalpaket einem IPv6-Paket, so wird dieser Wert wie folgt gesetzt:

- dezimaler Wert 41 (Payload-Typ-Nummer für IPv6), wenn das Paket keinen Tunnel-Extension-Header enthält.

- Wert 0 (Payload-Typ-Nummer für IPv6-Hop-by-Hop-Optionsheader), wenn direkt auf den Tunnel-IPv6-Header ein Hop-by-Hop-Optionsheader folgt.
- Wert 60 (Payload-Typ-Nummer für IPv6-Destination-Optionsheader), wenn direkt auf einen Tunnel-IPv6-Header ein Tunnel-Encapsulation-Limit-Destination-Optionsheader folgt.

Hop Limit:
Das Tunnel-IPv6-Header-Hop-Limit wird auf einen vorher festgelegten Wert gesetzt. Als Default-Wert des Rechners wird der Wert des Neighbor-Discovery-Advertised-Hop-Limit definiert. Die Assigned-Numbers-RFCs legen das Hop-Limit für Router fest.

Source Address:
Entspricht der IPv6-Adresse des sendenden Interfaces des Tunnel Entry Points. Diese Adresse wird auch als Tunnel-Entry-Point-Adresse konfiguriert.

Destination Address:
Entspricht der IPv6-Adresse des empfangenden Interfaces des Tunnel Exit Points. Wird der Tunnel als so genannter Free-Exit-Tunnel konfiguriert, so wird als Zieladresse die IPv6-Destination-Adresse aus dem Original-IPv6-Header eingesetzt.

5.6.6 Tunneln von IPv6-Extension-Headern

In Abhängigkeit von der Konfiguration ist der Tunnel Entry Point in der Lage, an den Tunnel-IPv6-Header eine oder mehrere IPv6-Extension-Header (Hop by Hop, Routing usw.) anzuhängen. Dadurch wird zwangsläufig die Anzahl der Recursive Encapsulations eines Pakets weiter eingeschränkt. Ein Tunnel-Encapsulation-Limit-Destination-Option-Header hat folgendes Format

0								1								2								3							
0	1	2	3	4	5	6	7	8	9	0	1	2	3	4	5	6	7	8	9	0	1	2	3	4	5	6	7	8	9	0	1
Next Header								Hdr Ext Len = 0								Opt Type = 4								Opt Data Len=1							
Tun Encap Lim								PadN Opt Type=1								Opt Data Len=1								0							

Abb. 5.15 Ein Tunnel-Encapsulation-Limit-Destination-Option-Header

Next Header:
Identifiziert den Originalpaket-Headertyp. Beispielsweise wird bei einem IPv6-Originalpaket das Next-Header-Protokollfeld auf den Wert 41 (dezimal) gesetzt.

Hdr Ext Len:
Die Länge des Tunnel-Encapsulation-Limit-Destination-Option-Headers wird in 8-Oktett-Einheiten ausgedrückt. Dabei werden die ersten 8 Oktette nicht mitgezählt.

Option Type: Wert 4.

Opt Data Len: Wert 1.

Tun Encap Lim: 8 Bit Integer.

Option Type: Wert 1
Mit der PadN-Option wird der Header immer an den folgenden Header angepasst.

Opt Data Len: Wert 1
Enthält ein Oktett Optionsdaten.

Option Data: Wert 0
Enthält ein Oktett mit dem Wert null (o).

5.6.7 IPv6-Tunnel-State-Variable

Zu den IPv6-Tunnel-State-Variablen gehören folgende Parameter:

IPv6-Tunnel-Entry-Point-Knotenadresse
Die Tunnel-Entry-Point-Adresse gehört zu den gültigen IPv6-Unicast-Adressen des Rechners, der den Entry Point bildet. Da ein IPv6-Knoten über mehrere IPv6-Adressen verfügen kann, wird empfohlen, diese Adresse während des Konfigurationsvorgangs zu überprüfen. Die Adresse des Tunnel Entry Points wird während des Encapsulation-Prozesses als Source-Adresse im Tunnel-IPv6-Header verwendet.

IPv6-Tunnel-Exit-Point-Knotenadresse
Die Adresse des Tunnel Exit Points wird als IPv6-Destination-Adresse im Tunnel-IPv6-Header verwendet. Als Adresse für den Tunnel Exit Point bei der Konfiguration muss eine definierte IPv6-Adresse konfiguriert werden. In diesem Fall wird der Tunnel als Fixed-Exit-Tunnel bezeichnet. Solch ein Tunnelgebilde agiert als virtueller Punkt-zu-Punkt-Tunnel zwischen dem Entry Point und einem definierten Exit Point. Wird eine Tunnel-Exit-Point-Adresse ohne die Einstellung einer definierten Adresse vorgenommen, so bezeichnet man einen solchen Tunnel als Free-Exit-Tunnel. Solch ein Tunnelgebilde agiert als virtueller Punkt-zu-Punkt-Tunnel zwischen dem Entry Point und einem anhand der Destination-Adresse im Originalpaket ermittelten Exit Point. Die Tunnel-Exit-Point-Adresse wird während des Encapsulation-Prozesses in das Destination-Adressfeld des Tunnel-IPv6-Headers eingetragen.

IPv6-Tunnel-Hop-Limit

Ein IPv6-Tunnel wird immer als »Single-Hop Virtual Link« konfiguriert. In der Praxis bedeutet dies, dass der Tunnel, durch den die Pakete übermittelt werden, immer als ein (1) Hop gezählt wird. Dabei ist es unerheblich, wie viele tatsächliche Hops im realen IPv6-Tunnel auftreten. Aus diesem Grund muss das Tunnel-Hop-Limit immer so konfiguriert werden:

- dass alle Tunnel-IPv6-Pakete den Tunnel Exit Point erreichen,

- dass die Tunnelpakete sehr schnell verworfen werden, wenn im Tunnel ein Routing-Loop auftritt.

IPv6-Tunnel-Paket-Priority

Mithilfe des IPv6-Tunnel-Prioritätsfeldes definiert der Tunnel Entry Point die Wichtigkeit des Paketes. Als Default-Wert ist der Wert 0 definiert.

IPv6-Tunnel-Flow-Label

Der Wert des IPv6-Tunnel-Flow-Labels wird vom Tunnel Entry Point festgelegt. Als Default-Wert ist der Wert 0 definiert.

IPv6-Tunnel-Encapsulation-Limit

Durch den Tunnel-Encapsulation-Limit-Wert wird signalisiert, ob der Entry-Point über die Möglichkeit verfügt, die Anzahl der nacheinander durchgeführten Encapsulation-Prozesse für ein Tunnelpaket zu limitieren. Das IPv6-Tunnel-Encapsulation-Limit definiert die maximale Anzahl von Encapsulations, die ein Entry Point durchführen darf. Als Default-Wert ist der Wert 5 definiert.

IPv6-Tunnel-MTU

Die Tunnel-MTU wird dynamisch auf den Wert der Pfad-MTU des Tunnels gesetzt. Als Pfad-MTU des Tunnels wird die maximale Paketgröße bezeichnet, die durch den Tunnel gesendet werden kann, ohne einen Fragmentierungsprozess einleiten zu müssen.

Größe von Tunnelpaketen

Auf dem Pfad zwischen Sender und Empfänger kann ein Tunnelpaket durch die zusätzlichen Tunnel-Header die Pfad-MTU überschreiten und müsste daher fragmentiert werden. Aus diesem Grund muss ein Tunnel Entry Point die Fragmentation von Tunnel-IPv6-Paketen unterstützen.

Fragmentieren von IPv6-Tunnelpaketen

Bei der Fragmentierung von Tunnelpaketen, die IPv6-Originalpakete enthalten, werden folgende Prozesse durchgeführt:

- Wurde bei einem Original-IPv6-Paket eine Größe von >576 Oktetten festgestellt, so muss der Tunnel Entry Point das Paket verwerfen und an den Sender des Originalpakets eine ICMPv6-»Packet Too Big«-Message senden. Mithilfe der ICMPv6-»Packet Too Big«-Message signalisiert der Tunnel Entry Point, dass die Paketgröße den aktuellen Wert der Tunnel-MTU übersteigt. Die Tunnel-MTU setzt sich aus folgenden Werten zusammen: Länge des Originalpakets minus Länge des Tunnel-Headers.

- Wurde bei einem Original-IPv6-Paket eine Größe von <= 576 Oktetten festgestellt, so verarbeitet der Tunnel Entry Point das Originalpaket mithilfe des Encapsulating-Prozesses und fragmentiert anschließend das IPv6-Tunnelpaket in IPv6-Fragmente.

Fragmentieren von IPv4-Tunnelpaketen

Bei der Fragmentierung von Tunnelpaketen, die IPv4-Originalpakete enthalten, werden folgende Prozesse durchgeführt:

- Wurde in einem Original-IPv4-Paket-Header ein gesetztes Don't-Fragment-Bit (DF = 1) festgestellt, muss der Tunnel Entry Point das Paket verwerfen und an den Sender des Originalpakets eine ICMP-Message (Typ = Unreachable, Code = »Datagramm too big«) senden.

- Wurde in einem Original-IPv4-Paket-Header kein gesetztes Don't-Fragment-Bit (DF = 0) festgestellt, so verarbeitet der Tunnel Entry Point das Originalpaket mithilfe des Encapsulating-Prozesses und fragmentiert anschließend das IPv6-Tunnelpaket.

5.6.8 Meldung von Fehlern in IPv6-Tunnel-Paketen

Werden beim IPv6-Tunneling-Prozess bestimmte Fehler in den Paketen festgestellt, so werden diese Fehler mithilfe der ICMP-Message an den Sender des Tunnelpakets zurückgemeldet. Die an den Tunnel Entry Point gesendete ICMP-Message enthält als ICMP-Payload das Tunnel-IPv6-Paket, welches quasi huckepack das Originalpaket enthält. Die Ursachen für einen Paketfehler innerhalb des Tunnels sind in der Regel auf den Tunnel-Header oder das Tunnelpaket zurückzuführen.

Wird ein Problem in einem Tunnelpaket festgestellt, dessen Ursache im Originalpaket liegt (das als Payload des Tunnelpakets transportiert wird), so wird der Fehler an den Tunnel Entry Point und an den ursprünglichen Sender des Originalpakets übermittelt. Dabei hat der Tunnel Entry Point die Aufgabe, die aus dem Tunnel empfangene ICMP-Message an den ursprünglichen Sender des IPv6-Pakets weiterzuleiten. Beispiele für die Tunnel-Fehlerprozeduren sind in nachfolgenden Abbildungen dargestellt.

Pfad #0
Der IPv6-Tunnel-Entry-Point empfängt ein ICMP-Paket aus dem Tunnel (Tunnel-ICMPv6-Message). Der IPv6-Layer des Tunnel Entry Points gibt diese ICMP-Message an den ICMPv6-Input weiter. Der ICMPv6-Input generiert entsprechend dem ICMP-Typ und Code einen internen Fehlercode.

Pfad #1
Der interne Fehlercode wird zusammen mit der ICMPv6-Message-Payload an das höhere Protokoll (**IPv6-Tunnel-Upper-Layer-Error-Input**) weitergereicht.

Pfad #2
Der IPv6-Tunnel-Error-Input entpackt die ICMPv6-Message-Payload und gewinnt daraus das Originalpaket. Anschließend werden der interne Fehlercode, die Source-Adresse des Originalpakets und das Originalpaket an den Error-Report-Block des Protokolls weitergegeben. Das Protokoll wird anhand der ICMP-Message-Payload-Option (Next-Header-Feld) identifiziert.

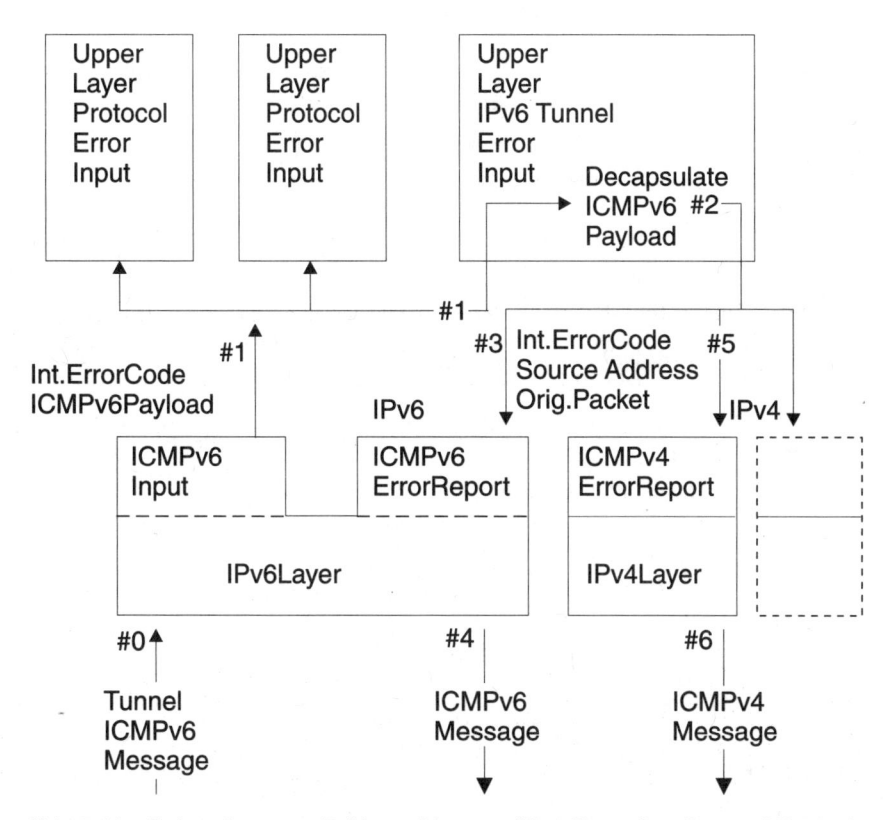

Abb. 5.16 Behandlung von Fehlermeldungen (IPv6-Tunneling-Protocol-Engine)

Danach hängt die weitere Verarbeitung von dem Protokoll des Originalpakets ab:

IPv6-Originalpaket

Pfad #3
Für ein IPv6-Originalpaket generiert der ICMPv6-Error-Report eine ICMP-Message, die einen dem internen Fehlercode entsprechenden Typ und Code und das Originalpaket als ICMP-Payload enthält.

Pfad #4
Die ICMP-Message enthält die Tunnel-Entry-Point-Adresse als Source-Adresse und die Originalpaket-Source-Adresse als Destination-Adresse. Der Tunnel Entry Point sendet anschließend die ICMP-Message an die Sendeadresse des Originalpaket.

IPv4-Originalpaket

Pfad #5
Für ein IPv4-Originalpaket generiert der ICMPv4-Error-Report eine ICMP-Message, die einen dem internen Fehlercode entsprechenden Typ und Code und das Originalpaket als ICMP-Payload enthält.

Pfad #6

Die ICMP-Message enthält die Tunnel-Entry-Point-IPv4-Adresse als Source-Adresse und die Originalpaket-Source-Adresse als Destination-Adresse. Der Tunnel Entry Point sendet anschließend die ICMP-Message an die Sendeadresse des Originalpaket.

Der Ablauf einer Tunnelfehlerprozedur stellt sich wie folgt dar:

a)

Tunnel-Paket			
IPv6-Header	IPv6-Extension-Header	ICMP-Header	Fehlerhaftes IPv6-Tunnelpaket
Tunnel-Header		Tunnel-ICMP-Message	
			ICMPv6-Message-Payload

b)

Tunnel-ICMP-Message			
	Fehlerhaftes IPv6-Tunnelpaket		
ICMP-Header	+ Tunnel-IPv6-Header +	Original-Headers	Original-Paket-Payload
		Fehlerhaftes Originalpaket	

c.1)

| Neue IPv6-Header | + | ICMP-Header | + | Fehlerhaftes Originalpaket |

d.1)

Neue IPv6-Header	ICMP-Header	Fehlerhaftes Originalpaket
Neue ICMP-Message		

Für IPv4-Originalpaket

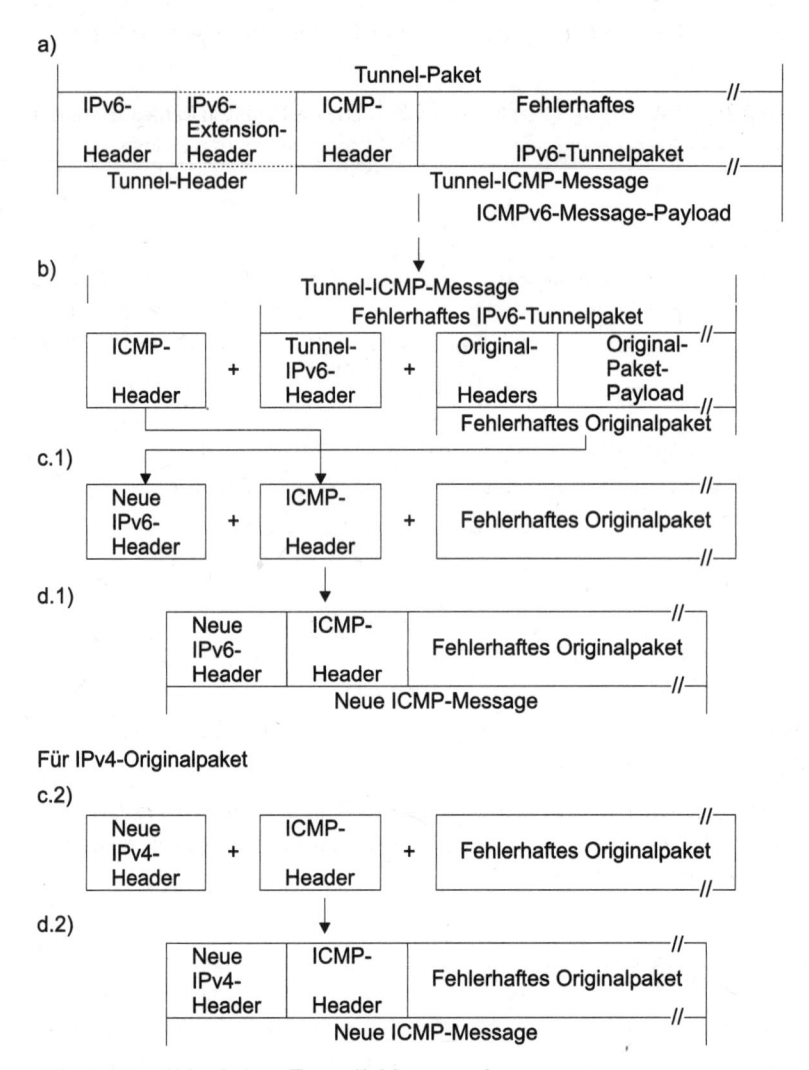

c.2)

| Neue IPv4-Header | + | ICMP-Header | + | Fehlerhaftes Originalpaket |

d.2)

Neue IPv4-Header	ICMP-Header	Fehlerhaftes Originalpaket
Neue ICMP-Message		

Abb. 5.17 Ablauf einer Tunnelfehlerprozedur

5.6.9 Tunnel-ICMP-Messages

Zu den Tunnel-ICMP-Messages, mit deren Hilfe bestimmte Fehlerbedingungen an den ursprünglichen Sender des Pakets übermittelt werden, gehören folgende Meldungen:

hop limit exceeded
In einer der Tunnelkomponenten wurde das Hop-Limit falsch konfiguriert oder es ist ein Routing-Loop aufgetreten. Diese Fehlermeldung wird vom Tunnel Entry Point generiert.

unreachable node
Einer der Tunnelknoten ist nicht oder nicht mehr erreichbar. Dieses Problem kann am Tunnel Entry Point durch eine Umkonfigurierung des Tunnel Exit Points behoben werden.

Parameter-Problem

Mit der Parameter-Problem-ICMP-Message wird im Tunnel-Encapsulation-Limit-Destination-Header durch das Tun-Encap-Lim-Feld (Wert = 1) signalisiert, dass das Tunnelpaket die maximale Anzahl von hintereinander durchgeführten Encapsulation-Prozessen überschritten hat.

Die oben beschriebenen Probleme wurden innerhalb des Tunnel festgestellt und sind auf die aktuelle Tunnelkonfiguration und/oder ein Tunneltopologie-Problem zurückzuführen. Diese Meldungen werden an den ursprünglichen Sender des Original-IPv6-Pakets als tunnelspezifisches »Unreachable«-problem (Link-Problem) gemeldet.

Packet too big

Die Länge des Tunnelpakets hat die Größe der Tunnel-MTU überschritten. Diese ICMP-Messages werden wie folgt verwendet:

- Vom Tunnel Entry Point, der diese Meldung empfängt, wird die Tunnel-MTU gesetzt oder auf den aktuellen Wert angepasst.
- Vom Tunnel Entry Point, der diese Meldung verschickt, wird dem Sender des Originalpakets die aktuelle MTU-Größe mitgeteilt, mit der dieser Knoten seine Pakete zu diesem Tunnel Entry Point übermittelt.

5.6.10 ICMP-Messages für IPv6-Originalpakete

Der Tunnel Entry Point hat die Aufgabe, den ICMP- und den IPv6-Header der ICMP-Message zu generieren. Diese ICMP-Message wird anschließend an den ursprünglichen Sender des Originalpakets gesendet. Dabei werden folgende Felder im Header gesetzt:

IPv6-Felder:

Source-Adresse
Enthält eine gültige Unicast-IPv6-Adresse des sendenden Interfaces.

Destination-Adresse
Kopie der Source-Adresse des Original-IPv6-Headers.

ICMP-Felder:

Für jede der folgenden ICMP-Fehlermeldungen:

- Hop Limit exceeded
- Unreachable Node
- Parameter Problem

wird ein Tunnel-Encapsulation-Limit-Destination-Header erzeugt, bei dem das Tun-Encap-Lim-Feld auf folgende Werte gesetzt wird:

Type 1

    unreachable node

Code 3

    Address unreachable

Tunnel-ICMP-Fehlermeldung »Packet too big«:

    Type 2
    Packet too big
    Code 0
    MTU

Enthält das MTU-Feld der Tunnel-ICMP-Message abzüglich der Länge des Tunnel-Headers.

ICMP-Messages für IPv4-Originalpakete

Der Tunnel Entry Point hat die Aufgabe, den ICMP- und den IPv4-Header der ICMP-Message zu generieren. Diese ICMP-Message wird anschließend an den ursprünglichen Sender des Originalpakets gesendet. Dabei werden folgende Felder im Header gesetzt:

IPv4-Felder:

Source-Adresse
Enthält eine gültige Unicast-IPv4-Adresse des sendenden Interfaces.

Destination-Adresse
Kopie der Source-Adresse des Original-IPv4-Headers.

ICMP-Felder:

Für jede der folgenden ICMP-Fehlermeldungen:

- Hop Limit exceeded
- Unreachable Node
- Parameter Problem

wird ein Tunnel-Encapsulation-Limit-Destination-Header erzeugt, bei dem das Tun-Encap-Lim-Feld auf folgende Werte gesetzt wird:

Type 3
Destination unreachable
Code 1
Host unreachable
Tunnel-ICMP-Fehlermeldung »Packet too big«:
Type 3
Destination unreachable
Code 4
Datagramm too big
MTU

Enthält das MTU-Feld der Tunnel-ICMP-Message abzüglich der Länge des Tunnel-Headers.

5.6.11 Das 6to4-Verfahren

Ein wesentlicher Kritikpunkt bei den Verfahren zur automatischen Tunnelkonfiguration war die Abhängigkeit von globalen IPv4-Adressen bei beiden an der Kommunikation beteiligten Hosts. Da hier Tunnel direkt zwischen den Kommunikationsendpunkten aufgebaut wurden, führte dies nicht zur gewünschten Unabhängigkeit vom potenziell knappen IPv4-Adressraum. Des Weiteren ist dieses Verfahren nur für Dualstack-Hosts nutzbar, da jeder der Hosts für den Aufbau und den Transport des ein IPv6 tragendes IPv4-Pakets selbst zuständig ist.

Diese Probleme versucht der RFC 3056, besser bekannt unter 6to4-Tunneling, zu lösen. Hier wird pro IPv6-Netzwerk nur noch eine IPv4-Adresse für das Tunneling des gesamten Netzwerkes benötigt. Die automatische Konfiguration des Tunnels zum Zielnetzwerk wird dabei beibehalten. Es wird jedoch der Einsatz eines auf dieses Verfahren zugeschnittenen Tunneling-Routers notwendig.

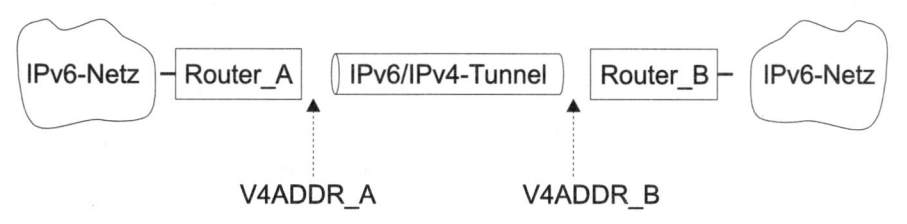

Abb. 5.18   6to4-Tunneling gemäß RFC 3056

Der bei 6to4 benutzte Mechanismus zur automatischen Tunnelkonfiguration baut auf der Verwendung eines bestimmten Formates für das IPv6-Präfix des Netzwerkes auf. Dieses für das gesamte Netzwerk zu verwendende Präfix enthält die IPv4-Adresse des für das Tunneling zuständigen Routers. Der Aufbau dieses Netzwerkpräfixes ist in nachfolgender Abbildung dargestellt.

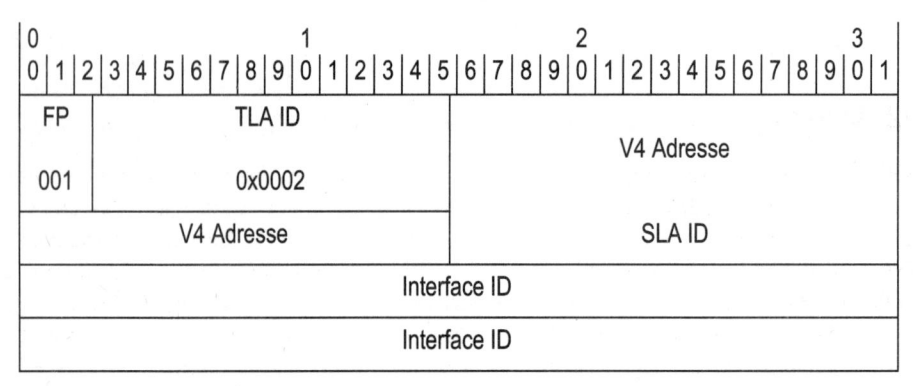

0	1	2	3
0 1 2 3 4 5 6 7 8 9	0 1 2 3 4 5 6 7 8 9	0 1 2 3 4 5 6 7 8 9	0 1
FP 001	TLA ID 0x0002	V4 Adresse	
V4 Adresse		SLA ID	
Interface ID			
Interface ID			

Abb. 5.19   Adresspräfix für 6to4

Anhand des Formatpräfixes (FP) 001 wird die Aggregatable-Global-Unicast-Addresse festgelegt. Für das TLA wurde von der IANA der Wert 0x0002 zur Kennzeichnung von Adressen nach dem 6to4-Standard reserviert. Als Next-Level-Aggregation-ID (NLA) wird die IPv4-Adresse des für das Tunneling zuständigen Routers benutzt. Dieser Teil wird auch als V4ADDR bezeichnet. Der Site Level Aggregation Identifier (SLA) kann zur Bildung von lokalen Subnetzen verwendet werden, die restlichen 64 Bit dienen zur Identifikation des Netzknotens.

Das Verfahren zum automatischen Aufbau eines Tunnels baut auf der in das Präfix eingebetteten IPv4-Adresse auf. In obiger Abbildung sind die zwei IPv6-Netzwerke der Ausgangspunkt. Die Verbindung zwischen diesen Netzen ist nur über IPv6/IPv4-Tunnel möglich. Für den automatischen Aufbau von Tunneln werden die beiden nach dem 6to4-Verfahren arbeitenden Router, Router_A und Router_B, genutzt. Diese sind jeweils mit einer IPv4-Adresse über das globale Internet erreichbar.

Im ersten Schritt werden die IPv6-Netzwerkpräfixe der beiden Netzwerke gebildet. Die Präfixe in den jeweiligen Netzwerken werden wie folgt ausgedrückt:

{FP=001, TLA=0x0002, NLA=V4ADDR_A}/48

{FP=001, TLA=0x0002, NLA=V4ADDR_B}/48

Auf der Basis dieser Präfixe werden die notwendigen Einträge im Domain Name System (DNS) für die einzelnen Netzknoten vorgenommen.

Empfängt einer der beiden Router ein oder mehrere IPv6-Pakete aus dem lokalen Netz und enthält die Zieladresse ein Präfix {FP=001, TLA=0x0002}, ist der Transport über einen Tunnel und ein Verpacken (Encapsulation) in ein fremdes Protokoll (in diesem Fall IPv4) notwendig. Die zum Aufbau des Tunnels notwendige IPv4-Adresse des Tunnelendpunktes wird dem Feld V4ADDR der Zieladresse entnommen. Da beim Eintreffen des gekapselten IPv6-Paketes die Adresse des korrespondierenden Absender-Tunnelendpunktes wiederum der Absenderadresse entnommen werden kann, steht einem erfolgreichen Tunneling zwischen beiden Netzen nichts mehr im Wege.

Im Gegensatz zur automatischen Tunnelkonfiguration wird nun nicht mehr für jeden der IPv6-Rechner eine eigene IPv4-Adresse benötigt.

5.6.12 6over4

Mithilfe der 6over4-Technik können auch isolierte IPv6-Rechner kommunizieren. Um dies zu ermöglichen, wird eine IPv4-Multicastgruppe als virtueller lokaler Link (virtuelles Ethernet) verwendet. Es muss mindestens ein IPv6-Router in diesem virtuellen Ethernet vorhanden sein. Dabei wird das IPv6-Paket in ein IPv4-Multicast-Paket mit lokalem Scope gepackt und über Multicast versendet. Jeder Rechner der Multicast-Gruppe empfängt das Paket, bearbeitet den IPv4-Teil und leitet es an den IPv6-Stack weiter. Falls die IP-Adresse des Rechners mit der Destination-Adresse des IPv6-Paketes übereinstimmt, so wird das Paket bearbeitet. Ansonsten wird es verworfen.

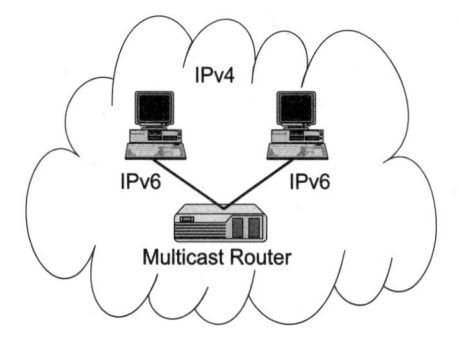

Abb. 5.20   6over4-Tunnel

Assignment of IPv4 Global Addresses to IPv6 Hosts (AIIH)

AIIH versucht den Adressmangel von IPv4 dadurch zu beheben, dass bei der Migration die Clients mit einem Dual-Stack ausgerüstet werden. Der IPv4-Teil bezieht seine Adresse durch eine Erweiterung von DHCPv6. Diese Adresse ist temporär und wird nur zugewiesen, wenn eine Kommunikation mit einem IPv4-Host verlangt wird.

Der verwendete DNS muss seine Funktionalität dadurch erweitern, dass der Hostname nicht fest an die Adresse gebunden ist – da diese ja temporär zugewiesen wird. Wird eine Anfrage von außerhalb aufgerufen, so muss der DNS dafür sorgen, dass DHCPv6 eine Rekonfiguration des Zielrechners durchführt und der DNS die Antwort entsprechend anpassen kann.

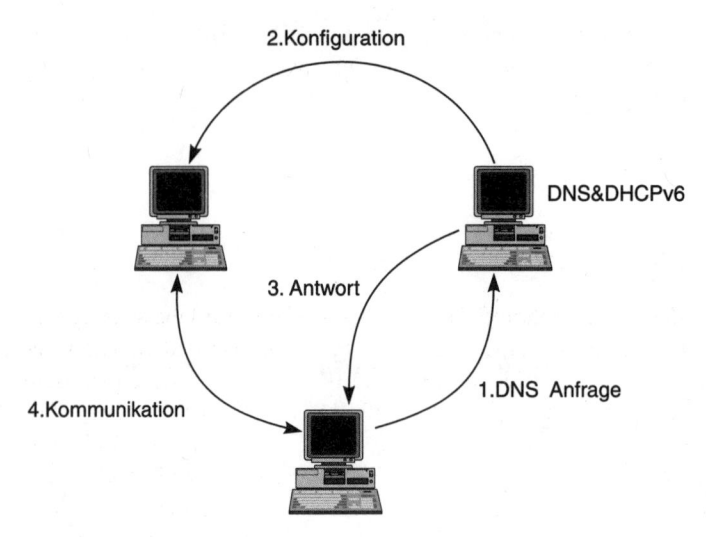

Abb. 5.21 Prinzip des AIIH

5.6.13 Dual Stack Transition Mechanism (DSTM)

Die DSTM-Architektur ermöglicht eine Kommunikation zwischen IPv6- und IPv4-Knoten über eine IPv6-Infrastruktur. DSTM basiert auf AIIH (Assignment of IPv4 Global Addresses to IPv6 Hosts) und DTI (Dynamic Tunneling Interface). Der Vorteil dieser Methode liegt darin, dass sie mit sehr wenigen IPv4-Adressen auskommt. Die IPv4-Adressen werden den IPv6-Knoten nur temporär für die Dauer der Kommunikation zugeteilt. Dynamische Tunnel erlauben den Transport von IPv4-Daten über ein IPv6-Netz.

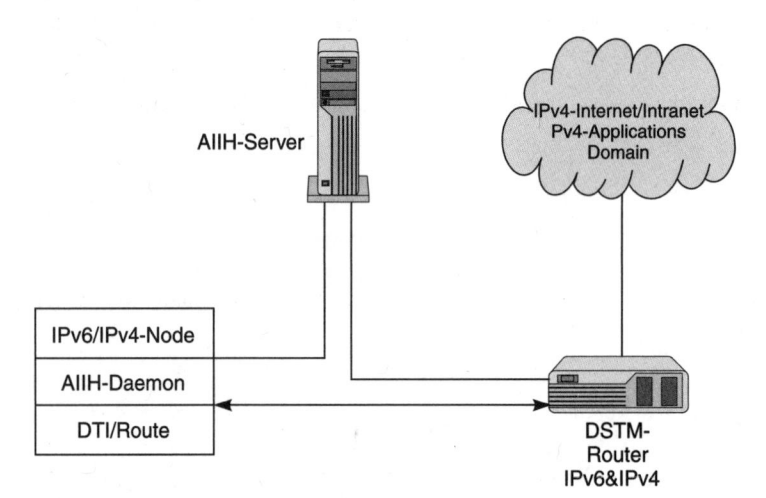

Abb. 5.22 Prinzip des DSTM-Tunnels

Der AIIH-Server verfügt über einen DHCPv6-Server und einen DNS-Server. Die Zusammenarbeit zwischen DHCPv6-Server und DNS-Server ist von zentraler Bedeutung. Jeder IPv6-Knoten muss über ein DTI-Interface verfügen, um einen dynamischen Tunnel zum DSTM-Router aufbauen zu können. Der DSTM-Router arbeitet als Tunnelendpunkt und stellt die Schnittstelle zwischen IPv4- und IPv6-Netz dar.

5.6.14 Stateless IP/ICMP Translation Algorithm (SIIT)

Der Stateless IP/ICMP Translation Algorithm (SIIT) kann als Methode zur Übersetzung von reinen IPv6- und reinen IPv4-Adressen verstanden werden. Damit wird verhindert, dass jeder Rechner mit beiden Protokoll-stacks – und damit mehreren IP-Adressen – ausgerüstet sein muss. Die Übersetzung bezieht sich ausschließlich auf den IP-Protokoll-Header. Ein Translator übersetzt IP- und ICMP-Meldungen in das jeweilige IP-Protokoll. Die speziellen Erweiterungen – wie die optionalen Header – werden nicht oder nur bedingt übersetzt. Dies bedeutet, dass auf das Übersetzen der IPv6-Routing-Header, Hop-by-Hop-Header und Destination-Options-Header verzichtet wird. Der einzige IPv6-Erweiterungs-Header, der von dem Übersetzer berücksichtigt wird, ist der Fragment-Header, er kann direkt auf dem IPv4-Header abgebildet werden.

Empfängt der Übersetzer ein IPv6-Paket, bei dessen Zieladresse es sich um eine IPv4-zugeordnete IPv6-Adresse handelt, übersetzt er den IPv6-Header in einen entsprechenden IPv4-Header. Die IPv4-Adresse übernimmt er aus der IPv4-zugeordneten IPv6-Adresse und leitet anschließend das Paket über das IPv4-Netz an die IPv4-Zieladresse weiter. Wird die Kommunikation vom IPv4-Knoten aus initiiert, so benötigt der IPv6-Knoten eine IPv4-Adresse. Die Zuweisung der temporären IPv4-Adresse an den IPv6-Knoten kann beispielsweise mithilfe der AIIH-Technik erfolgen. Die Zuweisung erfolgt einmal zu Beginn der Kommunikation. Empfängt der Übersetzer ein IPv4-Paket, dessen Zieladresse außerhalb des angeschlossenen IPv4-Netzes liegt, so übersetzt er den IPv4-Header in einen entsprechenden IPv6-Header und leitet das Paket an das IPv6-Netz weiter.

Neben den IP-Paketen muss der Übersetzer auch ICMP-Pakete zwischen den beiden Versionen ICMPv4 und ICMPv6 übersetzen.

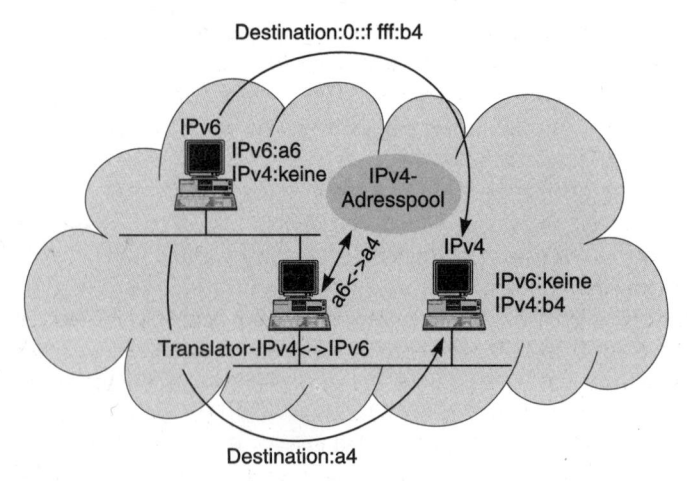

Abb. 5.23   Protokollübersetzung

5.6.15 Transport Relay Translator (TRT)

Der Transport Relay Translator (RFC 3142) bietet eine weitere Möglichkeit für IPv6-Knoten, in einem IPv6-Netz mit IPv4-Knoten in einem IPv4-Netz zu kommunizieren. Durch Übersetzung kann dieses Relay TCP/UDP-Anwendungen, die auf IPv4 basieren, mit TCP/UDP-Anwendungen, die auf IPv4 basieren, verbinden. Die Anwendungen in den Endsystemen können mit nur einem einzigen Protokoll-Stack für die jeweils verwendete IP-Version unmodifiziert laufen. Allerdings wird nur bidirektionaler Verkehr, wie er in den meisten Anwendungen vorkommt, unterstützt. Unidirektionale Anwendungen sind mit dieser Technik nicht übersetzbar.

5.7 Network Address Translation-Protocol Translation (NAT-PT)

Die NAT-PT-Technik (RFC 2766) ermöglicht eine Kommunikation zwischen reinen IPv6- und reinen IPv4-Knoten. Der Ansatz besteht aus zwei Techniken, der NAT- (Network Adress Translation) und der SIIT-Technik.

Es gibt mehrere NAT-PT-Varianten. Zum einen wird unterschieden, wer die Kommunikation initiiert, und zum anderen wird die Art der Protokollübersetzung unterschieden. Beim Traditional NAT-PT muss die Kommunikation von dem IPv6-Knoten ausgehen. Traditional NAT-PT gibt es in zwei Varianten, als Basic NAT-PT und als NAPT-PT. Bei NAPT-PT werden zusätzlich die Transport Identifier (TCP- oder UDP-Ports) übersetzt. Dies ermöglicht eine Unterscheidung der Verbindung anhand der Port-Nummern, somit kann eine IPv4-Adresse für mehrere IPv6-Knoten gleichzeitig verwendet werden. Neben Traditional NAT-PT gibt es noch Bi-Directional NAT-PT, bei dieser Variante kann die Kommunikation sowohl von Knoten im IPv4-Netz als auch von Knoten im IPv6-Netz aus initiiert werden.

Der IPv6-Rechner adressiert den IPv4-Rechner mittels Präfix ::w.x.y.z, ein Router sorgt dann dafür, dass alle Pakete zu dem Präfix an den NAT-PT gehen. Die Adresse eines eingehenden Paketes wird analog zu dem Präfix erweitert. Der NAT-PT-Server reserviert eine IPv4-Adresse aus seinem Pool und ordnet diese der IPv6-Adresse des sendenden IPv6-Knotens zu. Das IPv6-Paket wird nach der SIIT-Methode in ein entsprechendes IPv4-Paket übersetzt und an die IPv4-Zieladresse weitergeleitet. Der NAT-PT-Server speichert die Zuordnung zwischen IPv6- und IPv4-Adresse für die Dauer der Kommunikation. Anhand der Zuordnung kann der NAT-PT-Server eintreffende Pakete übersetzen und an den entsprechenden IPv6-Knoten weiterleiten. Möchte ein IPv4-Knoten mit einem IPv6-Knoten kommunizieren, so kann dies nur über den DNS-Server der IPv6-Domäne geschehen, da in dem NATPT-Server noch keine Zuordnung von IPv6- zu IPv4-Adressen besteht. Fragt ein IPv4-Knoten nach der Adresse eines IPv6-Knotens beim DNS-Server der IPv6-Domäne an, so veranlasst dieser Übergangsstrategien, um dem NAT-PT-Server eine IPv4-Adresse für den gewünschten IPv6-Knoten zu reservieren und eine entsprechende Zuordnung zu generieren. Als DNS-Antwort bekommt der IPv4-Knoten die neu reservierte IPv4-Adresse des IPv6-Knotens zurück. Damit dieser Mechanismus funktioniert, wird ein DNS-ALG (Application Layer Gateway) benötigt, das die DNS-Nachrichten der beiden Protokollversionen entsprechend übersetzt.

Es werden drei zusätzliche Module benötigt. Der Translator übersetzt nach der SIIT-Methode IPv4 in IPv6 und umgekehrt. Der Extension Name Resolver erzeugt zusätzlich zu der von der IPv4-Anwendung erzeugten A-Record-Anfrage eine A6-Record-Anfrage. Wird vom DNS-Server ein A-Record zurückgegeben, so wird dieser direkt an die Anwendung weitergeleitet. Ist nur ein A6-Record verfügbar, so wird der Address Mapper beauftragt, eine IPv4-Adresse zu reservieren. Aus der reservierten IPv4-Adresse und dem A6-Record wird ein A-Record erzeugt und an die IPv4-Anwendung geleitet. Der Address Mapper verwaltet einen Pool von IPv4-Adressen und eine Tabelle mit IPv4-zu-IPv6-Adresszuordnungen. Es gibt zwei Fälle, in denen der Address Mapper eine IPv4-Adresse reserviert:

- Es sind nur A6-Records für den Zielknoten verfügbar und es besteht noch keine Zuordnung zu der IPv6-Adresse.

- Es wird ein IPv6-Paket empfangen und es besteht noch keine Zuordnung zu der IPv6-Absenderadresse.

Die IPv4-Adressen werden intern zugewiesen, für die Kommunikation nach außen werden immer IPv6-Adressen verwendet. Dies hat den Vorteil, dass keine global eindeutigen IPv4-Adressen reserviert werden müssen. Der Adresspool des Address Mappers kann somit aus privaten Adressen bestehen. Verwendet der Anwender Namen für die Kommunikation, so ist der Mechanismus völlig transparent, d.h. er kann reine IPv4-Anwendungen einsetzen und über das IPv6-Protokoll mit anderen Knoten kommunizieren, ohne dass er dies bemerkt.

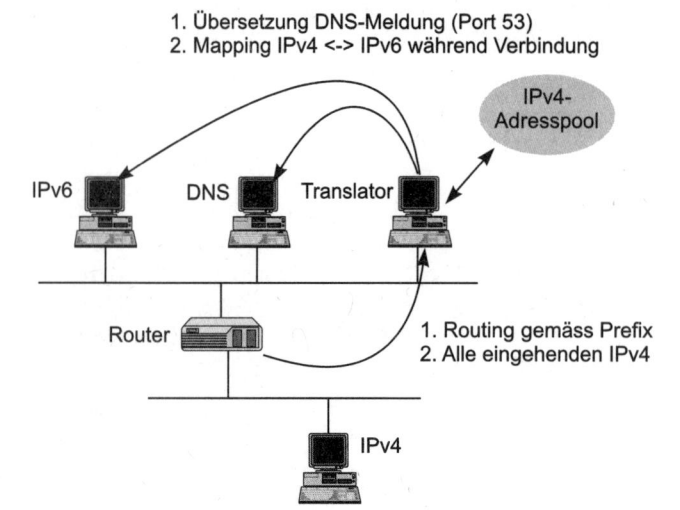

Abb. 5.24   NAT-PT-Prinzip

5.8 Socket-Based-IPv4/IPv6-Gateways

Bei der Socket-Based-IPv4/IPv6-Gateway-Technik (SOCKS46) erfolgt die Anpassung zwischen IPv4 und IPv6 auf der Socket-Schicht. Reine IPv4-Anwendungen, die auf Sockets basieren, können mit dieser Technik auf einfache Weise in einer gemischten IPv4-/IPv6-Umgebung bestehen.

Bei diesem Verfahren wird auf der Client-Seite eine neue SOCKS-Lib-Schicht eingefügt. Aus diesem Grund wird dieses Verfahren auch als »Socksifying« bezeichnet. Diese neue Schicht ersetzt dynamisch API-Aufrufe und leitet diese an ein Gateway weiter. Das Gateway setzt einen Knoten mit doppeltem Protokoll-Stack voraus, da es das Bindeglied zwischen der IPv4- und IPv6-Welt darstellt. Die Kommunikation zwischen Client und Gateway basiert auf so genannten »Fake-IP-Adressen«, die bei einer normalen Kommunikation nicht vorkommen. Die »Fake-IP-Adressen« entsprechen den Client-IP-Adressen und eine Modifikation des Protokoll-Stacks entfällt. Neben den eigentlichen Daten werden noch Kontrollinformationen zwischen Client und Gateway ausgetauscht. Die Namensauflösung und die Kommunikation mit dem Zielknoten übernimmt das Gateway. Die Zuordnung zwischen der Fake-IP- und der IP-Adresse des Zielknotens wird im Gateway in einer Tabelle abgelegt.

Es ist keine Modifikation des DNS-Servers nötig, da die API-Aufrufe ersetzt werden und die eigentliche Namesauflösung an das Gateway delegiert wird. Des Weiteren werden keine reservierten globalen IP-Adressen benötigt, da die Kommunikation zwischen Gateway und Client über die »Fake-IP-Adressen« abläuft.

Der Vorteil dieser Technik liegt darin, dass der Quellcode eines Programms nicht geändert werden muss und auch kein erneutes Übersetzen der Anwendung erforderlich ist.

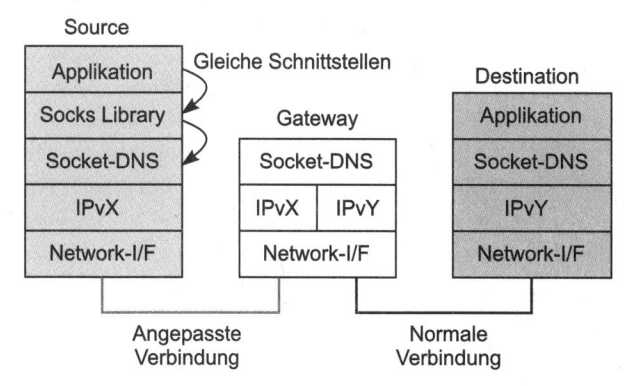

```
        Source
        ┌─────────────┐   Gleiche Schnittstellen
        │ Applikation │ ┐                              Destination
        ├─────────────┤ │      Gateway              ┌─────────────┐
        │Socks Library│ │  ┌─────────────┐          │ Applikation │
        ├─────────────┤ │  │ Socket-DNS  │          ├─────────────┤
        │ Socket-DNS  │ ┘  ├──────┬──────┤          │ Socket-DNS  │
        ├─────────────┤    │ IPvX │ IPvY │          ├─────────────┤
        │    IPvX     │    ├──────┴──────┤          │    IPvY     │
        ├─────────────┤    │ Network-I/F │          ├─────────────┤
        │ Network-I/F │    └─────────────┘          │ Network-I/F │
        └─────────────┘                             └─────────────┘
               └──────────────┘       └──────────────────┘
                 Angepasste              Normale
                 Verbindung              Verbindung
```

Abb. 5.25   Socket-basiertes Gateway

5.9 Autokonfiguration von IPv6-Adressen

Die Adressen auf den untersten Ebenen (Schicht 1 und Schicht 2) eines Netzwerkes werden durch die jeweils verwendete Netztechnologie (Ethernet, Token Ring, FDDI usw.) bestimmt. Oberhalb der Schicht 2 in der Netzwerk-Ebene sind die Internet-Adressen angesiedelt. Jeder Rechner, der an ein TCP/IP-Netzwerk angeschlossen wird, muss per Definition über eine oder mehrere eindeutige Internet-Adressen verfügen, bevor dieser Rechner Daten in das Netz senden bzw. Daten empfangen kann. Die IP-Adressen wurden in der Vergangenheit beim IPv4-Protokoll vom Systemoperator den jeweiligen Hardwareadressen der Maschine zugeordnet. Das relativ komplizierte TCP/IP-Adressschema und die dazugehörenden Subnetz- und Broadcast-Adressen führten immer wieder zu Fehlern und zu erheblichen Frustrationen beim Umgang mit TCP/IP-Software. Bei der Installation von TCP/IP-Protokoll-Software gingen fast alle Hersteller, oder besser gesagt, die der Software beigelegten Installationsmanuals, davon aus, dass die Person, die den TCP/IP-Rechner eingerichtet hat, genau wusste, wie TCP/IP-Adressen und die dazugehörigen Subnetzmasken zu strukturieren sind. Wurden bei der Installation nur die geringsten Fehler gemacht, konnten bestimmte Funktionen wie z.B. das Routing nicht benutzt werden, oder im schlimmsten Fall verweigerte der Rechner vollständig die Kommunikation mit anderen Rechnern. Mit dem neuen IP-Protokoll (Version 6) wurde mit diesem Missstand aufgeräumt. Der Systemadministrator hat beim IPv6-Protokoll die Möglichkeit, neben der manuellen Rechner-Konfiguration ein automatisches Konfigurieren der Rechneradresse und weiterer Parameter vorzunehmen. Bei der automatischen Konfiguration von IPv6-Rechner-Interfaces wird zwischen einer »Stateful Autoconfiguration« und einer »Stateless Autoconfiguration« unterschieden.

5.9.1 Stateful Autoconfiguration

Das Modell der Stateful Autoconfiguration beruht darauf, dass der jeweilige Rechner für seine Interfaces die betreffenden Adressen und bei Bedarf auch weitere Konfigurationen bzw. Parameter von einem dafür am Netzwerk eingerichteten Server herunterlädt. Auf dem Server werden vom Administrator die Konfigurationsdaten abgelegt und gepflegt. Mithilfe eines Stateful-Autoconfiguration-Protokoll (z.B. dem Dynamic Host Configuration Protocol DHCPv6) lädt sich der jeweilige Rechner seine IP-Adressen und weitere Konfigurationsparameter über das Netz herunter. Die Stateful Autoconfiguration wird immer dann eingesetzt, wenn der Netzbetreiber eine genaue Zuordnung von Adressen zu Interfaces benötigt. Dieses Modell ist bereits von der »alten« IPv4-Version her bekannt und soll hier nicht näher betrachtet werden.

5.9.2 Stateless Autoconfiguration

Das neue Konzept der Stateless Autoconfiguration beruht darauf, dass bei der Konfiguration von Rechnern und bei Routern kein manueller Eingriff durch den Benutzer bzw. den Systemadministrator erforderlich ist. Für dieses Konzept müssen auch keine zusätzlichen Adress-Server im Netz installiert werden. Dieser Konfigurationsmechanismus ermöglicht einem Rechner, die IP-Adresse anhand der lokal verfügbaren Informationen und der von den Routern propagierten Informationen (mithilfe des Neighbor-Discovery-Protokolls ND) zu ermitteln. Die Stateless Autoconfiguration wird in einem Netzwerk immer dann eingesetzt, wenn auf eine feste Zuordnung von IP-Adressen zum jeweiligen Rechner-Interface keinen Wert gelegt wird. Der Netzadministrator legt bei der Konfiguration der jeweiligen Router-Advertisement-Messages den Autokonfigurationstyp fest. Die IPv6-Adressen werden nur für einen festgelegten Zeitraum an ein Interface verliehen. Aus diesem Grund wird jeder Adresse eine Gültigkeitsdauer zugeordnet. Nach Ablauf dieses Lebenszeitintervalls wird diese Adresse automatisch für ungültig erklärt und kann einem anderen Interface im Netzwerk zugeordnet werden.

Ein Rechner-Interface ohne Adresse generiert zuerst einmal eine so genannten »Interface-ID«. Diese Kennung dient zur eindeutigen Identifikation des jeweiligen Interfaces eines Subnets. Die IP-Adresse des jeweiligen Interfaces wird bei der Stateless Autoconfiguration aus dem vom Router propagierten Präfix und der Interface-ID gebildet. Befindet sich kein Router im Netz, so hat der Rechner die Möglichkeit, eine lokale Link-Adresse zu generieren.

Um sicherzustellen, dass alle konfigurierten Adressen in den angeschlossenen Netzen eindeutig sind, wird mithilfe des »Duplicate Address Detection«-Algorithmus bei der Stateless und Stateful Autoconfiguration jede IP-Adresse vor der Zuordnung zu einem Interface überprüft. Dabei wird die vorläufige IP-Adresse in einer Neighbor-Solicitation-Message als Destination-Adresse eingetragen und an alle Rechner des lokalen Netzes übermittelt. Verwendet ein anderer Rechner bereits diese Adresse, so wird das betreffende Interface auf diese Neighbor-Advertisement-Meldung reagieren und ein Antwort-Paket zurückschicken. Stellt das Interface fest, dass die vorgesehene IP-Adresse nicht eindeutig ist, wird der komplette Autokonfigurationsprozess abgebrochen und das betreffende Interface muss manuell konfiguriert werden.

Erst nachdem die Eindeutigkeit der vorläufigen lokalen Link-Adresse festgestellt ist, wird die IP-Adresse dem Rechner-Interface endgültig zugeordnet. Damit kann der Rechner auf der IP-Ebene zu seinen Nachbarknoten eine Verbindung aufbauen. Das IP-Interface geht danach in die nächste Phase der Autokonfiguration. Mithilfe der Router-Advertisement-Messages wird festgestellt, ob sich am lokalen Link Router zu anderen Netzen befinden. Kann kein Router ermittelt werden, wird mithilfe der Stateful Autoconfiguration die Adressvergabe bzw. die Konfiguration beendet. Befinden sich ein oder mehrere Router im Netz, so empfängt das betreffende Interface von den Routern die Router-Advertisements. Diese Messages definieren, welche Art der Autokonfiguration vom IP-Interface durchzuführen ist.

Die Router propagieren die Router-Advertisement-Meldungen periodisch über das Netz. Dieses Zeitintervall zwischen zwei Router-Advertisement-Meldungen ist jedoch in der Regel länger, als ein Rechner während des Autokonfigurationsprozesses warten kann. Aus diesem Grund beschleunigt der Rechner diesen Vorgang, indem er Router-Solicitation-Meldungen an die All-Router-Multicast-Adresse (FF01:0:0:0:0:0:2) sendet.

Generierung von lokalen Link-Adressen

Jeder Rechner generiert nach dem Start eines Interfaces die hierfür notwendige lokale Link-Adresse. Zu diesem Vorgang kommt es durch folgende Ereignisse:

- Das Interface wird während der System-Startphase initialisiert.
- Das Interface wird nach einem temporären Interface-Fehler oder durch einen Eingriff des Systemmanagements reinitialisiert.
- Das Interface wird erstmalig einem Link zugeordnet.
- Das Interface wird durch einen Eingriff des Systemmanagements initialisiert

Die lokale Link-Adresse setzt sich aus dem standardmäßigen lokalen Link-Präfix FE80::0 und einer Interface-ID zusammen.

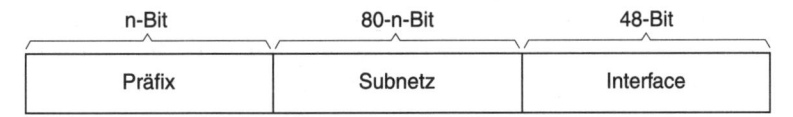

n-Bit	80-n-Bit	48-Bit
Präfix	Subnetz	Interface

Abb. 5.26 Lokale Link-Adresse

Die Interface-ID wird anstatt der 0-Bits in der lokalen Link-Adresse eingesetzt. Dazu werden die Adressbits von rechts her ersetzt. Beträgt die Länge der Interface-ID mehr als 118 Bit, so wird der Autokonfigurationsprozess abgebrochen und es wird eine manuelle Konfiguration notwendig.

5.9.3 Erkennung doppelter Adressen

Der Duplicate-Address-Detection-Prozess muss vor dem Zuordnen einer Adresse zu dem jeweiligen Unicast-Interface durchgeführt werden, wenn der Wert der DupAddrDetectTransmits-Variablen > 0 ist. Der Parameter DupAddrDetectTransmits definiert die Anzahl der aufeinander folgenden Neighbor-Solicitation-Messages während des Duplicate-Address-Detection-Prozesses. Der Wert = 0 legt fest, dass der Duplicate-Address-Detection-Prozess für eine vorläufige Adresse nicht durchgeführt wird. Der Wert = 1 (Default-Wert) definiert, dass nur eine Message übermittelt wird. Der Duplicate-Address-Detection-Prozess wird bei allen Unicast-Adressen durchgeführt. Dabei ist es unerheblich, ob diese Adressen per Stateful oder Stateless Autoconfiguration oder manueller Konfiguration festgelegt wurden. Wird die Stateless Autoconfiguration verwendet, ergibt sich die Eindeutigkeit der Adresse bereits aus der Interface-ID. Es muss daher nur noch überprüft werden, dass die aus dem Interface-ID generierte lokale Link-Adresse auf dem angeschlossenen Link eindeutig ist. Wird während des Duplicate-Address-Detection-Prozesses eine doppelt vergebene IP-Adresse ermittelt, so darf diese Adresse auf keinen Fall einem Interface zugeordnet werden. Enthält die Adresse eine Interface-ID, so muss eine neue ID für das betreffende Interface generiert werden oder die IP-Adressen des Interfaces werden auf manuellem Weg konfiguriert.

Der Duplicate-Address-Detection-Prozess ist jedoch nicht zu 100 Prozent zuverlässig. Besteht zum lokalen Link während der Adressüberprüfung temporär keine Verbindung, kann eine Adressprüfung kein korrektes Ergebnis erbringen. In diesem Fall kann es passieren, dass die betreffende Adresse bereits vergeben wurde. Aus diesem Grund werden die Adressen nicht im traditionellen Sinn einem Interface fest zugeordnet. Ein Interface muss weiterhin auf an die vorläufige Adresse gesendeten Neighbor-Solicitation- und Advertisement-Messages reagieren. Die Bearbeitung dieser Pakete mit einer vorläufigen Zieladresse unterscheidet sich von der Bearbeitung der Pakete, die an die fest zugeordnete Adresse des Interfaces gerichtet sind.

5.9.4 Senden von Neighbor-Solicitation-Messages

Vor dem ersten Aussenden von Neighbor-Solicitation-Meldungen müssen für das betreffende Interface eine All-Nodes-Multicast-Adresse (FF01:0:0:0:0:0:0:1) und die Solicited-Multicast-Adresse konfiguriert werden. Die als »Solicited-Node-Adresse« bezeichnete Multicast-Adresse wird aus der Interface-ID gebildet. Die Solicited-Node-Multicast-Adresse besteht aus den niederwertigen 32 Bit der Adresse mit einem vorangeschalteten 96-Bit-Präfix FF02:0:0:0:0:1. Aus diesem Grund haben die Solicited-Node-Adressen folgende Wertebereiche: FF02:0:0:0:0:1:0000:0000 bis FF02:0:0:0:0:1:FFFF:FFFF. Über die All-Nodes-Multicast-Adresse empfängt das Interface alle Neighbor-Advertisements von anderen Rechnern im Netz. Mithilfe der Solicited-Multicast-Adresse wird das automatische Erkennen von Rechnern, die die gleiche IP-Adresse verwenden, erreicht.

Zur Adressüberprüfung sendet das Interface „DupAddrDetectTransmits«-Neighbor-Solicitation-Meldungen aus. Als Adresse der Message wird die zu überprüfende IP-Adresse eingesetzt. Als IP-Source-Adresse wird die vorläufige IP-Adresse and als IP-Destination die Solicited-Node-Multicast-Adresse verwendet.

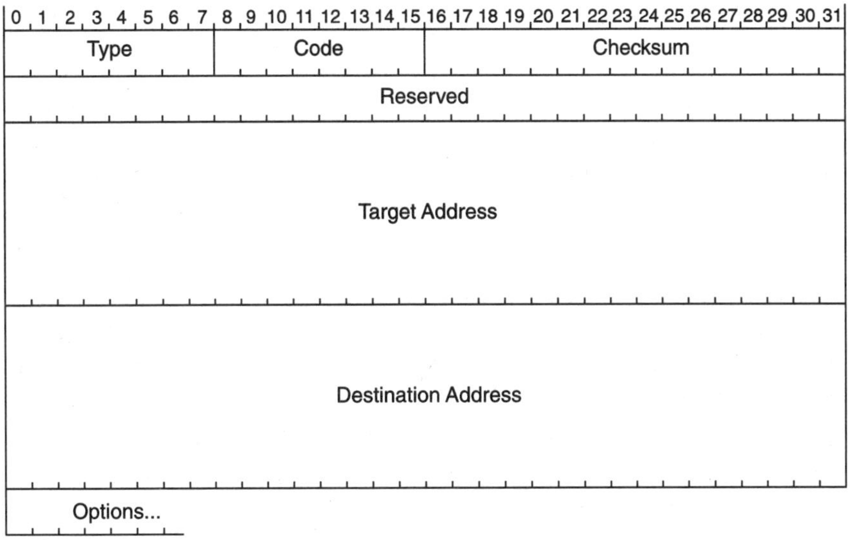

```
|0 1 2 3 4 5 6 7|8 9 10 11 12 13 14 15|16 17 18 19 20 21 22 23 24 25 26 27 28 29 30 31|
|     Type      |        Code          |              Checksum                        |
```

Reserved

Target Address

Destination Address

| Options... |

Abb. 5.27   Neighbor-Solicitation-Meldung

5.9.5 Empfang von Neighbor-Solicitation-Messages

Nach dem Empfang einer gültigen Neighbor-Solicitation-Meldung über ein Interface hängen die weiteren Prozesse davon ab, ob die betreffende Interface-Adresse nur vorläufig oder endgültig konfiguriert wurde:

- Enthält das Paket eine endgültige Adresse, so wird die Neighbor-Solicitation-Message nach den Regeln des Neighbor-Discovery-Protokolls abgearbeitet.

- Handelt es sich bei der Adresse um eine vorläufige Adresse und entspricht die Source-Adresse einer Unicast-Adresse, so führt der Sender einen Address-Resolution-Prozess durch. Diese Pakete müssen vom Empfänger ignoriert werden.

- Handelt es sich bei einer Source-Adresse einer Neighbor-Solicitation-Meldung um eine unspezifische Adresse, wurde das Paket von einem Rechner generiert, der den Duplicate-Address-Detection-Prozess durchführt.

- Wird eine Solicitation-Meldung von einem anderen Rechner im Netz empfangen, so gilt die darin enthaltene Adresse als Duplikat. Diese Adresse darf unter keinen Umständen von einem der beiden Rechner verwendet werden.

- Wurde die Solicitation-Meldung vom lokalen Rechner selbst erzeugt und über den Loopback-Mechanismus für Multicast-Pakete empfangen, so signalisiert dieses Paket, dass kein anderer Rechner am Netz diese Adresse verwendet.

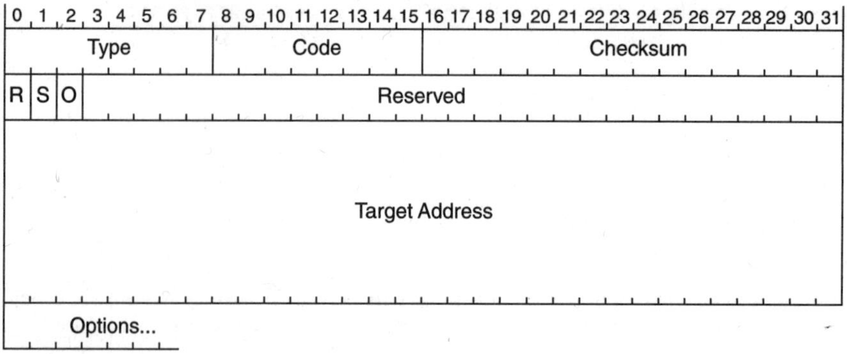

```
 0  1  2  3  4  5  6  7  8  9 10 11 12 13 14 15 16 17 18 19 20 21 22 23 24 25 26 27 28 29 30 31
|         Type          |         Code          |              Checksum              |
|R|S|O|                              Reserved                                         |
|                              Target Address                                         |
| Options... |
```

Abb. 5.28 Neighbor-Advertisement-Message

5.9.6 Soliciting-Router-Advertisements

Die Router-Advertisement-Meldungen werden periodisch von IPv6-Routern übermittelt. Dazu werden die Messages mithilfe der reservierten Multicast-Adresse (FF01:0:0:0:0:0:0:1) verschickt. Befindet sich am lokalen Link kein IPv6-Router, so müssen die Konfigurationen und Adressen immer mithilfe der Stateful Autoconfiguration (z.B. DHCP) geladen werden. Nach dem Empfang einer gültigen Router-Advertisement-Meldung wird vom betreffenden Interface das Managed-Flag (M-Flag) ausgewertet.

Wird beim Vergleich zwischen dem gerade empfangenen Wert des M-Bits und dem abgespeicherten Wert ein Wechsel von FALSE nach TRUE festgestellt, so muss die IP-Adresse des betreffenden Interfaces mithilfe des Stateful-Autoconfiguration-mechanismus konfiguriert werden.

Wird beim Vergleich zwischen dem gerade empfangenen Wert des M-Bits und dem abgespeicherten Wert ein Wechsel von TRUE nach FALSE festgestellt, so wird der Stateful-Autoconfiguration-Prozess abgebrochen.

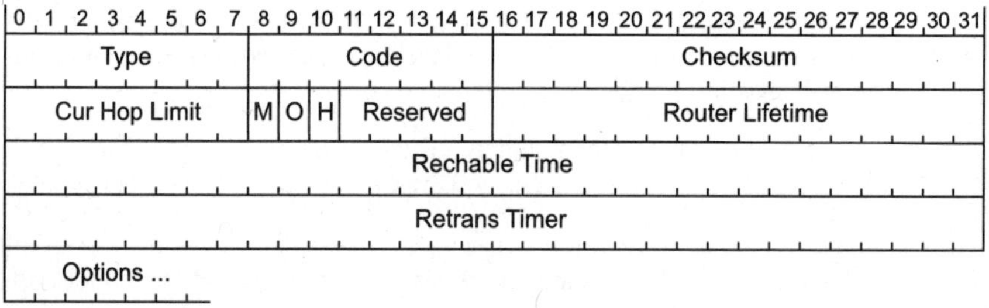

```
 0  1  2  3  4  5  6  7  8  9 10 11 12 13 14 15 16 17 18 19 20 21 22 23 24 25 26 27 28 29 30 31
|         Type          |         Code          |              Checksum              |
|     Cur Hop Limit     |M|O|H|   Reserved      |           Router Lifetime           |
|                              Rechable Time                                          |
|                              Retrans Timer                                          |
| Options ... |
```

Abb. 5.29 Router-Advertisement-Message

Bestandteil der Router-Advertisements sind zwei Flags, mit deren Hilfe entschieden wird, welche Art von Autokonfiguration das Interface durchzuführen hat. Das »Managed-Address-

Configuration-Flag« (M-Flag) definiert, dass das Interface die endgültige IP-Adresse und weitere Konfigurationsparameter durch die Verwendung des Stateful-Autoconfiguration-Prozesses konfigurieren soll. Das »Other-Stateful-Configuration-Flag« (O-Flag) definiert die Verwendung der Stateful Autoconfiguration.

Wird beim Vergleich zwischen dem gerade empfangenen Wert des O-Bits und dem abgespeicherten Wert ein Wechsel von FALSE nach TRUE (Default-Wert = FALSE) festgestellt, so muss die IP-Adresse des betreffenden Interfaces mithilfe des Stateful Autoconfiguration-Mechanismus konfiguriert werden.

Wird beim Vergleich zwischen dem gerade empfangenen Wert des O-Bits und dem abgespeicherten Wert ein Wechsel von TRUE nach FALSE (Default-Wert = FALSE) festgestellt, so werden alle Parameteranfragen außer der Anfrage nach der aktuellen Adresse abgebrochen.

Die anschließenden Präfix-Optionen in den Router-Advertisement-Meldungen werden wie folgt abgearbeitet:

- Wurde das Autonomous-Flag nicht gesetzt, wird die Präfix-Informationsoption ignoriert.
- Entspricht das Präfix dem lokalen Link-Präfix, wird die Präfix-Option ignoriert.
- Wurde bei der Auswertung der Lebenszeitfelder festgestellt, dass die angestrebte Lebenszeit den Wert der gültigen Lebenszeit übersteigt, so wird die Präfix-Option verworfen.
- Entspricht das vom Router übermittelte Präfix dem Wert eines Präfixes einer automatisch konfigurierten Adresse der dem jeweiligen Interface zugeordneten Adressliste, werden die angestrebte Lebenszeit und der Wert der gültigen Lebenszeit auf die Werte der jeweiligen Option gesetzt.
- Entspricht das vom Router übermittelte Präfix keinem der Präfixwerte einer Adresse der dem jeweiligen Interface zugeordneten Adressliste, wird automatisch eine Adresse (bestehend aus dem Präfix und der Interface-ID) generiert.

5.10 Netzmanagement

Die Netze befinden sich trotz sorgfältiger Planung im ständigen Wandel. Das trifft in geringerem Maße auf die eigentliche Verkabelung zu, wo neue Benutzerarbeitsplätze und Geräte angeschlossen werden müssen, wo Umzüge von Mitarbeitern Änderungen erforderlich machen und in der selbstverständlich auch Fehler, sei es durch Alterung oder durch äußere Einwirkungen, auftreten können. In viel stärkerem Maße trifft dieser ständige Wandel aber auf die aktiven Komponenten zu, die umkonfiguriert werden müssen und die von Zeit zu Zeit neue Software benötigen.

Die zunehmende Durchdringung der täglichen Arbeitsabläufe mit EDV-Anwendungen bewirkt eine ständig wachsende Netzlast und damit auch wechselnde Datenströme. Neben den in komplexen Systemen immer auftretenden Fehlern birgt dieser permanente Anpassungsdruck zusätzliche Fehlerquellen. Fehlerlokalisierung und -behebung, Pflege und Weiterentwicklung sind ohne sorgfältige Dokumentation und ohne rechnergestützte Verfahren in Netzen ab einer bestimmten Größenordnung undenkbar. Diese rechnergestützten Systeme werden unter dem Oberbegriff »Netzmanagementsysteme« zusammengefasst. Deren sinnvoller Einsatz setzt geschultes Personal mit einem hohen Maß an Sachkenntnis voraus, die ständig aktuell gehalten werden muss. Allein aus diesem Grund ist der Einsatz umfassender und damit komplexer Netzmanagementsysteme in kleineren Netzen nur bedingt zu empfehlen. Hier reicht in aller Regel die Diagnose der LEDs an den aktiven Komponenten völlig aus, um Fehler- und Überlastsituationen zu erkennen und zu beseitigen. In größeren Netzen ist der Einsatz der Netzmangementsysteme dann zu empfehlen, wenn vor Ort ausreichendes Knowhow vorhanden ist, um aus den Meldungen (Alarmen, Statusinformationen und Statistiken) sinnvolle Aktionen ableiten zu können. Kann das Know-how (beispielsweise aus Personalmangel) nicht sichergestellt werden, sind der Einsatz verwaltbarer aktiver Komponenten und die Übertragung des Netzmanagements, der Fehlerbehebung usw. an Dritte (Outsourcing) zu empfehlen. Die Möglichkeit des Outsourcing sollte jedoch auch bereits bei kleineren Netzen auf ihre Wirtschaftlichkeit hin geprüft werden.

Dem Netzwerkbetreiber bieten gut ausgestattete Managementsysteme in allen Lebenslagen die notwendige Unterstützung bei der Lösung seiner vielfältigen Aufgaben. Ein profundes Wissen ist Voraussetzung zur Bedienung, Auswertung und richtigen Interpretation der gesammelten Daten. Leider wird diese Grundvoraussetzung für ein erfolgreiches Netzmanagement in vielen Netzen oft unterschätzt. Was nutzt letztendlich eine detaillierte Fehlermeldung des Managementsystems, möglicherweise sogar verbunden mit einem Aktionsplan eines angekoppelten Expertensystems, wenn dem Operator nicht bekannt ist, was er mit den Systemmeldungen anfangen soll.

Man kann den vielschichtigen Komplex Management in überschaubarere Einheiten zerlegen:

- Die zeitliche Dimension teilt den Managementprozess in mehrere Phasen seines Lebenszyklus: Planung, physische Erstinstallation, Erstkonfiguration, Betrieb und Änderung.
- Die funktionale Dimension ordnet den Funktionsbereichen Konfiguration, Leistung, Fehler, Sicherheit und Abrechnung bestimmte Managementaufgaben zu.

5.10.1 Planung

Die Aufgabe eines Netzplaners ist immer ein interaktiver Prozess. Er muss

- die gegenwärtigen Netzcharakteristika überwachen,
- an den Bereich des Netzes angrenzende Einschränkungen und Überlegungen verstehen,
- zukünftige Bedürfnisse und Technologieentwicklungen vorhersehen,
- technische Möglichkeiten evaluieren,
- angemessene, konsistente und koordinierte Pläne auf lang-, mittel- und kurzfristiger Basis erarbeiten und
- Pläne aufgrund von aktuellen Implementierungen modifizieren, um den Benutzern des Netzes preisgünstige und zeitgerechte Kommunikationsdienste anzubieten.

Netze sind wichtige Subsysteme im Gesamtsystemkonzept eines Unternehmens. Ihre Planung muss sich aber an den übergeordneten Unternehmenszielen orientieren und die übrigen DV-Versorgungsstrukturen und das technische Betriebskonzept für das Netz mit einbeziehen. Dies lässt sich in mehrere Teilaufgaben zerlegen:

Anwendungsanalyse

Um zu erfahren, wozu ein Netz dienen soll, führt der Netzplaner eine Anwendungsanalyse durch. Sie beschreibt die qualitativen Informationsflüsse und die Anforderungen der Anwendungen, die von den Netzbenutzern betrieben werden. Erwägt der Planer die Einführung des Internet-Protokolls Version 6 in ein bereits bestehendes Netz, muss er zur Bestandsaufnahme zunächst die folgenden Fragen beantworten:

- Welche Anwendungen werden wo eingesetzt?
- Auf welche Netzprotokolle sind diese Anwendungen angewiesen?
- Welche Protokolle sind in welchen Subnetzen im Einsatz?

Steht außerdem die Anschaffung neuer Anwendungen bzw. neuer Versionen von bereits im Einsatz befindlichen Anwendungen zur Debatte, sind zusätzlich Antworten auf diese Fragen zu finden:

- Ist die neue Software auf IPv6 angewiesen?
- Unterstützt die neue Software IPv6?
- Bietet die neue Software wichtige Leistungsmerkmale, die nur mit IPv6 zu nutzen sind?

Bedarfsschwerpunktanalyse

Ferner ist die räumliche Verteilung der Netzbenutzer, sowohl physisch als auch logisch, von Interesse. Der Planer muss feststellen, wo sich die Benutzer von IPv6 aufhalten, wie sie sich auf unterschiedliche Organisationseinheiten, Abteilungen, Gebäude, Produktionsstandorte etc. verteilen und wie diese Einheiten miteinander verbunden sind. Ein Schwerpunkt liegt hier in der Analyse der Anordnung von Routern. Es muss geklärt werden, ob IPv6 während einer Übergangszeit durch größere IPv4-Topologien getunnelt werden soll oder ob für bestimmte Verbindungen IPv6-fähige Router angeschafft werden müssen. Dabei ist zu berücksichtigen, dass das Routing beim Einsatz von Tunneln ohne größeren Administrationsaufwand nicht optimal sein kann und durch den zusätzlichen Overhead und durch mögliche Fragmentierung der Pakete auf den IPv4-Strecken Performanceverluste zu erwarten sind. Außerdem können IPv6-spezifische Dienste wie die Echtzeitbehandlung von Paketen von IPv4-Routern nicht erbracht werden. Im Zusammenhang damit steht die Planung der Integration der IPv6-Dienste in das Domain Name System. Die Rechner sollen sinnvoll auf Domains und Subdomains aufgeteilt werden. Hier gibt es grundsätzlich zwei Möglichkeiten:

Es werden eigene Subdomains gebildet, die nur IPv6-Adressen (A6-Records im DNS) enthalten. Dazu muss eventuell ein neuer IPv6-Name-Server eingerichtet werden. Dies bietet sich etwa für Pilotprojekte an oder wenn an bestehenden Name-Servern, die keine A6-Records verwalten können, nicht ohne weiteres Änderungen vorgenommen werden können.

Die IPv6-fähigen Rechner werden voll in die bestehende Domain-Struktur integriert. Das bedeutet, dass nicht IPv6-fähige Name-Server erneuert werden müssen, um die zu den vorhandenen A-Records der IPv4-Adressen hinzukommenden A6-Records der IPv6-Adressen aufnehmen zu können. Für Rechner, in denen beide Protokoll-Stacks implementiert sind und die über beide Protokolle kommunizieren können sollen, wird also für denselben Rechnernamen ein Eintrag je Recordtyp im DNS vorgenommen.

Bedarfsermittlung

Diese Überlegungen führen zur Bedarfsermittlung, mit der eine Aussage zu Informationstyp und Transaktionscharakteristik getroffen werden soll. Informationstypen sind z.B. Texte, Binärdateien, Graphiken, digitalisierte Sprache, Audioübertragungen in niedriger und hoher Qualität, Videoübertragungen etc. Diese stellen unterschiedliche Anforderungen an die Übertragungsbandbreite, die Echtzeitbehandlung und die Fehlerbehandlung.

Transaktionscharakteristik ist die mengenmäßige und zeitliche Verteilung der Interaktionen über das Netz, abhängig von Teilnehmeranzahl, Informationstypen und -mengen etc. Ziel ist die Ermittlung der Verkehrslastanforderungen für die einzelnen Teilnehmer und das Netz. Dies kann durch Messung oder Schätzung geschehen. Die von IPv6 gebotenen neuen Möglichkeiten wie Echtzeitübertragung, prioritätsgesteuertes Routing oder Bandbreitenreservierung spielen bei der Bedarfsgrößenermittlung eine Rolle. Sollen beispielsweise Videobilder in Echtzeit übertragen werden, müssen die Router dafür eingerichtet sein, die erforderliche Bandbreite für den gewünschten Zeitraum konstant zur Verfügung zu stellen. Das Tunneln über IPv4-Topologien verbietet sich in solchen Fällen, da IPv4-Router keine Echtzeitdienste anbieten.

Endgeräteanalyse

Die Analyse der Endgeräte beschränkt sich bei der Einführung von IPv6 auf die Feststellung von Typ, Anzahl und Anschlussort der vorhandenen IPv4-fähigen Geräte wie Hosts und Peripherie und der notwendigen IPv6-fähigen Neuanschaffungen. Dabei brauchen IPv4-fähige Geräte wie z.B. Drucker, die nur lokal mit anderen Geräten kommunizieren und aus den zusätzlichen Leistungsmerkmalen von IPv6 keinen Nutzen ziehen, nicht ersetzt zu werden, solange in ihren Kommunikationspartnern beide Internet-Protokoll-Stacks implementiert sind.

Analyse sonstiger Randbedingungen

Weitere Randbedingungen, die die Planung der Einführung von IPv6 beeinflussen können, sind:

Investitionsschutz: Vorhandene nur IPv4-fähige Software soll evtl. weiterhin eingesetzt werden können.

Technologische Entwicklung, Standardisierung: Wichtige Teilaspekte des Internet-Protokolls Version 6 wie DNS-Erweiterungen, DHCPv6, Echtzeitübertragung etc. befinden sich noch in der Entwicklung. Außerhalb von Forschungs- und Entwicklungsabteilungen ist der Einsatz des Protokolls zum jetzigen Zeitpunkt evtl. noch nicht sinnvoll.

Planung der Protokolleinführung

Ist dies alles geklärt, kann der Netzplaner mit der Planung der Protokolleinführung beginnen. Dies beinhaltet folgende Punkte:

- Überprüfen der Betriebsabläufe, Anpassung von Software an IPv6
- Planung der Einführungsschulung: bei Entwicklern von Netzsoftware; Bedienung neuer IPv6-Anwendungen
- Entwicklung eines HW/SW-Betriebskonzeptes: Managementwerkzeuge für die Verwaltung von DNS, DHCPv6, Routern etc
- Planung der Abnahme: Funktions-, Leistungsprüfung, Entwicklung von Testprogrammen
- Evtl. zunächst Pilotprojekt starten

5.11 SNMP-Management

Auf der Basis eines Netzmanagementsystems lässt sich eine Migration problemlos bewältigen:

Konfiguration
Unter Konfiguration wird u.a. die Vergabe der Netzwerk-, Subnetz- und Gateway-Adressen in IP-Netzen, die Verwaltung von Zugriffsrechten und anderer Parameter verstanden.

Fehlerverfolgung und -lokalisierung
Es wird nicht nur gemeldet, dass ein Fehler aufgetreten ist, sondern intakte Systeme aus der Umgebung der gestörten Komponenten geben Hinweise auf die Lokalisation und auf die Art des aufgetretenen Fehlers. Daraus lassen sich gezielte Vorschläge zur Fehlerbehebung, die teilweise automatisch ablaufen können, ableiten.

Protokollierung
Die Aufzeichnung von Netzwerkdaten im »Normalbetrieb« nennt man Baselining. Damit erhält man wichtige Vergleichswerte, die bei vermuteten Anomalitäten und Fehlern zum Vergleich herangezogen werden können. Aber auch für Trendanalysen bilden diese Daten eine unverzichtbare Basis.

Sicherheit
Angriffe und Sicherheitsverletzungen melden entsprechend ausgerüstete und konfigurierte Managementsysteme.

Dokumentation
Mithilfe so genannter Zoom-Funktionen kann, ausgehend von wenig detaillierten Gesamtansichten, in schrittweiser Vergrößerung der aktuell interessierende Detailbereich des Netzes vergrößert werden. Unterschiedliche Einfärbung der Komponenten und kontextsensitive Zusatzinformation geben dem Netzwerkoperator ein ständig aktuelles Bild vom Netzstatus. In vielen Systemen ist eine so genannte Autodiscovery-Funktion enthalten, die selbsttätig Komponenten im Netz entdeckt und deren Basisdaten ermittelt.

Inventarisierung
Der Online-Zugriff auf alle Netzressourcen erlaubt eine ständig aktuelle Inventarisierung der aktiven Netzkomponenten.

Wartung
Managementsysteme erleichtern die Wartung und Pflege des Netzes durch Funktionen wie automatische Soft-/Firmware-Verteilung

Die Grundidee des SNMP-Standards basiert auf dem Management Framework der International Organization for Standardization (ISO). Bestandteil der OSI-Spezifikation sind definierte Hilfsmittel (Tools), die es einem Anwender ermöglichen, alle Informationen über die Gesamtheit des Netzes abzurufen sowie gezielt die Kontrolle über die einzelnen Komponenten auszuüben. Das Simple-Network-Management-Protokoll (SNMP) orientiert sich seit den ersten Anfängen im Jahr 1988 an den OSI-Richtlinien. Da das SNMP der pragmatische Ansatz eines Standard-Management-Protokolls ist, konnte es sich im LAN-Markt sehr schnell zu einer festen Größe etabliert. Das SNMP-Protokoll hatte in der Internet-Community seinen Vorgänger, der als Simple-Gateway-Monitoring-Protokoll (SGMP) bezeichnet wurde. Das SGMP-Protokoll ging als Sieger aus dem Rennen um die Standardisierung des Netzmanagement hervor. Die weiteren Mitbwerber waren das High-Level Entity-Management-System (HEMS) und das OSI-orientierte CMOT-Protokoll (Common-Management-Information-Protokoll over Transmission-Control-Protokoll). Nach vielen Diskussionen und Tests im Internet entschied sich die HEMS-Gruppe, diesen Ansatz nicht mehr weiter fortzuführen und schied somit aus der engeren Wahl um das zukünftige Netzmanagementprotokoll aus. Obwohl das SGMP-Protokoll nur für ein IP-Umfeld geplant war, wurde es sehr schnell auch in anderen Bereichen und Produkten eingesetzt. Außerdem wurden zwischenzeitlich eine Reihe von OSI-Merkmalen in das Protokoll (z.B. die Management Information Base und die Structure of Management Information) integriert. Obwohl sich die OSI-Management-Spezifikationen nie vollständig durchsetzen konnten, wurden in das SGMP-Konzept aus technischen und politischen Gründen die OSI-Management-Eckpfeiler integriert. Die Entwickler des SGMPs beabsichtigten, eine Migration nach OSI zu einem späteren Zeitpunkt jederzeit zu ermöglichen.

Die SGMP-Arbeitsgruppe präsentierte im Jahr dem IETF mit dem SNMP-Standard eine wesentlich vollständigere und erheblich leichter zu implementierende Lösung als der Wettbewerber CMOT. Aufgrund dieser Vorteile wurde SNMP zum De-facto-Standard erhoben und alle weiteren Versuche der CMOT Gruppe eingestellt. Das SNMP-Protokoll wurde endgültig im Mai 1988 festgelegt und als Internet-Proposed-Standard (August 1988) veröffentlicht. Im April 1989 erhielt das SNMP-Protokoll den Status eines Draft-Standards. Es dauerte schließlich bis zum Mai 1990, bis das IAB das SNMP zu einem Internet-Standard erhob.

Das Simple-Network-Management-Protokoll (SNMP) hat sich trotz bekannter Schwächen in kürzester Zeit etabliert und gilt bis heute als der De-facto-Standard.

5.11.1 Managementmodell

SNMP wurde nach dem Client/Server-Modell konzipiert und ermöglicht einer Management-Station (SNMP-Client), Statusinformation und Konfigurationsdaten von (notwendigerweise im Netz adressierbaren) Netzwerkknoten (SNMP-Servern) abzufragen und in Ausnahmesituationen von diesen Alarmmeldungen zu empfangen.

Hierfür ist in den jeweiligen SNMP-Standards (RFC 1155, 1156, 1157, 1212, 1213) das Protokoll, nach dem der Informationsaustausch zwischen Client und Server abläuft und die Namen der zu verwaltenden Objekte sowie ihre Bedeutung und Inhalte spezifiziert. Im Netzmanagementumfeld werden der Management-Client im allgemeinen Manager oder nicht ganz korrekt Managementstation und die Server als Agenten bezeichnet. Neben den hier aufgeführten Standards (RFCs) gibt es noch eine ganze Reihe weiterer, die Detailfunktionen von Netzwerkkomponenten beschreiben. So gibt es Standards, die spezifische Informationen über einzelne Schichten des ISO-Schichtenmodells bereitstellen (Ethernet-MIB/RFC1643, Token-Ring-MIB/RFC1743, ATM-MIB/RFC1695, Bridge-MIB/1493...). Weitere wichtige Standards befassen sich mit der Analyse von Verkehrsbeziehungen und Dateninhalten (Remote Monitoring; RFC1271, RFC1513). Im Gegensatz zu den Basisstandards sind diese Erweiterungen allerdings überwiegend modular aufgebaut. Es gibt Abhängigkeiten von Funktionen, die dann aber auch paarig implementiert sein müssen. Vor der Beschaffung von Netzwerkkomponenten empfiehlt sich daher eine eingehende Prüfung der implementierten Funktionen.

Die Structure and Identification of Management Information (SMI) legt fest, dass die zu verwaltenden Informationen und Daten eindeutig anhand des Managementbaums identifiziert werden müssen. Dieser Managementbaum wurde von den OSI-Definitionen übernommen und ist von der Root (/) aus streng hierarchisch aufgebaut. Die einzelnen Verzweigungen und Blätter des Managementbaums werden sowohl numerisch als auch textlich gekennzeichnet. Die numerische Darstellung dient der Maschinenlesbarkeit, die textliche ist für den Menschen gedacht, um sich besser in dem Gewirr von Verzweigungen zurechtzufinden. Der Weg durch diesen Baum zu einem Knoten oder Blatt wird als OBJECT IDENTIFIER gekennzeichnet. Da die einzelnen Zweige des Baumes durch Zahlen repräsentiert werden, ist ein OBJECT IDENTIFIER praktisch eine Folge von Integer-Zahlen. Die Root des Management-Baumes besitzt drei direkte Nachfolger: Zweige für die CCITT (Comité Consultatif International Télégraphique et Téléphonique), ISO (International Organization for Standardization) und Joint-ISO-CCITT (einem Zusammenschluss der beiden obigen). Die Label für die Zweige sind wie folgt definiert:

Bezeichnung	Label
Root	-
CCITT	ccitt(0)
ISO	iso(1)
Joint-ISO-CCITT	joint-iso-ccitt(2)

Tab. 5.2 Label für die Zweige

Unterhalb der ISO-Verzweigung (iso(1)) wurde für andere nationale und internationale Organisationen mit dem Label org(3) ein weiterer Subbaum eingerichtet. Dieser Subbaum wurde dem U.S. National Institutes of Standards and Technology (NIST) zur freien Verwendung zur Verfügung gestellt. Der NIST-Subbaum verzweigt sich wiederum. Einer der NIST-Subbäume steht dem U.S. Department of Defense mit dem Label dod(6) zur Verfügung. Da das DoD bisher nicht festgelegt hat, wie dieser Subbaum in Zukunft auszusehen hat, wurde von der Internet-Community mit dem Label internet(1) eine weitere Verzweigung eröffnet. Unterhalb des Internet-Subbaums (1.3.6.1.) sind alle für das Internet wichtigen Management-Objekte angeordnet.

Bezeichnung	Label
Root	-
CCITT	ccitt(0)
Joint-ISO-CCITT	joint-iso-ccitt(2)
ISO	iso(1)
ISO Standard	standard(0)
ISO registration-authority	registration-authority(1)
ISO member-body	member-body(2)
ISO org	org(3)
DoD	dod(6)
Internet	internet(1)

Unterhalb des Internet-Knotens verzweigt sich der Baum erneut in die folgenden vier Subzweige: Directory, Management, Experimental und Private.

Directory
Der Directory-Zweig trägt das Label directory(1) und enthält heute noch keine Verzeichnis-Objekte. Dieser Zweig ist für zukünftige Anwendungen reserviert.

Experimental

Der experimentelle Subzweig trägt das Label experimental(3) und wird nur bei Versuchen im Internet (Tests neuer Objekte) benutzt.

Die Vergabe der Objekt-Identifikatoren im Experimental-Subzweig obliegt der Internet Assigned Numbers Authority (IANA).

Management

Der Managementzweig trägt das Label mgmt(2). Die Implementierung dieses Zweiges ist zwingend in jeder SNMP-Implementierung vorgeschrieben. Die Vergabe der Objekt-Identifikatoren im Management-Subzweig obliegt der Internet Assigned Numbers Authority (IANA). Da sich die unterhalb dieser Verzeigung liegenden Objektgruppen durch die technische Weiterentwicklung verändern können, werden von der Internet Assigned Numbers Authority in den einschlägigen RFCs die jeweilige Version der Standard Management Information Base (MIB) und der zugehörige Objekt-Identifikator veröffentlicht. Die Veröffentlichung eines neuen MIB-Standards tritt sofort nach ihrem Erscheinen in Kraft und ersetzt alle bisher veröffentlichten Dokumente. Die Versionsnummer ist aus diesem Grund ein fester Bestandteil des neuen Objekt-Identifikators.

Private

Die private Zweig (Label= private(4)) im Management-Baum hat bisher nur einen weiteren Knoten, die Enterprises-Verzweigung (Label = enterprises(1)). Über die Internet Assigned Numbers Authority (IANA) kann sich jeder Hersteller seine eigene Herstellerkennung registrieren lassen und unter dieser Kennung seine eigenen privaten Objekte definieren. Die Private MIB stellt somit das Hilfsmittel zur Verfügung, mit dem herstellerspezifische Objekte, die über die innerhalb der MIB I und MIB II standardmäßig festgelegten Objekte hinausgehen, integriert werden können.

directory   OBJECT IDENTIFIER ::= { internet 1 }

mgmt   OBJECT IDENTIFIER ::= { internet 2 }

experimental OBJECT IDENTIFIER ::= { internet 3 }

private   OBJECT IDENTIFIER ::= { internet 4 }

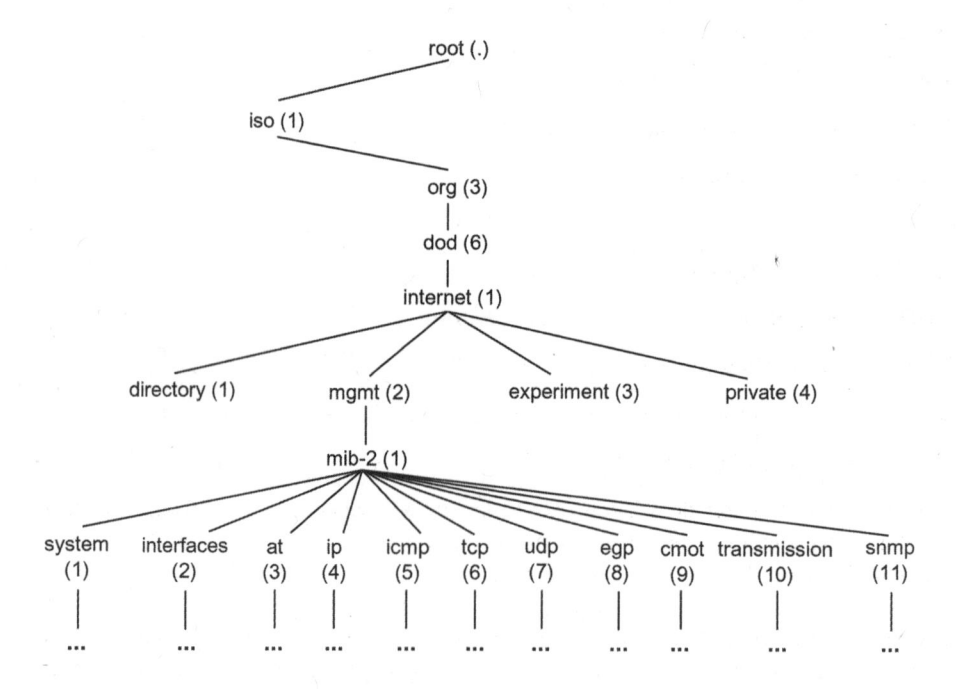

```
                           root (.)
                          /
                      iso (1)
                           \
                          org (3)
                            |
                          dod (6)
                            |
                       internet (1)
              /          |         |         \
       directory (1)  mgmt (2)  experiment (3)  private (4)
                        |
                     mib-2 (1)
```

```
system interfaces  at    ip   icmp  tcp   udp   egp   cmot  transmission  snmp
 (1)      (2)     (3)   (4)   (5)   (6)   (7)   (8)   (9)      (10)       (11)
  |        |       |     |     |     |     |     |     |        |          |
 ...      ...     ...   ...   ...   ...   ...   ...   ...      ...        ...
```

Abb. 5.30   MIB-Baum

Die erste MIB wurde im Mai 1988 festgelegt und im August 1988 veröffentlicht. Es dauerte jedoch knapp zwei Jahre, bis diese Spezifikationen im Mai 1990 zu einem Internet-Standard erhoben wurden. Dieser Standard wurde als MIB I bezeichnet und enthielt 100 Objekte. In der Folgezeit stand die Entwicklung nicht still und im März 1991 wurde der Nachfolger der MIB I im RFC 1213 veröffentlicht. Die neue MIB trägt die Bezeichnung MIB II und enthält ca. 180 Objekte. Die MIB I ist vollständig in die MIB II integriert. Seit der Standardisierung der MIB II ging der Fortschritt in der Internet-Welt und besonders bei der SNMP-Entwicklung mit Riesenschritten voran. Um nicht regelmäßig neue MIB-Standards veröffentlichen zu müssen, entschloss sich die Internet-Community, neu veröffentlichte MIB-Subspezifikationen als Anhang zur MIB II zu benutzen. Diese MIBs sind heute für eine Vielzahl von Medien und Technologien verfügbar und werden quasi wöchentlich erweitert. Die spezifischen Dokumente zu den einzelnen MIBs und deren momentaner Status können im Internet von einem der vielen RFC-Server kostenlos bezogen werden.

Die MIB II führte drei neue Objektgruppen ein und erweiterte die aus der MIB I bekannten Gruppen um eine Vielzahl neuer Objekte.

- MIB-II-Objektgruppen
- System-Objektgruppe
- Interface-Objektgruppe
- Address-Translation-Objektgruppe

- Internet-Protokoll-Objektgruppe
- Internet-Control-Message-Protokoll-Objektgruppe
- Transmission-Control-Protokoll-Objektgruppe
- User-Datagram-Protokoll-Objektgruppe
- Exterior-Gateway-Protokoll-Objektgruppe
- Transmission-Objektgruppe
- CMOT-Objektgruppe
- Simple-Network-Management-Protokoll-Objektgruppe

Für die neue MIB-II wurde weiterhin der alte OBJECT IDENTIFIER verwendet.

mib-2   OBJECT IDENTIFIER ::= { mgmt 1 }

Im RFC 1239 wurde unter dem Titel »Reassignment of Experimental MIBs to Standard MIBs« (Juni 1991) die Idee eines Nachfolgers der MIB II endgültig aufgegeben. Die Hersteller von SNMP-Geräten sahen sich außerstande, darauf zu warten, dass ein Draft zu einem vollen Standard erklärt wurde, bevor dieser Standard implementiert werden konnte. Gleichzeitig konnte es passieren, dass in der Endphase der Definition des Standards immer wieder Änderungen vorgenommen wurden, was zur Folge hatte, dass die Entwickler immer wieder abwarteten, bis der Standard endgültig feststand, bevor auch nur das erste Stück Code geschrieben wurde. Stattdessen wurde die Möglichkeit geschaffen, die Standard-MIB dynamisch zu erweitern. Neue Objektgruppen, ja selbst neue Objekte konnten in die Standard-MIB integriert werden, indem die MIB-Gruppen einfach weiter verzweigt wurden.

- RFC-1239-MIB-Objektgruppen
- System-Objektgruppe
- Interface-Objektgruppe
- Address-Translation-Objektgruppe
- Internet-Protokoll-Objektgruppe
- Internet-Control-Message-Protokoll-Objektgruppe
- Transmission-Control-Protokoll-Objektgruppe
- User-Datagram-Protokoll-Objektgruppe
- Exterior-Gateway-Protokoll-Objektgruppe
- Transmission-Objektgruppe
- Token-Bus-like-Objektgruppe
- Token-Ring-like-Objektgruppe
- T1-Carrier-Objektgruppe

- DS3-Interface-Type-Objektgruppe
- CMOT-Objektgruppe
- Simple-Network-Management-Protokoll-Objektgruppe
- Generic-Interface-Extension-Objektgruppe

Die Verzweigung der MIBs und die daraus erfolgende einfache Erweiterung löste eine Lawine an neuen MIBs aus. Herstellern von verwaltbaren Produkten stand auf einmal eine viel größere Auswahl an Objekten zur Verfügung, die in die jeweiligen Geräte implementiert werden konnten. In eine Ethernet-Token-Ring-Bridge konnten auf einmal folgende MIBs implementiert werden: die Standard-MIB (ohne die EGP-Objekte), die Ethernet-MIB, die Token-Ring-MIB und die private Enterprise-MIB. In der Enterprise-MIB sind die herstellerspezifischen Objekte, wie z.B. die vom Anwender definierbaren Filter festgelegt, die von den jeweiligen Standard-MIBs nicht abgedeckt werden. Die Gesamtheit aller verfügbaren MIBs führt zwangsläufig zu einer größeren Vielfalt an Möglichkeiten, das Netzwerk-Management effektiv und systematisch zu betreiben. Diese Vielfalt verlangt jedoch vom Netzadministrator das Wissen um die verschiedenen MIBs (Parameter), die ein eingesetztes Gerät unterstützt, um es korrekt konfigurieren zu können. Gleichzeitig müssen all die Informationen (z.B. Performance und Fehlermanagement), die so ein Gerät anbietet, auch in die richtigen Aktionen umgesetzt werden, damit alle Funktionen, die ein Netzmanagementsystem anbietet, auch ausgenutzt werden können.

5.11.2 Managementprotokoll

Für die Kommunikation zwischen Manager und seinen (den von ihm verwalteten) Agenten wurde ein einfaches (daher der Namen Simple), nur wenige Elemente enthaltendes Protokoll definiert. Diese Beschränkung auf wenige, aber dafür sehr leistungsfähige Protokollelemente führte dazu, dass SNMP innerhalb kürzester Zeit auf nahezu jedem Netzwerkknoten implementiert wurde. Mit diesen Protokollelementen wird die in den Managementobjekten enthaltene Information zwischen Manager und Agent ausgetauscht, entweder wird Statusinformation ausgelesen (get, get-next, response) oder es werden Konfigurationsdaten eingeschrieben (set). In all diesen Fällen geht die Aktivität vom Manager aus. Einzige Ausnahme von dieser Frage-Antwort-Regel ist die spontane Alarmmeldung des Agenten an den Manager in Krisensituationen (trap). Die in der ersten Version von SNMP definierten Protokollelemente sind:

GET-Operation
Mit der GET-Operation hat der Manager die Möglichkeit, beliebig viele Managed Objects in einem Schritt von einem Agenten zu lesen. Es ist die Aufgabe des Agenten, die entsprechenden Daten, welche für dieses Managed Object erforderlich sind, zu beschaffen und eine Antwort an den Manager zu schicken, sowie eine Fehlermeldung zu erzeugen, falls die Daten nicht ermittelt werden können.

GETNEXT-Operation
Das Problem bei der GET-Operation ist, dass im Endeffekt die Reihenfolge und die Namen der einzelnen Variablen bekannt sein müssen. Aus diesem Grund gibt es eine GETNEXT-Operation, welche es erlaubt, beliebige Variablen im MIB-Baum zu lesen, ohne dass man den Aufbau des MIB-Baums genau kennen muss. Dies ist vor allem bei Tabellen wichtig, denn hier ist nicht immer bekannt, aus wie viel Zeilen sie bestehen. Wenn man dagegen die GET-NEXT-Operation benutzt, dann hat man die Möglichkeit, mit der ersten Zeile der Tabelle zu beginnen, und kann dann so oft die GETNEXT-Operation aufrufen, bis alle Zeilen der Tabelle gelesen sind.

SET-Operation
Mithilfe der SET-Operation kann der Manager eine bzw. mehrere Variablen eines Agenten ändern. Bei SET kann jedoch auch wieder der Fall auftreten, dass nicht alle Variablen erfolgreich verändert werden können. Aus diesem Grund schickt der Agent immer eine Antwort zum Manager zurück, die besagt, ob die Variable erfolgreich geändert werden konnte oder ob bei der Änderung ein Fehler aufgetreten ist.

TRAP-Operation
Die TRAP-Operation wird nur von Agenten benutzt, um bestimmte Ereignisse an den Manager zu melden. Ein Beispiel hierzu wäre, dass eine der Netzwerkkarten im überwachten Gerät soeben ausgefallen ist. Eine TRAP-Operation wird aber nicht vom Manager bestätigt, so dass es vorkommen kann, dass TRAP-Meldungen verloren gehen, weil als Protokoll das verbindungslose UDP-Protokoll benutzt wird.

5.11.3 Weitere Entwicklung

Es gibt nichts, was nicht noch verbessert werden könnte. Bekannte Schwächen der ersten Version von SNMPv1 liegen im Sicherheitsbereich, in der wenig effizienten Übertragung großer Datenmengen und in der fehlenden Möglichkeit, mehrere Managementstationen (redundante und oder arbeitsteilige Manager) zu betreiben. Die Entwicklung einer zweiten, dahingehend verbesserten Version von SNMP gestaltete sich unerwartet schwierig.

SNMPv2

Das Hauptproblem bei SNMPv1 ist, dass keine Sicherheitsvorkehrungen im Protokoll enthalten sind und deshalb im Prinzip jeder ein SNMP-Paket erzeugen kann. Dies hat zur Folge, dass jeder alle MIB-Variablen eines Agenten lesen und schreiben kann, falls dies bei den einzelnen Agenten erlaubt ist. Ein potenzieller Angreifer muss hierzu nur die Pakete im Netz mithören, und dann hat er bereits die gesamte Information, welche nötig ist, um den Zugriffsschutz zu umgehen. Dies liegt daran, dass in jedem SNMPv1-Paket der Community-Name im Klartext enthalten ist.

Dieser Community-Name reicht aus, um bei einzelnen Agenten beliebig auf die Managed Objects zuzugreifen. Ein weiteres Problem von SNMPv1 ist, dass im gesamten Netz nur ein Manager vorhanden sein kann, somit keine hierarchischen Strukturen aufgebaut werden konnten und somit die Verantwortlichkeit für das Netz nicht auf mehrere Personen verteilt werden konnte. Zusätzlich wollte man noch die Netzlast verringern, die beim Abfragen von Tabellen auftrat, weil bei SNMPv1 eine Tabelle nicht auf einmal gelesen werden konnte, weil es nur die Operationen GET bzw. GETNEXT gab, die maximal eine Zeile aus der Tabelle auf einmal lesen konnten. Um diese Probleme zu beseitigen, wurden neue SNMP-Operationen eingeführt, welche die Aufgabe hatten, diese Probleme zu beseitigen. Außerdem wurde ein neues Sicherheitsmodell vorgesehen, welches es erlaubte, die einzelnen Pakete zu signieren bzw. zu verschlüsseln.

GETBULK-Operation
Um das Problem mit den Tabellen zu lösen, wurde eine zusätzliche GETBULK-Operation eingeführt, welche es erlaubt, komplette Tabellen auf einmal zu lesen.

Bei der GETBULK-Operationen ist vorgesehen, dass sie wie die GET- bzw. GETNEXT-Operation vom Agenten bestätigt wird. Der einzige Unterschied ist, dass immer eine Antwort an den Manager geschickt wird, in der alle gültigen Variablen enthalten sind, und außerdem im Fehlerfall noch eine Information vorhanden ist, bei welcher Variablen der Fehler auftrat.

INFORM-Operation
Das Kommunikationsmodell wurde so erweitert, dass es nun möglich ist, beliebig viele Manager einzusetzen. Hierzu war es allerdings erforderlich, eine neue INFORM-Operation einzuführen, welche zur Kommunikation zwischen Managern dient.

Die INFORM-Operation konnte auch anstelle einer TRAP-Operation benutzt werden. Der einzige Unterschied war, dass eine INFORM-Operation vom Empfänger bestätigt werden musste, ein TRAP dagegen jedoch nicht. Wenn im Agenten eine INFORM-Operation statt einer TRAP-Operation benutzt wird, ist gewährleistet, dass das Paket auf jeden Fall beim Manager ankommt, denn der Agent hat die Möglichkeit, auf die Bestätigung des Paketes zu warten und bei ausbleibender Bestätigung einfach die INFORM-Operation zu wiederholen.

SNMPv3

Das Problem bei SNMPv2 war, dass es keine einheitliche Entwicklung gab. Deshalb wurde beschlossen, die einzelnen SNMPv2-Versionen nicht weiterzuentwickeln, sondern eine neue Version SNMPv3 zu entwickeln, in welcher das Sicherheitskonzept überarbeitet und die Architektur von Manager und Agenten neu definiert wurde. Das Ziel von SNMPv3 war es, einen objektorientierten Ansatz zu benutzen, um die Manager- bzw. Agenten-Systeme in einzelne Subsysteme zu zerlegen. Die Subsysteme konnten somit einzeln entwickelt werden, und es bestand sogar die Möglichkeit, sie bei Bedarf jederzeit austauschen zu können.

Bei SNMPv3 werden die Agenten und Manager als SNMP-Entitys bezeichnet. Jede der SNMP-Entitys besteht aus 2 großen Komponenten, welche in der folgenden Abbildung dargestellt sind:

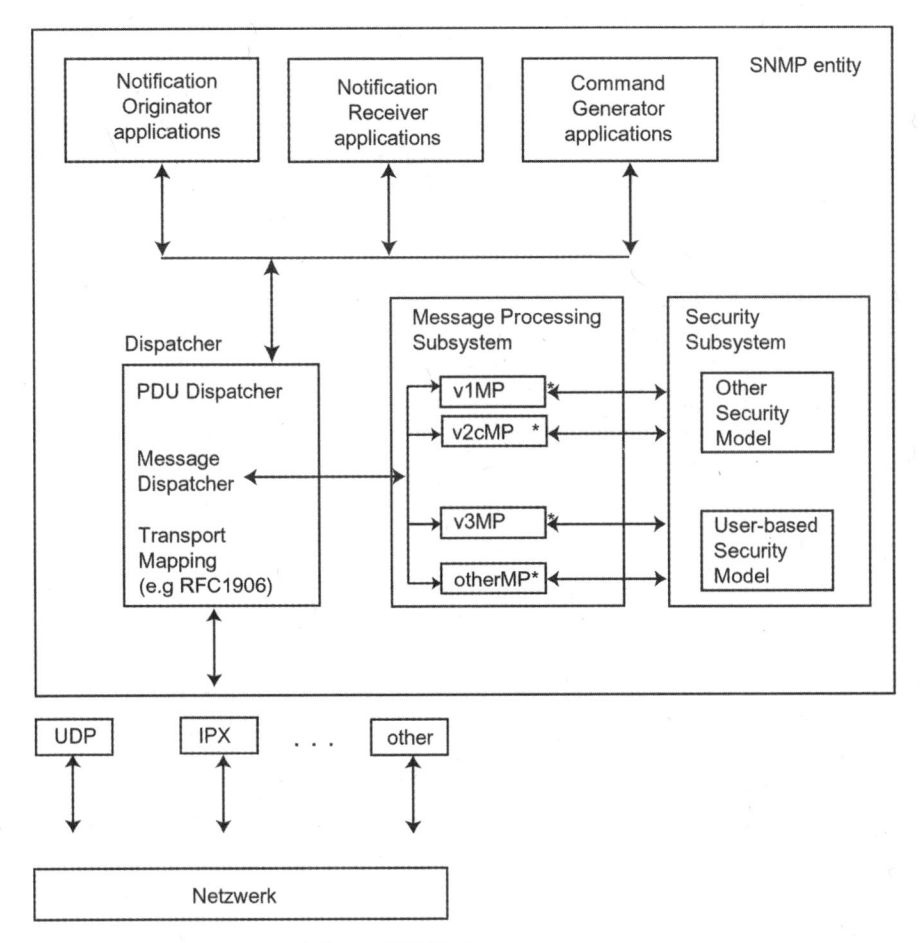

Abb. 5.31   Architekturmodell von SNMPv3

SNMP Engine
Enthält alle Subsysteme, welche für die Verarbeitung der SNMP-Pakete und die Überprüfung von Rechten beim Zugriff über SNMP zuständig sind.

Dispatcher
Ist für die Kommunikation zwischen den Subsystemen und für den eigentlichen Transport der SNMP-Daten zuständig. Er enthält die gesamten Routinen, welche für den Netzzugriff nötig sind. Der Dispatcher ist somit das einzige Subsystem, welches direkten Zugriff auf das Netz, genauer gesagt, die Transportschicht hat. Alle anderen Subsysteme können nicht auf das Netz zugreifen, sondern benötigen immer die Dienste des Dispatchers.

Message Processing Subsystem
Hat die Aufgabe, die vom Dispatcher kommenden SNMP-Pakete zu dekodieren bzw. die von den anderen Subsystemen kommenden Nachrichten in SNMP-Pakete zu verpacken, die dann vom Dispatcher an die Transportschicht weitergegeben werden.

Security Subsystem
Soll die einzelnen SNMP-Pakete entschlüsseln bzw. darin enthaltene Signaturen überprüfen, sobald ein Paket vom Dispatcher kommt. Es hat auch die Aufgabe, Pakete, die zum Wegschicken an den Dispatcher geschickt werden, evtl. vorher zu verschlüsseln bzw. mit einer Signatur zu versehen. Dieses Subsystem besteht genau genommen wieder aus mehreren Teilsystemen, welche für die verschiedenen Authentifizierungs-Protokolle MD5 bzw. SHA zuständig sind. Ferner ist ein weiteres Teilsystem vorhanden, welches die Verschlüsselung mit dem CBC-DES-Algorithmus vornehmen kann.

Access Control Subsystem
Ist nur in Agenten vorhanden und hat die Aufgabe, ankommende SNMP-Pakete darauf hin zu überprüfen, ob die Zugriffe auf die entsprechenden MIB-Variablen zulässig sind. Dieses Subsystem kann ebenfalls wieder in einzelne Teilsysteme zerlegt werden, damit für jedes Zugriffsmodell wieder ein eigenes Modul zur Verfügung steht. Bei den einzelnen Agenten kann jeweils ein eigenes Sicherheitsmodell vorhanden sein, das die Sicherheitsmechanismen der jeweiligen SNMP-Version enthält. Im Moment ist es möglich, dass ein Modul vorhanden ist, welches es erlaubt, ein Community-basiertes Sicherheitskonzept für SNMPv1 bzw. SNMPv2 einzusetzen. Es können in Agenten jedoch auch andere Module für ein so genanntes User-based Security Model vorhanden sein, welches es ermöglicht, das Sicherheitsmodell von SNMPv2 bzw. SNMPv3 zu benutzen. Es ist außerdem vorgesehen, dass beliebige andere Sicherheitsmodelle ebenfalls realisiert werden können, damit auch zukünftige SNMP-Versionen problemlos unterstützt werden können.

SNMP Applications
Hier sind alle Subsysteme enthalten, die SNMP-Operationen erzeugen bzw. beantworten können. Es sind jedoch nicht immer alle Applications im Manager bzw. Agenten enthalten, da sie verschiedene Aufgaben haben, welche zum Teil nur im Agenten bzw. im Manager sinnvoll sind.

Command Generator
Ist für das Erzeugen und Bestätigen von GET-, GETNEXT-, GETBULK- bzw. SET-Operationen zuständig. Somit ist dieser Block eigentlich nur in Managern sinnvoll, da Agenten diese Operationen nicht von sich aus durchführen sollten.

Command Responder
Erstellt Antworten (responses) auf GET-, GETNEXT-, GETBULK- bzw. SET-Operationen und ist deshalb nur in Agenten sinnvoll, da Agenten auf diese Operationen eine Antwort erstellen müssen.

Notification Originator
Erzeugt TRAP- bzw. INFORM-Operationen und kann somit in Agenten und Managern vorhanden sein, da Manager INFORM-Operationen erzeugen, um untereinander zu kommunizieren. Agenten können die INFORM-Operationen dazu benutzen, um bestimmte Zustände zu melden, bei welchen eine Bestätigung, dass das Paket empfangen wurde, unbedingt erforderlich ist.

Notification Receiver
Empfängt ankommende TRAP- bzw. INFORM-Operationen von Agenten und anderen Managern. Ist somit auch nur in Managern sinnvoll, da Agenten keine TRAP-PDUs empfan-

gen können und es auch keinen Sinn hat, wenn ein Agent eine INFORM-Operation beantworten würde.

Proxy Forwarder
Soll Anfragen an andere Agenten (Proxy-Agenten) weiterleiten, damit man auch Komponenten, welche keinen eigenen Agenten enthalten können oder mit anderen Managementprotokollen arbeiten, per SNMP anfragen kann. Dieses Modul ist allerdings nicht in jedem Agenten vorhanden, sondern nur in Agenten, welche als Proxy-Agent dienen sollen.

Other
Dient dazu, um in späteren SNMP-Versionen Erweiterungen zu ermöglichen. Da man jedoch noch nicht weiß, wie künftige Versionen von SNMP aussehen, wurde von vornherein ein Modul vorgesehen, mit dem später beliebige Erweiterungen realisiert werden können.

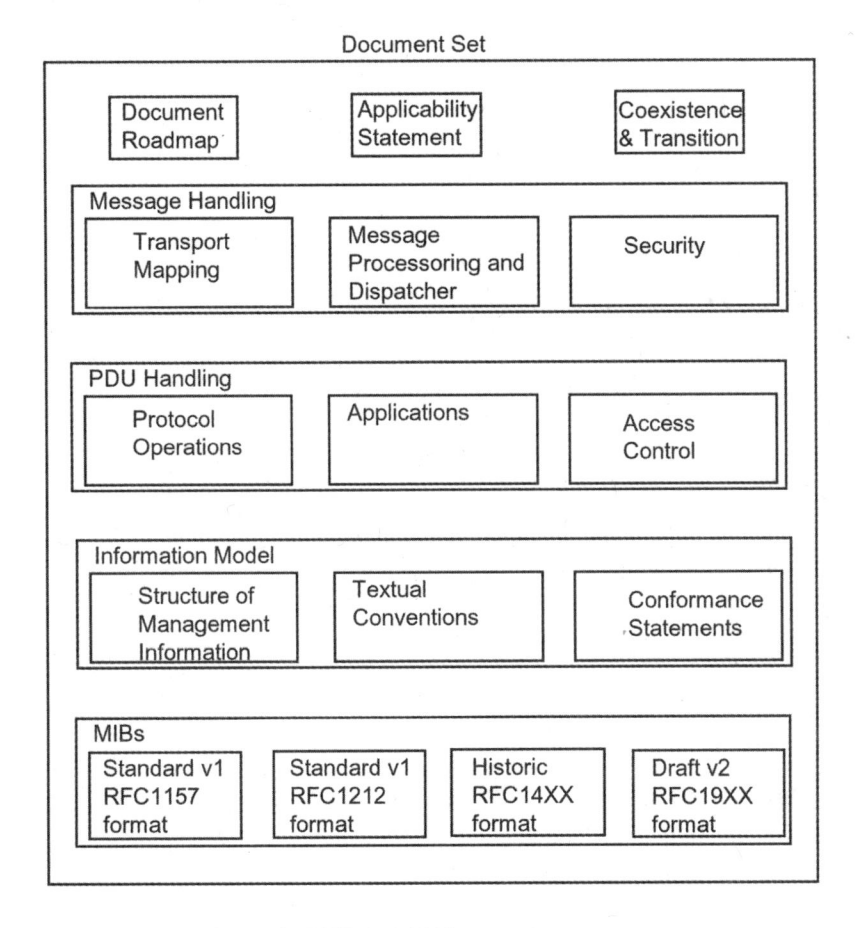

```
                          Document Set
┌─────────────────────────────────────────────────────────────┐
│  ┌──────────┐   ┌───────────┐   ┌───────────┐              │
│  │ Document │   │Applicability│ │Coexistence│              │
│  │ Roadmap  │   │ Statement │   │& Transition│              │
│  └──────────┘   └───────────┘   └───────────┘              │
│  ┌──────────────────────────────────────────────┐          │
│  │ Message Handling                             │          │
│  │  ┌─────────┐  ┌──────────┐  ┌─────────┐      │          │
│  │  │Transport│  │ Message  │  │Security │      │          │
│  │  │ Mapping │  │Processing│  │         │      │          │
│  │  │         │  │and Disp. │  │         │      │          │
│  │  └─────────┘  └──────────┘  └─────────┘      │          │
│  └──────────────────────────────────────────────┘          │
│  ┌──────────────────────────────────────────────┐          │
│  │ PDU Handling                                 │          │
│  │  ┌─────────┐  ┌──────────┐  ┌─────────┐      │          │
│  │  │Protocol │  │Applicat. │  │ Access  │      │          │
│  │  │Operat.  │  │          │  │Control  │      │          │
│  │  └─────────┘  └──────────┘  └─────────┘      │          │
│  └──────────────────────────────────────────────┘          │
│  ┌──────────────────────────────────────────────┐          │
│  │ Information Model                            │          │
│  │  ┌─────────┐  ┌──────────┐  ┌───────────┐    │          │
│  │  │Structure│  │ Textual  │  │Conformance│    │          │
│  │  │of Mgmt. │  │Conventions│ │Statements │    │          │
│  │  │Informat.│  │          │  │           │    │          │
│  │  └─────────┘  └──────────┘  └───────────┘    │          │
│  └──────────────────────────────────────────────┘          │
│  ┌──────────────────────────────────────────────┐          │
│  │ MIBs                                         │          │
│  │ ┌────────┐ ┌────────┐ ┌────────┐ ┌────────┐ │          │
│  │ │Standard│ │Standard│ │Historic│ │Draft v2│ │          │
│  │ │v1      │ │v1      │ │RFC14XX │ │RFC19XX │ │          │
│  │ │RFC1157 │ │RFC1212 │ │format  │ │format  │ │          │
│  │ │format  │ │format  │ │        │ │        │ │          │
│  │ └────────┘ └────────┘ └────────┘ └────────┘ │          │
│  └──────────────────────────────────────────────┘          │
└─────────────────────────────────────────────────────────────┘
```

RFC14XX = RFCs 1442, 1443 und 1444.
RFC19XX = RFCs 1902, 1903 und 1904.

Abb. 5.32   Architekturmodell eines SNMPv3-Managers

5.11.4 Änderungen am Informationsmodell

Das Informationsmodell für SNMP bietet zur Repräsentation von IPv4-Adressen der Länge 32 Bit den Datentyp IpAddress an, definiert als OCTET STRING (SIZE (4)). Ein vergleichbarer Datentyp zur Darstellung einer 128 Bit langen IPv6-Adresse steht in diesem Informationsmodell nicht zur Verfügung.

Eine Möglichkeit wäre es, SNMP und dessen SMI um einen derartigen Datentyp zu erweitern. Diese Lösung hat jedoch den Nachteil, dass die Benutzung der IPv6-MIBs erst nach Änderungen am Informationsmodell und am Protokoll möglich wäre. Bezieht man die Erfahrungen mit der schleppenden Verbreitung von SNMPv2 und SNMPv3 in die Überlegung mit ein, erscheint dies nicht sinnvoll. Eine praktische Lösung, die ohne Änderungen am Informationsmodell auskommt, ist die Vereinbarung des Datentyps der IPv6-Adresse als textuelle Konvention. Diesen Weg geht auch die IPv6-MIB:

Ipv6Address ::= TEXTUAL-CONVENTION
DISPLAY-HINT "2x:"
STATUS current
DESCRIPTION

"This data type is used to model IPv6 addresses. This is a binary string of 16 octets in network byte-order."

SYNTAX OCTET STRING (SIZE (16))

Weitere nützliche Typvereinbarungen werden für das Adresspräfix und für das Adresstoken gemacht:

Ipv6AddressPrefix ::= TEXTUAL-CONVENTION
DISPLAY-HINT "2x:"
STATUS current
DESCRIPTION

"This data type is used to model IPv6 address prefixes. This is a binary string of up to 16 octets in network byte-order."

SYNTAX OCTET STRING (SIZE (0..16))
Ipv6AddressToken ::= TEXTUAL-CONVENTION
DISPLAY-HINT "2x:"
STATUS current
DESCRIPTION

"This data type is used to model IPv6 address tokens. This is a binary string of up to 8 octets in network byte-order."

SYNTAX OCTET STRING (SIZE (0..8))

5.12 Management Information Base

Im Zusammenhang mit dem Internet-Protokoll Version 4 existieren verschiedene Managementstandards. Diese betreffen, der Einordnung des Internet-Protokolls entsprechend, Aspekte des Managements auf Schicht 3 und 4 des ISO-Architekturmodells. Dazu gehören die bereits genannte MIB-II und ihre Updates, die IP Forwarding Table MIB, die MIBs zu den Routing-Protokollen RIP-2 und BGP-4, zum Domain Name Service und die experimentelle MIB zum Resource Reservation Protocol (RSVP).

5.12.1 IPv6-MIB

Das Internet-Protokoll Version 6 bietet einige neue Eigenschaften und Möglichkeiten, die sich auch in geänderten oder neuen Managementobjekten niederschlagen. So benötigt etwa eine IPv6-Adresse 128 Bits zu ihrer Darstellung. Es existieren bereits MIBs zu IPv6 und sie umfassen Spezifikationen für die generelle IPv6-Gruppe, für die TCP-Gruppe, für die UDP-Gruppe und für die ICMP-Gruppe. Die Routing-MIB zu IPv6 ist in der generellen IPv6-Gruppe enthalten.

Die generelle *IPv6-Gruppe* besteht aus sechs Tabellen:

ipv6IfTable
Enthält Informationen über die IPv6-Schnittstellen des Knotens:

Einige der Objekte sind gegenüber den entsprechenden Objekten der MIB II umbenannt, haben aber etwa dieselbe Funktion, z.B. wurde `ifType` zu `ipv6If LowerLayer` und `ifMtu` zu `ipv6IfEffectiveMtu`.

Wegen der Autokonfigurationsmöglichkeiten von IPv6 gibt es in dieser Tabelle die neuen Objekttypen `ipv6IfToken` und `ipv6IfTokenLength`. Sie enthalten ein auf dem Link eindeutiges Adresstoken bzw. seine Länge, das zusammen mit einem Präfix zu einer Schnittstellenadresse kombiniert werden kann.

`ipv6IfOperStatus`, das den gegenwärtigen Zustand der Schnittstelle anzeigt, kann einen Wert `tokenless(3)` annehmen, wenn der Schnittstelle kein Adresstoken zugeordnet werden konnte, weil die *Duplicate Address Detection* scheiterte.

Die Zählerobjekte der Schnittstellentabelle sind teilweise redundant zu den Zählern in der IP-Gruppe der MIB II und daher nur in der folgenden `ipv6IfStats Table` zu finden.

ipv6IfStatsTable
Liefert Statistiken zum Datenverkehr über die IPv6-Schnittstellen des Knotens:

Hier gibt es zusätzlich zu den Zählern in der MIB II den Objekttyp `ipv6IfStats InTooBigErrors`. Dieser Zähler gibt die Anzahl der Pakete wieder, die von Routern, die zu große IPv6-Pakete im Gegensatz zu IPv4-Paketen nicht fragmentieren, nicht weitergeleitet werden konnten.

ipv6AddrPräfixTable
Enthält Informationen über die Adresspräfixe, die mit den IPv6-Schnittstellen verbunden sind:

Diese Tabelle hat keine Entsprechung in der MIB II. Zu jedem eingetragenen Präfix enthält sie Informationen über die Dauer seiner Gültigkeit und ob es zur Autokonfiguration verwendet werden darf.

ipv6AddrTable
Enthält Adressierungsinformationen für die IPv6-Schnittstellen des Knotens:

Diese Tabelle entspricht der `ipAddrTable` der MIB II, enthält aber zusätzliche Informationen über die Art, durch die die IPv6-Adressen automatisch konfiguriert wurden, darüber, ob die Adressen Anycast-Adressen oder andere sind, und über den Status der Adresse (`preferred(1), deprecated(2), invalid(3), inaccessible(4), unknown(5)`).

Die Zuordnung der Adressen zu den Schnittstellen erfolgt durch `INDEX {ipv6If Index, ipv6AddrAddress}`, da eine Schnittstelle mit mehreren IPv6-Adressen konfiguriert sein kann.

ipv6RouteTable
Enthält je gültiger Unicast-Route einen Eintrag:

Da die Wegewahl eines IPv6-Pakets durch Vergleich von dessen Zieladresse mit den Routing-Präfixen vorgenommen wird, enthält die Tabelle statt einer `ip(Cidr)RouteMask` eine `ipv6RoutePfxLength`.

`ipv6RoutePolicy` entscheidet bei mehreren unterschiedlichen Routen zum selben Ziel über den für einen bestimmten Wert des Prioritätsfeldes im IPv6-Header zu wählenden Weg.

5.12.2 TCP- und UDP-Gruppen

Da die Verwendung von IPv6 statt IPv4 für eine TCP- oder UDP-Implementierung weitgehend unsichtbar bleibt, können auch die meisten Objekte der TCP- und UDP-Gruppen weiterverwendet werden. Dies trifft auf alle Zähler zu, was bedeutet, dass Implementierungen dieselben Zähler für IPv6 und IPv4 verwenden können. Eine Ausnahme bilden tcpConnTable und udpTable für Verbindungen zwischen bzw. zu IPv6-Endpunkten, da dort IPv6-Adressen sichtbar werden. Außerdem muss ein Schnittstellenindex in die Tabelleneinträge eingebaut werden, da die 4-Tupel (ipv6TcpConnLocalAddress, ipv6TcpConnLocalPort, ipv6Tcp ConnRemAddress, ipv6TcpConnRemPort) bzw. die 2-Tupel (ipv6UdpLocal Address, ipv6UdpLocalPort) nicht unbedingt eindeutig sein müssen:

```
ipv6TcpConnEntry OBJECT-TYPE
SYNTAX Ipv6TcpConnEntry
MAX-ACCESS not-accessible
STATUS current
DESCRIPTION
```

"A conceptual row of the ipv6TcpConnTable containing information about a particular current TCP connection. Each row of this table is transient, in that it ceases to exist when (or soon after) the connection makes the transition to the CLOSED state.

Note that conceptual rows in this table require an additional index object compared to tcpConnTable, since IPv6 addresses are not guaranteed to be unique on the managed node."

INDEX { ipv6TcpConnLocalAddress,
ipv6TcpConnLocalPort,
ipv6TcpConnRemAddress,
ipv6TcpConnRemPort,
ipv6TcpConnIfIndex }
::= { ipv6TcpConnTable 1 }

5.12.3 ICMP-Gruppe

Die ICMP-Gruppe bietet pro Schnittstelle eine ICMPv6-Statistik-Tabelle. Neu sind die Zähler der neuen ICMPv6-Mitteilungen:

- ipv6IfIcmpInPktTooBigs zählt die empfangenen „Packet Too Big«-Messages
- ipv6IfIcmpInRouterSolicits zählt die empfangenen Router-Solicitation-Messages
- ipv6IfIcmpInRouterAdvertisements zählt die empfangenen Router-Advertisement-Messages
- ipv6IfIcmpInNeighborSolicits zählt die empfangenen Neighbor-Solicitation-Messages
- ipv6IfIcmpInNeighborAdvertisements zählt die empfangenen Neighbor-Advertisement-Messages
- ipv6IfIcmpInGroupMembQueries, ipv6IfIcmpInGroupMembResponses und ipv6-IfIcmpInGroupMembReductions zählen die jeweiligen empfangenen Group-Membership-Messages

Die entsprechenden . . . Out. . . . -Zähler zählen die gesendeten Mitteilungen.

5.12.4 RIP-2-MIB

Die erweiterte RIP-MIB definiert Objekte zum Management des Routing Information Protocols Version 2. Diese Objekte umfassen:

- die globalen Zähler rip2GlobalRouteChanges und rip2GlobalQueries,
- schnittstellenspezifische Statistiken in der rip2IfStatTable,
- schnittstellenspezifische Konfigurationsinformationen in der rip2IfConfTable
- eine Peer-Tabelle rip2PeerTable, die Angaben zu aktiven Router-Partnern enthält. Sie können bei der Fehlersuche von Nutzen sein und erlauben die Konfiguration verschiedener Parameter.

5.12.5 BGP-4-MIB

Der Update zu der BGP-MIB legt die Managementobjekte zur Konfiguration und Fehlerbehandlung des Border Gateway Protocols Version 4 fest. Die MIB ist aufgeteilt in

- Definition der verwendeten Protokollversionen: bgpLocalAs, die die lokale ASN wiedergibt, und bgpIdentifier, die die ID des lokalen Systems enthält,
- die BGP-Peer-Tabelle bgpPeerTable, die Informationen über Zustand und Aktivität von Verbindungen mit BGP-Partnern enthält,
- die BGP-Received-Path-Attribute-Tabelle bgpRcvdPathAttrTable, die empfangene Attribute von Partnern enthält, die BGP Version 3 oder niedriger einsetzen und
- die BGP-4-Received-Path-Attribute-Tabelle bgp4PathAttrTable, die empfangene Attribute von Partnern enthält, die BGP Version 4 einsetzen.

5.12.6 MIBs für modifizierte Routing-Protokolle

Die MIBs für die IPv6-konformen Routing-Protokolle RIPng, BGP-4+, IDRPv2 und OSPF müssen an die IPv6-Anforderungen angepasst werden. Betroffen von Syntaxänderungen sind hier alle Objekte, die IP-Adressen, Schnittstelleninformationen, Routing- und Routing-Präfixinformationen enthalten. In IPv6 neu hinzugekommene Leistungsmerkmale wie das Routing abhängig von Prioritätsangaben in den Paket-Headern muss sich auch in den Managementobjekten der modifizierten Routing-Protokolle widerspiegeln. Für die Reservierung von Bandbreite in den Routern wird es nötig sein, dass die Routing-Protokolle auch Informationen darüber austauschen, welche Bandbreite auf den einzelnen Wegen zur Verfügung stehen. Diese Informationen sollten auch in den MIBs erscheinen.

5.12.7 Existierende DNS-MIBs

Die für Name-Server relevanten Managementobjekte sind in den jeweiligen RFCs definiert. Die Server-Objekte wurden in folgende Gruppen aufgeteilt:

- Configuration: Ermöglicht das Lesen und Schreiben eines Parameters zur Rekursion und das Rücksetzen des Servers.
- Counter: Stellt verschiedene Zähler zur Verfügung, die z.B. die Anzahl der erfolgreich beantworteten, nicht beantworteten oder an andere Server weitergeleiteten Anfragen enthalten.
- Optional Counter: Stellt weitere Zähler für Systeme zur Verfügung, die nach der Herkunft der Anfragen unterscheiden (Anfrage vom Name-Server-Host selbst, von Hosts aus einer in einer Zugriffsliste definierten Gruppe, anderen Hosts).
- Zone: Diese Gruppe enthält in der Tabelle dnsServZoneTable Informationen zur Zonenkonfiguration.

Die Resolver-Objekte sind in folgende Gruppen aufgeteilt:

- **Configuration:** Enthält Angaben über die Art der Resolution (rekursiv, iterativ), CNAME-Limits, eine Tabelle dnsResConfigSbeltTable mit Einträgen zu Name-Servern, die benutzt wird, falls der Resolver nicht vollständig konfiguriert ist, und ermöglicht das Rücksetzen des Resolvers.
- **Counter:** Enthält verschiedene Zähler, ähnlich denen des Servers.
- **Lame Delegation:** Stellt Informationen über »lahme Delegationen« zur Verfügung.
- **Cache:** Die Tabelle dnsResCacheRRTable enthält Informationen über momentan im Cache befindliche Resource Records.
- **Negative Cache:** Enthält Angaben und Einstellmöglichkeiten über das Caching autoritativer Fehler.
- **Optional Counter:** Enthält weitere Zähler verschiedener Arten von Anfragen und Antworten.

Record-Typen tauchen in den MIBs nur als Integer auf, deren Bedeutung in DNS-Spezifikationen oder -erweiterungen festgelegt werden kann. Daher sind wegen der neuen Record-Typen keine Änderungen an den DNS-MIBs nötig. In Objekten, in denen der Datentyp IpAddress verwendet wird, könnte dieser durch Ipv6Address ersetzt werden. Enthält das Objekt eine IPv4-Adresse, könnte sie dann als IPv6-zugeordnete IPv4-Adresse dargestellt werden.

5.12.8 RSVP-MIB

Inzwischen liegt auch eine Management Information Base für das Resource Reservation Protocol vor. Die Objekte wurden folgendermaßen aufgeteilt:

- Session Statistics Table: Stellt Statistiken zur Anzahl der Sender und Empfänger je Sitzung bereit.
- Session Sender Table: Enthält Informationen über die gültigen PATH-Mitteilungen, die der Knoten empfängt.
- Reservation Requests Received Table: Enthält Informationen über die empfangenen gültigen RESV-Mitteilungen.
- Reservation Requests Forwarded Table: Enthält eine Liste der gültigen RESV-Mitteilungen, die der Knoten an seine stromaufwärts gelegenen Nachbarn schickt.
- RSVP Interface Attributes Table: Enthält RSVP-spezifische Informationen zu den Schnittstellen.
- RSVP Neighbor Table: Enthält eine Liste der Nachbarn, von denen der RSVP-Prozess momentan Mitteilungen empfängt.

5.13 Warum lässt IPv6 immer noch auf sich warten?

Eine Umstellung auf ein neues Protokoll ist für jedes Netz und jeden Administrator ein Schritt ins Ungewisse. Bei der Definition von IPv6 hat man sich einige Gedanken und Überlegungen über Möglichkeiten und Strategien für einen einfachen Umstieg gemacht. Beim Verfolgen dieser Entwicklung wird allerdings deutlich, dass auch nach mehreren Jahren der Arbeit und Diskussion und vielen veröffentlichten RFCs und Drafts noch eine ganze Reihe von Fragen und Zweifeln offen ist.

»Never change a running system«, heißt die Devise in den meisten Unternehmen. Das alte IP (Version 4) ist noch lange nicht tot. An dieser Tatsache lässt sich auch durch die vollständige Verfügbarkeit der neuen IP-Protokolle nicht rütteln. Für viele TCP/IP-Netzbetreiber und -Systemadministratoren stellt sich natürlich die Frage, wann eine Migration notwendig wird und wie eine Migration ohne Probleme über die Bühne gehen kann. Wie immer in der Technik hilft auf diese Fragen keine Hellseherkugel und kein Wahrsager, sondern man muss die Dinge auf sich zukommen lassen. Die Zeit sollte jedoch genutzt werden, um sich auf den Generationswechsel vorzubereiten.

Eine Migrationsstrategie (RFC 2893) regelt die sanfte Übergangsphase zwischen IPv4 und IPv6 und das so genannte »6Bone« hat die Richtigkeit der Konzepte bewiesen, aber über rein »akademische Fingerübungen« sind die Ansätze selten hinausgekommen. Die Zurückhaltung der Unternehmen hat viele Gründe. So wird häufig verkannt, dass die »sanfte« Migration sich nur auf die Router im Netz bezieht. An der Peripherie stellt sich die Lage komplizierter dar: Alle Anwendungsprogramme, die sich bislang auf v4-Adressen stützen, müssen portiert werden. Relativ einfach ist es, wenn davon nur das Application Program Interface (API) wie zum Beispiel die Windows-Socket betroffen ist. Dann können Programme mit denselben Funktionen sowohl IPv4- als auch IPv6-Verbindungen aufbauen und das Programm muss das verwendete Protokoll nicht selbst festlegen. Schwieriger wird es bei Programmen, die IP-Adressen direkt verwenden. Diese müssen umgeschrieben oder ergänzt werden.

Ein Übergang zum neuen IPv6-Protokoll wird nicht über Nacht (oder an einem Wochenende) vollzogen. Dazu sind weltweit viel zu viele IPv4-Rechner installiert. Schätzungen gehen inzwischen von 100 bis 200 Millionen Rechnern im Internet aus. Die Migration wird sich in der Praxis schleichend vollziehen. Die Experten sprechen davon, dass sich eine vollständige Migration über einen Zeitraum von 3-10 Jahren hinziehen wird. Dies bedeutet jedoch nicht, dass zu diesem Zeitpunkt alle IPv4-Rechner ausgestorben sein werden. Man denke an die PDP-11 (oder ähnlich exotische Geräte), auf die vor Jahren in mühevoller Klein- und Nacharbeit der Public-Domain-IP-Code portiert wurde. Auf diesen Rechnern laufen einige Applikationen, die entweder nicht auf andere Systeme portiert werden können (da das Know-how nicht mehr zur Verfügung steht) oder bei denen eine Portierung auf ein anderes System zu teuer wäre. Das »alte« IPv4-Protokoll geht uns nicht so schnell verloren und wird uns wahrscheinlich noch bis weit in dieses Jahrtausend in irgendeiner Form erhalten bleiben. In der Realität werden in den kommenden Jahren die Netze nach und nach umgestellt bzw. aufgerüstet.

Die größten Vorteile von IPv6 sind: Autokonfiguration, Multicast, IPsec, Quality of Service, Renumbering und die größeren Adressen. Bis auf die größeren Adressen und Renumbering gibt es das alles inzwischen auch für IPv4, und Renumbering lässt sich durch DHCP annähern.

Es gibt daher für die meisten Leute keinen zwingenden Grund, zu IPv6 zu wechseln. Die einfachen Transitionsmechanismen haben außerdem den Eindruck erweckt, dass man sich damit heute noch nicht beschäftigen muss. Hinter den Kulissen tut sich allerdings einiges. Die freien Betriebssysteme und selbst Windows sind inzwischen voll IPv6-fähig inklusive Clients und Servern. Wer will, kann also heute relativ schmerzfrei auf IPv6 umsteigen.

5.13.1 Entwicklungen im Bereich IPv4

Einer der Hauptgründe, die seinerzeit den Anstoß zur Entwicklung von IPv6 gaben – die absehbare Verknappung der alten IPv4-Adressen – hat sich zwischenzeitlich allerdings relativiert. Der Mangel ist in Wirklichkeit ein Verteilungsproblem. Es entsteht durch die Vergabe von Adressen für Subnetze, die selbst große Einrichtungen in der Regel nur zu einem geringen Teil ausnutzen. Einem Klasse-B-Netzwerk werden beispielsweise stets 65.534 IP-Adressen zugewiesen, so dass ein großes Unternehmen, das beispielsweise 1.500 Hostrechner ins Internet stellt, über 64.000 Adressen zwar belegt, aber nicht verwendet.

Ähnlich der Landes-, Stadt- und Ortsnetzvorwahl des Telefonsystems – das mit einer vergleichbaren Ineffizienz zu kämpfen hat – verwendet das Internet auf der Basis der IP-Version 4 ein über mehrere Ebenen strukturiertes Adressierungsschema. Die Hierarchisierung der Adressräume ist notwendig, um die erforderliche Rechenleistung in den Vermittlungsstellen beziehungsweise den Routern im Zaum zu halten. Andernfalls müssten die Routing-Tabellen in jedem IP-Knoten die Informationen über alle weltweit erreichbaren Subnetze abspeichern und bei jedem Routing-Vorgang abarbeiten. Ein Verfahren, das angesichts der Anschlusszahlen und Wachstumsraten schnell an Grenzen stieße. So aber können die Router schon anhand der ersten Ziffern entscheiden, über welche übergeordneten Netze in der Hierarchie die Pakete geleitet werden sollen. Vor allem zwei Konzepte haben zur Entspannung der Situation beigetragen. Das Classless InterDomain Routing (CIDR) löst die durch die bisherige Vergabepraxis entstandene Verschwendung auf. Es ist ein Zusatzprotokoll, das auf den IP-Routern installiert wird und mit einer variablen Vorwahlmaske ermöglicht, beliebige Class-B- oder Class-C-Adressen zu einem Subnetz zu kombinieren – quasi einem virtuellen privaten Netz im Internet. Dadurch werden Class A-, B-, oder C-Adressen völlig gleichrangig behandelt.

Das zweite Konzept löst das Problem, dass zunehmend mehr Firmen ihre privaten IP-Netze (Intranets) in das öffentliche Internet einbinden wollen. Intern konnten sie in ihren Subnetzen die Rechner im Grunde mit beliebigen IP-Adressen versehen, auch mit solchen, die schon anderswo im Einsatz sind, nur durften die nach außen nicht sichtbar werden. Damit es nun bei einer Kopplung an das Internet nicht zu Überschneidungen kommt, müssen die intern verwendeten in eindeutige IP-Adressen aus einem zu diesem Zweck reservierten Pool des Service-Providers übersetzt werden – eine Aufgabe, die ein Network Address Translator (NAT) am Gateway zwischen Intra- und Internet übernimmt.

Der Pool, aus dem die öffentlichen IP-Adressen dynamisch zugeteilt werden, kann durchaus kleiner sein als die Zahl der Rechner im Intranet. Die Wahrscheinlichkeit ist äußerst gering, dass alle Rechner gleichzeitig eine Internet-Verbindung aufbauen. Ähnliches kennt man von den Konzentratoren im Teilnehmeranschlussbereich des Telefonnetzes, wo man davon ausgeht, dass nie alle Teilnehmer zugleich auf die Vermittlungsstelle zugreifen, so dass man immer Gruppen von Teilnehmern jeweils einen Port zuordnen kann. Dank CIDR und NAT ist kaum damit zu rechnen, dass die IPv4-Adressen vor Mitte des nächsten Jahrzehnts ausgehen werden, es sei denn, man will ganz neue Kategorien von Geräten wie Toaster oder Kühlschränke in das Internet einbinden. Bis dahin dürften auch genügend IPv6-Anwendungen auf dem Markt sein. Möglicherweise verhilft auch die IP-Mobilkommunikation zur schnelleren Durchsetzung.

5.13.2 Kräfte des Wechsels

Die technischen Ressourcen, die ein Netzwerk darstellt, sind jedoch dazu da, die Arbeitsabläufe der Benutzer zu unterstützen und zu vereinfachen. Die im Netz eingesetzten Applikationen und die benutzerunterstützenden Dienste sind die eigentlichen Kriterien, die erst einen Zugriff auf die gemeinsamen Datenbestände ermöglichen. Bei einer Migration oder einer Migrationsplanung zum neuen IP sollte der Netzverantwortliche an Folgendes erinnern:

- Wie lange haben wir gebraucht, bis das heutige IPv4-Netz einigermaßen problemlos in den Betriebsablauf integriert war?
- Wie lange haben die Netzwerker Zeit gehabt, alle neuen Funktionen kennen zu lernen?
- Gab es bei der Realisierung des ersten TCP/IP-Netzes nicht eine Reihe von unvorhergesehenen Problemen?
- Welche Fehler haben wir im Laufe der Jahre gemacht?
- Was haben die Mannschaft bzw. die einzelnen Netzspezialisten bis heute alles gelernt?
- Wie viel Nächte des Debuggens waren dazu notwendig?

Die Frageliste ließe sich endlos fortsetzen. Eine schnelle und vor allem vollständige Migration zu IPv6 kommt in den meisten produktiv genutzten IP-Netzen nicht in Frage. Die sichere und vor allem langfristig ausgerichtete Einführung des neuen Protokolls steht im Vordergrund. Die technischen Probleme und deren unwägbare Konsequenzen in einem Gesamtsystem sollten deshalb bei der Einführung eines neuen Protokolls berücksichtigt werden.

5.13.3 Migrationsmodell

Der Einsatz eines neuen Protokolls bildet die Grundlage für den transparenten Zugriff auf die Informationen im Netzwerk. Als Plattform für eine Migration sollte ein Migrationsmodell entwickelt werden, in dem alle strategischen Anforderungen festgelegt werden und alle betrieblichen Belange und Aspekte berücksichtigt sind. Die eigentlichen neuen Protokolle kommen erst hinzu, wenn alle Randbedingungen geklärt sind. Zu diesen Randbedingungen zählen beispielsweise:

- Steht ein Budget für eine Migration zur Verfügung?
- Welche der bestehenden Netzkomponenten müssen migriert werden?
- Welche der bestehenden Netzkomponenten können nicht migriert werden (Komponente zu alt, zu wenig Memory bzw. CPU, Hersteller nicht mehr am Markt etc.)?
- Welche neuen Hardware- und Software-Komponenten müssen beschafft werden?
- Soll ein gemischter Betrieb von IPv4 und IPv6 realisiert werden?
- Welche personellen Ressourcen werden für die Migration benötigt?
- Bis wann soll die Testphase bzw. die Migrationsphase abgeschlossen sein?

Durch die Erarbeitung eines detaillierten Migrationsplans kann ein Unternehmen unabhängig von der verfügbaren Technik überprüfen, welcher Bedarf vorhanden ist und wie sich die Umsetzung mit den angebotenen Produkten am geschicktesten realisieren lässt. Durch eine detaillierte Anforderungsanalyse, die einem globalen Konzept vorausgeht, erhöht sich zwar zwangsläufig der Aufwand, der in die Realisierung der Migration gesteckt werden muss. Ein in allen Details definiertes Konzept zahlt sich jedoch langfristig aus, da bei der Umsetzung der Ziele viel weniger Probleme entstehen. Auch kann ein neutraler Planer bei Bedarf für die Migrationsplanung bzw. bei der neutralen Überprüfung des Projekts hinzugezogen werden.

5.13.4 Referenzen

Bei allen technischen Neuerungen gibt es bestimmt schon eine Firma, eine Universität, eine Behörde, die bereits einschlägige Erfahrungen mit dem Übergang zwischen IPv4 und IPv6 gemacht hat. Die Anbieter von Netzkomponenten sind in der Regel gerne bereit, solche Referenzkunden zu nennen. Nichts ist erfrischender und anregender als ein Gespräch mit »Leidensgenossen«, die ihre Erfahrungen teilen. Es sollte jedoch darauf geachtet werden, dass es sich bei den Referenzinstallationen um die gleiche oder eine ähnliche Problemstellung handelt. Mit den Projektverantwortlichen der Referenzinstallationen sollten ein oder mehrere Treffen vor Ort vereinbart werden, um die bei der Installation und beim späteren Betrieb gemachten Erfahrungen austauschen zu können.

5.13.5 Testnetz

Im nächsten Schritt sollte der Netzbetreiber ein Testnetz (manche bezeichnen dies auch als Spielwiese) aufbauen. Prüfe, wer sich ewig bindet. Dies gilt im Besonderen für die Beschaffung und die Installation von neuen Protokollen und den dazugehörenden Komponenten. Jeder Netzbetreiber sollte daher einen Plan erarbeiten, wie diese Protokolle bzw. die Systemkomponenten im Testnetz zu testen sind. Dazu muss ein Testumfeld bereitgestellt werden, das die realen Betriebsverhältnisse der späteren Umgebung im Rahmen einer Minimalabbildung so weit wie möglich simuliert. Dies bedeutet, dass von den wichtigen Netzkomponenten und Rechnern jeweils mindestens ein Gerät zur Verfügung steht. Nur durch die Abbildung aller Komponenten im Testnetz ist ein Erfahrungseffekt für die spätere Praxis zu erzielen. In einer Testphase lässt sich ganz nebenbei auch die Qualität des technischen Supports der jeweiligen Anbieterfirma testen. Allgemein gilt für die Testphase, dass sich der Mehraufwand bezahlt macht, da gravierende Probleme, Einstiegsprobleme bzw. Inkompatibilitäten schon im Vorfeld des Produktivbetriebs ausgeräumt werden können. Folgende Dinge sollten im Testnetz überprüft werden:

- Wie kann die spätere Migration bzw. der spätere Betrieb von IPv4 bzw. IPv6 realisiert werden?
- Wie sehen die neuen Adresskonzepte im Netz aus?
- Kann bis zum Zeitpunkt X eine offizielle IP-Netzadresse besorgt werden?
- Welche IPv4-Rechner können nicht migriert und müssen unter Umständen ausgetauscht werden?
- Wie können alle Mitarbeiter der IT-Truppe für das neue Protokoll geschult werden?
- Welche zusätzlichen Funktionen (z.B. DHCP, Management usw.) sollen gleichzeitig mit den Basisprotokollen eingeführt werden?
- Welcher Zeitraum muss für eine Umstellung bzw. Migration geplant werden?
- Wie kann das neue Protokollkonzept (Adressen, Funktionen, Konfigurationen) dokumentiert werden?
- Welche realen Kosten entstehen bei der endgültigen Migration?

Durch eine detaillierte Planung können beim späteren Betrieb des Gesamtsystems auftretende Probleme viel schneller und mit geringerem Aufwand beseitigt werden. Neben dem Austausch bestimmter nicht mehr migrierbarer Produkte muss das Netzmanagementsystem auf die neuen Produkte bzw. Protokolle hochgerüstet werden. Neben den Basisdiensten, wie dem Konfigurationsmanagement (Dokumentation und Änderung der Netzkonfiguration), dem Fehlermanagement (Fehlererkennung und Fehlerbeseitigung), dem Performance Management (Überwachen der Netzlast), bietet das neue IPv6-Protokoll auch die Möglichkeit eines Netzwerk-Security-Managements. Nur durch die Einbeziehung aller Netzkomponenten und Funktionen können eine Migration und der spätere Betrieb reibungslos realisiert werden. Dies sorgt auch dafür, dass die Umstellungskosten einigermaßen zu kontrollieren sind.

5.13.6 Fazit

Der Gedanke an eine Umrüstung auf IPv6 sorgt bei vielen Administratoren und Anwendern für Stirnrunzeln. Dennoch: IPv6 ist heute einsatzfähig und entsprechende Transitions-Strategien sind vorhanden. Letztendlich liegt der derzeit zu verzeichnende Innovationsstau wieder einmal hauptsächlich am menschlichen Faktor.

Heute fehlt eindeutig der Druck der Notwendigkeit, was sich aber in naher Zukunft mit der Einführung des IP in die mobilen Kommunikationsgeräte (UMTS etc.) und neuen Herausforderungen im Bereich des mobilen Internetworking ändern dürfte. So wird es nur noch ein paar Jahre dauern, bis die Mehrheit im Internet IPv6 nutzt. Die Standardisierung von IPv6 sowie von Übergangsstrategien ist weitgehend abgeschlossen. Nicht alle diese Verfahren zeigen sich den Anforderungen aus dem Bereich Security gewachsen, die Lücken und Probleme werden aufgezeigt und Lösungen, soweit vorhanden, dafür vorgeschlagen. Einige RFCs für Mobile IPv6 sind noch in Bearbeitung. Vor allem bei diesen neuen Anwendungen im Mobilfunkbereich mit UMTS wird auf IPv6 gesetzt.

Allgemein kann an dieser Stelle kein zu bevorzugender Umstellungsweg auf IPv6 angegeben werden. Die Umstellung ist von den jeweiligen Gegebenheiten und Anforderungen abhängig. Das neue IP Version 6 wird kommen. Es ist nur eine Frage der Zeit. Aus diesem Grund sollte der Netzbetreiber die verbleibende Zeit nutzen und alle Ressourcen (Technik und Personal) auf die Migration und den Betrieb des neuen Protokolls vorbereiten.

Die Autoren

Mathias Hein

ist einer der Netzwerker der ersten Stunde in Deutschland. Sein breites Publikationsspektrum im Fach- und Profibuchbereich zeichnet ihn als kompetenten und praxisorientierten Netzwerker aus. Aufgrund seiner Fähigkeit, informationstheoretisches Basismaterial zielgruppenorientiert umzusetzen, ist Mathias Hein seit vielen Jahren ein gefragter Referent und Moderator im Kongress- und Seminarbereich. Die Kombination aus fachlicher Kompetenz und innovativer Herangehensweise an marktwirtschaftliche Gegebenheiten führt diesen »Querdenker« im Netzwerkbereich zu wegweisenden und interdisziplinären Analysen. Mathias Hein ist als freier Unternehmensberater und als Dozent an mehreren Hochschulen tätig.

Michael Reisner

ist seit Ende der 70er Jahre in der EDV und Kommunikation tätig. Anfang der 80er Jahre wandte er sich dem Journalismus zu, zuerst im Bereich Wirtschaftsredaktionen, dann spezialisierte er sich auf die Informationstechnologien. Aufgrund seiner jahrzehntelangen IT-Erfahrungen (Großrechner, Unix, PC etc.) wird er in der »Branche« auch als »Urgestein der EDV« bezeichnet, das nicht nur in jedem Themenbereich sattelfest ist, sondern dem auch schwer ein X für ein U vorgemacht werden kann. Neben seiner journalistischen Tätigkeit hat er sich in seiner Heimat Österreich auch einen Namen als Autor und Herausgeber von Fachbüchern und Studien gemacht.

Literaturverzeichnis

Blanchet, Marc
Configuring IPv6 with Cisco IOS
Syngress Media Inc, 2002

Blanchet, Marc
Migr Syngress Media Inc, 2002
Syngress Media Inc, 2002

Borowka, Petra
Netzwerk-Technologien
mitp, Bonn 2002

Bradner, Scott /Mankin, Allison
IPng, Internet Protocol Next Generation
Addison-Wesley Publishing, 1996

Davis, Carlton
IPSec. Tunneling im Internet
mitp, Bonn 2001

Davies, Joseph G.
Understanding IPv6
Microsoft Press, 2002

Dittler, Hans Peter
IPv6 – das neue Internet-Protokoll: Technik, Anwendungen, Migration
dpunkt-Verlag, Heidelberg, 2002

Glogau, Dirk/Hein, Mathias/Ladner, Ralf
Anatomie einer Ausschreibung
mitp, Bonn 1997

Goncalves, Marcus/Niles, Kitty
IPv6 Networks
McGraw-Hill, 1998

Gora, Walter/Bauer, Harald (Hrsg.)
Virtuelle Organisation im Zeitalter von E-Commerce und E-Government
Springer-Verlag, Berlin 2001

Griffith, David/Hein, Mathias
SNMP Version 1 und SNMP Version 2
International Thomson Publishing, Bonn 1995

Hagen, Silvia
IPv6 Essentials,
O'Reilly & Associates, Köln 2002

Hein, Mathias
TCP/IP-Protokolle,
mitp, Bonn, sechste Auflage 2002

Huitema, Christian
IPv6: The New Internet Protocol
Prentice Hall, 1998

Kauffels, Franz-Joachim
Lokale Netze. Grundlagen, Standards und Perspektiven
14., erweiterte und aktualisierte Auflage
mitp, Bonn 2002

Köhler, Peter Thomas/Hein, Mathias
Der IT Reader: Netzwerksicherheit
FOSSIL-Verlag, Köln 2002

Loshin, Pete
IPv6 Clearly Explained
Academic Press/Morgan Kaufmann, 1999

Miller, P. E./Miller, Mark A.
Implementing IPv6: Supporting the Next Generation Internet Protocols
Hungry Minds, Inc, 2000

Reisner, Michael/Hein, Mathias
TCP/IP Ge-Packt
mitp, Bonn 2001

Reisner, Michael/Hein, Mathias
Netzwerke Ge-Packt
mitp, Bonn 2002

Reisner, Michael/Hein, Mathias
Switching Technologien
Franzis' Verlag, Poing 2002

Reisner, Michael/Hein, Mathias
Routing & Remote Access
Franzis' Verlag, Poing 2002

Salus, Peter H.
Big Book of IPv6 Addressing RFCs
Morgan Kaufmann Publishers, 2000

Tanenbaum, Andrew
Computer Networks
Prentice Hall Series in Innovative Technology,
Eaglewood Cliffs, 1988

Walton, Sean E.
Programming IPv6
Addison-Wesley Professional, 2002

Wegner, J. D./Rockell, Robert
IP Addressing and Subnetting, Including IPv6
Publishers' Group West, 1999

Stichwortverzeichnis

Numerisch
6Bone 486
6over4 451
6to4 449
6to4-Adresse 63

A
AAA-Infrastruktur 375
Address Mapping 205
Addressing Semantics 265
Address-Testing-Macros 419
Adressen
   privat 37
Adressierung 401
Adressierungsmechanismen 25
Adresskonfiguration 421
Adress-Lifetime 163
Adressmodell 39
Adresstypen 42
Adressumwandlungsfunktionen 418
Advertisement-Interval-Option 396
AH 80
Alternate Care-of Addresse 386
Anti-Replay 321
Anwendungsanalyse 465
Anycast-Adressen 39, 57
API-Unterstützung 17
ARP 18
AS-External-LSA 280
AS-Grenzrouter 263
Assigned Internet Protocol Numbers 31
Assured-Forwarding-PHB 366
ATD-Multiplexprinzip 229
ATM-
   Adaptation-Layer 227
   Address-Resolution-Prozess 235
   Diensteschicht 228
   Kontrollschicht 229
   Layer 226
   Netz 231
   Prinzip 223
   Referenzwürfel 223
   Transportschicht 225
   Vermittlungstechnik 229
Atomuhr 185
Authentication 28
Authentication-Header 80
Autoconfiguration
   stateless 458
Autodiscovery-Funktion 468
Autokonfiguration 21, 153, 457
   stateful 457
Autonomes System 252

B
BA 382
Baselining 467
BE 384
Bedarfsermittlung 466
Bedarfsschwerpunktanalyse 465
Bellmann Ford Routing 251
Best Effort 341
Best Effort QoS 335
BGP 284
   Erweiterungen IPv6 291
   Verbindung 284
Binding-
   Acknowledgements 382
   Authorization-Data 387
   Error 384
   Refresh-Advice 387
   Refresh-Request-Message 377
   Update 381
Border Gateway Protocol 284
Broadcast-Adressen 39
BRR 377

C
Care-of-Test-Init-Message 378
Care-of-Test-Message 380
Cellular IP 370
CIDR 43, 487
Class Selector Codepoints 96, 362
Classless InterDomain Routing 487

Classless Inter-Domain-Routing 43
CMOT 468
Codepoint 96
Community-Name 475
Congestion-Avoidance-Algorithmus 91
Controlled Load-Service 341
CoS-Feld 361
CoT 380
CoTI 378
Counting to Infinity 254
CSC 362
CSMA/CD-Mechanismus 201

D

DAS 216
Database-Description 270
Datagrammdienste 29
Datagrammservice 27
Decapsulating 424, 427
Default-Routing 250
Destination Unreachable 111, 403
DHCP 153
   Advertise Message 156
   Reconfigure 160
   Release 159
   Reply 158
   Request 157
   Solicit Message 155
   Spezifikationen 154
DHCPv6-Extensions 161
Differentiated Services 95, 342
Diffie-Hellman-Algorithmus 327
DiffServ 342
Directory-Agent-Extension 165
Distance Vector Routing 251
DNS-Erweiterungen 170
DNS-Protokoll 174
DNS-Query 171
DoD 470
Domain-Name-Server 164
Domain-Naming-System 422
DS 95
DS-Code-Point 96
DS-Domäne 363
Dual Attachment Stations 216
Dual Stack Transition Mechanism 452
Duplicate Address Detection 148, 459
Dynamic DNS 15
Dynamic Host Configuration Protocol 153
Dynamische Header-Erweiterungen 64
Dynamische Ressourcenreservierung 368
Dynamisches Routing 250

E

Echo-Reply 117
Echo-Request 116
Einweg-Hash-Funktion 80
Encapsulating 424
Encapsulating Security Payload 80, 83, 323
Encapsulation/Tunneling 400
Endgeräteanalyse 466
Enterprises-Verzweigung 471
EPRT-Kommando 181
EPSV-Kommando 183
ESP 83, 323
Ethernet
   Autokonfiguration 204
   Local-Link-Adressen 204
EUI-64-Adressen 48
Expedited-Forwarding-PHB 366
Extension-Header 66
Extranet-VPN 312

F

FATIMA 374
File-Transfer-Protokoll 176
Firewall-Aware Transparent Mobility
   Architecture 373
Flooding 259
Flooding Scope 265
Flow-Label 18, 97
Fragment-Header 73
Fragmentierungsprozess 75
Framed-Interface-ID 305
Framed-IPv6-Pool 308
Framed-IPv6-Präfix 305
Framed-IPv6-Route 307
FTP-Kommandos 179
FTPv6 181

G

Garanteed Service 341
Gateway 24
Grenzrouter 263
GROUP ID 56

H

Header-Format 21, 28
Header-Optionen 401
Hello-Protokoll 269
HEMS 468
Home-Address-Destination 387

Home-Test-Init-Message 378
Home-Test-Message 379
Hop-by-Hop
  Options-Header 68
Hop-Limit 33
Hop-Modell 426
Host_ID 11
HoT 379
HoTI 378

I

ICMP-Message 447
ICMPv6 106
  Fehlermeldungen 107
  Header 109
  Informationsmeldungen 107
  Meldungen 109
ICV 82, 322
IGP 252
IKE 329
Informationsmodell 480
Integrated-Services 340
Integrity Check Value 82, 322
Inter-Area-Prefix-LSA 279
Inter-Area-Router-LSA 280
Interface-Identifikation 412
Interface-Identifikatoren 49
Interframe Gap 201
Interior-Gateway-Protokoll 252
Intermediary-Router 423
Internet Control Message Protocol 106
Internet-Subbaum 470
Internet-Wachstum 9
Intra-Area-Prefix-LSA 283
Intranet-VPN 310
IntServ 340
Inverse Discovery 149
IP over IP 12
IPNG 13
IPng 19
IP-Priorisierung 368
IPSec 326
IP-Source-Adresse 33
IPv4 - IPv6
  Vergleich 20
IPv4-kompatible IPv6-Adressen 61
IPv4-translated IPv6-Adresse 63
IPv4-zugeordnete IPv6-Adresse 62
IPv6
  Adaption 199
  Adress Extension 162
  Adress-Administration 34

Adressen 43
Adressgröße 10
Adress-Struktur 410
auf ATM 222
auf Ethernet 200
auf FDDI 212
auf Token Ring 206
Compression Protocol 245
Control-Protokoll 241
Decapsulation 435
Encapsulation 434
in ATM 236
Jumbogrammme 101
MIB 481
Neuerungen 264
Präfixe 273
serielle Leitungen 238
Sicherheit 308
Tunnel 433
Tunnel-Protocol-Engine 435
Wildcard-Adressen 411
IPv6CP 241
IPX-Adressen 45
ISAKMP 328

J

Jumbo-Payload-Option 69

K

Konzentrator 217
Koppelnetz 230

L

LCP 239
Library-Funktionen 415
Link
  Control-Protokoll 239
  Local-Adressen 52
  LSA 282
  State-Acknowledgement 272
  State-Request 271
  State-Routing 251
  State-Update 272
Little-Endian 204
Local-Link-Adresse 459
Login-IPv6-Host 306
Loopback-Adresse 54
LSA-Datenformate 273
LUNI-Spezifikation 232

M

Management Information Base 481
Management-Interface 92
Managementprotokoll 474
Management-Station 469
Managementzweig 471
Maximum Transmission Unit 86
Media Access Control 215
MF-Classifier 364
MIB 471
MIB I 472
MIB II 472
MIB-Subspezifikationen 472
Migrationsmodell 488
Migrationsstrategie 420, 486
MLD 120
MLD for IPv6 194
Mobile Internet 368
Mobiles Internetworking 491
Mobility Header 376
Mobility Options 384
Multicast 17
Multicast Listener Discovery 120, 194, 197
Multicast-Adressen 39, 54
Multi-homed Hosts 404
Multihomed-Rechnerkonfigurationen 409
Multiplexing 402
Multiprotokoll-Systeme 398
Multiprotokoll-Techniken 399

N

NAS-IPv6-Addressen 304
NAT-PT 454
NBMA 262
ND 133
Neighbor
  Advertisement 124
  Discovery 146
  Discovery-Protokoll 133
  Solicitation 123, 460
  Solicitation-Message 461
  Unreachibility Detection 148
Net_ID 11
Network Address Translation-Protocol
  Translation 454
Network Layer 24
Network Time Protocol 184
Network-LSA 278
Netzmanagement 463
Netzplaner 464
Netzplanung 464

Next Header 68
NIST 470
NIST-Subbaum 470
Non Broadcast Multiple Access 262
Nonce 328
Nonce-Indices 386
Notation 40
Notification-Meldung 289
NSAP-Adressen 44
NTP 184
NTP-Header 187

O

Oakley-Protokoll 326
Object Contents 359
Objektgruppen 473
Objekt-Identifikator 471
Open-Shortest-Path-First-Protokoll 257
Optionstyp 66
Organisational Unit Identifier 205
OSPF 257
  Areas 262
  Merkmale 262
  Pakete 265
  Paketformat 267
OUI 205

P

Packet Too Big 112, 403
Pad1-Option 67
Pad-Extension 161
PadN-Option 67
Paketgrößen 100
Parameterproblem 114, 447
Path Maximum Transmission Unit 86
Path-Messages 359
Payload Size
  maximal 100
Physical Layer Independent 215
Physical Line Signalling 202
Physical-Media-Dependent 214
Ping 118
PIP 12
Planung
  Protokolleinführung 467
PLS 202
PMTU 86
PMTU-Wert 89
Point-to-Point-Protokoll 238
Poisoned Reverse 255

PPP 238
PPP-Datenformat 239
Präfix P 58
Prefix-Information-Option 395
Privacy 28
Programmier-Interface 409
Protokoll-Stack 421

Q

QoS 332
   auf Layer 3 340
   im LAN 339
   im Netzwerk 338
   im WAN 339
   in VPN 340
   Klassen 334
   Merkmale 337
Quality of Service 17

R

RADIUS
   Authentication 298
   Erweiterungen IPv6 304
   für IPv6 297
   Header 299
Reasemblieren 78
Reassemblierungsprozess 75
Reassemblierungspuffer 101
Record-Typ A6 422
Recursive Encapsulation 439
Recursive-IPv6-Encapsulation 438
Redirect 125
Redirect Message 148
Referenzen 489
Remote-Access VPN 311
Renumbering 21
Reservation Style 349
Resolver 173, 423
Resolver Libraries 422
Resolver-Objekte 485
Resource Records 175
Resource-Reservation-Protokoll 343
Result Message 296
ResvConf 360
Resv-Messages 359
RFC-Server 472
Ring-of-Trees 217
RIPng for IPv6 253
RIP-Protokoll 253
RIP-Spezifikationen 253

RIPv6-Format 255
ROAD-Arbeitsgruppe 11
Root 469
Route Table Entry 256
Router 24
   Advertisement 122
   Advertisement-Messages 462
   Advertisements 462
   Entlastung 14
   LSA 276
   Renumbering 126, 291
   Renumbering-Funktionen 292
   Solicitation 121, 147
Routing
   Algorithmen 247, 249
   Effizienz 18
   Eigenschaften 21
   Grundsätze 246
   Header 70
   Header Type 2 388
   Information Protocolv6 253
   Metrik 249
   mit IPv6 245
RR-Result-Message 296
RSVP 343
   Messages 350
   Prozess 346
   Router 346
   Session 345
RTE 256

S

SA 216
Schlüsselverwaltung IPsec 326
Scope 55
Security Association Parameter 316
Security Parameters Index 81, 315
Sendealgorithmus 430
Sequence Number 320
Sequenznummer 82
Server-Objekte 484
Servicearten 366
Service-Provider
   direkt 36
   indirekt 37
SGMP 468
Shortest-Path-Algorithmus 261
SIIT 453
Simple Network Management Protocol 469
Simple Network Time Protocol 190
Single Attachment Stations 216
SIP 12

SIT-Papier 420
Slow-Start-Algorithmus 91
SMI 469
SNMP 468
　Client 469
　Entitys 476
　Management 467
　Standards 468, 469
SNMPv2 475
SNMPv3 476
SNTP 190
SNTP-Format 191
Socket-Based IPv4/IPv6-Gateway 456
Socket-Funktionen 410
Socket-Optionen 413
SOCKS46 456
Solicited-Node-Adresse 57
Sonderadressen 53
SPI 81, 315
Split Horizon 254
Standard-MIB 473
Stateless IP/ICMP Translation Algorithm 453
Static Route Extension 165
Station Management 215
Statische Ressourcenreservierung 367
Statisches Routing 249
Status/Control-Feedback 403
Stub-Areas 264
Suspend-Modus 16

T

TCP
　Jumbogramme 103
　Layer 91
　Urgent-Pointer 104
TCP Default TTL Extension 166
TCP Keepalive Interval Extension 166
TCP/IP-Adressschema 457
TCP/IP-Protokollfamilie 26
Teardown-Messages 360
Testnetz 489
Time Exceeded 113, 404
Time-Offset 164
Timeserver 185
Token Ring-Link-Layer-Adressen 212
TOS 93
TOS-Feld 95
TP/IX 13
Traceroute 119
Traffic Conditioner 364
Transition Architecture 399
Transition-Arbeitsgruppe 19
Transitionsmechanismen 20
Translation/Conversion 400

Transmission Convergence Sublayer 224
Transport Relay Translator 454
Transportmodus 83, 318
Triggered-Updates 255
TUBA 12
Tunnel-Encapsulation-Limit 439, 443
Tunnel-Flow-Label 443
Tunnel-Hop-Limit 442
Tunnel-ICMP-Messages 447
Tunneling 423, 427
Tunneling-Technik 423
Tunnel-Link-Layer-Input 437
Tunnel-Link-Layer-Output 438
Tunnelmechanismen 424
Tunnelmodus 82, 318
Tunnel-MTU 443
Tunnelpakete 444
Tunnel-Paket-Priority 443
Tunnel-Upper-Layer-Input 436
Tunnel-Upper-Layer-Output 437
Typ 1 405
Typ 1a 405
Typ 1b 405
Typ 2 406
Typ 2a 406
Typ 2b 406
Typ 3 407
Type-of-Service-Feld 93

U

Übertragungsparameter 28
UDP-Jumbogramme 102
Unicast Hop Limit 413
Unicast-Adressen 38, 45
Update-Meldungen 287

V

Vendor Specific Information 167
Vermittlungsschicht 24
VPN-Mischformen 313

W

Wegwahl
　dynamisch 25
　statisch 24

Z

Zeitsynchronisation 187
Zoom-Funktion 468

Die Vernetzung von Arbeitsplätzen über xDSL-Leitungen in allen Ausprägungen bildet den Schwerpunkt dieses Buches. Ob zwei PCs zusammenarbeiten sollen, der Anschluß an ein Unternehmensnetz benötigt wird oder Virtual Private Networks auf DSL-Basis realisiert werden sollen - hier finden Sie fundierten fachlichen Background, alles zur Technologie dahinter und hilfreiche Unterstützung bei Problemen. Ein weiterer Schwerpunkt ist der populäre TDSL-Zugang als Internet- oder Unternehmensanbindung. Sie erfahren alles zu Einsatz, Nutzung, Installation und Sicherheit

xDSL & T-DSL
Komor/Hein; 2002; 576 Seiten
ISBN 3-7723-**7134**-5

€ 44,95

Besuchen Sie uns im Internet – www.franzis.de

Professional Series

Linux als Server-Plattform im Windows-Netz
Zugriff von Windows auf Linux-Server
Network File System einrichten
Firewalling & Masquerading
System-Sicherheit

Bernd Burre
Uwe Debacher
Bernd Kretschmer
Carsten Thalheimer

Linux im Windows-Netzwerk

3., überarbeitete und erweiterte Auflage

Auf CD-ROM
SuSe 7.3 Evaluation Version

Franzis'

In diesem Praxis-Buch erklären vier gestandene Linux-Experten allen Systemverwaltern, wie sie Internet- und Intranet-Server aufsetzen können - und damit Windows-Arbeitsplätzen stabile, kostengünstige und wartungsarme Serverdienste bieten. Die überarbeitete Neuauflage ist auf das Selbststudium oder Linux-Kurse ausgerichtet und stützt sich auf SuSE Linux.

Linux im Windows-Netzwerk

Burre/Debacher/Kretschmer/Thalheimer; 2002; 497 Seiten

ISBN 3-7723-**6066**-1

€ **44,95**

Besuchen Sie uns im Internet – www.franzis.de

Alles, was Sie schon immer über den Webserver-Betrieb wissen wollten. Hier finden Sie es. Dieses Buch bringt den Webmaster auf den Stand, den er wirklich braucht, um den Webserver optimal zu betreuen. Der Autor, Admin von nickles.de, packt alle relevanten Probleme lösungsorientiert an und bietet absolut kompetentes Praxiswissen. Angesprochen werden alle Themen – sowohl für Apache unter Linux/Windows als auch MS Internet Information Server. Damit kann jeder Webmaster das Buch sinnvoll einsetzen, um den problemlosen Serverbetrieb zu gewährleisten.

Webserver Survival Guide
Wölfer, Thomas; 2002; ca. 250 Seiten
ISBN 3-7723-6405-5 € 39,95

Besuchen Sie uns im Internet – www.franzis.de

Das Ethernet gehört inzwischen zu den weltweit am häufigsten installierten lokalen Netzen. Inzwischen hat es auch die Nische der reinen Rechenvernetzung verlassen und ist mit Geschwindigkeiten von 10 MBits/s, 100 MBits/s und 10 GBits schneller als seine Konkurrenten. Das Ethernet-Praxisbuch vermittelt sowohl die Grundlagen als auch Praxiswissen und veranschaulicht das Thema durch konkrete Beispiele. Dem Profi dient dieses Buch als Nachschlagewerk für die Planung und Realisierung der Netzwerke

Ethernet

Reisner, Michael; 2002; 550 Seiten

ISBN 3-7723-6670-8

€ 49,95

Besuchen Sie uns im Internet – www.franzis.de